Schuster

Rechnungswesen und Controlling der Kreditinstitute

Schuster

Rechnungswesen und Controlling der Kreditinstitute

Lernfelder:

3 Unternehmensleistungen erfassen und dokumentieren

8 Kosten und Erlöse ermitteln und beeinflussen

9 Dokumentierte Unternehmensleistungen auswerten

Merkur
Verlag Rinteln

Wirtschaftswissenschaftliche Bücherei für Schule und Praxis
Begründet von Handelsschul-Direktor Dipl.-Hdl. Friedrich Hutkap †

Verfasser:
Dipl.-Hdl. **Dietmar Schuster, Gießen**

Fast alle in diesem Buch erwähnten Hard- und Softwarebezeichnungen sind eingetragene Warenzeichen.

19., überarb. Auflage 2007

Gesamtherstellung:
MERKUR VERLAG RINTELN Hutkap GmbH & Co. KG, 31735 Rinteln

E-Mail: Info@merkur-verlag.de
Internet: www.merkur-verlag.de

ISBN 978-3-8120-0194-6

Vorwort

Liebe Auszubildende,
liebe Kolleginnen und Kollegen an beruflichen Schulen,
liebe Ausbilderinnen und Ausbilder,

die neue Ausbildungsordnung und der dazu entwickelte Rahmenlehrplan betonen den **Grundsatz der Handlungsorientierung.** Dadurch sollen die Auszubildenden befähigt werden, Arbeitsaufgaben durch **selbstständiges Planen, Durchführen und Kontrollieren** zu erledigen.

Ein derartiges Vorgehen beim Lösen komplexer Aufgaben setzt voraus, dass sich die Auszubildenden die dazu erforderlichen Kenntnisse und Fähigkeiten **weitgehend selbst erarbeiten.** Da die Auszubildenden am Anfang ihrer Ausbildung einen unterschiedlichen Kenntnisstand besitzen, soll dieses Lehr- und Aufgabenbuch die Möglichkeit eröffnen, die zu unterschiedlichen Problemlösungen erforderlichen Kenntnisse erstmalig zu erarbeiten, Vergessenes aufzufrischen und neu erarbeitetes Wissen zu wiederholen.

Da die Umsetzung des Rahmenlehrplans der KMK in den einzelnen Ländern unterschiedlich erfolgt, wurde eine Konzeption gewählt, die möglichst **allen Organisationsformen des Unterrichts** gerecht wird. Auch im Rahmen **betrieblicher Unterweisung** kann auf einzelne Abschnitte zurückgegriffen werden.

In dem Rahmenlehrplan der KMK sind u. a. die **Bereiche Datenverarbeitung** und **Mathematik** keine eigenständigen Lernfelder. Die Kenntnisse und Fertigkeiten, die aus diesen Bereichen zu Problemlösungen verschiedener Lernfelder erforderlich sind, werden in einem eigenen Kapitel als Leittext aufbereitet, damit bei Bedarf von Ihnen darauf zurückgegriffen werden kann.

Die Ergänzungen zum Prüfungskatalog für die Abschlussprüfungen der ZPA wurden berücksichtigt.

Die Buchungen zu einzelnen Bankgeschäften erfolgen bei den jeweiligen Lerninhalten der Lernfelder zur Bankbetriebslehre in Lehrbuch »0265 Handlungsorientierte Bankbetriebslehre – Fälle und Übungen«. Dieses Lehrbuch enthält die Lernfelder 2, 4, 5, 7, 10 und 11 des KMK-Rahmenlehrplans.

Dieses Symbol kennzeichnet programmierte Aufgaben.

In dieser Auflage wurden berücksichtigt:

- Änderung der Umsatzsteuer,
- Änderungen im Sozialversicherungsrecht,
- Solvabilitätsverordnung 2006,
- Liquiditätsverordnung 2006.

Gießen, Frühjahr 2007

Dietmar Schuster

Inhaltsverzeichnis

Lernfeld: Dokumentierte Unternehmensleistungen auswerten

Exkurs: Arbeiten mit dem Tabellenkalkulationsprogramm Excel

Exkurs: Buchungen der Bankgeschäfte

Lernfeld: Unternehmensleistungen erfassen und dokumentieren

KMK-PLAN

Zielformulierung:

Die Schülerinnen und Schüler erfassen und dokumentieren Werteströme in Kreditinstituten. Sie stellen Auswirkungen erfolgsneutraler und erfolgswirksamer Geschäftsfälle auf Vermögen und Kapital dar. Sie bewerten ausgewählte Gegenstände des Anlage- und Umlaufvermögens und beschreiben Bewertungsansätze.

Ausbildungsordnung

Rechnungswesen (§ 3 Nr. 6.1):

Aufbau des Kontenplans des ausbildenden Unternehmens beschreiben
Geschäftsvorgänge erfassen

1 Grundfunktionen des Rechnungswesens

Problemstellung: Karin ist Auszubildende bei einem Kreditinstitut. Ihr wird gesagt, dass sie auch im Rechnungswesen ausgebildet wird.

Arbeitsaufträge:

1. Stellen Sie fest, welche Aufgaben das Rechnungswesen in Ihrem Ausbildungsbetrieb zu erfüllen hat.
2. Beschaffen Sie sich den letzten veröffentlichten Jahresabschluss Ihres Ausbildungsbetriebes!

Informationen

1.1 Welche Aufgaben hat das Rechnungswesen zu erfüllen?

Das betriebliche Rechnungswesen hat vielfältige Informationsbedürfnisse sowohl innerbetrieblich als auch außerbetrieblich zu erfüllen. Die unterschiedlichen Zwecke werden durch verschiedene Bereiche des Rechnungswesens erfüllt.

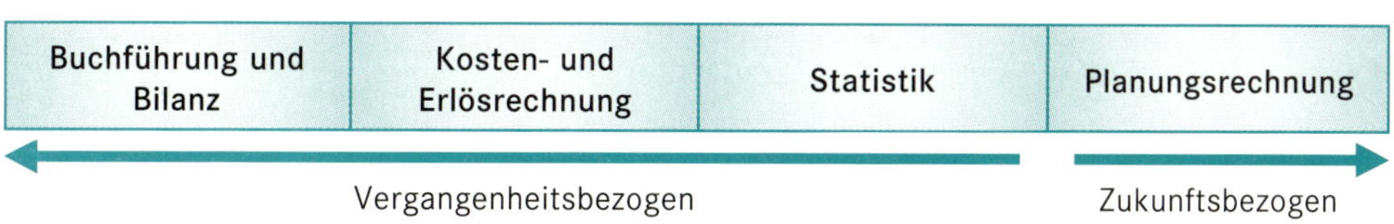

Die Basis für die Erfüllung der vielfältigen **Informationsbedürfnisse** bilden die **Buchführung und die Bilanz.**

Die Buchführung hat die **Aufgabe,** alle Geschäftsfälle eines Kreditinstituts im Zeitablauf in chronologischer Reihenfolge festzuhalten.

Die **Bilanz** dokumentiert das Vermögen und die Schulden eines Kreditinstituts. Sie dient der Information der Teilhaber, die dem Kreditinstitut das Eigenkapital zur Verfügung gestellt haben, ebenso wie den Gläubigern (z. B. Sparern), die dem Kreditinstitut Fremdkapital überlassen haben.

Aber auch andere Kreditinstitute, das Finanzamt und die Öffentlichkeit können sich daraus Informationen beschaffen.

Die **Kosten- und Erlösrechnung** hat die Aufgabe, die Kosten und Erlöse zu erfassen, zu verteilen und zuzurechnen, die bei der Erstellung und Verwertung von Bankdienstleistungen entstehen. Dadurch sollen die Kontrolle der Wirtschaftlichkeit des Betriebsprozesses, die Disposition der Geschäftsleitung und die Kalkulation der Bankleistungen ermöglicht werden.

Die **Statistik** bereitet die Zahlen der Buchführung, die Bilanz und die Ergebnisse der Kostenrechnung auf, um diese z. B. zur Kontrolle der Wirtschaftlichkeit, zum Erkennen von Risiken oder als Basis für zukunftsbezogene Planungen nutzen zu können.

Die bisher aufgeführten Bereiche des Rechnungswesens sind vergangenheitsorientiert. Dagegen dient der vierte Teilbereich des Rechnungswesens, die **Planungsrechnung,** der Zukunftssteuerung des Kreditinstituts. Dieses zukunftsorientierte Rechnungswesen ist das Instrument der Unternehmenssteuerung.

1.2 Welche Rechtsgrundlagen über die Buchführungspflicht bestehen und was versteht man unter den „Grundsätzen ordnungsmäßiger Buchführung"?

Die **Rechtsgrundlage** für die Buchführungspflicht des Kaufmanns ist der § 238 HGB. Dort wird auch geregelt, was unter **ordnungsmäßiger Buchführung** zu verstehen ist. Weitere Ordnungsvorschriften enthält § 239 HGB.

HGB § 238 [Buchführungspflicht]

(1) Jeder Kaufmann ist verpflichtet, Bücher zu führen und in diesen seine Handelsgeschäfte und die Lage seines Vermögens nach den Grundsätzen ordnungsmäßiger Buchführung ersichtlich zu machen. Die Buchführung muss so beschaffen sein, dass sie einem sachverständigen Dritten innerhalb angemessener Zeit einen Überblick über die Geschäftsvorfälle und über die Lage des Unternehmens vermitteln kann. Die Geschäftsvorfälle müssen sich in ihrer Entstehung und Abwicklung verfolgen lassen.

(2) Der Kaufmann ist verpflichtet, eine mit der Urschrift übereinstimmende Wiedergabe der abgesandten Handelsbriefe (Kopie, Abdruck, Abschrift oder sonstige Wiedergabe des Wortlauts auf einem Schrift-, Bild- oder anderen Datenträger) zurückzubehalten.

§ 239 [Führung der Handelsbücher]

(1) Bei der Führung der Handelsbücher und bei den sonst erforderlichen Aufzeichnungen hat sich der Kaufmann einer lebenden Sprache zu bedienen. Werden Abkürzungen, Ziffern, Buchstaben oder Symbole verwendet, muss im Einzelfall deren Bedeutung eindeutig festliegen.

(2) Die Eintragungen in Büchern und die sonst erforderlichen Aufzeichnungen müssen vollständig, richtig, zeitgerecht und geordnet vorgenommen werden.

(3) Eine Eintragung oder eine Aufzeichnung darf nicht in einer Weise verändert werden, dass der ursprüngliche Inhalt nicht mehr feststellbar ist. Auch solche Veränderungen dürfen nicht vorgenommen werden, deren Beschaffenheit es ungewiss lässt, ob sie ursprünglich oder erst später gemacht worden sind.

(4) Die Handelsbücher und die sonst erforderlichen Aufzeichnungen können auch in der geordneten Ablage von Belegen bestehen oder auf Datenträgern geführt werden, soweit diese Formen der Buchführung einschließlich des dabei angewandten Verfahrens den Grundsätzen ordnungsmäßiger Buchführung entsprechen. Bei der Führung der Handelsbücher und der sonst erforderlichen Aufzeichnungen auf Datenträgern muss insbesondere sichergestellt sein, dass die Daten während der Dauer der Aufbewahrungsfrist verfügbar sind und jederzeit innerhalb angemessener Frist lesbar gemacht werden können. Absätze 1 bis 3 gelten sinngemäß.

Die Anforderungen des HGB an eine ordnungsgemäße Buchführung und das Führen von Handelsbüchern stimmen mit denen in der **Abgabenordnung** (§§ 145, 146 AO) für Zwecke der Besteuerung gestellten Ansprüchen an die Buchführung im Wesentlichen überein.

Neben den allgemeinen handels- und steuerrechtlichen Vorschriften über die Rechnungslegung bestehen ergänzende Regelungen.

1.3 Welche Unterlagen hat ein Kaufmann aufzubewahren und wie lange?

Die von einem Kaufmann aufzubewahrenden Unterlagen, die Art ihrer Aufbewahrung und die Aufbewahrungsfristen ergeben sich aus § 257 HGB:

HGB § 257 [Aufbewahrung von Unterlagen; Aufbewahrungsfristen]

(1) Jeder Kaufmann ist verpflichtet, die folgenden Unterlagen geordnet aufzubewahren:

1. Handelsbücher, Inventare, Eröffnungsbilanzen, Jahresabschlüsse, Einzelabschlüsse nach § 325 Abs. 2 a, Lageberichte, Konzernabschlüsse, Konzernlageberichte sowie die zu ihrem Verständnis erforderlichen Arbeitsanweisungen und sonstigen Organisationsunterlagen,
2. die empfangenen Handelsbriefe,
3. Wiedergaben der abgesandten Handelsbriefe,
4. Belege für Buchungen in den von ihm nach § 238 Abs. 1 zu führenden Büchern (Buchungsbelege).

(2) Handelsbriefe sind nur Schriftstücke, die ein Handelsgeschäft betreffen.

(3) Mit Ausnahme der Eröffnungsbilanzen und Abschlüsse können die in Absatz 1 aufgeführten Unterlagen auch als Wiedergabe auf einem Bildträger oder auf anderen Datenträgern aufbewahrt werden, wenn dies den Grundsätzen ordnungsmäßiger Buchführung entspricht und sichergestellt ist, dass die Wiedergabe oder die Daten

1. mit den empfangenen Handelsbriefen und den Buchungsbelegen bildlich und mit den anderen Unterlagen inhaltlich übereinstimmen, wenn sie
2. während der Dauer der Aufbewahrungsfrist verfügbar sind und jederzeit innerhalb angemessener Frist lesbar gemacht werden können.

Sind Unterlagen auf Grund des § 239 Abs. 4 Satz 1 auf Datenträgern hergestellt worden, können statt des Datenträgers die Daten auch ausgedruckt aufbewahrt werden; die ausgedruckten Unterlagen können auch nach Satz 1 aufbewahrt werden.

(4) Die in Absatz 1 Nr. 1 und 4 aufgeführten Unterlagen sind zehn Jahre und die sonstigen in Absatz 1 aufgeführten Unterlagen sechs Jahre aufzubewahren.

(5) Die Aufbewahrungsfrist beginnt mit dem Schluss des Kalenderjahres, in dem die letzte Eintragung in das Handelsbuch gemacht, das Inventar aufgestellt, die Eröffnungsbilanz oder der Jahresabschluss festgestellt, Einzelabschlüsse nach § 325 Abs. 2 a oder der Konzernabschluss aufgestellt, der Handelsbrief empfangen oder abgesandt oder der Buchungsbeleg entstanden ist.

1.4 Welche wirtschaftlichen Gründe gibt es für eine ordnungsmäßige Buchführung?

Durch die Aufzeichnung sämtlicher Geschäftsfälle erhält der Kaufmann u. a. die Möglichkeiten,

1. die Lage seines Vermögens jederzeit feststellen zu können;
2. den geschäftlichen Erfolg fortlaufend zu ermitteln und zu überwachen. Dadurch wird er in die Lage versetzt, Fehlentwicklungen rechtzeitig zu begegnen, wie z. B. das Vermeiden der Zahlungsunfähigkeit;
3. die Daten der Buchführung statistisch aufzubereiten und diese bei der Kosten- und Erlösrechnung zu verwenden sowie Planungsrechnungen durchzuführen.

Auf einen Blick:

1. Teilgebiete des betrieblichen Rechnungswesens

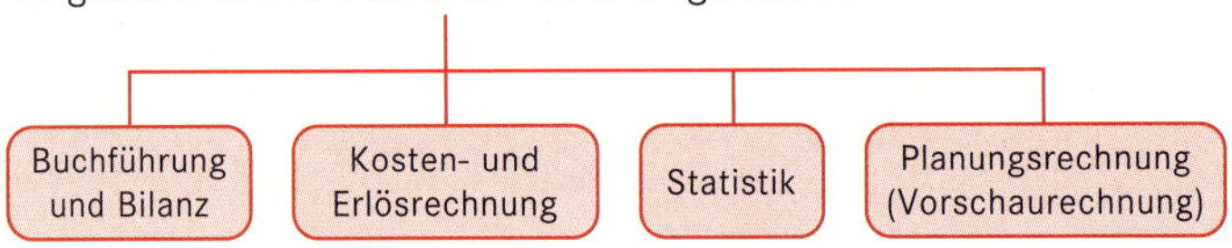

2. Die Buchführung muss den **„Grundsätzen ordnungsmäßiger Buchführung"** entsprechen.

3. **Aufbewahrungsfristen**
   - 10 Jahre: z. B. Handelsbücher, Inventare, Bilanzen, Jahresabschlüsse, Lageberichte, Konzernabschlüsse, Konzernlageberichte sowie die zu ihrem Verständnis erforderlichen Arbeitsanweisungen und sonstigen Organisationsunterlagen, Buchungsbelege.
   - 6 Jahre: z. B. empfangene Handelsbriefe, Wiedergaben der abgesandten Handelsbriefe.

4. Aufbewahrungsfrist **beginnt** am Ende des Kalenderjahres.

Aufgaben:

1. Wer ist verpflichtet, Bücher zu führen?
2. Worüber müssen die Bücher eines Kaufmanns Auskunft geben?
3. Wann liegt eine ordnungsmäßige Buchführung vor?
4. Der Kaufmann Karl Lehmann will seine Kosten senken. Er ordnet deshalb an, in Zukunft keine Durchschläge der abgesandten Handelsbriefe mehr zu erstellen.
   Wie beurteilen Sie diese Anordnung?
5. Welche Anforderungen stellt das HGB an die Führung der Handelsbücher?
6. Welche Formen der Buchführung können nach § 239 Abs. 4 HGB gewählt werden?
7. Geben Sie an, bis zu welchem Tag die folgenden Unterlagen eines Kaufmanns mindestens aufzubewahren sind:

Unterlage	Zeitpunkt der Entstehung der Unterlage
a) Handelsbücher	Letzte Eintragung 25. Juli 2006
b) Empfangener Handelsbrief	Eingang 25. Januar 2006
c) Inventar	Aufgestellt am 20. Januar 2006
d) Bilanz	Festgestellt am 3. April 2006
e) Kopie eines abgesandten Handelsbriefes	Ausgangsdatum 30. Dezember 2006
f) Buchungsbeleg	Buchung am 24. Mai 2006

8. Welche der nach § 257 Abs. 1 HGB aufzubewahrenden Unterlagen dürfen **nicht** auf einem Bildträger oder auf anderen Datenträgern aufbewahrt werden?

9. Welchen Nutzen kann ein Kaufmann aus einer ordnungsmäßigen Buchführung ziehen?

10. Ingrid erhält am 1. Juli ein monatliches Taschengeld von 50,00 €. Davon gibt sie aus am 4. Juli 5,00 € für Getränke, am 10. Juli 15,00 € für ein Buch, am 18. Juli 8,00 € für eine Kinokarte und am 24. Juli 19,00 € für ein Essen.

    Ermitteln Sie den Bestand an Bargeld zum 25. Juli in Form einer Einnahmen-/Ausgabenrechnung!

11. Ein Kunde zahlte am 23.02.2006 4 500,00 € auf sein Konto ein. Wie lange muss der Buchungsbeleg im Original oder auf Datenträger aufbewahrt werden? Tragen Sie das Datum ein!

    Jahr Monat Tag
    □□□□.□□.□□

2 Inventur, Inventar, Bilanz

2.1 Inventur, Inventar

Problemstellung:	Das Bankhaus Hans Wilms & Co. KG, Gießen, hat zum 31. Dezember eines Jahres ein Inventar zu erstellen.
Arbeitsaufträge:	Klären Sie den Begriff Inventar! Erstellen Sie ein Inventar! Wann müssen Sie ein Inventar erstellen?

Informationen

2.1.1 Was ist ein Inventar?

Das **Inventar** ist ein Verzeichnis, in dem jeder Kaufmann seine Grundstücke, seine Forderungen und Schulden, den Betrag seines baren Geldes sowie seine sonstigen Vermögensgegenstände genau zu verzeichnen **und** dabei den Wert der einzelnen Vermögensgegenstände und Schulden anzugeben hat (§ 240 Abs. 1 HGB).

2.1.2 Wie wird ein Inventar erstellt?

Voraussetzung für die Erstellung des Inventars ist die Ermittlung der einzelnen Vermögensposten und der Schulden nach Art, Menge und Wert. Diesen Vorgang bezeichnet man als **Inventur.**

Inventurformen
für Kreditinstitute sind

Stichtagsinventur

= Aufnahme der Bestände an einem Stichtag und zu diesem Stichtag;
z. B. 1. Beginn des Handelsgewerbes
2. Ende eines Geschäftsjahres

(§ 240 HGB)

Permanente Inventur

= Bestände werden aus fortlaufend geführten Karteien entnommen. Aber: Mindestens einmal pro Jahr Kontrolle der Karteibestände durch körperliche Aufnahme der Vermögens- und Schuldenposten.

(§ 241 Abs. 2 HGB)

Zeitlich verlegte Inventur

= besonderes Inventar. Die jährliche Bestandsaufnahme erfolgt ganz oder teilweise innerhalb der letzten drei Monate vor oder innerhalb der ersten beiden Monate nach dem Bilanzstichtag.

Unter Beachtung der Grundsätze ordnungsgemäßer Buchführung werden die Bestände zum Bilanzstichtag fortgeschrieben oder zurückgerechnet, damit der am Schluss des Geschäftsjahres vorhandene Bestand ordnungsgemäß bewertet werden kann.

(§ 241 Abs. 3 HGB)

Inventurverfahren können sein

Körperliche Bestandsaufnahme

Grundverfahren nach § 240 HGB Besichtigen, Identifizieren, Klassifizieren der Gegenstände mit anschließendem Zählen, Messen oder Wiegen.

Anwendung:

Nur bei körperlichen Sachen (z. B. Kassenbestand).

Aufnahme anhand von Urkunden

Bei allen immateriellen Gütern und auswärts gelagerten Posten,
z. B. Lizenzen,
Patente.

Buchmäßige Aufnahme

Übertragung der Mengen und Werte von betrieblichen Aufzeichnungen,
z. B. Forderungen,
Verbindlichkeiten.

Auch bei Sachanlagevermögen, wenn eine ordnungsgemäße Anlagenkartei/-datei geführt wird.

Aufnahme von Stichproben

Aus Durchschnittswerten von Stichproben wird auf den Wert des Gesamtbestandes geschlossen (§ 241 Abs. 1 HGB).

Bei Kreditinstituten wird vorwiegend die buchmäßige Aufnahme angewandt. Bei Kreditgenossenschaften mit Warengeschäft kommt auch die körperliche Bestandsaufnahme vor.

Der für die einzelnen Vermögensposten und die Schulden anzusetzende Wert ist unter Beachtung besonderer Bewertungsvorschriften zu bilden. Auf die Bewertung wird im Jahresabschluss näher eingegangen.

Bei dem Bankhaus Hans Wilms & Co. KG, Gießen, ergaben sich folgende **Inventurwerte:**

	Euro	Euro
Kassenbestand		
Banknoten lt. bes. Aufstellung		67 000,00
Münzen lt. bes. Aufstellung	5 925,00	72 925,00
Guthaben bei der Deutschen Bundesbank		
lt. Kontoauszug der Bbk-Filiale Gießen		2 592 400,00
Forderungen an Kreditinstitute		
Handelsbank AG, Gießen lt. Kontoauszug	521 900,00	
Sparkasse Gießen lt. Kontoauszug	296 040,00	
Postbank lt. Kontoauszug	103 430,00	921 370,00

Erläuterungen zu den Inventarposten:

Die Kreditinstitute unterhalten liquide Mittel als **Barreserve** in der *Kasse*, als täglich fällige *Guthaben bei der Zentralnotenbank*. Das ist in der Bundesrepublik Deutschland die Deutsche Bundesbank (Bbk). Sie unterhält Hauptverwaltungen mit Filialen und unselbstständigen Betriebsstellen. Sie bildet mit anderen nationalen Zentralbanken und der Europäischen Zentralbank (EZB) das Europäische System der Zentralbanken (ESZB).

Im *Kassenbestand* werden alle gesetzlichen Zahlungsmittel erfasst.

Zur Abwicklung des Zahlungsverkehrs und zur Geldanlage bzw. Geldaufnahme werden Konten mit anderen Kreditinstituten unterhalten. Weisen diese Konten Guthaben auf oder handelt es sich um anderen KI gewährte Kredite, so kann das Bankhaus Wilms diese wieder zurückfordern.

Zu den Forderungen an KI gehören auch **Übernachtguthaben** im Rahmen der Einlagenfazilitäten der Deutschen Bundesbank und **Termineinlagen** bei der Bbk.

Erläuterungen zu den Inventarposten:

Forderungen an Kunden

	Euro	Euro
Ella Schreiner	5 270,00	
Müller & Co. KG	12 065,00	
Städtische Wasserwerke GmbH		27 928,00
⋮		
Übrige Kunden	12 113 252,00	12 158 515,00

Hier werden sämtliche Kredite an Nichtbankenkunden erfasst.

Diese Kunden werden auch als **Debitoren** bezeichnet.

Wertpapiere

a) Anleihen und Schuldverschreibungen

2 000 000,00 Euro 6 % Pfandbriefe, Kurs 78,00	1 560 000,00	
500 000,00 Euro 7 ½ % Öffentliche Pfandbriefe, Kurs 96,00	480 000,00	2 040 000,00

Anleihen und Schuldverschreibungen sind i. d. R. festverzinsliche Anlagen eines Kreditinstituts, die entweder der Kapitalanlage oder dem Handel dienen. Die Mengen werden durch den Nennwert bestimmt. Der Wert wird im Kurs ausgedrückt, der sich auf 100,00 Euro Nennwert bezieht.

b) Aktien

200 Stück Eterna AG, Kurs 230,00	46 000,00	
300 Stück Ymos AG, Kurs 290,00	87 000,00	133 000,00

Aktien verbriefen Anteilsrechte an Aktiengesellschaften.

Die Aktien können entweder als **Nennbetragsaktien** oder als **Stückaktien** ausgegeben (emittiert) werden. Nennbetragsaktien müssen auf mindestens einen Euro lauten. Stückaktien lauten auf keinen Nennbetrag. Der auf die einzelne Aktie entfallende anteilige Betrag des Grundkapitals (GK mindestens 50 000 Euro) darf einen Euro nicht unterschreiten.

Es werden nur die dem KI gehörenden Wertpapiere erfasst.

Sachanlagen

Grundstücke und Gebäude		
Gießen, Ostanlage 22	317 400,00	
Gießen, Licher Str. 18	293 600,00	611 000,00
Betriebs- und Geschäftsausstattung (BGA)		
lt. bes. Aufstellung		293 000,00

Sachanlagen dienen längerfristig der Erstellung der Bankleistungen. Dazu gehören die dem KI gehörenden bebauten und unbebauten Grundstücke und Gebäude sowie die beweglichen Vermögensgegenstände, die länger als ein Jahr dem Geschäftsbetrieb dienen, wie

- Büroausstattung
- Büromaschinen
- Fahrzeuge

Verbindlichkeiten gegenüber Kreditinstituten

Commerzbank AG Gießen (lt. Kontoauszug)	292 000,00	
Volksbank Mittelhessen eG (lt. Kontoauszug)	154 625,00	446 625,00

Es werden die Salden aus Kontoverbindungen mit anderen Kreditinstituten erfasst, bei denen das Bankhaus Wilms als Schuldner auftritt.

Verbindlichkeiten gegenüber Kreditinstituten entstehen durch

- Guthabensalden auf laufenden Konten (Sichteinlagen),
- Geldaufnahmen (Tagesgeld, Festgeld),
- Darlehensaufnahmen bei anderen Kreditinstituten und
- aufgenommene Übernachtkredite bei der Bbk.

Verbindlichkeiten gegenüber Kunden	Euro	Euro
a) Spareinlagen		
Rita Abel	145,00	
Karl Adler	2 915,00	
Oskar Bremer	8 017,00	
⋮		
Übrige Kunden	8 119 538,00	8 130 615,00
b) täglich fällig (Sichteinlagen)		
Dieter Schreiber	817,00	
Metallbau GmbH	11 925,00	
EVM AG	44 317,00	
⋮		
Übrige Kunden	5 109 626,00	5 166 685,00
c) befristete Einlagen		
Anton Holler	20 000,00	
Rawemo GmbH	100 000,00	
⋮		
Übrige Kunden	2 460 000,00	2 580 000,00

Erläuterungen zu den Inventarposten:

Es handelt sich um Verbindlichkeiten, die nicht in einem Wertpapier verbrieft sind.

Spareinlagen sind Einlagen, die der Ansammlung oder Anlage von Vermögen dienen und durch eine besondere Urkunde (z. B. Sparbuch) gekennzeichnet sind.

Dies sind die Guthaben der Nichtbankenkunden auf ihren laufenden Konten (Girokonten, Kontokorrentkonten).

Über diese Guthaben kann „bei Sicht", d. h. jederzeit, verfügt werden. Daher die Bezeichnung Sichteinlagen. Man spricht auch von **Kreditoren**.

Es handelt sich um Einlagen von Nichtbankenkunden, die nach einer vereinbarten Laufzeit oder Kündigungsfrist fällig werden.

Die **Ergebnisse der Inventur** werden in einem besonderen Verzeichnis, dem **Inventar**, zusammengefasst.

Das **Inventar** gliedert sich in drei Teile:

A. **Vermögen**
B. **Schulden**
C. **Ermittlung des Reinvermögens**

Aufgrund der Inventur des Bankhauses Hans Wilms & Co. KG ergibt sich dieses Inventar:

Inventar zum 31. Dezember 20. .

A. Vermögen	Euro	Euro	Euro
1. **Barreserve**			
a) Kassenbestand			
Banknoten lt. Anlage	67 000,00		
Münzen lt. Anlage	5 925,00	72 925,00	
b) Guthaben bei der Deutschen Bundesbank lt. Kontoauszug der Bbk-Filiale Gießen		2 592 400,00	2 665 325,00
2. **Forderungen an Kreditinstitute**			
Handelsbank AG Gießen (lt. Kontoauszug)		521 900,00	
Sparkasse Gießen (lt. Kontoauszug)		296 040,00	
Postbank AG (lt. Kontoauszug)		103 430,00	921 370,00
3. **Forderungen an Kunden** lt. Anlage			12 158 515,00
4. **Wertpapiere**			
a) Anleihen und Schuldverschreibungen lt. Anlage		2 040 000,00	
b) Aktien lt. Anlage		133 000,00	2 173 000,00

	Euro	Euro
5. **Sachanlagen**		
– Grundstücke und Gebäude		
Gießen, Ostanlage 22	317 400,00	
Gießen, Licher Str. 18	293 600,00	
– Betriebs- und Geschäftsausstattung lt. Anlage	293 000,00	904 000,00
Summe des Vermögens		18 822 210,00
B. Schulden		
1. **Verbindlichkeiten gegenüber Kreditinstituten**		
Commerzbank AG Gießen (lt. Kontoauszug)	292 000,00	
Volksbank Mittelhessen eG (lt. Kontoauszug)	154 625,00	446 625,00
2. **Verbindlichkeiten gegenüber Kunden** (lt. Anlagen)		
a) Spareinlagen	8 130 615,00	
b) andere Verbindlichkeiten		
ba) täglich fällig (Sichteinlagen)	5 166 685,00	
bb) befristete Einlagen	2 580 000,00	15 877 300,00
Summe der Schulden		16 323 925,00
C. Ermittlung des Reinvermögens		
Summe des Vermögens		18 822 210,00
– Summe der Schulden		16 323 925,00
Reinvermögen (Eigenkapital)		2 498 285,00

2.1.3 Wann muss ein Inventar erstellt werden?

Jeder Kaufmann hat zu Beginn seines Handelsgewerbes und für den Schluss eines jeden Geschäftsjahres ein **Inventar** zu erstellen. Die Dauer des Geschäftsjahres darf zwölf Monate nicht überschreiten. Das Inventar muss innerhalb der einem ordnungsgemäßen Geschäftsgang entsprechenden Zeit erstellt werden (§ 240 Abs. 1 und 2 HGB).

Auf einen Blick:

1. Jeder Kaufmann ist verpflichtet, ein Verzeichnis seines Vermögens und seiner Schulden zu erstellen.
2. Grundlage für die Erstellung des Inventars ist die Inventur, d. h. die genaue mengen- und wertmäßige Erfassung der Vermögens- und Schuldenwerte.
3. Die Zusammenstellung der Ergebnisse der Inventur erfolgt im Inventar.
4. Das Inventar gliedert sich in
   A: Vermögen
   B: Schulden
   C: Reinvermögen

HGB § 240 [Inventar]

(1) Jeder Kaufmann hat zu Beginn seines Handelsgewerbes seine Grundstücke, seine Forderungen und Schulden, den Betrag seines baren Geldes sowie seine sonstigen Vermögensgegenstände genau zu verzeichnen und dabei den Wert der einzelnen Vermögensgegenstände und Schulden anzugeben.

(2) Er hat demnächst für den Schluss eines jeden Geschäftsjahres ein solches Inventar aufzustellen. Die Dauer des Geschäftsjahres darf zwölf Monate nicht überschreiten. Die Aufstellung des Inventars ist innerhalb der einem ordnungsmäßigen Geschäftsgang entsprechenden Zeit zu bewirken.

(3) ...

(4) ...

Aufgaben:

12. Die Inventur der Handelsbank AG ergab am 31. Dezember folgende Bestände an Wirtschaftsgütern:

	TEUR
Kassenbestand	35
Guthaben bei der Bundesbank	78
Forderungen an Kreditinstitute	
Spar- und Kreditbank AG	25
Sparkasse	237
Volksbank eG	9
Forderungen an Kunden	
Karl Schneider	12
Metallbau GmbH	167
Meyer & Söhne OHG	659
Tonwerke AG	267
Grundstücke und Gebäude	123
Betriebs- und Geschäftsausstattung	45
Verbindlichkeiten gegenüber Kreditinstituten	
Commerzbank AG	68
Bankhaus Schrüder KG	40
Verbindlichkeiten gegenüber Kunden	
– täglich fällige Verbindlichkeiten (Sichteinlagen)	
Veronika Hohenseen	29
Gisela Schneider	4
Karl Handschuh OHG	367
Bauchemie GmbH	205
– befristete Einlagen	
Dr. Hans Schieder	150
Hillmann & Co. KG	75
– Spareinlagen	
Dieter Baumann	68
Grete May	35
Claudia Scherer	73

Erstellen Sie das Inventar der Handelsbank AG zum 31. Dezember!

13. Erstellen Sie nach den Ergebnissen der Inventur vom 16. Juli 20.. das vollständige Inventarverzeichnis der Südbank AG!

Datum der Aufstellung des Inventars: 16. Juli 20..	TEUR
Betriebs- und Geschäftsausstattung	6 200,00
Verbindlichkeiten gegenüber Kreditinstituten:	
Sparkasse Gießen	24 100,00
Genossenschaftsbank Gießen eG	2 800,00
Kassenbestand	15 900,00
Forderungen an Kunden:	
Franz May	175 000,00
Karl Schnell	35 000,00
Oskar Klose	63 000,00
Befristete Einlagen:	
Mühlberg GmbH	80 000,00
Schneider OHG	25 000,00
Wertpapiere:	
a) Schuldverschreibungen	
10 Mio. Euro 7 % Schuldverschreibungen zu 89,00	8 900,00
b) Aktien und andere nicht festverzinsliche Wertpapiere	
40 000 Stück XY-Aktien zu 210,00 €/Stück	8 400,00
80 000 Stück Adga-Investmentzertifikate zu 25,00 €/Stück	2 000,00
Spareinlagen:	
Otto Müller	1 800,00
Gisela Wilms	6 300,00
Martha Keller	26 200,00
Guthaben bei der Bundesbank	132 000,00
Verbindlichkeiten gegenüber Kunden (täglich fällig):	
Fritz Sänger	27 900,00
Inge Lohse	40 400,00
Fa. K. Weller	96 100,00
Forderungen an Kreditinstitute:	
Allgemeine Handelsbank	3 600,00
Nordbank	2 300,00
Postbank	4 100,00
Grundstücke und Gebäude	38 000,00

14. Sie sollen verschiedene Schüleraussagen zu Inventur und Inventar prüfen. Welche Aussagen sind richtig?

1. Das Inventar ist die mengenmäßige Erfassung des Gesamtvermögens eines Unternehmens.
2. Bei Kreditinstituten kann auch ein besonderes Inventar erstellt werden.
3. Bei Forderungen und Verbindlichkeiten ist die buchmäßige Aufnahme aus betrieblichen Aufzeichnungen übliches Inventurverfahren.
4. Der Zeitraum der Erstellung des Inventars im Anschluss an die Inventur ist beliebig ausdehnbar.
5. Die Inventur stellt die Ergebnisse des Inventars dar.

2.2 Bilanz

Problemstellung: Das Bankhaus Hans Wilms & Co. KG ist verpflichtet, „zu Beginn seines Handelsgewerbes und für den Schluss eines jeden Geschäftsjahres einen das Verhältnis seines Vermögens und seiner Schulden darstellenden Abschluss (Eröffnungsbilanz, Bilanz) aufzustellen" (§ 242 Abs. 1 HGB).

Arbeitsaufträge: Was ist eine Bilanz?
Was hat ein Kaufmann bei der Aufstellung der Bilanz zu beachten?
Wie hoch war das Eigenkapital Ihres Ausbildungsbetriebs im vergangenen Geschäftsjahr?

Informationen

2.2.1 Was ist eine Bilanz?

Die **Bilanz** ist eine **vereinfachte Form der Darstellung des Inventars.** Sie nimmt nur die Gesamtwerte der Vermögens- und Schuldenposten auf. Auf die Aufzählung von Einzelwerten, z. B. der Namen der Sparkunden, wird verzichtet.

Die Bilanz ist in **Kontoform** aufzustellen.

Auf dem Querbalken stehen die **Bilanzart,** z. B. Tagesbilanz, Jahresbilanz, und der **Zeitpunkt**, auf den sich die Angaben der Bilanz beziehen.

Jahresbilanz zum (Stichtag)

Aktivseite	Passivseite
Vermögen = Mittelverwendung	Fremdkapital = Schulden gegenüber den Nicht-Eigentümern Eigenkapital = „Verbindlichkeiten" gegenüber den Eigentümern
Summe d. Aktivseite	Summe d. Passivseite

Die linke Seite der Bilanz nennt man die Aktivseite. Sie nimmt die einzelnen Vermögenswerte auf. Die Bezeichnung **Aktivseite** kommt aus dem lateinischen agere = handeln, tätig sein.

Die rechte Seite der Bilanz nennt man die **Passivseite**. Die dort ausgewiesenen Posten beinhalten die **Verbindlichkeiten** (Schulden) **des Unternehmens** gegenüber Nicht-Eigentümern (= Fremdkapital) und das Eigenkapital, das von den Eigentümern bereitgestellt wurde. Da das Eigenkapital von dem Unternehmen wieder an die Eigentümer zurückgezahlt werden muss, kann man es auch als Verbindlichkeiten gegenüber den Eigentümern interpretieren. Der Ausdruck Passivseite kommt aus dem lat. pati = leiden, stillhalten, ruhen.

Da die auf der Passivseite ausgewiesenen Finanzierungsmittel des Unternehmens stets in einen Vermögenswert der Aktivseite eingehen müssen, gilt die so genannte **Bilanzgleichung:**

Summe der Aktivseite = Summe der Passivseite.

Wegen dieser Gleichheit wird diese Form der Darstellung Bilanz (ital. bilancia = Waage) genannt.

Die Gültigkeit dieser Bilanzgleichung ergibt sich aus dem Wesen der Bilanz. Die **Aktivseite** zeigt auf, **wie** das Unternehmen das ihm von Eigentümern und Nicht-Eigentümern zur Verfügung gestellte Kapital verwandt hat. Die Umwandlung der dem Unternehmen zur Verfügung gestellten Finanzmittel in Vermögenswerte wird als **Investition** bezeichnet.

Die **Passivseite** zeigt, **woher** die Finanzierungsmittel stammen. Die Mittelbeschaffung nennt man **Finanzierung.**

Eigenkapital (eigene Mittel) benötigen Kreditinstitute, **um Risiken** aus dem Kreditgeschäft, operationelle Risiken und Marktrisiken **abzudecken. Operationelle Risiken** betreffen die Gefahr von Verlusten, die infolge der Unangemessenheit oder des Versagens von internen Verfahren (z. B. unvollständige rechtliche Dokumentation) und Systemen (z. B. Software- und Hardwarefehler), Menschen (z. B. betrügerischen Handlungen von Mitarbeitern) oder infolge externer Ereignisse (z. B. Schäden durch Computerhacker) eintreten können. **Marktrisiken** ergeben sich für Kreditinstitute z. B. im Eigenhandel mit Wertpapieren oder Fremdwährungen.

Das **Eigenkapital** sollte bei Kreditinstituten mindestens 8 v. H. der risikobehafteten Vermögenswerte betragen.

Die **Gliederung** der **Bilanzen** erfolgt bei Kreditinstituten nach einem **Formblatt,** das in der **Verordnung über die Rechnungslegung der Kreditinstitute** festgelegt wurde. Näheres vgl. Abschnitt 8 Jahresabschluss der Kreditinstitute.

Gliederungskriterium bei Bilanzen von Kreditinstituten ist

- für die Aktivseite die **abnehmende Liquidität** der Vermögenswerte,
- für die Passivseite die **zunehmende Fristigkeit** des zur Verfügung gestellten Kapitals.

Aus dem Inventar des Bankhauses Hans Wilms & Co. KG ergibt sich folgende Bilanz:

Aktivseite — Jahresbilanz zum 31. Dez. 20.. — Passivseite

Aktivseite	Euro	Euro	Passivseite	Euro	Euro
1. Barreserve			1. Verbindlichkeiten gegenüber Kreditinstituten		446 625,00
a) Kassenbestand	72 925,00		2. Verbindlichkeiten gegenüber Kunden		
b) Guthaben bei der Bundesbank	2 592 400,00	2 665 325,00	a) Spareinlagen	8 130 615,00	
2. Forderungen an Kreditinstitute		921 370,00	b) andere Verbindlichkeiten		
3. Forderungen an Kunden		12 158 515,00	ba) täglich fällig (Sichteinlagen)	5 166 685,00	
4. Wertpapiere[1]		2 173 000,00	bb) befristete Einlagen	2 580 000,00	15 877 300,00
5. Sachanlagen		904 000,00	3. Eigenkapital		2 498 285,00
		18 822 210,00			18 822 210,00

Gießen, den 12. Januar 20..

Hans Wilms

Die Bilanz und die Gewinn- und Verlustrechnung bilden den **Jahresabschluss** (§ 242 Abs. 3 HGB).

1 Aus methodischen Gründen wurden die Wertpapiere zunächst in einem Posten ausgewiesen.

2.2.2 Was hat der Kaufmann bei der Aufstellung der Bilanz zu beachten?

Nach § 243 HGB hat der Kaufmann bei der Aufstellung des Jahresabschlusses zu beachten:

HGB § 243 [Aufstellungsgrundsatz]

(1) Der Jahresabschluss ist nach den Grundsätzen ordnungsmäßiger Buchführung aufzustellen.

(2) Er muss klar und übersichtlich sein.

(3) Der Jahresabschluss ist innerhalb der einem ordnungsmäßigen Geschäftsgang entsprechenden Zeit aufzustellen.

§ 244 HGB bestimmt:

HGB § 244 [Sprache; Währungseinheit]

Der Jahresabschluss ist in deutscher Sprache und in Euro aufzustellen.

Die Unterzeichnung des Jahresabschlusses ist in § 245 HGB geregelt:

HGB § 245 [Unterzeichnung]

Der Jahresabschluss ist vom Kaufmann unter Angabe des Datums zu unterzeichnen. Sind mehrere persönlich haftende Gesellschafter vorhanden, so haben sie alle zu unterzeichnen.

Das Kreditinstitut hält die nach den dargelegten Bestimmungen einer ordnungsmäßigen Buchführung erstellte Bilanz in einem Buch fest, dem **Bilanzenbuch.**

Die Aufbewahrungspflichten nach § 257 HGB sind zu beachten.

Im **Unterschied** zur Gliederung der **Bankbilanzen** sind die **Bilanzen von Handels- und Industriebetrieben** in folgender Reihenfolge zu gliedern (§ 247 HGB):

Aktivseite — Bilanz zum . . . — Passivseite

Aktivseite	Passivseite
Anlagevermögen	Eigenkapital
Umlaufvermögen	Fremdkapital (Schulden)
Summe der Aktivseite	Summe der Passivseite

Die Aktivseite gliedert sich nach zunehmender Liquidität, die Passivseite nach abnehmender Fristigkeit.

Beim **Anlagevermögen** sind nur die Gegenstände auszuweisen, die dauernd (d.h. mindestens ein Jahr) dem Geschäftsbetrieb dienen, z.B. Maschinen.

Das **Umlaufvermögen** dient dem laufenden, kurzfristigen Geschäftsbetrieb.

Auf einen Blick:

1. Die **Bilanz** ist eine vereinfachte Darstellung des Inventars in Kontoform.
2. Die **Aktivseite** nimmt die **Vermögens**posten auf. Die **Passivseite** zeigt die **Verbindlichkeiten** und das **Eigenkapital**.
3. Es gilt die **Bilanzgleichung**:
   Summe der Aktivseite = Summe der Passivseite

4. Die **Passivseite** gibt Auskunft über die **Mittelbeschaffung** (Finanzierung) des Unternehmens.

   Die **Aktivseite** informiert über die **Verwendung** (Investition) der beschafften Finanzierungsmittel.

5. Der **Jahresabschluss** ist vom Kaufmann unter Angabe des Datums **zu unterzeichnen.**

6. Bilanzen der Kreditinstitute werden auf der **Aktivseite** nach **abnehmender Liquidität,** auf der **Passivseite** nach **zunehmender Fristigkeit** gegliedert.

Aufgaben:

15. Stellen Sie das Inventar zu Aufgabe 12 in der Bilanzform dar!

16. Stellen Sie das Inventar zu Aufgabe 13 in der Bilanzform dar!

17.
1. Worin besteht der Unterschied zwischen der Inventur und dem Inventar?
2. Wodurch unterscheidet sich die Stichtagsinventur von der permanenten Inventur?
3. Welche Vorteile bietet einem Kreditinstitut die zeitlich verlegte Inventur?
4. Welches Inventurverfahren hat für ein Kreditinstitut die größte Bedeutung?
5. Wann hat ein Kaufmann ein Inventar zu erstellen?
6. Worüber gibt
   a) die Aktivseite einer Bilanz,
   b) die Passivseite einer Bilanz Auskunft?
7. Erläutern Sie, warum das Eigenkapital eines Kreditinstituts auf der Passivseite der Bilanz steht!

3 Erfassung von Bestandsveränderungen und von erfolgswirksamen Geschäftsfällen in einfachen Beispielen

3.1 Wertänderungen in der Bilanz

Problemstellung: Die Eröffnungsbilanz der Handelsbank AG weist zum 1. Januar 20.. diese Bestände auf:

Aktivseite	Eröffnungsbilanz		Passivseite
	Euro		Euro
Kassenbestand	62 900,00	Verbindlichkeiten gegenüber Kunden	
Guthaben bei der Bbk	448 700,00	a) Spareinlagen	1 270 000,00
Forderungen an Kreditinstitute (Sparkasse)	3 200,00	b) täglich fällig (= Sichteinlagen, Kreditoren)	790 000,00
Forderungen an Kunden (Debitoren)	1 584 400,00	Eigenkapital	94 500,00
Sachanlagen Betriebs- und Geschäftsausstattung (BGA)	55 300,00		
	2 154 500,00		2 154 500,00

	Am ersten Geschäftstag ergeben sich diese **Geschäftsvorgänge:**	
	1. Ein Debitor zahlt bar ein	17 300,00 EUR
	2. Ein Kreditor überträgt auf sein Sparkonto	6 000,00 EUR
	3. Ein Sparer zahlt auf sein Sparkonto bar ein	1 400,00 EUR
	4. Ein Kreditor hebt von seinem Konto bar ab	600,00 EUR
Arbeitsaufträge:	**Wie** werden diese Geschäftsvorgänge bezeichnet? **Welche** Bestände der Bilanz werden durch einen Geschäftsvorgang betroffen? **Wie** verändern sich die jeweils betroffenen Bestände? **Wie** wirken sich die Bestandsveränderungen jeweils auf die Bilanz aus?	

Informationen

Die einzelnen Geschäftsvorgänge, wie z. B. Einzahlungen, Abhebungen, Übertragungen, die das Betriebsvermögen in seiner Zusammensetzung und/oder Höhe berühren, werden als **Geschäftsfälle** bezeichnet. Sie führen zu einem Umsatz.

Die Auswirkungen der einzelnen Geschäftsfälle auf die obige Eröffnungsbilanz soll mit Hilfe einer **Bilanzwaage** (Abb. S. 28) verdeutlicht werden.

Zunächst müssen für jeden Geschäftsfall folgende **vier** Fragen beantwortet werden:

Geschäftsfall / Fragen:	Geschäftsfall 1	Geschäftsfall 2	Geschäftsfall 3	Geschäftsfall 4
1. Welche Bestände der Bilanz werden durch den Geschäftsfall betroffen?	Forderungen an Kunden (Debitoren) Kassenbestand	Verbindlichkeiten gegenüber Kunden (Kreditoren) Spareinlagen	Spareinlagen: Kassenbestand	Kassenbestand Verbindlichkeiten gegenüber Kunden (Kreditoren)
2. Auf welcher Bilanzseite befinden sich die veränderten Bestände?	Forderungen an Kunden (Debitoren): Aktivseite Kassenbestand: Aktivseite	Verbindlichkeiten gegenüber Kunden (Kreditoren): Passivseite Spareinlagen: Passivseite	Spareinlagen: Passivseite Kassenbestand: Aktivseite	Kassenbestand: Aktivseite Verbindlichkeiten gegenüber Kunden (Kreditoren): Passivseite
3. Wie werden die betroffenen Bestände verändert? (Zunahme +; Abnahme –; Betrag)	Forderungen an Kunden (Debitoren): – 17 300,00 € Kassenbestand: + 17 300,00 €	Verbindlichkeiten gegenüber Kunden (Kreditoren): – 6 000,00 € Spareinlagen: + 6 000,00 €	Spareinlagen: + 1 400,00 € Kassenbestand: + 1 400,00 €	Kassenbestand: – 600,00 € Verbindlichkeiten gegenüber Kunden (Kreditoren): – 600,00 €

Fragen: / Geschäftsfall	Geschäftsfall 1	Geschäftsfall 2	Geschäftsfall 3	Geschäftsfall 4
4. Wie wirken sich die Bestandsveränderungen auf die Bilanz aus?	Es werden zwei Bestände der **Aktivseite** betroffen. Ein Bestand nimmt zu, der andere ab. Die Summe aller Aktivbestände bleibt unverändert, damit auch die Bilanzsumme. Diese Art der Veränderung heißt **Aktivtausch**.	Es werden zwei Bestände der **Passivseite** betroffen. Ein Bestand nimmt zu, der andere ab. Die Summe aller Passivbestände bleibt unverändert, damit auch die Bilanzsumme. Diese Art der Veränderung heißt **Passivtausch**.	Es wird je ein Aktiv- und Passivbestand verändert. Beide Bestände nehmen zu. Die Bilanzsumme wird erhöht. Es liegt eine **Aktiv-Passivmehrung** vor.	Es wird je ein Aktiv- und Passivkonto berührt. Beide Bestände nehmen ab. Die Bilanzsumme nimmt ab. Es liegt eine **Aktiv-Passivminderung** vor.

Nach der Erfassung sämtlicher Geschäftsfälle in der Bilanzwaage kann durch die Ermittlung der Endbestände die Schlussbilanz erstellt werden.

Aktivseite **Bilanzwaage** **Passivseite**

Geschäftsfall / Posten	Kassenbestand	Guthaben bei der Bbk	Forderungen an Kreditinstitute	Ford. an Kunden (= Debit.)	Sachanlagen (BGA)	Spareinlagen	Verb. g. Kunden (tägl. f.) (= Kredit.)	Eigenkapital	Art der Veränderung
Anfangsbestände (EUR)	62 900,00	448 700,00	3 200,00	1 584 400,00	55 300,00	1 270 000,00	790 000,00	94 500,00	
1	+ 17 300,00			– 17 300,00					Aktivtausch
2						+ 6 000,00	– 6 000,00		Passivtausch
3	+ 1 400,00					+ 1 400,00			Aktiv-Passivmehrung
4	– 600,00						– 600,00		Aktiv-Passivminderung
Endbestände	81 000,00	448 700,00	3 200,00	1 567 100,00	55 300,00	1 277 400,00	783 400,00	94 500,00	

Aktiva **Schlussbilanz zum 02.01. 20..** Passiva

Aktiva	EUR	Passiva	EUR
Kassenbestand	81 000,00	Verbindlichkeiten gegenüber Kunden	
Guthaben bei der Bbk	448 700,00	a) Spareinlagen	1 277 400,00
Forderungen an Kreditinstitute (Sparkasse)	3 200,00	b) täglich fällig (Sichteinlagen, Kreditoren)	783 400,00
Forderungen an Kunden (= Debitoren)	1 567 100,00	Eigenkapital	94 500,00
Sachanlagen (BGA)	55 300,00		
	2 155 300,00		2 155 300,00

Auf einen Blick:

1. **Geschäftsfälle** sind in der Buchführung Vorgänge, die zu Veränderungen von Beständen in der Bilanz führen.
2. Bei der **Bestimmung der Bilanzveränderung** sind folgende Fragen zu beantworten:

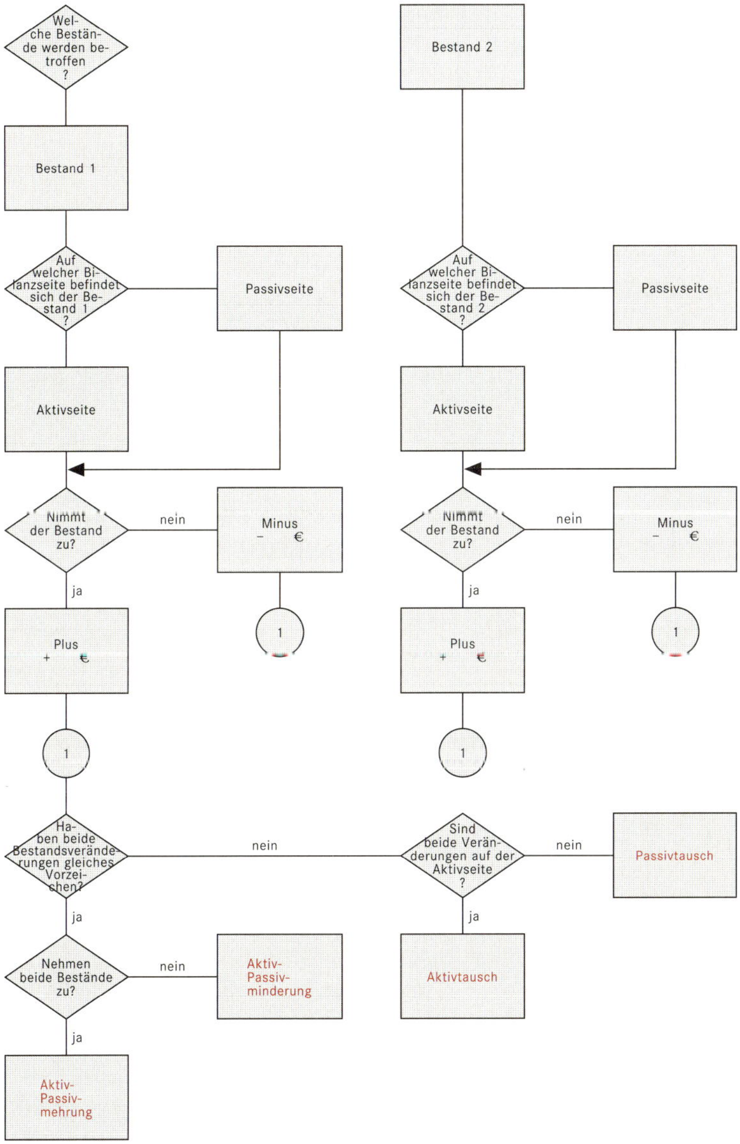

3. Von jedem Geschäftsfall werden (mindestens) zwei Bestände verändert.
4. Bei sämtlichen Bestandsveränderungen bleibt die **Bilanzgleichung** gewahrt.

Aktiva = Passiva

Aufgaben:

18. Die Eröffnungsbilanz des Kreditinstitutes lautet:

Aktiva	Eröffnungsbilanz vom 1. Januar		Passiva
	€		€
1. Kassenbestand	25 000,00	1. Spareinlagen	140 000,00
2. Bundesbankguthaben	40 000,00	2. Verb. g. Kunden (Kreditoren)	100 000,00
3. Postbank Giroguthaben	15 000,00	3. Eigenkapital	60 000,00
4. Ford. a. Kunden (Debitoren)	120 000,00		
5. Wertpapiere	80 000,00		
6. Sachanlagen (BGA)	20 000,00		
	300 000,00		300 000,00

a) Tragen Sie die Bilanzposten in eine Bilanzwaage ein!

b) Tragen Sie die Bestandsveränderungen, die durch die folgenden Geschäftsfälle verursacht werden, in die Bilanzwaage ein!

c) Ermitteln Sie die Schlussbestände in der Bilanzwaage!

d) Erstellen Sie die Schlussbilanz!

e) Geben Sie an, um welche Art von Veränderung es sich bei den einzelnen Geschäftsfällen handelt!

Geschäftsfälle:

1. Barauszahlung an Debitor 500,00 €
2. Eingang einer Überweisung bei der Bundesbank zugunsten eines Debitors 2 000,00 €
3. Wertpapierverkauf an Debitor 8 000,00 €
4. Kauf von Büromaschinen. Bezahlung durch Postbank Giroüberweisung 4 000,00 €
5. Übertrag von Spareinlagen auf Kreditoren 4 000,00 €
6. Zinsgutschrift für Kreditoren 1 500,00 €
7. Zinsgutschrift für Sparkunden 3 000,00 €
8. Wir belasten Kreditoren für Provision und Spesen 5 000,00 €
9. Kreditor überweist auf Spareinlagen 3 000,00 €
10. Bareinzahlung durch Kreditor 3 500,00 €
11. Bareinzahlung von Sparkunden 2 000,00 €
12. Zins- und Provisionsbelastung für Debitoren 4 200,00 €
13. Überweisungseingang auf Postbank Girokonto zugunsten von Kreditoren 4 000,00 €
14. Barabhebung der Sparkunden 1 500,00 €
15. Bezahlung der Telefonrechnung des KI durch Überweisung vom Postbank Girokonto 800,00 €
16. Barzahlung von Kehrgebühren an Schornsteinfeger 200,00 €

19. a) Erstellen Sie die Eröffnungsbilanz!

b) Übertragen Sie die Bilanzposten in eine Bilanzwaage!

c) Tragen Sie in die Bilanzwaage ein, welche Bestandsveränderungen sich durch die Geschäftsfälle ergeben!

d) Errechnen Sie die Schlussbestände in der Bilanzwaage!

e) Erstellen Sie die Schlussbilanz!

f) Geben Sie an, um welche Art von Bilanzveränderung es sich bei den einzelnen Geschäftsfällen handelt!

Eröffnungsbestände:
Kassenbestand 30 000,00 €, Guthaben bei der Bundesbank 140 000,00 €, Volksbank Giroguthaben 75 000,00 €, Wertpapiere 240 000,00 €, Debitoren 75 000,00 €, Sachanlagen (BGA) 25 000,00 €, Kreditoren 180 000,00 €, Spareinlagen 130 000,00 €, Eigenkapital ? €.

Geschäftsfälle:

1.	Bareinzahlung eines Kreditors	4 000,00 €
2.	Barauszahlung an einen Debitor	2 000,00 €
3.	Wertpapierverkauf an Kreditor	6 000,00 €
4.	Debitoren überweisen auf Sparkonten	4 000,00 €
5.	Zinsgutschrift auf Spareinlagen	5 200,00 €
6.	Zinsbelastung für Debitoren	6 000,00 €
7.	Provisionsbelastung für Debitoren	3 000,00 €
8.	Überweisungen im Auftrage eines Kreditors werden über Bundesbank ausgeführt	1 500,00 €
9.	Volksbank Giroeingang zugunsten eines Debitors	4 000,00 €
10.	Kauf eines Schreibtisches, Überweisung durch Bundesbank	2 450,00 €
11.	Barabhebung eines Sparkunden	1 000,00 €
12.	Bezahlung von Monatsmiete für Zweigstelle über Volksbank Girokonto	900,00 €
13.	Bezahlung von Fachzeitschriften durch Bbk	300,00 €
14.	Überweisungsauftrag eines Kreditors führen wir über Bbk aus	700,00 €
15.	Barabhebung eines Debitors	300,00 €

20. a) Erstellen Sie die Eröffnungsbilanz!
b) Übertragen Sie die Bilanzposten in eine Bilanzwaage!
c) Tragen Sie in die Bilanzwaage die Bestandsveränderungen ein, die sich durch die Geschäftsfälle ergeben!
d) Errechnen Sie die Schlussbestände in der Bilanzwaage!
e) Erstellen Sie die Schlussbilanz!
f) Geben Sie an, um welche Art von Bilanzveränderung es sich bei den einzelnen Geschäftsfällen handelt!
g) Warum gilt immer die Bilanzgleichung?

Eröffnungsbestände:
Kassenbestand 60 000,00 €, Guthaben bei der Bundesbank 120 000,00 €, Handelsbank Giroguthaben 60 000,00 €, Debitoren 850 000,00 €, Sachanlagen (BGA) 40 000,00 €, Kreditoren 450 000,00 €, Spareinlagen 380 000,00 €, Eigenkapital ? €.

Geschäftsfälle:

1.	Barabhebung eines Kreditors	2 000,00 €
2.	Überweisungsauftrag eines Debitors wird über Bbk ausgeführt	1 500,00 €
3.	Handelsbank Giroeingang zugunsten eines Kreditors	3 000,00 €
4.	Kreditoren überweisen auf Sparkonten	2 000,00 €
5.	Kauf einer Schreibmaschine. Bezahlung durch Überweisung an Kreditor	2 800,00 €
6.	Bareinzahlung eines Debitors	1 500,00 €
7.	Überweisung von Miete für gemietete Geschäftsräume an Debitoren	650,00 €

8.	Zinsen für Kreditoren	6 000,00 €
9.	Zinsen für Spareinlagen	15 000,00 €
10.	Zinsen von Debitoren	30 000,00 €
11.	Provisionseinnahmen von Debitoren	5 000,00 €
12.	Provisionseinnahmen von Kreditoren	3 000,00 €
13.	Überweisungsauftrag eines Kreditors wird durch Handelsbank ausgeführt	1 000,00 €
14.	Gutschrift auf Bbk-Konto zugunsten eines Debitors	500,00 €
15.	Bezahlung der Licht- und Gasrechnung über Handelsbank Girokonto	600,00 €
16.	Debitoren überweisen an Kreditoren	2 000,00 €

21. Geben Sie an, um welche Art der Bilanzveränderung es sich bei den Geschäftsfällen handelt!
Aktivtausch = 1; Passivtausch = 2;
Aktiv-Passiv-Mehrung = 3; Aktiv-Passiv-Minderung = 4.

1. Ein Debitor hebt von seinem Konto ab. ☐
2. Das Kreditinstitut zahlt auf sein Bbk-Konto ein. ☐
3. Ein Sparer zahlt auf sein Sparkonto ein. ☐
4. Die Bank legt einen Teil des Guthabens bei der Zentrale als Termingeld an. ☐
5. Über eine fällige Termineinlage wird vom Kunden bar verfügt. ☐

3.2 Auflösung der Bilanz in Bestandskonten und Abschluss einfacher Geschäftsgänge

Problemstellung: Bei Kreditinstituten fallen täglich sehr viele Geschäftsfälle an. Würden diese z. B. in Form einer Bilanzwaage erfasst, so wäre dies sehr umständlich und letztlich auch unübersichtlich.

Arbeitsauftrag: Wie können die Geschäftsfälle rationell und übersichtlich erfasst werden?

Informationen

3.2.1 Warum wird die Bilanz in Konten aufgelöst?

Um eine übersichtliche Entwicklung der einzelnen Bilanzposten zu erhalten, führt man während des Geschäftsjahres für jeden Bilanzposten außerhalb der Bilanz eine eigene Abrechnung durch. Eine Einzelabrechnung wird als **Konto** bezeichnet. Die Summe aller Konten bezeichnen wir als *Buchhaltung*.

Die Konten, die für die Bilanzposten der Aktivseite geführt werden, heißen **Aktivkonten** oder auch **aktive Bestandskonten.**

Die für die Bilanzposten der Passivseite gebildeten Konten nennt man entsprechend **Passivkonten** oder **passive Bestandskonten.**

Mehrungen und Minderungen werden voneinander getrennt auf einem Konto erfasst. So entsteht das zweiseitige Konto, das wegen seiner Form auch **T-Konto** genannt wird.

Nach alter kaufmännischer Gepflogenheit bezeichnet man die linke Seite des Kontos als **Sollseite**, die rechte Seite als **Habenseite**.

Für das Beispiel der Eröffnungsbilanz der Handelsbank AG ergeben sich diese Bestandskonten:

Eröffnungsbilanz der Handelsbank AG

Aktivseite	Euro	Passivseite	Euro
Kassenbestand	62 900,00	Verbindl. gegenüber Kunden	
Guthaben bei der Bbk	448 700,00	a) Spareinlagen	1 270 000,00
Forderungen an Kreditinstitute (Sparkasse)	3 200,00	b) täglich fällig (= Sichteinlagen, Kreditoren)	790 000,00
Ford. an Kunden (= Debitoren)	1 584 400,00	Eigenkapital	94 500,00
Sachanlagen (BGA)[1]	55 300,00		
	2 154 500,00		2 154 500,00

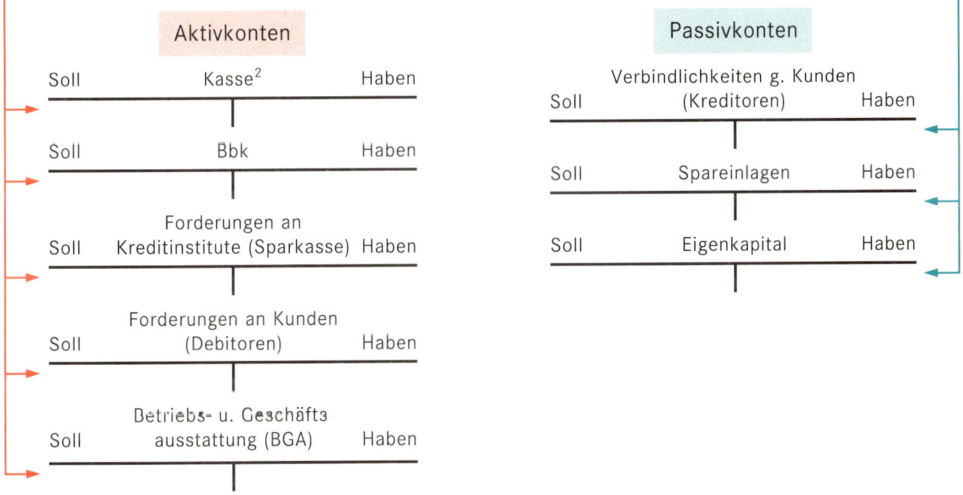

Auf den Konten müssen alle Geschäftsfälle fortlaufend und vollständig erfasst werden. Die Konten werden in einem Buch, dem **Hauptbuch,** zusammengefasst. Dementsprechend nennt man die Konten auch **Hauptbuchkonten.**

Das Hauptbuch ist in der **Praxis** kein Buch mehr wie früher, sondern es besteht aus EDV-Listen oder es wird auf Datenträgern gespeichert.

1 In der Buchhaltung werden für die Betriebs- und Geschäftsausstattung sowie für Grundstücke und Gebäude eigene Konten geführt. Nur der Bilanzausweis erfolgt unter Sachanlagen.

2 Auf die Angabe Kassen**konto**, Bbk-**Konto** usw. wird verzichtet.

3 Schuster – ISBN 978-3-8120-0194-6

3.2.2 Wie werden Bestandskonten eröffnet, geführt und abgeschlossen?

3.2.2.1 Eröffnung der Bestandskonten

Die Anfangsbestände der Bestandskonten entsprechen den Inventurbeständen der Eröffnungsbilanz.

Bei **Aktivkonten** wird der Anfangsbestand auf der **Sollseite** gebucht.
Bei **Passivkonten** steht der Anfangsbestand auf der **Habenseite.**

Soll	Aktivkonten Haben
Anfangsbestand	

Soll Passivkonten	Haben
	Anfangsbestand

Eröffnungsbilanzkonto

Wie Sie von der Bilanzwaage wissen, verursacht jeder Geschäftsfall, und auch die Eröffnung der Konten ist ein solcher, zwei Veränderungen. Entsprechend wird auch im System der doppelten Buchführung ein zweites Konto erforderlich, um die so genannte **Gegenbuchung** für die Anfangsbestände aufzunehmen. Dieses Gegenkonto für die Anfangsbestände ist das Eröffnungsbilanz**konto** (EBK).

Da die Anfangsbestände der Aktivkonten im Soll erfasst werden, müssen ihre Gegenbuchungen auf dem Eröffnungsbilanzkonto auf der Habenseite stehen.

Umgekehrt stehen die Gegenbuchungen für die Passivkonten auf dem Eröffnungsbilanzkonto auf der Sollseite.

Das Eröffnungsbilanzkonto ist somit ein Spiegelbild der durch die Inventur ermittelten Eröffnungsbilanz.

Soll Eröffnungsbilanzkonto	Haben
Gegenbuchung für Passivkonten	Gegenbuchung für Aktivkonten

Buchungsbelege, Buchungsanweisung, Grundbuch

In der Buchhaltung gilt der **Grundsatz**:

Keine Buchung ohne Beleg

Belege sind die Grundvoraussetzung für die Beweiskraft der Buchführung. Sie sollen enthalten:

- den Text zur Erläuterung und ggf. Begründung des Geschäftsfalles,
- den zu buchenden Betrag oder Mengen- und Wertangaben, aus denen sich der zu buchende Betrag ergibt,
- den Zeitpunkt des Geschäftsfalles,
- die Bestätigung durch den Verantwortlichen (z. B. Unterschrift, Handzeichen, Verfahrensfreigabe).

Da bei Kreditinstituten die Buchung auf der Sollseite und die Buchung auf der Habenseite **getrennt** voneinander vorgenommen werden, sind für die Eröffnungsbuchungen zwei Belege, ein **Sollbeleg** und ein **Habenbeleg,** erforderlich.

Für die **Eröffnung** des Kassenkontos sind diese Belege auszustellen:

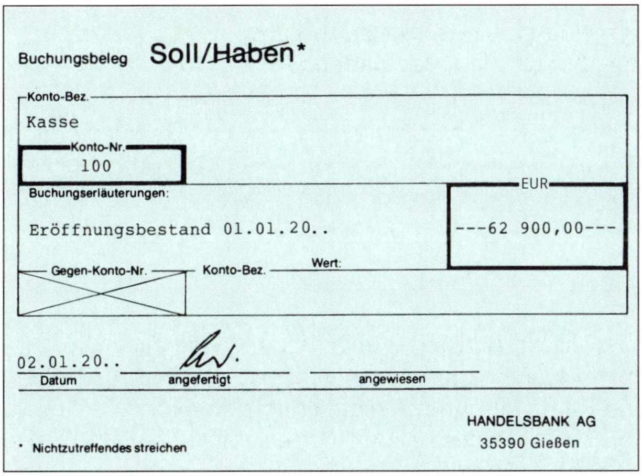

Buchungsbeleg Soll/~~Haben~~*

Konto-Bez.: Kasse

Konto-Nr.: 100

Buchungserläuterungen: Eröffnungsbestand 01.01.20..

EUR: ---62 900,00---

Gegen-Konto-Nr. — Konto-Bez. — Wert:

02.01.20.. — Datum — angefertigt — angewiesen

HANDELSBANK AG
35390 Gießen

* Nichtzutreffendes streichen

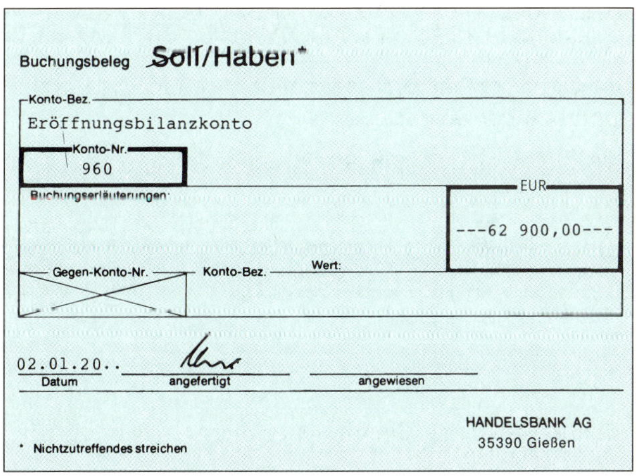

Buchungsbeleg ~~Soll~~/Haben*

Konto-Bez.: Eröffnungsbilanzkonto

Konto-Nr.: 960

Buchungserläuterungen:

EUR: ---62 900,00---

Gegen-Konto-Nr. — Konto-Bez. — Wert:

02.01.20.. — Datum — angefertigt — angewiesen

HANDELSBANK AG
35390 Gießen

* Nichtzutreffendes streichen

Die **Belegfunktion** gilt unabhängig davon, ob die Buchführung konventionell oder mit EDV-Anlagen durchgeführt wird.

Beim **Datenträgeraustausch** oder bei **Online-Datenübertragung** von Computer zu Computer muss das zwischen den Geschäftspartnern vereinbarte **kontrollierte Verfahren** die **Belegfunktion** erfüllen.

Die **Buchungsanweisung** wird auf eine kurze Formel, den **Buchungssatz,** gebracht. Ein Buchungssatz beginnt mit dem Konto, das die Sollbuchung aufnimmt und endet mit dem Konto für die Habenbuchung. Beide Konten werden mit dem Wörtchen **„an"** verbunden. Hinzu kommen die auf den angesprochenen Konten zu buchenden Beträge.

Allgemein: Konto mit der Sollbuchung **an** Konto mit der Habenbuchung Betrag

Werden durch einen Geschäftsfall **zwei** Konten angesprochen, dann liegt ein **einfacher Buchungssatz** vor.

Besteht die Buchungsanweisung für mehr als 2 Konten, so kann ein **zusammengesetzter Buchungssatz** gebildet werden. Dies ist in der Praxis nicht mehr üblich. Bei **EDV-mäßiger Buchung** werden mehrere einfache Buchungssätze gebildet.

Beispiel:			€	€
Ford. an KI (Sparkasse)	an	Forderungen an Kunden	25 000,00	20 000,00
	an	Spareinlagen		5 000,00
EDV:				
Ford. an KI (Sparkasse)	an	Forderungen an Kunden	20 000,00	20 000,00
Ford. an KI (Sparkasse)	an	Spareinlagen	5 000,00	5 000,00

Für die **Eröffnungsbuchungen** lauten die **Buchungssätze** für

		Soll	Haben
Aktivkonten:	Aktivkonto an Eröffnungsbilanzkonto (EBK)	Betrag	Betrag
Passivkonten:	Eröffnungsbilanzkonto (EBK) an Passivkonto	Betrag	Betrag

Die Buchungssätze werden vor der Buchung im Hauptbuch, im so genannten **Grundbuch,** das auch als Primanota (PN; erste Aufzeichnung), Journal (Tagebuch) oder Memorial bezeichnet wird, in der **chronologischen Reihenfolge** ihres Vorkommens erfasst.

In seiner einfachsten Form besteht die **Buchung im Grundbuch** aus

Belegnummer	Buchungssatz	Buchungsbetrag Soll Betrag €	Haben Betrag €

Für die Handelsbank AG ergeben sich somit im Grundbuch folgende Eröffnungsbuchungen:

Grundbuch

Nr.	Buchungssätze			Soll Betrag €	Haben Betrag €
1.	Kasse	an	EBK	62 900,00	62 900,00
2.	Bbk	an	EBK	448 700,00	448 700,00
3.	Ford. an KI (Spark.)	an	EBK	3 200,00	3 200,00
4.	Ford. an Kunden	an	EBK	1 584 400,00	1 584 400,00
5.	BGA	an	EBK	55 300,00	55 300,00
6.	EBK	an	Spareinlagen	1 270 000,00	1 270 000,00
7.	EBK	an	Verbindlichkeiten g. Kunden	790 000,00	790 000,00
8.	EBK	an	Eigenkapital	94 500,00	94 500,00

Buchung im Hauptbuch

Die im Grundbuch erfassten Geschäftsfälle werden anschließend **systematisch geordnet** im **Hauptbuch** auf **Hauptbuchkonten** gebucht. Bei der Buchung im Hauptbuch wird zweckmäßigerweise mit der Sollbuchung begonnen, danach wird die Habenbuchung ausgeführt.

Neben der Buchungsnummer werden das jeweilige **Gegen**konto und der Betrag angegeben.

Für das **Ausgangsbeispiel** ergeben sich diese Eröffnungsbuchungen im Hauptbuch:

Soll	**Eröffnungsbilanzkonto (EBK)**		Haben
6. Spareinlagen	1 270 000,00 €	1. Kasse	62 900,00 €
7. Verbindl. g. Kunden (Kreditoren)	790 000,00 €	2. Bbk	448 700,00 €
8. Eigenkapital	94 500,00 €	3. Ford. an KI (Spark.)	3 200,00 €
		4. Forderungen an Kunden (Debitoren)	1 584 400,00 €
		5. BGA	55 300,00 €
	2 154 500,00 €		2 154 500,00 €

S	Kasse		H
1. EBK	62 900,00		

S	Bbk		H
2. EBK	448 700,00		

S	Forderungen an KI (Sparkasse)		H
3. EBK	3 200,00		

S	Forderungen an Kunden (Debitoren)		H
4. EBK	1 584 400,00		

S	BGA		H
5. EBK	55 300,00		

S	Spareinlagen		H
		6. EBK	1 270 000,00

S	Verbindl. gegenüber Kunden (Kreditoren)		H
		7. EBK	790 000,00

S	Eigenkapital		H
		8. EBK	94 500,00

3.2.2.2 Führen der Bestandskonten (Umsatzbuchungen)

Von der Darstellung der Bilanzwaage wissen wir, dass jeder Geschäftsfall zwei Bestandsveränderungen verursacht hat.

Diese beiden Veränderungen führen bei der Buchung im Hauptbuch zu jeweils einer Buchung im **Soll und** einer Buchung im **Haben.**

Hierfür gelten diese **Buchungsregeln:**

Bei **Aktivkonten** stehen **Mehrungen** (Zunahmen, Plusveränderungen) im **Soll**
und **Minderungen** (Abnahmen, Minusveränderungen) im **Haben.**

Bei **Passivkonten** stehen **Minderungen** im **Soll** und
Mehrungen im **Haben.**

S Aktivkonten	H
Anfangsbestand	Minderungen
Mehrungen	

S Passivkonten	H
Minderungen	Anfangsbestand
	Mehrungen

Bei der **Buchung der Geschäftsfälle** (Umsatzbuchungen) ist nach folgenden Fragen vorzugehen:

Geschäftsfälle / Fragen	1. Ein Debitor zahlt bar ein 17 300,00 €	2. Ein Kreditor überträgt auf sein Sparkonto 6 000,00 €	3. Ein Sparer zahlt auf sein Sparkonto bar ein 1 400,00 €	4. Ein Kreditor hebt von seinem Konto bar ab 600,00 €
Welche Konten werden durch den Geschäftsfall betroffen?	Ford. an Kunden (Debitoren) Kasse	Verbindl. gegenüber Kunden (Kreditoren) Spareinlagen	Kasse Spareinlagen	Verbindl. gegenüber Kunden (Kreditoren) Kasse
Handelt es sich bei den betroffenen Konten um Aktiv- oder um Passivkonten?	Ford. an Kunden (Deb.): Aktivkonto Kasse: Aktivkonto	Verb. g. Kunden (Kred.): Passivkonto Spareinlagen: Passivkonto	Kasse: Aktivkonto Spareinlagen: Passivkonto	Verb. g. Kunden (Kred.): Passivkonto Kasse: Aktivkonto
Wie werden die betroffenen Konten verändert? (Mehrung oder Minderung)	Ford. an Kunden (Deb.): Minderung Kasse: Mehrung	Verb. g. Kunden (Kred.): Minderung Spareinlagen: Mehrung	Kasse: Mehrung Spareinlagen: Mehrung	Verb. g. Kunden (Kred.): Minderung Kasse: Minderung
Wie lautet der Buchungssatz?	9.[1] Kasse **an** Ford. a. Kdn. 17 300,00	10. Verb. g. Kdn. (Kred.) **an** Spareinlagen 6 000,00	11. Kasse **an** Spareinlagen 1 400,00	12. Verb. g. Kdn. (Kred.) **an** Kasse 600,00
Wie ist im Hauptbuch zu buchen?	S Ford. a. Kdn. (Deb.) H S: 4. EBK 1584400,00 / H: 9. Kasse 17300,00 S Kasse H S: 1. EBK 62900,00; 9. Ford. a. Kdn. 17300,00 / H: –	S Verb. g. Kdn. (Kred.) H S: 10. Spareinlagen 6000,00 / H: 7. EBK 790000,00 S Spareinlagen H S: – / H: 6. EBK 1270000,00; 10. Verb. g. Kdn. 6000,00	S Kasse H S: 1. EBK 62900,00; 9. Ford. a. Kdn. 17300,00; 11. Spareinlagen 1400,00 / H: – S Spareinlagen H S: – / H: 6. EBK 1270000,00; 10. Verb. g. Kdn. 6000,00; 11. Ka 1400,00	S Verb. g. Kdn. (Kred.) H S: 10. Spareinlagen 6000,00; 12. Kasse 600,00 / H: 7. EBK 790000,00 S Kasse H S: 1. EBK 62900,00; 9. Ford. a. Kdn. 17300,00; 11. Spareinlagen 1400,00 / H: 12. Verb. g. Kdn. 600,00

3.2.2.3 Abschluss der Bestandskonten, Abschlussbuchungen

Am Ende einer Abrechnungsperiode wird der Schlussbestand der einzelnen Bestandskonten durch **Saldieren** ermittelt.

Der **Saldo** ergibt sich aus der Differenz der beiden Kontoseiten. Er steht auf der jeweils wertmäßig kleineren Seite des Kontos.

Bei **Aktivkonten** ist dies die **Habenseite,**
bei **Passivkonten** die **Sollseite.**

Die **Salden** der Bestandskonten werden auf das **Schlussbilanzkonto (SBK)** übertragen.

1 Die Nummerierung schließt hier an die Eröffnungsbuchungen an.

Die Buchungssätze für die Abschlussbuchungen lauten allgemein:

Schlussbilanzkonto (SBK)	an	Aktivkonten
Passivkonten	an	Schlussbilanzkonto (SBK)

Für unser Beispiel ergeben sich im **Grundbuch** folgende Abschlussbuchungen:

Grundbuch

Nr.	Buchungssätze	Soll Betrag €	Haben Betrag €
	Abschlussbuchungen:		
13.	SBK an Kasse	81 000,00	81 000,00
14.	SBK an Bbk	448 700,00	448 700,00
15.	SBK an Forderungen an Kreditinstitute (Sparkasse)	3 200,00	3 200,00
16.	SBK an Forderungen an Kunden (Debitoren)	1 567 100,00	1 567 100,00
17.	SBK an BGA	55 300,00	55 300,00
18.	Spareinlagen an SBK	1 277 400,00	1 277 400,00
19.	Verbindlichkeiten gegenüber Kunden (Kreditoren) an SBK	783 400,00	783 400,00
20.	Eigenkapital an SBK	94 500,00	94 500,00

Daraus ergeben sich diese Buchungen im **Hauptbuch:**

Hauptbuch

S Kasse H

S		H	
1. EBK	62 900,00	12. Verb. g. Kdn.	600,00
9. Ford. a. Kdn.	17 300,00	13. SBK	81 000,00
11. Spareinl.	1 400,00		
	81 600,00		81 600,00

S Bbk H

S		H	
2. EBK	448 700,00	14. SBK	448 700,00

S Ford. an Kreditinstitute (Sparkasse) H

S		H	
3. EBK	3 200,00	15. SBK	3 200,00

S Ford. an Kunden (Debitoren) H

S		H	
4. EBK	1 584 400,00	9. Kasse	17 300,00
		16. SBK	1 567 100,00
	1 584 400,00		1 584 400,00

S BGA H

S		H	
5. EBK	55 300,00	17. SBK	55 300,00

S Spareinlagen H

S		H	
18. SBK	1 277 400,00	6. EBK	1 270 000,00
		10. Verb. g. Kdn.	6 000,00
		11. Kasse	1 400,00
	1 277 400,00		1 277 400,00

S Verb. g. Kunden (Kreditoren) H

S		H	
10. Spareinl.	6 000,00	7. EBK	790 000,00
12. Kasse	600,00		
19. SBK	783 400,00		
	790 000,00		790 000,00

S Eigenkapital H

S		H	
20. SBK	94 500,00	8. EBK	94 500,00

S	Schlussbilanzkonto (SBK)			H
13. Kasse	81 000,00 €	18.	Spareinlagen	1 277 400,00 €
14. Bbk	448 700,00 €	19.	Verb. g. Kunden (Kreditoren)	783 400,00 €
15. Ford. an Kreditinstitute (Spark.)	3 200,00 €	20.	Eigenkapital	94 500,00 €
16. Ford. an Kunden (Debitoren)	1 567 100,00 €			
17. BGA	55 300,00 €			
	2 155 300,00 €			2 155 300,00 €

3.2.3 Wie hängen das System der Doppik und die Schlussbilanz zusammen?

Außerhalb des Systems der doppelten Buchführung werden die Endbestände aller Vermögens- und Schuldenwerte am Jahresende durch **Inventur** erfasst. Die Salden der Konten sind dabei eine wesentliche Grundlage der Bestandsermittlung, z. B. bei Forderungen und Verbindlichkeiten. Bei Kreditinstituten mit Warengeschäft können aber z. B. bei den Warenbeständen **Abweichungen der Ist-Bestände von den buchmäßigen Soll-Beständen** vorkommen. In diesem Fall sind die Buchbestände durch vorbereitende Abschlussbuchungen den Inventurwerten (Ist-Werte) anzugleichen.

Bei der **Inventur** der Handelsbank AG wurde festgestellt, dass die Inventurbestände mit den Buchbeständen übereinstimmen.

Es ergibt sich dadurch folgende **Schlussbilanz**:

Aktivseite	**Schlussbilanz der Handelsbank AG zum 31. 12. 20. .**		Passivseite
Barreserve		Spareinlagen	1 277 400,00 €
a) Kassenbestand	81 000,00 €	Verbindlichkeiten gegenüber Kunden (Kreditoren)	783 400,00 €
b) Guthaben bei der Bbk	448 700,00 €	Eigenkapital	94 500,00 €
Ford. an Kreditinstitute (Spark.)	3 200,00 €		
Forderungen an Kunden (Debitoren)	1 567 100,00 €		
Sachanlagen (BGA)	55 300,00 €		
Summe der Aktiven	2 155 300,00 €	Summe der Passiven	2 155 300,00 €

Eröffnungs- und Schlussbilanzen sind in chronologischer Reihenfolge in einem **Bilanzenbuch** festzuhalten.

Auf einen Blick:

1. Im **System der doppelten Buchführung (Doppik)** wird jeder Vorgang doppelt gebucht, d. h., zu jeder Buchung gehört eine Gegenbuchung.

2. Es gilt der **Grundsatz:** Keine Buchung ohne Beleg.

3. Die Buchungsanweisung wird in Form eines **Buchungssatzes** ausgedrückt.
   Der **einfache Buchungssatz** spricht zwei Konten an.
   Der **zusammengesetzte Buchungssatz** spricht mehr als zwei Konten an.

4. Die Buchungssätze werden im **Grundbuch** (Tagebuch, Primanota u. Ä. genannt) erfasst.
   Man unterscheidet: **Eröffnungsbuchungen**
   - Aktivkonten an EBK
   - EBK an Passivkonten

   Buchungen der Geschäftsfälle (Umsatzbuchungen)
   Abschlussbuchungen
   - SBK an Aktivkonten
   - Passivkonten an SBK

5. **Aufbau des Systems der Doppik**

S Eröffnungsbilanzkonto (EBK) H

S	H
Gegenbuchung der Anfangsbestände der Passivkonten	Gegenbuchung der Anfangsbestände der Aktivkonten

S Aktivkonten H

S	H
EBK	Minderungen
Mehrungen	SBK

S Passivkonten H

S	H
Minderungen	EBK
SBK	Mehrungen

S Schlussbilanzkonto (SBK) H

S	H
Salden der Aktivkonten	Salden der Passivkonten

Außerhalb des Systems der Doppik

Aktiva Eröffnungsbilanz Passiva

Aktiva	Passiva
Vermögenswerte	Fremdkapital
	Eigenkapital

Aktiva Schlussbilanz Passiva

Aktiva	Passiva
Vermögenswerte	Fremdkapital
	Eigenkapital

6. **Bilanzenbuch:** Hier werden in chronologischer Reihenfolge Eröffnungs- und Schlussbilanz festgehalten, wie sie sich aus dem Eröffnungs- bzw. Schlussinventar ergeben.

Aufgaben:

22. Zu folgenden Geschäftsfällen sind die Buchungssätze zu bilden und in das Grundbuch einzutragen.

		Betrag
1.	Bareinzahlung auf Sparkonten	200,00 €
2.	Ein Debitor hebt bar ab	240,00 €
3.	Ein Debitor überweist auf das Konto eines Kreditors	610,00 €
4.	Auf unserem Postbank Girokonto gehen zugunsten eines Kreditors ein	1 400,00 €
5.	Barabhebung von unserem Bbk-Konto	10 000,00 €
6.	Kauf einer Schreibmaschine von einem Kreditor	3 000,00 €
7.	Wir kaufen Wertpapiere von einem Debitor für eigenen Bestand	4 570,00 €
8.	Wir verkaufen aus eigenem Bestand Wertpapiere an einen Kreditor	2 120,00 €
9.	Die Telefonrechnung wird von unserem Postbank Girokonto abgebucht	340,00 €
10.	Wir führen einen Überweisungsauftrag unseres Debitors über Bbk-Konto aus	480,00 €
11.	Wir lassen von unserem Postbank Girokonto auf unser Bbk-Konto übertragen	5 000,00 €
12.	Ein Debitor zahlt bar auf sein Konto ein	730,00 €
13.	Ein Kreditor überweist auf sein Sparkonto	4 700,00 €
14.	Wir belasten unsere Debitoren mit Zinsen	4 800,00 €
15.	Zinsgutschrift für Sparkunden	3 100,00 €
16.	Daueraufträge unserer Kreditoren werden über Postbank Girokonto ausgeführt	6 700,00 €
17.	Ein Sparkunde löst sein Konto auf. Wir zahlen ihm das Guthaben in Höhe von 4 000,00 € zuzüglich 130,00 € Zinsen aus	4 130,00 €

23. Welche Geschäftsfälle können den folgenden Buchungssätzen zugrunde liegen?

Beleg-Nr.	Buchungssätze			Soll Betrag €	Haben Betrag €
1	Kasse	an	Kreditoren	545,00	545,00
2	Debitoren	an	Kasse	860,00	860,00
3	Kasse	an	Spareinlagen	150,00	150,00
4	Kapital	an	Kreditoren	240,00	240,00
5	Wertpapiere	an	Kreditoren	4 750,00	4 750,00
6	Kasse	an	Debitoren	660,00	660,00
7	Kreditoren	an	Wertpapiere	3 785,00	3 785,00
8	Debitoren	an	Debitoren	370,00	370,00
9	Kreditoren	an	Spareinlagen	400,00	400,00
10	Geschäftsausstattung	an	Bbk	930,00	930,00
11	Postbank	an	Bbk	8 000,00	8 000,00
12	Bbk	an	Debitoren	550,00	550,00
13	Kreditoren	an	Postbank	795,00	795,00
14	Spareinlagen	an	Kasse	200,00	200,00
15	Kapital	an	Spareinlagen	1 415,00	1 415,00
16	Wertpapiere	an	Debitoren	3 480,00	3 480,00
17	Kreditoren	an	Debitoren	437,00	437,00
18	Kreditoren	an	Spareinlagen	300,00	300,00
19	Kapital	an	Kasse	3 000,00	3 000,00
20	Kreditoren	an	Kasse	150,00	150,00
		Gesamtumsatz		31 017,00	31 017,00

24. a) Buchen Sie im Grundbuch:
(1) die Eröffnung (2) die Geschäftsfälle (3) den Abschluss
zu Aufgabe 18!
b) Buchen Sie im Hauptbuch!

25. a) Buchen Sie im Grundbuch:
(1) die Eröffnung (2) die Geschäftsfälle (3) den Abschluss
zu Aufgabe 19!
b) Buchen Sie im Hauptbuch!

26. a) Buchen Sie im Grundbuch:
(1) die Eröffnung
(2) die Geschäftsfälle
(3) den Abschluss
zu Aufgabe 20!
b) Buchen Sie im Hauptbuch!

27. a) Erstellen Sie die Eröffnungsbilanz!
b) Buchen Sie im Grundbuch: Konteneröffnung, Geschäftsfälle und Abschluss!
c) Buchen Sie im Hauptbuch!
d) Erstellen Sie das Inventar!
e) Erstellen Sie die Schlussbilanz!

Inventarbestände:

Aufstellung der Eröffnungsbilanz aufgrund des folgenden Inventars:
Kasse 42 000,00 €, Kreditbank 94 000,00 €, Bundesbank 183 000,00 €, Wertpapiere 234 000,00 €, Debitoren 455 000,00 €, Geschäftsausstattung 80 000,00 €, Kreditoren 514 000,00 €, Spareinlagen 211 000,00 €, Eigenkapital ? €.

Geschäftsfälle:

		Betrag
1.	Barabhebung durch Kreditor	2 000,00 €
2.	Ein Kreditor kauft Wertpapiere aus unserem Bestand	45 000,00 €
3.	Giroeingang zugunsten eines Debitors auf unserem Konto bei der Kreditbank	4 000,00 €
4.	Eine neue Buchungsmaschine wird gekauft, Bezahlung über Bundesbank	12 000,00 €
5.	Heizölrechnung wird vom Konto bei der Kreditbank überwiesen	900,00 €
6.	Mieteinnahmen, Eingang bei Bundesbank (Bbk)	1 650,00 €
7.	Zinsgutschrift für Kreditoren	4 800,00 €
8.	Zinsgutschrift für Spareinlagen	6 000,00 €
9.	Zinsbelastung für Debitoren	25 000,00 €
10.	Provisionsbelastung für Kreditoren	3 000,00 €
11.	Provisionsbelastung für Debitoren	2 400,00 €
12.	Bank kauft Wertpapiere von Kreditor	14 000,00 €
13.	Bareinzahlung auf Sparkonten	500,00 €
14.	Barabhebung von Sparkonten	800,00 €
15.	Licht-, Wasser- und Gasrechnung wird den Stadtwerken (Kreditor) überwiesen	2 100,00 €

28. a) Erstellen Sie die Eröffnungsbilanz!
b) Buchen Sie im Grundbuch: Kontenеröffnung, Geschäftsfälle und Abschluss!
c) Buchen Sie im Hauptbuch: Kontenеröffnung, Geschäftsfälle, Kontenabschluss!

Inventarbestände:

Kasse 180 000,00 €, Bundesbank 240 000,00 €, Postbank 210 000,00 €, Wertpapiere 140 000,00 €, Gebäude 420 000,00 €, Debitoren 750 000,00 €, Geschäftsausstattung 100 000,00 €, Kreditoren 650 000,00 €, Spareinlagen 860 000,00 €, Eigenkapital ? €.

Geschäftsfälle:

		Betrag
1.	Bareinzahlung eines Sparers	1 500,00 €
2.	Postbank Giroeingang zugunsten eines Debitors	3 250,00 €
3.	Überweisungsauftrag eines Kreditors wird über Bbk-Konto ausgeführt	2 100,00 €
4.	Ein Kreditor kauft Wertpapiere aus unserem Bestand	20 000,00 €
5.	Reparaturrechnung für Gebäude bar bezahlt	6 450,00 €
6.	Debitoren überweisen auf Sparkonten	3 500,00 €
7.	Ein Sparer hebt bar ab	200,00 €
8.	Ein neuer Schreibtisch wird gekauft und der Kaufpreis einem Debitor gutgeschrieben	600,00 €
9.	Zinsbelastung für Debitoren	50 000,00 €
10.	Zinsgutschrift für Kreditoren	12 000,00 €
11.	Zinsgutschrift für Spareinlagen	8 000,00 €
12.	Postbank Giroüberweisung zu Lasten eines Kreditors	4 000,00 €
13.	Mieteingang für vermietete Wohnung auf Postbank Girokonto	800,00 €
14.	Überweisungsauftrag eines Kreditors wird über Bbk-Konto ausgeführt	1 500,00 €

29. a) Erstellen Sie die Eröffnungsbilanz!
b) Buchen Sie im Grundbuch: Kontenеröffnung, Geschäftsfälle und Abschluss!
c) Buchen Sie im Hauptbuch: Kontenеröffnung, Geschäftsfälle, Kontenabschluss!

Inventarbestände:

Kasse 35 000,00 €, Bbk 43 500,00 €, Giroguthaben bei der Sparkasse 4 800,00 €, Wertpapiere 60 000,00 €, Debitoren 1 300 000,00 €, Geschäftsausstattung 60 000,00 €, Gebäude 200 000,00 €, Kreditoren 900 000,00 €, Spareinlagen 500 000,00 €, Eigenkapital ? €.

Geschäftsfälle:

			Betrag
1.	Debitoren zahlen bar ein		6 250,00 €
2.	Auszahlung an Sparkunden		4 900,00 €
3.	Eingang auf Bbk-Konto für Debitoren		15 000,00 €
4.	Barabhebung vom Bbk-Konto		10 000,00 €
5.	Eingang auf Girokonto bei der Sparkasse für Kreditoren		8 000,00 €
6.	Überweisungsaufträge unserer Kreditoren werden ausgeführt:		
	durch Übertrag auf Konten der Debitoren	3 400,00 €	
	durch Sparkasse	4 000,00 €	
	durch Bbk	6 000,00 €	13 400,00 €
7.	Einzahlung von Sparkunden		7 400,00 €
8.	Kreditoren übertragen auf Sparkonten		3 000,00 €
9.	Wir kaufen Wertpapiere von Debitoren		6 700,00 €
10.	Gekaufte Büromaschinen werden durch Giroüberweisung vom Konto bei der Sparkasse beglichen		4 640,00 €

			Betrag
11.	Provisionsbelastung für Debitoren	13 700,00 €	
	für Kreditoren	12 800,00 €	26 500,00 €
12.	Wir bezahlen unsere Stromrechnung über Bbk-Konto		2 680,00 €
13.	Verkauf von Wertpapieren an Kreditoren		3 150,00 €

30. a) Erstellen Sie die Eröffnungsbilanz!
b) Buchen Sie im Grundbuch: Konteneröffnung, Geschäftsfälle und Abschluss!
c) Buchen Sie im Hauptbuch: Konteneröffnung, Geschäftsfälle, Kontenabschluss!

Inventarbestände:

Kasse 40 000,00 €, Bbk 25 000,00 €, Girokonto bei der Kreditbank 10 000,00 €, Wertpapiere 15 000,00 €, Debitoren 800 000,00 €, Geschäftsausstattung 26 000,00 €, Kreditoren 600 000,00 €, Spareinlagen 150 000,00 €, Eigenkapital ? €.

Geschäftsfälle:

		Betrag
1.	Kasseneingang von Debitoren	14 000,00 €
2.	Kreditoren heben bar ab	16 000,00 €
3.	Sparkunden zahlen ein	8 750,00 €
4.	Auf unserem Girokonto bei der Kreditbank gehen zugunsten von Debitoren ein	7 420,00 €
5.	Ein Kreditor erteilt uns einen Überweisungsauftrag. Ausführung über Bbk	4 310,00 €
6.	Sparkunden heben ab	5 000,00 €
7.	Kauf von Büromaterial bar	200,00 €
8.	Wir belasten Debitoren mit Provision	4 600,00 €
9.	Kreditoren kaufen Wertpapiere aus unserem Bestand	6 840,00 €
10.	Kreditoren lassen auf Sparkonten übertragen	6 000,00 €
11.	Zinsbelastung für Debitoren	27 000,00 €
12.	Zinsgutschrift für Kreditoren	1 400,00 €
13.	Provisionsbelastung für Kreditoren	7 600,00 €
14.	Debitoren erteilen Überweisungsaufträge. Ausführung über unser Girokonto bei der Kreditbank	740,00 €

31. Einfache Beleggeschäftsgänge

a) Erstellen Sie die Eröffnungsbilanz!
b) Buchen Sie im Grundbuch und im Hauptbuch: Konteneröffnung, Geschäftsfälle, Kontenabschluss!
c) Erstellen Sie die Schlussbilanz!

Eröffnungsbestände:

Kasse 27 600,00 €, Bbk 317 400,00 €, Debitoren 4 268 200,00 €, BGA 30 050,00 €, Kreditoren 3 195 920,00 €, Spareinlagen 800 000,00 €, Eigenkapital ? €.

Geschäftsfälle:

Hinweis: Konto 2000547600 weist ein Guthaben von 63 200,00 € auf.
Konto 2000419523 hat einen Schuldsaldo von 154 800,00 €.

Entgelte: Für Bareinzahlungen auf fremde laufende Konten wird ein Entgelt von 2,00 € erhoben.

(1)

Spar-Auszahlung

Frankfurter Sparkasse 1822

Konto-Nummer	Betrag EUR
4253599073	1.050,00

Bei **vorzeitigen** Rückzahlungen von Spareinlagen berechnen wir Vorschusszinsen. Gleiches gilt bei Nichteinhaltung der Kündigungssperrfrist. Die Höhe der gegebenenfalls mit dieser Abhebung anfallenden Vorschusszinsen, über die wir Sie informierten, ist im Sparkassenbuch dokumentiert.
Bei Abhebungen von Sparkonten mit dreimonatiger Kündigungsfrist, die innerhalb von einem Kalendermonat den Betrag von EUR 2000,00 übersteigen, werden für die nicht gekündigten Beträge Vorschusszinsen berechnet.

Kennwort	Unterschrift
Esel	[signature]

Legitimation	geprüft
	[initials]

(2)

Überweisung/Zahlschein — **500** 502 **01**

Frankfurter Sparkasse 1822

Den Vordruck bitte nicht beschädigen, knicken, bestempeln oder beschmutzen.

Begünstigter: Name, Vorname/Firma (max. 27 Stellen)
Schneider, Anton, Mainkai 217, Ffm.

Konto-Nr. des Begünstigten
2 000 419 523

Bankleitzahl

Kreditinstitut des Begünstigten

EUR — **Betrag: Euro, Cent** 824,00

Kunden-Referenznummer - Verwendungszweck, ggf. Name und Anschrift des Überweisenden - (nur für Begünstigten)
Rechnung 219 213

noch Verwendungszweck (insgesamt max. 2 Zeilen à 27 Stellen)

Kontoinhaber/Einzahler: Name, Vorname/Firma, Ort (max. 27 Stellen, keine Straßen- oder Postfachangaben)
Hinz, Karl, Kaiserstr. 419, Ffm.

Konto-Nr. des Kontoinhabers

18

Datum, Unterschrift

(3)

Einzahlung auf eigenes Girokonto

Frankfurter Sparkasse 1822

Konto-Nummer
2 0 0 0 5 4 7 6 0 0

Betrag
----2.750,00 EUR

in Worten EUR (unter 1.000,- EUR entbehrlich)
Zweitausendsiebenhundertfünfzig ------------

Kontoinhaber
E. Holzhauer

13. 10. 20..
Datum

GS

(4)

Überweisung

Frankfurter Sparkasse 1822

Begünstigter: Name, Vorname/Firma (max. 27 Stellen)
Schneider, Anton

Konto-Nr. des Begünstigten
2000419523

Bankleitzahl
500 502 01

Kreditinstitut des Begünstigten
selbst

EUR

Betrag: Euro, Cent
41370,00-------------

Kunden-Referenznummer - Verwendungszweck, ggf. Name und Anschrift des Überweisenden - (nur für Begünstigten)
Rechnung Nr. 43149

noch Verwendungszweck (insgesamt max. 2 Zeilen à 27 Stellen)

Kontoinhaber: Name, Vorname/Firma, Ort (max. 27 Stellen, keine Straßen- oder Postfachangaben)
Holzhauer, Elsbeth

Konto-Nr. des Kontoinhabers
2 000 547 600

20

13. Okt. 20.. Holzhauer
Datum, Unterschrift

(5)

Frankfurter Sparkasse 1822

SPAR Einzahlung

Kontonummer	Betrag EUR
4 1 7 9 3 3 9 2 1 3	----1 800,00----

32. Welche Angaben über das System der doppelten Buchführung treffen zu?

1. Die EDV-Buchführung hat das System der doppelten Buchführung überflüssig gemacht.
2. Auch bei der EDV-Buchhaltung gilt der Grundsatz: Keine Buchung ohne Beleg.
3. Das System der Doppik geht von der Eröffnungsbilanz zur Schlussbilanz. ☐
4. Die Salden der Konten entsprechen den Ergebnissen der Inventur. ☐
5. Auf den Hauptbuchkonten können alle Geschäftsfälle bei Bedarf erfasst werden.
6. Konten, die für die Bilanzposten der Aktivseite geführt werden, heißen Aktivkonten.

33. Durch welche Angaben werden Aktivkonten richtig charakterisiert?

1. Sie haben keinen Anfangsbestand.
2. Der Saldo steht auf der Habenseite.
3. Mehrungen (Zugänge) werden auf der Habenseite erfasst. ☐
4. Minderungen (Abgänge) werden auf der Sollseite erfasst. ☐
5. Der Anfangsbestand steht auf der Sollseite.
6. Zum Kontoabschluss sind zwei Bestände erforderlich.

3.3 Erfolgskonten mit Abschluss über Gewinn- und Verlustkonto

Problemstellung: Das Schlussbilanzkonto der Handelsbank AG wies in der Vorperiode als Eigenkapital einen Betrag von 94 500,00 € auf, in dieser Periode ein solches von 140 400,00 €.

Arbeitsaufträge: Wie ist eine Veränderung des Eigenkapitals zu erklären?
Wie werden die erfolgswirksamen Vorgänge gebucht?
Wie werden die Erfolgskonten abgeschlossen?

3.3.1 Wie ist eine Veränderung des Eigenkapitals zu erklären?

Grundsätzlich gibt es zwei Möglichkeiten für die Veränderung des Eigenkapitals. Entweder haben die Gesellschafter des Kreditinstituts zusätzliche Einlagen aufgebracht - was in diesem Falle nicht erfolgt ist -, oder das Kreditinstitut hat aus dem Bankgeschäft einen positiven Überschuss (Gewinn) erzielt.

Letzterer kam durch folgende **Geschäftsfälle** zustande:	€
1. Zinsgutschriften für Spareinlagen	38 000,00
2. Zinsgutschriften für Kreditoren	3 950,00
3. Zinsbelastungen für Debitoren	126 720,00
4. Provisionsbelastungen für Debitoren	15 840,00
5. Personalaufwendungen (Gutschrift für Kreditoren)	36 200,00
6. Andere Verwaltungsaufwendungen (Gutschrift für Debitoren)	18 510,00

Wenn Sie diese Geschäftsfälle näher untersuchen, werden Sie feststellen, dass einige davon zu einer Minderung des Eigenkapitals führten. Diese werden als **Aufwendungen** bezeichnet. Die anderen führten zu einer Mehrung des Eigenkapitals, diese werden als **Erträge** bezeichnet.

Stellt man die durch die obigen Geschäftsfälle verursachten Eigenkapitalveränderungen auf dem Konto Eigenkapital dar, so müssen, da dieses Konto ein **Passivkonto** ist, die Aufwendungen (= Minderungen) im Soll, die Erträge (= Mehrungen) im Haben erfasst werden.

Eigenkapital

	Soll		Haben		
Aufwendungen (Minderungen)	1. Zinsaufwendungen	38 000,00 €	EBK	94 500,00 €	
	2. Zinsaufwendungen	3 950,00 €	3. Zinserträge	126 720,00 €	Erträge (Mehrungen)
	5. Personalaufwend.	36 200,00 €	4. Provisionserträge	15 840,00 €	
	6. And. Verw.-Aufwend.	18 510,00 €			
	SBK	140 400,00 €			
		237 060,00 €		237 060,00 €	

3.3.2 Wie werden die erfolgswirksamen Vorgänge gebucht?

Da täglich viele Geschäftsfälle, die entweder Aufwendungen oder Erträge verursachen, anfallen, ist es nicht sinnvoll, diese pauschal über das Konto Eigenkapital zu buchen, da dadurch eine Analyse der einzelnen Aufwands- und Ertragsarten und die Übersichtlichkeit sehr erschwert würden.

Deshalb werden die einzelnen **Aufwands- und Ertragsarten** nach **bestimmten Gesichtspunkten,** z.B. dem Ausweis in der Gewinn- und Verlustrechnung oder der Kosten- und

4 Schuster - ISBN 978-3-8120-0194-6

Erlösanalyse, **geordnet und** dazu **Konten als Unterkonten des Kapitalkontos eingerichtet.** Für den Schulgebrauch finden Sie eine Aufgliederung der Aufwands- und Ertragskonten im Kontenplan (am Ende des Buches) in den Klassen 5, 6 und 7.

In der **Bankpraxis** werden die einzelnen **Kostenarten** häufig sehr viel tiefer untergliedert, z. B. in Zinsen für Spareinlagen:

- mit vereinbarter Kündigungsfrist von 3 Monaten
- mit vereinbarter Kündigungsfrist von 12 Monaten
- mit vereinbarter Kündigungsfrist von 24 Monaten usw.
- mit vereinbarter Kündigungsfrist von 12 Monaten mit steigendem Zinssatz oder mit Bonus
- Zinsen für Wohnspareinlagen
- Zinsen für Spareinlagen mit Versicherungsschutz usw.

Da auf den Aufwands- und Ertragskonten die erfolgswirksamen Vorgänge des Unternehmens erfasst werden, bezeichnet man diese Konten als

Erfolgskonten,

die Gesamtheit der Buchungen als

Erfolgsrechnung.

Wie das Eigenkapitalkonto, so haben auch sämtliche Aufwands- und Ertragskonten „passiven Charakter", d. h., sämtliche **Aufwendungen** werden auf dem Konto **im Soll,** sämtliche **Erträge im Haben** gebucht.

Aufwands- und Ertragskonten haben **keinen Anfangsbestand.**

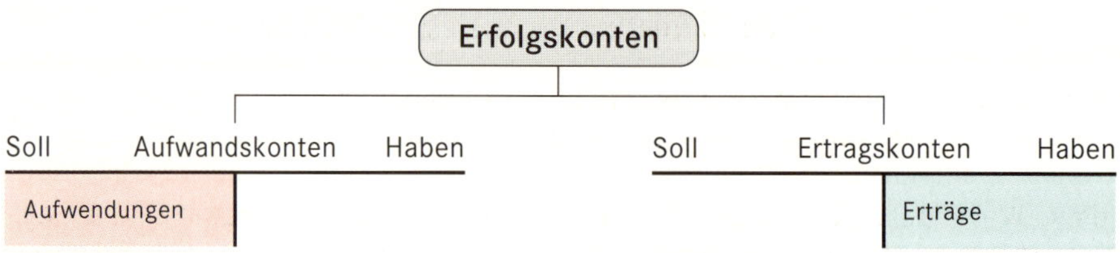

Aufwandsarten

- **Zinsaufwendungen**
  (Zinsen und zinsähnliche Aufwendungen aus dem Bankgeschäft; Zinsaufwendungen aus einer Unterschreitung des Mindestreservesolls)
- **Provisionsaufwendungen**
  (Provisionen und ähnliche Aufwendungen aus Dienstleistungsgeschäften, wie z. B. Zahlungsverkehr, Außenhandelsgeschäft, Wertpapierkommissionsgeschäft u. a. m.)
- **Allgemeine Verwaltungsaufwendungen**
  wie
  - *Personalaufwendungen*
  - *andere Verwaltungsaufwendungen*
    z. B.: Allg. Verwaltungskosten,
    Sachkosten für Geschäftsräume,
    Fuhrparkkosten,
    Werbungskosten

Ertragsarten

- **Zinserträge**
  (Zinsen und zinsähnliche Erträge aus dem Bankgeschäft, z. B. Kreditzinsen, Zinsen aus eigenen festverzinslichen Wertpapieranlagen; Zinsen aus der Mindestreservehaltung, aus Übernachtguthaben oder aus anderen Guthaben bei der Bbk)
- **Erträge aus Aktien und anderen nicht festverzinslichen Wertpapieren und Beteiligungen**
  (Dividenden, die das KI aus Aktien im eigenen Bestand erhält oder aus Beteiligungen an anderen Unternehmen)
- **Provisionserträge**
  (Provisionen und ähnliche Erträge aus Dienstleistungsgeschäften, wie z. B. Kontoführungsentgelte, Depotgebühren, Bürgschaftsprovisionen)

Für die Geschäftsfälle ergeben sich im Grundbuch diese Buchungen:

Nr.	Buchungssätze			Soll Betrag €	Haben Betrag €
1.	Zinsaufwendungen	an	Spareinlagen	38 000,00	38 000,00
2.	Zinsaufwendungen	an	Kreditoren	3 950,00	3 950,00
3.	Debitoren	an	Zinserträge	126 720,00	126 720,00
4.	Debitoren	an	Provisionserträge	15 840,00	15 840,00
5.	Personalaufwendungen	an	Kreditoren	36 200,00	36 200,00
6.	Andere Verw.-Aufwendungen	an	Debitoren	18 510,00	18 510,00

3.3.3 Wie werden die Erfolgskonten abgeschlossen?

Das Konto, über das am Ende des Jahres die Erfolgskonten abgeschlossen werden, ist das

Gewinn- und Verlustkonto (GuV).

Das Gewinn- und Verlustkonto ist ein Sammelkonto, das nur am Ende des Geschäftsjahres für den Abschluss der Aufwands- und Ertragskonten benötigt wird. Es darf keine laufenden Buchungen aufnehmen.

Da die Aufwandskonten die laufenden Buchungen im Soll aufnehmen, muss die Abschlussbuchung lauten:

Gewinn- und Verlustkonto an Aufwandskonto.

Für den Abschluss der Ertragskonten ergibt sich sinngemäß:

Ertragskonten an Gewinn- und Verlustkonto.

Auf diese Weise gelangen auf dem GuV-Konto die Aufwendungen ebenfalls ins Soll, die Erträge ins Haben. Da die Ertragsseite in der Regel, d. h. dann, wenn die Bank mit Gewinn gearbeitet hat, größer sein muss als die Sollseite, lautet die Abschlussbuchung für das GuV-Konto:

GuV-Konto an (Eigen-)Kapitalkonto.

Hat sie allerdings mit Verlust gearbeitet, lautet die Buchung:

(Eigen-)Kapitalkonto an GuV-Konto.

Sämtliche Aufwendungen und Erträge des Jahres erscheinen jetzt in einem einzigen Buchungsposten (dem Reingewinn oder Reinverlust) auf dem Kapitalkonto. Man nennt deswegen das Kapitalkonto auch „ruhendes" Konto, weil es keine laufenden Buchungen aufnimmt und nur am Ende des Jahres „bewegt" wird.

Diese Abschlussbuchungen gelten nur für Kreditinstitute in der Rechtsform einer Einzelfirma oder von Personengesellschaften. Für Kreditinstitute in der Rechtsform einer AG oder GmbH, für Sparkassen und Kreditgenossenschaften, gelten Sonderregelungen. Bei ihnen wird der Gewinn bzw. der Verlust des Jahres gesondert in der Bilanz ausgewiesen.

Nach der Buchung der Geschäftsfälle auf den Erfolgskonten ergibt sich der folgende **Kontenabschluss:**

Soll	Zinsaufwendungen		Haben
1. Spareinl.	38 000,00	GuV	41 950,00
2. Kreditoren	3 950,00		
	41 950,00		41 950,00

Soll	Zinserträge		Haben
GuV	126 720,00	3. Debitoren	126 720,00

Soll	Personalaufwendungen		Haben
5. Kreditoren	36 200,00	GuV	36 200,00

Soll	Provisionserträge		Haben
GuV	15 840,00	4. Debitoren	15 840,00

Soll	Andere Verwaltungsaufwendungen		Haben
6. Debitoren	18 510,00	GuV	18 510,00

Soll	GuV		Haben
Zinsaufwendungen	41 950,00	Zinserträge	126 720,00
Personalaufwend.	36 200,00	Provisionserträge	15 840,00
And. Verw.-Aufw.	18 510,00		
Eigenkapital	45 900,00		
	142 560,00		142 560,00

Soll	Eigenkapital		Haben
SBK	140 400,00	EBK	94 500,00
		GuV	45 900,00
	140 400,00		140 400,00

Soll	SBK		Haben
		Eigenkapital	140 400,00

Nr.	Grundbuch - Abschlussbuchungen -			Soll Betrag €	Haben Betrag €
1.	GuV	an	Zinsaufwendungen	41 950,00	41 950,00
2.	GuV	an	Personalaufwendungen	36 200,00	36 200,00
3.	GuV	an	And. Verw.-Aufwend.	18 510,00	18 510,00
4.	Zinserträge	an	GuV	126 720,00	126 720,00
5.	Provisionserträge	an	GuV	15 840,00	15 840,00
6.	GuV	an	Eigenkapital	45 900,00	45 900,00
7.	Eigenkapital	an	SBK	140 400,00	140 400,00

Auch für das Konto GuV gilt:

- Salden der Aufwandskonten stehen im Soll
- Salden der Ertragskonten stehen im Haben
- Saldo des GuV-Kontos = Reingewinn oder Reinverlust

Da der Erfolg eines Unternehmens (Gewinn bzw. Verlust) sowohl auf dem GuV-Konto als Ergebnis der Buchführung als auch durch die Schlussbilanz als Ergebnis der Inventur ermittelt werden kann, spricht man auch wegen dieser **doppelten** Möglichkeit der Erfolgsermittlung von der **doppelten Buchführung.**

Die Salden der einzelnen Aufwands- und Ertragskonten werden nach den Vorschriften eines Formblattes in einer **Gewinn- und Verlustrechnung** zusammengefasst und als Anlage zur Bilanz gemäß den entsprechenden Publizitätsvorschriften veröffentlicht.

Auf einen Blick:

1. **Erfolgskonten** sind Unterkonten des Kapitalkontos
   Aufwendungen = Minderungen des Kapitals
   Erträge = Mehrungen des Kapitals

   Daraus folgt:
   Aufwandsbuchungen = Sollbuchungen
   Ertragsbuchungen = Habenbuchungen

   Abschluss der Erfolgskonten nicht direkt über Kapitalkonto, sondern durch die Erfassung der Salden auf einem Vorkonto des Kapitalkontos, dem

   Gewinn- und Verlustkonto.

2. Das **Konto GuV** ist ein Sammelkonto, das die Schlusssalden der Erfolgskonten aufnimmt. Aus der Aufrechnung des GuV-Kontos ergibt sich der Reingewinn oder Reinverlust.

   Merkmale des Systems der Doppik:
   a) Doppelte Möglichkeit der Erfolgsermittlung.
   b) Erfassung jedes Geschäftsfalles auf zwei Konten.

   Bilanzausweis:
   „Gewinn- und Verlustrechnung" wird mit der Bilanz veröffentlicht. („Aufwendungen und Erträge" werden nach Erfolgskontenarten geordnet.)

Zusammenhänge des Systems der Doppik

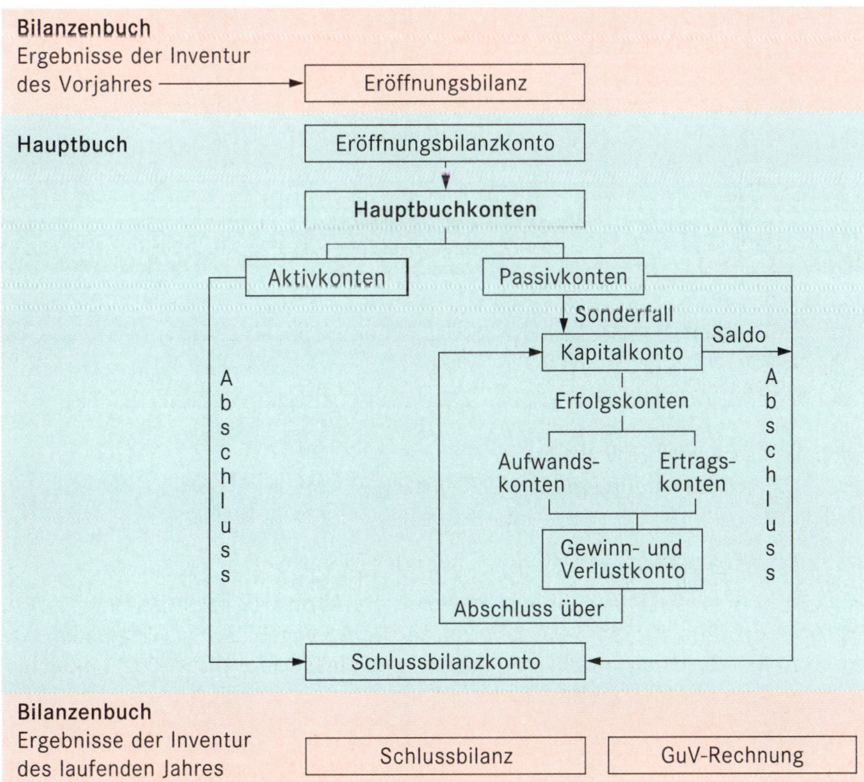

Aufgaben:

34. Stellen Sie die durch die Geschäftsfälle verursachten Veränderungen des Kontos Eigenkapital dar!

Eröffnungsbestand Eigenkapital 2 009 068,00 €.

Geschäftsfälle:

	Betrag
1. Zinsbelastung für Debitoren	135 860,00 €
2. Zinsgutschrift für Kreditoren	36 595,00 €
3. Provisionsbelastung für	
a) Debitoren	71 250,00 €
b) Kreditoren	26 850,00 €
4. Kauf von Heizöl für das Bankgebäude von einem Kreditor	5 380,00 €
5. Kauf von Benzin für Geschäftsfahrzeuge von einem Debitor	12 475,00 €

35. Folgende Buchungen sind auf dem Kapitalkonto als Kapitalmehrungen oder -minderungen ohne Gegenbuchung darzustellen:

Anfangsbestand Kapitalkonto	4 200 000,00 €
1. Bezahlung von Lichtrechnungen durch Bbk	1 800,00 €
2. Zinsen für Spareinlagen	112 000,00 €
3. Zinsen von Debitoren	328 000,00 €
4. Provisionsbelastung für Debitoren	36 000,00 €
5. Bezahlung von Betriebssteuern durch Bbk	11 400,00 €
6. Mieteingänge auf Postbank Girokonto	2 100,00 €
7. Provisionseinnahmen aus dem Wertpapiergeschäft von Debitoren	4 800,00 €
8. Formularrechnung durch Bundesbank bezahlt	1 300,00 €
9. Bezahlung von Zeitungsgebühren in bar	150,00 €
10. Bezahlung von Reparaturen an Gebäuden durch Postbank Giroüberweisung	11 800,00 €
11. Provisionseinnahmen von Kreditoren	13 400,00 €
12. Bezahlung von Ölrechnungen durch Postbank Giroüberweisung	1 500,00 €
13. Kosten für das Betriebsfest (Barausgabe)	2 500,00 €

Abschluss des Kapitalkontos!

36. Die Geschäftsfälle der Aufgabe 35 sind auf besonderen Aufwands- und Ertragskonten zu buchen (ohne Gegenbuchung).

Abschluss der Konten!

37. Anfangsbestand auf dem Kapitalkonto: 300 000,00 €.

Nach Abschluss der Aufwands- und Ertragskonten weist das Gewinn- und Verlustkonto folgende Summen aus:

Sollseite:	150 000,00 €
Habenseite:	112 000,00 €

Abschluss des Gewinn- und Verlustkontos und des Kapitalkontos!

38. a) Erstellen Sie die Eröffnungsbilanz!

b) Buchen Sie im Grundbuch
- die Eröffnung der Konten,
- die Geschäftsfälle,
- die Abschlussbuchungen!

c) Buchen Sie im Hauptbuch
- die Konteneröffnung,
- die Geschäftsfälle,
- den Kontenabschluss!

d) Erstellen Sie das Inventar!

e) Erstellen Sie die Schlussbilanz!

Eröffnungsbestände:

Kasse 47 650,00 €, Bbk 3 203 478,00 €, Debitoren 12 900 430,00 €, BGA 63 210,00 €, Kreditoren 14 205 700,00 €, Eigenkapital ?

Geschäftsfälle:	Betrag
1. Zinsbelastung für Debitoren	135 860,00 €
2. Zinsgutschrift für Kreditoren	36 595,00 €
3. Provisionsbelastung für	
a) Debitoren	71 250,00 €
b) Kreditoren	26 850,00 €
4. Kauf von Heizöl für das Bankgebäude von einem Kreditor	5 380,00 €
5. Kauf von Benzin für Geschäftsfahrzeuge von einem Debitor	12 475,00 €

39. a) Erstellen Sie die Eröffnungsbilanz!

b) Buchen Sie im Grundbuch
- die Eröffnung der Konten,
- die Geschäftsfälle,
- die Abschlussbuchungen!

c) Buchen Sie im Hauptbuch
- die Konteneröffnung,
- die Geschäftsfälle,
- den Kontenabschluss!

d) Erstellen Sie das Inventar!

e) Erstellen Sie die Schlussbilanz!

Eröffnungsbestände:

Kasse 18 000,00 €, Bbk 227 500,00 €, Debitoren 476 800,00 €, Wertpapiere 29 300,00 €, Sachanlagen (BGA) 20 000,00 €, Spareinlagen 122 500,00 €, Kreditoren 297 100,00 €, Eigenkapital ? €.

Geschäftsfälle:	Betrag
1. Ein Kreditor zahlt bar ein	5 800,00 €
2. Barauszahlung an Sparkunden	950,00 €
3. Wir überweisen durch Bbk Miete für gemieteten Computer	15 300,00 €
4. Provisionsbelastungen für	
a) Debitoren	12 380,00 €
b) Kreditoren	8 270,00 €
5. Zinsgutschrift für	
a) Kreditoren	2 560,00 €
b) Sparer	6 700,00 €
6. Zinsbelastung für Debitoren	46 150,00 €
7. Kauf von Geschäftsausstattung. Überweisung des Kaufpreises durch Bbk	4 200,00 €
8. Debitoren überweisen an Kreditoren	15 990,00 €

40. a) Erstellen Sie die Eröffnungsbilanz!

b) Buchen Sie im Grundbuch
- die Eröffnung der Konten,
- die Geschäftsfälle,
- die Abschlussbuchungen!

c) Buchen Sie im Hauptbuch
- die Konteneröffnung,
- die Geschäftsfälle,
- den Kontenabschluss!

d) Erstellen Sie das Inventar!

e) Erstellen Sie die Schlussbilanz!

Eröffnungsbestände:

Kasse 36 500,00 €, Bbk 345 300,00 €, Debitoren 971 390,00 €, Sachanlagen (BGA) 35 530,00 €, Spareinlagen 298 730,00 €, Kreditoren 483 520,00 €, Eigenkapital ? €.

Geschäftsfälle:

	Betrag
1. Kreditor überweist auf Sparkonto	2 500,00 €
2. Bezahlung von Strom und Wasser durch Bbk-Überweisung	3 200,00 €
3. Barkauf von Büromaterial	280,00 €
4. Kauf von Heizöl. Gutschrift des Rechnungsbetrages auf dem Konto des Lieferers (= Kreditor)	4 970,00 €
5. Barzahlung der Inspektionskosten für bankeigenen Pkw	530,00 €
6. Zinsgutschrift für	
a) Kreditoren	4 100,00 €
b) Sparer	11 370,00 €
7. Zinsbelastung für Debitoren	85 630,00 €
8. Provisionsbelastungen für	
a) Kreditoren	8 190,00 €
b) Debitoren	33 640,00 €

41. a) Erstellen Sie die Eröffnungsbilanz!

b) Buchen Sie im Grundbuch
- die Eröffnung der Konten,
- die Geschäftsfälle,
- die Abschlussbuchungen!

c) Buchen Sie im Hauptbuch
- die Konteneröffnung,
- die Geschäftsfälle!

d) Erstellen Sie das Inventar!

e) Erstellen Sie die Schlussbilanz!

Eröffnungsbestände:

Kasse 15 000,00 €, Bbk 139 600,00 €, Debitoren 872 430,00 €, Wertpapiere 30 400,00 €, Sachanlagen (BGA) 38 600,00 €, Spareinlagen 495 900,00 €, Kreditoren 518 210,00 €, Eigenkapital ? €.

Geschäftsfälle:

	Betrag
1. Verkauf gebrauchter Geschäftsausstattung an Debitoren	540,00 €
2. Einzahlung auf Sparkonto	1 800,00 €
3. Überweisung von Betriebssteuern durch Bbk	920,00 €
4. Kauf von Schreibpapier von einem Kreditor	470,00 €
5. Barzahlung eines Werbeinserates	155,00 €
6. Überweisung der Stromrechnung durch Bbk	1 225,00 €
7. Belastung von Kreditoren mit Depotgebühren	3 260,00 €
8. Gutschrift von Zinsen für Kreditoren	2 500,00 €
9. Gutschrift von Zinsen für Spareinlagen	12 400,00 €
10. Belastung von Kreditoren mit Provisionen	4 160,00 €
11. Belastung von Debitoren mit Provisionen	37 200,00 €
12. Zinsbelastung für Debitoren	57 550,00 €

42. a) Erstellen Sie die Eröffnungsbilanz!
b) Buchen Sie im Grundbuch
- die Eröffnung der Konten,
- die Geschäftsfälle,
- die Abschlussbuchungen!

c) Buchen Sie im Hauptbuch
- die Konteneröffnung,
- die Geschäftsfälle,
- den Kontenabschluss!

d) Erstellen Sie das Inventar!

e) Erstellen Sie die Schlussbilanz!

Eröffnungsbestände:

Kasse 45 300,00 €, Bbk 769 200,00 €, Debitoren 2 289 000,00 €, Sachanlagen (BGA) 159 300,00 €, Spareinlagen 1 221 400,00 €, Kreditoren 1 728 100,00 €, Eigenkapital ? €.

Geschäftsfälle:	Betrag
1. Bareinzahlung auf Sparkonto	3 800,00 €
2. Debit-Kartenentgelte für	
a) Debitoren	570,00 €
b) Kreditoren	1 890,00 €
3. Rechnung für eine Werbeanzeige des KI wird einem Kreditor gutgeschrieben	825,00 €
4. Entgelte für Dauerauftragsänderungen für	
a) Debitoren	340,00 €
b) Kreditoren	850,00 €
5. Barabhebung von Kreditoren	1 700,00 €
6. Kauf einer Schreibmaschine. Rechnungsbetrag wird dem Lieferer (Debitor) überwiesen.	2 700,00 €
7. Kauf von Überweisungsformularen. Überweisung des Rechnungsbetrages durch Bbk	17 600,00 €
8. Zinsgutschriften für	
a) Sparkonten	42 740,00 €
b) Kreditoren	7 100,00 €
9. Zinsbelastung für Debitoren	224 322,00 €

43. 1. Welche Aufgabe hat das Eröffnungsbilanzkonto?
2. Erläutern Sie die Bedeutung der Belege in der Buchführung!
3. Welche Geschäftsfälle führen zu einer Erhöhung des Eigenkapitals?
4. Wodurch unterscheidet sich ein Erfolgskonto grundsätzlich von einem Bestandskonto?
5. Nach welchem Kriterium werden Geschäftsfälle in der Primanota erfasst?
6. Wodurch unterscheidet sich das Schlussbilanzkonto von der Schlussbilanz?

P

44. Sie sollen einem neuen Auszubildenden die Erfolgskonten und deren Abschluss erläutern. Welche Antworten geben Sie ihm?
1. Erfolgskonten stehen auf der Aktivseite der Bilanz.
2. Erfolgskonten können bis zu zwei Anfangsbestände haben.
3. Erfolgskonten sind Unterkonten des Kapitalkontos. ☐
4. Erfolgskonten werden mit der Gewinn- und Verlustrechnung abgeschlossen. ☐
5. Erfolgskonten haben keinen Eröffnungsbestand. ☐
6. Erfolgskonten können Aufwands- oder Ertragskonten sein.

4 Kontokorrentkonten

4.1 Kunden-Kontokorrent

Problemstellung: Die Handelsbank AG führt für Kunden Konten in laufender Rechnung, und zwar

als Debitoren:	Oktan GmbH	145 700,00 €
	Schreiner & Co. OHG	62 600,00 €
als Kreditoren:	Metallbau Mayer KG	95 300,00 €
	Gillmann AG	417 200,00 €

Es liegen folgende Überweisungsaufträge dieser Kunden vor:

1. von der Metallbau Mayer KG an die Oktan GmbH 220 000,00 €
2. von der Schreiner & Co. OHG an die Gillmann AG 40 000,00 €
3. von der Schreiner & Co. OHG an die Metallbau Mayer KG 25 000,00 €

Arbeitsaufträge: Wie werden die einzelnen Kundenkonten im Hauptbuch zusammengefasst?
Wie wird im Hauptbuch Kunden-Kontokorrent gebucht?
Wie wird das Kunden-Kontokorrent abgeschlossen?
Wie wird das Kunden-Kontokorrent bei EDV geführt?
Wie werden Debitoren und Kreditoren in der Bilanz ausgewiesen?

4.1.1 Wie werden die einzelnen Kundenkonten im Hauptbuch zusammengefasst?

In den bisherigen Aufgaben wurde der laufende Geschäftsverkehr mit Kunden auf den beiden Hauptbuchkonten Forderungen an Kunden (Debitoren) und Verbindlichkeiten gegenüber Kunden (Kreditoren) gebucht. Da aber täglich aus einem Debitor ein Kreditor und umgekehrt werden kann, wird für den laufenden Geschäftsverkehr mit den Kunden im Hauptbuch nur **ein** Konto geführt, das

Kunden-Kontokorrent (Kunden-KK).

Da ein Kreditinstitut über den Kontostand jedes einzelnen Kunden informiert sein muss, führt es für jeden Kunden ein besonderes Konto. Diese Konten sind unter dem Sammelbegriff „Persönliche Konten" ein Nebenbuch, ein **Skontro** des Hauptbuchkontos Kunden-Kontokorrent.

Ein **Skontro** ist ein Hilfs- oder Nebenbuch, in dem die Bestände eines Hauptbuches aus organisatorischen Gründen und zu Zwecken der Bewertung nach Personen, Gattungen oder dgl. aufgegliedert werden.

Hauptbuch: Kunden-Kontokorrent

Skontren:	Debitoren		Kreditoren	
	Oktan GmbH	145 700,00 €	Metallbau Mayer KG	95 300,00 €
	Schreiner & Co. OHG	62 600,00 €	Gillmann AG	417 200,00 €
	Summe	208 300,00 €	Summe	512 500,00 €

4.1.2 Wie wird im Hauptbuch „Kunden-Kontokorrent" gebucht?

Eröffnungsbuchungen

Da das Hauptbuchkonto Kunden-Kontokorrent sowohl die Debitoren als auch die Kreditoren aufnehmen soll, müssen auf diesem Konto **zwei** Anfangsbestände erscheinen.

Diese Bestände ergeben sich aus der Summe der Inventurbestände der Skontren aller Debitoren bzw. Kreditoren.

Der **Debitoren-Anfangsbestand** erscheint auf dem Kunden-Kontokorrent im **Soll;** der **Kreditoren-Anfangsbestand** im **Haben.**

Hauptbuch

S — Eröffnungsbilanzkonto (EBK) — H

S		H	
2. Kunden-KK	512 500,00	1. Kunden-KK	208 300,00

S — Kunden-Kontokorrent (Kunden-KK) — H

S		H	
1. EBK (Deb.)	208 300,00	2. EBK (Kred.)	512 500,00
3.	220 000,00	3.	220 000,00
4.	40 000,00	4.	40 000,00
5.	25 000,00	5.	25 000,00
7. SBK (Kred.)	531 500,00	6. SBK (Deb.)	227 300,00
	1 024 800,00		1 024 800,00

S — Schlussbilanzkonto (SBK) — H

S		H	
6. Kd.-KK (Deb.)	227 300,00	7. Kd.-KK (Kred.)	531 500,00

Nebenbücher (Skontren)

S — Oktan GmbH — H

S		H	
AB	145 700,00	3.	220 000,00
Saldo	74 300,00		
	220 000,00		220 000,00

S — Schreiner & Co. OHG — H

S		H	
AB	62 600,00	Saldo	127 600,00
4.	40 000,00		
5.	25 000,00		
	127 600,00		127 600,00

S — Metallbau Mayer KG — H

S		H	
3.	220 000,00	AB	95 300,00
		5.	25 000,00
		Saldo	99 700,00
	220 000,00		220 000,00

S — Gillmann AG — H

S		H	
Saldo	457 200,00	AB	417 200,00
		4.	40 000,00
	457 200,00		457 200,00

Grundbuch

			Soll Betrag €	Haben Betrag €
Eröffnungsbuchungen				
1. Kunden-KK (Debitoren)	an	EBK	208 300,00	208 300,00
2. EBK	an	Kunden-KK (Kreditoren)	512 500,00	512 500,00
Umsatzbuchungen				
3. Kunden-KK (Mayer KG)	an	Kunden-KK (Oktan GmbH)	220 000,00	220 000,00
4. Kunden-KK (Schreiner & Co. OHG)	an	Kunden-KK (Gillmann AG)	40 000,00	40 000,00
5. Kunden-KK (Schreiner & Co. OHG)	an	Kunden-KK (Mayer KG)	25 000,00	25 000,00
Abschlussbuchungen				
6. SBK	an	Kunden-KK (Debitoren)	227 300,00	227 300,00
7. Kunden-KK (Kreditoren)	an	SBK	531 500,00	531 500,00

Umsatzbuchungen

Für die Buchung der Geschäftsfälle im Hauptbuch Kunden-Kontokorrent gelten die Regeln:

> **Lastschriften** werden im **Soll** gebucht;
> **Gutschriften** werden im **Haben** gebucht.

4.1.3 Wie wird das Kunden-Kontokorrent abgeschlossen?

Um das **Hauptbuchkonto Kunden-Kontokorrent** abschließen zu können, müssen die **Endbestände (Salden) der Skontren,** getrennt nach Debitoren und Kreditoren, addiert werden.

Dies ist erforderlich, da der Saldo des Kontokorrentkontos nur den Überschuss der Debitoren über die Kreditoren oder umgekehrt ausweist.

In unserem Beispiel ergibt die **Inventur:**

Debitoren:	Schreiner & Co. OHG	127 600,00 €
	Metallbau Mayer KG	99 700,00 €
	Endbestand	227 300,00 €
Kreditoren:	Oktan GmbH	74 300,00 €
	Gillmann AG	457 200,00 €
	Endbestand	531 500,00 €

Diese Endbestände werden vom Hauptbuchkonto Kunden-KK in das SBK übertragen. Vgl. Abschlussbuchungen im Grundbuch und im Hauptbuch.

4.1.4 Wie wird das Kunden-KK bei EDV geführt?

EDV-Anlagen ermöglichen auch täglich die getrennte Erfassung von Debitoren- und Kreditorenumsätzen auf den Skontren. Dadurch kann im **Hauptbuch** ein Debitoren-Kontokorrent und ein Kreditoren-Kontokorrent geführt werden. Eine besondere Saldenfortschreibung wird dadurch entbehrlich. Im **Grundbuch** wird dagegen das zusammengefasste Konto Kunden-Kontokorrent weiter benutzt.

4.1.5 Wie werden Debitoren und Kreditoren in der Bilanz ausgewiesen?

In der Schlussbilanz - auch in monatlichen Aufstellungen für die Bankenstatistik - müssen allerdings wieder der Debitoren- und Kreditorenbestand getrennt ausgewiesen werden.

Das Kunden-Kontokorrent liefert Werte für zwei Bilanzposten, und zwar:

Debitoren = Posten: **Forderungen an Kunden**

Kreditoren = Posten: **Verbindlichkeiten gegenüber Kunden**
b) andere Verbindlichkeiten
ba) täglich fällig

Auf einen Blick:

1. Das **Kunden-Kontokorrent** erfasst den laufenden Geschäftsverkehr mit den **Bankkunden**, gleichgültig, ob es sich bei ihnen um Debitoren oder Kreditoren handelt.

Soll	Kunden-Kontokorrent (= Kunden-KK) Haben
Eröffnungsbilanzkonto **(Debitoren-Anfangsbestand)**	Eröffnungsbilanzkonto **(Kreditoren-Anfangsbestand)**
Laufende Buchungen **(Lastschriften)** a) **Mehrungen** der Forderungen an Kunden (Debitoren) b) **Minderungen** der Verbindlichkeiten gegenüber Kunden (Kreditoren)	Laufende Buchungen **(Gutschriften)** a) **Mehrungen** der Verbindlichkeiten gegenüber Kunden (Kreditoren) b) **Minderungen** der Forderungen an Kunden (Debitoren)
Schlussbilanzkonto **(Kreditoren-Schlussbestand)**	Schlussbilanzkonto **(Debitoren-Schlussbestand)**

2. Für die einzelnen Kundenkonten werden **Nebenbücher**, die **Skontren,** geführt.
3. Die **Endbestände** der Debitoren und der Kreditoren werden **aus den Skontren errechnet.**

Bilanzausweis:

Kunden-Kontokorrent:

Aktiva: „Forderungen an Kunden"

Passiva: „Verbindlichkeiten gegenüber Kunden
b) andere Verbindlichkeiten
ba) täglich fällig"

Aufgaben:

45. a) Eröffnen Sie die Hauptbuchkonten und die Kundenskontren!

b) Ermitteln Sie aus den Salden der Kundenskontren die Anfangsbestände für das Hauptbuchkonto Kunden-Kontokorrent!

c) Bilden Sie die Buchungssätze und buchen Sie auf den Hauptbuchkonten und den Kundenskontren!

d) Schließen Sie die Kundenskontren ab!

e) Schließen Sie die Hauptbuchkonten mit dem Schlussbilanzkonto ab!

Eröffnungsbestände:

Kasse 82 600,00 €, Bbk 476 190,00 €, Forderungen an Kunden ? (Debitorische Skontren: Büromöbel GmbH 148 300,00 €, Weber & Söhne OHG 47 140,00 €, Adam Münzer 24 800,00 €), BGA 32 900,00 €, Verbindlichkeiten gegenüber Kunden ? (Kreditorische Skontren: Tonwerke AG 34 250,00 €, Hansen & Co. KG 23 400,00 €, Oskar Müller 92 410,00 €), Eigenkapital ? €.

Geschäftsfälle:

1. A. Münzer überweist 16 200,00 € an die Tonwerke AG.
2. Auf dem Bbk-Konto werden Gutschriftsanzeigen über 15 960,00 € für die Weber & Söhne OHG gebucht.

3. Oskar Müller hebt 3 400,00 € ab.
4. Die Büromöbel GmbH liefert dem Kreditinstitut eine Schreibmaschine für 2 920,00 € und erhält sofortige Gutschrift.
5. Hansen & Co. KG erteilt Überweisungsaufträge zugunsten
   a) Weber & Söhne OHG 8 300,00 €
   b) Oskar Müller 1 650,00 €
6. Adam Münzer zahlt 4 800,00 € ein.
7. Das Kreditinstitut zahlt 20 000,00 € auf das Bbk-Konto ein.
8. Ein Überweisungsauftrag der Tonwerke AG von 46 960,00 € wird über Bbk ausgeführt.

46. Das Kunden-Kontokorrent ist nach folgenden Angaben aufzustellen und abzuschließen:

	Betrag
Anfangsbestand der Forderungen an Kunden lt. Inventur	490 000,00 €
Anfangsbestand der Verbindlichkeiten gegenüber Kunden lt. Inventur	560 000,00 €
Umsätze Soll	3 560 000,00 €
Umsätze Haben	3 646 000,00 €
Schlussbestand der Forderungen an Kunden	470 000,00 €
Schlussbestand der Verbindlichkeiten gegenüber Kunden	? €

47. Das Kunden-Kontokorrent ist nach folgenden Angaben aufzustellen und abzuschließen:

	Betrag
Anfangsbestand der Forderungen an Kunden lt. Inventur	94 000,00 €
Anfangsbestand der Verbindlichkeiten gegenüber Kunden lt. Inventur	110 000,00 €
Umsätze Soll	2 520 000,00 €
Umsätze Haben	2 525 000,00 €
Schlussbestand der Verbindlichkeiten gegenüber Kunden	114 000,00 €
Schlussbestand der Forderungen an Kunden	? €

48. a) Folgende Geschäftsfälle sind auf Debitoren- bzw. Kreditorenkonto (ohne Gegenbuchung) zu buchen. Die Konten sind danach abzuschließen.

		Betrag
1.	Anfangsbestand auf Debitorenkonto	150 000,00 €
	Anfangsbestand auf Kreditorenkonto	210 000,00 €
2.	Barabhebung eines Kreditors	500,00 €
3.	Postbank Giroeingang zugunsten eines Debitors	1 200,00 €
4.	Bbk-Überweisung zu Lasten eines Kreditors	850,00 €
5.	Bareinzahlung eines Kreditors	1 000,00 €
6.	Provisionsbelastung für einen Debitor	60,00 €
7.	Zinsgutschrift für Kreditoren	2 500,00 €
8.	Zinslastschrift für Debitoren	6 000,00 €
9.	Überweisungsauftrag eines Debitors wird über Postbank Girokonto ausgeführt	350,00 €
10.	Bbk-Eingang zugunsten eines Debitors	1 350,00 €

b) Buchung der gleichen Geschäftsfälle auf einem Kunden-Kontokorrent (ohne Gegenbuchung). Das Kunden-Kontokorrent ist nach Einsetzen der unter a) ermittelten Schlussbestände abzuschließen!

49. a) Folgende Geschäftsfälle sind auf Debitoren- bzw. Kreditorenkonto (ohne Gegenbuchung) zu buchen. Die Konten sind danach abzuschließen.

		Betrag
	Anfangsbestand Debitoren (Forderungen an Kunden)	850 000,00 €
	Anfangsbestand Kreditoren (Verbindlichkeiten gegenüber Kunden)	980 000,00 €
1.	Bareinzahlung auf Debitoren	20 000,00 €
2.	Barabhebung von Kreditoren	30 000,00 €
3.	Kreditoren erhalten Lastschrift für Kauf von Wertpapieren aus dem Bestand unseres KI	17 300,00 €
4.	Auf unserem Bbk-Konto gehen zugunsten von Debitoren ein	18 400,00 €
5.	Wir führen Überweisungsaufträge unserer Debitoren über unser Postbank Girokonto aus	12 800,00 €
6.	Kreditoren erteilen Überweisungsaufträge, Zahlungsempfänger sind unsere Debitoren	6 700,00 €
7.	Kreditoren heben bar ab	16 000,00 €
8.	Wir belasten Debitoren mit Provision	2 740,00 €
9.	Kreditoren lassen von ihren lfd. Konten auf Sparkonten übertragen	9 000,00 €
10.	Wir zahlen an Debitoren bar aus	10 000,00 €

b) Buchung der gleichen Geschäftsfälle auf einem Kunden-Kontokorrent (ohne Gegenbuchung). Das Kunden-Kontokorrent ist nach Einsetzen der unter a) ermittelten Schlussbestände abzuschließen!

50. Das Kunden-Kontokorrent der Handelsbank AG ist nach folgenden Angaben aufzustellen und abzuschließen:

	TEUR
Anfangsbestand Forderungen an Kunden lt. Inventur	225 000
Anfangsbestand Verbindlichkeiten gegenüber Kunden	474 000
vorläufige Umsätze Soll	9 860 000
vorläufige Umsätze Haben	10 057 000

Es sind noch die Umsätze für die Abrechnung des IV. Quartals zu berücksichtigen:

Sollzinsen	1 974 TEUR
Habenzinsen	224 TEUR
Buchungsentgelte	3 785 TEUR
Schlussbestand Forderungen an Kunden lt. Inventur	543 000 TEUR

Mit welchem Betrag sind die Verbindlichkeiten gegenüber Kunden in der Schlussbilanz einzusetzen, wenn keine Wertberichtigungen vorgenommen werden müssen?

4.2 Banken-Kontokorrent

Problemstellung:	Die Volksbank Gießen eG und die Bank für Handel AG in Lollar stellen fest, dass sie täglich viele Zahlungen untereinander abzuwickeln haben. Die bisher benutzten Verrechnungswege führten zu Verzögerungen in der Abwicklung und zu Beschwerden der Kunden.
Arbeitsaufträge:	Wie kann die Geschäftsabwicklung zwischen Kreditinstituten beschleunigt werden? Wie wird im Hauptbuch Banken-Kontokorrent gebucht und wie wird dieses Konto abgeschlossen? Wie erfolgt der Bilanzausweis?

4.2.1 Wie kann die Geschäftsabwicklung zwischen Kreditinstituten beschleunigt werden?

Die beiden Kreditinstitute vereinbaren eine **direkte Kontoverbindung.** Dabei soll die Volksbank Gießen eG **kontoführende Stelle** werden. Sie eröffnet ein **Lorokonto** („Euer Konto") für die Bank für Handel AG. Diese Bank führt zu Kontrollzwecken ein internes Gegenkonto, das **Nostrokonto** („Unser Konto") Volksbank Gießen eG. Beide Banken gelten als Korrespondenzbanken oder befreundete Kreditinstitute.

4.2.2 Wie wird im Hauptbuch Banken-Kontokorrent gebucht und dieses Konto abgeschlossen?

Loro- und Nostrokonten werden als Nebenbücher (Skontren) geführt. Die Salden dieser Konten können debitorisch (Forderungen an Kreditinstitute) oder kreditorisch (Verbindlichkeiten gegenüber Kreditinstituten) sein.

Im Hauptbuch wird ein Sachkonto Banken-Kontokorrent (Banken-KK) geführt. In ihm werden Forderungen an Kreditinstitute und Verbindlichkeiten gegenüber Kreditinstituten gebucht.

Das **Hauptbuchkonto Banken-KK** nimmt folgende Werte auf:

Soll **Banken-Kontokorrent (Banken-KK)** Haben

Soll	Haben
EBK (**Forderungen** an Kreditinstitute) Laufende Buchungen **(Lastschriften)**: a) Mehrungen der Forderungen an Kreditinstitute b) Minderungen der Verbindlichkeiten gegenüber Kreditinstituten SBK (**Verbindlichkeiten** gegenüber Kreditinstituten)	EBK (**Verbindlichkeiten** gegenüber Kreditinstituten) Laufende Buchungen **(Gutschriften)**: a) Mehrungen der Verbindlichkeiten gegenüber Kreditinstituten b) Minderungen der Forderungen an Kreditinstitute SBK (**Forderungen** an Kreditinstitute)

Ausnahmen: Für die Geschäftsbeziehungen mit der (Giro-)Zentrale und den Bundesbankfilialen werden eigene Hauptbuchkonten geführt.

Die Zusammenhänge zwischen Loro- und Nostrokonten, den Buchungen im Grundbuch, auf den Skontren und im Hauptbuch werden im folgenden Beispiel dargestellt:

Volksbank Gießen eG
ist kontoführende Stelle (Skontro) für das Lorokonto „Bank für Handel AG, Lollar".

Bank für Handel AG, Lollar,
führt internes Gegenkonto (Skontro) als Nostrokonto „Volksbank Gießen eG".

Geschäftsfall:
Die Bank für Handel AG, Lollar, überweist von ihrem Bbk-Girokonto auf das neu eröffnete Konto bei der Volksbank Gießen eG 15 000,00 €.

Buchungen bei der Volksbank Gießen eG

Grundbuch

1. Bbk-Giro an Banken-KK 15 000,00 €

Skontro

Bank für Handel AG (Lorokonto)

S		H	
Saldo	15 000,00 €	Bbk-Giro	15 000,00 €

Hauptbuch

Bbk-Giro

S		H	
1. Banken-KK	15 000,00 €		

Banken-KK

S		H	
2. SBK (Verb. g. KI)	15 000,00 €	1. Bbk-Giro	15 000,00 €

SBK

S		H	
		2. Banken-KK (Verb. g. KI)	15 000,00 €

Buchungen bei der Bank für Handel AG, Lollar

Grundbuch

1. Banken-KK an Bbk-Giro 15 000,00 €

Skontro

Volksbank Gießen eG (Nostrokonto)

S		H	
Bbk-Giro	15 000,00 €	Saldo	15 000,00 €

Hauptbuch

Bbk-Giro

S		H	
EBK	190 000,00 €	1. Banken-KK	15 000,00 €

Banken-KK

S		H	
1. Bbk-Giro	15 000,00 €	2. SBK (Ford. an KI)	15 000,00 €

SBK

S		H	
2. Banken-KK (Ford. an KI)	15 000,00 €		

Abschluss der Hauptbuchkonten Banken-KK:

Aus den Salden der Skontren werden jeweils die Summen der Forderungen an Kreditinstitute und der Verbindlichkeiten gegenüber Kreditinstituten ermittelt. Diese Summen werden im Hauptbuch Banken-KK als Schlussbestände gebucht und auf dem SBK gegengebucht.

Grundbuch (Volksbank Gießen eG)

2. Banken-KK an SBK (Verb. g. KI) 15 000,00 €

Grundbuch (Bank für Handel AG, Lollar)

2. SBK an Banken-KK (Ford. an KI) 15 000,00 €

4.2.3 Wie erfolgt der Bilanzausweis?

Bilanzausweis bei der Volksbank Gießen eG

Aktiva

Posten 3 Forderungen an Kreditinstitute
a) täglich fällig --

Passiva

Posten 1 Verbindlichkeiten gegenüber Kreditinstituten
a) täglich fällig 15 000,00 €

Bilanzausweis bei der Bank für Handel AG, Lollar

Aktiva

Posten 3 Forderungen an Kreditinstitute
a) täglich fällig 15 000,00 €

Passiva

Posten 1 Verbindlichkeiten gegenüber Kreditinstituten
a) täglich fällig --

5 Schuster - ISBN 978-3-8120-0194-6

Auf einen Blick:

1. Das **Hauptbuchkonto Banken-Kontokorrent** nimmt die Umsätze aus dem laufenden Zahlungsverkehr mit Korrespondenzbanken (befreundeten Kreditinstituten) auf.
2. Es werden als Unterkonten (Skontren) **Loro- bzw. Nostrokonten** geführt.
3. Das **Hauptbuchkonto Banken-Kontokorrent** ist zugleich **Aktiv- und Passivkonto.**
   Die Anfangs- und Endbestände werden durch Addition der Eröffnungs- bzw. Schlussbestände der debitorischen bzw. kreditorischen Banken-Skontren ermittelt.
4. **Bilanzausweis:**

   Aktiva
   Posten 3: Forderungen an Kreditinstitute
   a) täglich fällig

   Passiva
   Posten 1: Verbindlichkeiten gegenüber Kreditinstituten
   a) täglich fällig

Aufgaben:

51. Die Mainbank AG, Frankfurt am Main, steht mit den folgenden Kreditinstituten in direkter Geschäftsverbindung:

Forderungen:	Betrag
Nostro Bankhaus Mai & Söhne	645 300,00 €
Loro Merkurbank GmbH	967 600,00 €
Verbindlichkeiten:	
Nostro Handelsbank AG	1 250 300,00 €
Loro Bankhaus Müller	732 100,00 €

Geschäftsfälle:	Betrag
1. Die Mainbank AG erhält von der Merkurbank GmbH auf Magnetband Überweisungsgutschriften für Kontokorrentkunden	37 900,00 €
2. Kontokorrentkunden erteilen Überweisungsaufträge für	
a) Kunden der Merkurbank GmbH	47 000,00 €
b) Kunden des Bankhauses Müller	50 000,00 €
3. Vom Bankhaus Mai & Söhne werden von unseren Kunden ausgestellte eurocheques zur Einlösung vorgelegt	7 900,00 €
4. Wir überweisen Tagesgeld von unserem Bbk-Girokonto auf das Bbk-Girokonto der Handelsbank AG	1 000 000,00 €
5. Ein Kontokorrentkunde überweist von seinem Konto auf ein Sparkonto beim Bankhaus Müller	5 000,00 €

a) Errichten Sie die Bankenskontren und tragen Sie die Salden als Anfangsbestände ein!

b) Errichten Sie das Hauptbuchkonto Banken-KK und buchen Sie die Anfangsbestände im Grundbuch und auf diesem Hauptbuchkonto!

c) Buchen Sie die Geschäftsfälle im Grundbuch, Hauptbuch Banken-KK und auf den Skontren!

d) Ermitteln Sie die Salden der Banken-Skontren!

e) Schließen Sie das Hauptbuchkonto Banken-KK im Grundbuch und im Hauptbuch ab!
f) Geben Sie den Bilanzausweis der Forderungen an KI und der Verbindlichkeiten gegenüber KI für die Mainbank AG an!

52. Schließen Sie das Hauptbuchkonto Banken-KK ab!

S	Banken-KK		H
EBK	53 400,00 €	EBK	62 800,00 €
Umsätze	11 851 200,00 €	Umsätze	12 474 200,00 €

Salden der Skontren:

Forderungen an KI	Betrag
Loro Gewerbebank eG	129 800,00 €
Nostro Bankhaus Wilms	243 100,00 €

Verbindlichkeiten gegenüber KI: ?

53. Schließen Sie das Banken-KK der Volksbank Gießen eG ab!

S	Banken-KK		H
EBK	264 500,00 €	EBK	317 400,00 €
Lastschriften	1 395 100,00 €	Gutschriften	1 460 800,00 €

Auf den Loro- und Nostrokonten bestehen am Abschlusstage diese Salden:

Lorokonten	Betrag
Guthaben bei der Sparkasse Gießen	264 700,00 €
Schulden bei der Volksbank Heuchelheim eG	324 800,00 €
Guthaben bei der Wiesecker Volksbank eG	15 300,00 €
Nostrokonten	
Guthaben bei der Genossenschaftsbank Reiskirchen eG	100 000,00 €
Kreditaufnahme bei der Handelsbank AG	173 800,00 €

54. Beantworten Sie folgende Fragen:
a) Wie viel Anfangsbestände und wie viel Endbestände hat das Hauptbuchkonto Banken Kontokorrent?
b) Was ist ein Lorokonto?
c) Was ist ein Nostrokonto?
d) Welche Aufgabe hat das Nostrokonto?

55. Schließen Sie das Banken-KK der Handelsbank AG ab!

	TEUR
Anfangsbestand Forderungen an KI lt. Inventur	3 647
Anfangsbestand Verbindlichkeiten gegenüber KI	6 507
Umsätze Soll	187 975
Umsätze Haben	188 345

Am Bilanzstichtag ergaben sich u. a. folgende Bestände der Lorokonten (in TEUR) aus der Geschäftsverbindung mit anderen Kreditinstituten:
Hamburger Bank AG Haben 8 450 € Harburger Sparkasse Haben 907 €
Wie hoch waren die Forderungen an Kreditinstitute am Bilanzstichtag in Tausend Euro?

5 Umsatzsteuer mit Prozentrechnen
(Erfassen erfolgsneutraler und erfolgswirksamer Geschäftsfälle unter Berücksichtigung der Umsatzsteuer)

Problemstellung: Inge ist Auszubildende bei der Raiffeisenbank Mähringen, die neben dem Bankgeschäft auch das Warengeschäft betreibt.

Sie sieht, dass für einen Gartenbauverein Rosenspritzmittel eingekauft und anschließend an diesen verkauft werden.

Einkaufsrechnung		Verkaufsrechnung	
200 Packungen Rosenspritzmittel		200 Packungen Rosenspritzmittel	
je 15,00	3 000,00 €	je 20,00	4 000,00 €
+ 19 % MWSt	570,00 €	+ 19 % MWSt	760,00 €
Gesamtbetrag	3 570,00 €	Gesamtbetrag	4 760,00 €

Arbeitsaufträge: Erläutern Sie das Wesen der Umsatzsteuer!
Buchen Sie diese Geschäftsfälle mit Umsatzsteuer (Mehrwertsteuer)!
Ermitteln Sie die Umsatzsteuerzahllast und erläutern Sie, wie die USt abzuführen ist!

5.1 Was ist das Wesen der Umsatzsteuer?

Die Umsatzsteuer ist eine **Verkehrsteuer.** Sie wird in der Erhebungsform der **Mehrwertsteuer erhoben** und ist **ausschließlich vom Endverbraucher** zu tragen.

Für die meisten Unternehmen ist sie daher nur ein **durchlaufender Posten.**

Sie hat ihren Namen daher, weil nur der jeweilige **Wertzuwachs** (Mehrwert) dieser Steuer unterworfen wird. Erhebungstechnisch wird dies dadurch erreicht, dass **Nicht-Endverbraucher** die jeweils an Vorlieferer gezahlte Mehrwertsteuer von ihrer eigenen Mehrwertsteuerschuld abziehen können.

Im **obigen Beispiel** bedeutet das:

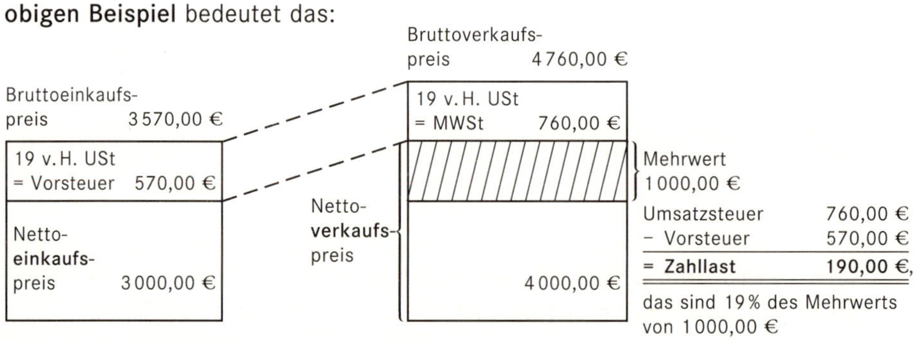

Umsatzsteuer (Mehrwertsteuer) bei Kreditinstituten

Grundsätzlich unterliegen auch bei Kreditinstituten die Umsätze der Umsatzsteuer. Der Gesetzgeber hat jedoch **weit reichende Ausnahmen** von der Umsatzsteuerpflicht für Kreditinstitute vorgesehen.

Umsatzsteuerfrei sind bei Kreditinstituten nahezu alle Umsätze im Zahlungsverkehr, Kreditgeschäft, Wertpapierhandel und im Außenhandel.

Umsatzsteuerpflichtig sind alle Umsätze, die nicht ausdrücklich steuerfrei sind.

Hierzu zählen:

- Umsätze in Edelmetallen und Münzen, deren Münzpreis über dem Metallwert liegt – ausgenommen die Umsätze mit Goldbarren, mit Goldmünzen, die als gesetzliche Zahlungsmittel gelten;
- Geschäfte mit Kantinenwaren;
- Verkäufe von Anlagegütern und Sicherungsgut;
- Vermögensverwaltungen (z. B. Portfolio Management);
- Vermietungen von Schrankfächern;
- Vermittlungen von Reisen und Immobilien;
- Entgelte für die Verwahrung und Verwaltung von Wertpapieren (Depotgeschäft), u. a.:
  - Depotgebühren;
  - Provisionen für die Einlösung von fälligen Wertpapieren;
  - Wertpapierein- und -auslieferungen;
  - Anfertigung von Erträgnisaufstellungen.

Die beim **Kauf** zu entrichtende Umsatzsteuer wird als **Vorsteuer** bezeichnet.

Sie stellt dann eine **Forderung an das Finanzamt** dar, wenn sie **steuerpflichtigen Umsätzen direkt zurechenbar** ist. Ist dies nicht der Fall, so ist sie für das Kreditinstitut ein **Kostenfaktor.**

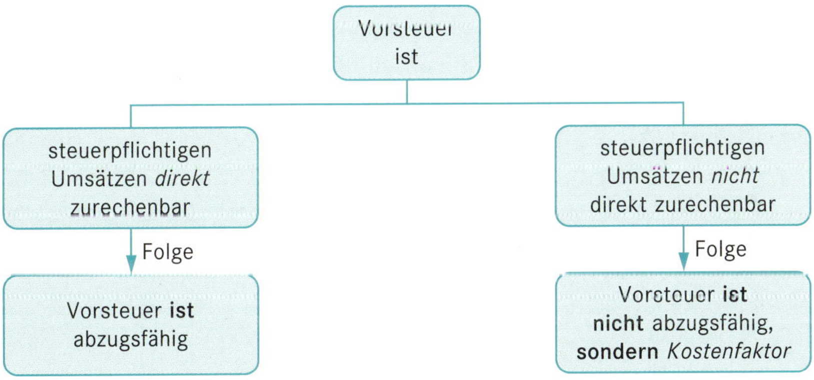

Der **allgemeine Steuersatz** beträgt 19 %, der **ermäßigte Steuersatz** 7 %.

5.2 Wie ist die Umsatzsteuer (Mehrwertsteuer) zu buchen, die Umsatzsteuer-Zahllast zu ermitteln und die Umsatzsteuer abzuführen?

5.2.1 Welche Buchungen sind bei abzugsfähiger Vorsteuer vorzunehmen?

In der Buchhaltung wird die Umsatzsteuer in **Vorsteuer** und **Mehrwertsteuer** unterschieden.

Beim **Einkauf** von Waren wird die von dem Lieferer dem Kreditinstitut in Rechnung gestellte Umsatzsteuer (Mehrwertsteuer) auf dem Konto **Vorsteuer** erfasst. Die Vorsteuer ist eine **Forderung an das Finanzamt.**

Buchung des Geschäftsfalls a):

Grundbuch

Nr.	Buchungssatz	Soll Betrag €	Haben Betrag €
	Wareneinkauf		
1.	Wareneinkauf	3000,00	
	und Vorsteuer an Kunden-KK	570,00	3570,00

Hauptbuch

S	Wareneinkauf	H
1. 3000,00		

S	Vorsteuer	H
1. 570,00		

S	Kunden-KK	H
		1. 3570,00

5.2.2 Wie ist die den Kunden berechnete Umsatzsteuer zu buchen?

Wird beim **Verkauf** die im Verkaufspreis enthaltene Umsatzsteuer **sofort** getrennt gebucht, so liegt das **Nettoverfahren** vor.

In diesem Falle ergibt sich bei obigem Geschäftsfall die Buchung:

Nr.	Buchungssatz	Soll Betrag €	Haben Betrag €
2.	Kasse an Warenverkauf	4760,00	4000,00
	an MWSt[1]		760,00

5.2.3 Wie wird die Umsatzsteuer-Zahllast ermittelt und abgeführt?

Die von den Unternehmen monatlich an das Finanzamt abzuführende Umsatzsteuer wird als **Zahllast** bezeichnet.

Sie errechnet sich aus:

	Mehrwertsteuer	760,00 €
./.	Vorsteuer	570,00 €
=	USt-Zahllast	190,00 €

Die Zahllast beträgt 7 % oder 19 % der von dem Unternehmen erbrachten **Wertzuwächse** (Leistungen). Daher hat diese **Methode der Erhebung der Umsatzsteuer** die Bezeichnung **Mehrwertsteuer.** Sollte das Vorsteuerguthaben die MWSt übersteigen, ergibt sich eine Forderung an das Finanzamt, die von diesem erstattet wird.

Die **USt-Zahllast** wird in der Buchhaltung durch den Abschluss des Kontos Vorsteuer mit dem Konto Mehrwertsteuer ermittelt. Der **Saldo** wird entweder an das Finanzamt abgeführt oder in das SBK übertragen.

Grundbuch

Nr.	Buchungssätze	Soll Betrag €	Haben Betrag €
	Abschluss des Kontos Vorsteuer		
4.	MWSt an Vorsteuer	570,00	570,00
	Abführen der USt-Zahllast		
5.a	MWSt an Zahlungsmittelkonto (z. B. Bbk)	190,00	190,00
	oder Abschluss der Zahllast über SBK		
5.b	MWSt an SBK	190,00	190,00

1 In der Praxis werden die Kontobezeichnungen „Mehrwertsteuer“ bzw. „Umsatzsteuer“ synonym verwendet.

Hauptbuch

S	Vorsteuer		H
1.	570,00	4.	570,00

S	MWSt		H
4.	570,00	3.	760,00
5.a	190,00		
5.b			
	760,00		760,00

5.3 Welche Buchungen sind bei nicht abzugsfähiger Vorsteuer vorzunehmen?

5.3.1 Umsatzsteuer bei Sachaufwendungen

Problemstellung: Ein Kreditinstitut kauft Schreibmaschinenpapier für verschiedene Abteilungen

Kaufpreis	2 000,00 €
+ 19 % Umsatzsteuer	380,00 €
Gesamtbetrag	2 380,00 €

Sofortige Überweisung des Rechnungsbetrages auf das laufende Konto des Lieferers bei uns.

Arbeitsauftrag: Wie ist zu buchen?

Da die meisten Umsätze bei Kreditinstituten umsatzsteuerfrei sind, darf auch die bei Sachaufwendungen anfallende Mehrwertsteuer nicht als Vorsteuer abgezogen werden.

Diese **nicht abzugsfähige Vorsteuer** ist für das Kreditinstitut **Aufwand.** Sie wird auf dem jeweils betroffenen Aufwandskonto, z. B. Büroaufwendungen, Sachkosten für Geschäftsräume, durch die **Buchung des Bruttobetrages der Rechnungen** erfasst.

Für das **Beispiel** ergibt sich somit als Buchung:

Grundbuch

Nr.	Buchungssatz	Soll Betrag €	Haben Betrag €
	Kauf von Schreibmaschinenpapier		
1.	Büroaufwendungen an Kunden-KK	2 380,00	2 380,00

5.3.2 Umsatzsteuer beim Kauf von Wirtschaftsgütern des Anlagevermögens

Problemstellung: Ein Kreditinstitut kauft die folgende Betriebs- und Geschäftsausstattung:

1. Kopierer

Nettopreis	25 000,00 €
+ 19 % MWSt	4 750,00 €
Gesamtbetrag	29 750,00 €

Verwendungszweck: Einsatz in der Kreditabteilung

2. Pkw

Nettopreis	45 000,00 €
+ 19 % MWSt	8 550,00 €
Gesamtbetrag	53 550,00 €

Verwendungszweck: Einsatz nur in der Immobilienabteilung

3. Pkw	Nettopreis	40 000,00 €
	+ 19 % MWSt	7 600,00 €
	Gesamtbetrag	47 600,00 €

Verwendungszweck: Nutzung je zur Hälfte in der Kreditabteilung und in der Immobilienabteilung

In allen drei Fällen erfolgt die sofortige Bezahlung der Rechnung durch Überweisung auf das Konto des Lieferers bei uns.

Arbeitsauftrag: Wie ist zu buchen?

Die Buchung der **Mehrwertsteuer** ist abhängig von der jeweiligen Verwendung des Wirtschaftsgutes.

Wird das **Wirtschaftsgut ausschließlich** zur Erzielung **steuerfreier Umsätze** genutzt, so ist die **Vorsteuer nicht abzugsfähig.** Die Vorsteuer zählt dann zu den Anschaffungskosten und ist zu aktivieren. Sie wird dann entsprechend der Nutzungsdauer des Wirtschaftsgutes abgeschrieben.

Für den **Fall 1** ergibt sich dann die Buchung:

Nr.	Buchungssatz	Soll Betrag €	Haben Betrag €
1.	BGA an Kunden-KK	29 750,00	29 750,00

Ist dagegen, wie im **Fall 2,** das **Wirtschaftsgut ausschließlich** zur Erzielung **steuerpflichtiger Umsätze** eingesetzt, so ist die **Vorsteuer abzugsfähig.**

Es ist dann zu buchen:

Nr.	Buchungssatz	Soll Betrag €	Haben Betrag €
2.	BGA (Fuhrpark)	45 000,00	
	Vorsteuer an Kunden-KK	8 550,00	53 550,00

Dient ein **Wirtschaftsgut** sowohl der **Erzielung steuerfreier als auch steuerpflichtiger Umsätze,** siehe **Fall 3,** so ist die Vorsteuer entsprechend der anteiligen Nutzung aufzuteilen. In unserem Falle sind jeweils 50 % zu aktivieren bzw. als Vorsteuer zu buchen.

Buchungssatz:

Nr.	Buchungssatz	Soll Betrag €	Haben Betrag €
3.	BGA (Fuhrpark)	43 800,00	
	Vorsteuer an Kunden-KK	3 800,00	47 600,00

5.3.3 Umsatzsteuer beim Verkauf von Wirtschaftsgütern des Anlagevermögens

Problemstellung: Ein Kreditinstitut verkauft die folgenden gebrauchten Wirtschaftsgüter des Anlagevermögens an seine Mitarbeiter. Zahlung erfolgt durch die Belastung ihrer laufenden Konten.

1. Verkauf eines PC. Buchwert 1 000,00 €; Verkaufspreis 1 000,00 €.
   Bisherige Nutzung des Wirtschaftsgutes: Kreditabteilung
2. Verkauf eines gebrauchten Pkw. Buchwert 10 000,00 €;
   Verkaufspreis netto 10 000,00 €.
   Bisherige Nutzung des Wirtschaftsgutes: Immobilienabteilung
3. Verkauf eines gebrauchten Pkw. Buchwert 8 000,00 €;
   Verkaufspreis netto 8 000,00 €.
   Bisherige Nutzung: Gemischt.

Arbeitsauftrag: Wie ist zu buchen?

Der **Verkauf von gebrauchten Wirtschaftsgütern des Anlagevermögens** durch Kreditinstitute unterliegt grundsätzlich der Umsatzsteuer mit einem Steuersatz von 19 %.

Wird ein Anlagegut, das **ausschließlich** für umsatzsteuerfreie Tätigkeiten verwendet wurde, veräußert, ist diese Lieferung umsatzsteuerfrei.

Bei **gemischter Nutzung** fällt beim Verkauf Umsatzsteuer an, es sei denn, die umsatzsteuerpflichtige Nutzung war unerheblich, d. h. unter 5 % der Gesamtnutzung. In diesem Fall wäre der Verkauf von der Umsatzsteuer befreit.

Für unsere Ausgangssituationen ergeben sich damit die folgenden Buchungen:

Nr.	Buchungssätze			Soll Betrag €	Haben Betrag €
1.	Kunden-KK	an	BGA	1 000,00	1 000,00
2.	Kunden-KK	an	BGA (Fuhrpark)	11 900,00	10 000,00
		an	MWSt		1 900,00
3.	Kunden-KK	an	BGA (Fuhrpark)	9 520,00	8 000,00
		an	MWSt		1 520,00

Auf einen Blick:

Umsatzsteuer (Mehrwertsteuer) ist **bei Kreditinstituten in der Regel ein Kostenbestandteil,** da die Vorsteuer meist keinen umsatzsteuerpflichtigen Umsätzen direkt zurechenbar ist.

Umsatzsteuer

vom Kreditinstitut an Lieferer gezahlte Umsatzsteuer **(= Vorsteuer)**

abzugsfähig

Vorsteuer kann steuerpflichtigen Umsätzen direkt zugerechnet werden.

Mehrwertsteuer
./. Vorsteuer
= Zahllast

nicht abzugsfähig

Vorsteuer kann keinen umsatzsteuerpflichtigen Umsätzen direkt zugerechnet werden.

vom Kreditinstitut ihren Kunden berechnete Umsatzsteuer **(= Mehrwertsteuer)**

1. **Grundsätzlich** besteht keine Umsatzsteuerpflicht für Bankleistungen.
2. Wichtige **Ausnahmen:** Edelmetallgeschäfte außer Gold; Münzenhandel außer Goldmünzen, die gesetzliche Zahlungsmittel sind bzw. als Anlagegold (mind. 900/1 000 fein) gelten; Medaillenhandel; Kantinengeschäfte; Verkäufe von Anlagegütern und Sicherungsgut; Vermögensverwaltungen; Vermietungen von Schrankfächern; Entgelte aus Vermittlung von Reisen und Immobilien; Entgelte für die Verwahrung und Verwaltung von Wertpapieren.

- Bei **Ankauf von Privaten** grundsätzlich keine Mehrwertsteuer.
- Bei **Verkauf von Anlagegütern**, die **ausschließlich** für umsatzsteuerfreie Tätigkeiten genutzt wurden, keine MWSt.
- **Steuersätze:** Allgemein 19%; ermäßigt 7%.
- **Ermäßigter Steuersatz** (7,0%) bei Münzen, deren Verkaufspreis mehr als das 2 ½ fache des Metallwertes - gemessen am Feingehalt - beträgt. **Preisbasis** ist bei **Goldmünzen** der aktuelle Tagespreis für eine Feinunze Gold, der an der Londoner Börse in US-Dollar festgestellt wird. Der Wert ist in Euro umzurechnen. Aus Vereinfachungsgründen kann auch der letzte im November eines Jahres in London festgestellte Gold-Tagespreis angesetzt werden. Dieser Wert gilt dann für das gesamte folgende Kalenderjahr.

  Für **Silbermünzen** kann vereinfachend der letzte im Monat November festgestellte Rücknahmepreis je Kilogramm Feinsilber als Bezugsgrundlage gewählt werden.

Bilanzausweis der Umsatzsteuer:
Vorsteuerguthaben: Aktiva: Sonstige Vermögensgegenstände.
Umsatzsteuerverbindlichkeit: Passiva: Sonstige Verbindlichkeiten.

Aufgaben:

Bei den folgenden Aufgaben soll die USt nach dem Nettoverfahren gebucht werden!

56. Buchen Sie die Geschäftsfälle im Grundbuch!
1. Einem Kunden werden Aktien ausgeliefert. Die Provision 80,00 € + 19% USt 15,20 € = 95,20 € wird vom Empfänger bar eingezahlt.
2. Einem Depotkunden wird auf seinem Sparbuch die Depotgebühr für das abgelaufene Jahr belastet 235,00 € + 19% USt 44,65 € = 279,65 €.
3. Einem Depotkunden werden für eine Erträgnisaufstellung 40,00 € + 19% USt 7,60 € = 47,60 € auf dem lfd. Konto belastet.
4. Zur Vorlage bei der Erbschaftsteuerstelle erhält ein Erbe einen Depotauszug auf den Todestag. Gebühr 750,00 € + 19% USt 142,50 € = 892,50 €. Bareinzahlung.

57. Erstellen Sie das Grundbuch für die Geschäftsvorgänge!

	Betrag
1. Kauf eines Schreibtisches.	
Gutschrift für Lieferer auf lfd. Konto	
Kaufpreis	1 900,00 €
+ 19% USt	361,00 €
Rechnungsbetrag	2 261,00 €
2. Barkauf von Heizöl	3 700,00 €
+ 19% USt	703,00 €
Rechnungsbetrag	4 403,00 €
3. Überweisung von Grundsteuer an Stadt (KK-Kunde)	5 900,00 €
4. Kauf eines Pkw für die Geschäftsleitung. Kaufpreis	62 800,00 €
– 5% Rabatt	3 140,00 €
	59 660,00 €
– 3% Skonto	1 789,80 €
	57 870,20 €
+ 19% USt	10 995,34 €
Rechnungsbetrag	68 865,54 €

Der Rechnungsbetrag wird auf das bei unserem Kreditinstitut geführte Kontokorrentkonto überwiesen.

5.	Barkauf von Büromaterial	55,00 €
	+ 19 % USt	10,45 €
	Rechnungsbetrag	65,45 €
6.	Überweisung der Kfz-Steuer an Finanzamt durch Bbk	3 760,00
7.	Wasserrechnung wird an die Stadtwerke (KK-Kunde) überwiesen	975,00 €
	+ 7,0 % USt	68,25 €
	Rechnungsbetrag	1 043,25 €
8.	Kauf eines Beleglesegerätes	18 500,00 €
	+ 19 % USt	3 515,00 €
	Gutschrift des Rechnungsbetrages von auf dem Konto eines Kunden	22 015,00 €
9.	Barkauf von Formularen für die Eröffnung von Sparkonten	3 200,00 €
	+ 19 % USt	608,00 €
	Rechnungsbetrag	3 808,00 €
10.	Umsatzsteuer-Vorauszahlung durch Bbk-Überweisung	2 650,00 €
11.	Verkauf eines gebrauchten Pkw zum Buchwert	1 000,00 €
	+ 19 % USt	190,00 €
	bar	1 190,00 €
	Das Fahrzeug wurde nicht ausschließlich für steuerfreie Umsätze benutzt.	

58. Buchen Sie die Geschäftsfälle der Handelsbank AG im Grundbuch!

		Betrag
1.	Telefonrechnung wird vom Postbank Girokonto einschließlich 618,77 € USt überwiesen	3 875,46 €
2.	Wartungskosten der Heizungsanlage	280,00 €
	+ 19 % USt	53,20 €
	Gesamtbetrag	333,20 €
	Bezahlung durch Überweisung auf Kunden-KK	
3.	Kauf von Büromöbeln	3 870,00 €
	+ 19 % USt	735,30 €
	Rechnungsbetrag	4 605,30 €
	Gutschrift des Kaufpreises auf Kunden-KK	
4.	Verkauf eines gebrauchten Pkw der Geschäftsleitung	10 000,00 €
	+ 19 % USt	1 900,00 €
	Belastung des Kunden-KK des Käufers	11 900,00 €
5.	Kauf eines neuen Pkw	32 600,00 €
	+ 19 % USt	6 194,00 €
	Rechnungsbetrag	38 794,00 €
	Bezahlung durch Überweisung auf lfd. Konto des Lieferers	
6.	Rechnung für eine Werbeanzeige	840,00 €
	+ 7 % USt	58,80 €
	Brutto	898,80 €
	Überweisung auf Kunden-KK	

7.	Überweisung der monatlichen Treibstoffrechnung an einen Tankstellenbesitzer (Kunde)	14 200,00 €
	+ 19 % USt	2 698,00 €
	Gesamtbetrag	16 898,00 €
8.	Postbank Giroüberweisung der Abonnementkosten für eine Fachzeitschrift einschl. 7 % USt	156,00 €
9.	Verkauf einer Werkzeugmaschine (Sicherungsgut für ein Darlehen) an einen KK-Kunden	13 950,00 €
	+ 19 % USt	2 650,50 €
	Rechnungsbetrag	16 600,50 €
10.	Barkauf von Getränken für die Kantine	1 600,00 €
	+ 19 % USt	304,00 €
	insgesamt	1 904,00 €
11.	USt-Zahllast wird durch Bbk überwiesen.	

59. Der Handelsbank AG wird von Lieferanten Umsatzsteuer in Rechnung gestellt. In welchen Fällen ist diese als Vorsteuer abzugsfähig?

1. Kauf von Schreibpapier für die Verwendung im Sparverkehr.
2. Kauf einer Maschine, die nur im Kreditgeschäft genutzt wird.
3. Kauf von Kantinenware. ☐
4. Kauf eines PC für die Vermögensverwaltung. ☐
5. Kauf von Papier für den Druck von Erträgnisaufstellungen. ☐
6. Kauf von Vordrucken für Auslandszahlungsaufträge.

60. Sie werden mit der Buchung von Umsatzsteuer beauftragt. Was beachten Sie?

1. Dass Umsätze grundsätzlich umsatzsteuerpflichtig sind.
2. Dass Umsätze grundsätzlich umsatzsteuerfrei sind.
3. Dass die Zahllast immer eine Forderung an das Finanzamt ist. ☐
4. Dass Vorsteuer und Umsatzsteuer auf einem gemeinsamen Konto erfasst werden.
5. Dass Umsatzsteuerbeträge eine Forderung an das Finanzamt darstellen.

6 Personalaufwendungen

Problemstellung: Sie sind in der Personalabteilung eines Kreditinstitutes beschäftigt. Die Angestellte Heike Schneider, ledig, 2. Berufsjahr, will von Ihnen erklärt bekommen, warum sie „so wenig" Gehalt überwiesen bekam. Sie zeigt Ihnen diese Gehaltsabrechnung:

Bruttoentgelt	Lohnsteuer	Solidaritätszuschlag 5,5 %	Kirchensteuer 8 %	Sozialversicherung 21,05 %	Nettoentgelt
1 668,00 €	198,66 €	10,92 €	15,89 €	351,11 €	1 091,42 €

Arbeitsaufträge:	Klären Sie die folgenden Fragen: Wie wird das Gehalt festgelegt? Welche Teile des Gehaltes werden einbehalten? Wie wird die Gehaltsabrechnung erstellt und gebucht? Wie werden die Bestände und die Aufwendungen in der Schlussbilanz und in der Gewinn- und Verlustrechnung ausgewiesen?

Informationen

6.1 Wie wird das Gehalt festgelegt?

Gehaltsermittlung

Das **Bruttogehalt** richtet sich nach der ausgeübten Tätigkeit der Beschäftigten. Grundlage für die Festlegung der tariflichen Mindestgehälter bildet die **Eingruppierung** der Beschäftigten in eine der neun **Tarifgruppen** des Manteltarifvertrages für das private Bankgewerbe bzw. für die Volksbanken und Raiffeisenbanken sowie die genossenschaftlichen Zentralbanken. Beschäftigte bei öffentlich-rechtlichen Kreditinstituten werden in der Regel nach dem Tarifvertrag öffentlicher Dienst (TVöD) eingestuft. Daneben wurden für Sparkassen spezifische Sonderregelungen in einem Tarifvertrag Sparkassen (TVS) festgelegt.

Eingruppierung

Die **Eingruppierung** der Beschäftigten wird von der ausgeübten Tätigkeit bestimmt (§ 7 MTV für die Banken bzw. Volks- und Raiffeisenbanken). Für die Sparkassen, deren Tätigkeitsmerkmale noch im BAT festgelegt sind, werden bis zum 31. Oktober 2007 neue Merkmale festgelegt, die den seit Oktober 2005 geltenden Entgelttabellen angepasst sein werden.

Für die Banken bzw. Volks- und Raiffeisenbanken wurden zur **Feststellung der tariflichen Mindestgehälter** neun **Tarifgruppen** (§ 6 MTV) gebildet, in die die Beschäftigten eingeordnet werden können. Jede Tarifgruppe besteht aus einer **Definition der Tätigkeiten.** Zusätzlich werden **Richtbeispiele** angegeben, die es den Beschäftigten erleichtern sollen, die Zugehörigkeit zu der entsprechenden Tarifgruppe leichter überprüfen zu können. Nach dem Manteltarifvertrag wurden die im Folgenden abgedruckten Tarifgruppendefinitionen festgelegt. Außerdem sehen Sie einen Auszug aus den Richtbeispielen.

Tarifgruppe 1

Tätigkeiten, die Vorkenntnisse nicht erfordern, z. B.: Küchenhilfe

Tarifgruppe 2

Tätigkeiten, die Kenntnisse oder Fertigkeiten erfordern, wie sie in der Regel durch eine kurze Einarbeitung erworben werden, z. B.: Arbeitnehmer mit einfacher Tätigkeit, im Zahlungs-, Überweisungs- und Abrechnungsverkehr, in der Belegaufbereitung, in Registraturen, Expeditionen und Materialverwaltungen, in Fachabteilungen (Sortierarbeiten), im Kantinenbereich (z. B. Anrichten). – Boten, – Pförtner, – Wächter

Tarifgruppe 3

Tätigkeiten, die Kenntnisse und/oder Fertigkeiten erfordern, wie sie in der Regel durch eine Zweckausbildung oder eine längere Einarbeitung erworben werden, z. B.: Arbeitnehmer mit Tätigkeiten in Kontokorrent- und Sparabteilungen, – Geldzähler, – Geldboten mit Inkassovollmacht, – Arbeitnehmer für EDV-Hilfsmaschinen, Mikrofilm, Adressiermaschinen und Archivverfilmung, – Datentypistinnen/Codiererinnen, – Phonotypistinnen, – Fernschreiberinnen, – Telefonistinnen, – Registratoren, – Materiallageristen, – Arbeitnehmer an umfangreichen technischen Sicherheitseinrichtungen, – Empfangspersonal

Tarifgruppe 4

Tätigkeiten, die Kenntnisse und/oder Fertigkeiten erfordern, wie sie in der Regel durch eine abgeschlossene Berufsausbildung oder durch eine um entsprechende Berufserfahrung ergänzte Zweckausbildung oder längere Einarbeitung erworben werden, z. B.: Kontoführer/Disponenten, – Schalterangestellte mit Bedienungstätigkeit, – Kassierer an kleinen Kassen mit einfachem Kassenverkehr, – Sachbearbeiter in der Belegaufbereitung, im Zahlungs-, Überweisungs- und Abrechnungsverkehr, – Arbeitnehmer in Kredit-, Wertpapier-, Auslands- und Stabsabteilungen (z. B. Personal-, Organisations-, Rechtsabteilung, Rechnungswesen), – Arbeitnehmer in der EDV-Arbeitsnachbereitung mit Kontrolltätigkeit, – Datentypistinnen/Codiererinnen mit schwierigen Arbeiten und/oder Prüfarbeiten, – Stenotypistinnen, – Phonotypistinnen mit erhöhten Anforderungen, – Fernschreiberinnen mit erhöhten Anforderungen, – Telefonistinnen mit erhöhten Anforderungen, – Materialverwalter

Tarifgruppe 5

Tätigkeiten, die gründliche oder vielseitige Kenntnisse erfordern, wie sie in der Regel auf dem in Gruppe 4 angegebenen Wege – ergänzt durch weitere Berufserfahrung, Berufsfortbildung oder die Aneignung zusätzlicher Kenntnisse im jeweiligen Sachgebiet – erworben werden, z. B.:

- Kontoführer/Disponenten mit schwierigen Arbeiten oder mit beratender Tätigkeit
- Schalterangestellte mit beratender Tätigkeit
- Kassierer
- Sachbearbeiter mit erhöhten Anforderungen in der Belegaufbereitung, im Zahlungs-, Überweisungs- und Abrechnungsverkehr sowie in der Datenerfassung
- Sachbearbeiter mit einfacheren Tätigkeiten in Kredit-, Wertpapier- Auslands- und Stabsabteilungen
- Sachbearbeiter mit einfachen Tätigkeiten in der EDV-Arbeitsvorbereitung
- Arbeitnehmer in der EDV-Nachbereitung mit erhöhten Anforderungen (z. B. Abstimmungstätigkeit)
- Stenotypistinnen mit erhöhten Anforderungen
- Fremdsprachen-Stenotypistinnen
- Sekretärinnen

Tarifgruppe 6

Tätigkeiten, die vertiefte gründliche und/oder vielseitige Kenntnisse voraussetzen und deren Ausführung in begrenztem Umfang eigene Entscheidungen erfordern, z. B.:

- Schalterangestellte/Kontoführer/Disponenten mit abschließender Beratung für bestimmte Sparten wie programmierte Kredite bzw. Dienstleistungen
- Kassierer mit erhöhten Anforderungen
- Gruppenleiter in der Belegaufbereitung, im Zahlungs-, Überweisungs-, Abrechnungsverkehr sowie in der Datenerfassung
- Sachbearbeiter in Kredit-, Wertpapier-, Auslands- und Stabsabteilungen
- Sachbearbeiter in der EDV-Arbeitsvorbereitung
- Leiter der EDV-Nachbereitung
- Datenarchivar mit erhöhten Anforderungen
- Fremdsprachen-Stenotypistinnen mit erhöhten Anforderungen
- Sekretärinnen mit erhöhten Anforderungen

Tarifgruppe 7

Tätigkeiten, die umfassende Kenntnisse voraussetzen und deren Ausführung überwiegend eigene Entscheidungen und ein entsprechendes Maß an Verantwortung erfordern, z. B.:

- Kundenberater
- Leiter von Zahlstellen
- Kassierer mit besonderen Anforderungen (wie Gelddisposition für angeschlossene Stellen, Fremdsprachen)
- Gruppenleiter in der Belegaufbereitung, im Zahlungs-, Überweisungs- und Abrechnungsverkehr sowie in der Datenerfassung in großen Stellen
- Sachbearbeiter mit erhöhten Anforderungen in Kredit-, Wertpapier-, Auslands- und Stabsabteilungen sowie in Außenstellen
- Hauptamtlicher Ausbilder
- Sachbearbeiter mit erhöhten Anforderungen in der EDV-Arbeitsvorbereitung
- Programmierer-Assistent
- EDV-Organisations-Assistent
- Sekretärinnen in besonderer Vertrauensstellung

Tarifgruppe 8

Tätigkeiten, die besondere Anforderungen an das fachliche Können stellen und/oder mit erhöhter Verantwortung verbunden sind, z. B.:

- Kundenberater mit erhöhten Anforderungen (z. B. incl. Spezialberatung im Individualgeschäft)
- Leiter kleinerer Geschäfts-/Zweigstellen (gilt nicht für Genossenschaftsbanken)
- Hauptkassierer (in größeren Stellen)
- Sachbearbeiter mit besonderen Anforderungen in Kredit-, Wertpapier-, Auslands- und Stabsabteilungen sowie in Außenstellen
- Revisoren mit selbstständiger, vielseitiger Prüfungstätigkeit
- Hauptamtliche Ausbilder mit erhöhten Anforderungen (z. B. in der Fort- und Weiterbildung)
- Sachbearbeiter mit besonderen Anforderungen in der EDV-Arbeitsvorbereitung (z. B. Steuerung von komplexen Systemen)
- Programmierer
- EDV-Organisator
- Sekretärinnen der Geschäftsleitung großer Banken, für Genossenschaftsbanken (z. B. genossenschaftliche Zentralbanken)
- Wirtschaftsleiter in Großbetrieben

Tarifgruppe 9

Tätigkeiten, die sich durch Schwierigkeit und/oder Verantwortung offenbar über Gruppe 8 hinausheben, z. B.:

- Kundenberater mit besonderen Anforderungen
- Geschäfts-/Zweigstellenleiter (gilt nicht für Genossenschaftsbanken)
- Schichtleiter mit besonderen Anforderungen

Die den Tarifgruppen zugeordneten Gehälter sind im **Lohntarifvertrag** geregelt. Sie stellen Mindestgehälter dar. Diese können durch **freiwillige Zulagen**, z. B. Verpflegungszuschüsse, erhöht werden. Neben den freiwilligen Zulagen bestehen **tariflich vereinbarte Zulagen,** z. B. Kinderzulage, Ausbildungsvergütungen, vermögenswirksame Leistungen des Arbeitgebers, **vertragliche** Leistungen des Arbeitgebers, z. B. Entlassungsentschädigung, und **gesetzliche** Leistungen, wie die Arbeitgeberpflichtbeiträge zur Sozialversicherung, Lohn- und Gehaltsfortzahlung im Krankheitsfall u. a.

Gehälter über die Tarifgruppe 9 hinaus können vertraglich vereinbart werden, so genannte AT-Gehälter.

Das steuer- und sozialversicherungspflichtige **Bruttogehalt**[1] ergibt sich aus

	tariflichem Grundgehalt	gemäß der Gehaltstabelle
+	**Personalnebenkosten**	z. B. ● Vergütung gesetzlicher Feiertage und sonst. Ausfallzeiten ● Urlaubsvergütungen ● Gratifikationen, zusätzliche Monatsentgelte u. Ä. ● Vermögenswirksame Leistungen des Arbeitgebers
–	**Steuer- und sozialversicherungsfreie Leistungen des AN**[2]	z. B. bestimmte Vorsorgeleistungen des Arbeitnehmers wie ● Beiträge zur Direktversicherung ● Beiträge zur Pensionskasse durch Gehaltsumwandlung
=	**Bruttogehalt**	

Monatsgehälter nach dem Gehaltstarifvertrag (EUR)

	Tarifgruppen								
	1	2	3	4	5	6	7	8	9
im 1.–2. Berufsjahr	1611	1668	1752	1826	1900				
im 3.–4. Berufsjahr	1701	1770	1838	1919	2002	2210			
im 5.–6. Berufsjahr	1790	1871	1922	2010	2106	2239	2392		
im 7.–8. Berufsjahr	1900	1992	2007	2102	2211	2369	2552	2758	
im 9. Berufsjahr			2113	2194	2314	2502	2707	2935	3161
im 10. Berufsjahr				2284	2418	2635	2866	3111	3360
im 11. Berufsjahr					2528	2770	3025	3290	3557

In der seit dem 1. Oktober 2005 geltenden **Entgelttabelle der Sparkassen** gibt es 15 Entgeltgruppen mit jeweils sechs Stufen. Durch die Entwicklungsstufen sollen die Erfahrungen der Mitarbeiter honoriert werden. Familienbezogene Bezahlungselemente entfallen. Urlaubsgeld, Zuwendung und Überstundenpauschvergütung werden durch eine **teilvariable Sparkassensonderzahlung** (SSZ) im Umfang von zwei Monatstabellenentgelten (Basis Oktober) ersetzt. Ein Monatsentgelt ist garantiert, das zweite Monatsentgelt ist variabel. Davon wird die Hälfte von der individuellen Leistung des Mitarbeiters abhängig gemacht, die andere Hälfte ist vom Unternehmenserfolg abhängig.

1 In Tarifverträgen, die sowohl für Arbeiter wie auch für Angestellte gelten, werden die Begriffe Lohn bzw. Gehalt durch den Ausdruck Entgelt ersetzt.

2 Unter bestimmten Bedingungen können eigene Leistungen zwar steuer-, aber nicht sozialversicherungsfrei sein.

Tabelle TVöD (Auszug)
(Tarifbereich Ost entsprechend jeweiligem Anpassungssatz, zurzeit 92,5 vH)

Entgeltgruppe	Grundentgelte		Entwicklungsstufen			
	Stufe 1	Stufe 2	Stufe 3	Stufe 4	Stufe 5	Stufe 6
		nach 1 Jahr	nach 3 Jahren	nach 6 Jahren	nach 10 Jahren	nach 15 Jahren
15	3 384	3 760	3 900	4 400	4 780	5 030[1, 1a]
14	3 060	3 400	3 600	3 900	4 360	4 610[1]
13	2 817	3 130	3 300	3 630	4 090	4 280[1]
12	2 520	2 800	3 200	3 550	4 000	4 200[1]
⋮	⋮	⋮	⋮	⋮	⋮	⋮
8	1 926	2 140	2 240	2 330	2 430	2 493
7	1 800	2 000	2 130	2 230	2 305	2 375
6	1 764	1 960	2 060	2 155	2 220	2 285
5	1 688	1 875	1 970	2 065	2 135	2 185
4	1 602	1 780	1 900	1 970	2 040	2 081
3	1 575	1 750	1 800	1 880	1 940[2]	1 995
2	1 449	1 610	1 660	1 710	1 820[3]	1 935
1	je 4 Jahre	1 286	1 310	1 340	1 368	1 440

1 Nur VKA
1 a VKA: Ang VGr I b BAT mit Aufstieg VGr I a BAT, keine Stufe 6
2 Endstufe Bund für Arbeiter der LGr 2 mit Aufstiegen nach LGr 2 a und LGr 3 und Angestellte VGr VIII BAT mit und ohne Anwartschaft auf Aufstieg nach VGr VII BAT
3 Endstufe für Angestellte VGr X BAT mit Aufstiegen nach VGr IX b bzw. IX BAT sowie Arbeiter LGr 1 a

6.2 Welche Teile des Bruttogehaltes werden einbehalten?

6.2.1 Lohnsteuer

Vom Bruttogehalt hat der Arbeitgeber noch die Abzüge (Steuern und Sozialversicherungsbeiträge) einzubehalten und an die zuständigen Stellen abzuführen.

Die **Lohnsteuer** ist eine besondere Erhebungsform der Einkommensteuer. Während die Einkommensteuer durch Veranlagung des Steuerpflichtigen aufgrund einer Einkommensteuererklärung nachträglich erhoben wird (allerdings hat der Steuerpflichtige Vorauszahlungen zu leisten), hat der **Arbeitgeber** die Lohnsteuer sofort vom Arbeitslohn einzubehalten und an das Finanzamt abzuführen.

Die Höhe der Lohnsteuer richtet sich nach den in der **Lohnsteuerkarte** eingetragenen Besteuerungsmerkmalen des Arbeitnehmers. Maßgeblich sind dabei die **Steuerklasse** und die **Kinderzahl.**

Das Lohnsteuerrecht kennt **sechs** Steuerklassen:

EStG § 38 b [Lohnsteuerklassen]

[1] Für die Durchführung des Lohnsteuerabzugs werden unbeschränkt einkommensteuerpflichtige Arbeitnehmer in Steuerklassen eingereiht. [2] Dabei gilt Folgendes:

1. In die Steuerklasse I gehören Arbeitnehmer, die
   a) ledig sind,
   b) verheiratet, verwitwet oder geschieden sind und bei denen die Voraussetzungen für die Steuerklasse III oder IV nicht erfüllt sind;

2. in die Steuerklasse II gehören die unter Nummer 1 bezeichneten Arbeitnehmer, wenn bei ihnen der Entlastungsbetrag für Alleinerziehende zu berücksichtigen ist;
3. in die Steuerklasse III gehören Arbeitnehmer,
   a) die verheiratet sind, wenn beide Ehegatten unbeschränkt einkommensteuerpflichtig sind und nicht dauernd getrennt leben und
      aa) der Ehegatte des Arbeitnehmers keinen Arbeitslohn bezieht oder
      bb) der Ehegatte des Arbeitnehmers auf Antrag beider Ehegatten in die Steuerklasse V eingereiht wird,
   b) die verwitwet sind, wenn sie und ihr verstorbener Ehegatte im Zeitpunkt seines Todes unbeschränkt einkommensteuerpflichtig waren und in diesem Zeitpunkt nicht dauernd getrennt gelebt haben, für das Kalenderjahr, das dem Kalenderjahr folgt, in dem der Ehegatte verstorben ist,
   c) deren Ehe aufgelöst worden ist, wenn
      aa) im Kalenderjahr der Auflösung der Ehe beide Ehegatten unbeschränkt einkommensteuerpflichtig waren und nicht dauernd getrennt gelebt haben und
      bb) der andere Ehegatte wieder geheiratet hat, von seinem neuen Ehegatten nicht dauernd getrennt lebt und er und sein neuer Ehegatte unbeschränkt einkommensteuerpflichtig sind,

      für das Kalenderjahr, in dem die Ehe aufgelöst worden ist;
4. in die Steuerklasse IV gehören Arbeitnehmer, die verheiratet sind, wenn beide Ehegatten unbeschränkt einkommensteuerpflichtig sind und nicht dauernd getrennt leben und der Ehegatte des Arbeitnehmers ebenfalls Arbeitslohn bezieht;
5. in die Steuerklasse V gehören die unter Nummer 4 bezeichneten Arbeitnehmer, wenn der Ehegatte des Arbeitnehmers auf Antrag beider Ehegatten in die Steuerklasse III eingereiht wird;
6. die Steuerklasse VI gilt bei Arbeitnehmern, die nebeneinander von mehreren Arbeitgebern Arbeitslohn beziehen, für die Einbehaltung der Lohnsteuer vom Arbeitslohn aus dem zweiten und weiteren Dienstverhältnis.

Die Besteuerungsmerkmale werden in einer Kurzform gekennzeichnet, welche die Steuerklasse und die Kinderzahl umfasst.

So gehört z. B. ein Verheirateter, der allein in einem Arbeitsverhältnis steht und 2 Kinder hat, der

Steuerklasse III / 2 an.

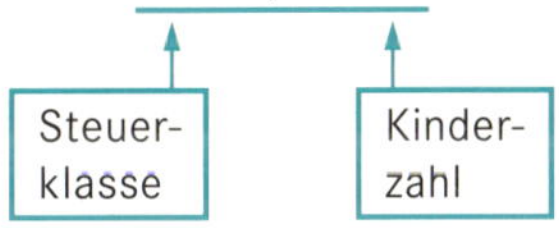

Werden **die Eheleute getrennt** zur Einkommensteuer (Lohnsteuer) **veranlagt,** so steht **jedem Elternteil die Hälfte des Kinderfreibetrages** zu. Für die Ermittlung der Lohnsteuer durch den Arbeitgeber haben die Kinderfreibeträge keine Bedeutung, da die steuerliche Begünstigung von Kindern zunächst durch die Zahlung des **Kindergeldes** durch die Familienkasse der Arbeitsagentur berücksichtigt wird. Bei Angehörigen des öffentlichen Dienstes und Empfängern von Versorgungsbezügen wird das Kindergeld von ihren Dienstherren oder Arbeitgebern in ihrer Eigenschaft als Familienkasse festgesetzt und monatlich ausgezahlt. Das Kindergeld ist nämlich eine Steuervergünstigung.

Die Freibeträge für Kinder werden nur insoweit berücksichtigt, als ihre steuerliche Auswirkung das Kindergeld übersteigt. Diese steuerliche Wirkung wird aber erst von dem Finanzamt nach Ablauf des Kalenderjahres im Rahmen der Einkommensteuerveranlagung berücksichtigt.

Das Kindergeld beträgt für das erste bis dritte Kind jeweils 154,00 €, für das vierte Kind und alle weiteren Kinder jeweils 179,00 € pro Monat.

6 Schuster - ISBN 978-3-8120-0194-6

Die auf das Bruttogehalt zu entrichtende Lohnsteuer kann aus der **Lohnsteuertabelle** abgelesen werden. Die **amtlichen** Lohnsteuertabellen wurden ab 01.01.2003 durch den interaktiven Steuerrechner ersetzt. Siehe www.abgabenrechner.de

Aus methodischen Gründen soll hier noch von den Lohnsteuermonatstabellen auf Seite 88 ff. ausgegangen werden.

Bis auf weiteres wird auf die Lohnsteuer ein **Solidaritätszuschlag** in Höhe von 5,5 % der Lohnsteuer erhoben.

6.2.2 Solidaritätszuschlag und Kirchensteuer

Solidaritätszuschlag

Der Solidaritätszuschlag wird **zusätzlich** zur Einkommensteuer, zur Lohnsteuer und zum Steuerabzug vom Kapitalertrag erhoben. Der Zuschlag beträgt 5,5 % des um die Kinderfreibeträge (auch wenn das Kindergeld gezahlt wurde) und die Kinderbetreuungsfreibeträge sowie die Steuergutschrift bei Dividenden gekürzten Einkommensteuerbetrags. Bei der Lohnsteuer fällt der Solidaritätszuschlag in der Steuerklasse III erst bei einer Lohnsteuer von monatlich 162,00 € an, in den übrigen Steuerklassen bei mehr als monatlich 81,00 €.

Kirchensteuer

Neben der Lohnsteuer wird dem einer Konfession angehörenden Arbeitnehmer vom Arbeitgeber **Kirchensteuer** einbehalten. Die Kirchensteuersätze sind in den einzelnen Bundesländern verschieden, sie betragen 8 % (in Baden-Württemberg und Bayern) oder 9 % (in den übrigen Bundesländern) der Lohnsteuer.

Die Höhe der Kirchensteuer kann aus der Lohnsteuertabelle abgelesen werden. Die Kirchensteuer ist eigenständig im Lohnkonto zu buchen. Dabei ist nach den erhebungsberechtigten Religionsgemeinschaften zu trennen. Die einbehaltenen Kirchensteuerbeträge sind an das zuständige Finanzamt abzuführen.

Grundsätzlich wird die Kirchensteuer vom Finanzamt an **die** Religionsgemeinschaft weitergeleitet, welcher der Kirchensteuerpflichtige angehört. Bei konfessions- oder glaubensverschiedenen Ehen gelten jedoch besondere Regelungen. Gehören die Ehegatten **verschiedenen** steuererhebenden Religionsgemeinschaften an, so wird die Kirchensteuer für die beiden steuererhebenden Religionsgemeinschaften jeweils **zur Hälfte** aufgeteilt. Gehört der **Arbeitnehmer** einer steuerberechtigten Religionsgemeinschaft an, **nicht** aber sein Ehegatte, so ist die Kirchensteuer **voll** zu erheben und an seine Religionsgemeinschaft abzuführen. Falls der **Arbeitnehmer** einer nicht steuerberechtigten **oder** keiner Religionsgemeinschaft angehört, so ist **keine** Kirchensteuer einzubehalten, auch wenn der Ehegatte einer steuerberechtigten Religionsgemeinschaft angehört.

Bei der Ermittlung der Bemessungsgrundlage für die Berechnung der Kirchensteuer im Lohnsteuerabzugsverfahren sind Kinderfreibeträge steuermindernd zu berücksichtigen. Erhöht wird die Bemessungsgrundlage um den steuerfreien Teil der bezogenen Dividenden.[1]

6.2.3 Sozialversicherung

Neben den Steuerabzügen werden von den Arbeitnehmerentgelten noch die **Beiträge zur Sozialversicherung** einbehalten.

1 Bei den folgenden Aufgaben soll auf die Berechnung dieser Abgaben verzichtet werden, sofern die Beträge nicht aus den Tabellen entnommen werden können.

Zur **Sozialversicherung** gehören die Kranken-, Pflege-, Renten-, Arbeitslosen- und Unfallversicherung. Letztere kann hier außer Acht gelassen werden, da die Beiträge ausschließlich der Arbeitgeber zu tragen hat.

Die Grundlage für die **Berechnung der Sozialversicherungsbeiträge** ist in der Regel das (steuerpflichtige) Arbeitsentgelt. Die **Höhe der Beiträge** wird durch die **Beitragsbemessungsgrenzen** begrenzt.

Beitragsbemessungsgrenzen 2007				
	alte Bundesländer		neue Bundesländer	
Rentenversicherung/ Arbeitslosenversicherung	Jahr Monat	63 000,00 € 5 250,00 €	Jahr Monat	54 600,00 € 4 550,00 €
Krankenversicherung/ Pflegeversicherung	Jahr Monat	42 750,00 € 3 562,50 €		
Geringfügigkeitsgrenze/ Geringverdienergrenze	Monat	400,00 €		
Geringfügigkeitsgrenze bei Auszubildenden	Monat	325,00 €		
Gleitzone Faktor F	0,7673			

Diese Beitragsbemessungsgrenzen werden jährlich von der Bundesregierung festgelegt.

Von der Beitragsbemessungsgrenze zu unterscheiden ist die **Versicherungspflichtgrenze,** ab der ein Wechsel von der gesetzlichen in die private Kranken- und Pflegeversicherung möglich ist. Diese beträgt für versicherte Personen in den alten und neuen Bundesländern einheitlich monatlich 3 975,00 €, jährlich 47 700,00 €. Das sind 75 % der Beitragsbemessungsgrenze der Rentenversicherung. Für Arbeitnehmer, die bereits am 31. 12. 2002 aufgrund der zu diesem Zeitpunkt geltenden Regelungen wegen des Überschreitens der Jahresarbeitsentgeltgrenzen versicherungsfrei waren, beträgt die Jahresarbeitsentgeltgrenze für das Jahr 2007 42 750,00 €.

➥ Festlegen der Beitragssätze

Der **Beitragssatz für die Krankenversicherung** wird durch die einzelne Krankenkasse, die **Beitragssätze für die Renten- und Arbeitslosenversicherung** werden durch Gesetz festgelegt.

Neben den **allgemeinen Beitragssätzen** bestehen für bestimmte Versicherungsarten **zusätzliche Beitragssätze.**

Beitragssätze zur Sozialversicherung	Allgemeiner Beitragssatz	Zusätzlicher Beitragssatz
Krankenversicherung	Individuell z. B. 13,3 %	Arbeit**nehmer** zahlen einen **zusätzlichen Beitrag** von 0,9 % der Bemessungsgrundlage.
Rentenversicherung	19,9 %	
Arbeitslosenversicherung	4,2 %	
Pflegeversicherung	1,7 %	**Kinderlose Arbeitnehmer** haben auf ihren Beitragsanteil einen **Zuschlag** von 0,25 % der Bemessungsgrundlage zu zahlen, d. h. 0,85 % + 0,25 % = 1,1 %. **Ausnahmen:** Der Beitragspflichtige ● ist vor dem 1. Januar 1940 geboren. ● hat das 23. Lebensjahr noch nicht vollendet. ● ist Bezieher von Arbeitslosengeld II. ● leistet Wehr- oder Ersatzdienst. Kinderlose Beschäftigte im Bundesland Sachsen zahlen 1,6 %; der Arbeitgeberanteil beträgt 0,35 % des Entgelts.

➥ Träger der Beiträge der Sozialversicherung

● Beiträge aus dem Arbeitsentgelt

Die versicherungspflichtig **Beschäftigten und** ihre **Arbeitgeber** tragen die allgemeinen Beiträge **jeweils zur Hälfte;** den **zusätzlichen Beitragssatz** trägt der **versicherungspflichtige Beschäftigte allein.**

Beispiel:

Karl Glück, 27 Jahre, verheiratet, keine Kinder, erhält bei einem Kreditinstitut in Frankfurt am Main ein monatliches Arbeitsentgelt von 2591,00 €.

Welche Beiträge zur Sozialversicherung haben er und sein Arbeitgeber jeweils zu entrichten, wenn die allgemeinen und zusätzlichen Beitragssätze (2007) der Tabelle auf Seite 83 gelten?

Lösung:

	Allg. Beitragssatz in v.H.	**Beitragsanteil AG in v.H**	**Beitragsanteil AN in v.H.**
Krankenversicherung	13,3	6,65	6,65 + 0,9 = 7,55
Rentenversicherung	19,9	9,95	9,95
Arbeitslosenversicherung	4,2	2,1	2,1
Pflegeversicherung	1,7	0,85	0,85 + 0,25 = 1,10
Anteil insgesamt		19,55	20,70
Gesamtsozialversicherungsbeitrag		40,25%	
Sozialversicherungsbeitrag in €	**1042,88**	506,54	536,34

● Beiträge aus Beschäftigungsverhältnissen in der Gleitzone

Arbeitnehmer mit einem Arbeitsentgelt von 400,01 € bis 800,00 €, der so genannten **Gleitzone,** zahlen einen reduzierten Beitrag zur Sozialversicherung. Die Höhe des beitragspflichtigen Entgelts des Arbeitnehmers ergibt sich innerhalb der Gleitzone aus der Formel: F x 400 + (2 - F) x (AE - 400). Dabei ist AE das Arbeitsentgelt und F der Faktor, der sich ergibt, wenn der Wert 30% durch den durchschnittlichen Gesamtsozialversicherungsbeitragssatz des Kalenderjahres, in dem der Anspruch auf das Arbeitsentgelt entstanden ist, geteilt wird (2007: 0,7673). Aus den **reduzierten beitragspflichtigen Einnahmen** werden die **vollen Beiträge** zu den einzelnen Sozialversicherungszweigen ermittelt. Der **Arbeitnehmerbeitragsanteil** ergibt sich aus der **Differenz** dieser vollen Sozialversicherungsbeiträge **und** dem vom **tatsächlichen Arbeitsentgelt** jeweils berechneten **Arbeitgeberbeitragsanteil.**

Beispiel:

Ein Beschäftigter hat ein regelmäßiges Arbeitsentgelt von 500,00 €.

a) Wie hoch ist sein beitragspflichtiges Entgelt?
b) Welche Krankenversicherungsbeiträge haben Arbeitgeber und Arbeitnehmer zu tragen, wenn der allgemeine Beitragssatz zur Krankenkasse 13,6% beträgt?

Lösung:

a)

F =	0,7673
Grenze	400,00 €
Arbeitsentgelt	500,00 €
Beitragspflichtiges Entgelt	430,19 €

b) **Beitragsberechnung**

monatliches Arbeitsentgelt 500,00 € | beitragspflichtiges Entgelt 430,19 €

allgemeiner Beitragssatz der Krankenkasse 13,6 % | zusätzlicher Beitragssatz 0,9 %

Gesamtbeitrag Krankenversicherung (430,19 € x 6,8 % + 430,19 € x 7,7 %) = 62,38 €

Arbeitgeberbeitragsanteil (500,00 € x 6,8 %) = 34,00 €

Arbeitnehmerbeitragsanteil (62,38 € – 34,00 €) = 28,38 €

● Beiträge aus geringfügigen Beschäftigungsverhältnissen (Minijobs) und Besteuerung

Eine **geringfügige Beschäftigung** liegt vor, wenn das Arbeitsentgelt **regelmäßig** im Monat 400,00 € nicht übersteigt. Einmalzahlungen sind zu berücksichtigen, wenn der Arbeitnehmer die Zahlung mit hinreichender Sicherheit mindestens einmal jährlich erwarten kann. Das ist z. B. bei Urlaubsgeld oder Weihnachtsgeld der Fall. Übt ein Arbeitnehmer **mehrere geringfügig entlohnte Beschäftigungen** aus, so sind diese zur Beurteilung der Versicherungspflicht zusammenzurechnen. Es ist aber **möglich,** dass ein Arbeitnehmer **neben** seiner versicherungspflichtigen Beschäftigung einen Minijob übernimmt, der dann versicherungsfrei bleibt.

Geringfügige Beschäftigungen sind

für **Arbeitnehmer**	vom **Arbeitgeber**
frei von Sozialversicherungsbeiträgen. In der Rentenversicherung können AN auf die Versicherungsfreiheit verzichten und durch **zusätzliche Beiträge** die **vollen Leistungsansprüche** erwerben.	mit **Pauschalbeiträgen** zu versichern, und zwar mit ● 13 % des Arbeitsentgelts Krankenversicherung, ● 15 % des Arbeitsentgelts Rentenversicherung. Bei einer Beschäftigung im privaten Haushalt fallen jeweils 5 % an.

Der Arbeitgeber hat die Möglichkeit, die Minijobs entweder individuell zu versteuern oder darauf zu verzichten und dafür eine **Pauschalsteuer** von 2 Prozent des Arbeitsentgelts an die Bundesknappschaft zu zahlen.

Kurzfristige Beschäftigungen, so genannte Aushilfsjobs, sind versicherungsfrei. Aushilfsjobs liegen vor, wenn sie auf zwei Monate oder 50 Arbeitstage im Jahr begrenzt sind und dabei nicht berufsmäßig ausgeübt werden. Das trifft in der Regel auf Schüler, Studenten, Hausfrauen oder Rentner zu.

➥ Abführen der Sozialversicherungsbeiträge

Der **Arbeitgeber** ist verpflichtet, die Gesamtsozialversicherungsbeiträge dieses Monats bis **spätestens zum drittletzten Bankarbeitstag des laufenden Beschäftigungsmonats** an die Krankenkasse abzuführen.

6.3 Wie wird die Gehaltsabrechnung erstellt und gebucht?

Gehaltsabrechnung des Angestellten Franz Maier, Tarifgruppe 4, 9. Berufsjahr, rk, Steuerklasse I. Sozialversicherung AN 475,00 €; AG 449,77 €.

Bruttogehalt	Lohnsteuer	Solidaritätszuschlag	Kirchensteuer (9 %)	Sozialversicherung	Nettogehalt
2 194,00 €	*– 351,33 €*	*– 19,32 €*	*– 31,61 €*	*– 475,00 €*	*1 316,74 €*

Buchung:

Personalaufwendungen an	Sonstige Verbindlichkeiten (Finanzamt)	Sonstige Verbindlichkeiten (Sozialvers.)	und Kunden-KK

Das **Bruttogehalt** wird auf dem Konto Personalaufwendungen erfasst.

Lohn-, Kirchensteuer und Sozialversicherung werden vom Bruttogehalt einbehalten und sind vom Kreditinstitut noch an das Finanzamt bzw. die Krankenkassen abzuführen. Bis zur tatsächlichen Überweisung an die Begünstigten werden sie auf den Konten „Sonstige Verbindlichkeiten (Finanzamt)" bzw. „Sonstige Verbindlichkeiten (Sozialversicherung)" gebucht.

Das **Nettogehalt** wird dem Gehaltskonto (Kunden-KK) des Angestellten gutgeschrieben.

Der **Arbeitgeberanteil zur Sozialversicherung** wird auf einem Konto **„Soziale Aufwendungen"** gebucht.

Die Gegenbuchung erfolgt ebenso wie der Arbeitnehmeranteil zur Sozialversicherung auf dem Konto „Sonstige Verbindlichkeiten (Sozialversicherung)".

Buchung:

Soziale Aufwendungen an Sonstige Verbindlichkeiten (Sozialvers.) 449,77 €

In der Praxis werden die Löhne und Gehälter nicht einzeln, sondern pauschal aufgrund der Lohn- und Gehaltsliste für **sämtliche** Arbeitnehmer auf einmal gebucht.

Buchung der Gehaltsabrechnung im Hauptbuch:

S	Personalaufwendungen		H
1.	2 194,00 €		

S	Sonstige Verbindlichkeiten (Finanzamt)		H
		1.	402,26 €

S	Soziale Aufwendungen		H
2.	449,77 €		

S	Sonstige Verbindlichkeiten (Sozialvers.)		H
		1.	475,00 €
		2.	449,77 €

S	Kunden-KK		H
		1.	1 316,74 €

Vermögenswirksame Leistungen

Vermögenswirksame Leistungen des Arbeitgebers aufgrund von Tarifverträgen oder von freiwilligen Betriebsvereinbarungen erhöhen das Bruttoarbeitsentgelt. Sie sind somit steuer- und sozialversicherungspflichtig.

Liegen die vermögenswirksamen Leistungen des Arbeitgebers unter 40,00 € monatlich, so kann der Arbeitnehmer eigene freiwillige vermögenswirksame Leistungen erbringen.

Für die **vermögenswirksamen Sparleistungen** kann der Arbeitnehmer eine Sparzulage beantragen. Für die Arbeitnehmer-Sparzulage gelten folgende Fördersätze:

Vermögenswirksame Leistungen		
Einkommensgrenzen (max.) Ledig Verheiratet	17 900 € 35 800 €	
Begünstigte Sparbeiträge Ledig Verheiratet, 1 Arbeitnehmer Verheiratet, 2 Arbeitnehmer	Beteiligungen 400,00 € 400,00 € 800,00 €	Bausparen 470,00 € 470,00 € 940,00 €
Fördersätze (AN-Sparzulage)	18 %	9 %
Anlageformen nach Vermögensbildungsgesetz	● Beteiligungen ● Aktien ● Wandelschuldverschreibungen ● Anteile an - Wertpapier-Sondervermögen - Beteiligungs-Sondervermögen - Investmentfondsanteil-Sondervermögen - Gemischte Wertpapier- und Grundstücks-Sondervermögen jeweils mit mind. 60 % Aktien u. stillen Beteiligungen - Genussscheine	

Die **Arbeitnehmer-Sparzulage** wird auf **Antrag** durch das für die Besteuerung des Arbeitnehmers nach dem Einkommen zuständige Finanzamt festgesetzt.

Die **vermögenswirksamen Sparleistungen** des Arbeitnehmers sind vom Arbeitgeber einzubehalten und der gewünschten Anlageform zuzuführen.

Beispiel:

Gehaltsabrechnung (€)

Bruttogehalt	VL-AG	Sozialvers.-pfl. Entg.	Lohnsteuer 9 %	SolZ 5,5 %	Kirchensteuer 9 %	Sozialvers. 21,65 %	VermL.	Nettogehalt
1 838,00	40,00	1 070,00	257,50	-14,16	-23,17	-106,59	-10,00	1 136,58
Personalaufwendungen			Sonstige Verbindlichkeiten (Finanzamt)			Sonstige Verbindlichkeiten (Sozialvers.)	z.B. VL-Spareinlagen	Kunden-KK

Geschäftsfälle	Grundbuch		Soll €	Haben €
1. Buchung der Gehaltsabrechnung	Personalaufwend.	an Kunden-KK an Sonstige Verb. (FA) an Sonstige Verb. (SV) an VL-Spareinlagen	1 878,00	1 147,85 294,83 406,59 40,00
2. Buchung des AG-Anteils zur Sozialversicherung	Soziale Aufwend.	an Sonstige Verb. (SV)	384,99	384,99
3. Überweisung der einbehaltenen Steuern an das Finanzamt über Bbk	Sonstige Verb. (FA)	an Bbk-Giro	294,83	294,83
4. Überweisung der Gesamt-Sozialversicherungsbeiträge über Bbk	Sonst. Verb. (SV)	an Bbk-Giro	791,58	791,58

MONAT 1 890,–

Abzüge an Lohnsteuer, Solidaritätszuschlag (SolZ) und Kirchensteuer (8 %, 9 %) in den Steuerklassen

Lohn/ Gehalt		I–VI	ohne Kinderfreibeträge				I, II, III, IV	mit Zahl der Kinderfreibeträge . . . 0,5			1			1,5			2			2,5			3		
Versorgungs-Bezug bis €		LSt	SolZ	8 %	9 %		LSt	SolZ	8 %	9 %	SolZ	8 %	9 %	SolZ	8 %	9 %	SolZ	8 %	9 %	SolZ	8 %	9 %	SolZ	8 %	9 %
	I,IV	260,91	14,35	20,87	23,48	I	260,91	10,61	15,43	17,36	7,08	10,30	11,59	—	5,55	6,24	—	1,10	1,24	—	—	—	—	—	—
1 892,99	II	206,—	11,33	16,48	18,54	II	206,—	7,76	11,29	12,70	—	6,42	7,22	—	1,93	2,17	—	—	—	—	—	—	—	—	—
	III	45,66	—	3,65	4,10	III	45,66	—	—	—	—	—	—	—	—	—	—	—	—	—	—	—	—	—	—
2 148,99	V	540,—	29,70	43,20	48,60	IV	260,91	12,43	18,08	20,34	10,61	15,43	17,36	8,84	12,86	14,46	7,08	10,30	11,59	3,53	7,89	8,87	—	5,55	6,24
	VI	577,16	31,74	46,17	51,94																				
	I,IV	261,83	14,40	20,94	23,56	I	261,83	10,65	15,50	17,43	7,12	10,36	11,66	—	5,61	6,31	—	1,15	1,29	—	—	—	—	—	—
1 895,99	II	206,83	11,37	16,54	18,61	II	206,83	7,80	11,35	12,77	—	6,48	7,29	—	1,98	2,23	—	—	—	—	—	—	—	—	—
	III	47,—	—	3,76	4,23	III	47,—	—	—	—	—	—	—	—	—	—	—	—	—	—	—	—	—	—	—
2 151,99	V	541,33	29,77	43,30	48,71	IV	261,83	12,47	18,14	20,41	10,65	15,50	17,43	8,88	12,92	14,54	7,12	10,36	11,66	3,68	7,95	8,94	—	5,61	6,31
	VI	578,50	31,81	46,28	52,06																				
	I,IV	262,66	14,44	21,01	23,63	I	262,66	10,69	15,56	17,50	7,16	10,42	11,72	—	5,66	6,37	—	1,20	1,35	—	—	—	—	—	—
1 898,99	II	207,66	11,42	16,61	18,68	II	207,66	7,85	11,42	12,84	0,15	6,54	7,35	—	2,04	2,29	—	—	—	—	—	—	—	—	—
	III	47,—	—	3,76	4,23	III	47,—	—	—	—	—	—	—	—	—	—	—	—	—	—	—	—	—	—	—
2 154,99	V	542,66	29,84	43,41	48,83	IV	262,66	12,52	18,21	20,48	10,69	15,56	17,50	8,92	12,98	14,60	7,16	10,42	11,72	3,81	8,—	9,—	—	5,66	6,37
	VI	579,66	31,88	46,37	52,16																				
	I,IV	263,50	14,49	21,08	23,71	I	263,50	10,74	15,62	17,57	7,21	10,49	11,80	—	5,72	6,44	—	1,26	1,41	—	—	—	—	—	—
1 901,99	II	208,50	11,46	16,68	18,76	II	208,50	7,89	11,48	12,91	0,28	6,59	7,41	—	2,09	2,35	—	—	—	—	—	—	—	—	—
	III	48,33	—	3,86	4,34	III	48,33	—	—	—	—	—	—	—	—	—	—	—	—	—	—	—	—	—	—
2 157,99	V	544,—	29,92	43,52	48,96	IV	263,50	12,56	18,28	20,56	10,74	15,62	17,57	8,97	13,05	14,68	7,21	10,49	11,80	3,96	8,06	9,07	—	5,72	6,44
	VI	581,16	31,96	46,49	52,30																				
	I,IV	264,41	14,54	21,15	23,79	I	264,41	10,78	15,69	17,65	7,25	10,55	11,87	—	5,78	6,50	—	1,30	1,46	—	—	—	—	—	—
1 904,99	II	209,33	11,51	16,74	18,83	II	209,33	7,93	11,54	12,98	0,43	6,65	7,48	—	2,14	2,41	—	—	—	—	—	—	—	—	—
	III	48,33	—	3,86	4,34	III	48,33	—	—	—	—	—	—	—	—	—	—	—	—	—	—	—	—	—	—
2 160,99	V	545,16	29,98	43,61	49,06	IV	264,41	12,61	18,34	20,63	10,78	15,69	17,65	9,01	13,11	14,75	7,25	10,55	11,87	4,11	8,12	9,14	—	5,78	6,50
	VI	582,33	32,02	46,58	52,40																				
	I,IV	265,25	14,58	21,22	23,87	I	265,25	10,83	15,76	17,73	7,29	10,61	11,93	—	5,84	6,57	—	1,36	1,53	—	—	—	—	—	—
1 907,99	II	210,16	11,55	16,81	18,91	II	210,16	7,97	11,60	13,05	0,58	6,71	7,55	—	2,20	2,47	—	—	—	—	—	—	—	—	—
	III	48,33	—	3,86	4,34	III	48,33	—	—	—	—	—	—	—	—	—	—	—	—	—	—	—	—	—	—
2 163,99	V	546,50	30,05	43,72	49,18	IV	265,25	12,66	18,42	20,72	10,83	15,76	17,73	9,06	13,18	14,82	7,29	10,61	11,93	4,26	8,18	9,20	—	5,84	6,57
	VI	583,66	32,10	46,69	52,52																				
	I,IV	266,16	14,63	21,29	23,95	I	266,16	10,88	15,82	17,80	7,33	10,67	12,—	—	5,90	6,63	—	1,41	1,58	—	—	—	—	—	—
1 910,99	II	211,—	11,60	16,88	18,99	II	211,—	8,02	11,66	13,12	0,73	6,77	7,61	—	2,25	2,53	—	—	—	—	—	—	—	—	—
	III	49,66	—	3,97	4,46	III	49,66	—	—	—	—	—	—	—	—	—	—	—	—	—	—	—	—	—	—
2 166,99	V	547,66	30,12	43,81	49,28	IV	266,16	12,70	18,48	20,79	10,88	15,82	17,80	9,10	13,24	14,89	7,33	10,67	12,—	4,41	8,24	9,27	—	5,90	6,63
	VI	585,—	32,17	46,80	52,65																				
	I,IV	267,—	14,68	21,36	24,03	I	267,—	10,92	15,89	17,87	7,37	10,73	12,07	—	5,95	6,69	—	1,46	1,64	—	—	—	—	—	—
1 913,99	II	211,83	11,65	16,94	19,06	II	211,83	8,06	11,72	13,19	0,86	6,82	7,67	—	2,30	2,59	—	—	—	—	—	—	—	—	—
	III	49,66	—	3,97	4,46	III	49,66	—	—	—	—	—	—	—	—	—	—	—	—	—	—	—	—	—	—
2 169,99	V	548,83	30,18	43,90	49,39	IV	267,—	12,75	18,55	20,87	10,92	15,89	17,87	9,14	13,30	14,96	7,37	10,73	12,07	4,56	8,30	9,34	—	5,95	6,69
	VI	586,16	32,23	46,89	52,75																				
	I,IV	267,83	14,73	21,42	24,10	I	267,83	10,96	15,95	17,94	7,42	10,80	12,15	—	6,01	6,76	—	1,51	1,70	—	—	—	—	—	—
1 916,99	II	212,66	11,69	17,01	19,13	II	212,66	8,10	11,79	13,26	1,01	6,88	7,74	—	2,36	2,65	—	—	—	—	—	—	—	—	—
	III	51,—	—	4,08	4,59	III	51,—	—	—	—	—	—	—	—	—	—	—	—	—	—	—	—	—	—	—
2 172,99	V	550,16	30,25	44,01	49,51	IV	267,83	12,80	18,62	20,94	10,96	15,95	17,94	9,18	13,36	15,03	7,42	10,80	12,15	4,71	8,36	9,41	—	6,01	6,76
	VI	587,66	32,32	47,01	52,88																				
	I,IV	268,75	14,78	21,50	24,18	I	268,75	11,01	16,02	18,02	7,46	10,86	12,21	—	6,07	6,83	—	1,56	1,76	—	—	—	—	—	—
1 919,99	II	213,50	11,74	17,08	19,21	II	213,50	8,14	11,85	13,33	1,16	6,94	7,81	—	2,41	2,71	—	—	—	—	—	—	—	—	—
	III	51,—	—	4,08	4,59	III	51,—	—	—	—	—	—	—	—	—	—	—	—	—	—	—	—	—	—	—
2 175,99	V	551,50	30,33	44,12	49,63	IV	268,75	12,84	18,68	21,02	11,01	16,02	18,02	9,23	13,43	15,11	7,46	10,86	12,21	4,86	8,42	9,47	—	6,07	6,83
	VI	588,83	32,38	47,10	52,99																				
	I,IV	269,58	14,82	21,56	24,26	I	269,58	11,05	16,08	18,09	7,50	10,92	12,28	—	6,13	6,89	—	1,62	1,82	—	—	—	—	—	—
1 922,99	II	214,33	11,78	17,14	19,28	II	214,33	8,19	11,92	13,41	1,31	7,—	7,88	—	2,46	2,77	—	—	—	—	—	—	—	—	—
	III	51,—	—	4,08	4,59	III	51,—	—	—	—	—	—	—	—	—	—	—	—	—	—	—	—	—	—	—
2 178,99	V	552,66	30,39	44,21	49,73	IV	269,58	12,89	18,75	21,09	11,05	16,08	18,09	9,28	13,50	15,18	7,50	10,92	12,28	5,01	8,48	9,54	—	6,13	6,89
	VI	590,16	32,45	47,21	53,11																				
	I,IV	270,50	14,87	21,64	24,34	I	270,50	11,10	16,15	18,17	7,55	10,98	12,35	—	6,18	6,95	—	1,67	1,88	—	—	—	—	—	—
1 925,99	II	215,16	11,83	17,21	19,36	II	215,16	8,23	11,98	13,47	1,46	7,06	7,94	—	2,52	2,84	—	—	—	—	—	—	—	—	—
	III	52,33	—	4,18	4,70	III	52,33	—	—	—	—	—	—	—	—	—	—	—	—	—	—	—	—	—	—
2 181,99	V	554,—	30,47	44,32	49,86	IV	270,50	12,93	18,82	21,17	11,10	16,15	18,17	9,32	13,56	15,25	7,55	10,98	12,35	5,16	8,54	9,61	—	6,18	6,95
	VI	591,33	32,52	47,30	53,21																				
	I,IV	271,33	14,92	21,70	24,41	I	271,33	11,15	16,22	18,24	7,59	11,04	12,42	—	6,24	7,02	—	1,72	1,94	—	—	—	—	—	—
1 928,99	II	216,—	11,88	17,28	19,44	II	216,—	8,27	12,04	13,54	1,60	7,12	8,01	—	2,58	2,90	—	—	—	—	—	—	—	—	—
	III	52,33	—	4,18	4,70	III	52,33	—	0,13	0,14	—	—	—	—	—	—	—	—	—	—	—	—	—	—	—
2 184,99	V	555,33	30,54	44,42	49,97	IV	271,33	12,98	18,89	21,25	11,15	16,22	18,24	9,36	13,62	15,32	7,59	11,04	12,42	5,31	8,60	9,68	—	6,24	7,02
	VI	592,83	32,60	47,42	53,35																				
	I,IV	272,25	14,97	21,78	24,50	I	272,25	11,19	16,28	18,32	7,63	11,10	12,49	—	6,30	7,09	—	1,77	1,99	—	—	—	—	—	—
1 931,99	II	216,83	11,92	17,34	19,51	II	216,83	8,32	12,10	13,61	1,75	7,18	8,07	—	2,63	2,96	—	—	—	—	—	—	—	—	—
	III	53,66	—	4,29	4,82	III	53,66	—	0,13	0,14	—	—	—	—	—	—	—	—	—	—	—	—	—	—	—
2 187,99	V	556,66	30,61	44,53	50,09	IV	272,25	13,03	18,96	21,33	11,19	16,28	18,32	9,40	13,68	15,39	7,63	11,10	12,49	5,46	8,66	9,74	—	6,30	7,09
	VI	594,16	32,67	47,53	53,47																				
	I,IV	273,08	15,01	21,84	24,57	I	273,08	11,24	16,35	18,39	7,67	11,16	12,56	—	6,36	7,15	—	1,82	2,05	—	—	—	—	—	—
1 934,99	II	217,66	11,97	17,41	19,58	II	217,66	8,36	12,16	13,68	1,90	7,24	8,14	—	2,68	3,02	—	—	—	—	—	—	—	—	—
	III	53,66	—	4,29	4,82	III	53,66	—	0,22	0,25	—	—	—	—	—	—	—	—	—	—	—	—	—	—	—
2 190,99	V	557,83	30,68	44,62	50,20	IV	273,08	13,08	19,02	21,40	11,24	16,35	18,39	9,45	13,75	15,47	7,67	11,16	12,56	5,61	8,72	9,81	—	6,36	7,15
	VI	595,33	32,74	47,62	53,57																				

MONAT 1 980,–

Lohn/ Gehalt	Abzüge an Lohnsteuer, Solidaritätszuschlag (SolZ) und Kirchensteuer (8 %, 9 %) in den Steuerklassen																								
Versorgungs-Bezug bis €	I–VI					I, II, III, IV																			
			ohne Kinderfreibeträge					mit Zahl der Kinderfreibeträge . . .																	
								0,5			1			1,5			2			2,5			3		
		LSt	SolZ	8 %	9 %		LSt	SolZ	8 %	9 %	SolZ	8 %	9 %	SolZ	8 %	9 %	SolZ	8 %	9 %	SolZ	8 %	9 %	SolZ	8 %	9 %
	I,IV	287,16	15,79	22,97	25,84	I	287,16	11,97	17,41	19,58	8,36	12,16	13,68	2,05	7,30	8,21	—	2,68	3,02	—	—	—	—	—	—
1 982,99	II	231,08	12,70	18,48	20,79	II	231,08	9,06	13,18	14,82	4,26	8,18	9,20	—	3,57	4,01	—	—	—	—	—	—	—	—	—
	III	61,66	—	4,93	5,54	III	61,66	—	0,81	0,91	—	—	—	—	—	—	—	—	—	—	—	—	—	—	—
2 238,99	V	578,50	31,81	46,28	52,06	IV	287,16	13,83	20,12	22,63	11,97	17,41	19,58	10,16	14,78	16,62	8,36	12,16	13,68	6,66	9,69	10,90	2,05	7,30	8,21
	VI	616,66	33,91	49,33	55,49																				
	I,IV	288,–	15,84	23,04	25,92	I	288,–	12,01	17,48	19,66	8,41	12,23	13,76	2,20	7,36	8,28	—	2,74	3,08	—	—	—	—	—	—
1 985,99	II	231,91	12,75	18,55	20,87	II	231,91	9,10	13,24	14,89	4,41	8,24	9,27	—	3,62	4,07	—	—	—	—	—	—	—	—	—
	III	63,16	—	5,05	5,68	III	63,16	—	0,81	0,91	—	—	—	—	—	—	—	—	—	—	—	—	—	—	—
2 241,99	V	579,66	31,88	46,37	52,16	IV	288,–	13,87	20,18	22,70	12,01	17,48	19,66	10,20	14,84	16,70	8,41	12,23	13,76	6,70	9,75	10,97	2,20	7,36	8,28
	VI	617,83	33,98	49,42	55,60																				
	I,IV	288,91	15,89	23,11	26,–	I	288,91	12,06	17,54	19,73	8,45	12,29	13,82	2,35	7,42	8,34	—	2,80	3,15	—	—	—	—	—	—
1 988,99	II	232,75	12,80	18,62	20,94	II	232,75	9,14	13,30	14,96	4,56	8,30	9,34	—	3,68	4,14	—	—	—	—	—	—	—	—	—
	III	63,16	—	5,05	5,68	III	63,16	—	0,90	1,01	—	—	—	—	—	—	—	—	—	—	—	—	—	—	—
2 244,99	V	581,16	31,96	46,49	52,30	IV	288,91	13,92	20,25	22,78	12,06	17,54	19,73	10,25	14,91	16,77	8,45	12,29	13,82	6,75	9,82	11,04	2,35	7,42	8,34
	VI	619,33	34,06	49,54	55,73																				
	I,IV	289,75	15,93	23,18	26,07	I	289,75	12,10	17,61	19,81	8,49	12,35	13,89	2,48	7,47	8,40	—	2,85	3,20	—	—	—	—	—	—
1 991,99	II	233,58	12,84	18,68	21,02	II	233,58	9,18	13,36	15,03	4,71	8,36	9,41	—	3,74	4,20	—	—	—	—	—	—	—	—	—
	III	64,50	—	5,16	5,80	III	64,50	—	0,90	1,01	—	—	—	—	—	—	—	—	—	—	—	—	—	—	—
2 247,99	V	582,33	32,02	46,58	52,40	IV	289,75	13,97	20,32	22,86	12,10	17,61	19,81	10,29	14,98	16,85	8,49	12,35	13,89	6,79	9,88	11,11	2,48	7,47	8,40
	VI	620,50	34,12	49,64	55,84																				
	I,IV	290,66	15,98	23,25	26,15	I	290,66	12,15	17,68	19,89	8,53	12,42	13,97	2,63	7,53	8,47	—	2,90	3,26	—	—	—	—	—	—
1 994,99	II	234,41	12,89	18,75	21,09	II	234,41	9,23	13,43	15,11	4,86	8,42	9,47	—	3,79	4,26	—	—	—	—	—	—	—	—	—
	III	64,50	—	5,16	5,80	III	64,50	—	1,01	1,13	—	—	—	—	—	—	—	—	—	—	—	—	—	—	—
2 250,99	V	583,66	32,10	46,69	52,52	IV	290,66	14,02	20,39	22,94	12,15	17,68	19,89	10,34	15,04	16,92	8,53	12,42	13,97	6,83	9,94	11,18	2,63	7,53	8,47
	VI	621,83	34,20	49,74	55,96																				
	I,IV	291,58	16,03	23,32	26,24	I	291,58	12,20	17,74	19,96	8,58	12,48	14,04	2,78	7,59	8,54	—	2,96	3,33	—	—	—	—	—	—
1 997,99	II	235,25	12,93	18,82	21,17	II	235,25	9,28	13,50	15,18	5,01	8,48	9,54	—	3,85	4,33	—	—	—	—	—	—	—	—	—
	III	64,50	—	5,16	5,80	III	64,50	—	1,01	1,13	—	—	—	—	—	—	—	—	—	—	—	—	—	—	—
2 253,99	V	585,–	32,17	46,80	52,65	IV	291,58	14,06	20,46	23,01	12,20	17,74	19,96	10,38	15,10	16,99	8,58	12,48	14,04	6,87	10,–	11,25	2,78	7,59	8,54
	VI	623,16	34,27	49,85	56,08																				
	I,IV	292,41	16,08	23,39	26,31	I	292,41	12,24	17,81	20,03	8,62	12,54	14,11	2,93	7,65	8,60		3,01	3,38						
2 000,99	II	236,16	12,98	18,89	21,25	II	236,16	9,32	13,56	15,25	5,16	8,54	9,61	—	3,90	4,39	—	—	—	—	—	—	—	—	—
	III	65,83	—	5,26	5,92	III	65,83	—	1,01	1,13	—	—	—	—	—	—	—	—	—	—	—	—	—	—	—
2 256,99	V	586,16	32,23	46,89	52,75	IV	292,41	14,11	20,52	23,09	12,24	17,81	20,03	10,43	15,17	17,06	8,62	12,54	14,11	6,91	10,06	11,31	2,93	7,65	8,60
	VI	624,50	34,34	49,96	56,20																				
	I,IV	293,33	16,13	23,46	26,39	I	293,33	12,29	17,88	20,11	8,66	12,60	14,18	3,08	7,71	8,67	—	3,07	3,45	—	—	—	—	—	—
2 003,99	II	237,–	13,03	18,96	21,33	II	237,–	9,36	13,62	15,32	5,31	8,60	9,68	—	3,96	4,45	—	—	—	—	—	—	—	—	—
	III	65,83	—	5,26	5,92	III	65,83	—	1,10	1,24	—	—	—	—	—	—	—	—	—	—	—	—	—	—	—
2 259,99	V	587,66	32,32	47,01	52,88	IV	293,33	14,16	20,60	23,17	12,29	17,88	20,11	10,47	15,24	17,14	8,66	12,60	14,18	6,95	10,12	11,38	3,08	7,71	8,67
	VI	625,83	34,42	50,06	56,32																				
	I,IV	294,25	16,18	23,54	26,48	I	294,25	12,33	17,94	20,18	8,71	12,67	14,25	3,23	7,77	8,74	—	3,12	3,51	—	—	—	—	—	—
2 006,99	II	237,83	13,08	19,02	21,40	II	237,83	9,40	13,68	15,39	5,46	8,66	9,74	—	4,02	4,52	—	—	—	—	—	—	—	—	—
	III	67,16	—	5,37	6,04	III	67,16	—	1,10	1,24	—	—	—	—	—	—	—	—	—	—	—	—	—	—	—
2 262,99	V	588,83	32,38	47,10	52,99	IV	294,25	14,20	20,66	23,24	12,33	17,94	20,18	10,51	15,30	17,21	8,71	12,67	14,25	7,–	10,18	11,45	3,23	7,77	8,74
	VI	627,16	34,49	50,17	56,44																				
	I,IV	295,08	16,22	23,60	26,55	I	295,08	12,38	18,01	20,26	8,75	12,73	14,32	3,38	7,83	8,81	—	3,18	3,57	—	—	—	—	—	—
2 009,99	II	238,66	13,12	19,09	21,47	II	238,66	9,45	13,75	15,47	5,61	8,72	9,81	—	4,07	4,58	—	—	—	—	—	—	—	—	—
	III	67,16	—	5,37	6,04	III	67,16	—	1,21	1,36	—	—	—	—	—	—	—	—	—	—	—	—	—	—	—
2 265,99	V	590,16	32,45	47,21	53,11	IV	295,08	14,25	20,73	23,32	12,38	18,01	20,26	10,56	15,36	17,28	8,75	12,73	14,32	7,04	10,24	11,52	3,38	7,83	8,81
	VI	628,66	34,57	50,29	56,57																				
	I,IV	296,–	16,28	23,68	26,64	I	296,–	12,43	18,08	20,34	8,80	12,80	14,40	3,53	7,89	8,87	—	3,23	3,63	—	—	—	—	—	—
2 012,99	II	239,50	13,17	19,16	21,55	II	239,50	9,49	13,81	15,53	5,76	8,78	9,88	—	4,13	4,64	—	—	—	—	—	—	—	—	—
	III	67,16	—	5,37	6,04	III	67,16	—	1,21	1,36	—	—	—	—	—	—	—	—	—	—	—	—	—	—	—
2 268,99	V	591,33	32,52	47,30	53,21	IV	296,–	14,30	20,80	23,40	12,43	18,08	20,34	10,61	15,43	17,36	8,80	12,80	14,40	7,08	10,30	11,59	3,53	7,89	8,87
	VI	629,83	34,64	50,38	56,68																				
	I,IV	296,91	16,33	23,75	26,72	I	296,91	12,47	18,14	20,41	8,84	12,86	14,46	3,68	7,95	8,94	—	3,29	3,70	—	—	—	—	—	—
2 015,99	II	240,33	13,21	19,22	21,62	II	240,33	9,54	13,88	15,61	5,91	8,84	9,95	—	4,18	4,70	—	—	—	—	—	—	—	—	—
	III	68,50	—	5,48	6,16	III	68,50	—	1,21	1,36	—	—	—	—	—	—	—	—	—	—	—	—	—	—	—
2 271,99	V	592,83	32,60	47,42	53,35	IV	296,91	14,35	20,87	23,48	12,47	18,14	20,41	10,65	15,50	17,43	8,84	12,86	14,46	7,12	10,36	11,66	3,68	7,95	8,94
	VI	631,33	34,72	50,50	56,81																				
	I,IV	297,75	16,37	23,82	26,79	I	297,75	12,52	18,21	20,48	8,88	12,92	14,54	3,81	8,–	9,–	—	3,34	3,76	—	—	—	—	—	—
2 018,99	II	241,25	13,26	19,30	21,71	II	241,25	9,58	13,94	15,68	6,06	8,90	10,01	—	4,24	4,77	—	—	—	—	—	—	—	—	—
	III	68,50	—	5,48	6,16	III	68,50	—	1,30	1,46	—	—	—	—	—	—	—	—	—	—	—	—	—	—	—
2 274,99	V	594,16	32,67	47,53	53,47	IV	297,75	14,40	20,94	23,56	12,52	18,21	20,48	10,69	15,56	17,50	8,88	12,92	14,54	7,16	10,42	11,72	3,81	8,–	9,–
	VI	632,50	34,78	50,60	56,92																				
	I,IV	298,66	16,42	23,89	26,87	I	298,66	12,56	18,28	20,56	8,92	12,98	14,60	3,96	8,06	9,07	—	3,40	3,82	—	—	—	—	—	—
2 021,99	II	242,08	13,31	19,36	21,78	II	242,08	9,62	14,–	15,75	6,16	8,96	10,08	—	4,30	4,83	—	—	—	—	—	—	—	—	—
	III	70,–	—	5,60	6,30	III	70,–	—	1,30	1,46	—	—	—	—	—	—	—	—	—	—	—	—	—	—	—
2 277,99	V	595,33	32,74	47,62	53,57	IV	298,66	14,44	21,01	23,63	12,56	18,28	20,56	10,74	15,62	17,57	8,92	12,98	14,60	7,21	10,49	11,80	3,96	8,06	9,07
	VI	634,–	34,87	50,72	57,06																				
	I,IV	299,58	16,47	23,96	26,96	I	299,58	12,61	18,34	20,63	8,97	13,05	14,68	4,11	8,12	9,14	—	3,46	3,89	—	—	—	—	—	—
2 024,99	II	242,91	13,36	19,43	21,86	II	242,91	9,67	14,07	15,83	6,20	9,02	10,15	—	4,35	4,89	—	0,06	0,07	—	—	—	—	—	—
	III	70,–	—	5,60	6,30	III	70,–	—	1,40	1,57	—	—	—	—	—	—	—	—	—	—	—	—	—	—	—
2 280,99	V	596,83	32,82	47,74	53,71	IV	299,58	14,49	21,08	23,71	12,61	18,34	20,63	10,78	15,69	17,65	8,97	13,05	14,68	7,25	10,55	11,87	4,11	8,12	9,14
	VI	635,33	34,94	50,82	57,17																				

Lohn/ Gehalt Versorgungs-Bezug bis €	Abzüge an Lohnsteuer, Solidaritätszuschlag (SolZ) und Kirchensteuer (8 %, 9 %) in den Steuerklassen I–VI		ohne Kinderfreibeträge			I, II, III, IV		mit Zahl der Kinderfreibeträge . . . 0,5			1			1,5			2			2,5			3		
		LSt	SolZ	8 %	9 %		LSt	SolZ	8 %	9 %	SolZ	8 %	9 %	SolZ	8 %	9 %	SolZ	8 %	9 %	SolZ	8 %	9 %	SolZ	8 %	9 %
2 117,99	I,IV	327,41	18,—	26,19	29,46	I	327,41	14,06	20,46	23,01	10,34	15,04	16,92	6,87	10,—	11,25	—	5,20	5,85	—	0,80	0,90	—	—	—
	II	269,58	14,82	21,56	24,26	II	269,58	11,05	16,08	18,09	7,50	10,92	12,28	—	6,13	6,89	—	1,62	1,82	—	—	—	—	—	—
	III	90,66	—	7,25	8,15	III	90,66	—	2,82	3,17	—	—	—	—	—	—	—	—	—	—	—	—	—	—	—
2 373,99	V	638,—	35,09	51,04	57,42	IV	327,41	15,98	23,25	26,15	14,06	20,46	23,01	12,20	17,74	19,96	10,34	15,04	16,92	8,58	12,48	14,04	6,87	10,—	11,25
	VI	677,66	37,27	54,21	60,98																				
2 120,99	I,IV	328,33	18,05	26,26	29,54	I	328,33	14,11	20,52	23,09	10,38	15,10	16,99	6,91	10,06	11,31	—	5,26	5,92	—	0,85	0,95	—	—	—
	II	270,50	14,87	21,64	24,34	II	270,50	11,10	16,15	18,17	7,55	10,98	12,35	—	6,18	6,95	—	1,67	1,88	—	—	—	—	—	—
	III	90,66	—	7,25	8,15	III	90,66	—	2,93	3,29	—	—	—	—	—	—	—	—	—	—	—	—	—	—	—
2 376,99	V	639,33	35,16	51,14	57,53	IV	328,33	16,03	23,32	26,24	14,11	20,52	23,09	12,24	17,81	20,03	10,38	15,10	16,99	8,62	12,54	14,11	6,91	10,06	11,31
	VI	679,—	37,34	54,32	61,11																				
2 123,99	I,IV	329,25	18,10	26,34	29,63	I	329,25	14,16	20,60	23,17	10,43	15,17	17,06	6,95	10,12	11,38	—	5,32	5,99	—	0,90	1,01	—	—	—
	II	271,33	14,92	21,70	24,41	II	271,33	11,15	16,22	18,24	7,59	11,04	12,42	—	6,24	7,02	—	1,72	1,94	—	—	—	—	—	—
	III	92,—	—	7,36	8,28	III	92,—	—	2,93	3,29	—	—	—	—	—	—	—	—	—	—	—	—	—	—	—
2 379,99	V	640,66	35,23	51,25	57,65	IV	329,25	16,08	23,39	26,31	14,16	20,60	23,17	12,29	17,88	20,11	10,43	15,17	17,06	8,66	12,60	14,18	6,95	10,12	11,38
	VI	680,33	37,41	54,42	61,22																				
2 126,99	I,IV	330,16	18,15	26,41	29,71	I	330,16	14,20	20,66	23,24	10,47	15,24	17,14	7,—	10,18	11,45	—	5,38	6,05	—	0,95	1,07	—	—	—
	II	272,25	14,97	21,78	24,50	II	272,25	11,19	16,28	18,32	7,63	11,10	12,49	—	6,30	7,09	—	1,77	1,99	—	—	—	—	—	—
	III	92,—	—	7,36	8,28	III	92,—	—	3,02	3,40	—	—	—	—	—	—	—	—	—	—	—	—	—	—	—
2 382,99	V	642,—	35,31	51,36	57,78	IV	330,16	16,13	23,46	26,39	14,20	20,66	23,24	12,33	17,94	20,18	10,47	15,24	17,14	8,71	12,67	14,25	7,—	10,18	11,45
	VI	681,83	37,50	54,54	61,36																				
2 129,99	I,IV	331,08	18,20	26,48	29,79	I	331,08	14,25	20,73	23,32	10,51	15,30	17,21	7,04	10,24	11,52	—	5,44	6,12	—	1,—	1,13	—	—	—
	II	273,08	15,01	21,84	24,57	II	273,08	11,24	16,35	18,39	7,67	11,16	12,56	—	6,36	7,15	—	1,82	2,05	—	—	—	—	—	—
	III	93,50	—	7,48	8,41	III	93,50	—	3,02	3,40	—	—	—	—	—	—	—	—	—	—	—	—	—	—	—
2 385,99	V	643,50	35,39	51,48	57,91	IV	331,08	16,18	23,54	26,48	14,25	20,73	23,32	12,38	18,01	20,26	10,51	15,30	17,21	8,75	12,73	14,32	7,04	10,24	11,52
	VI	683,16	37,57	54,65	61,48																				
2 132,99	I,IV	332,—	18,26	26,56	29,88	I	332,—	14,30	20,80	23,40	10,56	15,36	17,28	7,08	10,30	11,59	—	5,49	6,17	—	1,05	1,18	—	—	—
	II	274,—	15,07	21,92	24,66	II	274,—	11,28	16,41	18,46	7,72	11,23	12,63	—	6,42	7,22	—	1,88	2,11	—	—	—	—	—	—
	III	93,50	—	7,48	8,41	III	93,50	—	3,13	3,52	—	—	—	—	—	—	—	—	—	—	—	—	—	—	—
2 388,99	V	644,83	35,46	51,58	58,03	IV	332,—	16,22	23,60	26,55	14,30	20,80	23,40	12,43	18,08	20,34	10,56	15,36	17,28	8,80	12,80	14,40	7,08	10,30	11,59
	VI	684,66	37,65	54,77	61,61																				
2 135,99	I,IV	332,91	18,31	26,63	29,96	I	332,91	14,35	20,87	23,48	10,61	15,43	17,36	7,12	10,36	11,66	—	5,55	6,24	—	1,10	1,24	—	—	—
	II	274,83	15,11	21,98	24,73	II	274,83	11,33	16,48	18,54	7,76	11,29	12,70	—	6,48	7,29	—	1,93	2,17	—	—	—	—	—	—
	III	94,83	—	7,58	8,53	III	94,83	—	3,13	3,52	—	—	—	—	—	—	—	—	—	—	—	—	—	—	—
2 391,99	V	646,—	35,53	51,68	58,14	IV	332,91	16,28	23,68	26,64	14,35	20,87	23,48	12,47	18,14	20,41	10,61	15,43	17,36	8,84	12,86	14,46	7,12	10,36	11,66
	VI	686,—	37,73	54,88	61,74																				
2 138,99	I,IV	333,83	18,36	26,70	30,04	I	333,83	14,40	20,94	23,56	10,65	15,50	17,43	7,16	10,42	11,72	—	5,61	6,31	—	1,15	1,29	—	—	—
	II	275,75	15,16	22,06	24,81	II	275,75	11,37	16,54	18,61	7,80	11,35	12,77	0,15	6,54	7,35	—	1,98	2,23	—	—	—	—	—	—
	III	94,83	—	7,58	8,53	III	94,83	—	3,24	3,64	—	—	—	—	—	—	—	—	—	—	—	—	—	—	—
2 394,99	V	647,50	35,61	51,80	58,27	IV	333,83	16,33	23,75	26,72	14,40	20,94	23,56	12,52	18,21	20,48	10,65	15,50	17,43	8,88	12,92	14,54	7,16	10,42	11,72
	VI	687,50	37,81	55,—	61,87																				
2 141,99	I,IV	334,75	18,41	26,78	30,12	I	334,75	14,44	21,01	23,63	10,69	15,56	17,50	7,21	10,49	11,80	—	5,66	6,37	—	1,20	1,35	—	—	—
	II	276,58	15,21	22,12	24,89	II	276,58	11,42	16,61	18,68	7,85	11,42	12,84	0,28	6,59	7,41	—	2,04	2,29	—	—	—	—	—	—
	III	96,33	—	7,70	8,66	III	96,33	—	3,24	3,64	—	—	—	—	—	—	—	—	—	—	—	—	—	—	—
2 397,99	V	648,83	35,68	51,90	58,39	IV	334,75	16,37	23,82	26,79	14,44	21,01	23,63	12,56	18,28	20,56	10,69	15,56	17,50	8,92	12,98	14,60	7,21	10,49	11,80
	VI	688,83	37,88	55,10	61,99																				
2 144,99	I,IV	335,66	18,46	26,85	30,20	I	335,66	14,49	21,08	23,71	10,74	15,62	17,57	7,25	10,55	11,87	—	5,72	6,44	—	1,26	1,41	—	—	—
	II	277,50	15,26	22,20	24,97	II	277,50	11,46	16,68	18,76	7,89	11,48	12,91	0,43	6,65	7,48	—	2,09	2,35	—	—	—	—	—	—
	III	96,33	—	7,70	8,66	III	96,33	—	3,34	3,76	—	—	—	—	—	—	—	—	—	—	—	—	—	—	—
2 400,99	V	650,33	35,76	52,02	58,52	IV	335,66	16,42	23,89	26,87	14,49	21,08	23,71	12,61	18,34	20,63	10,74	15,62	17,57	8,97	13,05	14,68	7,25	10,55	11,87
	VI	690,16	37,95	55,21	62,11																				
2 147,99	I,IV	336,58	18,51	26,92	30,29	I	336,58	14,54	21,15	23,79	10,78	15,69	17,65	7,29	10,61	11,93	—	5,78	6,50	—	1,30	1,46	—	—	—
	II	278,33	15,30	22,26	25,04	II	278,33	11,51	16,74	18,83	7,93	11,54	12,98	0,58	6,71	7,55	—	2,14	2,41	—	—	—	—	—	—
	III	97,66	—	7,81	8,78	III	97,66	—	3,34	3,76	—	—	—	—	—	—	—	—	—	—	—	—	—	—	—
2 403,99	V	651,50	35,83	52,12	58,63	IV	336,58	16,47	23,96	26,96	14,54	21,15	23,79	12,66	18,42	20,72	10,78	15,69	17,65	9,01	13,11	14,75	7,29	10,61	11,93
	VI	691,66	38,04	55,33	62,24																				
2 150,99	I,IV	337,50	18,56	27,—	30,37	I	337,50	14,58	21,22	23,87	10,83	15,76	17,73	7,33	10,67	12,—	—	5,84	6,57	—	1,36	1,53	—	—	—
	II	279,25	15,35	22,34	25,13	II	279,25	11,55	16,81	18,91	7,97	11,60	13,05	0,73	6,77	7,61	—	2,20	2,47	—	—	—	—	—	—
	III	97,66	—	7,81	8,78	III	97,66	—	3,45	3,88	—	—	—	—	—	—	—	—	—	—	—	—	—	—	—
2 406,99	V	652,83	35,90	52,22	58,75	IV	337,50	16,52	24,03	27,03	14,58	21,22	23,87	12,70	18,48	20,79	10,83	15,76	17,73	9,06	13,18	14,82	7,33	10,67	12,—
	VI	693,—	38,11	55,44	62,37																				
2 153,99	I,IV	338,41	18,61	27,07	30,45	I	338,41	14,63	21,29	23,95	10,88	15,82	17,80	7,37	10,73	12,07	—	5,90	6,63	—	1,41	1,58	—	—	—
	II	280,08	15,40	22,40	25,20	II	280,08	11,60	16,88	18,99	8,02	11,66	13,12	0,86	6,82	7,67	—	2,25	2,53	—	—	—	—	—	—
	III	99,—	—	7,92	8,91	III	99,—	—	3,45	3,88	—	—	—	—	—	—	—	—	—	—	—	—	—	—	—
2 409,99	V	654,33	35,98	52,34	58,88	IV	338,41	16,57	24,10	27,11	14,63	21,29	23,95	12,75	18,55	20,87	10,88	15,82	17,80	9,10	13,24	14,89	7,37	10,73	12,07
	VI	694,33	38,18	55,54	62,48																				
2 156,99	I,IV	339,33	18,66	27,14	30,53	I	339,33	14,68	21,36	24,03	10,92	15,89	17,87	7,42	10,80	12,15	—	5,95	6,69	—	1,46	1,64	—	—	—
	II	281,—	15,45	22,48	25,29	II	281,—	11,65	16,94	19,06	8,06	11,72	13,19	1,01	6,88	7,74	—	2,30	2,59	—	—	—	—	—	—
	III	99,—	—	7,92	8,91	III	99,—	—	3,54	3,98	—	—	—	—	—	—	—	—	—	—	—	—	—	—	—
2 412,99	V	655,66	36,06	52,45	59,—	IV	339,33	16,62	24,18	27,20	14,68	21,36	24,03	12,80	18,62	20,94	10,92	15,89	17,87	9,14	13,30	14,96	7,42	10,80	12,15
	VI	695,66	38,26	55,65	62,60																				
2 159,99	I,IV	340,25	18,71	27,22	30,62	I	340,25	14,73	21,42	24,10	10,96	15,95	17,94	7,46	10,86	12,21	—	6,01	6,76	—	1,51	1,70	—	—	—
	II	281,83	15,50	22,54	25,36	II	281,83	11,69	17,01	19,13	8,10	11,79	13,26	1,16	6,94	7,81	—	2,36	2,65	—	—	—	—	—	—
	III	100,50	—	8,04	9,04	III	100,50	—	3,54	3,98	—	—	—	—	—	—	—	—	—	—	—	—	—	—	—
2 415,99	V	657,16	36,14	52,57	59,14	IV	340,25	16,66	24,24	27,27	14,73	21,42	24,10	12,84	18,68	21,02	10,96	15,95	17,94	9,18	13,36	15,03	7,46	10,86	12,21
	VI	697,16	38,34	55,77	62,74																				

Abzüge an Lohnsteuer, Solidaritätszuschlag (SolZ) und Kirchensteuer (8%, 9%) in den Steuerklassen

Lohn/Gehalt bis € (Versorgungs-Bezug)	I–VI					I, II, III, IV																			
			ohne Kinderfreibeträge					mit Zahl der Kinderfreibeträge . . .																	
								0,5			1			1,5			2			2,5			3		
		LSt	SolZ	8%	9%		LSt	SolZ	8%	9%	SolZ	8%	9%	SolZ	8%	9%	SolZ	8%	9%	SolZ	8%	9%	SolZ	8%	9%
2 477,99	I,IV	440,91	24,25	35,27	39,68	I	440,91	19,98	29,06	32,69	15,93	23,18	26,07	12,15	17,68	19,89	8,53	12,42	13,97	2,48	7,47	8,40	—	2,90	3,26
	II	378,33	20,80	30,26	34,04	II	378,33	16,72	24,32	27,36	12,84	18,68	21,02	9,23	13,43	15,11	4,86	8,42	9,47	—	3,74	4,20	—	—	—
	III	175,16	2,63	14,01	15,76	III	175,16	—	9,28	10,44	—	4,82	5,42	—	0,72	0,81	—	—	—	—	—	—	—	—	—
2 733,99	V	807,91	44,43	64,63	72,71	IV	440,91	22,06	32,09	36,10	19,98	29,06	32,69	17,95	26,12	29,38	15,93	23,18	26,07	14,02	20,39	22,94	12,15	17,68	19,89
	VI	850,08	46,75	68,—	76,50																				
2 480,99	I,IV	441,91	24,30	35,35	39,77	I	441,91	20,03	29,14	32,78	15,98	23,25	26,15	12,20	17,74	19,96	8,58	12,48	14,04	2,63	7,53	8,47	—	2,96	3,33
	II	379,33	20,86	30,34	34,13	II	379,33	16,77	24,39	27,44	12,89	18,75	21,09	9,28	13,50	15,18	5,01	8,48	9,54	—	3,79	4,26	—	—	—
	III	175,16	2,63	14,01	15,76	III	175,16	—	9,38	10,55	—	4,82	5,42	—	0,72	0,81	—	—	—	—	—	—	—	—	—
2 736,99	V	809,33	44,51	64,74	72,83	IV	441,91	22,11	32,16	36,18	20,03	29,14	32,78	18,—	26,19	29,46	15,98	23,25	26,15	14,06	20,46	23,01	12,20	17,74	19,96
	VI	851,58	46,83	68,12	76,64																				
2 483,99	I,IV	442,83	24,35	35,42	39,85	I	442,83	20,08	29,22	32,87	16,03	23,32	26,24	12,24	17,81	20,03	8,62	12,54	14,11	2,78	7,59	8,54	—	3,01	3,38
	II	380,25	20,91	30,42	34,22	II	380,25	16,82	24,46	27,52	12,93	18,82	21,17	9,32	13,56	15,25	5,16	8,54	9,61	—	3,85	4,33	—	—	—
	III	176,66	2,93	14,13	15,89	III	176,66	—	9,38	10,55	—	4,93	5,54	—	0,81	0,91	—	—	—	—	—	—	—	—	—
2 739,99	V	810,83	44,59	64,86	72,97	IV	442,83	22,16	32,24	36,27	20,08	29,22	32,87	18,05	26,26	29,54	16,03	23,32	26,24	14,11	20,52	23,09	12,24	17,81	20,03
	VI	853,—	46,91	68,24	76,77																				
2 486,99	I,IV	443,83	24,41	35,50	39,94	I	443,83	20,13	29,29	32,95	16,08	23,39	26,31	12,29	17,88	20,11	8,66	12,60	14,18	2,93	7,65	8,60	—	3,07	3,45
	II	381,16	20,96	30,49	34,30	II	381,16	16,86	24,53	27,59	12,98	18,89	21,25	9,36	13,62	15,32	5,31	8,60	9,68	—	3,90	4,39	—	—	—
	III	176,66	2,93	14,13	15,89	III	176,66	—	9,50	10,69	—	4,93	5,54	—	0,81	0,91	—	—	—	—	—	—	—	—	—
2 742,99	V	812,25	44,67	64,98	73,10	IV	443,83	22,22	32,32	36,36	20,13	29,29	32,95	18,10	26,34	29,63	16,08	23,39	26,31	14,16	20,60	23,17	12,29	17,88	20,11
	VI	854,50	46,99	68,36	76,90																				
2 489,99	I,IV	444,83	24,46	35,58	40,03	I	444,83	20,18	29,36	33,03	16,13	23,46	26,39	12,33	17,94	20,18	8,71	12,67	14,25	3,08	7,71	8,67	—	3,12	3,51
	II	382,16	21,01	30,57	34,39	II	382,16	16,91	24,60	27,68	13,03	18,96	21,33	9,40	13,68	15,39	5,46	8,66	9,74	—	3,96	4,45	—	—	—
	III	178,—	3,20	14,24	16,02	III	178,—	—	9,50	10,69	—	5,05	5,68	—	0,90	1,01	—	—	—	—	—	—	—	—	—
2 745,99	V	813,75	44,75	65,10	73,23	IV	444,83	22,27	32,40	36,45	20,18	29,36	33,03	18,15	26,41	29,71	16,13	23,46	26,39	14,20	20,66	23,24	12,33	17,94	20,18
	VI	855,91	47,07	68,47	77,03																				
2 492,99	I,IV	445,83	24,52	35,66	40,12	I	445,83	20,24	29,44	33,12	16,18	23,54	26,48	12,38	18,01	20,26	8,75	12,73	14,32	3,23	7,77	8,74	—	3,18	3,57
	II	383,08	21,06	30,64	34,47	II	383,08	16,96	24,68	27,76	13,08	19,02	21,40	9,45	13,75	15,47	5,61	8,72	9,81	—	4,02	4,52	—	—	—
	III	178,—	3,20	14,24	16,02	III	178,—	—	9,61	10,81	—	5,05	5,68	—	0,90	1,01	—	—	—	—	—	—	—	—	—
2 748,99	V	815,16	44,83	65,21	73,36	IV	445,83	22,33	32,48	36,54	20,24	29,44	33,12	18,20	26,48	29,79	16,18	23,54	26,48	14,25	20,73	23,32	12,38	18,01	20,26
	VI	857,41	47,15	68,59	77,16																				
2 495,99	I,IV	446,83	24,57	35,74	40,21	I	446,83	20,29	29,52	33,21	16,22	23,60	26,55	12,43	18,08	20,34	8,80	12,80	14,40	3,38	7,83	8,81		3,23	3,63
	II	384,—	21,12	30,72	34,56	II	384,—	17,01	24,75	27,84	13,12	19,09	21,47	9,49	13,81	15,53	5,76	8,78	9,88	—	4,07	4,58	—	—	—
	III	179,50	3,50	14,36	16,15	III	179,50	—	9,61	10,81	—	5,16	5,80	—	1,01	1,13	—	—	—	—	—	—	—	—	—
2 751,99	V	816,66	44,91	65,33	73,49	IV	446,83	22,38	32,55	36,62	20,29	29,52	33,21	18,26	26,56	29,88	16,22	23,60	26,55	14,30	20,80	23,40	12,43	18,08	20,34
	VI	858,83	47,23	68,70	77,29																				
2 498,99	I,IV	447,83	24,63	35,82	40,30	I	447,83	20,34	29,59	33,29	16,28	23,68	26,64	12,47	18,14	20,41	8,84	12,86	14,46	3,53	7,89	8,87	—	3,29	3,70
	II	385,—	21,17	30,80	34,65	II	385,—	17,06	24,82	27,92	13,17	19,16	21,55	9,54	13,88	15,61	5,91	8,84	9,95	—	4,13	4,64	—	—	—
	III	179,50	3,50	14,36	16,15	III	179,50	—	9,73	10,94	—	5,16	5,80	—	1,01	1,13	—	—	—	—	—	—	—	—	—
2 754,99	V	818,08	44,99	65,44	73,62	IV	447,83	22,43	32,63	36,71	20,34	29,59	33,29	18,31	26,63	29,96	16,28	23,68	26,64	14,35	20,87	23,48	12,47	18,14	20,41
	VI	860,33	47,31	68,82	77,42																				
2 501,99	I,IV	448,75	24,68	35,90	40,38	I	448,75	20,39	29,66	33,37	16,33	23,75	26,72	12,52	18,21	20,48	8,88	12,92	14,54	3,68	7,95	8,94	—	3,34	3,76
	II	385,91	21,22	30,87	34,73	II	385,91	17,11	24,89	28,—	13,21	19,22	21,62	9,58	13,94	15,68	6,06	8,90	10,01	—	4,18	4,70	—	—	—
	III	181,—	3,80	14,48	16,29	III	181,—	—	9,73	10,94	—	5,26	5,92	—	1,10	1,24	—	—	—	—	—	—	—	—	—
2 757,99	V	819,58	45,07	65,56	73,76	IV	448,75	22,48	32,70	36,79	20,39	29,66	33,37	18,36	26,70	30,04	16,33	23,75	26,72	14,40	20,94	23,56	12,52	18,21	20,48
	VI	861,75	47,39	68,94	77,55																				
2 504,99	I,IV	449,75	24,73	35,98	40,47	I	449,75	20,44	29,74	33,45	16,37	23,82	26,79	12,56	18,28	20,56	8,92	12,98	14,60	3,81	8,—	9,—	—	3,40	3,82
	II	386,91	21,28	30,95	34,82	II	386,91	17,16	24,96	28,08	13,26	19,30	21,71	9,62	14,—	15,75	6,16	8,96	10,08	—	4,24	4,77	—	—	—
	III	181,—	3,80	14,48	16,29	III	181,—	—	9,85	11,08	—	5,26	5,92	—	1,10	1,24	—	—	—	—	—	—	—	—	—
2 760,99	V	821,—	45,15	65,68	73,89	IV	449,75	22,54	32,78	36,88	20,44	29,74	33,45	18,41	26,78	30,12	16,37	23,82	26,79	14,44	21,01	23,63	12,56	18,28	20,56
	VI	863,16	47,47	69,05	77,68																				
2 507,99	I,IV	450,75	24,79	36,06	40,56	I	450,75	20,50	29,82	33,54	16,42	23,89	26,87	12,61	18,34	20,63	8,97	13,05	14,68	3,96	8,06	9,07	—	3,46	3,89
	II	387,83	21,33	31,02	34,90	II	387,83	17,21	25,04	28,17	13,31	19,36	21,78	9,67	14,07	15,83	6,20	9,02	10,15	—	4,30	4,83	—	0,06	0,07
	III	182,50	4,10	14,60	16,42	III	182,50	—	9,85	11,08	—	5,37	6,04	—	1,21	1,36	—	—	—	—	—	—	—	—	—
2 763,99	V	822,50	45,23	65,80	74,02	IV	450,75	22,59	32,86	36,96	20,50	29,82	33,54	18,46	26,85	30,20	16,42	23,89	26,87	14,49	21,08	23,71	12,61	18,34	20,63
	VI	864,66	47,55	69,17	77,81																				
2 510,99	I,IV	451,75	24,84	36,14	40,65	I	451,75	20,55	29,89	33,62	16,47	23,96	26,96	12,66	18,42	20,72	9,01	13,11	14,75	4,11	8,12	9,14	—	3,51	3,95
	II	388,75	21,38	31,10	34,98	II	388,75	17,26	25,10	28,24	13,36	19,43	21,86	9,72	14,14	15,90	6,24	9,08	10,22	—	4,35	4,89	—	0,11	0,12
	III	182,50	4,10	14,60	16,42	III	182,50	—	9,85	11,08	—	5,37	6,04	—	1,21	1,36	—	—	—	—	—	—	—	—	—
2 766,99	V	823,91	45,31	65,91	74,15	IV	451,75	22,64	32,94	37,05	20,55	29,89	33,62	18,51	26,92	30,29	16,47	23,96	26,96	14,54	21,15	23,79	12,66	18,42	20,72
	VI	866,08	47,63	69,28	77,94																				
2 513,99	I,IV	452,75	24,90	36,22	40,74	I	452,75	20,60	29,96	33,71	16,52	24,03	27,03	12,70	18,48	20,79	9,06	13,18	14,82	4,26	8,18	9,20	—	3,57	4,01
	II	389,75	21,43	31,18	35,07	II	389,75	17,31	25,18	28,32	13,40	19,50	21,93	9,76	14,20	15,97	6,28	9,14	10,28	—	4,41	4,96	—	0,16	0,18
	III	182,50	4,10	14,60	16,42	III	182,50	—	9,96	11,20	—	5,37	6,04	—	1,21	1,36	—	—	—	—	—	—	—	—	—
2 769,99	V	825,41	45,39	66,03	74,28	IV	452,75	22,69	33,01	37,13	20,60	29,96	33,71	18,56	27,—	30,37	16,52	24,03	27,03	14,58	21,22	23,87	12,70	18,48	20,79
	VI	867,58	47,71	69,40	78,08																				
2 516,99	I,IV	453,75	24,95	36,30	40,83	I	453,75	20,65	30,04	33,80	16,57	24,10	27,11	12,75	18,55	20,87	9,10	13,24	14,89	4,41	8,24	9,27	—	3,62	4,07
	II	390,66	21,48	31,25	35,15	II	390,66	17,36	25,25	28,40	13,45	19,56	22,01	9,80	14,26	16,04	6,32	9,20	10,35	—	4,46	5,02	—	0,21	0,23
	III	184,—	4,40	14,72	16,56	III	184,—	—	9,96	11,20	—	5,48	6,16	—	1,30	1,46	—	—	—	—	—	—	—	—	—
2 772,99	V	826,83	45,47	66,14	74,41	IV	453,75	22,75	33,09	37,22	20,65	30,04	33,80	18,61	27,07	30,45	16,57	24,10	27,11	14,63	21,29	23,95	12,75	18,55	20,87
	VI	869,—	47,79	69,52	78,21																				
2 519,99	I,IV	454,66	25,—	36,37	40,91	I	454,66	20,70	30,12	33,88	16,62	24,18	27,20	12,80	18,62	20,94	9,14	13,30	14,96	4,56	8,30	9,34	—	3,68	4,14
	II	391,66	21,54	31,33	35,24	II	391,66	17,41	25,32	28,49	13,50	19,64	22,09	9,85	14,33	16,12	6,37	9,27	10,43	—	4,52	5,09	—	0,26	0,29
	III	184,—	4,40	14,72	16,56	III	184,—	—	10,08	11,34	—	5,48	6,16	—	1,30	1,46	—	—	—	—	—	—	—	—	—
2 775,99	V	828,25	45,55	66,26	74,54	IV	454,66	22,80	33,16	37,31	20,70	30,12	33,88	18,66	27,14	30,53	16,62	24,18	27,20	14,68	21,36	24,03	12,80	18,62	20,94
	VI	870,50	47,87	69,64	78,34																				

Aufgaben:

61. Welchen Tarifgruppen werden im Manteltarifvertrag für das private Bankgewerbe die folgenden so genannten **„Richtbeispiele"** zugeordnet?

Richtbeispiel
1. Stenotypistinnen 2. Sachbearbeiter mit einfacheren Tätigkeiten in der Kreditabteilung 3. Sekretärinnen in besonderer Vertrauensstellung 4. Kundenberater mit erhöhten Anforderungen

62. Ermitteln Sie mit Hilfe der Tabelle (S. 80) die Bruttogehälter für folgende Angestellten:*

Nr.	Name	Tarifgruppe	Berufsjahr (BJ)	freiw. Zulage
a)	K. Braun	5	6.	40,00
b)	E. Christ	4	3.	0,00
c)	A. Neumann	7	10.	60,00

* Auf die Ermittlung der Sozialzulagen soll hier verzichtet werden.
Die vermögenswirksamen Leistungen des Arbeitgebers sollen unberücksichtigt bleiben.

63. In welche Steuerklassen fallen:

a) Ledige,
b) Verheiratete, ein Ehegatte bezieht keinen Lohn,
c) Verheiratete, beide Ehegatten sind berufstätig,
d) Arbeitnehmer mit einem zweiten Dienstverhältnis?

64. Ermitteln Sie die monatliche Lohnsteuer und den Solidaritätszuschlag für folgende Gehälter aus der Monatstabelle auf Seite 88 ff.:

Name	Steuerklasse	Bruttogehalt	Lohnsteuer	Solidaritätszuschlag
a) F. Maier	I	2 007,40 €	. . . .	. . . .
b) K. Müller	IV/2,5	1 990,30 €	. . . .	. . . .
c) E. Schwarz	II/1	2 134,75 €	. . . .	. . . .

65. Entscheiden Sie, ob Kirchensteuer einzubehalten ist und an wen diese ggf. abzuführen ist:

Name	Steuerklasse	Religions-gemeinschaft	Kirchensteuer		
			ev.	kath.	keine
a) K. Schneider	III/1	ev.	. . . . .	. . . .	. . . .
b) O. Wilms	I	rk.	. . . . .	. . . .	. . . .
c) L. May	III/0	rk./ev.	. . . . .	. . . .	. . . .
d) A. Abel	III/1	ohne Konf./ev.	. . . . .	. . . .	. . . .
e) O. Weber	III/2	rk./ohne Konf.	. . . . .	. . . .	. . . .

66. Entscheiden Sie, wer krankenversicherungspflichtig ist:

a) Karl Müller, Arbeiter, Monatslohn 1 676,00 €
b) Monika Ast, Angestellte, Monatsgehalt 2 453,00 €
c) Franz Kaiser, Angestellter, Monatsgehalt 5 265,00 €
d) Otto Brehm, Arbeiter, Monatslohn 2 614,00 €
e) Iris May, Angestellte, Monatsgehalt 517,00 €

67. Im Call-Center eines Kreditinstituts sind mehrere Mitarbeiter mit geringfügigen Beschäftigungsverhältnissen tätig. Sie sollen klären, welche Sozialversicherungsregelungen in den Einzelfällen greifen.

Geben Sie an, welche Regelung bei den verschiedenen Mitarbeitern greift!

Mitarbeiter	Art der Entgelte	Entscheidung über die Sozialversicherungspflicht
A	Monatliches Entgelt 400,00 €. Mindestarbeitszeit 15 Wochenstunden. Keine Hauptbeschäftigung.	
B	Monatliches Entgelt 370,00 €. Weihnachtsgeld 300,00 €. Keine Hauptbeschäftigung.	
C	Hauptbeschäftigung A mtl. 1 600,00 €; Nebenjob B 400,000 € mtl.	
D	Hauptbeschäftigung A mtl. 2 100,00 €; Minijob B 400,00 €; Minijob C 200,00 €	
E	Aushilfe vom 15.02. - 22.03. d.J. mtl. 600,00 €	
F	Keine Hauptbeschäftigung. Nebenjob A mtl. 300,00 €. Nebenjob B 150,00 €.	
G	Hauptbeschäftigung bei A 1 000,00 €; Nebenjob B mtl. 400,00 €; Nebenjob C mtl. 200,00 €	

68. a) Ermitteln Sie die Nettogehälter für folgende Angestellten (ohne Haushalts- und Kinderzulage)! A. Wilms ist 25 Jahre alt. Der allgemeine Beitragssatz zur Krankenversicherung beträgt 13,4 %. Sonst gelten die allgemeinen Beitragssätze lt. Tabelle. Der Arbeitgeber ist von der Auszahlung des Kindergeldes befreit.

Name	Steuerklasse	Tarifgruppe	Berufsjahre	Bruttogehalt	Lohnsteuer	KiSt 8 %	SolZ 5,5 %	Sozialversicher	Nettogehalt	Arbeitgeberanteil
Wilms, A.	I	3	5	....	.....	.....	.....	....	....	....
Maus, K.	II/1	4	4	....	.....	.....	.....	....	....	....
Weber, L.	IV/2	1	7	....	.....	.....	.....	....	....	....
Summen				....	.....	.....	.....	....	....	....

b) Buchen Sie im Grundbuch und im Hauptbuch diese Gehaltsabrechnung!

c) Ermitteln Sie den Arbeitgeberanteil zur Sozialversicherung und buchen Sie diesen im Grundbuch und im Hauptbuch!

69. a) Berechnen Sie das Nettogehalt des Angestellten Karl Schuster (32 Jahre; kinderlos), Tarifgruppe 4, 8. Berufsjahr, Zulage 20,00 €; I, rk., KiSt-Satz 9 %, allgemeiner Beitragssatz zur Krankenversicherung 13,8 %!

Das KI zahlt ihm 30,00 € vermögenswirksame Leistungen. Diese Leistungen werden über die Zentrale an die Bausparkasse überwiesen.

Weitere 10,00 € eigene vermögenswirksame Leistungen des AN werden für einen Aktienfonds angelegt. Überweisung an Zentrale.

Das Nettogehalt wird auf dem Girokonto beim eigenen KI gutgeschrieben.

Brutto-gehalt	VermL AG	Vers.-pfl. Entgelte	LSt	SolZ	KiSt 9 %	Sozialver-sicherung	VermL	Netto-gehalt

b) Buchen Sie zunächst im Grundbuch, dann im Hauptbuch!

1. Die Gehaltszahlung (Gutschrift des Nettogehalts auf Gehaltskonto),
2. den Arbeitgeberanteil zur Sozialversicherung!
3. Die einbehaltene Lohn- und Kirchensteuer wird über Bbk, die Sozialversicherungsbeiträge werden über Zentrale überwiesen.

70. a) Erstellen Sie die Gehaltsabrechnungen! Der Arbeitgeber gewährt eine tariflich vereinbarte vermögenswirksame Leistung von 30,00 € monatlich. Kirchensteuersatz 9 %. Allgemeiner Beitragssatz zur Krankenversicherung 13,2 %.

Name	Tarif-gruppe	Berufs-jahr	Freiw. Zulage	VmB des Arb.-Nehmers	Anlageform	Steuer-klasse
Karl Adam	7	5.	60,00 €	10,00 €	VL-Sparvertrag	IV/0
Horst Schmitt	6	7.	100,00 €	--	Bausparvertrag	IV/1
Eva Walter	3	9.	--	10,00 €	WP-Sparvertrag (Aktienfonds)	I/0

b) Buchen Sie im Grundbuch und im Hauptbuch:

1. Die Gehaltszahlung durch Gutschrift auf Privatgirokonto. Die VL-Sparverträge werden beim gehaltszahlenden Kreditinstitut unterhalten. Überweisungen an die Bausparkasse und die Investmentgesellschaft (WP-Sparvertrag) erfolgen über die Zentrale.
2. Arbeitgeberanteil zur Sozialversicherung.
3. Überweisung der einbehaltenen Lohn- und Kirchensteuer sowie der Sozialversicherungsbeiträge an die Empfänger über die Zentrale.

71. Der Angestellte Kurt Helm, III/0, 22 Jahre, erhält von der Kreditbank AG ein Tarifgehalt von 2 470,00 €. Außerdem wird ihm eine Leistungszulage von 32,00 € gezahlt. Der Arbeitgeber zahlt weiterhin 40,00 € VL. Durch Gehaltsumwandlung zahlt er monatlich 45,00 € in eine Direktversicherung zur Altersvorsorge ein. Kirchensteuer 9 %. Seine Krankenkasse erhebt einen allgemeinen Beitragssatz von 13,8 %. Sonst gelten die Tabellenwerte für die Steuern und die Sozialversicherung.

a) Wie hoch ist das steuer- und sozialversicherungspflichtige Gehalt?

b) Wie hoch ist die Gehaltsgutschrift auf seinem laufenden Konto?

72.

IT-ZENTRALE DER HANDELSBANKEN AG	
ENDSUMMENBLATT DER HANDELSBANK AG GIESSEN	
- GEHAELTER DEZEMBER 20.. -	
GEHALT - BRUTTO	20.876,54
zuzuegl. VERM.WIRKS.LEIST.	390,00
ALTERSVERSORGUNG	520,00
LOHNSTEUER, SOLIDARITÄTSZUSCHLAG	3.327,20
EV. KIRCHENSTEUER	250,60
KATH. KIRCHENSTEUER	48,90
SOZIALVERSICHERUNG - AN-ANTEIL	3.133,64
SOZIALVERSICHERUNG - AG-ANTEIL	2.904,23
GUTSCHRIFT AUF KONTOKORRENT	14.116,20
GUTSCHRIFT AUF SPARVERTRAEGEN	390,00
UEBERWIESEN AN VERSICHERUNG UEBER BUNDESBANK	520,00

a) Buchen Sie diese Gehaltsabrechnung der IT-Zentrale im Grundbuch und Hauptbuch!

b) Am 27.12. werden die Steuern und Sozialversicherungsbeiträge über die Bbk überwiesen.
Welche Buchungen ergeben sich am 31. Dezember im Grundbuch und im Hauptbuch?

73. a) Erstellen Sie die Gehaltsabrechnung für den Angestellten Hans Hirmer, III/2, rk., KISt 9%, Tarifgruppe 6, 9. Berufsjahr! Vermögenswirksame Leistungen bleiben unberücksichtigt. Gutschrift des Gehalts auf Gehaltskonto. Gehaltstabelle S. 79. Allgemeiner Krankenversicherungsbeitragssatz 13,8%.

b) Der Arbeitgeberanteil zur Sozialversicherung ist zu ermitteln!

c) Buchen Sie die gesamte Gehaltsabrechnung im Grundbuch! Steuern und Sozialabgaben werden über Bbk überwiesen.

d) Buchen Sie die gesamte Gehaltsabrechnung im Hauptbuch!

7 Organisation des Rechnungswesens der Kreditinstitute

Problemstellung:	Hans Schlee kommt im Rahmen seiner Ausbildung zum Bankkaufmann in die Abteilung Rechnungswesen. Er hört dort Begriffe wie Primanota und Kontenrahmen. Sein Ausbilder fordert ihn auf, sich über die Organisation der Buchführung eines Kreditinstituts zu informieren.
Arbeitsaufträge:	Klären Sie in Ihrem Ausbildungsbetrieb: Wie ist die Bankbuchführung organisiert? Welche Anforderungen hat die Bankbuchführung zu erfüllen?

7.1 Wie ist die Bankbuchführung organisiert?

7.1.1 Grundbuch, Sammeljournal, Hauptbuch

Die Bankbuchführung ist nach dem System der doppelten Buchführung organisiert.

Es werden **Grundbuch, Sammeljournal** und **Hauptbuch** geführt.

Das **Grundbuch** nimmt alle Geschäftsfälle in zeitlicher Reihenfolge aus den Belegen auf. Es wird auch als Primanota bezeichnet.

Allein die Fülle der Buchungen im Zahlungsverkehr macht es deutlich, dass Buchungen in einem einzigen Grundbuch in der Regel nicht möglich sind. Es werden deshalb mehrere Grundbücher geführt. Die Einteilung dieser Grundbücher erfolgt im Rahmen des betrieblichen Organisationsplanes. So werden für Abteilungen und Sachgebiete eigene Grundbücher gebildet. Innerhalb dieser Grundbücher erfolgen weitere Unterteilungen nach Hauptbuchkonten, nach Kontenklassen innerhalb eines Kontenplanes. Meist erfolgt eine Aufteilung in Soll- und Haben-Primanoten. **Ziel** ist eine weitgehende Zusammenfassung gleich lautender Buchungen in wenigen Sammelbuchungen.

Nachdem so die Belege in den Grundbüchern erfasst sind, erfolgt eine weitere Zusammenfassung der Buchungsergebnisse, nach Hauptbuchkonten geordnet, im

Sammeljournal.

Das Sammeljournal hält die Grundbuchendsummen fest, die ins Hauptbuch übertragen werden.

Im **Hauptbuch** werden die zusammengefassten Buchungen der Geschäftsfälle vorgenommen.

Neben dem Hauptbuch werden noch **Nebenbücher** (Skontren) geführt. Bei Kreditinstituten ist das Kontokorrent das wichtigste Nebenbuch. Das Sachkonto Kunden-Kontokorrent wird aus den einzelnen Kunden-Kontokorrentskontren gebildet.

Weitere Nebenbücher sind Wechsel-, Effekten-, Devisen- und Sortenskontren.

7.1.2 Kontenrahmen, Kontenplan

Unter einem **Kontenrahmen** wird die systematische Zusammenfassung sachlich gleichartiger Einzelkonten in Kontengruppen und Kontenklassen verstanden.

Der **Kontenplan** wird von den einzelnen Kreditinstituten bzw. den Institutsgruppen und deren Rechenzentren in Anlehnung an den Kontenrahmen erstellt.

Die **Bedeutung** des Kontenrahmens soll am Beispiel des vom Bundesverband der Deutschen Volksbanken und Raiffeisenbanken e.V. empfohlenen „Einheitlichen Kontenrahmen für Kreditgenossenschaften" aufgezeigt werden.

Ziele dieses Kontenrahmens sind

- **die Vereinheitlichung der Organisation des Rechnungswesens der Kreditgenossenschaften zu fördern,**
- **eine bessere Vergleichbarkeit der Daten der einzelnen Institute zu erreichen,**
- **die EDV-Auswertung des Rechnungswesens zu ermöglichen,**
- **die Voraussetzung für die Ermittlung von Kennzahlen nach einheitlichen, zwischenbetrieblich vergleichbaren Kriterien zu erreichen.**

Der **Aufbau** eines Kontenrahmens soll an dem erwähnten Kontenrahmen für Kreditgenossenschaften (siehe Anhang S. 457f.) erläutert werden.

Der Kontenrahmen ist am **Bilanzgliederungsprinzip** orientiert, d.h., dass sich die einzelnen Posten der Bilanz und Gewinn- und Verlustrechnung nach Reihenfolge und Bezeichnung weitgehend aus dem Kontenrahmen ableiten lassen.

Die Nummerierung erfolgt nach dem dekadischen System.

Die Kontenklassen 5 (Aufwendungen) und 6 (Erträge) ermöglichen die direkte Erfassung des Betriebsergebnisses.

In der Kontenklasse 7 werden die neutralen Aufwendungen und Erträge erfasst.

Die Kontenklassen 1, 2, 3 und 4 erfassen die Aktiva und Passiva. Die Kontenklasse 8 ist dem Warenverkehr, Neben- und Hilfsbetrieben vorbehalten. Die Abschlusskonten für den Jahresabschluss stehen in der Kontenklasse 9.

Der **Aufbau des Kontenplans** kann für die einzelne Kreditgenossenschaft in Anlehnung an den Kontenrahmen betriebsindividuell vorgenommen werden. In der Regel wird der Kontenplan des jeweiligen Rechenzentrums übernommen.

Grundsätzlich ist die Klassen- und Gruppeneinteilung, und zwar nach Reihenfolge, Bezeichnung und Nummerierung, unverändert zu übernehmen. Gleiches gilt auch für die Sachkontennummern und Bezeichnungen.

Beispiel:	Kontenklasse	1	Geldverkehr, Kreditinstitute, Wertpapiere
	↑		
	Kontengruppe	10	Kassenbestände
	↑		
	Konten	1000	Kasse
		1010	Kassenverrechnung mit Zweigstellen
		1040	Portokasse
		1042	Sonstige inländische amtliche Wertmarken
		1049	Sonstige Nebenkassen
		1050	Sonstige Kassen
		1060	Gedenkmünzen, soweit zum Nennwert erworben
		1070	Sortenkassen

Der Bundesverband Deutscher Banken e.V. und der Deutsche Sparkassen- und Giroverband haben ebenfalls Muster-Kontenrahmen entwickelt. Vgl. S. 452ff.

7 Schuster - ISBN 987-3-8120-0194-6

7.2 Welche Anforderungen hat die Bankbuchführung zu erfüllen?

An die Bankbuchführung werden von den Kreditinstituten und ihren Kunden verschiedene Anforderungen gestellt, die sich in den Forderungen nach **Tagfertigkeit, Zuverlässigkeit** und **Wirtschaftlichkeit** ausdrücken.

Tagfertigkeit
bedeutet, dass täglich sämtliche – vor Buchungsschnitt – angefallenen Geschäftsfälle im Grundbuch, im Hauptbuch und auf den Kundenskontren gebucht werden müssen.

Bedeutung für

das Kreditinstitut

- aktuellste Information für die tägliche Geld- und Kreditdisposition (Ziel ist Stundenfertigkeit)
- Überblick über die wichtigsten Kontenbewegungen

die Kunden

- Information über neuesten Kontostand
- Kontrollmöglichkeit, z. B. bei Lastschriften

Zuverlässigkeit
bedeutet, dass Fehlbuchungen durch möglichst automatische Kontrollen (z. B. der Kontonummer) und Abstimmungen vermieden werden.

Bedeutung für

das Kreditinstitut

- Erhalten des Vertrauens der Kunden in die Zuverlässigkeit
- Vermeidung von Fehlern, die zu zusätzlichen Kosten führen können, z. B. bei der Liquiditätsdisposition oder bei Regressansprüchen von Kunden wegen fehlerhafter Buchungen

die Kunden

- Vertrauen in die Kontoführung ihres Kreditinstituts

Wirtschaftlichkeit
ist das Verhältnis von $\frac{\text{Bankleistungen}}{\text{Kosten}}$

Bedeutung für

das Kreditinstitut

- rationelle Gestaltung der Buchführung, da diese ein großer Kostenfaktor ist
- Wettbewerbsfähigkeit durch günstige Konditionen für Betriebsleistungen erhalten

die Kunden

- möglichst niedrige Buchungsgebühren

Auf einen Blick:

1. **Organisationsstruktur der Bankbuchführung**

   - Grundbuch
   - Sammeljournal
   - Hauptbuch

2. **Anforderungen an die Bankbuchführung**

   a) inhaltlich

   - Tagfertigkeit
   - Zuverlässigkeit
   - Wirtschaftlichkeit

   b) rechtlich

   - Grundsätze ordnungsmäßiger Buchführung
   - Grundsätze ordnungsmäßiger Bilanzierung

3. **Kontenrahmen** nennt man eine systematische Zusammenfassung sachlich gleichartiger Einzelkonten in Kontengruppen und Kontenklassen.

4. **Kontenplan** nennt man die betriebsindividuelle Ausgestaltung des Kontenrahmens in Anlehnung an den Kontenrahmen.

Aufgaben:

74. a) Welche Organisationsstruktur hat die Bankbuchführung?

b) Erläutern Sie die Anforderungen, die an die Buchführung gestellt werden, und zwar aus der Sicht der Kunden und der Kreditinstitute!

c) Erklären Sie die Bedeutung und den Aufbau eines Kontenrahmens und Kontenplans!

75. Hier finden Sie einige Angaben zur Organisation des Rechnungswesens in Kreditinstituten. Welche dieser Angaben ist zutreffend?

1. Die Sparkonten der Kunden sind buchungstechnisch als Grundbücher anzusehen.
2. Das Grundbuch nimmt die Sammelbuchungen der Skontren auf.
3. Im Hauptbuch werden die zusammengefassten Buchungen der Geschäftsfälle vorgenommen.
4. Jedes Kreditinstitut in der Bundesrepublik Deutschland hat einen individuellen Kontenrahmen.
5. Das Kontokorrent ist ein Nebenbuch.

☐ ☐

76. Welches Ziel des Kontenrahmens für eine Bankgruppe ist nicht richtig dargestellt?

1. Zwischenbetriebliche Vergleiche sollen erleichtert werden.
2. Die externe Buchhaltung in einem Rechenzentrum kann realisiert werden.
3. Innerbetriebliche Zeitvergleiche werden überflüssig.
4. Zwischenbetriebliche Vergleiche mit einheitlichen Kennziffern werden erleichtert.
5. Die Ergebnisse der einzelnen Institute können genauer verglichen werden.

☐

8 Jahresabschluss der Kreditinstitute

Problemstellung:	Die Auszubildende Karin Müller wird beauftragt, sich über den Jahresabschluss der Handelsbank AG zu informieren.
Arbeitsaufträge:	Welche Bestandteile hat der Jahresabschluss? Welche Aufgaben hat der Jahresabschluss zu erfüllen und welche Grundsätze sind bei der Bilanzierung zu beachten? Welche Bewertungsvorschriften sind bei der Aufstellung des Jahresabschlusses zu berücksichtigen?

Informationen

8.1 Welche Bestandteile hat der Jahresabschluss?

Kreditinstitute, die als Kapitalgesellschaften geführt werden, haben innerhalb der ersten drei Monate des Geschäftsjahres für das vergangene Geschäftsjahr den **Jahresabschluss** (§ 242 HGB) zu erstellen und diesen um einen **Anhang,** der mit der Bilanz und der Gewinn- und Verlustrechnung eine Einheit bildet, zu erweitern. Kreditinstitute, auch wenn sie keine Kapitalgesellschaften sind, haben auf ihren Jahresabschluss die für große Kapitalgesellschaften geltenden Vorschriften anzuwenden (§ 340 a HGB). Darüber hinaus müssen sie einen **Lagebericht** aufstellen (§ 289 HGB). Dieser ist kein Bestandteil des Jahresabschlusses.

Jahresabschluss: Der Jahresabschluss der Kapitalgesellschaft hat unter Beachtung der Grundsätze ordnungsmäßiger Buchführung ein den tatsächlichen Verhältnissen entsprechendes Bild der Vermögens-, Finanz- und Ertragslage zu vermitteln (§ 264 Abs. 2 HGB).

Die **Gliederung** der Bilanz und der Gewinn- und Verlustrechnung erfolgt nach den **Formblättern** der **Verordnung über die Rechnungslegung der Kreditinstitute.**[1]

Diese Verordnung regelt auch die Inhalte der einzelnen Posten der Bilanz und der GuV-Rechnung.[2]

Anhang: In ihm sind diejenigen Angaben aufzunehmen, die zu den einzelnen Posten der Bilanz oder der Gewinn- und Verlustrechnung vorgeschrieben sind oder die im Anhang zu machen sind, weil sie in Ausübung eines Wahlrechts nicht in der Bilanz oder in der GuV- Rechnung aufgenommen wurden.

Kreditinstitute müssen im Anhang angeben:

1. die durchschnittliche Zahl der im Geschäftsjahr beschäftigten Arbeitnehmer,

---

1 Vgl. Seite 429 ff.
2 Vgl. Seite 442 ff.

2. die an Mitglieder des Geschäftsführungsorgans, eines Aufsichtsrats, eines Beirats oder eines ähnlichen Organes gewährten Vorschüsse und Kredite unter Angabe der Zinssätze, der wesentlichen Bedingungen und der ggf. im Geschäftsjahr zurückgezahlten Beträge sowie die zugunsten dieser Personen eingegangenen Haftungsverhältnisse;
3. Beteiligungen an anderen Unternehmen von mindestens 20 v. H. des Kapitals.
   Diese Angaben dürfen auch in einer **gesonderten** Aufstellung des Anteilsbesitzes gemacht werden.

Lagebericht: Der Lagebericht ist nicht Teil des Jahresabschlusses. Er hat die Aufgabe, im Zusammenhang mit dem Jahresabschluss die gesamte wirtschaftliche Lage des Unternehmens darzulegen. Dabei sind neben betriebswirtschaftlichen Aspekten auch technische, rechtliche, politische und volkswirtschaftliche Gesichtspunkte zu berücksichtigen. Die Berichterstattung ist gegenüber dem Jahresabschluss umfassender, da der Lagebericht in stärkerem Maße als der Jahresabschluss **zukunftsorientierte Sachverhalte** berücksichtigt.

Es **ist** mindestens der *Geschäftsverlauf* und die *Lage der Kapitalgesellschaft* so darzustellen, dass ein den tatsächlichen Verhältnissen entsprechendes Bild vermittelt wird.

Es **soll** auch eingegangen werden

1. auf Vorgänge von besonderer Bedeutung, die nach dem Schluss des Geschäftsjahrs eingetreten sind, und
2. auf die voraussichtliche Entwicklung der Kapitalgesellschaft.

Prüfung: Kreditinstitute haben **unabhängig von ihrer Größe** ihren **Jahresabschluss** und **Lagebericht prüfen zu lassen.**

Bei **Kreditgenossenschaften** erfolgt diese Prüfung durch den zuständigen **Prüfungsverband**, bei **Sparkassen** durch die **Prüfungsstelle eines Sparkassen- und Giroverbands. Andere Kreditinstitute müssen** durch **Wirtschaftsprüfer** oder **Wirtschaftsprüfungsgesellschaften** geprüft werden (§ 340k HGB).

Bestätigungsvermerk: Falls die Abschlussprüfer nach dem abschließenden Ergebnis der Prüfung keine Einwendungen erheben, haben sie das nach § 322 Abs. 1 HGB (§ 26 Abs. 1 KWG) durch folgenden Vermerk zum Jahresabschluss und ggf. zum Konzernabschluss zu bestätigen:

„Die Buchführung und der Jahresabschluss entsprechen/Der Konzernabschluss entspricht nach meiner/unserer pflichtgemäßen Prüfung den gesetzlichen Vorschriften. Der Jahresabschluss/Konzernabschluss vermittelt unter Beachtung der Grundsätze ordnungsmäßiger Buchführung ein den tatsächlichen Verhältnissen entsprechendes Bild der Vermögens-, Finanz- und Ertragslage der Kapitalgesellschaft/des Konzerns. Der Lagebericht/Konzernlagebericht steht im Einklang mit dem Jahresabschluss/Konzernabschluss."

Offenlegung: Nach § 340l HGB haben **Kreditinstitute** den **Jahresabschluss** und den **Lagebericht** und die anderen in § 325 HGB bezeichneten Unterlagen **offen zu legen**.

Unter **Offenlegung** versteht man die Einreichung der obigen Unterlagen beim **Betreiber des elektronischen Bundesanzeigers:**

HGB: § 325 Offenlegung

(1) Die gesetzlichen Vertreter von Kapitalgesellschaften haben für diese den Jahresabschluss beim Betreiber des elektronischen Bundesanzeigers elektronisch einzureichen. Er ist unverzüglich nach seiner Vorlage an die Gesellschafter, jedoch spätestens vor Ablauf des zwölften Monats des dem Abschlussstichtag nachfolgenden Geschäftsjahrs, mit dem Bestätigungsvermerk oder dem Vermerk über dessen Versagung einzureichen. Gleichzeitig sind der Lagebericht, der Bericht des Aufsichtsrats, die nach § 161 des Aktiengesetzes vorgeschriebene Erklärung und, soweit sich dies aus dem eingereichten Jahresabschluss nicht ergibt, der Vorschlag für die Verwendung des Ergebnisses und der Beschluss über seine Verwendung unter Angabe des Jahresüberschusses oder Jahresfehlbetrags elektronisch einzureichen. Angaben über die Ergebnisverwendung brauchen von Gesellschaften mit beschränkter Haftung nicht gemacht zu werden, wenn sich anhand dieser Angaben die Gewinnanteile von natürlichen Personen feststellen lassen, die Gesellschafter sind. Werden zur Wahrung der Frist nach Satz 2 oder Absatz 4 Satz 1 der Jahresabschluss und der Lagebericht ohne die anderen Unterlagen eingereicht, sind der Bericht und der Vorschlag nach ihrem Vorliegen, die Beschlüsse nach der Beschlussfassung und der Vermerk nach der Erteilung unverzüglich einzureichen. Wird der Jahresabschluss bei nachträglicher Prüfung oder Feststellung geändert, ist auch die Änderung nach Satz 1 einzureichen.

Die Rechnungslegungsunterlagen sind in einer Form einzureichen, die ihre Bekanntmachung nach Absatz 2 ermöglicht.

(2) Die gesetzlichen Vertreter der Kapitalgesellschaft haben die in Absatz 1 bezeichneten Unterlagen jeweils unverzüglich nach der Einreichung im elektronischen Bundesanzeiger bekannt machen zu lassen.

8.2 Welche Aufgaben hat der Jahresabschluss zu erfüllen und welche Grundsätze sind bei der Bilanzierung zu beachten?

8.2.1 Aufgaben

Der Jahresabschluss hat für die unterschiedlichen Gruppen bestimmte Aufgaben zu erfüllen, und zwar

für	Aufgaben
Geschäftsleitung:	Information über die Vermögens- und Ertragslage des Unternehmens. Hilfsmittel zur Unternehmensführung.
Teilhaber:	Information über die Vermögens- und Ertragslage. Kontrollinstrument.
Gläubiger:	Information, Gläubigerschutz.
Allgemeinheit:	Informationsinstrument. Offenlegungspflicht (§ 325 HGB).
Staat:	Grundlage der Besteuerung. Kontrollinstrument im Rahmen der Bankenaufsicht. Kreditinstitute haben den Jahresabschluss und den Lagebericht jeweils unverzüglich dem Bundesaufsichtsamt und der Deutschen Bundesbank einzureichen. Der Jahresabschluss ist in einer Anlage zu erläutern.

8.2.2 Bilanzierungsgrundsätze (Ansatzvorschriften)

Für die Bilanzierung wurden im HGB Grundsätze aufgestellt, die eingehalten werden müssen, wenn die Bilanz als ordnungsgemäß gelten soll. Diese Grundsätze sind:

Vollständigkeit (§ 246 Abs. 1 HGB)

(1) Der Jahresabschluss hat sämtliche Vermögensgegenstände, Schulden, Rechnungsabgrenzungsposten, Aufwendungen und Erträge zu enthalten, soweit gesetzlich nichts anderes bestimmt ist. [...]

Verrechnungsverbot (§ 246 Abs. 2 HGB)

(2) Posten der Aktivseite dürfen nicht mit Posten der Passivseite, Aufwendungen nicht mit Erträgen, Grundstücksrechte nicht mit Grundstückslasten verrechnet werden. [Anm.: Dies gilt **nicht** für Kreditinstitute, soweit für diese abweichende Vorschriften bestehen, § 25 a KWG.]

Inhalt der Bilanz (§ 247 HGB)

(1) In der Bilanz sind das Anlage- und das Umlaufvermögen, das Eigenkapital, die Schulden sowie die Rechnungsabgrenzungsposten gesondert auszuweisen und hinreichend aufzugliedern.

(2) Beim Anlagevermögen sind nur die Gegenstände auszuweisen, die bestimmt sind, dauernd dem Geschäftsbetrieb zu dienen.

(3) Passivposten, die für Zwecke der Steuern vom Einkommen und vom Ertrag zulässig sind, dürfen in der Bilanz gebildet werden. Sie sind als Sonderposten mit Rücklageanteil auszuweisen und nach Maßgabe des Steuerrechts aufzulösen. Einer Rückstellung bedarf es insoweit nicht.

Bilanzierungsverbote (§ 248 HGB)

(1) Aufwendungen für die Gründung des Unternehmens und für die Beschaffung des Eigenkapitals dürfen in die Bilanz nicht als Aktivposten aufgenommen werden.

(2) Für immaterielle Vermögensgegenstände des Anlagevermögens, die nicht entgeltlich erworben wurden, darf ein Aktivposten nicht angesetzt werden.

(3) Aufwendungen für den Abschluss von Versicherungsverträgen dürfen nicht aktiviert werden.

Auf einen Blick:

Jahresabschluss → Jahresbilanz | Gewinn- und Verlustrechnung | Anhang

Lagebericht

Ergänzung: Prüfungsbericht

Gliederung des Jahresabschlusses des Kreditinstitutes nach **Formblättern.** Daneben sind **Bilanzierungsrichtlinien** zu beachten.

Inventur		Kontensalden der Buchführung
+ Bewertung		± vorbereitende Abschlussbuchung
= Bilanzwerte	↔	= Bilanzwerte

Bilanzierungsgrundsätze → Vollständigkeit | Verrechnungsverbot | Inhalt der Bilanz | Bilanzierungsverbote

Bewertungsgrundsätze

- Grundsatz des Bilanzzusammenhangs
- Grundsatz der Betriebsfortführung
- Grundsatz der Einzelbewertung
- Grundsatz der Vorsicht
- Grundsatz der periodengerechten Erfolgsermittlung
- Grundsatz der Bewertungsstetigkeit

Aufgabe:

77. a) Erläutern Sie die Bestandteile des Jahresabschlusses und seiner Ergänzungen!
    b) Welche Aufgaben hat der Jahresabschluss zu erfüllen?
    c) Was ist eine Inventur, welche Inventurformen und Inventurverfahren gibt es?
    d) Welcher Zusammenhang besteht zwischen den bewerteten Inventarbeständen und den Salden der Bestandskonten?

8.3 Welche Bewertungsvorschriften sind bei der Aufstellung des Jahresabschlusses zu berücksichtigen?

Der Bewertung, d. h. der Festlegung der Werte für die Vermögens- und Schuldenposten, kommt erhebliche Bedeutung zu, da dadurch der Jahreserfolg (Gewinn bzw. Verlust) beeinflusst wird.

Um die Ziele der Bewertung zu erreichen, wurden eine Reihe von **Bewertungsgrundsätzen** entwickelt, die als **allgemeine Bewertungsvorschriften** im HGB eingeführt wurden.

8.3.1 Handelsrechtliche Bewertungsvorschriften

Allgemeine Bewertungsvorschriften

In § 252 HGB wurden **Grundsätze für die Bewertung** formuliert, die für alle Kaufleute gelten. Sie sind wegen des **Grundsatzes der Maßgeblichkeit der Handelsbilanz** auch bei der steuerlichen Gewinnermittlung zu beachten.

Grundsatz des Bilanzzusammenhangs (Bilanzidentität, Bilanzkontinuität): § 252 Abs. 1 Nr. 1 HGB	Die Wertansätze in der Eröffnungsbilanz des Geschäftsjahres müssen mit denen der Schlussbilanz des vorhergehenden Geschäftsjahres übereinstimmen.
Grundsatz der Betriebsfortführung (going-concern-Prinzip): § 252 Abs. 1 Nr. 2 HGB	Bei der Bewertung ist von der Fortführung der Unternehmenstätigkeit auszugehen, sofern dem nicht tatsächliche oder rechtliche Gegebenheiten entgegenstehen.
Grundsatz der Einzelbewertung: § 252 Abs. 1 Nr. 3 HGB	Die Vermögensgegenstände und Schulden sind zum Abschlussstichtag einzeln zu bewerten.
Grundsatz der Vorsicht (Imparitätsprinzip oder Niederstwertprinzip): § 252 Abs. 1 Nr. 4 HGB	Es ist vorsichtig zu bewerten, namentlich sind alle vorhersehbaren Risiken und Verluste, die bis zum Abschlussstichtag entstanden sind, zu berücksichtigen, selbst wenn diese erst zwischen dem Abschlussstichtag und dem Tag der Aufstellung des Jahresabschlusses bekannt geworden sind; Gewinne sind nur zu berücksichtigen, wenn sie am Abschlussstichtag realisiert sind.
Grundsatz der periodengerechten Erfolgsermittlung: § 252 Abs. 1 Nr. 5 HGB	Aufwendungen und Erträge des Geschäftsjahrs sind unabhängig von den Zeitpunkten der entsprechenden Zahlungen im Jahresabschluss zu berücksichtigen.
Grundsatz der Bewertungsstetigkeit: § 252 Abs. 1 Nr. 6 HGB	Die auf den vorhergehenden Jahresabschluss angewandten Bewertungsmethoden sollen beibehalten werden.
Stichtagsprinzip: § 252 Abs. 1 Nr. 3 HGB	Das Gesetz schreibt vor, dass **„zum Abschlussstichtag"** zu bewerten ist. Grundsätzlich ist die Bewertung damit auf Basis der am Abschlussstichtag und **nicht** aufgrund der zum Bilanzerstellungszeitpunkt geltenden Verhältnisse vorzunehmen.
Abgrenzungsprinzip: § 252 Abs. 1 Nr. 5 HGB	Aufwendungen und Erträge sind unabhängig davon zu berücksichtigen, ob bereits **Zahlungen** erfolgt sind. Dieser Grundsatz unterstreicht den Unterschied zwischen einer bilanziellen Erfolgsrechnung und einer Einnahmen-/Ausgabenrechnung.

Wertansätze der Vermögensgegenstände und Schulden

Rechtsgrundlage für die **handelsrechtlichen Wertansätze** der Vermögensgegenstände sind zunächst die §§ 253 und 255 HGB. Für Kapitalgesellschaften werden diese Bewertungsmöglichkeiten in den §§ 279 und 280 eingeschränkt.

Für **Kreditinstitute** wurden in den §§ 340e–g HGB **Sonderregelungen** getroffen.

HGB **§ 253 [Wertansätze der Vermögensgegenstände und Schulden]**

(1) **Vermögensgegenstände** sind **höchstens** mit den **Anschaffungs- oder Herstellungskosten,** vermindert um Abschreibungen nach den Absätzen 2 und 3 anzusetzen. **Verbindlichkeiten** sind zu ihrem **Rückzahlungsbetrag, Rentenverpflichtungen,** für die eine Gegenleistung nicht mehr zu erwarten ist, zu ihrem **Barwert** und **Rückstellungen nur in Höhe des Betrags** anzusetzen, **der nach vernünftiger kaufmännischer Beurteilung notwendig** ist; [...]

(2) Bei **Vermögensgegenständen des Anlagevermögens,** deren **Nutzung zeitlich begrenzt** ist, sind die Anschaffungs- oder Herstellungskosten um **planmäßige Abschreibungen** zu vermindern. Der Plan muss die Anschaffungs- oder Herstellungskosten auf die Geschäftsjahre verteilen, in denen der Vermögensgegenstand voraussichtlich genutzt werden kann. **Ohne Rücksicht darauf,** ob ihre Nutzung zeitlich begrenzt ist, **können** bei Vermögensgegenständen des Anlagevermögens **außerplanmäßige Abschreibungen vorgenommen werden,** um die Vermögensgegenstände mit dem niedrigeren Wert anzusetzen, der ihnen am Abschlussstichtag beizulegen ist; sie **sind vorzunehmen** bei einer voraussichtlich dauernden Wertminderung.

(3) Bei **Vermögensgegenständen des Umlaufvermögens sind Abschreibungen vorzunehmen,** um diese mit einem niedrigeren Wert anzusetzen, der sich aus einem Börsen- oder Marktpreis am Abschlussstichtag ergibt. Ist ein Börsen- oder Marktpreis nicht festzustellen und übersteigen die Anschaffungs- oder Herstellungskosten den Wert, der den Vermögensgegenständen am Abschlussstichtag beizulegen ist, so ist auf diesen Wert abzuschreiben. **Außerdem** dürfen Abschreibungen vorgenommen werden, soweit diese nach vernünftiger kaufmännischer Beurteilung notwendig sind, um zu verhindern, dass in der nächsten Zukunft der Wertansatz dieser Vermögensgegenstände auf Grund von Wertschwankungen geändert werden muss.

(4) **Abschreibungen** sind **außerdem** im Rahmen vernünftiger kaufmännischer Beurteilung zulässig.

(5) Ein niedrigerer Wertansatz nach Absatz 2 Satz 3, Absatz 3 oder 4 darf beibehalten werden, auch wenn die Gründe dafür nicht mehr bestehen.

§ 254 [Steuerrechtliche Abschreibungen]

Abschreibungen können auch vorgenommen werden, um Vermögensgegenstände des Anlage- oder Umlaufvermögens mit dem niedrigeren Wert anzusetzen, der auf einer nur steuerrechtlich zulässigen Abschreibung beruht. § 253 Abs. 5 ist entsprechend anzuwenden.

§ 255 [Anschaffungs- und Herstellungskosten]

(1) **Anschaffungskosten** sind die Aufwendungen, die geleistet werden, um einen **Vermögensgegenstand zu erwerben** und ihn in einen betriebsbereiten Zustand zu versetzen, soweit sie dem Vermögensgegenstand einzeln zugeordnet werden können. Zu den Anschaffungskosten gehören **auch** die **Nebenkosten sowie** die **nachträglichen Anschaffungskosten. Anschaffungspreisminderungen** sind abzusetzen.

(2) **Herstellungskosten** sind die Aufwendungen, die durch den **Verbrauch von Gütern und die Inanspruchnahme von Diensten für die Herstellung eines Vermögensgegenstands,** seine Erweiterung oder für eine über seinen ursprünglichen Zustand hinausgehende wesentliche Verbesserung **entstehen. Dazu gehören** die Materialkosten, die Fertigungskosten und die Sonderkosten der Fertigung. Bei der Berechnung der Herstellungskosten dürfen auch angemessene Teile der notwendigen Materialgemeinkosten, die notwendigen Fertigungsgemeinkosten und des Wertverzehrs des Anlagevermögens, soweit er durch die Fertigung veranlasst ist, eingerechnet werden. Kosten der allgemeinen Verwaltung sowie Aufwendungen für soziale Einrichtungen des Betriebs, für freiwillige soziale Leistungen und für betriebliche Altersversorgung brauchen nicht eingerechnet zu werden. Aufwendungen im Sinne der Sätze 3 und 4 dürfen nur insoweit berücksichtigt werden, als sie auf den Zeitraum der Herstellung entfallen. Vertriebskosten dürfen nicht in die Herstellungskosten einbezogen werden.

(3) **Zinsen für Fremdkapital** gehören nicht zu den Herstellungskosten. Zinsen für Fremdkapital, das zur Finanzierung der Herstellung eines Vermögensgegenstands verwendet wird, dürfen angesetzt werden, soweit sie auf den Zeitraum der Herstellung entfallen; in diesem Falle gelten sie als Herstellungskosten des Vermögensgegenstands.

(4) Als **Geschäfts- oder Firmenwert** darf der Unterschiedsbetrag angesetzt werden, um den die für die Übernahme eines Unternehmens bewirkte Gegenleistung den Wert der einzelnen Vermögensgegenstände des Unternehmens abzüglich der Schulden im Zeitpunkt der Übernahme übersteigt. Der Betrag ist in jedem folgenden Geschäftsjahr zu mindestens einem Viertel durch Abschreibungen zu tilgen. Die Abschreibung des Geschäfts- oder Firmenwerts kann aber auch planmäßig auf die Geschäftsjahre verteilt werden, in denen er voraussichtlich genutzt wird.

§ 280 [Wertaufholungsgebot]

(1) **Wird** bei einem Vermögensgegenstand eine **Abschreibung nach § 253 Abs. 2 Satz 3 oder Abs. 3 oder § 254 Satz 1 vorgenommen und** stellt sich in einem späteren Geschäftsjahr heraus, dass die **Gründe dafür nicht mehr bestehen, so ist der Betrag dieser Abschreibung im Umfang der Werterhöhung unter Berücksichtigung der Abschreibungen, die inzwischen vorzunehmen gewesen wären, zuzuschreiben.** § 253 Abs. 5, § 254 Satz 2 sind insoweit nicht anzuwenden.

(2) **Von** der **Zuschreibung** nach Absatz 1 **kann abgesehen werden, wenn** der niedrigere Wertansatz bei der steuerrechtlichen Gewinnermittlung beibehalten werden kann **und wenn** Voraussetzung für die Beibehaltung ist, dass der niedrigere Wertansatz auch in der Bilanz beibehalten wird.

(3) [...]

Dritter Titel: Bewertungsvorschriften

§ 340e [Bewertung von Vermögensgegenständen]

(1) **Kreditinstitute haben** Beteiligungen einschließlich der Anteile an verbundenen Unternehmen, Konzessionen, gewerbliche Schutzrechte und ähnliche Rechte und Werte sowie Lizenzen an solchen Rechten und Werten, Grundstücke, grundstücksgleiche Rechte und Bauten einschließlich der Bauten auf fremden Grundstücken, technische Anlagen und Maschinen, andere Anlagen, Betriebs- und Geschäftsausstattung sowie Anlagen im Bau **nach den für das Anlagevermögen geltenden Vorschriften zu bewerten,** es sei denn, dass sie nicht dazu bestimmt sind, dauernd dem Geschäftsbetrieb zu dienen; in diesem Falle sind sie nach Satz 2 zu bewerten. **Andere Vermögensgegenstände,** insbesondere Forderungen und Wertpapiere, sind nach den für das **Umlaufvermögen geltenden Vorschriften zu bewerten,** es sei denn, dass sie dazu bestimmt werden, dauernd dem Geschäftsbetrieb zu dienen; in diesem Falle sind sie nach Satz 1 zu bewerten. § 253 Abs. 2 Satz 3 darf auf die in Satz 1 bezeichneten Vermögensgegenstände mit Ausnahme der Beteiligungen und der Anteile an verbundenen Unternehmen nur angewendet werden, wenn es sich um eine voraussichtlich dauernde Wertminderung handelt.

(2) **Abweichend** von § 253 Abs. 1 Satz 1 dürfen Hypothekendarlehen und andere Forderungen mit ihrem Nennbetrag angesetzt werden, soweit der Unterschiedsbetrag zwischen dem Nennbetrag und dem Auszahlungsbetrag oder den Anschaffungskosten Zinscharakter hat. Ist der Nennbetrag höher als der Auszahlungsbetrag oder die Anschaffungskosten, so ist der Unterschiedsbetrag in den Rechnungsabgrenzungsposten auf der Passivseite aufzunehmen; er ist planmäßig aufzulösen und in seiner jeweiligen Höhe in der Bilanz oder im Anhang gesondert anzugeben. Ist der Nennbetrag niedriger als der Auszahlungsbetrag oder die Anschaffungskosten, so darf der Unterschiedsbetrag in den Rechnungsabgrenzungsposten auf der Aktivseite aufgenommen werden; er ist planmäßig aufzulösen und in seiner jeweiligen Höhe in der Bilanz oder im Anhang gesondert anzugeben.

§ 340f [Vorsorge für allgemeine Bankrisiken]

(1) **Kreditinstitute dürfen Forderungen an Kreditinstitute und Kunden, Schuldverschreibungen und andere festverzinsliche Wertpapiere sowie Aktien und andere nicht festverzinsliche Wertpapiere,** die **weder** wie **Anlagevermögen** behandelt werden **noch** Teil des **Handelsbestands sind, mit einem niedrigeren als dem nach § 253 Abs. 1 Satz 1, Abs. 3 vorgeschriebenen oder zugelassenen Wert ansetzen,** soweit dies nach vernünftiger kaufmännischer Beurteilung **zur Sicherung gegen die besonderen Risiken des Geschäftszweigs der Kreditinstitute notwendig ist.** Der **Betrag** der auf diese Weise gebildeten Vorsorgereserven **darf vier vom Hundert des Gesamtbetrags der in Satz 1 bezeichneten Vermögensgegenstände,** der sich bei deren Bewertung nach § 253 Abs. 1 Satz 1, Abs. 3 ergibt, **nicht übersteigen.**

(2) Ein **niedrigerer Wertansatz** nach Absatz 1 **darf beibehalten** werden; **§ 280 ist** auf die in Absatz 1 bezeichneten Vermögensgegenstände **nicht anzuwenden.** In der Bilanz oder im Anhang brauchen die in § 281 Abs. 1 Satz 2, Abs. 2 verlangten Angaben und Aufgliederungen nicht gemacht zu werden, soweit Satz 1 angewendet wird.

(3) **Aufwendungen und Erträge** aus der Anwendung von Absatz 1 **und** aus Geschäften mit in Absatz 1 bezeichneten Wertpapieren und Aufwendungen aus Abschreibungen **sowie** Erträge aus Zuschreibungen zu diesen Wertpapieren **dürfen** mit den Aufwendungen aus Abschreibungen auf Forderungen, Zuführungen zu Rückstellungen für Eventualverbindlichkeiten und für Kreditrisiken sowie mit den Erträgen aus Zuschreibungen zu Forderungen oder aus deren Eingang nach teilweiser oder vollständiger Abschreibung und aus Auflösungen von Rückstellungen für Eventualverbindlichkeiten und für Kreditrisiken **verrechnet und** in der Gewinn- und Verlustrechnung in **einem Aufwand- oder Ertragsposten ausgewiesen werden.**

(4) Angaben über die Bildung und Auflösung von Vorsorgereserven nach Absatz 1 sowie über vorgenommene Verrechnungen nach Absatz 3 brauchen im Jahresabschluss, Lagebericht, Konzernabschluss und Konzernlagebericht nicht gemacht zu werden.

§ 340g [Sonderposten für allgemeine Bankrisiken]

(1) Kreditinstitute dürfen auf der Passivseite ihrer Bilanz zur Sicherung gegen allgemeine Bankrisiken einen Sonderposten „Fonds für allgemeine Bankrisiken“ bilden, soweit dies nach vernünftiger kaufmännischer Beurteilung wegen der besonderen Risiken des Geschäftszweigs der Kreditinstitute notwendig ist.

(2) Die Zuführungen zum Sonderposten oder die Erträge aus der Auflösung des Sonderpostens sind in der Gewinn- und Verlustrechnung gesondert auszuweisen.

Wertansätze der Vermögensgegenstände

Vermögensgegenstände sind **höchstens** mit den Anschaffungs- oder Herstellungskosten, vermindert um Abschreibungen, anzusetzen **(Wertobergrenze)**. Ein **niedrigerer Wertansatz** ist im Rahmen vernünftiger kaufmännischer Beurteilung zulässig.

Bei **Kapitalgesellschaften** ist ein niedrigerer Ansatz im Rahmen vernünftiger kaufmännischer Beurteilung **nicht** zulässig (§ 279 Abs. 1 HGB) **(Wertuntergrenze).**

Anschaffungskosten sind die **Aufwendungen,** die geleistet werden, **um** einen **Vermögensgegenstand zu erwerben** und ihn in einen **betriebsbereiten Zustand zu versetzen,** soweit sie dem Vermögensgegenstand einzeln zugeordnet werden können. Zu ihnen gehören - außer dem um die Rabatte, Skonti oder andere Preisnachlässe geminderten Anschaffungspreis - alle Aufwendungen, die in **unmittelbarem Zusammenhang** mit dem Erwerb (z. B. Beurkundungskosten, Vermittlungsprovision, Grunderwerbsteuer, Transportkosten) **oder** der Versetzung in einen betriebsbereiten Zustand (z. B. Montagekosten) stehen, soweit sie dem Wirtschaftsgut einzeln zugeordnet werden können. **Finanzierungskosten** gehören grundsätzlich **nicht** zu den Anschaffungskosten. Zu den Anschaffungskosten gehören auch die Nebenkosten sowie die nachträglichen Anschaffungskosten. Anschaffungspreisminderungen sind abzusetzen (§ 255 Abs. 1 HGB).

Beispiel:

Ein Kreditinstitut kaufte im Januar einen Personenkraftwagen. Die Anschaffungskosten setzten sich wie folgt zusammen:

Listenpreis		56 600,00 €	
- Rabatt	9 %	5 094,00 €	
Zieleinkaufspreis		51 506,00 €	
- Skonto	3 %	1 545,18 €	
= Nettoeinkaufspreis		49 960,82 €	
+ USt	19 %	9 492,56 €	
Einstandspreis		59 453,38 €	59 453,38 €
Überführungskosten		305,00 €	
+ USt	19 %	57,95 €	
Bruttopreis		362,95 €	362,95 €
Sonstige Kosten			126,72 €
Zulassungsgebühr			56,95 €
Anschaffungskosten			**60 000,00 €**

Aufgaben:

77.A Die Volksbank Hechingen eG kauft im März für eine Zweigstelle einen Geldwechselautomaten. Listenpreis 6 000,00 €. Der Lieferant gewährt 10% Rabatt und 3% Skonto. USt 19%. Die Montagekosten betragen 350,00 € zuzüglich 19% USt. Nutzungsdauer 7 Jahre. Die Rechnungen wurden so bezahlt, dass alle Rabatte genutzt wurden.

Wie hoch sind die Anschaffungskosten?

77.B Die Handelsbank AG kauft für eine Filiale im Juni ein Geldzählgerät. Listenpreis 5 000,00 €. Der Lieferant gewährt 12% Rabatt und 2% Skonto. USt 19%. Die Montagekosten betragen 250,00 € zuzüglich 19% USt. Nutzungsdauer 7 Jahre. Die Rechnungen wurden innerhalb der Skontofrist bezahlt.

Wie hoch sind die Anschaffungskosten?

Vermögensgegenstände des Anlagevermögens

➡ Planmäßige Abschreibungen

Die **Vermögensgegenstände** sind für den Ausweis in der Bilanz zu bewerten. Dabei sind **Wertminderungen,** die zum Beispiel durch die Abnutzung verursacht werden, als so genannte **Abschreibungen** zu berücksichtigen. Da bereits bei der Anschaffung feststeht, dass bei bestimmten Vermögensgegenständen mit regelmäßigen Wertminderungen zu rechnen ist, ist für diese ein **Abschreibungsplan** zu erstellen. Darin werden die Anschaffungs- oder Herstellungskosten mit einer zugelassenen Abschreibungsmethode auf die voraussichtliche (betriebsgewöhnliche) Nutzungsdauer des Vermögensgegenstandes verteilt. Durch den Zwang zur Aufstellung eines Abschreibungsplans erreicht der Gesetzgeber, dass eine willkürliche Verteilung der Anschaffungs- oder Herstellungskosten auf die voraussichtliche Nutzungsdauer durch den Bilanzierenden verhindert wird.

Bei **Vermögensgegenständen des Anlagevermögens** ist zu unterscheiden, ob deren **Nutzung zeitlich unbegrenzt oder begrenzt** ist. Im ersten Falle dürfen keine planmäßigen Abschreibungen vorgenommen werden.

Bei zeitlich begrenzter Nutzung sind die Anschaffungs- oder Herstellungskosten auf die Geschäftsjahre zu verteilen, in denen der Vermögensgegenstand voraussichtlich genutzt werden kann **(= planmäßige Abschreibung)** (§ 253 Abs. 2 HGB).

Beispiele für Anlagevermögen:

A. Kauf eines unbebauten Grundstücks

Grundstück,
Anschaffungswert 150 000,00 €

150 000,00 €

Nutzung unbegrenzt,
keine Abschreibung!

B. Kauf eines Pkws

Im Falle des Pkws **(Anschaffungskosten 60 000,00 €)** wird von einer Nutzungsdauer von 6 Jahren ausgegangen. Bei einer gleichmäßigen Verteilung der zu erwartenden Wertminderungen durch die Abnutzung ergibt sich der nebenstehende **Abschreibungsplan:**

Jahr	Jahres-abschreibung	Rest-buchwert
1	10 000,00 €	50 000,00 €
2	10 000,00 €	40 000,00 €
3	10 000,00 €	30 000,00 €
4	10 000,00 €	20 000,00 €
5	10 000,00 €	10 000,00 €
6	10 000,00 €	0,00 €

➥ Außerplanmäßige Abschreibungen

Wenn unvorhergesehene, also nicht planmäßige Wertminderungen der Vermögensgegenstände eingetreten sind, können **außerplanmäßige Abschreibungen** erforderlich werden. Dabei ist zu unterscheiden, ob diese Wertminderungen **voraussichtlich dauerhaft** sein werden **oder** nur als **vorübergehend** anzusehen sind.

<table>
<tr><th colspan="2">Voraussichtlich dauernde Wertminderung</th><th colspan="2">Vorübergehende Wertminderung</th></tr>
<tr><td>Handelsbilanz
↓
Abschreibung auf den niedrigeren Wert zwingend vorgeschrieben (strenges Niederstwertprinzip)</td><td>Steuerbilanz
↓
Abschreibung auf den niedrigeren Teilwert möglich (Abschreibungswahlrecht)</td><td>Handelsbilanz
↓
Abschreibung auf den niedrigeren Wert möglich (gemildertes Niederstwertprinzip)</td><td>Steuerbilanz
↓
Abschreibung auf den niedrigeren Teilwert ausgeschlossen</td></tr>
<tr><td colspan="2">Es ist der Maßgeblichkeitsgrundsatz Handelsbilanz = Steuerbilanz zu beachten.
Daraus ergibt sich auch steuerrechtlich eine Abschreibungspflicht.</td><td colspan="2">Der Maßgeblichkeitsgrundsatz ist nicht anwendbar. Es kann dazu kommen, dass Handelsbilanz ≠ Steuerbilanz.</td></tr>
<tr><td colspan="2">Beispiel: Ein Pkw wird durch einen Unfall sehr stark beschädigt.</td><td colspan="2">Beispiel: Bei festverzinslichen Wertpapieren des Anlagevermögens, die zum Kurs von 100 % erworben wurden, kommt es wegen steigender Zinsen am Kapitalmarkt zu einem Kursrückgang.</td></tr>
</table>

Eine **dauernde Wertminderung** liegt im Handelsrecht vor, wenn der Wert des Vermögensgegenstandes den Wert nach Abzug planmäßiger Abschreibungen während eines erheblichen Teils der Restnutzungsdauer nicht erreicht.

Im **Steuerrecht** kann bei Wirtschaftsgütern des **abnutzbaren Anlagevermögens** von einer dauernden Wertminderung ausgegangen werden, wenn der **Wert des jeweiligen Wirtschaftsguts zum Bilanzstichtag mindestens für die halbe Restnutzungsdauer unter dem planmäßigen Restbuchwert liegt.** Die Restnutzungsdauer wird grundsätzlich nach den amtlichen AfA-Tabellen bestimmt.

Vermögensgegenstände des Umlaufvermögens

Vermögensgegenstände des Umlaufvermögens sind grundsätzlich nach dem **Niederstwertprinzip** zu bewerten. Dazu ist ein **Vergleich** der **Anschaffungs- oder Herstellungskosten** mit dem **Börsen- oder Marktpreis** der Vermögensgegenstände am **Bilanzstichtag** vorzunehmen. Der niedrigere der beiden Werte ist für die Bewertung des Vermögensgegenstandes am Bilanzstichtag heranzuziehen.

Ein noch niedrigerer Wertansatz ist möglich, wenn dieser

- bei vernünftiger kaufmännischer Beurteilung notwendig ist, um zu verhindern, dass in der nächsten Zukunft (etwa innerhalb der nächsten zwei Jahre) wegen Wertminderung geändert werden muss **oder**
- für Zwecke der Steuern vom Einkommen und vom Ertrag für zulässig gehalten wird.

Durch diese Regelung soll die Bilanzklarheit erhöht werden.

Da die Nutzungsdauer der Vermögensgegenstände des Umlaufvermögens unter einem Jahr liegt, gibt es **keine planmäßigen Abschreibungen.**

➥ Außerplanmäßige Abschreibungen

Bei Vermögensgegenständen des **Umlaufvermögens** ist von einer **dauerhaften Wertminderung** auszugehen, wenn die am Bilanzstichtag bestehende **Wertminderung bis zum Zeitpunkt der Aufstellung der Bilanz anhält.** Es sind daher Marktentwicklungen wie z. B. Kursschwankungen vom Bilanzstichtag bis zum Zeitpunkt der Aufstellung der Bilanz zu berücksichtigen.

Voraussichtlich dauernde Wertminderung		Vorübergehende Wertminderung	
Handelsbilanz	Steuerbilanz	Handelsbilanz	Steuerbilanz
↓ **Abschreibung auf den niedrigeren Wert zwingend vorgeschrieben** (strenges Niederstwertprinzip)	↓ **Abschreibung auf den niedrigeren Teilwert möglich**	↓ **Abschreibung auf den niedrigeren Wert zwingend vorgeschrieben** (strenges Niederstwertprinzip)	↓ **Abschreibung auf den niedrigeren Teilwert ausgeschlossen**
Es ist der Maßgeblichkeitsgrundsatz Handelsbilanz = Steuerbilanz zu beachten.		**Der Maßgeblichkeitsgrundsatz ist nicht anwendbar. Es gilt immer: Handelsbilanz ≠ Steuerbilanz.**	
Beispiel: Eine am Bilanzstichtag noch als einwandfrei zu beurteilende Forderung gegen einen Kunden wird Anfang Februar des nächsten Geschäftsjahres notleidend.		**Beispiel:** Eine dem Umlaufvermögen zugeordnetes Wertpapier, das zum Preis von 100 % erworben wurde, hat am Bilanzstichtag einen Preis von 98,5 %. Im Zeitraum vom Bilanzstichtag bis zur Aufstellung der Bilanz schwankte der Kurs zwischen 90 % und 100,5 %. **Wertansätze:** Handelsbilanz: 98,5 % Steuerbilanz: 100 %, da keine dauerhafte Wertminderung vorliegt.	

Wertansätze der Schulden

Für die Wertansätze der Schulden gelten nach § 253 Abs. 1 HGB folgende Regelungen:

Schuldenart		**Wertansatz**
Verbindlichkeiten	→	Rückzahlungsbetrag
Rentenverpflichtungen, für die eine Gegenleistung nicht mehr zu erwarten ist	→	Barwert
Rückstellungen	→	Nur in Höhe des Betrages, der nach vernünftiger kaufmännischer Beurteilung notwendig ist.

Schuldenart		Wertansatz
Eigenkapital bei Kapitalgesellschaften (§ 283 HGB)	→	Gezeichnetes Kapital zum Nennbetrag. Fehlt ein Nennbetrag, so ist der eingezahlte oder einzuzahlende Betrag anzusetzen. Bei Sacheinlagen der Betrag, zu dem sie geleistet worden sind.

Wertaufholungsgebot

Wurde bei einem Vermögensgegenstand eine Abschreibung nach § 253 Abs. 2 Satz 3 oder Abs. 3 HGB oder § 254 Satz 1 HGB vorgenommen **und** stellt sich in einem späteren Geschäftsjahr heraus, dass die Gründe dafür nicht mehr bestehen, so ist bei Kapitalgesellschaften der Betrag dieser Abschreibung im **Umfang der Werterhöhung** unter Berücksichtigung der Abschreibungen, die inzwischen vorzunehmen gewesen wären, **zuzuschreiben** (§ 280 HGB). Von der Zuschreibung darf nur abgesehen werden, wenn der niedrigere Wertansatz steuerlich zulässig ist (§ 280 Abs. 2 HGB). Das Steuerrecht lässt die Wertbeibehaltung nicht zu.

<table>
<tr><th colspan="3">Wertaufholungsgebot (Handelsbilanz)
(bei Kreditinstituten)</th></tr>
<tr><td colspan="3">Es wurden Abschreibungen auf den niedrigeren beizulegenden Wert (§ 253 Abs. 2 und 3 HGB) vorgenommen.
↓
Sind die Gründe für den niedrigeren Wertansatz später entfallen?</td></tr>
<tr><td>nein</td><td colspan="2">ja</td></tr>
<tr><td rowspan="3">Kein Handlungsbedarf.</td><td colspan="2">Liegen Vermögensgegenstände nach § 340f Abs. 1 HGB (Forderungen, Wertpapiere der Liquiditätsreserve) vor?</td></tr>
<tr><td>nein</td><td>ja</td></tr>
<tr><td>Wertaufholung nach § 280 HGB zwingend.</td><td>Wertaufholung nach § 340f Abs. 2 HGB nicht erforderlich.</td></tr>
</table>

Bei **Kreditinstituten** darf ein **niedrigerer Wertansatz** bei den Vermögensgegenständen, für die eine **Vorsorge für allgemeine Bankrisiken** nach § 340f HGB gebildet wurde, entgegen der Vorschrift des § 280 HGB **beibehalten** werden.

Steuerrechtliche Abschreibungen

Um dem **Grundsatz der Maßgeblichkeit der Handelsbilanz für die Steuerbilanz** zu genügen, dürfen in der Handelsbilanz Vermögensgegenstände des Anlage- oder Umlaufvermögens auch mit dem niedrigeren Wert angesetzt werden, der auf einer nur steuerrechtlich zulässigen Abschreibung beruht (§ 254 HGB).

Kapitalgesellschaften dürfen die sich ergebende Bewertungsdifferenz auch in den Sonderposten mit Rücklagenanteil einstellen.

Kreditinstitute brauchen weder in der Bilanz noch im Anhang anzugeben, nach welcher Rechtsgrundlage und in welchem Betrag nach steuerrechtlichen Vorschriften Abschreibungen, Wertberichtigungen und Rücklagen gebildet wurden.

Aufgaben:

77.C In welchen Fällen sind handelsrechtlich **planmäßige Abschreibungen** auf Vermögensgegenstände erforderlich? Begründen Sie Ihre Antwort!

a) Ein KI erwirbt im Januar ein Grundstück, auf dem eine Filiale errichtet werden soll.
b) Ein KI kauft einen Container für eine mobile Zweigstelle.
c) Ein Kunde nimmt ein Darlehen in Anspruch. Laufzeit 5 Jahre.
d) Ein KI erwirbt eine Beteiligung an einer Rechenzentrale.
e) Bei dem unter a) erworbenen Grundstück wird im Dezember des Anschaffungsjahres eine Kontamination durch Chemieabfälle festgestellt.
f) Ein KI baut eine Briefabholanlage ein.

77.D Die Handelsbank AG hat im letzten Geschäftsjahr Abschreibungen nach § 253 Abs. 2 und 3 HGB vorgenommen. Entscheiden Sie, in welchen Fällen die Handelsbank AG im folgenden Geschäftsjahr eine Wertaufholung nach Handelsrecht vornehmen muss!

a) Wegen neuer Bauvorschriften wurde ein Grundstück mit der Hälfte der Anschaffungskosten bewertet. Jetzt wurden die Bauvorschriften wieder auf den vorherigen Rechtsstand geändert.
b) Eine Forderung wurde nach § 340 f niedriger als nach § 253 vorgeschrieben gewertet. Jetzt bestehen keine Zweifel an der Bonität des Schuldners mehr.
c) Ein Wertpapier des Anlagevermögens wurde wegen eines dauerhaften Kurseinbruchs niedriger bewertet. Seit einem halben Jahr ist das ursprüngliche Kursniveau dieses Wertpapiers wieder erreicht.
d) Wegen technischer Neuerungen wurde ein Beleglesegerät, das ursprünglich noch vier Jahre genutzt werden sollte, im vergangenen Jahr als wertlos angesetzt.

8.3.2 Steuerrechtliche Bewertungsvorschriften

Als **gesetzliche Grundlage** für alle öffentlich-rechtlichen Abgaben, die durch Bundesrecht geregelt sind, gelten die allgemeinen Bewertungsvorschriften des **Bewertungsgesetzes.**

Für die Wertansätze kommen dem **gemeinen Wert** und dem **Teilwert** größte Bedeutung zu.

Wertansätze

Gemeiner Wert

ist grundsätzlich bei Bewertungen zugrunde zu legen.

Er wird durch den Preis bestimmt, der im gewöhnlichen Geschäftsverkehr nach der Beschaffenheit des Wirtschaftsgutes bei einer Veräußerung zu erzielen wäre (§ 9 BewG).

Dieser Wert entspricht dem am freien Markt erzielbaren Kaufpreis.

Teilwert

Wirtschaftsgüter, die einem Unternehmen dienen, sind in der Regel mit dem Teilwert anzusetzen. Teilwert ist der Betrag, den ein Erwerber des ganzen Unternehmens im Rahmen des Gesamtkaufpreises für das einzelne Wirtschaftsgut ansetzen würde. Dabei ist davon auszugehen, dass der Erwerber das Unternehmen fortführt (§ 10 BewG).

Der Teilwert ist maßgebend für die Bewertung des **beweglichen Anlage- und Umlaufvermögens.**

Wertansätze in der Steuerbilanz

Nach § 4 Abs. 1 EStG wird der steuerpflichtige Gewinn wie folgt ermittelt:

	Betriebsvermögen am Ende des laufenden Wirtschaftsjahres
–	Betriebsvermögen am Ende des vorangegangenen Wirtschaftsjahres
+	Wert der Entnahmen
–	Wert der Einlagen
=	Gewinn

8 Schuster - ISBN 978-3-8120-0194-6

Bei diesem **Betriebsvermögensvergleich** wird deutlich, dass der Bewertung des Betriebsvermögens eine große Bedeutung zukommt.

Als **Betriebsvermögen** ist das Vermögen des Gewerbetreibenden anzusetzen, das nach den handelsrechtlichen Grundsätzen ordnungsmäßiger Buchführung auszuweisen ist. Dies ist der **Grundsatz der Maßgeblichkeit der Handelsbilanz für die Steuerbilanz** (§ 5 Abs. 1 EStG). Daraus folgt, dass formal die Steuerbilanz aus der Handelsbilanz abgeleitet wird. Allerdings beeinflusst die Steuerbilanz häufig die Handelsbilanz, z. B. durch günstigere Abschreibungsmöglichkeiten. Hier gilt der **umgekehrte Maßgeblichkeitsgrundsatz**, d. h., die Steuerbilanzwerte sind maßgeblich für die Handelsbilanz (§ 6 Abs. 3 EStG).

Bei den Bewertungsgrundsätzen des Steuerrechts sind teilweise Wahlmöglichkeiten eingeräumt. Folgende Übersicht zeigt die wichtigsten Bewertungsgrundsätze.

Bewertungsgrundsätze (§ 6 EStG)		
	Grundsätzlicher Wertansatz	Wahlmöglichkeiten
Anlagevermögen - abnutzbares	Anschaffungs- oder Herstellungskosten - AfA[1]	Ist der Teilwert aufgrund einer voraussichtlich dauernden Wertminderung niedriger, so kann dieser angesetzt werden.
- geringwertige bewegliche Gegenstände	s. o.	Sofortige Vollabschreibung, wenn der Anschaffungswert (**ausschließlich** der Vorsteuer) 410,00 € nicht übersteigt.
- nicht abnutzbares (Grund und Boden, Beteiligungen)	Anschaffungs- oder Herstellungskosten	Ist der Teilwert aufgrund einer voraussichtlich **dauernden** Wertminderung niedriger, so kann dieser angesetzt werden.
Umlauf-(Vorrats-)**vermögen**	Anschaffungs- oder Herstellungskosten	Ist der Teilwert aufgrund einer voraussichtlich **dauernden** Wertminderung niedriger, so kann dieser angesetzt werden.
Verbindlichkeiten	wie Umlaufvermögen unter Abzinsung mit einem Zinssatz von 5,5 %	Teilwert, wenn dieser dauerhaft **höher** ist als die Anschaffungskosten (Höchstwertprinzip). Ausgenommen von der Abzinsung sind Verbindlichkeiten, deren Laufzeit am Bilanzstichtag weniger als 12 Monate beträgt, und Verbindlichkeiten, die verzinslich sind oder auf einer Anzahlung oder Vorausleistung beruhen.

Im Einkommensteuerrecht (§ 7 EStG) werden folgende Abschreibungen unterschieden:

- Absetzung für Abnutzung oder Substanzverringerung,
- Absetzung für außergewöhnliche Abnutzung,
- Sonderabschreibung,
- Teilwertabschreibung.

Den planmäßigen Abschreibungen nach § 253 HGB ist die Absetzung für Abnutzung oder Substanzverringerung vergleichbar.

Die folgenden Ausführungen zur Bewertung gehen von den **handelsrechtlichen Bewertungsvorschriften** aus.

1 AfA = Absetzung für Abnutzung.

Auf einen Blick:

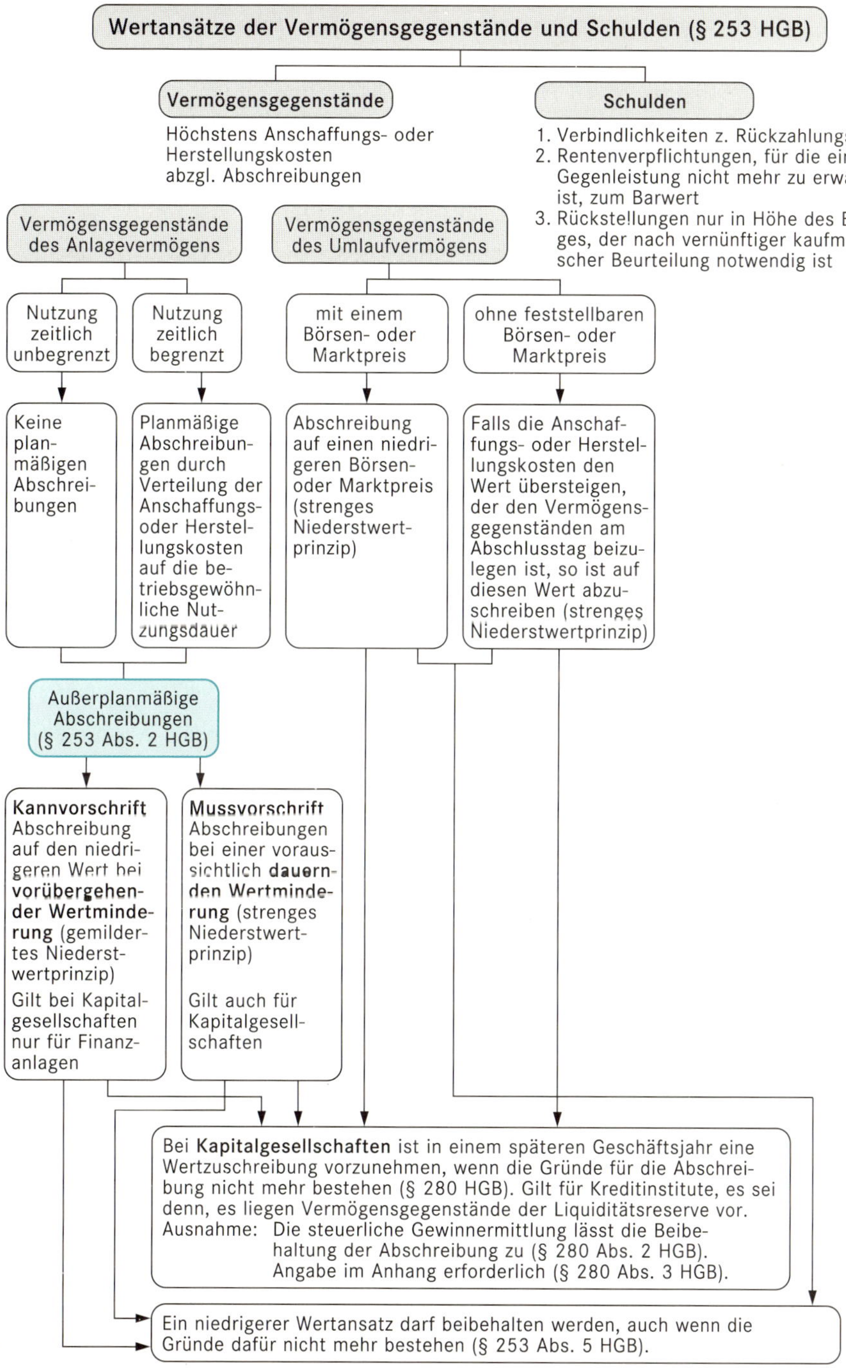

Aufgaben:

78. Bei der Bewertung ist von der Fortführung der Unternehmenstätigkeit auszugehen. Welcher Grundsatz ist dadurch angesprochen?

1. Grundsatz des Bilanzzusammenhangs.
2. Grundsatz des going-concern.
3. Grundsatz der Bewertungsstetigkeit. ☐
4. Grundsatz der Vorsicht.
5. Imparitätsprinzip.

79. Prüfen Sie, welche Angaben zur Bewertung in der Handelsbilanz richtig wiedergegeben sind!

1. Für Vermögensgegenstände des Anlagevermögens gilt grundsätzlich das gemilderte Niederstwertprinzip.
2. Bei voraussichtlich dauernder Wertminderung können Vermögensgegenstände des Umlaufvermögens abgeschrieben werden.
3. Vermögensgegenstände des Anlagevermögens sind planmäßig abzuschreiben, wenn deren Nutzung zeitlich begrenzt ist. ☐
4. Bei Vermögensgegenständen des Umlaufvermögens sind Abschreibungen vorzunehmen, um diese mit einem niedrigeren Wert anzusetzen, der sich aus einem Börsenwert am Bilanzstichtag ergibt. ☐
5. Fremdkapitalzinsen für die zu finanzierenden Vermögensgegenstände des Anlagevermögens sind bei den Anschaffungs- und Herstellungskosten zu berücksichtigen.
6. Kreditinstitute brauchen das Wertaufholungsgebot nicht zu beachten.

8.4 Bewertung der Betriebs- und Geschäftsausstattung und Wertminderungen buchen

Problemstellung:	Ein Kreditinstitut kauft im Januar ein Geldsortiergerät für 5 751,26 € + 19 % USt 1 092,74 € = 6 844,00 €.
Arbeitsaufträge:	Mit welchem Wert ist dieses Anlagegut am Jahresende zu bilanzieren? Wie sind die Abschreibungen zu buchen?

Informationen

8.4.1 Mit welchem Wert sind bewegliche Anlagegüter zu bilanzieren?

Ermittlung der planmäßigen Abschreibungen

Das **Geldsortiergerät** ist eine **Sachanlage** mit zeitlich begrenzter Nutzung. Es ist mit den **Anschaffungskosten, vermindert um planmäßige Abschreibungen, zu bewerten.** Die Anschaffungskosten betrugen 6 844,00 €.

Die voraussichtliche Wertminderung dieses Anlagegegenstandes durch natürliche Veralterung und die Abnutzung ist in einem **besonderen Abschreibungsplan** zu erfassen.

Um die Höhe der **planmäßigen Abschreibungen** zu ermitteln, müssen bekannt sein:

- die **Anschaffungskosten** (Kaufpreis zuzüglich Bezugskosten, Kosten der Aufstellung, Prüfung und Abnahme, evtl. Zulassungsgebühren sowie die nicht abzugsfähige Vorsteuer; Skonti und Rabatte mindern die Anschaffungskosten),
- die **Abschreibungsmethode,** d. h. das Rechenverfahren zur Ermittlung der jährlichen Abschreibungsrate,
- die **betriebsgewöhnliche Nutzungsdauer,** d. h. die Zeit, während der das Anlagegut voraussichtlich genutzt werden kann.

Die Kreditinstitute orientieren sich bei der Schätzung der betriebsgewöhnlichen Nutzungsdauer (ND) an den vom Bundesfinanzministerium veröffentlichten AfA-Tabellen. Dort werden z. B. folgende Nutzungsdauern in Jahren festgelegt:

Anlagegüter	Nutzungsdauer in Jahren
Personenkraftwagen und Kombiwagen	6
Adressiermaschinen	8
Geldsortiergeräte	7
Großrechner	7
Personalcomputer	3
Büromöbel	13

Die Bemessung der jährlichen Abschreibung kann nach **zeitabhängigen oder leistungsabhängigen** Abschreibungsmethoden erfolgen.

Die **leistungsabhängige Abschreibung** geht von dem gesamten Leistungsvermögen eines Wirtschaftsgutes aus und schreibt nach Maßgabe der jährlichen Teilinanspruchnahme ab, z. B. durch km-Leistung bei Kraftfahrzeugen. Für **Kreditinstitute** sind leistungsabhängige Abschreibungen ohne Bedeutung.

Bei den **zeitabhängigen Abschreibungen** wird die jährliche Abschreibung durch die Verteilung der Abschreibungssumme auf die Dauer der betriebsgewöhnlichen Nutzungsdauer berechnet.

Im **Jahr der Anschaffung oder Herstellung** des Wirtschaftsguts **vermindert sich für dieses Jahr der Absetzungsbetrag um jeweils ein Zwölftel für jeden vollen Monat,** der dem Monat der Anschaffung oder Herstellung vorangeht. Das bedeutet, dass z. B. ein im **März** angeschafftes Wirtschaftsgut nur mit 10/12 der Jahresabschreibung abgeschrieben werden darf.

Für die Ermittlung der planmäßigen Abschreibung können verschiedene **Methoden** eingesetzt werden.

Kreditinstitute berechnen die jährlichen Abschreibungen entweder nach der **linearen** oder **degressiven Methode.**

Lineare Abschreibungsmethode

Werden die Anschaffungs- oder Herstellungskosten eines Wirtschaftsgutes jährlich mit einem Betrag abgeschrieben, der bei gleichmäßiger Verteilung der Kosten auf die erfahrungsgemäße Nutzungsdauer auf ein Jahr entfällt, bezeichnet man diese Abschreibungsform als **lineare** (gleichmäßige) Abschreibung.

Der **jährliche Abschreibungsbetrag** lässt sich ermitteln:

a) **ohne Berücksichtigung eines Restverkaufswertes**

$$\text{jährlicher Abschreibungsbetrag} = \frac{\text{Anschaffungskosten}}{\text{Betriebsgewöhnliche Nutzungsdauer}}$$

b) **mit Berücksichtigung eines Restverkaufswertes**

$$\text{jährlicher Abschreibungsbetrag} = \frac{\text{Anschaffungskosten} - \text{Restverkaufswert}}{\text{Betriebsgewöhnliche Nutzungsdauer}}$$

Die lineare Abschreibungsmethode ist für sämtliche Wirtschaftsgüter anwendbar.

Beispiel:

Für das angeschaffte Geldsortiergerät ergibt sich bei linearer Abschreibung folgender **Abschreibungsplan:**

Geldsortiergerät	Angeschafft 4. Jan. 20..	
Anschaffungswert	6 844,00 €	
Abschreibungssatz v. H.		
Betriebsgewöhnliche Nutzungsdauer	7 Jahre	
Anschaffungsmonat		
Abschreibungsmethode:	linear	
Jahr	Jahres-AfA	Restbuchwert
1	977,71 €	5 866,29 €
2	977,71 €	4 888,57 €
3	977,71 €	3 910,86 €
4	977,71 €	2 933,14 €
5	977,71 €	1 955,43 €
6	977,71 €	977,71 €
7	977,71 €	0,00 €

Degressive Abschreibungsmethode

Die degressive Abschreibung ist eine Abschreibung mit fallenden Abschreibungsbeträgen. Anwendung findet die **geometrisch degressive Abschreibung.**

Bei dieser Methode wird jährlich ein gleich bleibender Abschreibungssatz (p) vom **Restbuchwert** abgeschrieben.

Der **jährliche Abschreibungssatz** bei geometrisch-degressiver Abschreibung beträgt das **Zweifache** des linearen Satzes, **maximal** aber **20 %.**[1]

$$\text{Abschreibungssatz} = \frac{100\,\%}{ND} \cdot 2, \text{ aber max. } 20\,\%$$

1 Bei beweglichen Wirtschaftsgütern des Anlagevermögens, die nach dem 31. Dezember 2005 und vor dem 1. Januar 2008 angeschafft oder hergestellt worden sind, darf der anzuwendende Hundertsatz höchstens das Dreifache des bei der Absetzung für Abnutzung in gleichen Jahresbeträgen in Betracht kommenden Hundertsatzes betragen und 30 von Hundert nicht übersteigen.

Unter Beachtung dieser Bedingung ergeben sich bei einer Nutzungsdauer bis zu 20 Jahren folgende Höchstsätze:

Höchstsätze der degressiven Absetzung in v. H.											
Nutzungsdauer (Jahre)	5-10	11	12	13	14	15	16	17	18	19	20
Abschreibungssatz	20	18,18	16,67	15,38	14,28	13,33	12,50	11,76	11,11	10,53	10,00

Die **degressive Abschreibung** ist steuerrechtlich nur bei **beweglichen Wirtschaftsgütern** des Anlagevermögens anwendbar.

Beispiel: Abschreibungsplan bei geometrisch-degressiver AfA

Geldsortiergerät	Angeschafft 4. Jan. 20..	
Anschaffungswert	6 844,00 €	
Abschreibungssatz v. H.	20%	
Betriebsgewöhnliche Nutzungsdauer	7 Jahre	
Anschaffungsmonat		
Abschreibungsmethode:	geometrisch-degressiv	
Jahr	Jahres-AfA	Restbuchwert
1	1 368,80 €	5 475,20 €
2	1 095,04 €	4 380,16 €
3	876,03 €	3 504,13 €
4	700,83 €	2 803,30 €
5	560,66 €	2 242,64 €
6	448,53 €	1 794,11 €
7	358,82 €	1 435,29 €

Die Anwendung der geometrisch-degressiven Abschreibung in dieser Form hätte zur Folge, dass im letzten Wirtschaftsjahr neben der mit 20% vom Restbuchwert errechneten Jahresabschreibung noch zusätzlich der Restbuchwert als Aufwand ausgebucht werden müsste.

Um dies zu vermeiden, lässt das Finanzamt einen Wechsel der Abschreibungsmethode unter bestimmten Bedingungen zu.

Wechsel der AfA-Methode

Der **Wechsel** von der **degressiven** zur **linearen AfA** ist zulässig, **nicht** aber umgekehrt. Beim Wechsel von der degressiven zur linearen AfA wird letztere vom Zeitpunkt des Wechsels an nach dem Restbuchwert und der Restnutzungsdauer berechnet.

Betriebswirtschaftlich sinnvoll ist es, den **Übergang** dann vorzunehmen, **wenn die jährliche Abschreibungsrate nach der degressiven AfA geringer ist als die Abschreibungsrate, die sich nach der linearen AfA** ergibt.

Ein Übergang von der degressiven zur linearen AfA ist auch dann vorteilhaft, wenn eine **außergewöhnliche AfA** beabsichtigt ist, da diese nur in der Periode der linearen AfA zulässig ist.

Für die **Ausgangssituation** ergibt sich dann der folgende Abschreibungsplan:

Beispiel: Abschreibungsplan bei geometrisch-degressiver AfA mit Übergang zu linearer AfA

Geldsortiergerät	Angeschafft 4. Jan. 20..	
Anschaffungswert	6 844,00 €	
Abschreibungssatz v. H.	20 %	
Betriebsgewöhnliche Nutzungsdauer	7 Jahre	
Anschaffungsmonat		
Abschreibungsmethode:	geometrisch-degressiv	
Jahr	Jahres-AfA	Restbuchwert
1	1 368,80 €	5 475,20 €
2	1 095,04 €	4 380,16 €
3	876,03 €	3 504,13 €
4	876,03 €	2 628,10 €
5	876,03 €	1 752,06 €
6	876,03 €	876,03 €
7	876,03 €	0,00 €

← **Nach dem 2. Geschäftsjahr Übergang zur linearen AfA***

* Beim Übergang zur linearen AfA ergeben sich die jährlichen Abschreibungsraten aus $\frac{\text{Restbuchwert}}{\text{Restliche Nutzungsdauer}}$.

8.4.2 Wie sind Abschreibungen zu buchen?

In der Finanzbuchhaltung werden die **planmäßigen Abschreibungen** auf dem *Erfolgskonto*

„Abschreibungen auf Sachanlagen"

im *Soll* erfasst. Die *Gegenbuchung* führt **direkt** auf den jeweiligen Anlagekonten zu einer Bestandsminderung.

Außerplanmäßige Abschreibungen können auf einem Aufwandskonto „außerplanmäßige Abschreibungen auf Sachanlagen" gebucht werden.[1]

Im **Grundbuch** ergibt sich für das *Geldsortiergerät* bei **linearer Abschreibung** am Ende des 1. Geschäftsjahres diese Buchung:

Nr.	Buchungssatz	Soll €	Haben €
1	Abschr. a. Sachanlagen an BGA	977,71	977,71

Hauptbuch

S	BGA		H
AW	6 844,00	Abschr. a. Sachanl.	977,71
		SBK	5 866,29

S	Abschreibungen auf Sachanlagen		H
BGA	977,71	GuV	977,71

S	GuV		H
Abschr. a. Sachanl.	977,71		

S	SBK		H
BGA	5 866,29		

A	Schlussbilanz		P
	5 866,29		

1 In der Kostenrechnung werden außerplanmäßige Abschreibungen als neutrale Aufwendungen erfasst.

8.4.3 Wie werden geringwertige Wirtschaftsgüter gebucht?

Problemstellung:	Ein Kreditinstitut kauft von einem KK-Kunden einen Schreibtisch für 389,92 € + 19 % MWSt 74,08 €.
Arbeitsauftrag:	Wie ist zu buchen?

Da die **Anschaffungskosten** dieses beweglichen Wirtschaftsgutes **410,00 € nicht übersteigen,** handelt es sich um ein **geringwertiges Wirtschaftsgut.** Bei der Feststellung der 410,00 €-Grenze werden Umsatzsteuer- bzw. Vorsteuerbeträge nicht berücksichtigt.

Geringwertige Wirtschaftsgüter **können** im Jahr der Anschaffung voll abgeschrieben werden.

Geringwertige Wirtschaftsgüter, deren Anschaffungswert (ohne Umsatzsteuer) über 60,00 € bis 410,00 € liegt, sind buchmäßig zu erfassen. Dies erfolgt auf dem aktiven Bestandskonto

Geringwertige Wirtschaftsgüter (GWG).

Liegt der Anschaffungswert (ohne Vorsteuer) bis 60,00 €, so kann das Wirtschaftsgut sofort über das Aufwandskonto

Allgemeine Verwaltungskosten (AVK)

gebucht werden.

Für obige *Situation* ergeben sich diese Buchungen:

Grundbuch

Nr.	Buchungssätze			Soll €	Haben €
	Kauf				
1	GWG	an	Kunden-KK	464,00	464,00
	Abschreibung am 31. 12. d. J.				
2	Abschr. a. Sachanlagen (GWG)	an	GWG	464,00	464,00

8.4.4 Wie ist beim Verkauf von gebrauchten Sachanlagen zu buchen?

Problemstellung:	Ein Kreditinstitut verkauft drei gebrauchte PCs, die ausschließlich für umsatzsteuerfreie Tätigkeiten eingesetzt waren. Alle drei PCs stehen mit jeweils 400,00 € zu Buche. Der PC A wird für 400,00 €, der PC B für 600,00 € und der PC C für 300,00 € verkauft. Die Kaufpreise werden jeweils sofort dem Kontokorrentkonto des Käufers belastet.
Arbeitsauftrag:	Wie ist jeweils zu buchen?

Beim Verkauf, der Inzahlunggabe oder der Verschrottung von gebrauchten Gegenständen der Betriebs- und Geschäftsausstattung kommt es in der Regel zu einer Abweichung zwischen dem Verkaufserlös und dem Restbuchwert.

Ist der **Verkaufspreis höher als der Restbuchwert,** dann entsteht ein **Ertrag.** Dieser ist von seiner Entstehung her als außerordentlich und periodenfremd anzusehen. Er wird deshalb auf dem **Erfolgskonto**

„Sonstige betriebliche Erträge“

erfasst.

Ist der **Verkaufspreis niedriger als der Restbuchwert,** dann entsteht ein **Aufwand.** Dieser wird auf dem **Erfolgskonto**

„Sonstige betriebliche Aufwendungen“

gebucht.

Für die drei Fälle der Problemstellung ergeben sich die folgenden Buchungen:

Grundbuch

Nr.	Buchungssätze		Soll €	Haben €
	PC A			
1	Kunden-KK	an BGA	400,00	400,00
	PC B			
2	Kunden-KK	an BGA	600,00	600,00
3	BGA	an Sonst. betriebl. Erträge	200,00	200,00
	PC C			
4	Kunden-KK	an BGA	300,00	300,00
5	Sonst. betriebl. Aufwend.	an BGA	100,00	100,00

Die Buchungen der sonstigen betrieblichen Erträge bzw. Aufwendungen brauchen erst bei der Aufstellung des Jahresabschlusses als so genannte Vorabschlussbuchungen vorgenommen werden.

Aufgaben:

80. Ein Kreditinstitut kauft im Januar einen automatischen Kassentresor (AKT) für 24 369,75 € plus 19 % USt. Nutzungsdauer 7 Jahre. Der Kaufpreis wird dem Händler auf seinem Konto gutgeschrieben. Der AKT wird ausschließlich für umsatzsteuerfreie Geschäfte benutzt.

a) Wie ist der Kauf zu buchen?

b) Erstellen Sie den Abschreibungsplan für eine lineare Abschreibung!

c) Erstellen Sie den Abschreibungsplan für geometrisch-degressive Abschreibung. Im günstigsten Jahr soll zur linearen AfA übergegangen werden! AfA 20 %!

d) Wie lautet die Buchung der Abschreibung im ersten Jahr bei geometrisch-degressiver AfA?

e) Nach dem 4. Nutzungsjahr wird der AKT für 8 500,00 € an einen Kunden verkauft. Dessen Konto wird mit dem Kaufpreis belastet.
Wie ist der Verkauf zu buchen?

81. Ein Kreditinstitut kauft im Oktober ein Ladegerät für Geldkarten für 13 650,00 € + 19 % USt. Es werden 3 % Skonto gewährt. Für die Montage des Ladegeräts entstehen Montagekosten von 292,51 € + 19 % USt.

Die Kosten werden durch Bbk-Überweisung beglichen. Der Skonto wird ausgenutzt.

a) Wie ist beim Kauf zu buchen?

b) Erstellen Sie den Abschreibungsplan für die geometrisch-degressive AfA! Betriebsgewöhnliche Nutzungsdauer 7 Jahre. Der Übergang zur linearen AfA soll im steuerlich günstigsten Jahr vorgenommen werden.

c) Buchen Sie die AfA im ersten Geschäftsjahr!

82. Die Volksbank Londorf eG kauft im Februar einen Aktenschrank für 415,00 € + 19 % USt. Der Händler gewährt 16 % Rabatt und 3 % Skonto.

a) Wie ist der Kauf zu buchen, wenn der Kaufpreis unter Ausnutzung von Skonto dem Verkäufer (er ist zugleich auch Kunde) gutgeschrieben wird?

b) Wie ist dieses Anlagegut steuerlich am günstigsten zu bewerten, wenn die betriebsgewöhnliche Nutzungsdauer 13 Jahre beträgt?

c) Wie ist am Ende des Jahres zu buchen?

83. Die Sparkasse Naumburg kauft im Januar eines Jahres einen Pkw zum Listenpreis von 52 700,00 € (netto). Der Händler gewährt einen Rabatt von 12 %.

Es fallen zusätzlich 900,00 € (netto) Überführungskosten an. Vom Händler wird zusätzlich eine Telefonanlage in den Pkw für 1 378,76 € (brutto) fest eingebaut. Die Zulassungsgebühren betragen 80,00 €. Der Fahrer tankt nach der Abholung des Pkw beim Händler für 155,00 €. Er bezahlt mit ec-Karte. Der USt-Satz beträgt 19 %. Die betriebsgewöhnliche Nutzungsdauer wird mit 6 Jahren angenommen.

a) Ermitteln Sie die Anschaffungskosten dieses Pkw, der ausschließlich für umsatzsteuerfreie Tätigkeiten eingesetzt werden soll!

b) Welcher Betrag kann am Ende des ersten Nutzungsjahres abgeschrieben werden, wenn die Sparkasse die steuerlich günstigste Abschreibungsmethode wählt? (Es stehen Erträge in ausreichendem Umfang zur Verfügung!)

c) Wie lautet die Buchung der Abschreibung am Ende des ersten Nutzungsjahres?

84. Ein Kreditinstitut kauft im März einen Pkw zum Listenpreis von 36 800,00 € zuzüglich 19 % USt. Der Lieferant gewährt einen Rabatt von 10 % und 3 % Skonto bei Zahlung innerhalb von 10 Tagen. Zusätzlich fallen 355,00 € zuzüglich 19 % USt Überführungskosten an. Außerdem sind 30,00 € Zulassungskosten und 285,77 € sonstige direkt zurechenbare Nebenkosten einschließlich USt angefallen. Es herrscht ein Kapitalmarktzinsniveau von 7,5 %.

a) Wie hoch sind die Anschaffungskosten für diesen Pkw?

b) Wie hoch ist die Abschreibungsrate für das erste Geschäftsjahr, wenn die Nutzungsdauer des Pkw mit 6 Jahren anzunehmen ist und geometrisch-degressiv abgeschrieben wird?

85. 1. Erstellen Sie jeweils ein PC-Programm zur Erstellung von Abschreibungsplänen für lineare bzw. geometrisch-degressive Abschreibung auf bewegliche Wirtschaftsgüter mit folgendem Aufbau:

	A	B	C
1	**Abschreibungen auf Anlagevermögen**		
2	Anschaffungswert	0,00 EUR	
3	Abschreibungssatz v. H.		
4	Betriebsgewöhnliche Nutzungsdauer, Jahre	1	
5	Anschaffungsmonat	1	
6	Abschreibungsmethode:	linear	
7	Jahr	Jahres-AfA	Restbuchwert
8	1	0,00 EUR	0,00 EUR
9	2	0,00 EUR	0,00 EUR
10	3	0,00 EUR	0,00 EUR
usw.	...		

2. Testen Sie Ihr Programm an den Übungsaufgaben (80 und 81)!
3. Stellen Sie den linearen und den degressiven Abschreibungsverlauf ohne Übergang zur linearen AfA und die Entwickung des Restwertes grafisch dar!

8.5 Bewertung von Forderungen

Problemstellung: Die Handelsbank AG besitzt am Ende des Geschäftsjahres Forderungen an Kunden in Höhe von 15 325 200,00 €. Darunter befinden sich:

1. Eine Forderung an den Kreditnehmer Hansen, Kto. 27 11, über 5 200,00 €. Diese wird nicht mehr eingezogen werden können, weil der Kunde trotz intensiver Bemühungen nicht mehr auffindbar ist. Sicherheiten sind nicht vorhanden.
2. Eine Forderung an die Holzbau GmbH, Kto. 34 71, über 270 000,00 €. Diese wird wahrscheinlich wegen wirtschaftlicher Schwierigkeiten und unzureichender Sicherheiten nur noch zur Hälfte zurückgezahlt werden. Weitere Forderungen gegen diesen Kunden bestehen nicht.
3. In der Vergangenheit fielen immer wieder Forderungen ganz oder teilweise aus, obwohl dies im Zeitpunkt der Erstellung des Jahresabschlusses noch nicht zu erwarten war.

Arbeitsaufträge: Bewerten Sie diese Forderungen!
Buchen Sie die Folgen, die sich aus der Bewertung ergeben!
Geben Sie an, wie Sie die bewerteten Forderungen in der Bilanz ausweisen!

8.5.1 Wie sind Forderungen zu bewerten?

Forderungen entstehen bei Kreditinstituten aus den verschiedenen Kreditgeschäften.

Die **Kredite** sind **einzeln** auf ihre **Vollwertigkeit** zu überprüfen, wobei die persönliche Bonität der Kreditnehmer und die Qualität der gestellten Sicherheiten zu berücksichtigen sind.

Für die **Bewertung** der Forderungen ist die **Einbringlichkeit** am Bilanzstichtag maßgebend.

Nach der **Bonität** lassen sich die Forderungen in drei Gruppen einteilen:

Einwandfreie Forderungen:	Bei der Beurteilung dieser Forderungen besteht **kein Zweifel** an der Rückzahlung der Forderung durch den Schuldner. Diese Forderungen sind mit ihrem **Nennwert** zu bilanzieren.
Forderungen mit Ausfallrisiko (zweifelhafte Ford.):	Bestehen **Zweifel an der vollen Rückzahlung** der Forderung, so **ist** auf den **wahrscheinlichen Wert abzuschreiben** (§ 253 Abs. 3 HGB; strenges Niederstwertprinzip).
Forderungen, deren Ausfall feststeht (uneinbringl. Ford.):	**Kredite, deren Ausfall feststeht, sind abzuschreiben.** Der Ausfall kann z. B. durch ein abgeschlossenes Insolvenzverfahren nachgewiesen werden.

8.5.2 Welche Buchungen ergeben sich aus der Bewertung?

Wertminderungen von Forderungen werden durch **Abschreibungen** erfasst. Diese Abschreibungen auf Forderungen können **direkt** oder **indirekt** gebucht werden.

8.5.2.1 Direkte Abschreibungen

Direkt werden Forderungen **abgeschrieben,** wenn ein **völliger Ausfall sicher** oder wahrscheinlich **ist.** Die **Praxis** schreibt **auch Forderungen mit Ausfallrisiko** direkt ab, wenn ihr Umfang im Verhältnis zum Geschäftsvolumen als gering anzusehen ist. Dies ist z. B. der Fall, wenn bei einem Kreditinstitut mit einer Bilanzsumme von 1 Mrd. € einzelne Forderungen in Beträgen bis 5 000,00 € oder 10 000,00 € zweifelhaft werden.

Für die **Ausgangssituation** ist die Forderung an den **Kunden Hansen direkt** abzuschreiben.

Grundbuch

Nr.	Geschäftsfall	Buchungssatz	Soll €	Haben €
1	Abschreibung der Forderung	Abschreibungen auf Forderungen an Kunden-KK	5 200,00	5 200,00

Durch diese Buchung ist die Forderung **nicht mehr** auf dem **Hauptbuchkonto Kunden-Kontokorrent** erfasst.

Solange diese Forderung der **Kreditüberwachung** unterliegt, in der Regel bis zur Verjährung, wird sie **entweder** außerhalb der Buchführung in einem Nebenbuch festgehalten **oder** sie kann mit einem Erinnerungsposten von 1,00 € auf dem Kontokorrentkonto stehen bleiben.

Geht später auf eine abgeschriebene Forderung wider Erwarten eine Zahlung ein, so wird diese auf dem **Erfolgskonto „Erträge aus abgeschriebenen Forderungen"** vereinnahmt.

Grundbuch

Nr.	Geschäftsfall	Buchungssatz	Soll €	Haben €
1	Hansen überweist nach drei Jahren 2 500,00 € auf unser Postbank Girokonto	Banken-KK an Erträge aus abgeschriebenen Forderungen	2 500,00	2 500,00

8.5.2.2 Indirekte Abschreibungen

Die **indirekte Abschreibungsmethode** wird bei der Aufstellung der **Handelsbilanz** angewendet:

1. wenn eine Einzelforderung mit einem Ausfallrisiko behaftet ist (**Einzelwertberichtigung**), oder
2. auf die **nicht** bereits einzeln wertberichtigten Forderungen wegen des **latenten Kreditrisikos,** das darin besteht, dass Kredite, die am Bilanzstichtag als nicht gefährdet angesehen wurden, trotzdem ganz oder teilweise ausfallen können (**unversteuerte Pauschalwertberichtigungen**), oder
3. wenn Kreditinstitute von ihrem Recht Gebrauch machen, für **Forderungen und „übrige" Wertpapiere** des Umlaufvermögens zusätzliche **Risikovorsorge** für die **besonderen Risiken des Geschäftszweiges zu treffen (versteuerte Pauschalwertberichtigungen / Vorsorgereserven)** nach § 340f Abs. 1 HGB.

8.5.2.2.1 Einzelwertberichtigungen

Ist eine Forderung, wie im Falle der **Holzbau GmbH** in unserer Ausgangssituation, nur teilweise abzuschreiben, so ist eine **Einzelwertberichtigung** zu bilden.

Bei der **Bestimmung des Einzelwertberichtigungsbedarfs** ist das **Gesamtkreditengagement** eines Kreditnehmers zu beurteilen. Eine konkrete Zuordnung zu den einzelnen Krediten innerhalb des Engagements ist nicht notwendig. Die **gesamte Einzelwertberichtigung** für einen Kreditnehmer darf nur von **einer betroffenen Bilanzposition** abgesetzt werden, das sind in der Regel die kurzfristigen Forderungen.

Für die **Einzelwertberichtigungen** ist ein **Nachweis** für jeden betroffenen Kunden zu führen, z. B.

Kto.-Nr.	Forderung zu Beginn des Jahres €	Bestand der Wertbericht. zu Beginn des Jahres €	Zur Ausbuchung der Forderung verw. €	Aufgelöst €	Neu gebildet €	Bestand der Wertbericht. am Ende des Jahres €	Bestand der wertbericht. Ford. am Ende des Jahres €
3471	270 000,00	0,00	0,00	0,00	135 000,00	135 000,00	270 000,00

Durch **Vergleich** des bereits **vorhandenen Bestandes an Einzelwertberichtigungen (EWB)** mit den zum **Bilanzstichtag benötigten Einzelwertberichtigungen** ergibt sich der **Zuführungsbedarf.**

In unserem **Beispiel:**	Vorhandener Bestand an EWB	0,00 €
	Benötigte EWB	135 000,00 €
	Zuführungsbedarf	135 000,00 €

Grundbuch

Nr.	Geschäftsfall	Buchungssatz	Soll €	Haben €
2	Zuführungsbedarf zu Einzelwertbericht.	Abschreib. auf Ford. an Einzelwertbericht.	135 000,00	135 000,00

Falls am Bilanzstichtag der vorhandene Bestand an EWB **größer** ist als der benötigte Bestand, so ist der Überschuss **aufzulösen.** Dies geschieht durch die **Buchung:**

EWB an Erträge aus der Auflösung von Wertberichtigungen

Beispiel:
Für eine **Forderung** von 60 000,00 €, für die eine **Einzelwertberichtigung** von 50 000,00 € gebildet ist, sind folgende **Situationen** möglich:

Nr.	Geschäftsfälle	Buchungssätze	Soll €	Haben €
a)	Die Forderung fällt aus.	EWB an Kunden-KK	50 000,00	50 000,00
		Abschreib. auf Ford. an Kunden-KK	10 000,00	10 000,00
b)	Der Schuldner überweist 10 000,00 € auf unser Bbk-Konto. Der Rest fällt aus.	Bbk an Kunden-KK	10 000,00	10 000,00
		EWB an Kunden-KK	50 000,00	50 000,00
c)	Der Schuldner überweist 15 000,00 € auf unser Bbk-Konto. Der Rest fällt aus.	Bbk an Kunden-KK	15 000,00	15 000,00
		EWB an Kunden-KK	50 000,00	45 000,00
		an Erträge aus der Aufl. von Wertbericht.		5 000,00

Die **Erträge aus der Auflösung von Wertberichtigungen** dürfen in der Gewinn- und Verlustrechnung **mit Abschreibungen auf Forderungen oder Wertpapieren kompensiert** werden (vgl. § 340f HGB).

8.5.2.2.2 Unversteuerte Pauschalwertberichtigungen für latente Kreditrisiken

Kreditinstitute müssen nach handelsrechtlichen Grundsätzen (§ 253 Abs. 3 HGB) dem latenten Risiko durch die Bildung von Pauschalwertberichtigungen Rechnung tragen. Die Angemessenheit dieser Risikovorsorge ist vom Abschlussprüfer im Prüfungsbericht zu bestätigen.

Verfahren der Ermittlung des latenten Kreditrisikos

Der Bundesminister der Finanzen hat an die **Anerkennung** von (steuerfreien) **Pauschalwertberichtigungen (PWB)** bestimmte Anforderungen gestellt.

Der Vomhundertsatz der PWB für den Bilanzstichtag ist nach den **Erfahrungen der Vergangenheit** zu bemessen. Zu seiner Berechnung ist grundsätzlich der **Durchschnitt des tatsächlichen Forderungsausfalls** für die dem Bilanzstichtag vorausgehenden **fünf Wirtschaftsjahre und** des **risikobehafteten Kreditvolumens** für die dem Bilanzstichtag vorangehenden **fünf Bilanzstichtage** zu ermitteln und ins Verhältnis zu setzen.

Ermittlung des Durchschnitts des tatsächlichen Forderungsausfalls

Wirtschaftsjahr 2001	Wirtschaftsjahr 2002	Wirtschaftsjahr 2003	Wirtschaftsjahr 2004	Wirtschaftsjahr 2005	Wirtschaftsjahr 2006
6	5	4	3	2	1

Ermittlung des durchschnittlichen risikobehafteten Kreditvolumens

Bilanzstichtage					
31.12.2001	31.12.2002	31.12.2003	31.12.2004	31.12.2005	31.12.2006
6	5	4	3	2	1

Da der tatsächliche Forderungsausfall neben dem latenten auch das bereits erkennbare (akute) Ausfallrisiko umfasst, ist zur Begrenzung auf das latente Ausfallrisiko von dem **ermittelten Durchschnitt des tatsächlichen Forderungsausfalls ein Betrag in Höhe von 40 v.H.** abzuziehen, höchstens jedoch der **Betrag der EWB am Bilanzstichtag.**

Tatsächlicher Forderungsausfall

Ein **tatsächlicher Forderungsausfall** liegt vor, wenn die **Forderung uneinbringlich** geworden ist. Der **tatsächliche Forderungsausfall** eines Wirtschaftsjahres errechnet sich wie folgt:

	Verbrauch von Einzelwertberichtigungen
+	Direktabschreibungen von Forderungen
−	Eingang abgeschriebener Forderungen
=	tatsächlicher Forderungsausfall

Risikobehaftetes Kreditvolumen

Zum risikobehafteten Kreditvolumen rechnen die **Kundenforderungen des Kreditinstituts** nach § 15 RechKredV mit **Ausnahme der Forderungen,** die

a) aus Gründen, die nicht in der Person des Schuldners liegen (z. B. Transfer- oder Devisenrisiko), wertzuberichtigen sind;

b) als **sichere Forderungen** anzusehen sind.

Zu den **sicheren Forderungen** rechnen:

- Forderungen gegen öffentlich-rechtliche Körperschaften oder sonstige Körperschaften, für die eine Gebietskörperschaft als Gewährträger haftet;
- Forderungen gegen ausländische Staaten, ausländische Gebietskörperschaften oder sonstige ausländische Körperschaften und Anstalten des öffentlichen Rechts im OECD-Bereich;
- Forderungen, die durch eine der vorstehend genannten Stellen verbürgt oder in anderer Weise gewährleistet sind;
- Forderungen, für die eine Delkredere-Versicherung durch das Kreditinstitut abgeschlossen ist;
- Vor- und Zwischenfinanzierungskredite für noch nicht zugeteilte Bauspardarlehen in Höhe der bestehenden Bausparguthaben.

Berechnungsschema des Vomhundertsatzes der PWB

Zunächst ist aus dem **durchschnittlichen Forderungsausfall** der **maßgebliche Forderungsausfall** abzuleiten; danach ist der **maßgebliche Forderungsausfall** zu dem **durchschnittlichen risikobehafteten Kreditvolumen** ins Verhältnis zu setzen.

	durchschnittlicher Forderungsausfall
–	40 v. H. des durchschnittlichen Forderungsausfalls, höchstens EWB des Bilanzstichtags
=	**maßgeblicher Forderungsausfall**

$$\text{v. H.-Satz} = \frac{\text{maßgeblicher Forderungsausfall} \cdot 100}{\text{durchschnittliches risikobehaftetes Kreditvolumen}}$$

Ermittlung der Pauschalwertberichtigung zum Bilanzstichtag

Der Vomhundertsatz der PWB für den Bilanzstichtag ist auf das risikobehaftete Kreditvolumen des Bilanzstichtags anzuwenden. Dabei sind **einzelwertberichtigte Forderungen** in **vollem Umfang** aus dem risikobehafteten Kreditvolumen auszuscheiden.

9 Schuster - ISBN 978-3-8120-0194-6

Beispiel:

1. Ermittlung des Pauschalwertberichtigungssatzes

Maßgeblicher Forderungsausfall	(6) 31.12.2001 T€	(5) 31.12.2002 T€	(4) 31.12.2003 T€	(3) 31.12.2004 T€	(2) 31.12.2005 T€	(1) 31.12.2006 T€
Direktabschreibungen auf Forderungen		120	100	130	90	70
+ Verbrauch an EWB		40	30	50	20	10
– Eingänge auf abgeschr. Ford.		5	2	6	4	2
= tatsächl. Forderungsausfall		155	128	174	106	78

$$\text{Durchschnittlicher Forderungsausfall} = \frac{\overset{(5)}{155} + \overset{(4)}{128} + \overset{(3)}{174} + \overset{(2)}{106} + \overset{(1)}{78}}{5} = 128{,}20\ \text{T€}$$

– 40% Abschlag von 128,20 T€; höchstens Betrag der EWB am Bilanzstichtag	51,28 T€
= **maßgeblicher Forderungsausfall**	**76,92 T€**

Ermittlung des risikobehafteten Kreditvolumens

Forderungen an/aus

	(6) 31.12.2001 T€	(5) 31.12.2002 T€	(4) 31.12.2003 T€	(3) 31.12.2004 T€	(2) 31.12.2005 T€	(1) 31.12.2006 T€
1 Kunden (§ 15 RechKredV)	15870	14500	13700	12500	11900	15320
2 – Öffentl.-rechtl. Körperschaften	370	490	420	390	400	420
3 – Ausländ. Staaten, Gebietskörperschaften, sonst. ausl. Körperschaften und Anstalten des öffentl. Rechts im OECD-Bereich	20	45	30	35	15	20
4 Forderungen, die durch 2 oder 3 gewährleistet (verbürgt) sind	10	15	0	0	5	5
5 Delkredereversicherte Forderungen	400	350	460	530	490	500
6 Vor- und Zwischenfinanzierungen von Bausparverträgen in Höhe der bestehenden Bausparguthaben	150	190	210	170	225	250
Risikobehaftetes Kreditvolumen	14920	13410	12580	11375	10765	14125

$$\text{Durchschnittliches risikobehaftetes Kreditvolumen} = \frac{(\overset{(6)}{14920} + \overset{(5)}{13410} + \overset{(4)}{12580} + \overset{(3)}{11375} + \overset{(2)}{10765})}{5} = 12610\ \text{T€}$$

$$\text{Pauschalwertberichtigungssatz in v.H.} = \frac{\text{Maßgeblicher Forderungsausfall} \cdot 100}{\text{durchschnittliches risikobehaftetes Kreditvolumen}}$$

$$= \frac{76920 \cdot 100}{12610000} = 0{,}61\%$$

2. Ermittlung der Pauschalwertberichtigungen zum Bilanzstichtag

Risikobehaftetes Kreditvolumen zum Bilanzstichtag	14 125 T€
– Gesamtbetrag der einzelwertberichtigten Forderungen zum Bilanzstichtag	270 T€
= Verbleibendes risikobehaftetes Kreditvolumen zum Bilanzstichtag	13 855 T€
davon 0,61 % = **Pauschalwertberichtigung**	**84,5155 T€**

Das Kreditinstitut kann eine **unversteuerte Pauschalwertberichtigung** von insgesamt **84 515,50 € bilden.** Ein Bestand aus dem Vorjahr ist zu berücksichtigen. Nur der Mehrbedarf ist neu zu bilden.

Grundbuch

Nr.	Geschäftsfall	Buchungssatz	Soll €	Haben €
3	Zuführung zur unversteuerten Pauschalwertberichtigung	Abschreib. auf Ford. an Unversteuerte Pauschalwertberichtigungen	84 515,50	84 515,50

8.5.2.2.3 Vorsorgereserven (versteuert)

Kreditinstitute dürfen **Forderungen und bestimmte „übrige“ Wertpapiere des Umlaufvermögens** in der **Handelsbilanz** mit einem niedrigeren als dem in § 253 Abs. 1 Satz 1, Abs. 3 HGB vorgeschriebenen oder zugelassenen Wert ansetzen, soweit dies **nach vernünftiger kaufmännischer Beurteilung zur Sicherung gegen die besonderen Risiken des Geschäftszweigs** der Kreditinstitute notwendig ist (§ 340f HGB).

Durch diese Regelung wird es Kreditinstituten ermöglicht, **zusätzlich** durch **Unterbewertungen** dieser Vermögenswerte **stille Reserven** zur Sicherung gegen das allgemeine Bankrisiko zu bilden, so genannte **Vorsorgereserven.** Der **Umfang** der Bildung der Vorsorgereserven ist auf maximal 4 % des Gesamtbetrages dieser Vermögensgegenstände **begrenzt.**

Die Bilanzierungsmethoden und die Bewertungsmethoden müssen Kreditinstitute nicht veröffentlichen.

Die nach § 340f HGB mögliche niedrigere Bewertung erfolgt durch die Bildung von **versteuerten Vorsorgereserven.** Bei der Ermittlung des Gewinns dürfen in der **Steuerbilanz** diese Abschreibungen **nicht** gewinnmindernd angesetzt werden.

Angenommen, das Kreditinstitut will eine Vorsorgereserve in Höhe von 43 500,00 € bilden.

Die Vorsorgereserve wird auf dem Konto **„Vorsorgereserven“** gebucht.

Grundbuch

Nr.	Geschäftsfälle	Buchungssätze	Soll €	Haben €
4	Zuführung zur Vorsorgereserve nach § 340f HGB	Abschreibungen auf Forderungen an Vorsorgereserven	43 500,00	43 500,00
5	**Abschlussbuchungen**	EWB an SBK	135 000,00	135 000,00
6		Unversteuerte Pauschalwertber. an SBK	84 515,50	84 515,50
7		Vorsorgereserven an SBK	43 500,00	43 500,00
8		GuV an Abschr. a. Ford.	268 215,50	268 215,50
9		SBK an Kunden KK	15 320 000,00	15 320 000,00

Hauptbuch

S	Kunden-KK		H
AB	15 325 200,00	1)	5 200,00
		9)	15 320 000,00

S	Einzelwertberichtigungen auf Ford.		H
5)	135 000,00	2)	135 000,00

S	Unverst. Pauschalwertberichtigungen		H
6)	84 515,50	3)	84 515,50

S	SBK		H
9)	15 320 000,00	5)	135 000,00
		6)	84 515,50
		7)	43 500,00

S	Abschreibungen auf Forderungen		H
1)	5 200,00	8)	268 215,50
2)	135 000,00		
3)	84 515,50		
4)	43 500,00		
	268 215,50		268 215,50

S	Vorsorgereserven		H
7)	43 500,00	4)	43 500,00

S	GuV		H
8)	268 215,50		

Die **Auflösung** der Vorsorgereserven erfolgt über das **Erfolgskonto „Erträge aus der Auflösung von Wertberichtigungen"**. Dieses Konto wird mit dem GuV-Konto abgeschlossen.

8.5.3 Wie sind die bewerteten Forderungen in der Bilanz auszuweisen?

Einzelwertberichtigungen, unversteuerte Pauschalwertberichtigungen und Vorsorgereserven sind von den betreffenden Aktivposten abzusetzen.[1]

Für die **Ausgangssituation** ergibt sich folgender **Bilanzausweis:**

	Forderungen an Kunden	15 320 000,00 €
	– Einzelwertberichtigungen	135 000,00 €
	– Unversteuerte Pauschalwertberichtigungen	84 515,50 €
	– Vorsorgereserven	43 500,00 €
Aktiva:	Forderungen an Kunden	15 056 984,50 €

1 Das **Bilanzrichtlinien-Gesetz** lässt in **§ 340g HGB** den *offenen Ausweis der versteuerten Vorsorgereserve* zu. Sie erscheint dann in dem **Posten Passiva Nr. 11 „Fonds für allgemeine Bankrisiken"**. Sie ist **Kernkapital.**
Vorsorgereserven nach § 340f HGB zählen zum *Ergänzungskapital.*

Auf einen Blick:

1\. **Bewertung der Forderungen**

Einzelwertberichtigungen

Forderungen, deren Ausfall feststeht (uneinbringliche Forderungen):

1. **Direkte Abschreibung** in voller Höhe
2. Kein Ausweis im Hauptbuch
3. Erfassen der Forderung im Nebenbuch

Forderung mit Ausfallrisiko (zweifelhafte Forderungen):

1. **Indirekte Abschreibung** des zweifelhaften Betrages
2. Berücksichtigen des Risikos aus dem Gesamtkreditengagement des Kreditnehmers
3. Rechtsgrundlage: § 253 Abs. 3 HGB Strenges Niederstwertprinzip

Pauschalwertberichtigungen (unversteuert)

1. Ermitteln des **latenten Kreditrisikos** des bilanzierenden Kreditinstitutes für anscheinend einbringliche Forderungen durch die Errechnung der **durchschnittlichen Ausfallquote**
2. **Indirekte Buchung** des Abschreibungsbedarfs
3. Rechtsgrundlage: § 253 Abs. 3 HGB Schreiben des Bundesministers der Finanzen vom 10. Januar 1994

Vorsorgereserven (versteuert)

1. **Zusätzliche Risikovorsorge** für die **besonderen** Risiken des Geschäftszweiges für **Forderungen und „übrige" Wertpapiere des Umlaufvermögens (Liquiditätsreserve)**
2. **Indirekte Buchung** des abzuschreibenden Betrages
3. Abschreibungsbeträge bleiben bei der Ermittlung des steuerpflichtigen Gewinns außer Betracht
4. Rechtsgrundlage: § 340f HGB
5. Vorsorgereserven, Stille Reserven, maximal 4 % des Betrages, der sich bei der Bewertung der „reservefähigen" Vermögensgegenstände nach § 253 Abs. 1 Satz 1, Abs. 3 HGB ergibt

2\. **Einzel-** und **unversteuerte Pauschalwertberichtigungen** auf Forderungen und Wertpapiere erscheinen **nicht** in der **Bilanz**. Sie sind von den betreffenden **Aktivposten abzusetzen**.
Für den **Ausweis der Vorsorgereserven** besteht ein **Wahlrecht**. Werden sie nach § 340f HGB gebildet, so sind sie als **stille Reserven** von den betreffenden Aktivposten abzusetzen. Falls ein **Sonderposten für allgemeine Bankrisiken** gemäß § 340g HGB gebildet wird, sind diese **Reserven offen** auszuweisen.

Aufgaben:

Hinweis: Auf die Rundung der Abschreibungsbeträge auf volle Währungseinheiten soll verzichtet werden.

86. Umsätze einschließlich Anfangsbestände: Kunden-KK Soll 22 500 000,00 €; Haben 21 507 900,00 €.

Der Bestand an Forderungen aus Kontokorrentkrediten lt. Inventur beträgt 7 475 600,00 €. Kreditoren lt. Inventur 6 483 500,00 €.

Darunter befinden sich folgende Forderungen:

1. Gegen Kunden A 47 300,00 €. Ungesicherter Überziehungskredit. Der Insolvenzantrag gegen den Kunden A wurde mangels Masse abgewiesen.
2. Gegen Kunden B 8 760,00 €. Das Insolvenzverfahren wurde eröffnet. Der Insolvenzplan sieht eine Quote von 40% vor.
3. Gegen Kunden C 145 900,00 €. Das Insolvenzverfahren wurde eröffnet. Das Unternehmen wird vorläufig fortgeführt. Im Insolvenzplan ist ein Verzicht von 65% vorgesehen.

a) Buchen Sie die vorbereitenden Abschlussbuchungen im Grundbuch und im Hauptbuch!

b) Schließen Sie die Konten Abschreibungen auf Forderungen, Einzelwertberichtigungen auf Forderungen und Kunden-KK ab!

c) Geben Sie den Bilanzausweis der Forderungen an Kunden an! Die Zusammenstellung erfolgt außerhalb des Systems der Doppik!

87. a) Eröffnen Sie die Konten Kunden-KK und Einzelwertberichtigungen auf Forderungen mit den Schlussbeständen aus Aufgabe 86 im Grundbuch und Hauptbuch am Beginn des nächsten Geschäftsjahres!

b) In diesem Geschäftsjahr ergeben sich folgende Geschäftsfälle:

1. Das Insolvenzverfahren gegen den Kunden B wird beendet. Die Liquidation wird eingeleitet. Voraussichtliche Quote 20%.
2. Das Insolvenzverfahren gegen den Kunden C wird beendet. Der Insolvenzverwalter überweist die Quote von 43 770,00 € auf das Bbk-Konto.
3. Bei einer Einzelvollstreckung gegen den Kunden A werden 5 200,00 € erzielt. Der Betrag wird auf unser Postbank Girokonto überwiesen.

Buchen Sie die Geschäftsfälle im Grundbuch und im Hauptbuch!

88. Am Bilanzstichtag hatte ein Kreditinstitut auf dem Hauptbuchkonto Kunden-KK folgende Bestände:

Soll		Kunden-KK	Haben
AB + Umsätze	122 514 763,00 €	AB + Umsätze	119 133 267,00 €

Der Debitorenbestand lt. Inventur betrug 3 540 000,00 €.

Es sind noch folgende Einzelwertberichtigungen auf die Forderungen aus Kontokorrentkrediten vorzunehmen:

1. Die Forderung an Kunden A über 27 400,00 € fällt voll aus.
2. Die Forderung an Kunden B über 135 900,00 € ist mit einem Ausfallrisiko von 33 $\frac{1}{3}$% behaftet.
3. Die Forderung an Kunden C über 83 400,00 € ist nur noch mit 80% anzusetzen.

a) Buchen Sie die vorbereitenden Abschlussbuchungen im Grundbuch und im Hauptbuch!

b) Schließen Sie die Konten Kunden-KK, Einzelwertberichtigungen auf Forderungen und Abschreibungen auf Forderungen ab!

c) Geben Sie den Bilanzausweis der Forderungen an Kunden an!

89. a) Eröffnen Sie für das folgende Geschäftsjahr die Konten Kunden-KK und Einzelwertberichtigungen auf Forderungen mit den Beständen des Vorjahres (siehe Aufgabe 88) im Grundbuch und Hauptbuch!

b) Buchen Sie im Grundbuch und Hauptbuch!

1. Die Forderung an den Kunden B fällt in vollem Umfang aus.
2. Die Forderung an den Kunden C ist wieder mit 100% zu bewerten.

90. Aus dem Rechnungswesen eines Kreditinstituts liegen für die letzten sechs Geschäftsjahre zum Bilanzstichtag folgende Daten vor: (1) ist das Geschäftsjahr der Bilanzerstellung.

Geschäftsjahr	(6) 31.12.2001 T€	(5) 31.12.2002 T€	(4) 31.12.2003 T€	(3) 31.12.2004 T€	(2) 31.12.2005 T€	(1) 31.12.2006 T€
Direktabschreibung auf Forderungen	25,3	29,1	32,0	41,0	34,5	35,7
Eingänge auf abgeschr. Ford.	2,4	8,2	1,9	10,4	7,6	8,1
Ford. an Kunden (§ 15 RechKredV)	8 370,0	8 724,0	8 942,2	8 850,0	9 206,0	8 920,0
Ford. an öffentl.-rechtl. Körperschaften	970,0	1 010,0	920,0	930,0	980,0	935,0
Delkredereversicherte Ford.	80,0	84,0	91,0	88,0	94,0	88,0
Einzelwertberichtigte Ford.	2 290,0	2 420,0	2 440,0	2 250,0	2 260,5	2 167,8

a) Ermitteln Sie den maßgeblichen Forderungsausfall, das durchschnittliche risikobehaftete Kreditvolumen und den Pauschalwertberichtigungssatz!
Die Einzelwertberichtigungen betragen 920,76 T€.

b) Ermitteln Sie den Betrag der Pauschalwertberichtigung für das latente Kreditrisiko!

c) Buchen Sie im Grundbuch die erforderliche Pauschalwertberichtigung für das Geschäftsjahr 1, und zwar
   ca) wenn kein Bestand an PWB aus dem Vorjahr besteht;
   cb) wenn aus dem Vorjahr ein Bestand von 20 000,00 € besteht!

d) Das Kreditinstitut bildet eine Vorsorgereserve nach § 340f HGB in Höhe von 50 000,00 €. Buchen Sie im Grundbuch!

e) Buchen Sie die Fälle ca) und d) im Hauptbuch und schließen Sie dieses ab!

f) Mit welchem Betrag ist der Forderungsbestand in der Bilanz auszuweisen, wenn die stillen Reserven nicht sichtbar sein sollen?

91. Der Bestand eines Kreditinstituts an Forderungen an Kunden beträgt **vor** Kürzungen durch Wertberichtigungen 38 650 000,00 €.

Aus den Vorjahren bestehen

1. Einzelwertberichtigungen in Höhe von 3 500 400,00 €,
2. Pauschalwertberichtigungen nach § 253 Abs. 3 HGB in Höhe von 113 925,00 € sowie
3. Vorsorgereserven nach § 340 f HGB in Höhe von 500 000,00 €.

Der Pauschalwertberichtigungssatz für latente Kreditrisiken ist mit 0,5 % anzunehmen. Im Bestand an Forderungen an Kunden befinden sich 3 245 000,00 € Forderungen, die vom Staat verbürgt werden, und 8 123 000,00 € einzelwertberichtigte Forderungen.

Es werden Einzelwertberichtigungen in Höhe von 3 827 000,00 € gebildet.

Weiterhin sollen zusätzlich 60 000,00 € in die Vorsorgereserven nach § 340 f HGB eingestellt werden.

a) Ermitteln Sie jeweils den Zuführungsbedarf zu den Einzel- und Pauschalwertberichtigungen!

b) Buchen Sie die Wertberichtigungen im Grundbuch und im Hauptbuch!

c) Schließen Sie die Wertberichtigungskonten ab!

d) Geben Sie den Bilanzausweis der Forderungen an Kunden an!

e) Buchen Sie die Eröffnung der Wertberichtigungskonten im nächsten Geschäftsjahr im Grundbuch!

f) Unter den Forderungen an Kunden befindet sich eine Forderung über 34 000,00 €, die mit 40 % einzelwertberichtigt ist. Wie wäre zu buchen, wenn
   fa) diese Forderung voll ausfällt;
   fb) nur 25 % der Forderung ausfallen und der Rest auf unser Bbk-Konto überwiesen wird;
   fc) der Schuldner den vollen Kreditbetrag auf unser Bbk-Konto überweist?

92. Über das Vermögen der Kundin A. L. wurde das Insolvenzverfahren eröffnet.

Mit uns besteht folgende Geschäftsverbindung:

Kontenart	**Konto-Nr.**	**Saldo**	**Limit**
Kontokorrent	37 471	25 400,00 € Soll	17 000,00 €
Langfr. Darlehen	50 407	250 275,00 € Soll	260 000,00 €

Sicherheiten: Der Kontokorrentkredit wurde in Höhe von 17 000,00 € durch eine Bürgschaft eines erstklassigen Bürgen abgesichert.
Das langfristige Darlehen ist durch eine erststellige Grundschuld auf das dem Ehemann der Kundin gehörende bebaute Grundstück in Hameln, Weserpfad 3, abgesichert. Der Verkehrswert des Grundstücks ist mit 230 000,00 € anzusetzen.

a) Ermitteln Sie den Einzelwertberichtigungsbedarf!

b) Buchen Sie die Einzelwertberichtigung im Grundbuch!

93. Ein Kreditinstitut ermittelte lt. Inventur Forderungen an Kunden im Betrag von 17 465 860,00 €.

Bei folgenden Forderungen bestehen oder bestanden Zweifel an der Bonität der Kreditnehmer:

Kto.	Saldo Soll	Im Vorjahr gebildete EWB	Beurteilung des Kreditnehmers am Bilanzstichtag
437	32 800,00 €	10 000,00 €	Weitere Verschlechterung der Bonität. EWB auf 50 % der Forderung erhöhen.
517	83 000,00 €	--	Wechselproteste, Rückschecks. Sicherheit: Selbstschuldnerische Bürgschaft der Ehefrau. EWB 40 %.
1008	265 300,00 €	50 000,00 €	Verschlechterte Geschäftsentwicklung. Hauptkunde des Kreditnehmers kam in Zahlungsschwierigkeiten. Forderungen nur noch mit 60 % bewerten.
2839	321 400,00 €	--	Tod des Geschäftsinhabers. Nachfolgeprobleme zu erwarten. Forderung nur noch mit 80 % bewerten.
2930	70 200,00 €	5 200,00 €	Die Forderung wurde erstklassig besichert.

a) Ermitteln Sie den Abschreibungsbedarf für Einzelwertberichtigungen!

b) Buchen Sie diesen Abschreibungsbedarf!

c) Aus dem Vorjahr besteht eine unversteuerte Pauschalwertberichtigung in Höhe von 465 000,80 €. Die Pauschalwertberichtigung soll auf 3 % des nicht einzelwertberichtigten Forderungsbestandes angepasst werden.
   ca) Ermitteln Sie den Bedarf an Pauschalwertberichtigungen!
   cb) Buchen Sie die Pauschalwertberichtigung!

d) Mit welchem Betrag sind die Forderungen zu bilanzieren?

8.6 Bewertung von Wertpapieren

Problemstellung: Die Handelsbank AG besitzt eigene Wertpapiere, die zum Anlagevermögen bzw. zum Umlaufvermögen gerechnet werden.

Arbeitsaufträge: Wie sind die eigenen Wertpapiere zu bewerten?
Welche Buchungen ergeben sich aufgrund der Bewertung?
Wie sind die Wertpapiere in der Bilanz auszuweisen?

Informationen

8.6.1 Wie sind die eigenen Wertpapiere nach dem HGB zu bewerten?

Die **Bewertung der „Eigenen Wertpapiere“** ist von der Zuordnung der Wertpapiere zum Anlagevermögen, zum Handelsbestand oder zur Liquiditätsreserve abhängig.

Zuordnung der eigenen Wertpapiere	Bewertung (Handelsbilanz)	Beispiel: Anschaffungswert 270,00 € Kurs am Bilanzstichtag 250,00 €
Eigene Wertpapiere, die wie Anlagevermögen behandelt werden. (Es liegt eine **Dauerbesitzabsicht** vor. Ein entsprechender Beschluss des zuständigen Organs (Vorstand) ist aktenkundig zu machen. Sonst ist die Bewertung nach den Vorschriften des Anlagevermögens nicht zulässig.)	Grundsätzlich mit dem **Anschaffungswert** zu bewerten (§ 253 Abs. 1 HGB). Bei **niedrigerem Wert** am Bilanzstichtag **kann** auf diesen Wert abgeschrieben werden (gemildertes Niederstwertprinzip). (§ 253 Abs. 2 Satz 3 HGB) Bei **dauernder Wertminderung muss** auf den niedrigeren Wert abgeschrieben werden (strenges Niederstwertprinzip, § 253 Abs. 2 HGB). Der **niedrigere Wert** darf **nicht** beibehalten werden, wenn die Gründe für die Wertminderungen nicht mehr vorliegen (§ 280 HGB). Wertaufholung ist zwingend. (Zuschreibungsgebot)	Alternativen: 1. **Abschreibung** auf den niedrigeren Wert von 250,00. 2. **Beibehalten** des Wertes von 270,00, wenn keine dauernde Wertminderung zu erwarten ist.
Eigene Wertpapiere des Handelsbestandes. Der Handelsbestand wird ausschließlich zur kurzfristigen Erzielung von Kursgewinnen (Eigenhandelserfolg) gehalten.	Es ist das **strenge Niederstwertprinzip** anzuwenden (§ 253 Abs. 3 HGB). **Wertaufholung** ist zwingend, wenn der Kurs wieder steigt. (Zuschreibungsgebot)	**Abschreibung** auf den niedrigeren Wert am Bilanzstichtag ist zwingend vorgeschrieben, d. h. Bilanzwert 250,00 €.
Eigene Wertpapiere, die weder Handelsbestand sind, noch als Anlagevermögen behandelt werden (Liquiditätsreserve). Hierbei handelt es sich in der Regel um die bedeutendsten Bestände an eigenen Wertpapieren der Bank.	**Bewertung nach dem strengen Niederstwertprinzip.** Diese Wertpapiere **dürfen** zu einem niedrigeren Wert bewertet werden, wenn **dies nach vernünftiger kaufmännischer Beurteilung zur Sicherung gegen die besonderen Risiken des Geschäftszweigs der Kreditinstitute notwendig ist (§§ 340 g und 340 f HGB).** § 280 HGB (Zuschreibungen, Offenlegung von aus steuerlichen Gründen unterlassenen Zuschreibungen) findet **keine Anwendung.**	**Abschreibung** auf den niedrigeren Wert am Bilanzstichtag ist zwingend vorgeschrieben. Eine noch niedrigere Bewertung ist möglich. Abschreibungen nach § 340f HGB führen zu **versteuerten Vorsorgereserven.**

8.6.2 Welche Buchungen ergeben sich aufgrund der Bewertung nach dem HGB?

Nicht realisierte Kursgewinne und Kursverluste

Um festzustellen, ob sich für die eigenen Wertpapiere ein **Abschreibungsbedarf** ergibt, ist der **Buchwert** der einzelnen Wertpapiere **mit** ihrem **Börsenkurs am Bilanzstichtag** zu **vergleichen.**

Der Buchwert jeder Wertpapiergattung ist dem **Skontro** zu entnehmen, das auch die realisierten Kursgewinne bzw. Kursverluste ausweist. Bei mehreren Käufen von Wertpapieren derselben Gattung wird der **Durchschnittserwerbskurs (DEK) als gewogener Durchschnitt** aller Käufe mit dem Börsenkurs am Bilanzstichtag verglichen (§ 240 Abs. 4 HGB). **Nicht realisierte Kursverluste sind abzuschreiben, nicht realisierte Kursgewinne bleiben unberücksichtigt.**

Das *Skontro für KSB-Aktien* hat folgenden Inhalt:

Skontro Eigene Effekten

Kenn-Nr. 629200 — Wertpapier-Bezeichnung KSB Aktien

Handelstag	Auftr.-Nr.	Orderschlüssel 01 = Kauf 02 = Verkauf	Kurs/ Preis	DEK	Nennwert/Stück			Kurswert			Kursgewinn		Kursverlust	
					Zugang	Abgang	Bestand	Soll EUR	Haben EUR	Saldo	EUR	Saldo	EUR	Saldo
11.04.	3212	01	125,00	125,00	500		500	62500,00		62500,00				

Angenommen, die KSB-Aktien hätten am Bilanzstichtag folgende Notierung:

a) 125,00 €/Stück; b) 135,00 €/Stück; c) 115,00 €/Stück

Ein **Vergleich** ergibt:

Anschaffungswert (DEK) EUR	Börsenkurs am 31.12./EUR	Urteil	Bilanzwert EUR
a) 125,00	125,00	Kein Abschreibungsbedarf.	62 500,00
b) 125,00	135,00	Nicht realisierter Kursgewinn von 10,00 EUR/Stück. Kein Abschreibungsbedarf.	62 500,00
c) 125,00	115,00	Nicht realisierter Kursverlust von 10,00 EUR/Stück. Abschreibungsbedarf von 500 · 10,00 EUR = 5 000,00 EUR.	57 500,00

Im Falle c) ist zu buchen:

Grundbuch

Nr.	Buchungssätze	Soll EUR	Haben EUR
1	Abschreibungen auf Wertpapiere an Eigene Wertpapiere	5 000,00	5 000,00
2	SBK an Eigene Wertpapiere	57 500,00	57 500,00

Hauptbuch

S	Eigene Wertpapiere		H
AB	62 500,00	1)	5 000,00
		2)	57 500,00

S	Abschr. auf Wertpapiere		H
1)	5 000,00		

S	SBK		H
2)	57 500,00		

Wertaufholung

Situation:

Die Sparkasse Grünberg hat für das Anlagevermögen Wertpapiere gekauft.
2 000 000 € 6 % Öffentliche Anleihe, Kurs 100. Restlaufzeit 3 Jahre.

Wie ist diese Anleihe zu bewerten, wenn der Kurs am Bilanzstichtag 98 % beträgt?

Lösung:

Da es sich um eine **vorübergehende Wertminderung** handelt, besteht handelsrechtlich ein Wahlrecht für die Bewertung zum niedrigeren Wert am Bilanzstichtag (1 960 000,00 €) **oder** der Beibehaltung des Anschaffungswertes von 2 000 000,00 €.

Wird auf den niedrigeren Wert abgeschrieben, so ist zu buchen:

Abschreibungen auf Wertpapiere an eigene Wertpapiere (Anlagevermögen) 40 000,00

Am Bilanzstichtag des folgenden Geschäftsjahres beträgt der Kurs für die Öffentliche Anleihe 99 %.

a) Wie ist zu bewerten?
b) Wie ist zu buchen?

Lösung:

Da das Steuerrecht bei vorübergehender Wertminderung keine Teilwertabschreibung zulässt, besteht ein **Aufholungsgebot.** Der Bilanzwert beträgt 1 980 000,00 €.

Die Werterhöhung von 20 000,00 € ist als Zuschreibung zu buchen:

Eigene Wertpapiere (Anlagevermögen)	an	Erträge aus Zuschreibungen auf eigene Wertpapiere (Anlagevermögen)	20 000,00 €

Realisierte Kursgewinne und Kursverluste

Das Skontro für Pegulan-Aktien zeigt folgende Werte:

Skontro: Eigene Effekten

Kenn-Nr.: 690460 — Wertpapier-Bezeichnung: Pegulan AG Aktien

Handelstag	Auftr.-Nr.	Orderschlüssel 01 = Kauf 02 = Verkauf	Kurs/Preis EUR	DEK EUR	Nennwert/Stück Zugang	Nennwert/Stück Abgang	Nennwert/Stück Bestand	Kurswert Soll EUR	Kurswert Haben EUR	Kurswert Saldo	Kursgewinn EUR	Kursgewinn Saldo	Kursverlust EUR	Kursverlust Saldo
14.02.	643	01	245,00	245,00	200		200	49 000,00		49 000,00				
18.08.	987	02	280,00	245,00		150	50		36 750,00	12 250,00	5 250,00	5 250,00		
31.12.		Bilanzkurs		240,00				Abschr.	250,00					
								SBK	12 000,00		5 250,00			

Im **Skontro** werden die **Verkäufe** mit dem **durchschnittlichen Anschaffungskurs** bewertet.

Wenn der **effektive Kursgewinn oder Kursverlust** aus den während des Jahres vorgenommenen Einzelgeschäften mit eigenen Wertpapieren ermittelt werden soll, ist der **durchschnittliche Erwerbskurs (DEK)** des **jeweiligen Bestandes** zu errechnen.

$$\text{DEK} = \frac{\text{Kurswert des Bestandes zum Einstandpsreis}}{\text{Menge des Bestandes}}$$

Durch diese Rechnung ist es möglich, den durch jedes Einzelgeschäft verursachten Gewinn oder Verlust sofort zu buchen. Der **Erfolg** des Einzelgeschäfts ergibt sich aus

(Verkaufsmenge · Verkaufspreis) – (Verkaufsmenge · DEK)

Der **Saldo der Kurswerte des Skontros** ergibt den zum durchschnittlichen Anschaffungswert bewerteten Bestand **vor** den evtl. erforderlichen Abschreibungen.

Am 31. Dezember werden die erforderlichen Abschreibungen vermerkt, ebenso der Bewertungskurs/Preis und der Bilanzwert.

Am Bilanzstichtag haben die Pegulan-Aktien einen Börsenkurs von 240,00 €.

Vergleich

Anschaffungswert (DEK) EUR	Börsenkurs am 31. 12./€	Urteil	Bilanzwert €
245,00	240,00	Abschreibungsbedarf von 50 · 5,00 € = 250,00 €.	(50 · 240) = 12 000,00

Die *Buchungen am Bilanzstichtag* hängen davon ab, ob das Konto Eigene Wertpapiere als reines Bestandskonto oder als gemischtes Konto geführt wird.

In der **Praxis** wird das Wertpapierkonto in der Regel als reines Bestandskonto geführt.

Das Konto „Eigene Wertpapiere" wird als reines Bestandskonto geführt

Die realisierten Gewinne bzw. Verluste werden bereits am Verkaufstag auf einem Konto Kursgewinne bzw. Kursverluste gebucht. Daher sind am Bilanzstichtag (31. Dezember) nur noch die erforderlichen Abschreibungen sowie die Abschlussbuchung vorzunehmen.

Grundbuch

Nr.	Buchungssätze	Soll €	Haben €
1	Abschreibungen auf Wertpapiere an Eigene Wertpapiere	250,00	250,00
2	SBK an Eigene Wertpapiere	12 000,00	12 000,00

Hauptbuch

S Eigene Wertpapiere H

S		H	
14.02.	49 000,00	18.08.	36 750,00
		31.12.	250,00
		31.12.	12 000,00
	49 000,00		49 000,00

S Kursgewinne H

S		H	
		18.08.	5 250,00

S Abschr. auf Wertpapiere H

S		H	
31.12.	250,00		

S SBK H

S		H	
31.12.	12 000,00		

Das Konto „Eigene Wertpapiere" wird als gemischtes Konto geführt

In diesem Falle ist zunächst der Kursgewinn bzw. der Kursverlust aus dem Konto Eigene Wertpapiere auszubuchen. Danach werden eventuell erforderliche Abschreibungen gebucht.

Grundbuch

Nr.	Buchungssätze			Soll €	Haben €
1	Eigene Wertpapiere	an	Kursgewinne	5 250,00	5 250,00
2	Abschreibungen auf Wertpapiere	an	Eigene Wertpapiere	250,00	250,00
3	SBK	an	Eigene Wertpapiere	12 000,00	12 000,00

Hauptbuch

S	Eigene Wertpapiere		H
14.02.	49 000,00	18.08.	42 000,00
31.12.	5 250,00	31.12.	250,00
		31.12.	12 000,00
	54 250,00		54 250,00

S	Kursgewinne		H
		31.12.	5 250,00

S	Abschr. auf Wertpapiere		H
31.12.	250,00		

S	SBK		H
31.12.	12 000,00		

In der **Praxis** werden die für die einzelnen Gattungen auf den Skontren ermittelten Abschreibungen sowie die Bilanzwerte in jeweils einer Summe zusammengefasst und danach im Hauptbuch gebucht. **Falls** das Konto Eigene Wertpapiere als **gemischtes Konto** geführt wird, wird der gesamte Kursgewinn in einem Posten ausgebucht, nachdem vorher die Kursverluste mit den Kursgewinnen saldiert wurden.

Aufgaben:

Merke: Einstandspreise auf volle 0,10 € kaufmännisch runden!
Die Eigenen Wertpapiere sind jeweils der Liquiditätsreserve zugeordnet.

94. Ein Kreditinstitut erwarb am 15. Februar für den eigenen Bestand

120 000,00 € nom. 7 % Kommunalschuldverschreibungen der DePfa-Bank AG, J/J, zu 88,50

Diese Wertpapiere befinden sich am Bilanzstichtag noch voll im Bestand.

Welche Abschlussbuchungen ergaben sich bei folgenden Bilanzkursen:

a) 88,50 €
b) 87,30 €
c) 92,90 €

95. Am 20. November erwarb ein Kreditinstitut für den eigenen Bestand

200 Stück Siema AG, Kurs 381,50

a) Wie wäre dieser Bestand bei folgenden Bilanzkursen zu bilanzieren:
aa) 381,50 € ab) 365,00 € ac) 392,40 €.

b) Geben Sie die jeweils anfallenden Buchungen an!

96. Ein Kreditinstitut kaufte am 15. Januar

1 000 Stück Mann Aktien, Kurs 134,00.

Davon verkaufte es am 27. September 800 Stück zum Kurs von 155,00.

Wie lauten die Buchungen beim Jahresabschluss, wenn folgende Bilanzkurse gelten:

a) 125,00 €
b) 134,00 €
c) 160,00 €

97. Ein Kreditinstitut erwarb

am 17. März 100 000,00 € nom. 8 % Pfandbriefe der BHV AG, J/J, Kurs 99,00. Bonus 0,5 %.

am 30. Juni 150 000,00 € dgl. Kurs 100,00.

Es verkaufte am 17. April 50 000,00 nom. zu 99,60.

Welche Buchungen ergeben sich am Bilanzstichtag bei folgenden Kursen:

a) 98,50 €
b) 99,40 €
c) 101,30 €

Das Konto Eigene Wertpapiere wird als reines Bestandskonto geführt.

98. Schließen Sie das Konto „Eigene Wertpapiere" (Liquiditätsreserve) zum 31. Dezember ab! Das Konto Eigene Wertpapiere wird als gemischtes Konto geführt.

Bayerische Motorenwerke

Käufe:	27. März	300 Stück	Kurs 410,00
	28. Mai	200 Stück	Kurs 415,00
	30. November	100 Stück	Kurs 395,00
Verkäufe:	18. April	150 Stück	Kurs 412,00
	20. Juli	225 Stück	Kurs 420,00
	03. Dezember	50 Stück	Kurs 400,00

Kurs am Bilanzstichtag:

a) 390,00 €
b) 409,20 €
c) 422,00 €

99. Ein Kreditinstitut erwirbt für den eigenen Bestand

250 000,00 nominal 7 % Pfandbriefe, A/O, Kurs 96 netto.

Kauf 14. August; Valuta 16. August; Zinsmethode 30/360.

a) Buchen Sie den Kauf! Verrechnung durch Bbk.
b) Buchen Sie die Zinszahlung am 1. Oktober! Überweisung durch die Clearing AG auf Bbk-Konto.
c) Schließen Sie das Konto „Eigene Wertpapiere" (Liquiditätsreserve) zum 31. Dezember ab!
Börsenkurs der Pfandbriefe am 31. Dez.:
ca) 96,00 €; cb) 98,00 €; cc) 94,00 €.
d) Geben Sie jeweils den Bilanzausweis an!

100. Die Sparkasse Glückstadt kaufte in diesem Geschäftsjahr eigene Wertpapiere für den Anlagebestand, und zwar 3 000 000 5,5 % Anleihe, 01.01. gzj., zu 99 %.

Am Bilanzstichtag beträgt der Kurs dieser Anleihe 97,5.

Mit welchen Werten kann die Anleihe bilanziert werden?

101. Mit welchem Wert hätte die Sparkasse Glückstadt bei Aufgabe 100 bilanzieren können, wenn die Anleihe mit 99,5 notiert worden wäre?

102. Bei Aufgabe 100 hat die Sparkasse Glückstadt von dem niedrigsten Wertansatz Gebrauch gemacht. Im folgenden Geschäftsjahr beträgt der Börsenkurs der Anleihe am Bilanzstichtag 98,5 %.

Welcher Wertansatz für diese Anleihe ist jetzt zu wählen?

8.6.3 Wie sind die eigenen Wertpapiere nach den International Accounting Standards (IAS/IFRS) zu bewerten?

Grundlagen der Rechnungslegung

Gemäß der EU-Verordnung Nr. 1606/2002 (IAS-Verordnung) müssen **sämtliche** an **organisierten Kapitalmärkten** gelistete Muttergesellschaften ihre Konzernabschlüsse auf der Grundlage der vom **International Accounting Standards Board (IASB)** verabschiedeten und veröffentlichten **International Accounting Standards (IAS)** bzw. **International Financial Reporting Standards (IFRS)** aufstellen. Neu erlassene Standards werden als IFRS veröffentlicht, die älteren Standards behalten weiterhin die Bezeichnung IAS.

Durch das Bilanzrechtsreformgesetz hat die deutsche Bundesregierung auch **nicht kapitalmarktorientierten** Unternehmen das **Wahlrecht** eingeräumt, ihren Konzernabschluss nach IFRS befreiend oder ihren Einzelabschluss zu informatorischen Zwecken nach IFRS zu erstellen (§ 315 a HGB).

Die **Rechnungslegungsstandards** nach **HGB und IAS/IFRS** unterscheiden sich grundlegend. Hier nur einige wesentliche Unterschiede:

Kriterien	HGB	IAS/IFRS
Zweck	Gläubigerschutz	Anlegerschutz
Ausgestaltung	Allgemeine handelsrechtliche Buchführungs-/ Bilanzierungsgrundsätze (System des „code law“)	Allgemeine Rechnungslegungsgrundsätze (System des „case law“)
Anwendungsbereich	Rechtsform- und größenabhängige Vorschriften; besondere Vorschriften u. a. für Kreditinstitute	Rechtsform- und größenunabhängig

Maßgeblichkeit	Maßgeblichkeit der Handels- für die Steuerbilanz	Strikte Trennung von Handels- und Steuerbilanz
Generalnorm	Vermittlung eines den tatsächlichen Verhältnissen entsprechenden Bildes der Vermögens-, Finanz- und Ertragslage unter Beachtung der GoB	Vermittlung eines den tatsächlichen Verhältnissen entsprechenden Bildes („fair presentation“)
Funktion der Bilanzierung	Ermittlung eines unter den Gesichtspunkten des Gläubigerschutzes und der Kapitalerhaltung ausschüttungsfähigen Gewinns	Darstellung des Periodenergebnisses in Form des „true and fair view“; keine Ausschüttungsbemessung

Grundbegriffe der Rechnungslegung nach IAS/IFRS

➥ Finanzinstrumente

Die **Aktiva der Bilanzen** von Kreditinstituten bestehen überwiegend aus Finanzinstrumenten. Ein Finanzinstrument ist ein **Vertrag,** der gleichzeitig bei dem einen Unternehmen (Einzelunternehmen, Personengesellschaften, Kapitalgesellschaften oder öffentliche Institutionen) zu einem **finanziellen Vermögenswert** und bei dem anderen zu einer **finanziellen Verbindlichkeit** oder zu einem **Eigenkapitalinstrument** führt.

Diese Definition umfasst sowohl originäre (z. B. Forderungen aus Lieferungen und Leistungen) als auch derivative Finanzinstrumente (z. B. erworbene Optionen und Futures).

➥ Fair Value

Es handelt sich um den **Zeitwert (Börsen- oder Marktwert)** eines Finanzinstruments **am Bilanzstichtag.** Er wird definiert als der Betrag, zu dem zwischen **sachverständigen, vertragswilligen und voneinander unabhängigen Geschäftspartnern** ein Vermögenswert getauscht oder eine Verbindlichkeit beglichen wird.

➥ Aktiver Markt

Ein aktiver Markt ist dann gegeben, wenn notierte Preise regelmäßig – z. B. an der Börse oder einem Broker – zur Verfügung gestellt werden **und** diese Preise repräsentativ für aktuelle Transaktionen zwischen fremden Dritten sind.

➥ Anschaffungswert

Der Anschaffungswert ist der **Erwerbspreis** eines finanziellen Vermögenswertes im Zeitpunkt des Ersterwerbs **einschließlich** der dem Erwerb direkt zurechenbaren so genannten **Transaktionskosten.**

➥ Fortgeführte Anschaffungskosten

Die fortgeführten Anschaffungskosten eines finanziellen Vermögenswertes ergeben sich aus:

	Anschaffungskosten
–	Tilgungen
+/–	Agio- bzw. Disagioanteile
–	Abschreibungen wegen Wertminderung oder Uneinbringlichkeit
=	Fortgeführte Anschaffungskosten

10 Schuster – ISBN 978-3-8120-0194-6

Welche Kategorien finanzieller Vermögensgegenstände werden nach IAS 39 unterschieden und wie werden diese jeweils bewertet?

Nach IAS 39 werden für finanzielle Vermögenswerte vier Kategorien gebildet.[1] Die **Wertpapiere im eigenen Bestand** sind in die folgenden Kategorien einzuordnen und zu bewerten.

Kategorien	Available-for-Sale (Zur Veräußerung verfügbare finanzielle Vermögenswerte)	Held-for-Trading (Handelsaktiva)	Held-to-Maturity (Bis zur Endfälligkeit zu haltende finanzielle Vermögenswerte)
Zuordnungskriterien	**Alle nicht derivativen finanziellen Vermögenswerte,** die **keiner** der anderen Kategorien zugewiesen werden konnten, sind hier einzuordnen. Es handelt sich um verzinsliche Wertpapiere, Aktien, Schuldscheindarlehen und Beteiligungen.	Es werden **alle** finanziellen Vermögenswerte zugeordnet, die zu **Handelszwecken** gehalten werden. Es handelt sich hier sowohl um originäre Finanzinstrumente wie verzinsliche Wertpapiere, Aktien, Schuldscheindarlehen und Edelmetalle sowie um Derivate mit positivem Marktwert.	Zugeordnet werden können **nicht derivative** Finanzinstrumente mit **festen oder bestimmbaren Zahlungen** sowie **festgelegter Laufzeit,** wenn für sie ein **aktiver Markt** existiert **und** wenn **die Absicht** sowie die **Fähigkeit** besteht, sie **bis zur Endfälligkeit zu halten.**
Zugangsbewertung		Anschaffungskosten	
Folgebewertung	Fair Value[2]	Fair Value	Fortgeführte Anschaffungskosten
Buchung von Wertschwankungen	Es besteht ein **einmaliges Wahlrecht,** ob die durch die Bewertung zum Fair Value (Marktwert) entstehenden Veränderungen a) **erfolgswirksam** in der GuV-Rechnung oder b) **erfolgsneutral** durch die Bildung einer gesonderten Position **Neubewertungsrücklage** im Eigenkapital erfasst werden.	Die Bewertungsergebnisse (**auch unrealisierte** Kursgewinne oder Verluste) werden in der **GuV-Rechnung** im **Handelsergebnis** als Erträge bzw. Aufwendungen erfasst.	**Außerplanmäßige Abschreibungen** wegen einer **dauerhaften** Wertminderung werden über die **GuV-Rechnung** erfasst.

1 Auf die Darstellung der Kategorie Kredite und Forderungen (Loans and Receivables) und deren Bewertung soll hier verzichtet werden.

2 Ist der Marktwert nicht zuverlässig ermittelbar, erfolgt die Bewertung zu fortgeführten Anschaffungskosten.

	Bei der **üblichen erfolgsneutralen Erfassung** des Bewertungserfolgs wird **erst bei der Veräußerung** des finanziellen Vermögenswerts das in der Neubewertungsrücklage bilanzierte kumulierte Bewertungsergebnis **aufgelöst und** in der **GuV-Rechnung erfasst.** Im Falle einer **dauerhaften Wertminderung** ist die Neubewertungsrücklage anzupassen und in der GuV-Rechnung zu berücksichtigen. Eine Wertminderung liegt vor, wenn der Fair Value entweder signifikant oder länger anhaltend unter den Anschaffungskosten liegt.		

Beispiele für die Bewertung:

Industrieschuldverschreibung
Anschaffungskosten 200 000 €
Fair Value (Marktwert) am Bilanzstichtag a) 210 000 €; b) 185 000 €
Die Finanzinstrumente Available-for-Sale werden erfolgsneutral bewertet.

Kategorie	Available-for-Sale (AfS)	Held-for-Trading (HfT)	Held-to-Maturity (HtM)
Fall a) **Wertansatz** **Buchung**	210 000 € Eigene Wertpapiere (AfS) an Neubewertungsrücklage 10 000 €	210 000 € Eigene Wertpapiere (HfT) an Kursgewinne 10 000 €	200 000 € ---
Fall b) **Wertansatz**	185 000 €	185 000 €	a) wenn nur marktbedingte Kursschwankung 200 000 € b) wenn dauerhafte Wertminderung 185 000 €
Buchungen	Neubewertungsrücklage an Eigene Wertpapiere (AfS) 15 000 €	Kursverluste an eigene Wertpapiere (HfT) 15 000 €	a) --- b) Abschreibung auf WP an Eigene Wertpapiere (HtM) 15 000 €

Aufgaben:

103. Bei welchen Aktiva der Handelsbank AG handelt es sich um ein Finanzinstrument?

1. Barreserve
2. Forderungen an Kunden
3. Forderungen an Kreditinstitute
4. Forderungen an Finanzamt (Vorsteuer)
5. Schuldverschreibungen und andere festverzinsliche Wertpapiere
6. Aktien und andere nicht festverzinsliche Wertpapiere
7. Edelmetalle
8. Sachanlagen

104. A. Ein Finanzinstitut erstellt eine Konzernbilanz. Die eigenen Wertpapiere Available-for-Sale werden erfolgsunwirksam bewertet. Es wurden die folgenden Aktien angeschafft:

Kategorien	Anschaffungskosten pro Stück in €	Börsenpreise am Bilanzstichtag pro Stück in €
Beteiligungs- und Wertpapierbestand (Available-for-Sale-Bestand)		
10 000 Stück Kreditbank AG	34,96	33,95
Handelsaktiva (Held-for-Trading-Bestand)		
18 000 Stück Metallwerke AG	29,50	33,85
20 500 Stück Minen AG	88,44	85,22

B. Im folgenden Geschäftsjahr hat sich der Bestand dieser Wertpapiere nicht verändert. Es werden am Bilanzstichtag die folgenden Marktpreise festgestellt:

Kategorien	Anschaffungskosten pro Stück in €	Börsenpreise am Bilanzstichtag des Folgejahres pro Stück in €
Beteiligungs- und Wertpapierbestand (Available-for-Sale-Bestand)		
10 000 Stück Kreditbank AG	34,96	36,90
Handelsaktiva (Held-for-Trading-Bestand)		
18 000 Stück Metallwerke AG	29,50	28,10
20 500 Stück Minen AG	88,44	95,40

a) Mit welchem Wert sind die eigenen Wertpapiere im ersten Geschäftsjahr (A) in der Bilanz nach IAS/IFRS zu bewerten?

b) Mit welchem Wert sind die eigenen Wertpapiere im Folgejahr (B) in der Bilanz nach IAS/IFRS zu bewerten?

EXKURS

1 Die periodengerechte Ergebnisabgrenzung

Problemstellung: Bei Ihrer Ausbildung im Firmenkundengeschäft sehen Sie in den Bilanzen auch die Posten Rechnungsabgrenzungen sowie Sonstige Forderungen und Sonstige Verbindlichkeiten.

Arbeitsauftrag: Erläutern Sie an den folgenden Beispielen, warum derartige Posten in der Bilanz erscheinen.

Ein Kreditinstitut hat folgende Geschäftsfälle:

1. Die Miete für die Zweigstelle Oberstraße 12 wurde am 1. Dezember für ein Vierteljahr im Voraus durch Bbk-Überweisung gezahlt, insgesamt 4 500,00 €.
2. Für eine vermietete Garage überwies der Mieter zu Lasten seines bei uns geführten Girokontos am 1. Juli die Miete für ein Jahr im Voraus, 1 200,00 €.
3. Barverkauf einer abgezinsten Bankschuldverschreibung, Nennwert 10 000,00, Wert 1. Januar, Zinssatz 6 %, Laufzeit 4 Jahre, Ausgabepreis 7 920,93 €.

Informationen

2 Zeitliche (periodische) Erfolgsabgrenzung

2.1 Warum ist eine zeitliche Erfolgsabgrenzung beim Jahresabschluss vorzunehmen?

Ziel der Rechnungslegung eines Geschäftsjahres ist es auch, möglichst genau den Erfolg (Gewinn und Verlust) festzustellen, der das abgelaufene Geschäftsjahr betrifft.

Dieses Ziel lässt sich nicht vollständig aus den Erfolgsbuchungen des abgelaufenen Geschäftsjahres ableiten, da darin Ausgaben und Einnahmen enthalten sein können, die dem nächsten oder noch späteren Geschäftsjahren zugerechnet werden müssen. Diese bereits im alten Jahr gebuchten Ausgaben und Einnahmen, die aber zukünftige Geschäftsjahre betreffen, nennt man **transitorische Posten** (lat. transire = hinübergehen).

2.2 Wie erfolgt die zeitliche Erfolgsabgrenzung in der Buchhaltung?

Die Rechtsgrundlage bildet der § 250 HGB:

§ 250 Rechnungsabgrenzungsposten

(1) Als Rechnungsabgrenzungsposten sind auf der Aktivseite Ausgaben vor dem Abschlussstichtag auszuweisen, soweit sie Aufwand für eine bestimmte Zeit nach diesem Tag darstellen. Ferner dürfen ausgewiesen werden

1. als Aufwand berücksichtigte Zölle und Verbrauchsteuern, soweit sie auf am Abschlussstichtag auszuweisende Vermögensgegenstände des Vorratsvermögens entfallen,
2. als Aufwand berücksichtigte Umsatzsteuer auf am Abschlussstichtag auszuweisende oder von den Vorräten offen abgesetzte Anzahlungen.

(2) Auf der Passivseite sind als Rechnungsabgrenzungsposten Einnahmen vor dem Abschlussstichtag auszuweisen, soweit sie Ertrag für eine bestimmte Zeit nach diesem Tag darstellen.

(3) Ist der Rückzahlungsbetrag einer Verbindlichkeit höher als der Ausgabebetrag, so darf der Unterschiedsbetrag in den Rechnungsabgrenzungsposten auf der Aktivseite aufgenommen werden. Der Unterschiedsbetrag ist durch planmäßige jährliche Abschreibungen zu tilgen, die auf die gesamte Laufzeit der Verbindlichkeit verteilt werden können.

Aktive Rechnungsabgrenzungsposten (ARAP)

Wurde, wie bei der *Situation im Falle 1.*, im alten Geschäftsjahr eine **Ausgabe** gebucht, die entweder ganz oder wie hier teilweise Aufwand für eine bestimmte Zeit nach dem Bilanzstichtag darstellt, so ist der die nächste(n) Rechnungsperiode(n) betreffende Aufwand als **aktiver Rechnungsabgrenzungsposten** in die Jahresbilanz aufzunehmen (§ 250 Abs. 1 HGB).

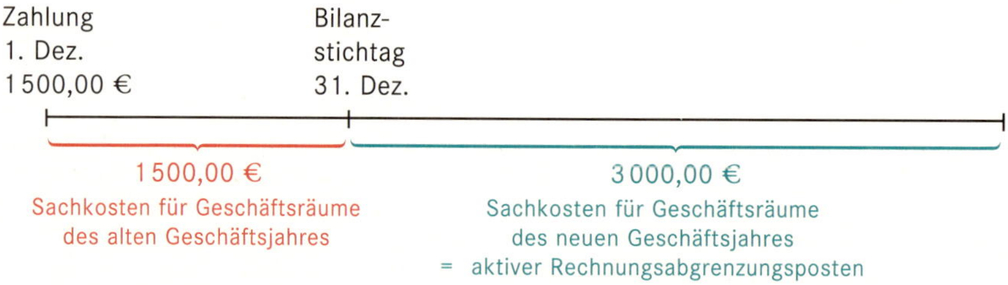

Gebucht werden die aktiv abzugrenzenden Beträge auf dem *aktiven Bestandskonto „Aktive Rechnungsabgrenzungsposten" (ARAP)*.

Im **Grundbuch** ergeben sich für den Fall 1. im alten und im neuen Geschäftsjahr diese Buchungen:

Grundbuch

Beleg-Nr.	Datum	Geschäftsfälle	Buchungssätze	Soll €	Haben €
1	01.12.	Mietzahlung	Sachkosten für Geschäftsräume an Bbk	4 500,00	4 500,00
2	31.12.	Aktive Jahresabgrenzung der das nächste Geschäftsjahr betreffenden Miete	Aktive Rechnungsabgrenzungsposten an Sachkosten für Geschäftsräume	3 000,00	3 000,00
3	31.12.	Abschlussbuchung	SBK an Akt. Rechnungsabgrenzungsposten	3 000,00	3 000,00
4	31.12.	Abschlussbuchung	GuV an Sachkosten für Geschäftsräume	1 500,00	1 500,00
		Nächstes Geschäftsjahr			
5	02.01.	Eröffnungsbuchung	Aktive Rechnungsabgrenzungsposten an EBK	3 000,00	3 000,00
6	02.01.	Umbuchung der abgegrenzten Miete	Sachkosten für Geschäftsräume an Akt. Rechnungsabgrenzungsposten	3 000,00	3 000,00

Hauptbuch

altes Geschäftsjahr

S	Sachkosten für Geschäftsräume		H
1) 01.12.	4 500,00	2) 31.12.	3 000,00
		4) 31.12.	1 500,00

S	ARAP		H
2) 31.12.	3 000,00	3) SBK	3 000,00

S	Bbk		H
		1) 01.12.	4 500,00

S	SBK		H
3) 31.12.	3 000,00		

S	GuV		H
4) 31.12.	1 500,00		

neues Geschäftsjahr

S	Sachkosten für Geschäftsräume		H
6) 02.01.	3 000,00		

S	ARAP		H
5) 02.01.	3 000,00	6) 02.01.	3 000,00

S	EBK		H
		5) 02.01.	3 000,00

Passive Rechnungsabgrenzungsposten (PRAP)

Im *Fall 2.* der *Situation* erhielt das Kreditinstitut eine **Einnahme** vor dem Abschlussstichtag, die entweder ganz oder wie hier teilweise **Ertrag** für eine bestimmte Zeit nach diesem Tag darstellt. Dieser Ertrag ist nach § 250 Abs. 2 HGB auf der **Passivseite** als **Rechnungsabgrenzungsposten** auszuweisen.

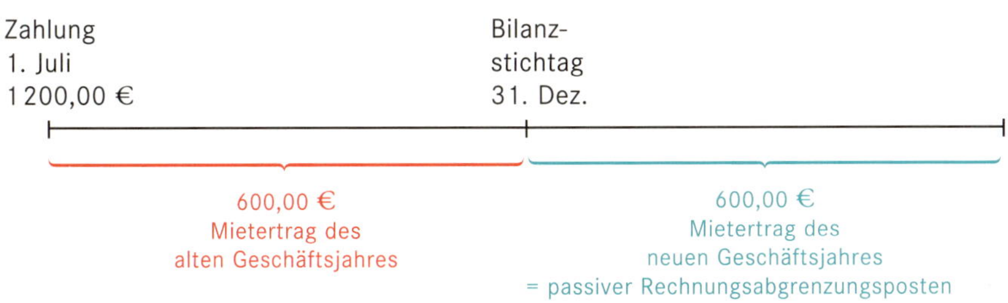

Der abzugrenzende Betrag wird auf dem *passiven Bestandskonto „Passive Rechnungsabgrenzungsposten" (PRAP)* gebucht.

Für diesen Fall ergeben sich für das alte und das neue Geschäftsjahr diese Buchungen:

Grundbuch

Beleg-Nr.	Datum	Geschäftsfälle	Buchungssätze	Soll €	Haben €
1	01.07.	Zahlungseingang	Kunden-KK an Mieterträge	1 200,00	1 200,00
2	31.12.	Abgrenzung der auf das nächste Geschäftsjahr entfallenden Miete	Mieterträge an PRAP	600,00	600,00
3	31.12.	Abschlussbuchung	PRAP an SBK	600,00	600,00
4	31.12.	Abschlussbuchung	Mieterträge an GuV	600,00	600,00
		Nächstes Geschäftsjahr			
5	02.01.	Eröffnungsbuchung	EBK an PRAP	600,00	600,00
6	02.01.	Umbuchung der abgegrenzten Miete	PRAP an Mieterträge	600,00	600,00

Hauptbuch

altes Geschäftsjahr

S	Mieterträge		H
2) 31.12.	600,00	1) 01.07.	1 200,00
4) 31.12.	600,00		

S	PRAP		H
3) 31.12.	600,00	2) 31.12.	600,00

S	Kunden-KK		H
1) 01.07.	1 200,00		

S	SBK		H
		3) 31.12.	600,00

S	GuV		H
		4) 31.12.	600,00

neues Geschäftsjahr

S	Mieterträge		H
		6) 02.01.	600,00

S	PRAP		H
6) 02.01.	600,00	5) 02.01.	600,00

S	EBK		H
5) 02.01.	600,00		

Unter- und Über-pari-Emissionen

Im *Falle 3.* der *Situation* liegt der Rückzahlungsbetrag der Verbindlichkeit aus der Bankschuldverschreibung über ihrem Ausgabebetrag: Nach § 250 Abs. 3 HGB **darf** dieser Unterschiedsbetrag (Disagio, Damnum) aktiv abgegrenzt werden. Geschieht dies, so ist er planmäßig, kapitalgerecht jährlich als zusätzlicher Zinsaufwand „abzuschreiben".

Analog wird bei einer Über-pari-Emission vorgegangen. Hierbei ist passiv abzugrenzen und der Jahresanteil als Zinsertrag zu vereinnahmen.

Im *Fall 3.* verteilen sich die Zinsen von 2079,07 € auf das 1. Jahr 475,26 €; 2. Jahr 503,77 €; 3. Jahr 534,00 € und das 4. Jahr 566,04 €.

Daraus ergeben sich im Grundbuch folgende Buchungen:

Grundbuch

Beleg-Nr.	Datum	Geschäftsfälle	Buchungssätze	Soll €	Haben €
1	02.01.	Barverkauf der Schuldverschreibungen	Kasse Zinsaufwand an Eigene Schuldverschreibungen	7920,93 2079,07	10000,00
2	31.12.	Aktivierung der transitorischen Zinsen der Jahre 2-4	ARAP an Zinsaufwand	1603,81	1603,81
3	31.12.	Abschlussbuchung	SBK an ARAP	1603,81	1603,81
			Eigene Schuldverschreibungen an SBK	10000,00	10000,00
			GuV an Zinsaufwand	475,26	475,26
		Nächstes Geschäftsjahr			
4	02.01.	Eröffnungsbuchungen	ARAP an EBK	1603,81	1603,81
			EBK an Eigene Schuldverschreibungen	10000,00	10000,00
5	31.12.	„Abschreibung" der abgegrenzten Zinsen	Zinsaufwand an ARAP	503,77	503,77

Aufgabe:

105. a) Buchen Sie im Grundbuch und im Hauptbuch zum 31. Dezember!

b) Schließen Sie die Konten Aktive und Passive Rechnungsabgrenzungsposten im Hauptbuch ab!

c) Wiedereröffnung der beiden Konten im neuen Geschäftsjahr und Glattstellung.

1. Am 1. April des lfd. Jahres wurde die Versicherungsprämie für ein Jahr im Voraus entrichtet. Die Prämienzahlung betrug 450,00 €
2. Kunde hat Bürgschaftsprovision vom 1. Dez. bis 1. März im Voraus bezahlt 900,00 €
3. Am 20. Dezember zahlten wir Miete für Monat Januar im Voraus 300,00 €
4. Ein Mieter zahlt uns am 28. Dezember die Miete für Monat Januar 850,00 €
5. Wir haben am 1. Oktober die Miete für ein Jahr im Voraus entrichtet 3600,00 €
6. Ein Mieter hat am 1. Oktober die Miete für ein halbes Jahr im Voraus entrichtet 390,00 €
7. Am 27. Dezember zahlten wir Versicherungsprämien für das neue Jahr 1400,00 €
8. Im Monat Dez. wurden Bezugsgebühren für Zeitungen im Voraus für das kommende Geschäftsjahr bezahlt 85,00 €
9. Von Kunden wurden Akzeptprovisionen, das neue Jahr betreffend, bereits im Dezember gezahlt 1750,00 €
10. Leasinggebühren für Büromaschinen wurden von uns am 1. Juli des lfd. Jahres für ein Jahr im Voraus bezahlt 15000,00 €

2.3 Sonstige Forderungen, sonstige Verbindlichkeiten

Problemstellung:

1. Eine Handwerkerrechnung vom 28. Dezember für Reparaturen in den Geschäftsräumen über 2 300,00 € wird erst am 14. Januar durch Banküberweisung beglichen.
2. Eine Rückforderung von Gewerbesteuer aus dem alten Jahr in Höhe von 3 500,00 € geht voraussichtlich am 15. Februar des nächsten Jahres über Bbk ein.

Arbeitsauftrag: Wie sind diese Geschäftsfälle beim Jahresabschluss zu berücksichtigen?

Wie sind diese Geschäftsfälle beim Jahresabschluss zu berücksichtigen?

Wie bereits erwähnt, sollen in der Erfolgsrechnung sämtliche in diese Periode fallenden Aufwendungen und Erträge erfasst werden.

Während bei den transitorischen Aufwendungen und Erträgen die Zahlungen bereits im alten Geschäftsjahr erfolgten, die Erträge bzw. Aufwendungen aber ganz oder teilweise das nächste Geschäftsjahr betrafen, sollen nun die Aufwendungen bzw. Erträge berücksichtigt werden, bei denen die **Zahlungen erst im neuen Jahr** erfolgen werden, die aber sachlich in die Erfolgsrechnung des alten Jahres gehören. Diese Posten werden als antizipative (vorweggenommene) Posten bezeichnet.

Für die Situation 1. gilt:

Rechnung
im alten Jahr

Bilanzstichtag
31. Dez.

neues Geschäftsjahr
14. Jan. Zahlung 2 300,00 €

Sachkosten
des alten Jahres

Das alte Geschäftsjahr hat in diesem Falle eine **Sonstige Verbindlichkeit** gegenüber dem neuen Geschäftsjahr.

Grundbuch

Beleg-Nr.	Datum	Geschäftsfälle	Buchungssätze	Soll €	Haben €
		Altes Geschäftsjahr			
1	31.12.	Buchung des antizipativen Aufwandes	Sachkosten für Geschäftsräume an Sonstige Verbindlichkeiten	2 300,00	 2 300,00
2	31.12.	Abschlussbuchung	Sonstige Verbindlichkeiten an SBK	2 300,00	 2 300,00
3	31.12.	Abschlussbuchung	GuV an Sachkosten für Geschäftsräume	2 300,00	2 300,00
		Nächstes Geschäftsjahr			
4	02.01.	Eröffnungsbuchung	EBK an Sonstige Verbindlichkeiten	2 300,00	2 300,00
5	14.01.	Zahlung der Handwerkerrechnung	Sonstige Verbindlichkeiten an Banken-KK	2 300,00	 2 300,00

Für die Situation 2. gilt:

Rückforderungsanspruch im alten Jahr	Bilanzstichtag 31. Dez.	neues Geschäftsjahr 15. Febr. Zahlungseingang
Minderung der Betriebssteuern		

In diesem Falle hat das alte Geschäftsjahr eine **Sonstige Forderung** gegen das neue Geschäftsjahr.

Grundbuch

Beleg-Nr.	Datum	Geschäftsfälle	Buchungssätze	Soll €	Haben €
6	31.12.	Buchung des antizipativen Ertrages	Sonstige Forderungen	3 500,00	
			an Steuererstattungen		3 500,00
7	31.12.	Abschlussbuchung	SBK an Sonstige Forderungen	3 500,00	3 500,00
8	31.12.	Abschlussbuchung	Steuererstattungen	3 500,00	
			an GuV		3 500,00
		Neues Geschäftsjahr			
9	02.01.	Eröffnungsbuchung	Sonstige Forderungen	3 500,00	
			an EBK		3 500,00
10	15.02.	Zahlungseingang	Bbk an Sonstige Forderungen	3 500,00	3 500,00

Darstellung der beiden Beispiele im **Hauptbuch:**

Buchungen im alten Geschäftsjahr

S	Sonstige Forderungen		H
6)	3 500,00	7)	3 500,00

S	Sonstige Verbindlichkeiten		H
2)	2 300,00	1)	2 300,00

S	Sachkosten für Geschäftsräume		H
1)	2 300,00	3)	2 300,00

S	Steuererstattungen		H
8)	3 500,00	6)	3 500,00

S	SBK		H
7)	3 500,00	2)	2 300,00

S	GuV		H
3)	2 300,00	8)	3 500,00

Buchungen im neuen Geschäftsjahr

S	EBK		H
4)	2 300,00	9)	3 500,00

S	Sonstige Forderungen		H
9)	3 500,00	10)	3 500,00

S	Sonst. Verbindlichkeiten		H
5)	2 300,00	4)	2 300,00

S	Bbk		H
10)	3 500,00		

S	Banken-KK		H
		5)	2 300,00

Auf einen Blick:

Schema der Abgrenzungsbuchungen

Transitorische Buchungsposten

(Zahlung von Aufwand und Ertrag im alten Jahr, das neue Jahr betreffend)

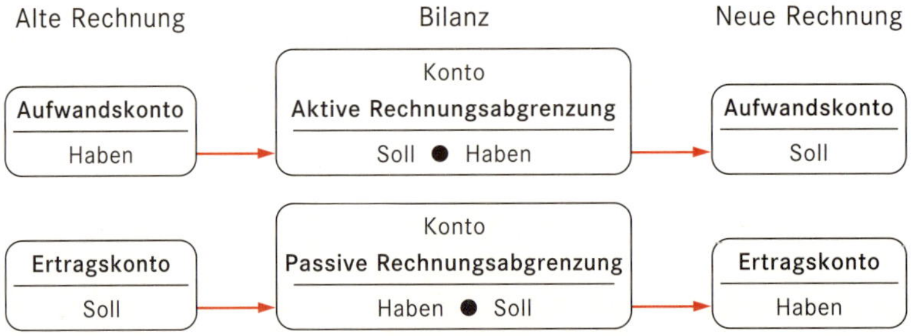

Antizipative Buchungsposten

(Aufwand und Ertrag betreffen das alte Jahr, Zahlung im neuen Jahr)

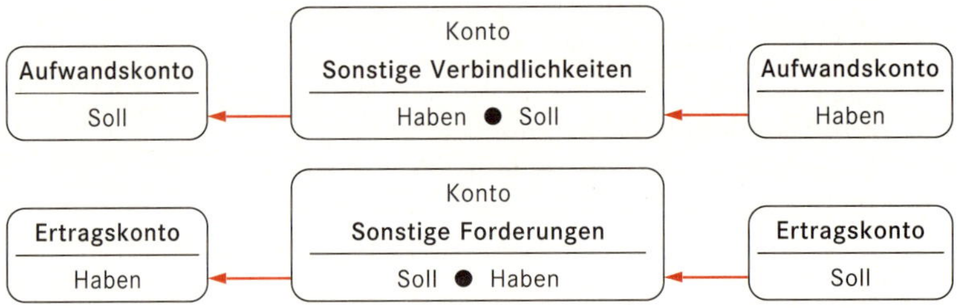

Rechnungsabgrenzungsposten dürfen nur gebildet werden, wenn

1. **Ausgaben vor** dem Abschlussstichtag liegen, soweit sie Aufwand für eine bestimmte Zeit **nach** diesem Tag darstellen (= **aktive** Rechnungsabgrenzungsposten),
2. **Einnahmen vor** dem Abschlussstichtag liegen, soweit sie Ertrag für bestimmte Zeit **nach** diesem Tag darstellen (= **passive** Rechnungsabgrenzungsposten).

Im folgenden Rechnungsjahr sind die Abgrenzungsposten sofort über die betreffenden Erfolgskonten auszubuchen, soweit sie dieses Rechnungsjahr betreffen.

Bilanzausweis: Aktive und Passive Rechnungsabgrenzungsposten.

Antizipative Posten

– Aufwand bzw. Ertrag für das alte Jahr –
Beleganfall (Zahlung) im neuen Jahr.

Abschluss und Eröffnung über **Sonstige Forderungen bzw. Sonstige Verbindlichkeiten.**

Bilanzausweis: Aktiva: **Sonstige Vermögensgegenstände –**
Passiva: **Sonstige Verbindlichkeiten.**

Aber beachte: Ausweis nur für Posten, die anderen Hauptbuchkonten nicht zugeteilt werden können.

Aufgaben:

106. Buchen Sie zur Berichtigung der Erfolgsrechnung am 31. Dezember im Grundbuch!

1. Für eine Sachversicherung haben wir am 1. Oktober die Prämie für ein Jahr im Voraus entrichtet: 700,00 €.
2. Die Telefonrechnung für Dezember in Höhe von 642,00 € wird erst im neuen Jahr beglichen.
3. Von den vereinnahmten Zinserträgen entfallen auf das nächste Geschäftsjahr 4 620,00 €.
4. An der Kasse wurden Hypothekenzinsen, das neue Jahr betreffend, bar eingezahlt: 1 000,00 €.
5. Die Grundsteuer für das 4. Quartal des lfd. Jahres in Höhe von 360,00 € wurde noch nicht bezahlt.
6. Die anteiligen Zinsen unserer eigenen Wertpapiere für das abgelaufene Geschäftsjahr betragen 2 820,00 €.
7. Die Miete für vermietete Räume wurde uns für Monat Januar bereits am 22. Dezember überwiesen: 830,00 €.
8. Der anteilige Zinsaufwand für Festgelder von Kunden per 31. Januar beträgt für das lfd. Geschäftsjahr 4 740,00 €.
9. Vom Zinsaufwand für bei der Zentrale rediskontierte Wechsel entfallen auf das nächste Geschäftsjahr 3 100,00 €.
10. Für gemietete Geschäftsräume hat das Kreditinstitut am 20. Dezember für das nächste Geschäftsjahr 15 000,00 € überwiesen.
11. Die Miete Dezember für vermietete Büromaschinen wurde dem Kreditinstitut noch nicht überwiesen: 300,00 €.
12. Die Garagenmiete in Höhe von 600,00 € wurde vom Kreditinstitut am 1. Oktober für ein halbes Jahr im Voraus bezahlt.
13. Von den verkauften abgezinsten Sparbriefen entfallen Zinsen auf die nächsten Geschäftsjahre: 24 800,00 €.
14. Vorliegende Handwerkerrechnungen für Kleinreparaturen im Geschäftsraum in Höhe von 840,00 € werden erst im kommenden Jahr beglichen.
15. Provisionsforderungen des Kreditinstitutes an fremde Banken waren am 31. Dezember noch nicht beglichen: 3 000,00 €.
16. Rückständige Hypothekenzinsen unserer Darlehensnehmer für das abgelaufene Geschäftsjahr: 5 600,00 €.

107. Buchen Sie im Grundbuch und im Hauptbuch!

Buchungen im alten Jahr, Abschluss, Eröffnung im neuen Jahr.

1.	Fällige Provisionszahlungen für Dezember an uns sind am 31. Dezember noch nicht eingegangen	1 600,00 €
2.	Kontoführungsgebühren für Monat Dezember werden unseren Kunden erst im Januar in Rechnung gestellt	2 000,00 €
3.	Unser Mieter schuldet uns noch die Garagenmiete für die Zeit vom 1. November bis 1. Mai	480,00 €
4.	Rückstände von Betriebssteuern für das lfd. Jahr sind am 31. Dezember noch nicht gezahlt	2 400,00 €

5.	Die Prämie für eine Versicherung ist am 31. Dezember noch nicht gezahlt. Höhe der Jahresprämie	450,00 €
6.	Die Rechnung für die Reparatur einer Buchungsmaschine wurde uns am 19. Dezember zugeschickt und noch nicht bezahlt	250,00 €
7.	Einer unserer Mieter hat die Jahresmiete (fällig 1. Oktober für die Zeit vom 1. Oktober bis 30. September) am 31. Dezember noch nicht bezahlt	2 000,00 €
8.	Wir haben Provisionen für den Monat Dezember noch nicht bezahlt	240,00 €

8.7 Risikovorsorge durch die Bildung von Rückstellungen

Problemstellung: Die Volksbank Minden eG hat im November einen Auftrag zur Reparatur des Daches auf einem Zweigstellengebäude erteilt. Diese kann erst im März nächsten Jahres ausgeführt werden. Lt. Kostenvoranschlag ist mit Reparaturkosten von 45 000,00 € zu rechnen.

Arbeitsaufträge: Wofür dürfen Rückstellungen gebildet werden?
Wie sind Rückstellungen zu buchen?
Wann und wie werden Rückstellungen aufgelöst?

8.7.1 Wofür dürfen Rückstellungen gebildet werden?

Die Dachreparatur gehört zu den im § 249 HGB aufgeführten Tatbeständen, für die **Rückstellungen** zu bilden sind bzw. gebildet werden dürfen. Rückstellungen sind dadurch charakterisiert, dass eine Verbindlichkeit ihrem **Grunde nach entstanden ist,** ihre **genaue Höhe und/oder Fälligkeit** aber **noch unbekannt** sind.

Rückstellungen nach § 249 HGB

müssen gebildet werden für:	**dürfen** gebildet werden für:
1. Ungewisse Verbindlichkeiten, z. B. Pensionszusagen. 2. Drohende Verluste aus schwebenden Geschäften, z. B. aus Kaufverträgen, Mietverträgen, Dienstverträgen. 3. Im Geschäftsjahr unterlassene Aufwendungen für Instandhaltung, die im folgenden Geschäftsjahr innerhalb von 3 Monaten nachgeholt werden. 4. Aufwendungen für Abraumbeseitigung, die im folgenden Geschäftsjahr nachgeholt werden. 5. Gewährleistungen ohne rechtliche Verpflichtung (sog. Kulanzleistungen).	6. Genau umschriebene Aufwendungen, sofern diese dem Geschäftsjahr oder einem früheren Geschäftsjahr zuzuordnen und am Bilanzstichtag als wahrscheinlich oder sicher, aber hinsichtlich ihrer Höhe oder des Zeitpunktes ihres Eintritts unbestimmt sind, z. B. Großreparaturen. 7. Aufwendungen für unterlassene Instandhaltung nach dem 3. bis zum 12. Monat des folgenden Geschäftsjahres.

Für andere Zwecke dürfen Rückstellungen nicht gebildet werden.

8.7.2 Wie sind Rückstellungen zu buchen?

Rückstellungen werden zu Lasten des für die Entstehung zuständigen Aufwandskontos gebildet und auf den **Passivkonten Pensionsrückstellungen, Steuerrückstellungen** oder **andere Rückstellungen** erfasst.

Für unsere **Ausgangssituation** ergibt sich:

Grundbuch

Beleg-Nr.	Buchungssätze			Soll €	Haben €
1	Haus- u. Grundstücksaufwendungen	an	Andere Rückstellungen	45 000,00	45 000,00
2	Andere Rückstellungen	an	SBK	45 000,00	45 000,00
3	GuV	an	Haus- und Grundstücksaufwendungen	45 000,00	45 000,00

Hauptbuch

S	Haus- und Grundstücksaufwend.		H
1)	45 000,00	3)	45 000,00

S	andere Rückstellungen		H
2)	45 000,00	1)	45 000,00

S	GuV		H
3)	45 000,00		

S	SBK		H
		2)	45 000,00

8.7.3 Wann und wie werden Rückstellungen aufgelöst?

Rückstellungen dürfen **nur aufgelöst** werden, **soweit** der **Grund**, der zu ihrer Bildung führte, **entfallen** ist (§ 249 Abs. 3 HGB).

Beim **Eintritt** und der **Fälligkeit** der Verbindlichkeit wird diese zu Lasten des Kontos Rückstellungen beglichen. Reicht der zurückgestellte Betrag nicht aus, so wird der verbleibende Rest zu Lasten des betroffenen aperiodischen Aufwandskontos „Sonstige betriebliche Aufwendungen" gebucht.

Zu hoch gebildete Rückstellungen werden auf dem Erfolgskonto **„Erträge aus der Auflösung von Rückstellungen"** steuerwirksam ausgebucht.

Beträgt die Abschlussrechnung der Dachreparatur z. B. 43 500,00 €, die dem Kunden gutgeschrieben werden, so ist zu buchen:

Grundbuch

Beleg-Nr.	Buchungssatz			Soll €	Haben €
1	Andere Rückstellungen	an	Kunden-KK	45 000,00	43 500,00
		an	Erträge aus der Auflösung von Rückstellungen		1 500,00

Auf einen Blick:

Rückstellungen sind Verbindlichkeiten, die dem Rechtsgrunde nach bereits feststehen, deren Höhe und/oder Fälligkeit aber noch nicht bekannt sind.

Aufgaben:

108. Buchen Sie folgende Rückstellungen im Grundbuch!

1. Die Instandsetzungskosten für einen Feuerschaden am Bankgebäude werden auf 14 000,00 € geschätzt.
2. Die Bank rechnet mit Gewerbesteuernachzahlungen für das laufende Geschäftsjahr in Höhe von 12 000,00 €.
3. Für einen schwebenden Prozess werden 1 500,00 € zurückgestellt.
4. Die Kosten für die Pflichtprüfung (Buchprüfung des laufenden Jahres) werden auf 3 500,00 € geschätzt.
5. Abschluss der Konten „Rückstellungen" und Neueröffnung im nächsten Geschäftsjahr.
6. Die Instandsetzungskosten für den Feuerschaden betragen 12 500,00 € und werden durch Bundesbank-Überweisung beglichen.
   Glattstellung des Rückstellungspostens über 14 000,00 €!
7. Für Pensionsverpflichtungen werden 45 700,00 € zurückgestellt.
8. In dem Mietvertrag für die Geschäftsräume einer Filiale wurde vereinbart, dass der ursprüngliche Zustand der Geschäftsräume wieder hergestellt werden muss. Der Mietvertrag läuft in zwei Jahren aus. Eine Verlängerung erfolgt nicht. Geschätzte Wiederherstellungskosten: 57 000,00 €.

109. Buchen Sie im Grundbuch zum 31. Dezember bzw. während des Geschäftsjahres!
Anfangsbestände: Bbk 254 300,00 €; andere Rückstellungen 94 300,00 €; Steuerrückstellungen 30 000,00 €.

Geschäftsfälle:

1. Für eine Generalüberholung der Schließfachanlage, die im Februar des kommenden Jahres durchgeführt wird, ist mit Kosten von etwa 12 900,00 € zu rechnen.
2. Gegenüber Mitarbeitern werden Pensionsverpflichtungen in Höhe von 196 000,00 € eingegangen.
3. Das Finanzamt fordert eine Steuernachzahlung von 29 700,00 € an. Hierfür war im Vorjahr eine Rückstellung von 30 000,00 € gebildet worden. Überweisung durch Bbk.
4. Ein Prozess, für den eine Rückstellung von 5 400,00 € gebildet war, wurde durch Vergleich beendet. Unser Vergleichsanteil von 3 500,00 € wird durch Bbk überwiesen.
5. Durch Bonuszusagen für Sparer ist mit zusätzlichen Zinsbelastungen von 52 000,00 € zu rechnen.
6. Das Kreditinstitut hat sich verpflichtet, ein gemietetes Gebäude nach Ablauf des Mietvertrages wieder in den alten Zustand zu versetzen. Es ist mit etwa 20 000,00 € Umbaukosten zu rechnen.
7. Gegen einen Steuerbescheid wird Rechtsmittel eingelegt. Strittig ist eine Steuerforderung von 15 000,00 €.

8. Für die Instandsetzung der Klimaanlage waren im vergangenen Jahr 35 000,00 € zurückgestellt worden. Die Rechnung lautet über 36 500,00 € einschl. USt. Überweisung über Bbk!
9. Wie wäre bei 8. zu buchen, falls die Handwerkerrechnung 32 700,00 € betragen hätte?
10. Das Kreditinstitut wurde wegen einer Gehaltsforderung eines ausgeschiedenen Mitarbeiters in einen Arbeitsgerichtsprozess verwickelt. Die Kosten werden auf etwa 8 000,00 € geschätzt.

110. Buchen Sie die Geschäftsfälle im Grundbuch am Tag ihrer Entstehung und die erforderlichen Abgrenzungen am 31. Dezember!

Geschäftsfälle:

1. Am 1. April wird der Jahresbezugspreis für eine Fachzeitschrift durch Postbank Überweisung gezahlt: 160,00 €.
2. Wert 30. November wird ein Festgeld bei der Zentrale angelegt. Fällig (Wert) 15. Januar. Zinssatz 4,5 %. Betrag 500 000,00 €.
3. Am 15. Oktober wird von einem Kunden ein Prozess wegen einer angeblich unberechtigten Auszahlung eines Sparguthabens anlässlich eines Erbfalles eingeleitet. Streitsumme und Kosten ca. 4 000,00 €.
4. Eine im Dezember eingetroffene Rechnung für Formulare wurde im alten Geschäftsjahr nicht bezahlt: 8 300,00 €.
5. Ein Mieter überweist am 15. Dezember die Miete für seine Wohnung im bankeigenen Gebäude für die Monate Dezember und Januar, je 800,00, und zwar auf unser Postbank Girokonto: 1 600,00 €.
6. Ein Kunde legt Wert 15. Dezember ein Festgeld an. Überweisung des Festgeldes von seinem Girokonto. Fällig 15. Januar. Zinssatz 6 %. Betrag 60 000,00 €.
7. Nach Abschluss der steuerlichen Betriebsprüfung ist mit einer Steuernachzahlung von 15 000,00 € zu rechnen.
8. Am 1. Juli wird die Kfz-Steuer für Geschäftsfahrzeuge für ein Jahr im Voraus durch Bbk überwiesen: 2 800,00 €.

8.8 Risikovorsorge durch die Bildung von Vorsorgereserven und Rücklagen

Problemstellung: Auf der Vertreterversammlung einer Kreditgenossenschaft hören Sie im Bericht des Vorstandes, dass auch in diesem Geschäftsjahr von dem erwirtschafteten Gewinn wieder ein erheblicher Betrag der Risikovorsorge zugeführt wurde.

Arbeitsaufträge: Erläutern Sie, in welcher Form diese Risikovorsorge getroffen werden kann! Suchen Sie Beispiele, bei denen diese Formen der Risikovorsorge in Ihrem Ausbildungsbetrieb eingesetzt wurden!

11 Schuster - ISBN 978-3-8120-0194-6

Informationen

8.8.1 Vorsorge für allgemeine Bankrisiken (§ 340f Abs. 1 HGB)

Zur **Sicherung** gegen **besondere Geschäftszweigrisiken** dürfen Kreditinstitute **stille Reserven** bilden (§ 340f Abs. 1 HGB), soweit dies nach **vernünftiger kaufmännischer Beurteilung notwendig ist.**

Um dies zu erreichen, dürfen **bestimmte Vermögensgegenstände niedriger bewertet** werden, als dies nach § 253 Abs. 1 Satz 1, Abs. 3 HGB **zulässig ist.**

Die **Unterbewertung** ist **zulässig für**

- **Forderungen an Kreditinstitute**
- **Forderungen an Kunden**
- **bestimmte „übrige" Wertpapiere** (Liquiditätsreserve), die **weder wie Anlagevermögen behandelt** werden, noch **Handelsbestand** sind.

Das Kreditinstitut bestimmt jährlich selbst, welche Wertpapiere dazugehören sollen.

Der Betrag der auf diese Weise gebildeten **Vorsorgereserven** darf **vier vom Hundert des Gesamtbetrags der zugrunde liegenden Vermögensgegenstände,** der sich bei deren Bewertung nach § 253 Abs. 1 Satz 1, Abs. 3 HGB ergibt, **nicht übersteigen.**

Beispiel:

	A	B	C	D	E	F
1	Ermittlung der Vorsorgereserven nach § 340f HGB					
2	Bestände zum Bilanzstichtag	Eigene Wertpapiere			Forderungen	
3	in TEUR					
4	insgesamt	20 000,00			120 000,00	
5		wie Anlagevermögen bewertet	Handelsbestand	Liquiditätsreserve	Forderungen an Kreditinstitute	Forderungen an Kunden
6		4 000,00	3 000,00	13 000,00	12 000,00	108 000,00
7	– Abschreibungen	200,00	300,00	1 950,00	600,00	13 500,00
8	= Wertansatz nach Abschreibung	3 800,00	2 700,00	11 050,00	11 400,00	94 500,00
9	Bemessungsgrundlage der Vorsorgereserven			116 950,00		
10	max. mögliche Vorsorgereserve (4 % der Bemessungsgrundlage)				4 678,00	
11	Gebildete Vorsorgereserven, z. B.				4 000,00	
12	Bilanzwert nach Vorsorgereserve				112 950,00	
13	Verteilung der Vorsorgereserve auf z. B.			800,00	400,00	2 800,00
14	Bilanzwerte	3 800,00	2 700,00	10 250,00	11 000,00	91 700,00

8.8.2 Sonderposten für allgemeine Bankrisiken (§ 340g HGB)

Kreditinstitute dürfen auf der Passivseite der Bilanz zur **Sicherung gegen allgemeine Bankrisiken** einen Sonderposten **„Fonds für allgemeine Bankrisiken"** bilden, soweit dies nach vernünftiger kaufmännischer Beurteilung wegen der besonderen Risiken des Geschäftszweigs der Kreditinstitute notwendig ist.

Die Zuführungen zum Sonderposten oder die Erträge aus der Auflösung des Sonderpostens sind in der Gewinn- und Verlustrechnung gesondert auszuweisen.

In diesem Falle werden die Zuführung und die Auflösung der Rücklagen **offen** in der Bilanz ausgewiesen. Der Bilanzleser kann sich über Veränderungen des Sonderpostens informieren.

Diese Möglichkeit der offenen Reservenbildung kann für Kreditinstitute Bedeutung erlangen, die nach IAS bilanzieren. Die anderen Kreditinstitute werden voraussichtlich von der stillen Form der Reservenbildung weiterhin bevorzugt Gebrauch machen.

Da der **Fonds für allgemeine Bankrisiken** den Charakter von Gewinnrücklagen hat, wird er von der Bankenaufsicht dem **Kernkapital** zugerechnet.

8.8.3 Risikovorsorge durch die Bildung offener Rücklagen[1]

Der Jahresüberschuss kann zur Verstärkung der Rücklagen des Kreditinstituts benutzt werden. **Rücklagen** sind Eigenkapital.

Nach der **Art ihrer Entstehung** werden

offene Rücklagen und **stille Rücklagen**

unterschieden.

Bei den **offenen Rücklagen** werden nach § 272 HGB unterschieden:

Kapitalrücklagen (§ 272 Abs. 2 HGB)	**Gewinnrücklagen** (§ 272 Abs. 3 HGB)
Es sind auszuweisen 1. der Betrag, der bei der Ausgabe von Anteilen einschließlich von Bezugsanteilen über den Nennbetrag hinaus erzielt wird; 2. der Betrag, der bei der Ausgabe von Schuldverschreibungen für Wandlungsrechte und Optionsrechte zum Erwerb von Anteilen erzielt wird; 3. der Betrag von Zuzahlungen, die Gesellschafter gegen Gewährung eines Vorzugs für ihre Anteile leisten; 4. der Betrag von anderen Zuzahlungen, die Gesellschafter in das Eigenkapital leisten.	Als Gewinnrücklagen dürfen nur Beträge ausgewiesen werden, die im Geschäftsjahr oder in einem früheren Geschäftsjahr aus dem Ergebnis gebildet worden sind. **Die RechKredV unterscheidet folgende Arten:** 1. Gesetzliche Rücklagen 2. Rücklagen für eigene Anteile 3. Satzungsmäßige Rücklagen 4. Andere Gewinnrücklagen

Kreditinstitute in der Rechtsform der AG haben eine **gesetzliche Rücklage** zu bilden. In diese ist der zwanzigste Teil des um einen Verlustvortrag aus dem Vorjahr geminderten

1 Vgl. Lernfeld: Dokumentierte Unternehmensleistungen auswerten: Rücklagen- und Ausschüttungspolitik.

Jahresüberschusses einzustellen, bis die gesetzliche Rücklage und die Kapitalrücklagen zusammen den zehnten oder den in der Satzung bestimmten höheren Teil des Grundkapitals erreichen (§ 150 AktG).

Rücklagen für eigene Anteile dürfen nur für die in § 71 AktG festgelegten Erwerbsgründe, z. B. wenn der Erwerb notwendig ist, um einen schweren, unmittelbar bevorstehenden Schaden von der Gesellschaft abzuwenden, oder wenn die Aktien den Arbeitnehmern der Gesellschaft oder eines mit ihr verbundenen Unternehmens zum Erwerb angeboten werden sollen, gebildet werden.

Satzungsmäßige Rücklagen sind gemäß des in der Satzung der AG festgelegten Satzes zu bilden.

Andere Gewinnrücklagen können nach freiem Ermessen aus dem Jahresüberschuss gebildet werden. Stellen Vorstand und Aufsichtsrat einer AG den Jahresabschluss fest, so können sie bis zur Hälfte des Jahresüberschusses in andere Gewinnrücklagen einstellen (§ 58 AktG). Darüber hinaus kann die Hauptversammlung aus dem Bilanzgewinn Zuweisungen zu den anderen Gewinnrücklagen vornehmen.

Stille Rücklagen entstehen durch die Bewertung der Vermögens- und Schuldenwerte des Unternehmens, und zwar durch die Unterbewertung von Vermögenswerten oder durch die Überbewertung von Verbindlichkeiten.

Auflösung der Rücklagen

Das Aktiengesetz bestimmt in § 150 Abs. 3 und 4 die **Verwendung der gesetzlichen Rücklage** und der **Kapitalrücklage.**

Verwendungsmöglichkeiten **Gesetzliche Rücklage** und **Kapitalrücklage** belaufen sich auf	
bis 10 % oder dem in der Satzung bestimmten höheren Teil des Grundkapitals	über 10 % oder dem in der Satzung bestimmten höheren Teil des Grundkapitals
1. zum **Ausgleich** eines **Jahresfehlbetrages,** soweit er nicht durch einen Gewinnvortrag aus dem Vorjahr gedeckt ist **und** nicht durch Auflösung anderer Gewinnrücklagen ausgeglichen werden kann; 2. zum **Ausgleich** eines **Verlustvortrags** aus dem Vorjahr, soweit er nicht durch einen Jahresüberschuss gedeckt ist **und** nicht durch Auflösung anderer Gewinnrücklagen ausgeglichen werden kann.	1. zum **Ausgleich** eines **Jahresfehlbetrags,** soweit er nicht durch einen Gewinnvortrag aus dem Vorjahr gedeckt ist; 2. zum **Ausgleich** eines **Verlustvortrags** aus dem Vorjahr, soweit er nicht durch einen Jahresüberschuss gedeckt ist; 3. zur **Kapitalerhöhung aus Gesellschaftsmitteln.**

Rücklagen für eigene Anteile dürfen nur aufgelöst werden, soweit die eigenen Anteile ausgegeben, veräußert oder eingezogen werden oder soweit sie auf der Aktivseite niedriger bewertet werden (§ 272 Abs. 4 HGB).

Andere Gewinnrücklagen können nach eigenem Ermessen der Gesellschaft aufgelöst werden. **Stille Rücklagen** können nach den Vorschriften des Bewertungsrechts wieder aufgelöst werden. Sie sind dann als neutrale Erträge zu erfassen und zu versteuern.

Der nicht den Gewinnrücklagen zugeführte Teil des Jahresüberschusses wird den Anteilseignern als **Dividende** ausgeschüttet.

Ein evtl. verbleibender Rest wird als **Gewinnvortrag** auf das folgende Geschäftsjahr übertragen.

Welche Buchungen ergeben sich bei der Verwendung des Jahresüberschusses?

Zunächst ist der **Gewinnvortrag** bzw. **Verlustvortrag des Vorjahres** auf das Gewinn- und Verlustkonto zu übertragen.

Buchungen: a) bei **Gewinnvortrag**
Gewinnvortrag an Gewinn- und Verlustkonto,
b) bei **Verlustvortrag**
Gewinn- und Verlustkonto an Verlustvortrag.

Durch diese Buchungen wird der Jahresüberschuss entweder erhöht oder vermindert, ein Jahresfehlbetrag entweder vermindert oder erhöht.

Müssen Teile des Gewinns den **gesetzlichen Rücklagen** zugeführt werden, so ist zu buchen:
Gewinn- und Verlustkonto an gesetzliche Rücklagen.

Machen Vorstand und Aufsichtsrat von der Möglichkeit der Zuführung von Teilen des Jahresüberschusses in die **anderen Gewinnrücklagen** Gebrauch, wird gebucht:

Buchung: Gewinn- und Verlustkonto an andere Gewinnrücklagen.

Sollen **andere Gewinnrücklagen aufgelöst** werden, so bucht man:

Buchung: Andere Gewinnrücklagen an Gewinn- und Verlustkonto.

Durch diese Buchungen wurde aus dem Jahresüberschuss/Jahresfehlbetrag der **Bilanzgewinn/Bilanzverlust.**

Bilanzgewinn bzw. Bilanzverlust werden auf das Schlussbilanzkonto übertragen.

Buchungen: Gewinn- und Verlustkonto an Bilanzgewinn (SBK)
oder
Bilanzverlust (SBK) an Gewinn- und Verlustkonto.

Im nächsten Geschäftsjahr wird der Bilanzgewinn verteilt. (Ein Bilanzverlust wird als Verlustvortrag geführt.) Der Bilanzgewinn wird dazu auf ein **Gewinnverteilungskonto** gebucht, ein verbleibender Restgewinn auf das Konto Gewinnvortrag.

Buchung: Bilanzgewinn an Gewinnverteilungskonto
an Gewinnvortrag.

Zu Lasten des Gewinnverteilungskontos erfolgen die Zahlungen der Dividende, die Abführung der KESt und des Solidaritätszuschlages sowie evtl. die Zuführung zu den anderen Gewinnrücklagen.

Buchungen: Gewinnverteilungskonto an Banken-KK o.Ä.
(Dividendenausschüttungen)
an Sonstige Verbindlichkeiten
(Finanzamt)
(an andere Gewinnrücklagen).

Die **Auflösung der stillen Rücklagen** erfolgt bereits im Rahmen der vorbereitenden Abschlussbuchungen.

Buchung z.B.: Vermögenskonto an Buchgewinne von Wertpapieren.
z.B. Wertpapiere

Auf einen Blick:

Rücklagen sind Eigenkapital.

Rücklagenarten

- offene Rücklagen *(nach RechKredV)*
  - gesetzliche Rücklagen
  - Rücklagen für eigene Anteile
  - satzungsmäßige Rücklagen
  - andere Gewinnrücklagen
- stille Rücklagen
  - entstehen durch
    - Unterbewertung von Vermögen
    - Überbewertung von Schulden

Rücklagenzuweisungen sind Selbstfinanzierung.

Aufgaben:

111. Im Bestand der Handelsbank AG (Liquiditätsreserve) befinden sich u.a. Industrieschuldverschreibungen im Nennwert von 80 Mio €. Diese wurden zum Kurs von 100 % erworben. Der Börsenkurs am 31. Dezember betrug 95 %.

Wegen der zu erwartenden weiteren Kurssenkungen, die auf eine restriktive Geldpolitik der Zentralbank zurückzuführen sind, sollen diese Wertpapiere unter Bezug auf § 340f HGB mit maximal möglichem Betrag bewertet werden.

a) Mit welchem Betrag erscheinen diese Wertpapiere in der Bilanz?
b) Welche Konsequenzen hat diese Bewertung für das Kreditinstitut?
c) Wie beurteilen Sie diese Möglichkeit der Bewertung der Wertpapiere?

112. Die Handelsbank AG will erstmalig Vorsorgereserven nach § 340f HGB in maximal zulässigem Umfang bilden (auf volle 1 000 abrunden).

Es liegen die folgenden Inventurwerte vor, auf die zunächst Einzelwertberichtigungen zu bilden sind.

	Inventurwerte TEUR	Einzelwertberichtigungsbedarf TEUR
Eigene Wertpapiere des Anlagevermögens	3 000	150
Eigene Wertpapiere des Handelsbestands	2 250	225
Eigene Wertpapiere der Liquiditätsreserve	9 750	1 462
Forderungen an Kreditinstitute	9 000	450
Forderungen an Kunden	81 000	10 125

Erarbeiten Sie einen Vorschlag zur Verteilung der maximal möglichen Vorsorgereserve!

Lernfeld: Kosten und Erlöse ermitteln und beeinflussen

KMK-PLAN

Zielformulierung:

Die Schülerinnen und Schüler bestimmen Kosten und Erlöse ausgewählter Bankleistungen und berücksichtigen sie bei ihrem Handeln. Sie begründen, dass neben der Finanzbuchhaltung eine interne Kostenrechnung notwendig ist, um den Betrieb zielorientiert zu steuern und zu überwachen. Sie wenden Verfahren der Kosten- und Erlösrechnung bei einfachen Sachverhalten an und stellen Ansatzpunkte und Merkmale des Bankcontrollings dar.

Ausbildungsordnung

Rechnungswesen (§ 3 Nr. 6.1):

c) Kosten- und Erlösarten des ausbildenden Unternehmens unterscheiden
d) Kosten und Erlöse einer Kundenverbindung gegenüberstellen

Steuerung (§ 3 Nr. 6.2):

Aufgaben des Controllings als Informations- und Steuerungsinstrument des ausbildenden Unternehmens an Beispielen beschreiben.

1 Bankcontrolling als integratives System von Planung, Steuerung und Kontrolle

Problemstellung:	Sie hören in Ihrem Ausbildungsbetrieb, dass es die Stelle eines Controllers oder einer Abteilung Controlling gibt.
Arbeitsauftrag:	Informieren Sie sich in Ihrem Ausbildungsbetrieb über die Aufgaben dieses Controllers bzw. dieser Abteilung.

Informationen

1.1 Was ist Controlling bei Kreditinstituten?

Die Aufgaben des Controllings sollen an einem **Beispiel** verdeutlicht werden.

Der Vorstand einer Kreditgenossenschaft stellt fest, dass die bisherige Betriebsgröße und die Ertragskraft dieser Bank nicht ausreichen, um langfristig erfolgreich den Wettbewerb mit anderen Kreditinstituten zu bestehen. Der Vorstand setzt sich daher zum Ziel, das Geschäftsvolumen, eventuell auch durch Fusionen mit benachbarten Kreditgenossenschaften, und gleichzeitig die Rentabilität der Bank zu erhöhen.

Dieser Vorstand hat somit eine **strategische Entscheidung** getroffen, da er sich ein langfristiges Ziel gesetzt hat. Diese Zielsetzung hat er nun im Tagesgeschäft durch **operative Entscheidungen** umzusetzen. Das bedeutet, er hat Maßnahmen zu planen, durchzuführen und zu kontrollieren, die dazu führen, seine langfristigen strategischen Ziele zu erreichen.

Die Entwicklung einer langfristigen Unternehmensstrategie vollzieht sich in mehreren Stufen.

Stufen der Entwicklung einer langfristigen Unternehmensstrategie

Stufe 1	**Situationsanalyse**	Die Situationsanalyse hat einerseits das **Umfeld** des Kreditinstituts, andererseits das Kreditinstitut **selbst,** also das „Innenleben“, zum Gegenstand. **Instrumente** zur Situationsanalyse sind z. B. ➯ **Chancen-Risiken-Analyse** Diese Analyse befasst sich mit dem **Umfeld** eines Unternehmens. Dieses wird durch unterschiedliche Entwicklungen beeinflusst, wie zum Beispiel - die ökonomischen Veränderungen auf den Finanzmärkten; - die Änderungen der gesetzlichen Rahmenbedingungen; - die Entwicklung durch neue Bankprodukte, z. B. die Finanzderivate; - die soziokulturellen Veränderungen durch einen Wertewandel; - veränderte ökologische Rahmenbedingungen. **Ziel** dieser Analyse ist es, die Veränderungen im betrieblichen Umfeld beim Erreichen der Unternehmensziele zu berücksichtigen. ➯ **Stärken-Schwächen-Analyse** Durch diese Analyse soll das **Innenleben** des Kreditinstituts deutlich gemacht werden. Dazu gehören u. a. die Untersuchung - der Bankdienstleistungen nach deren Marktstellung; - der Qualität der Unternehmensführung; - der Mitarbeiterpotenziale; - der Finanzkraft; - der Organisation und - des Standortes. Die Ergebnisse können in einem **Stärken-Schwächen-Profil** dargestellt werden. Durch einen **Vergleich mit dem stärksten Mitwettbewerber** können die Stärken und Schwächen deutlich gemacht werden (sog. **Benchmarking**).
Stufe 2	**Unternehmensziele**	Die **Ziele der Gesamtbank** sind zunächst zu bestimmen. Aus den Gesamtunternehmenszielen können die **Teilziele für die einzelnen strategischen Geschäftsfelder (SGF)** abgeleitet werden. **Wichtig** ist, dass die Ziele nach Zielinhalt, Zielausmaß und zeitlichem Bezug definiert werden, da diese nur dann nachträglich hinsichtlich der Zielerreichung durch **Soll-Ist-Vergleich** überprüft werden können.

Stufe 3	Festlegung **strategischer Geschäftsfelder** (SGF)	Die Gesamtbank wird in einzelne strategische Geschäftsfelder zerlegt. **Gliederungskriterien** können sein - Kundengruppen, - einzelne Produkte oder Produktgruppen, - Regionen oder - Kombinationen dieser Kriterien. Es ist darauf zu achten, dass die SGF eindeutig abgrenzbar sind. Sie können dann als organisatorische Unternehmenseinheit mit eigener Verantwortung geführt werden, z. B. das SGF **Firmenkunden.**
Stufe 4	**Strategieentwicklung, -bewertung und -auswahl**	Nach der Festlegung der Unternehmensziele und der Bildung der SGF ist es jetzt erforderlich, für die einzelnen SGF Strategien zu entwickeln, **wie** die Ziele erreicht werden können. Diese Strategien können sich auf die Produkte, die Mitarbeiter, das Kapital, das Vertriebssystem usw. beziehen. Da unterschiedliche Strategien möglich sind, ist eine Auswahl hinsichtlich der umzusetzenden Strategien zu treffen.
Stufe 5	**Entwicklung einer Taktik**	Hier sind Überlegungen anzustellen, wie z. B. bestimmte Marktstrategien am günstigsten durchzusetzen sind. Wie bringe ich z. B. die Vorstände der Banken dazu, eine Fusion zu befürworten.
Stufe 6	**Maßnahmenformulierung**	Schließlich sind die Strategien und Taktiken in detaillierte Maßnahmen umzusetzen. Das können z. B. im Personalbereich konkrete Weiterbildungsmaßnahmen oder im Absatzbereich bestimmte Werbemaßnahmen zur Gewinnung neuer Kunden sein.
Stufe 7	**Controlling**	Durch das **Controlling** sollen **strategische** Entscheidungen unterstützt werden. Außerdem ist durch **Soll-Ist-Vergleiche** die Zielerreichung ständig zu überprüfen und bei Abweichungen dafür zu sorgen, dass, falls erforderlich, Veränderungen der Ziele, Strategien oder Maßnahmen erfolgen. Ein zentrales Instrument des **operativen Controllings** ist die **Bankkalkulation** (Kosten- und Erlösrechnung).

Unternehmensziele

Wichtigste **Unternehmensziele** auf der Ebene der Gesamtbank sind das Erzielen einer angemessenen **Rentabilität** und die **Sicherung** des Unternehmens gegen die Risiken des Bankbetriebs. Aus diesen **Hauptzielen** lassen sich **Unterziele** ableiten, wie z. B. das Ziel der Erhaltung einer ausreichenden Liquidität, das Wachstum des Unternehmens oder auf der Ebene eines Arbeitsplatzes die Formulierung bestimmter Kostenziele oder Erlösziele.

Um den einzelnen Geschäftsstellen und letztlich den einzelnen Mitarbeitern die Unternehmensziele sichtbar zu machen, müssen diese so formuliert und in Zahlen umgesetzt werden, dass alle Beteiligten wissen, **welche Ziele** in **welchem Umfang** und in **welcher Zeit** erreicht werden sollen. Die so formulierten Teilziele werden als **operationale Teilziele** bezeichnet. Die zahlenmäßige Vorgabe der Planziele bis hin zum einzelnen Geschäft bezeichnet man als **Budgetierung.**

Für einen **Anlageberater** könnte eine derartige Zielvorgabe lauten: „Steigere den Absatz festverzinslicher Wertpapiere gegenüber dem Vorjahr um 3 %.“

Ansatzpunkte des Bankcontrollings

Das **Controlling** kann seine Maßnahmen bei der Unterstützung der Unternehmensleitung an verschiedenen Punkten ansetzen.

Ansatzpunkte des Bankcontrollings	Erläuterung
Umfang	Controllingmaßnahmen können bei der **Gesamtbank** ansetzen oder sich auf die einzelnen **Geschäftsstellen** beziehen.
Unternehmensziele	Hier haben Controllingmaßnahmen das Ziel, das Erreichen bestimmter Unternehmensziele zu überprüfen. Dabei stehen die Ziele **Sicherheit** und **Rentabilität** im Mittelpunkt.
Bankleistungen	Kreditinstitute erstellen **Marktleistungen.** Hier kann das Controlling z. B. überprüfen, ob die eigenen Marktleistungen im Vergleich zu den Mitwettbewerbern konkurrenzfähig sind. Das Aufrechterhalten bzw. die Verbesserung der **Wettbewerbssituation** durch attraktive Marktleistungen wird als **Portfolio-Management** bezeichnet. Aber auch die zur Erstellung der Marktleistungen erforderlichen **Betriebsleistungen** müssen ständig auf ihre Effizienz hin überprüft werden. Bei zunehmendem Wettbewerb kommt es darauf an, die Kosten im **technisch-organisatorischen Bereich** gegenüber den Konkurrenten niedriger zu gestalten.
Risikosteuerung	Kreditinstitute betreiben ihre Geschäfte nicht ohne Risiken. Die **typischen Risiken der Kreditinstitute** sind: ● Das **Kreditrisiko,** das sich aus Bankgeschäften gegenüber den Geschäftspartnern ergeben kann. Dabei werden **drei Arten** von **Kreditrisiken** unterschieden: - Das **Ausfallrisiko,** das sich ergibt, wenn die Geschäftspartner ihre vertraglichen Zahlungsverpflichtungen nicht erfüllen. - Das **Länderrisiko,** das z. B. durch politische oder soziale Unruhen, Devisenkontrollen, Auf- oder Abwertungen der Landeswährungen oder durch staatliche Einschränkungen des Zahlungstransfers entstehen kann. - Das **Abwicklungsrisiko,** das im Scheitern der Abwicklung oder Verrechnung von Transaktionen, z. B. von Zahlungen oder Wertpapierübertragungen, besteht. ● Das **Marktrisiko,** das sich aus der Unsicherheit über die Veränderung von Marktpreisen, wie z. B. der Zinsen, Aktienkurse oder Wechselkurse, ergibt. ● Das **operationelle Risiko** liegt in der Gefahr von Verlusten, die infolge der Unangemessenheit oder des Versagens von internen Verfahren, Menschen und Systemen oder infolge externer Ereignisse eintreten.

Merkmale von Controllingaufgaben

Die Unternehmensziele werden durch die Umsetzung in **Sollwerte** der Unternehmenspläne rechenbar und damit überprüfbar. Die **Sollvorgabe** kann nachträglich mit den tatsächlichen **Istwerten** verglichen werden. Die **Abweichungen** können analysiert und erforderliche Gegenmaßnahmen getroffen werden. Dieses Vorgehen ist der Kern der **Unternehmenssteuerung.**

Dieser permanente **Steuerungsprozess** lässt sich als **Regelkreis** darstellen.

Die **Führungsgröße** (z. B. der Vorstand) legt die Ziele der Gesamtbank unter Hinzuziehung von sachkundigen Mitarbeitern und eventuell externen Beratern fest. Die Ziele der Gesamtbank werden auf die einzelnen Stellen umverteilt. Der Filialleiter ist z. B. dafür verantwortlich, dass die einzelnen Mitarbeiter ihre Sollgrößen (**Stellgrößen**) erfahren, und er hat diese durch Feststellen der tatsächlichen Ergebnisse (**Regelgrößen**) zu überprüfen, Abweichungen zu analysieren und im Rahmen seiner Kompetenzen abweichende Sollgrößen für die nächste Periode vorzugeben. Er hat somit die Funktion eines **Reglers.**

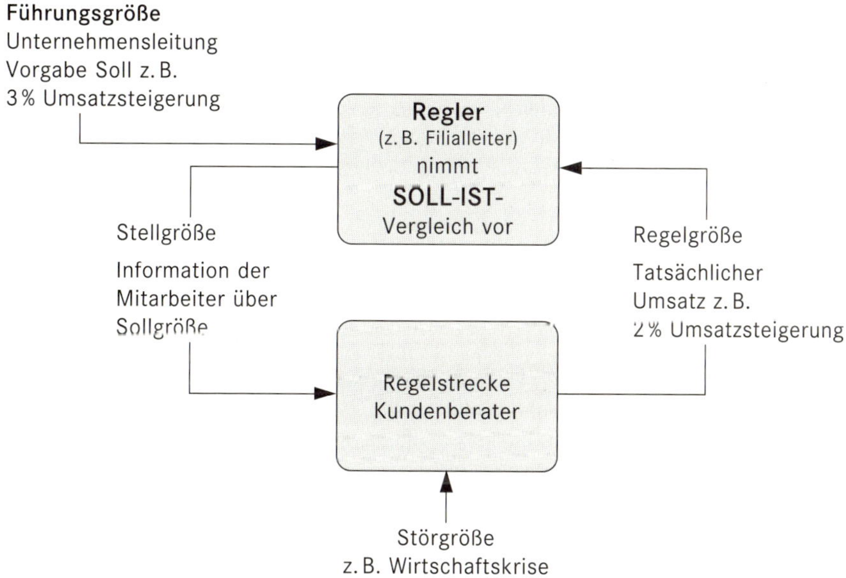

Das **Regelkreismodell** ermöglicht die Kontrolle der Leistungen der Mitarbeiter auf allen betrieblichen Ebenen, z. B. Gesamtbank, Filiale, Abteilung, Gruppe bis hin zur Kontrolle einzelner Erlös- oder Kostenarten im Markt- bzw. Betriebsbereich.

Voraussetzungen für ein effektives Bankcontrolling

Ein **effektives Bankcontrolling** ist nur möglich, wenn das herkömmliche Rechnungswesen, das auch weiterhin für die vergangenheitsbezogene Rechnungslegung benötigt wird, durch ein zukunftsbezogenes **Bankbuchführungs- und Informationssystem** ergänzt wird. Es hat die Aufgabe, die Unternehmensleitung mit Informationen zu versorgen, um die Steuerungsaufgabe optimal wahrnehmen zu können. Durch fortlaufende **SOLL-IST-Vergleiche** zwischen den Planwerten (Budgetwerten) und den tatsächlich eingetretenen IST-Werten **sowie** der **Analyse der Abweichungen** soll eine optimale Unternehmenssteuerung möglich werden.

Ein für die Unternehmenssteuerung wirksames **Führungs- und Informationssystem** sollte folgende Bereiche umfassen:

Instrumente	Erläuterung
Laufende Informationen über Marktentwicklung	**Kreditinstitute** setzen ihre Leistungen am Markt ab. Dies ist nur erfolgreich, wenn fortlaufend die Marktveränderungen in die Unternehmensentscheidungen einbezogen werden. Durch **Marktbeobachtungen** sind die wesentlichen Marktdaten, **zum Beispiel:** - Kundenverhalten, - Konkurrenzverhalten, - Einkommensentwicklung, - innovative Produkte der Mitwettbewerber zu ermitteln.
Betriebskalkulation	Die **Bankleistungen** müssen zu Marktpreisen abgesetzt werden, die nach Möglichkeit einen Überschuss für das Kreditinstitut ermöglichen. Eine angemessene Preisgestaltung wird durch die Betriebskalkulation unterstützt. Hierzu werden verschiedene Rechnungen bereitgestellt, **zum Beispiel:** - Kosten- und Erlösartenrechnung, - Kostenstellenrechnung, - Kostenträgerrechnung, - Konto- und Geschäftsverbindungskalkulation.
Betriebsstatistik	Die **Betriebsstatistik** ist im Gegensatz zur Planungsrechnung **vergangenheitsorientiert.** Sie befasst sich mit dem **Erfassen der Ergebnisse** der Vergangenheit, **um** den nachträglichen **Vergleich mit den Vorgaben der Planungsrechnung zu ermöglichen** und dadurch **Planabweichungen** zu erkennen und deren **Ursachen zu analysieren.**
Budgetierung	Die **Unternehmensziele** müssen unter Beachtung der langfristigen (strategischen) Ziele in kurzfristige (operative) Ziele für die nächste Periode umgesetzt werden. Dieses geschieht durch die **Budgetierung.** Der **Budgetprozess** besteht in der Regel aus **vier Phasen:** - **Budgetentwurf:** Vorlage von Teilbudgets für die einzelnen Unternehmensbereiche. - **Budgetabstimmung:** Koordinierung der Einzelbudgets zum untereinander abgestimmten Gesamtbudget des Unternehmens. - **Budgetvorgabe:** Die abgestimmten Einzelbudgets werden in Vollzug gesetzt. Die Budgetangaben sind jetzt verbindliche Ziele für die Betroffenen in der Planperiode. - **Budgetkontrolle:** Während der Plandurchführung und am Ende der Planperiode werden **SOLL-IST-Vergleiche** vorgenommen (Controllingprozess).

Instrumente	Erläuterung
Profit Center; Cost Center	Um den Führungsprozess wirksamer und gezielter zu gestalten, werden Bereiche gebildet, auf die sich die Budgetwerte beziehen. Diese abgegrenzten Bereiche können am **Markt** tätig sein, sog. **Profit Center**, oder nur den **organisatorisch-technischen Bereich** des Unternehmens (Betriebsbereich) betreffen. Bei letzterem liegt ein **Cost Center** vor. Die einzelnen Profit Center bzw. Cost Center handeln **weitgehend eigenverantwortlich.**

1.2 Welche Hauptaufgaben hat die Kosten- und Erlösrechnung beim Controlling zu übernehmen?

Das **betriebliche Rechnungswesen** besteht aus der **Finanzbuchhaltung** und der **Betriebsbuchhaltung.** Die **Finanzbuchhaltung** (externes Rechnungswesen) hat als Hauptaufgabe, die Informationen bereitzustellen, die für **Außenstehende,** wie die Eigentümer, der Staat oder die Öffentlichkeit, bestimmt sind. Um diese Aufgaben zu erfüllen, müssen z. B. die laufenden Geschäftsfälle erfasst, Jahresabschlüsse erstellt und Meldungen abgegeben werden.

Wegen dieser Außenorientierung wird auch von der **externen Rechnungslegung** gesprochen.

Dem steht die **Betriebsbuchhaltung** (internes Rechnungswesen) gegenüber. Sie hat die Informationen für ein wirksames **entscheidungsorientiertes Bankcontrolling** zu liefern. Den **Kern** des internen Rechnungswesens bildet die **Kosten- und Erlösrechnung (Bankkalkulation).**

Im Einzelnen dient die **Kosten- und Erlösrechnung** zur

- Selbstkostenermittlung
- Wirtschaftlichkeitskontrolle
- Erfolgskontrolle

Bei der **Selbstkostenermittlung** werden die Kosten je Leistungseinheit festgestellt, z. B. die Kosten für die Einlösung eines Schecks oder die der Abwicklung eines Effektenauftrages. Durch die Ermittlung der Selbstkosten erhält die Geschäftsleitung ein Instrument zur Gestaltung der Konditionen (Preise). Die Selbstkosten stellen langfristig die Preisuntergrenze dar, die ein Kreditinstitut am Markt für seine Leistungen erzielen muss, um nicht in den Verlustbereich zu geraten.

Besonders bei der Entscheidung über **Sonderkonditionen** sind Kenntnisse über die Selbstkosten wichtig.

Bei der **Wirtschaftlichkeitskontrolle** stellt man das Verhältnis von Leistungen und Kosten fest und vergleicht die erhaltene Kennziffer mit geeigneten Beurteilungsmaßstäben.

$$\text{Wirtschaftlichkeit (Werteverhältnis)} = \frac{\text{Leistungen}}{\text{Kosten}}$$

$$\text{Produktivität (Mengenverhältnis)} = \frac{\text{Output (= Ausbringungsmenge)}}{\text{Input (= Faktoreinsatzmenge)}}$$

Beispiel:
Beim Scheckeinzug wurden in den Jahren 2004 bis 2006 folgende Kosten und Stückleistungen festgestellt:

Jahr	Kosten der Scheckabteilung in Tausend €	Anzahl der bearbeiteten Schecks (Stück)	Wirtschaftlichkeit	Kosten pro Scheck in €
2004	140	390 000	2,7857	0,359
2005	165	440 000	2,6667	0,375
2006	190	520 000	2,7368	0,365

Die Wirtschaftlichkeit war im Jahr 2004 am höchsten, was zu den niedrigsten Kosten pro Scheck führte.

Die Wirtschaftlichkeitskennziffern können durch

- **internen Zeitvergleich,** d.h. im Vergleich mit den Ergebnissen früherer Jahre,
- **zwischenbetrieblichen Vergleich** (externen Vergleich), d.h. durch Vergleiche mit anderen nach Größe und Geschäftsstruktur ähnlichen Kreditinstituten oder
- **Planvergleich,** d.h. dem Vergleich der geplanten Wirtschaftlichkeit (Soll-Werte) mit der tatsächlich erzielten Wirtschaftlichkeit (Ist-Werte)

ausgewertet werden.

Bei der **Erfolgskontrolle** werden die Kosten und Erlöse der Marktleistung in Beziehung gesetzt.

$$\text{Erfolg} = \frac{\text{Kosten}}{\text{Erlöse}}$$

Die Gegenüberstellung von Kosten und Erlösen kann auf verschiedenen Ebenen vorgenommen werden.

In der gröbsten Form kann der **Gesamterfolg** des Kreditinstituts durch die Gegenüberstellung von Gesamtkosten : Gesamterlösen vorgenommen werden.

Weitere Bezugsgrößen können z. B. Zweigstellen, einzelne Geschäftszweige, Abteilungen, Kunden oder Konten sein.

Die **Erfolgskontrolle** kann durch internen Zeitvergleich, zwischenbetrieblichen Vergleich oder Planvergleich (Soll-Ist-Vergleich) erfolgen.

Wirtschaftlichkeits- und Erfolgskontrollen können zu unterschiedlichen Ergebnissen führen. Eine verschlechterte Wirtschaftlichkeit und ein besserer Erfolg können wegen der Marktabhängigkeit des letzteren durchaus nebeneinander stehen.

2 Welche Grundbegriffe der Kosten- und Erlösrechnung sind zu unterscheiden?

Die Finanzbuchhaltung und die Kosten- und Erlösrechnung verwenden, entsprechend ihrer unterschiedlichen Zielsetzung, verschiedene Begriffe. Diese sollen im Folgenden erläutert werden.

2.1 Grundbegriffe der Finanzbuchhaltung (Auszahlungen/Einzahlungen; Ausgaben/Einnahmen und Aufwendungen/Erträge)

Auszahlungen sind Abflüsse von Zahlungsmitteln aus der Barreserve (Liquidität) des Unternehmens. Barreserve = Kassenbestand + täglich verfügbare Bankguthaben.

Einzahlungen sind Zuflüsse von Zahlungsmitteln in die Barreserve (Liquidität) des Unternehmens.

Ausgaben sind Minderungen des Geldvermögens. Geldvermögen = Barreserve + Forderungen − Verbindlichkeiten.

Einnahmen sind Mehrungen des Geldvermögens.

Die Begriffe **Aufwendungen** und **Erträge** werden in der Buchführung bei der Erfolgsrechnung (Gewinn- und Verlustrechnung) benutzt.

Die **Aufwendungen** in der Gewinn- und Verlustrechnung stellen den **gesamten Verbrauch** an Sachmitteln (z. B. Abschreibungen) und Dienstleistungen (z. B. Personalaufwand) des Kreditinstituts, also der Produktionsfaktoren, im abgelaufenen Geschäftsjahr dar.

Die **Erträge** sind der **gesamte Wertzuwachs**, den das Kreditinstitut in dieser abgelaufenen Rechnungsperiode erzielt hat.

Aber nicht alle Aufwendungen müssen durch den **Betriebszweck** des Kreditinstituts, also der Aktiv- und Passivgeschäfte sowie anderer Dienstleistungen, die im abgelaufenen Jahr erbracht wurden, entstanden sein. Sie können auch auf anderen Ursachen beruhen.

Aus diesem Grunde sind die **Aufwendungen** aufzuteilen in:

- ordentliche betriebliche Aufwendungen (= Zweckaufwand) und
- neutrale Aufwendungen.

Ordentliche betriebliche Aufwendungen entstehen bei der betrieblichen Leistungserstellung.

Beispiele für ordentliche betriebliche Aufwendungen sind die Zins- und zinsähnlichen Aufwendungen, Personalaufwendungen, Sachaufwendungen sowie die betriebsbedingten Abschreibungen auf Sachanlagen.

Neutrale Aufwendungen sind Aufwendungen, die **nicht** zur betrieblichen Leistungserstellung notwendig sind. Sie werden in **betriebsfremde** und **außerordentliche Aufwendungen** unterschieden.

Betriebsfremde Aufwendungen entstehen für Zwecke, die in keinem (direkten) Zusammenhang mit der betrieblichen Leistungserstellung stehen, **z. B.** Spenden für karitative Organisationen.

Außerordentliche Aufwendungen sind zwar durch die Erstellung von Betriebsleistungen verursacht, sie fallen aber entweder nur einmalig bzw. unregelmäßig (**z. B.** Kursverluste) an **oder** sie sind anderen Rechnungsperioden zuzurechnen (= periodenfremd), wie **z. B.** Steuernachzahlungen oder Gehaltszahlungen für Vorjahre **oder** um Aufwendungen, die aufgrund von Bewertungsdifferenzen zwischen der Finanzbuchhaltung und der Kosten- und Erlösrechnung entstanden sind, wenn z. B. die Abschreibungen in der Finanzbuchhaltung höher als die verrechneten Abschreibungen in der Kosten- und Erlösrechnung (KER) sind. Dieser Fall kommt allerdings, im Gegensatz zum umgekehrten Fall, selten vor.

Neutrale Aufwendungen			Zweckaufwendungen
betriebsfremd	außerordentlich	periodenfremd	

Ebenso wie die Aufwendungen werden auch die **Erträge** unterteilt in:

- ordentliche betriebliche Erträge
- und neutrale Erträge.

Betriebliche Erträge entstehen mit der Verwertung (= Verkauf) betrieblicher Leistungen, **z. B.** Zins- und Provisionserträge.

Neutrale Erträge sind solche, die **nicht** oder **nur indirekt** im Zusammenhang mit der betrieblichen Leistungsverwertung stehen.

Sie können in **betriebsfremde Erträge** und **außerordentliche Erträge** gegliedert werden.

Betriebsfremde Erträge entstehen für Zwecke, die in keinem (direkten) Zusammenhang mit dem Betrieb stehen, **z. B.** staatliche Zuschüsse für Investitionen.

Außerordentliche Erträge sind zwar von dem Betrieb verursacht, sie fallen aber entweder nur einmalig bzw. unregelmäßig an, wie Erträge aus Anlageverkäufen über dem Buchwert, **oder** sie sind anderen Rechnungsperioden zuzurechnen (= periodenfremd), **z. B.** Steuererstattungen für Vorjahre.

Neutrale Erträge			Zweckerträge
betriebsfremd	außerordentlich	periodenfremd	

Aufgaben:

1. Das Gewinn- und Verlustkonto der Handelsbank hat am 31. Dez. 20.. dieses Aussehen.

Gewinn- und Verlustkonto der Handelsbank zum 31. Dez. 20..

Soll (Aufwendungen)	in Tsd.	Haben (Erträge)	in Tsd.
Zinsaufwendungen	6810 €	Zinserträge	14050 €
Personalkosten	3320 €	Provisionen aus Dienstleistungen	420 €
Sachaufwendungen für das Bankgeschäft	1300 €	Mehrerlöse aus Anlageverkäufen	70 €
Abschreibungen auf Forderungen und Wertpapiere	305 €	Erträge aus der Auflösung von Rückstellungen	50 €
Abschreibungen auf Grundstücke, Gebäude und Geschäftsausstattung	300 €	Zuschuss aus dem Investitionsförderungsprogramm	20 €
Steuern vom Einkommen u. vom Ertrag	855 €		
Spenden an karitative Organisationen	20 €		
Kursverluste aus Devisen- und Wertpapiergeschäften	15 €		
Jahresüberschuss	1685 €		
	14610 €		14610 €

Ordnen Sie die einzelnen Positionen den Aufwands- und Ertragsarten zu!

2. Der Controller der Handelsbank AG fährt mit dem Dienstwagen zu einer Tagung. Er zahlt die Tankrechnung (150,00 €) mit einer Geldkarte der Bank. Die Tankfüllung wird während der Fahrt zur Tagung vollständig verbraucht.

Bestimmen Sie Auszahlung, Ausgabe und Aufwand!

3. Ein Kunde zahlt auf sein Sparkonto 1000,00 € ein. Welche unmittelbaren Auswirkungen hat dieser Vorgang auf die Finanzbuchhaltung des Kreditinstituts?

1. Es ist eine Auszahlung.
2. Es ist eine Ausgabe.
3. Es entstehen Aufwendungen.
4. Es entstehen Erträge.
5. Es ist eine Einnahme.
6. Es ist eine Einzahlung.

☐

4. Ordnen Sie den folgenden Geschäftsfällen die zutreffende Ziffer zu.

1 = ordentlicher betrieblicher Aufwand
2 = betriebsfremder neutraler Aufwand
3 = außerordentlicher neutraler Aufwand
4 = ordentlicher betrieblicher Ertrag
5 = betriebsfremder neutraler Ertrag
6 = außerordentlicher neutraler Ertrag

Geschäftsfälle

1. Nach einem gewonnenen Prozess, der seit vier Jahren anhängig war, erhalten wir vom Prozessgegner 3000,00 €. ☐
2. Planmäßige Abschreibung auf eine vor drei Jahren angeschaffte Büromaschine. ☐
3. Unseren Kreditnehmern werden Zinsen belastet. ☐
4. Eingang einer Überweisung für eine bereits vollständig abgeschriebene Forderung von einem ehemaligen Kunden. ☐
5. Überweisung des Jahresabonnementspreises von 250,00 € für eine Wertpapierzeitschrift. ☐
6. Zahlung des Jahresbeitrags für den Förderverein Schlosskonzerte e.V. 500,00 €. ☐

5. a) Bilden Sie zu den folgenden Geschäftsfällen die Buchungssätze!

b) Geben Sie an, ob die einzelnen Auszahlungen, Einzahlungen, Ausgaben, Einnahmen Aufwendungen oder Erträge des Kreditinstituts betreffen! Geben Sie jeweils den entsprechenden Betrag an!

c) Geben Sie bei den Aufwendungen und Erträgen an, ob diese ordentlicher oder außerordentlicher Natur sind!

Geschäftsfälle	Buchungsatz	Auszahlung	Einzahlung	Ausgabe	Einnahme	Aufwand	Ertrag
1. Einem Kunden wird das von ihm aufgenommene Darlehen auf seinem laufenden Konto bereitgestellt. 100 000,00 €							
2. Dem Kunden wird das Bearbeitungsentgelt von 500,00 € auf dessen laufendem Konto belastet.							
3. Der Kunde hebt von seinem laufenden Konto 5 000,00 € ab.							
4. Das KI kauft einen Pkw für die Geschäftsleitung auf Ziel für 50 000,00€ zzgl. 19 % USt. 9 500,00 €							
5. Die Kfz-Versicherung für das laufende Jahr wird durch Bbk Anfang Januar überwiesen. 1 500,00 €							
6. Der Pkw wird am Jahresende mit 20 % abgeschrieben.							
7. Der Darlehensnehmer zu 1. zahlt 2 000,00 € bar ein. Davon entfallen 1 500,00 € auf Zinsen, der Rest ist Tilgung.							
8. Ein Kunde überweist von einem anderen KI 50 000,00 € auf unser Bbk-Konto zur Anlage als Festgeld für 30 Tage. Zinssatz 5 %.							
9. Bei Fälligkeit überweisen wir dem Kunden zu 8. das Festgeld zzgl. Zinsen über Bbk. (Steuern sollen unberücksichtigt bleiben.)							
10. Das Kreditinstitut kauft für 100,00 € Lose anlässlich des Jubiläums des Gesangvereins Liederkranz e. V., bar							

2.2 Grundbegriffe der Betriebsbuchhaltung

2.2.1 Kosten – Leistungen – Erlöse

Unternehmen haben die Aufgabe, Güter oder Dienstleistungen für die Nachfrager zu produzieren bzw. bereitzustellen. Eine Automobilfabrik erzeugt z. B. Kraftfahrzeuge. Die Erzeugnisse sind die **Leistungen** dieses Unternehmens. Die Leistungen werden meist am Markt angeboten, aber es ist auch möglich, dass Unternehmen Leistungen für den Eigenverbrauch erstellen.

Um Leistungen erzeugen zu können, muss das Unternehmen Produktionsfaktoren, z. B. Arbeitskräfte, Maschinen, Werkstoffe, Betriebsstätten, einsetzen. Die Produktionsmittel werden wiederum am Markt beschafft. Diese kosten Geld. Den **in Geld bewerteten betrieblichen Verbrauch** an diesen zur **betrieblichen Leistungserstellung** erforderlichen Gütern und Dienstleistungen bezeichnet man als **Kosten.**

Die erzeugten Güter und Dienstleistungen werden in der Regel am Markt gegen Entgelt angeboten. Die aus dem Verkauf erzielten Entgelte bezeichnet man als **Erlöse** (Verkaufserlöse).

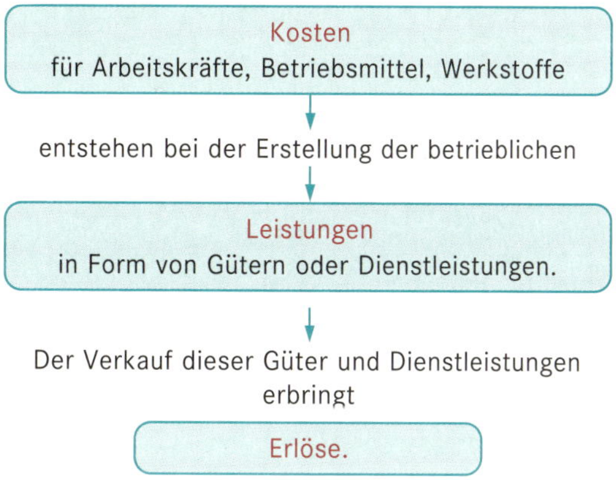

2.2.2 Zusammenhänge von Kosten und Aufwendungen sowie Erlösen und Erträgen

Problemstellung:	Die Taunussparkasse muss für eine Zweigstelle einen Auszugsdrucker für 7 000,00 € kaufen. Dieser kann voraussichtlich 7 Jahre genutzt werden.
Arbeitsauftrag:	Wie ist diese Anschaffung in der Finanzbuchhaltung (Gewinn- und Verlustrechnung) und in der Kosten- und Erlösrechnung zu berücksichtigen?

Zweckaufwand, Grundkosten

In der **Finanzbuchhaltung** (Gewinn- und Verlustrechnung) wird dieser Auszugsdrucker jährlich mit 1 000,00 € abgeschrieben. Diese Abschreibung ist ein ordentlicher betrieblicher Aufwand, also **Zweckaufwand,** da der Auszugsdrucker der betrieblichen Leistungserstellung dient.

In der **Betriebsbuchhaltung** sind in gleicher Höhe jährlich 1 000,00 € als Kosten zu berücksichtigen. Da diese aufwandsgleich sind, werden sie als **Grundkosten** bezeichnet.

Gewinn- und Verlustrechnung
Zweckaufwand 1 000,00 € pro Jahr (= kostengleicher Aufwand)
=
Grundkosten 1 000,00 € pro Jahr (= aufwandsgleiche Kosten)
Kosten- und Erlösrechnung

Zweckaufwand, Grundkosten, Zusatzkosten

Da das Controlling dafür zu sorgen hat, dass die **Substanz des Kreditinstituts auf Dauer gesichert** wird, müssen die in der Zukunft zu erwartenden Wertänderungen der Vermögensgegenstände in der Kostenrechnung berücksichtigt werden. Deshalb müssen die Vermögensgegenstände jetzt nicht zu ihren Anschaffungswerten, sondern zu ihren **Wiederbeschaffungswerten** in die Bankkalkulation eingehen.

Wenn in unserem **Beispiel** damit gerechnet wird, dass in 7 Jahren der Auszugsdrucker für 8 400,00 € wieder beschafft werden kann, muss **in der Kostenrechnung** die jährliche Abschreibung 8 400,00 € : 7 = 1 200,00 € betragen.

Der jährliche Mehrbedarf gegenüber der Abschreibung in der Finanzbuchhaltung stellt **Zusatzkosten** dar. Ihm steht kein entsprechender **Zweckaufwand** gegenüber. Da diese Kosten **nur für die Kalkulation** der Bankdienstleistungen herangezogen werden, nennt man sie auch aufwandsungleiche oder **kalkulatorische Kosten.**

Gewinn- und Verlustrechnung	
Zweckaufwand 1 000,00 € pro Jahr (= kostengleicher Aufwand)	
=	
Grundkosten 1 000,00 € pro Jahr (= aufwandsgleiche Kosten)	**Zusatzkosten** 200,00 € pro Jahr (= aufwandsungleiche Kosten oder **kalkulatorische Kosten**)
Kosten- und Erlösrechnung	

Die **wichtigsten Zusatzkosten (kalkulatorische Kosten)** sind:

kalkulatorische Abschreibungen	Sie werden gebildet, weil in der **Finanzbuchhaltung** die Abschreibungen nach **steuer- und handelsrechtlichen Vorschriften** bemessen werden und nicht unter dem Gesichtspunkt der Kalkulation der Bankdienstleistungen. Bei der **Kalkulation** ist von **Wiederbeschaffungspreisen und** der **tatsächlichen,** nicht aber der steuerlich zulässigen (betriebsgewöhnlichen) **Nutzungsdauer** der Wirtschaftsgüter auszugehen.

	Da diesen Kosten Aufwendungen in anderer zeitlicher Verteilung entgegenstehen, werden sie auch als **Anderskosten (aufwandsungleiche Kosten)** bezeichnet. Außerdem kann es Kosten geben, denen überhaupt keine Aufwendungen in der Finanzbuchhaltung gegenüberstehen. Diese Kosten werden als **Zusatzkosten (aufwandslose Kosten)** bezeichnet. Auf diese Unterscheidung soll hier verzichtet werden, da die begriffliche Unterscheidung in der Bankpraxis keine Bedeutung hat.
kalkulatorische Wagnisse	Bei der Kalkulation der Risikokosten für Kreditausfälle kann nicht von den durch das Handels- und Steuerrecht bestimmten Abschreibungsmöglichkeiten ausgegangen werden, da hier häufig bilanzpolitische Überlegungen eine große Bedeutung haben. In Geschäftsjahren mit guten Erträgen wird versucht, durch eine großzügigere Risikobemessung den Jahresüberschuss zu verringern. In der Kalkulation muss dagegen von dem tatsächlichen, latenten Kreditrisiko ausgegangen werden, das jede Kreditgewährung hat. Dieses Risiko wird als durchschnittliches Ausfallrisiko mehrerer Geschäftsjahre ermittelt. Vgl. Abschnitt Kalkulation von Bankdienstleistungen.
kalkulatorische Eigenmiete	In der Kostenrechnung ist auch für die im Eigentum des Kreditinstituts stehenden eigengenutzten Räume eine Miete anzusetzen, obwohl das Kreditinstitut dafür keine Miete zahlt. Es werden die ortsüblichen Mieten für vergleichbare Räume angenommen.
kalkulatorische Zinsen	Kreditinstitute dürfen bestimmte risikobehaftete Bankleistungen nur anbieten, wenn dafür ein bestimmtes Eigenkapital unterlegt wird. Da dieses „gebundene" Eigenkapital nicht anderweitig genutzt werden kann, sind in die Bankprodukte Zinskosten einzukalkulieren, um die von dem Kreditinstitut angestrebte Eigenkapitalrendite erzielen zu können. Vgl. Abschnitt Kalkulation von Bankdienstleistungen.

Zweckerträge, Grunderlöse, Zusatzerlöse

Problemstellung:	Die Mainzer Volksbank hat 200 Kundensafes vermietet, darunter 30 an eigene Angestellte. Sie berechnet pro Safe ein Jahresentgelt von 100,00 €. Die Angestellten der Volksbank bezahlen 60,00 € pro Safe.
Arbeitsauftrag:	Wie ist diese Bankleistung in der Finanzbuchhaltung (Gewinn- und Verlustrechnung) und in der Kosten- und Erlösrechnung zu berücksichtigen?

In der **Gewinn- und Verlustrechnung** sind die Mieterträge von 170 · 100,00 € = 17 000,00 € für Nichtangestellte und 30 · 60,00 € = 1 800,00 €, insgesamt 18 800,00 € als betriebliche Erträge oder **Zweckerträge** auszuweisen.

In der **Kosten- und Erlösrechnung** werden diese ertragsgleichen Erlöse als **Grunderlöse** in Höhe von 18 800,00 € berücksichtigt. **Erlöse** sind die in Geld bewerteten unternehmensbezogenen Leistungen.

Gewinn- und Verlustrechnung
Zweckerträge 18 800,00 € (= erlösgleiche Erträge)
=
Grunderlöse 18 800,00 € (= ertragsgleiche Erlöse)
Kosten- und Erlösrechnung

Die Erlöse der Mainzer Volksbank sind aber durch diese Zuordnung nicht leistungsgerecht erfasst. Auch die gegenüber den Mitarbeitern erbrachte Bankleistung hat einen **tatsächlichen Wert von 100,00 €** pro Safe. Die durch die Mitarbeiterkonditionen verursachte Ertragsminderung stellt in Wirklichkeit ein Zusatzentgelt für die Mitarbeiter dar. Diese Minderung in Höhe von 30 · 40,00 € = 1 200,00 € müsste in der Kostenrechnung einerseits als Personalzusatzkosten erfasst und andererseits als **Zusatzerlös** berücksichtigt werden.

Gewinn- und Verlustrechnung	
Zweckerträge 18 800,00 € (= erlösgleiche Erträge)	
=	
Grunderlöse 18 800,00 € (= ertragsgleiche Erlöse)	**Zusatzerlöse** 30 · 40,00 € = 1 200,00 € (= kalkulatorische Erlöse)
Kosten- und Erlösrechnung	

In der Kostenrechnung werden damit die vollen Erlöse aus der Bankleistung Safevermietung von 20 000,00 € ausgewiesen.

Auf einen Blick:

Aufwand und **Ertrag** sind Begriffe der Erfolgsrechnung der Finanzbuchhaltung.

Arten:

Aufwendungen
= gesamter Verbrauch einer Rechnungsperiode

- ordentliche betriebliche **Aufwendungen**
  = für Betriebszwecke verursacht
- **neutrale Aufwendungen**
  - **betriebsfremd**
    = kein direkter Zusammenhang mit Betriebszweck
  - **außerordentlich**
    = zwar durch betriebliche Zwecke verursacht, aber
    - **entweder** einmalig bzw. unregelmäßig anfallend
    - **oder** durch Vorjahre verursacht (periodenfremd)

Erträge
= gesamter Wertzuwachs einer Rechnungsperiode

- **ordentliche betriebliche Erträge**
  = aus Verkauf von Betriebsleistungen
- **neutrale Erträge**
  - **betriebsfremd**
    = kein Zusammenhang mit dem Verkauf betrieblich erstellter Leistungen
  - **außerordentlich**
    = aus Leistungsverwertung erzielt, aber
    - **entweder** einmalig bzw. unregelmäßig anfallend
    - **oder** durch Vorjahre verursacht

Kosten und **Erlöse** sind Begriffe der Betriebsbuchhaltung (**Kosten- und Erlösrechnung**).

Erlöse
= in Geld bewertete unternehmensbezogene Leistungen.

Zusatzerlöse (kalkulatorische Erlöse)	**Grunderlöse** (ertragsgleiche Erlöse)
Diesen Erlösen stehen keine Zweckerträge gegenüber.	Sie entsprechen den Zweckerträgen.

Kosten
= in Geld bewerteter Verzehr an Produktionsfaktoren bei der Leistungserstellung.

Grundkosten (aufwandsgleiche Kosten)	**Zusatzkosten** (aufwandsungleiche Kosten oder **kalkulatorische Kosten**)
Diese fallen bei der Erstellung der Betriebsleistung an.	• kalkulatorische Abschreibungen • kalkulatorische Wagnisse • kalkulatorische Eigenmiete • kalkulatorische Zinsen

Aufgaben:

6. Ordnen Sie, wenn möglich, die Vorgänge den Grundkosten, Zusatzkosten, Grunderlösen und Zusatzerlösen zu!

Vorgänge:

1. Avalprovision für gewährten Avalkredit,
2. Soziale Aufwendungen,
3. Spende für das Rote Kreuz,
4. Instandhaltung der Einrichtungsgegenstände,

5. Zinsen für Eigenkapital,
6. Miete für Geschäftsräume,
7. Zinsen für gewährtes Darlehen,
8. Kassenüberschuss,
9. Kalkulatorische Wagnisse (Risiken),
10. Bearbeitungsentgelt für Ratenkredite.

7. a) Erklären Sie die Begriffe Aufwendungen, Erträge, Kosten, Leistungen, Erlöse!
b) Welche Arten von Bankleistungen können unterschieden werden (vgl. Abschnitt 2.3)?
c) Suchen Sie mindestens zwei Beispiele für die einzelnen Arten der Bankleistungen!

8. Bei der Sparkasse Glücksstadt fallen die folgenden Geschäftsfälle an. Diese werden im externen und internen Rechnungswesen berücksichtigt.

Bestimmen Sie mit Beträgen: Neutralen Aufwand, Zweckaufwand, Grundkosten, Zusatzkosten, Neutralen Ertrag, Zweckertrag, Grunderlös, Zusatzerlös! Angaben jeweils in €.

Geschäftsfälle	Neutraler Aufwand	Zweck-aufwand	Grund-kosten	Zusatz-kosten	Neutraler Ertrag	Zweck-ertrag	Grund-erlös	Zusatz-erlös
1. Kauf eines PC für umsatzsteuerfreie Bankgeschäfte. 3000,00 € + 19% USt 570,00 €								
2. Die betriebsgewöhnliche Nutzungsdauer des PC zu 1. beträgt 3 Jahre. Die Ersatzbeschaffung wird zu gleichen Preisen erwartet.								
3. Am Anfang des 4. Jahres wird der PC für 200,00 € verkauft.								
4. Sparern werden Zinsen gutgeschrieben. 35000,00 €								
5. Die Bank betreibt einen Geldautomaten im Supermarkt X. Standortmiete 30000,00 €/Jahr.								
6. In Allendorf betreibt die Bank eine Geschäftsstelle in einem in Eigentum der Bank stehenden Gebäude. 240 m^2 Nutzfläche. Marktpreis pro m^2 im Monat 40,00 €.								
7. Das Finanzamt überweist zu viel gezahlte Umsatzsteuer aus den Vorjahren. 2540,00 €								
8. Ein Termingeld über 25000,00 € ist fällig. Es wird dem Kunden einschließlich 200,00 € Zinsen zurückgezahlt.								
9. Eine Volksbank betreibt auch das Warengeschäft. In den Lagerbeständen ist ein Eigenkapital von 300000,00 € gebunden. Der alternative Marktzins beträgt 6% p.a.								
10. Für vermietete Schließfächer werden den Kunden Entgelte in Höhe von 12000,00 € + 19% USt belastet.								

9. Das Bankhaus Schröder & Co. KG kauft am 10.01. einen AKT für 28 000,00 € einschl. USt. Dieser kann steuerlich in 7 Jahren abgeschrieben werden. In der KER wird ebenfalls von dieser Nutzungsdauer ausgegangen. Es wird aber mit um 20% höheren Wiederbeschaffungskosten kalkuliert.

   Das Kreditinstitut wendet nur die lineare Abschreibungsmethode an.

   a) Erstellen Sie die Abschreibungspläne für das externe und das interne Rechnungswesen!

   b) Bestimmen Sie Zweckaufwand/Grundkosten, neutralen Aufwand und die Zusatzkosten für die Nutzungsdauer!

Anschaffungskosten					
Jahr	Bilanzmäßige Abschreibungen	Kalkulatorische Abschreibungen	Zweckaufwand = Grundkosten	neutraler Aufwand	Zusatzkosten
1					
2					
3					
4					
5					
6					
7					

   c) Am Anfang des 8. Jahres wird dieser AKT verkauft. Verkaufserlös 500,00 €. Wie ist der Ertrag in der Finanzbuchhaltung bzw. in der KER zuzuordnen?

10. Für eine Selbstbedienungsfiliale schafft die Sparkasse Gießen am 25.01. einen Twinsafe an. Anschaffungskosten 34 800,00 € einschließlich 19% USt. Die Nutzungsdauer gemäß AfA-Tabelle beträgt 7 Jahre.

    Dieses Wirtschaftsgut soll geometrisch-degressiv zum höchstmöglichen AfA-Satz abgeschrieben werden. Der Übergang zur linearen AfA soll im günstigsten Wirtschaftsjahr erfolgen.

    Für die Kalkulation soll von einer linearen Jahresabschreibung in 8 Jahren ausgegangen werden. Die Wiederbeschaffungskosten sollen den Anschaffungskosten entsprechen.

    Bestimmen Sie für die einzelnen Wirtschaftsjahre folgende Größen:

Anschaffungskosten					
Jahr	Bilanzmäßige Abschreibungen	Kalkulatorische Abschreibungen	Zweckaufwand = Grundkosten	neutraler Aufwand	Zusatzkosten
1					
2					
3					
4					
5					
6					
7					
8					

11. Die Volksbank Dreieich kauft im Januar Büromöbel für 30 300,00 € einschließlich USt. Aus konjunkturellen Gründen zahlt der Staat einen Barzuschuss von 3 000,00 €. Die Abschreibung gemäß AfA-Tabelle beträgt 13 Jahre; lineare AfA.

In der KER wird von einer Nutzungsdauer von 10 Jahren und einem Wiederbeschaffungspreis von 30 000,00 € ausgegangen.

Bestimmen Sie für die einzelnen Wirtschaftsjahre folgende Größen:

Anschaffungskosten			Bilanzmäße ND in Jahren		Lineare AfA
Wiederbeschaffungskosten			Kalkulatorische ND in Jahren		
Jahr	**Bilanzmäßige Abschreibungen**	**Kalkulatorische Abschreibungen**	**Zweckaufwand = Grundkosten**	**neutraler Aufwand**	**Zusatzkosten**
1					
2					
3					
⋮					
13					

2.3 Worin besteht die Besonderheit von Betriebs- und Wertbereich bei Kreditinstituten?

Problemstellung: Eine Kundin erhält ihre erste Abrechnung für ihr laufendes Konto. Sie beschwert sich bei Ihnen darüber, dass ihr für die Überziehung des Kontos zu hohe Zinsen belastet und außerdem noch Entgelte für die Buchungen berechnet wurden.

Arbeitsauftrag: Suchen Sie Argumente, mit denen Sie die Kundin dazu bringen könnten, diese Belastungen zu akzeptieren!

Informationen

Die bisherigen Ausführungen über Kosten, Leistungen und Erlöse entsprechen denen, die für Industrie- und Handelsbetriebe angewandt werden. Bei näherem Zusehen lässt sich für die Kreditinstitute ein bedeutsamer Unterschied feststellen.

Dieser soll an folgendem Beispiel erläutert werden.

Beispiel:

„Ein Kunde überweist von seinem Girokonto 200,00 €. Kontostand *vor* der Ausführung der Überweisung 300,00 € Soll."

Worin besteht die Marktleistung des Kreditinstituts?

Zunächst erbringt das Kreditinstitut eine **Dienstleistung.** Diese besteht in der Ausführung des Überweisungsauftrages.

Gleichzeitig erbringt das Kreditinstitut eine weitere Leistung in Form einer zusätzlichen **Kapitalüberlassung** von 200,00 €.

Die Marktleistung: „Überweisung von 200,00 €" besteht damit aus zwei Teilen.

Die **Dienstleistung** kann nur erbracht werden, wenn der Betrieb Arbeitskräfte beschäftigt, Maschinen und Einrichtungen sowie Material (z. B. Überweisungsvordrucke) bereitstellt.

Diese betrieblichen **Produktionsfaktoren** sind auch zur **Einräumung** des Kredits und bei der Verfügung über den Kredit erforderlich.

Insgesamt bezeichnet man diesen technisch-organisatorischen Bereich der Leistungserstellung als **Betriebsbereich.**

Die damit erstellten Leistungen nennt man entsprechend **Betriebsleistungen.**

Da die Leistungen in diesem Bereich in Mengeneinheiten ausgedrückt werden können, z. B. 1 (Stück) Überweisung, wird auch vom **Stückleistungsbereich** gesprochen.

Die Überlassung des **Kapitals,** in unserem Beispiel 200,00 €, wird dem **finanzwirtschaftlichen Bereich** zugerechnet. Dieser Bereich wird als **Wertbereich** bezeichnet. Teilweise wird auch die Bezeichnung **Wertleistungsbereich** benutzt.

Die in diesem Bereich erstellten Leistungen nennt man **Wertleistungen.**

Die Marktleistung „Überweisung (von debitorischem Konto)" kann also in zwei Teilleistungen zerlegt werden, eine Betriebsleistung und eine Wertleistung.

Die **Betriebsleistung** wird im Betriebsbereich erstellt, die **Wertleistung** im Wertbereich.

Die in vorherigem **Beispiel** angesprochene Marktleistung „Überweisung" setzt sich im Betriebsbereich aus mehreren **Teilleistungen,** auch Leistungselemente genannt, zusammen. Diese können wiederum in einzelne Tätigkeiten zerlegt werden.

Beispiel:

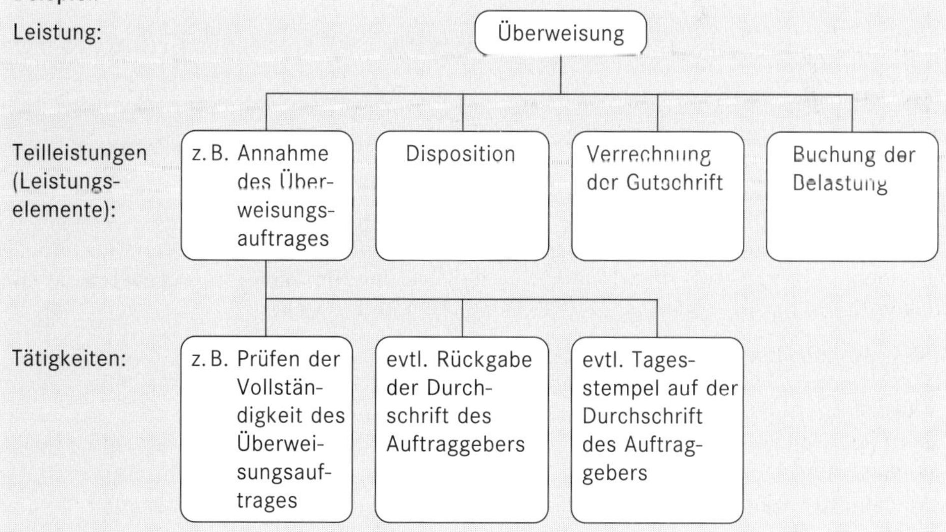

Die **Stückleistung** ist der Grundmaßstab, der in der Kostenrechnung im **Betriebsbereich** angewandt wird.

Bei der Erstellung der Marktleistungen entstehen **Kosten**. Die Kostenteile einer Marktleistung, die durch die Betriebsleistung verursacht wurden, nennt man **Betriebskosten.**

Die Betriebskosten werden auch als **Stückleistungskosten** bezeichnet.

Wichtige **Arten der Betriebskosten** sind:

- Personalkosten,
- Sachkosten,
- Werbungskosten,
- Abschreibungen auf Sachanlagen.

Die Kostenteile der Marktleistung, die durch die Wertleistung verursacht werden, heißen **Wertkosten.**

Diese Wertkosten entstehen den Kreditinstituten durch Wertübertragungen im Wertbereich des Unternehmens. Die zugehörigen Wertleistungen bestehen in der Annahme, Schaffung und Weitergabe von monetären Verfügungsmöglichkeiten (Geld).

Wertkosten sind gezahlte Zinsen und Wagnis-(Risiko-)kosten.

Die von den Kreditinstituten erbrachten Leistungen werden am Markt verwertet. Die Entgelte für diese Marktleistungen bezeichnet man als **Erlöse.**

Entstehen diese Erlöse aus der Verwertung von **Betriebsleistungen** (Stückleistungen), so spricht man von **Betriebserlösen.**

Diese fallen z. B. in Form der Provisionen und Entgelten aus dem Zahlungsverkehr, dem Effektengeschäft und aus dem Auslandsgeschäft an.

Ein Kreditinstitut berechnet bei einem Gehaltskonto z. B. pro Buchung ein Entgelt von 0,40 €, um dadurch die Betriebskosten zu decken.

Für die im Rahmen der Marktleistung erbrachten **Wertleistungen** erzielt das Kreditinstitut **Werterlöse.**

Diese bestehen aus Zinsen, Dividenden und zinsähnlichen Erträgen (z. B. Überziehungsprovision).

Zurechnungsproblem von Erlösen zu Marktleistungen und Kosten

Nun muss noch auf eine Schwierigkeit verwiesen werden, die bei der Zurechnung von Erlösen auf die Marktleistung und weiter auf die Kosten entsteht.

Gehen wir zum Beispiel von zwei Kontokorrentkunden aus, den Kunden A und B. Beide Kunden haben am Anfang des Tages einen Kontostand von 0,00 €. Kunde A zahlt in einer Summe einen Betrag von 20 000,00 € ein. Auf das Konto des Kunden B werden an diesem Tag 10 Einzahlungen zu je 2 000,00 € vorgenommen. Sein Guthaben beträgt damit ebenfalls 20 000,00 €. Die **Wertleistung** ist in beiden Fällen 20 000,00 €. Die **Betriebsleistung** (Stückleistung) ist im Falle des Kunden B dagegen wesentlich höher als bei A.

Das zeigt, dass **Wertleistung** und **Betriebsleistung** (Stückleistung) voneinander **unabhängig** sind.

Aus diesem schwankenden Mengenverhältnis zwischen Wert- und Betriebsleistung ergeben sich für die „richtige" Preisbemessung der Marktleistung wie auch für „richtige" Zurechnung der Kosten für die einzelnen Marktleistungen besondere Probleme.

Auf einen Blick:

1. Zusammenhänge zwischen Kosten, Leistungen und Erlösen.

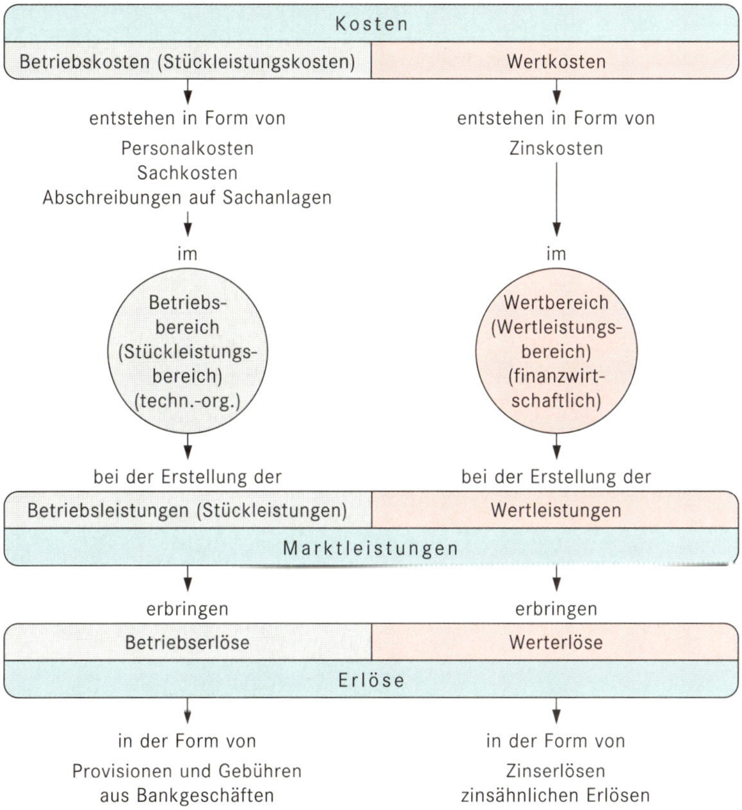

2. Wert- und Betriebsleistung sind voneinander unabhängig.

Aufgaben:

12. Ein Kreditinstitut diskontiert einem Kunden einen Wechsel über 50 000,00 €. Diskont 7,5 %. Gebühren 5,00 € pro Wechsel.

Erklären Sie an diesem Vorgang beispielhaft:

a) Betriebsleistung,
b) Wertleistung,
c) Betriebskosten,
d) Wertkosten,
e) Betriebserlöse,
f) Werterlöse.

13. Ein Kreditinstitut stellt Geschäftskunden kostenlos eine Nachttresoranlage zur Verfügung.

Erklären Sie an diesem Vorgang beispielhaft:

a) Betriebsleistung,
b) Wertleistung,
c) Betriebskosten,
d) Wertkosten,
e) Betriebserlöse,
f) Werterlöse.

14. Ein Kunde lässt sich bei einem Kreditinstitut über die Anlage von 25 000,00 € beraten, über die der Kunde in etwa vier Wochen verfügen wird.

Welche Art von Leistung wird von dem Kreditinstitut erbracht und welche Kosten bzw. Erlöse fallen bei dem Kreditinstitut an?

2.4 Welche weiteren Einteilungsmöglichkeiten von Kosten und Erlösen gibt es?

Neben den bereits bekannten Einteilungsmöglichkeiten der Kosten und Erlöse nach

- Grundkosten und Zusatzkosten bzw. Grunderlösen und Zusatzerlösen sowie
- Betriebs-(Stückleistungs-)kosten und Wertkosten bzw. Betriebserlösen und Werterlösen

sind noch weitere Zuordnungsmöglichkeiten der Kosten und Erlöse zu beachten.

2.4.1 Kosten- und Erlösarten in Kreditinstituten

Bei der Einteilung nach Kosten- und Erlös**arten** stehen die **Art der verbrauchten Güter und Dienstleistungen** bzw. die **Art der erzielten Erlöse** als Gliederungsmerkmale im Vordergrund.

Die wichtigsten **Kostenarten** im Betriebs- und im Wertbereich sind:

im **Betriebsbereich:**

1. Personalkosten,
2. Sachkosten (für Bankräume und Geschäftsbetrieb),
3. Betriebssteuern,
4. Abschreibungen auf das Anlagevermögen,
5. kalkulatorische Zusatzkosten.

im **Wertbereich:**

1. Zinskosten,
2. zinsähnliche Kosten,
3. Abschreibungen auf Forderungen und Wertpapiere,
4. Abschreibungen auf Sorten und Devisengeschäfte,
5. kalkulatorische Wagnis-(Risiko-)kosten,
6. kalkulatorische Zinskosten.

Die wichtigsten **Erlösarten** im Betriebs- und Wertbereich sind:

im **Betriebsbereich:**

1. Umsatzprovisionen,
2. Kreditbearbeitungsgebühren,
3. Erlöse aus dem Zahlungsverkehr,
4. Erlöse aus Dienstleistungsgeschäften.

im **Wertbereich:**

1. Zinserlöse,
2. zinsähnliche Erlöse.

2.4.2 Einzel- und Gemeinkosten

Die Kosten entstehen bei der Erstellung von Leistungen, z. B. der Eröffnung eines Girokontos. Hierbei fallen z. B. die Kosten für das Kontoeröffnungsformular und für die Aushändigung der AGB an.

Diese Kosten können dem **Kostenträger** „Giroverkehr" **direkt** zugerechnet werden.

Unter einem Kostenträger versteht man eine Geschäftssparte eines Kreditinstituts, z. B. Giroverkehr oder Sparverkehr. Die Kostenträger werden auch als Marktleistungsarten bezeichnet.

Die **direkt** einem Kostenträger zurechenbaren Kosten sind **Einzelkosten.**

Bei der Marktleistung „Eröffnung eines Sparkontos" werden aber auch z. B. das Bankgebäude und die Einrichtungen genutzt. Deren Nutzungsanteile lassen sich aber nur **allgemein** dem Kostenträger zurechnen. Diese Kosten, die einer betrieblichen Leistung nur allgemein zugerechnet werden können, nennt man **Gemeinkosten.**

2.4.3 Stelleneinzel- und Stellengemeinkosten

In der Kostenrechnung werden die Kosten nicht nur einzelnen Marktleistungsarten **(= Kostenträgern)** zugeordnet, sondern auch einzelnen **Kostenstellen.**

Unter einer Kostenstelle versteht man einen nach kostenrechnerischen Gesichtspunkten abgegrenzten Bereich des Betriebes.

Die Kostenstellen werden nach verschiedenen Gesichtspunkten gebildet. Dabei werden z. B. die Gleichartigkeit der erstellten Leistung und ein abgegrenzter Verantwortungsbereich berücksichtigt. Kostenstellen sind z. B. Verwaltung, Kasse, Kreditabteilung, Registratur.

Kosten, die einer Kostenstelle **direkt** zugeordnet werden können, heißen **Stelleneinzelkosten** (auch **Direktkosten** oder direkt zurechenbare Kosten).

Sind die Kosten dagegen einer Kostenstelle **nicht direkt zurechenbar**, so liegen **Stellengemeinkosten** (nicht direkt zurechenbare Kosten) vor.

Diese Stellengemeinkosten müssen mit Hilfe von Verrechnungsschlüsseln auf die Kostenstellen verteilt werden.

Beispiel:

Die Kosten des **Kassierers** sind der Kostenstelle „Kasse" **direkt** zurechenbar. Die Kosten von **Auszubildenden** sind keiner Kostenstelle direkt zurechenbar, sie sind somit **Stellengemeinkosten.**

2.4.4 Fixe und variable Kosten

Eine weitere Einteilung der Kosten soll nach deren **Abhängigkeit vom Beschäftigungsgrad** vorgenommen werden.

Kosten, die unabhängig von einer erbrachten Betriebsleistung entstehen, sind **fixe Kosten.**

Für einen Telefonanschluss muss z. B. eine Grundgebühr bezahlt werden, unabhängig davon, ob man selbst während der Abrechnungsperiode einen anderen Telefonteilnehmer anruft oder nicht.

Wählt man dagegen einen anderen Telefonteilnehmer, z. B. in einem Ferngespräch, an, so sind zusätzlich für bestimmte Zeiteinheiten Telefongebühren zu entrichten.

Diese, von der Zeit der Telefonbenutzung abhängigen Kosten, sind **variable (veränderliche) Kosten.**

Allgemein: Variable Kosten sind von der Beschäftigung abhängig, d. h., sie fallen erst an, wenn eine Leistung erbracht wird.

2.4.5 Ist-, Normal- und Plankosten

Nach der **Art der Normierung** der verrechneten Kosten können Ist-, Normal- und Plankosten unterschieden werden.

- **Istkosten** sind die in der abgelaufenen Rechnungsperiode **tatsächlich angefallenen Kosten.** Auf ihrer Basis kann eine **Nachkalkulation** durchgeführt werden. Es ist jedoch darauf hinzuweisen, dass bei den Istkosten auch Schätzwerte angesetzt werden, wie z. B. bei den kalkulatorischen Kosten.
- **Normalkosten** werden aus den Kosten vergangener Rechnungsperioden ermittelt. Dabei können z. B. statistische Mittelwerte aus tatsächlich angefallenen Istkosten errechnet werden oder die bisherigen Kosten aus „normaler" Beschäftigung angesetzt werden. Die Normalkosten enthalten auch überhöhte Kosten, die durch einen unwirtschaftlichen Einsatz der betrieblichen Leistungsfaktoren (Ressourcen) entstanden sind.
- **Plankosten** entstehen durch die **Bewertung geplanter Verbrauchsmengen** der bei der Leistungserstellung bzw. -verwertung einzusetzenden Leistungsfaktoren (Personal, Betriebsmittel, Gebäude) **mit festzulegenden Planpreisen.** Durch den Einsatz von Plankosten wird zu vermeiden versucht, dass Unwirtschaftlichkeiten vergangener Perioden in die Zukunft übertragen werden.

Auf einen Blick:

1\.

Hauptkostenarten

im Betriebsbereich

Personalkosten
- Gehälter, Löhne
- Aufwendungen für Altersversorgung und Unterstützung
- Soziale Abgaben

Sachkosten
- Bürobedarf
- Fachliteratur, Zeitungen
- Porto, Telefon, Fernsprechgebühren
- Raumkosten
- Instandhaltungskosten
- Kfz-Unterhaltungskosten
- Werbungskosten
- Versicherungen
- Prüfungskosten
- Sonstige Sachkosten

Betriebssteuern
- Gewerbesteuer
- Grundsteuer
- Kfz-Steuer

Abschreibungen auf das Anlagevermögen
- Abschreibungen auf Gebäude
- Abschreibungen auf Maschinen und maschinelle Anlagen
- Abschreibungen auf Betriebs- und Geschäftsausstattung
- Abschreibungen auf Fuhrpark
- Abschreibungen auf geringwertige Wirtschaftsgüter

Kalkulatorische Zusatzkosten
- Kalkulatorische Abschreibungen auf das Anlagevermögen
- Kalkulatorische Miete

im Wertbereich
- Zinskosten
- Zinsähnliche Kosten
- Kalkulatorische Zusatzkosten
- Abschreibungen auf Forderungen, Wertpapiere, Sorten und Devisen
- Kalkulatorische Wagnis-(Risiko-)kosten
- Kalkulatorische Zinskosten

Haupterlösarten

im Betriebsbereich
- Umsatzprovisionen
- Kreditbearbeitungsgebühren
- Erlöse aus dem Zahlungsverkehr
- Erlöse aus Dienstleistungsgeschäften

im Wertbereich
- Zinserlöse
- Zinsähnliche Erlöse

2.

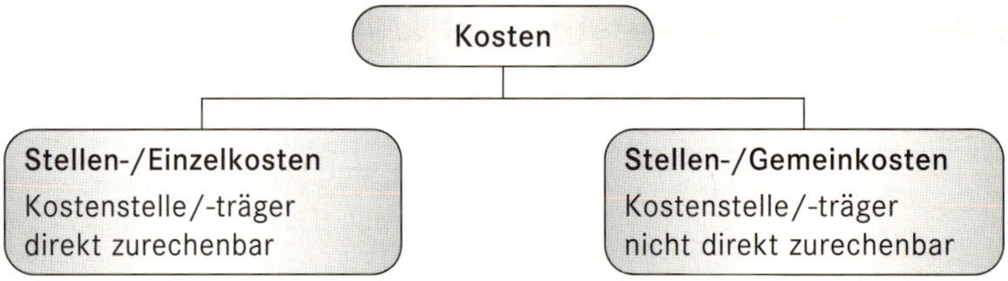

3.

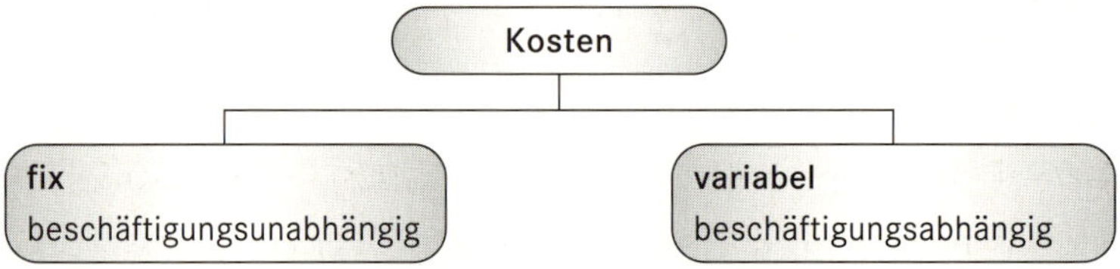

4.

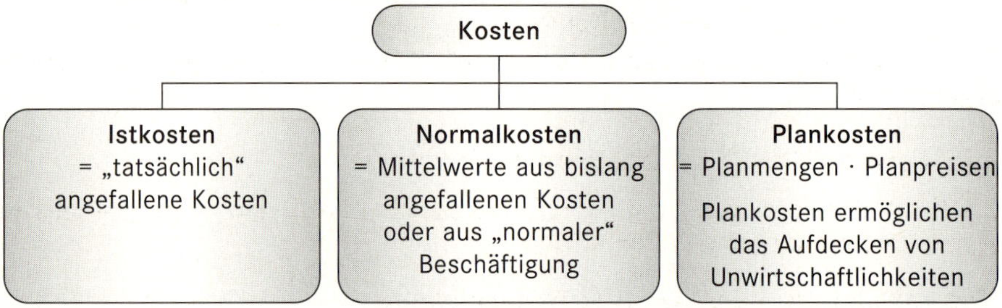

Aufgaben:

15. Für ein bankeigenes Kraftfahrzeug, das von der Geschäftsleitung für verschiedene Zwecke genutzt wird, entstehen jährlich 670,00 € Kfz-Steuer, 750,00 € Kfz-Versicherung und 15 700,00 € Kraftstoffkosten.

Nach welchen Gesichtspunkten können diese Kosten zugeordnet werden?

16. Bei der Abrechnung eines Kontokorrents werden berechnet:

Sollzinsen	1 670,00 €	Überziehungszinsen	81,00 €
Habenzinsen	36,00 €	Umsatzprovision	422,00 €
Kreditbereitstellungsprovision	500,00 €		

Ordnen Sie diesen Abrechnungsbestandteilen Kosten und Erlösen zu!

17. Entscheiden Sie, ob es sich in den folgenden Fällen um fixe oder um variable Kosten handelt!

Vorgänge:

Ausstellung eines Sparbuches bei Kontoeröffnung,
Beleuchtung im Schalterraum des Bankgebäudes,
Grundsteuer,
Papier für Kontoauszüge,
Abschreibungen für das Bankgebäude,
Benzin für Kraftfahrzeuge,
Kfz-Steuer.

3 Gesamtbetriebskalkulation als erste Stufe der Bankkostenrechnung

Problemstellung: Auf der Hauptversammlung der Handelsbank AG erklärt der Vorsitzende des Vorstandes bei der Erläuterung des Geschäftsberichtes für das vergangene Geschäftsjahr, dass sich das Betriebsergebnis um ca. 22 % verschlechtert habe.

Arbeitsauftrag: Erläutern Sie, was unter diesem Ergebnis zu verstehen ist!

Informationen

3.1 Welche Aufgaben soll die Gesamtbetriebskalkulation erfüllen?

Die Gesamtbetriebskalkulation hat die Aufgabe, den Erfolg eines Kreditinstituts in einer Periode zu ermitteln. Im Unterschied zur Rechnungslegung im Jahresabschluss bleiben aber **neutrale Aufwendungen** und **Erträge unberücksichtigt,** während sie **kalkulatorische Kosten einbeziehen** kann. Als **Ergebnis** dieser Erfolgsrechnung wird das **Betriebsergebnis** ermittelt.

3.2 Formen der Gesamtbetriebskalkulation

Die Gesamtbetriebskalkulation kann entweder als **kalkulatorische** oder als **pagatorische**[1] **Rechnung** durchgeführt werden.

Die kalkulatorische Gesamtbetriebskalkulation

Die kalkulatorische Gesamtkalkulation verknüpft Daten aus der Finanzbuchhaltung mit Daten aus der Betriebsbuchhaltung. Neutrale Aufwendungen und Erträge werden ausgegliedert, bestimmte kalkulatorische Kosten einbezogen.

Schema zur Ermittlung des kalkulatorischen Gesamtbetriebsergebnisses

Zinserlöse (aus Kredit- und Geldmarktgeschäften, festverzinslichen Wertpapieren und Schuldbuchforderungen)
\+ lfd. Erlöse (aus Aktien, Beteiligungen und dem Leasingergebnis)
− Zinskosten (einschließlich kalkulatorische Eigenkapitalkosten)
= Kalkulatorischer Zinsüberschuss
\+ Provisionserlöse
− Provisionskosten
= Kalkulatorischer Rohgewinn
− Personalkosten
− Sachkosten (einschließlich kalkulatorischer Mieten)
− Kalkulatorische Abschreibungen auf Sachanlagen
− Kostensteuern
− sonstige Kosten des Betriebsbereichs
\+ ordentliche Kursgewinne
= Kalkulatorisches Betriebsergebnis

Dieser aus Werten des externen und internen Rechnungswesens bestehenden Gesamtbetriebskalkulation steht die auf der Basis der veröffentlichten Gewinn- und Verlustrechnung aufgebaute Gesamtbetriebskalkulation gegenüber. Letztere ist eine **pagatorische Kalkulation.**

1 Pagatorisch (lat.): auf Zahlungsvorgänge bezogen.

Gesamtbetriebskalkulation auf der Basis der GuV-Rechnung (Teilbetriebsergebnis, Betriebsergebnis)

Die Handelsbank AG veröffentlichte in ihrem Geschäftsbericht die folgende Gewinn- und Verlustrechnung:

GuV-Posten		Berichtsjahr 02 in Mio. €	Berichtsjahr 01 in Mio. €
1.	Zinserträge	318,2	307,2
2.	Zinsaufwendungen	189,2	176,4
3.	Laufende Erträge aus Aktien und Beteiligungen	8,2	5,0
4.	Erträge aus Gewinngemeinschaften, Gewinnabführungs- oder Teilgewinnabführungsverträgen	0,2	0,4
5.	Provisionserträge	31,7	33,0
6.	Provisionsaufwendungen	3,5	1,9
7.	Nettoertrag aus Finanzgeschäften	3,2	0,7
8.	Sonstige betriebliche Erträge	7,0	11,3
9.	Erträge aus der Auflösung von Sonderposten mit Rücklagenanteil	0	0
10.	a) Personalaufwand	81,4	73,4
	b) Andere Verwaltungsaufwendungen	41,8	38,0
11.	Abschreibungen und Wertberichtigungen auf immaterielle Anlagewerte und Sachanlagen	9,9	7,9
12.	Sonstige betriebliche Aufwendungen	4,9	13,0
13.	Abschreibungen und Wertberichtigungen auf Forderungen und bestimmte Wertpapiere sowie Zuführungen zu Rückstellungen im Kreditgeschäft	13,0	21,9
14.	Erträge aus Zuschreibungen zu Forderungen und bestimmten Wertpapieren sowie aus der Auflösung von Rückstellungen im Kreditgeschäft	0	0
15.	Abschreibungen und Wertberichtigungen auf Beteiligungen, Anteile an verbundenen Unternehmen und wie Anlagevermögen behandelte Wertpapiere	0	0
16.	Erträge aus Zuschreibungen zu Beteiligungen, Anteile an verbundenen Unternehmen und wie Anlagevermögen behandelten Wertpapieren	0	0
17.	Aufwendungen aus Verlustübernahmen	0	0
18.	Einstellungen in Sonderposten mit Rücklagenanteil	0	0
19.	**Ergebnis der normalen Geschäftstätigkeit**	**24,8**	**21,2**
20.	Außerordentliche Erträge	0	0
21.	Außerordentliche Aufwendungen	0	0
22.	Außerordentliche Erträge	0	0
23.	Steuern vom Einkommen und vom Ertrag	13,0	9,9
24.	Sonstige Steuern	2,5	2,6
25.	**Jahresüberschuss**	**9,3**	**8,7**
26.	Gewinnvortrag aus dem Vorjahr	0	0,1
27.	Entnahmen aus Ergebnisrücklagen	0	0
28.	Einstellungen in Ergebnisrücklagen	0	0
29	**Bilanzgewinn**	**9,3**	**8,8**

Der nach handels- und steuerrechtlichen Vorschriften ermittelte Jahresüberschuss enthält Beträge, die nicht die tatsächliche Ertragslage des abgelaufenen Geschäftsjahres wiedergeben. Um zwischenbetriebliche Erfolgsvergleiche vornehmen zu können, müssen die Bilanzposten daher so zusammengefasst werden, dass sie den Markterfolg des Kreditinstitutes genauer angeben. Als Ergebnis erhält man das **Teilbetriebsergebnis** und das **Betriebsergebnis.**

Die folgende **Zusammenfassung der GuV-Posten** für das Berichtsjahr 02 lehnt sich an das Schema der Deutschen Bundesbank an:

GuV-Posten		Berichtsjahr 02 in Mio. €
1	Zinserträge	318,2
3	+ Laufende Erträge aus Aktien und Beteiligungen	8,2
4	+ Erträge aus Gewinngemeinschaften, Gewinnabführungs- oder Teilgewinnabführungsverträgen	0,2
2	– Zinsaufwendungen	189,2
	= Zinsüberschuss (1)	137,4
5	Provisionserträge	31,7
6	– Provisionsaufwendungen	3,5
	= Provisionsüberschuss (2)	28,2
10 a	Personalaufwand	81,4
10 b	+ Andere Verwaltungsaufwendungen	41,8
11	+ Abschreibungen und Wertberichtigungen auf immaterielle Anlagewerte und Sachanlagen	9,9
	= Verwaltungsaufwand (3)	133,1
	Teilbetriebsergebnis (1) + (2) – (3)	**32,5**
7	Nettoergebnis aus Finanzgeschäften (4)	3,2
8	Sonstige betriebliche Erträge	7,0
12	– Sonstige betriebliche Aufwendungen	4,9
	= Saldo der sonstigen betrieblichen Aufwendungen und Erträge (5)	2,1
	Betriebsergebnis vor Bewertung (6) = (1) + (2) – (3) + (4) + (5)	**37,8**
13	Abschreibungen und Wertberichtigungen auf Forderungen und bestimmte Wertpapiere sowie Zuführungen zu Rückstellungen im Kreditgeschäft	13,0
14	– Erträge aus Zuschreibungen zu Forderungen und bestimmten Wertpapieren sowie aus der Auflösung von Rückstellungen im Kreditgeschäft	0,0
	= Bewertungsergebnis (Risikovorsorge) (7)	– 13,0
	Betriebsergebnis nach Bewertung (6) – (7)	**24,8**
9, 15, 16, 17, 18, 20, 21, 25, 26	+ Saldo der anderen und außerordentlichen Erträge und Aufwendungen[1]	0,0
	Jahresüberschuss vor Steuern	**24,8**
23, 24	– Steuern vom Einkommen und vom Ertrag	15,5
	= Jahresüberschuss bzw. -fehlbetrag	**9,3**
	Gewinnvortrag aus dem Vorjahr	0,0
	Einstellungen in Gewinnrücklagen	0,0
	Bilanzgewinn bzw. Bilanzverlust	**9,3**

1 Siehe nachfolgende Übersicht.

Aufgliederung der anderen und außerordentlichen Aufwendungen und Erträge	
Posten der GuV-Rechnung	**Erträge**
9	aus der Auflösung von Sonderposten mit Rücklagenanteil
16	aus Zuschreibungen zu Beteiligungen, Anteilen an verbundenen Unternehmen und wie Anlagevermögen behandelten Wertpapieren
25	aus Verlustübernahme
20	Außerordentliche Erträge
	Aufwendungen
15	Abschreibungen und Wertberichtigungen auf Beteiligungen, Anteila an verbundenen Unternehmen und wie Anlagevermögen behandelte Wertpapiere
17	Aufwendungen aus Verlustübernahme
18	Einstellungen in Sonderposten mit Rücklageanteil
21	Außerordentliche Aufwendungen
26	Aufgrund von Gewinngemeinschaft, eines Gewinnabführungs- oder eines Teilgewinnabführungsvertrags abgeführte Gewinne

In Anlehnung an Deutsche Bundesbank, Monatsbericht September 2000, S. 64.

Das **Teilbetriebsergebnis** umfasst das Ergebnis aus dem laufenden Bankgeschäft ohne das Ergebnis aus dem Eigenhandel.

Das Ergebnis aus dem **Eigenhandel** wird in dem Posten **Nettoergebnis aus Finanzgeschäften** der GuV-Rechnung ausgewiesen. Mit dem Teilbetriebsergebnis gibt es Auskunft über den Erfolg der laufenden Geschäftstätigkeit der Bank. Dieses Ergebnis wird als operatives Ergebnis bezeichnet.

Der Posten **Risikovorsorge** betrifft Abschreibungen bzw. Zuschreibungen auf Forderungen und Wertpapiere sowie die Zuführungen bzw. Auflösungen von Rückstellungen.

Der **Jahresüberschuss (nach Steuern)** zeigt das Ergebnis unter Berücksichtigung der außerordentlichen Aufwendungen und Erträge sowie der Ertragsteuern.

Der **Bilanzgewinn** ist der Erfolg nach der Zuführung bzw. der Auflösung von Rücklagen. Er entspricht in der Regel der Summe des für die Ausschüttung an die Eigentümer vorgesehenen Ertrages (Dividende).

3.3 Auswertungsmöglichkeiten der Gesamtbetriebskalkulation

Für den **zwischenbetrieblichen** und den innerbetrieblichen **Erfolgsvergleich** lassen sich aus den Ergebnissen der Gesamtbetriebskalkulation verschiedene Erfolgskennzahlen ermitteln.

Bezugsgröße dieser Kennziffern ist jeweils die **durchschnittliche Bilanzsumme.**

Beispiel:

Bei einer durchschnittlichen Bilanzsumme der Handelsbank AG in Höhe von 4 971 Mio. € ergibt sich in unserem Fall als

$$\textbf{Bruttozinsspanne} = \frac{(\text{Zinsüberschuss} \cdot 100)}{\text{Durchschnittliche Bilanzsumme}}$$

$$\textbf{Bruttozinsspanne} = \frac{(137{,}4 \cdot 100)}{4\,971}$$

$$= \mathbf{2{,}76\,\%}$$

Die **Kennzahlen** können sich auf den Wertbereich, den Betriebsbereich, das Handelsergebnis oder auf das Betriebsergebnis des Kreditinstitutes beziehen.

Für **unser Beispiel** der Handelsbank AG lassen sich für das Berichtsjahr 02 diese Kennziffern ermitteln:

		Mio. €	durchschnittliche Bilanzsumme 4 971,00 Mio. €			
1	Zinserträge	318,2	}	Zinsertragssatz	6,57 %	jeweils in v.H. der durchschnittlichen Bilanzsumme
3	+ Laufende Erträge aus Aktien und Beteiligungen	8,2				
4	+ Erträge aus Gewinngemeinschaften, Gewinnabführungs- oder Teilgewinnabführungsverträgen	0,2				
2	– Zinsaufwendungen	189,2		Zinsaufwandssatz	3,81 %	
	= Zinsüberschuss (2)	137,4	→	**Bruttozinsspanne**	**2,76 %**	
5	Provisionserträge	31,7				
6	– Provisionsaufwendungen	3,5				
	= Provisionsüberschuss (2)	28,2	→	**Provisionsspanne**	**0,57 %**	
10a	Personalaufwand	81,4		Personalaufwandsspanne	1,64 %	
10b	+ Andere Verwaltungsaufwendungen	41,8	}	Sachaufwandsspanne	1,04 %	
11	+ Abschreibungen und Wertberichtigungen auf immaterielle Anlagewerte und Sachanlagen	9,9				
	= Verwaltungsaufwand (3)	133,1	→	**Bruttobedarfsspanne**	**2,68 %**	
	Teilbetriebsergebnis (1) + (2) – (3)	**32,5**				
7	Nettoergebnis aus Finanzgeschäften (4)	3,2	→	**Handelsergebnis**	**0,06 %**	
8	Sonstige betriebliche Erträge	7,0				
12	– Sonstige betriebliche Aufwendungen	4,9				
	= Saldo der sonstigen betrieblichen Aufwendungen und Erträge (5)	2,1	→	**Sonstige Ertragsspanne**	**0,04 %**	
	Betriebsergebnis vor Bewertung (6) = (1) + (2) – (3) + (4) + (5)	**37,8**				
13	Abschreibungen und Wertberichtigungen auf Forderungen und bestimmte Wertpapiere sowie Zuführungen zu Rückstellungen im Kreditgeschäft	13,0				
14	– Erträge aus Zuschreibungen zu Forderungen und bestimmten Wertpapieren sowie aus der Auflösung von Rückstellungen im Kreditgeschäft	0,0				
	= Bewertungsergebnis (Risikovorsorge) (7)	– 13,0	→	**Risikospanne**	**– 0,26 %**	
	Betriebsergebnis nach Bewertung (6) – (7)	**24,8**		Netto-(Rein)gewinnspanne	0,50 %	

Wie ermittelt man die Bruttoertragsspanne?

		Erläuterung
Bruttozinsspanne	2,76 %	Die Bruttozinsspanne zeigt den Beitrag, den das **zinsabhängige Kundengeschäft (Wertleistungen)** zum Unternehmensgewinn – ohne Berücksichtigung der Risikokosten – beigetragen hat.
+ Provisionsspanne	0,57 %	Diese Spanne zeigt den Erfolgsbeitrag, den das **nicht zinsabhängige Kundengeschäft (Betriebsleistungen)** in Form von Provisionen zum Erfolg beigetragen hat.
+ Handelsergebnis	0,06 %	Das Handelsergebnis zeigt den Erfolgsbeitrag durch den **Eigenhandel** mit Wertpapieren, Devisen und ähnlichen Geschäften.
+ Sonstige Ertragsspanne	0,04 %	Hier wird der Erfolgsbeitrag durch die sonstigen betrieblichen Aufwendungen und Erträge erfasst.
= Bruttoertragsspanne	3,44 %	Die Bruttoertragsspanne gibt an, welche Spanne für die Deckung der Bruttobedarfsspanne erwirtschaftet wurde. Es ist somit die **Summe aller Überschüsse aus dem operativen Geschäft** eines Finanzinstitutes.

Wie ermittelt man die Bruttobedarfsspanne?

Personalaufwandsspanne	1,64 %	Der Personalaufwand stellt für die meisten Kreditinstitute den größten Kostenfaktor dar. Er ist daher für zwischenbetriebliche Vergleiche ein interessanter Indikator.
+ Sachaufwandsspanne	1,04 %	Hier werden die übrigen für die betriebliche Leistungserstellung benötigten Betriebskosten erfasst.
= Bruttobedarfsspanne	2,68 %	Die Bruttobedarfsspanne zeigt an, wie viel Prozent der Bilanzsumme an **betriebsbedingten Kosten** für das operative Geschäft anfallen. In mindestens gleicher Höhe ist eine Bruttoertragsspanne zu erwirtschaften, um kein negatives Betriebsergebnis zu erhalten.

Wie wird die Nettogewinnspanne ermittelt?

Bruttoertragsspanne	3,44 %	
– Bruttobedarfsspanne	2,68 %	
= Bruttogewinnspanne	0,76 %	Die Bruttogewinnspanne gibt an, wie viel v. H. der Bilanzsumme **ohne** Berücksichtigung der **Risikokosten** aus der Verwertung von Wertleistungen, Betriebsleistungen und dem Handelsergebnis erwirtschaftet wurden.
– Risikospanne	– 0,26 %	Die **Risikokosten** entstehen durch die Wertveränderung im Kredit- und Wertpapiergeschäft der Kreditinstitute. Der Bruttoertrag wird durch die Bewertungsänderungen entweder verringert (Abschreibungen) oder erhöht (Zuschreibungen).
= Netto-(Rein)gewinnspanne	0,50 %	Die **Nettogewinnspanne, auch Reingewinnspanne** genannt, zeigt den Gesamterfolg des Kreditinstituts aus dem Kundengeschäft und dem Eigenhandel. Es ist das **Betriebsergebnis nach Bewertung** (Risikovorsorge), ausgedrückt in v. H. der Bilanzsumme.

Was versteht man unter der Nettozinsspanne?

Bruttozinsspanne – Risikospanne = Nettozinsspanne	2,76 % – 0,26 % 2,50 %	Die Nettozinsspanne bezieht sich **nur** auf den **Wertbereich** des Kreditinstituts. Wegen dieser geringen Aussagekraft kommt dieser Kennziffer nur eine untergeordnete Bedeutung zu.

Ermittlung der Gesamtzinsspanne aus der Zinsertragsbilanz

Die Bruttozinsspanne kann auch aus der **Zinsertragsbilanz** ermittelt werden. Während in der GuV-Rechnung die Zinsen nur global ausgewiesen werden, schlüsselt man diese bei dieser Form der Gesamtzinsspannenrechnung auf. Dabei werden die **Zinsaufwendungen** den Jahresdurchschnittsbeständen der **Passivposten** der Bilanz zugeordnet, die **Zinserlöse** den Jahresdurchschnittsbeständen der **Aktivposten** der Bilanz, welche die Kosten und Erlöse **verursacht haben.**

Die **Gesamtzinsspanne** errechnet sich aus:

Zinserlöse in v.H. des durchschnittlichen Bilanzvolumens
− Zinskosten in v.H. des durchschnittlichen Bilanzvolumens
= Gesamtzinsspanne in v.H. des durchschnittlichen Bilanzvolumens

Beispiel:

Zinsertragsbilanz
Handelsbank zum 31. 12. 01

Aktivposten	Ø-Bestände in Tsd.	Zinserträge in Tsd.	Ø-Zinssatz in %
Forderungen an Kunden			
a) weniger als 4 Jahre	30 100	3 260	10,83
b) 4 Jahre oder länger	67 000	5 690	8,49
Wechsel	1 500	160	10,67
Wertpapiere	20 400	1 540	7,55
Beteiligungen	1 100	30	2,73
Forderungen an KI (ohne Mindestreserve)	26 100	1 340	5,13
Ausgleichs- und Deckungsforderungen	1 200	45	3,75
Summe d. verzinslichen Aktiva/Zinserträge	147 400	12 065	8,19
Unverzinsliche Aktivposten			
Barreserve (einschließlich Mindestreserve)	10 400	--	--
Betriebs- und Geschäftsausstattung	900	--	--
Grundstücke und Gebäude	4 400	--	--
Treuhandkredite	700	--	--
Übrige Aktivposten	100	--	--
Summe der unverzinslichen Aktiva	16 500	--	--
Ø Bilanzsumme/ Zinserträge	163 900	12 065	7,36

Passivposten	Ø-Bestände in Tsd.	Zinsaufwendungen in Tsd.	Ø-Zinssatz in %
Verbindlichkeiten gegenüber Kunden			
1. Spareinlagen			
a) dreimonatige Kündigung	60 400	2 510	4,16
b) mehr als dreimonatige Künd.	50 500	3 005	5,95
2. Andere Verb.			
a) täglich fällig	22 090	120	0,54
b) weniger als 3 Monate	250	5	2,00
c) mind. 3 Monate, aber weniger als 4 Jahre	760	30	3,95
d) 4 Jahre und länger	1 260	100	7,94
Verbindlichkeiten gegenüber KI			
a) täglich fällig	8 600	350	4,07
b) weniger als 4 Jahre	1 080	50	4,63
c) 4 Jahre oder länger	9 650	640	6,63
Summe d. verzinslichen Passivposten/Zinsaufwendungen	154 590	6 810	4,41
Unverzinsliche Passivposten			
Grundkapital	1 800	--	--
Rücklagen	4 000	--	--
Wertberichtigungen	2 300	--	--
Treuhandkredite	700	--	--
Übrige Passiva	510	--	--
Summe der unverzinslichen Passivposten	9 310	--	--
Ø Bilanzsumme/ Zinsaufwendungen	163 900	6 810	4,15

Zinserträge in v. H. der Ø Bilanzsumme	7,36
− Zinsaufwendungen in v. H. der Ø Bilanzsumme	4,15
= Gesamtzinsspanne in v. H. der Ø Bilanzsumme	3,21

Die **Auswertung** der Gesamtzinsspannenrechnung kann innerbetrieblich, zwischenbetrieblich oder durch den Vergleich von Plan-Werten (Soll) mit Ist-Werten erfolgen.

Die Zinsertragsbilanz ermöglicht einen Überblick über die **Struktur** des Aktiv- und Passivgeschäftes mit den anteiligen Zinserlösen bzw. Zinskosten.

Auf einen Blick:

Ermittlung von Teilbetriebsergebnis, Betriebsergebnis und Kennziffern

GuV-Posten		Berichtsjahr 02 in Mio. €	durchschnittliche Bilanzsumme 1,00 Mio. €			
1	Zinserträge		}	Zinsertragssatz	0,00 %	jeweils in v. H. der durchschnittlichen Bilanzsumme
3	+ Laufende Erträge aus Aktien und Beteiligungen					
4	+ Erträge aus Gewinngemeinschaften, Gewinnabführungs- oder Teilgewinnabführungsverträgen					
2	– Zinsaufwendungen		→	Zinsaufwandssatz	0,00 %	
	= Zinsüberschuss (1)	0,0	→	**Bruttozinsspanne**	**0,00 %**	
5	Provisionserträge					
6	– Provisionsaufwendungen					
	= Provisionsüberschuss (2)	0,0	→	**Provisionsspanne**	**0,00 %**	
10 a	Personalaufwand		→	Personalaufwandsspanne	0,00 %	
10 b	+ Andere Verwaltungsaufwendungen		}	Sachaufwandsspanne	0,00 %	
11	+ Abschreibungen und Wertberichtigungen auf immaterielle Anlagewerte und Sachanlagen					
	= Verwaltungsaufwand (3)	0,0	→	**Bruttobedarfsspanne**	**0,00 %**	
	Teilbetriebsergebnis (1) + (2) – (3)	**0,0**				
7	**Nettoergebnis aus Finanzgeschäften (4)**		→	**Handelsergebnis**	**0,00 %**	
8	Sonstige betriebliche Erträge					
12	– Sonstige betriebliche Aufwendungen					
	= Saldo der sonstigen betrieblichen Aufwendungen und Erträge (5)	0,0	→	**Sonstige Ertragsspanne**	**0,00 %**	
	Betriebsergebnis vor Bewertung (6) = (1) + (2) – (3) + (4) + (5)	0,0				
13	Abschreibungen und Wertberichtigungen auf Forderungen und bestimmte Wertpapiere sowie Zuführungen zu Rückstellungen im Kreditgeschäft					
14	– Erträge aus Zuschreibungen zu Forderungen und bestimmten Wertpapieren sowie aus der Auflösung von Rückstellungen im Kreditgeschäft					
	= Bewertungsergebnis (Risikovorsorge) (7)	0,0	→	**Risikospanne**	**0,00 %**	
	Betriebsergebnis nach Bewertung (6) – (7)	**0,0**	→	**Netto-(Rein-)Gewinnspanne**	**0,00 %**	
9, 15, 16, 17, 18, 20, 21, 25, 26	+ Saldo der anderen und außerordentlichen Erträge und Aufwendungen	0,0				
	= Jahresüberschuss vor Steuern	0,0				
23, 24	– Steuern vom Einkommen und vom Ertrag					
	= Jahresüberschuss bzw. -fehlbetrag	0,0				
	Gewinnvortrag aus dem Vorjahr					
	Einstellungen in Gewinnrücklagen					
	Bilanzgewinn bzw. Bilanzverlust	0,0				
	Zusammenfassende Kennziffern:					
	Bruttozinsspanne	**0,00 %**		**Personalaufwandsspanne**	**0,00 %**	
	+ Provisionsspanne	**0,00 %**				
	+ Handelsergebnis	**0,00 %**		**+ Sachaufwandsspanne**	**0,00 %**	
	+ Sonstige Ertragsspanne	**0,00 %**				
	= Bruttoertragsspanne	**0,00 %**		**= Bruttobedarfsspanne**	**0,00 %**	
		Bruttoertragsspanne **– Bruttobedarfsspanne** **= Bruttogewinnspanne** **– Risikospanne** **= Netto-(Rein-)Gewinnspanne**			**0,00 %** **0,00 %** **0,00 %** **0,00 %** **0,00 %**	
		Bruttozinsspanne – Risikospanne = Nettozinsspanne			0,00 % 0,00 % 0,00 %	

Aufgaben:

18. Ermitteln Sie das kalkulatorische Betriebsergebnis!

	Mio. Euro
Zinserlöse	49
Zinskosten	35
Kalkulatorische Eigenkapitalkosten	0,8
Kostensteuern	0,5
Ertragsteuern	1
Gebühren- und Provisionserlöse	11
Provisionskosten für Fremdleistungen	2
Personalkosten	9,3
Sonstige Sachkosten einschl. kalkulatorischer Mieten	5
Kalkulatorische Abschreibungen auf Sachanlagen	2,9
Zuführung zu Gewinnrücklagen	2

19. Berechnen Sie das Betriebsergebnis der Inter Bank GmbH!

	TEUR
Zinsaufwendungen	74 900
Personalaufwendungen	34 800
Sachaufwendungen	22 600
Körperschaftsteuer	7 100
Neutrale Aufwendungen	3 160
Zinserträge	168 300
Provisionen aus dem Bankgeschäft	11 100
Neutrale Erträge	2 140

20. Die Gesamtzinsspannenrechnung der Handelsbank zum 31. Dez. 01 (siehe Beispiel Seite 201) zeigt **ein Jahr später** diese Zahlen:

Handelsbank zum 31. Dez. 02

Aktivposten	Ø-Bestände in Tsd.	Zinserträge in Tsd.	Ø-Zinssatz in %
Forderungen an Kunden			
a) weniger als 4 Jahre	31 200	3 120	
b) 4 Jahre oder länger	71 500	5 370	
Wechsel	1 500	150	
Wertpapiere	22 700	1 530	
Beteiligungen	1 100	30	
Forderungen an KI (ohne Mindestreserve)	23 520	1 030	
Ausgleichs- und Deckungsforderungen	1 200	45	
Summe d. verzinslichen Aktiva/Zinserträge	152 720	11 275	
Unverzinsliche Aktivposten			
Barreserve (einschließlich Mindestreserve)	11 600	--	--
Betriebs- und Geschäftsausstattung	920	--	--
Grundstücke und Gebäude	4 350	--	--
Treuhandkredite	650	--	--
Übrige Aktivposten	130	--	--
Summe der unverzinslichen Aktiva	17 650	--	--
Ø Bilanzsumme/Zinserträge	170 370	11 275	

Passivposten	Ø-Bestände in Tsd.	Zinsaufwendungen in Tsd.	Ø-Zinssatz in %
Verbindlichkeiten gegenüber Kunden			
1. Spareinlagen			
a) dreimonatige Kündigung	64 100	2 820	
b) mehr als dreimonatige Künd.	51 500	3 260	
2. Andere Verb.			
a) täglich fällig	20 080	135	
b) weniger als 3 Monate	300	7	
c) mind. 3 Monate, aber weniger als 4 Jahre	1 100	47	
d) 4 Jahre und länger	1 950	160	
Verbindlichkeiten gegenüber KI			
a) täglich fällig	9 200	395	
b) weniger als 4 Jahre	1 200	60	
c) 4 Jahre oder länger	10 700	770	
Summe d. verzinslichen Passivposten/Zinsaufwendungen	160 130	7 654	
Unverzinsliche Passivposten			
Grundkapital	1 800	--	--
Rücklagen	4 600	--	--
Wertberichtigungen	2 700	--	--
Treuhandkredite	650	--	--
Übrige Passiva	490	--	--
Summe der unverzinslichen Passivposten	10 240	--	--
Ø Bilanzsumme/Zinsaufwendungen	170 370	7 654	

a) Berechnen Sie die Gesamtzinsspanne!

b) Vergleichen Sie die Ergebnisse dieser Gesamtzinsspannenrechnung mit der des Vorjahres!

c) Worauf sind die Unterschiede zurückzuführen?

21. Aus der GuV-Rechnung der Südbank AG wurde folgende Gesamtbetriebskalkulation ermittelt:

Ermittlung des Teilbetriebsergebnisses und des Betriebsergebnisses der Südbank AG				
	Jahr 02 Mio. €	Jahr 01 Mio. €	Veränderungen Mio. €	v. H.
Zinserträge	13 889,2	13 342,0		
+ Laufende Erträge aus Aktien und Beteiligungen	326,2	305,5		
+ Erträge aus Gewinngemeinschaften, Gewinnabführungs- oder Teilgewinnabführungsverträgen	0,0	0,0		
– Zinsaufwendungen	10 428,0	10 080,5		
= Zinsüberschuss (1)	3 787,4	3 567,0		
Provisionserträge	772,4	702,1		
– Provisionsaufwendungen	116,5	117,7		
= Provisionsüberschuss (2)	655,9	584,4		
Personalaufwand	1 541,8	1 566,8		
+ Andere Verwaltungsaufwendungen	708,4	726,2		
+ Abschreibungen und Wertberichtigungen auf immaterielle Anlagewerte und Sachanlagen	205,3	180,6		
= Verwaltungsaufwand (3)	2 455,5	2 473,6		
Teilbetriebsergebnis (1) + (2) – (3)	1 987,8	1 677,8		
Nettoergebnis aus Finanzgeschäften (4)	190,1	152,6		
Sonstige betriebliche Erträge	43,8	23,2		
– Sonstige betriebliche Aufwendungen	170,5	78,5		
= Saldo der sonst. betriebl. Aufw. und Erträge (5)	– 126,7	– 55,3		
Betriebsergebnis vor Bewertung (6) = (1) + (2) – (3) + (4) + (5)	2 051,2	1 775,1		
Abschreibungen und Wertberichtigungen auf Forderungen und bestimmte Wertpapiere sowie Zuführungen zu Rückstellungen im Kreditgeschäft	1 207,5	697,1		
– Erträge aus Zuschreibungen zu Forderungen und bestimmten Wertpapieren sowie aus der Auflösung von Rückstellungen im Kreditgeschäft	0,0	0,0		
= Bewertungsergebnis (Risikovorsorge) (7)	– 1 207,5	– 697,1		
Betriebsergebnis nach Bewertung (6) – (7)	843,7	1 078,0		
+ Saldo der anderen und außerordentlichen Erträge und Aufwendungen	– 15,2	– 6,3		
= Jahresüberschuss vor Steuern	828,5	1.071,7		
– Steuern vom Einkommen und vom Ertrag	210,8	404,0		
= Jahresüberschuss bzw. -fehlbetrag	**617,7**	**667,7**		
Gewinnvortrag aus dem Vorjahr	0,0	0,0		
Einstellungen in Gewinnrücklagen	150,0	200,0		
Bilanzgewinn	**467,7**	**467,7**		

a) Ermitteln Sie die Veränderungen gegenüber dem Vorjahr in Mio. Euro und in %!

b) Wie beurteilen Sie die Aussage, dass die Südbank AG im Jahr 02 gegenüber dem Vorjahr am Markt weniger erfolgreich gearbeitet hat?

c) Ein Aktionär wirft dem Vorstand der Südbank AG vor, zu risikoreiche Geschäfte abzuwickeln. Womit könnte dieser Aktionär seinen Vorwurf begründen?

d) Welche Dividendenpolitik der Südbank AG können Sie aus der Gesamtbetriebskalkulation ableiten?

22. Ermitteln Sie anhand der GuV-orientierten Gesamtbetriebskalkulation der Südbank AG (siehe Aufgabe 21) für das Jahr 01 die folgenden Werte:

Die durchschnittliche Bilanzsumme im Jahr 01 beträgt 340 000 Mio. Euro.

Bruttozinsspanne	%
+ Provisionsspanne	%
+ Handelsergebnis	%
+ Sonstige Ertragsspanne	%
= Bruttoertragsspanne	%

Personalaufwandsspanne	%
+ Sachaufwandspanne	%
= Bruttobedarfsspanne	%

Bruttoertragsspanne	%
− Bruttobedarfsspanne	%
= Bruttogewinnspanne	%
= Risikospanne	%
= Netto-(Rein-)Gewinnspanne	%

Bruttozinsspanne	%
− Risikospanne	%
= Nettozinsspanne	%

23. Die Wetterauer Volksbank eG hat eine durchschnittliche Bilanzsumme von 1 428,5 Mio. €. Diese Bank hat die folgende Gewinn- und Verlustrechnung veröffentlicht.

GuV-Posten		Berichtsjahr 20.. in Mio. €
1.	Zinserträge	85,5
2.	Zinsaufwendungen	38,6
3.	Laufende Erträge aus Aktien und Beteiligungen	3,1
4.	Erträge aus Gewinngemeinschaften, Gewinnabführungs- oder Teilgewinnabführungsverträgen	0,4
5.	Provsionserträge	9,6
6.	Provisionsaufwendungen	0,6
7.	Nettoertrag aus Finanzgeschäften	0,2
8.	Sonstige betriebliche Erträge	3,3
9.	Erträge aus der Auflösung von Sonderposten mit Rücklagenanteil	0,0
10.	a) Personalaufwand	24,7
	b) Andere Verwaltungsaufwendungen	13,6
11.	Abschreibungen und Wertberichtigungen auf immaterielle Anlagewerte und Sachanlagen	5,4
12.	Sonstige betriebliche Aufwendungen	0,8
13.	Abschreibungen und Wertberichtigungen auf Forderungen und bestimte Wertpapiere sowie Zuführungen zu Rückstellungen im Kreditgeschäft	4,1
14.	Erträge aus Zuschreibungen zu Forderungen und bestimmten Wertpapieren sowie aus der Auflösung von Rückstellungen im Kreditgeschäft	0,0
15.	Abschreibungen und Wertberichtigungen auf Beteiligungen, Anteile an verbundenen Unternehmen und wie Anlagevermögen behandelte Wertpapiere	0,1
16.	Erträge aus Zuschreibungen zu Beteiligungen. Anteile an verbundenen Unternehmen und wie Anlagevermögen behandelten Wertpapieren	0,0
17.	Aufwendungen aus Verlustübernahmen	0,0
18.	Einstellungen in Sonderposten mit Rücklagenanteil	0,0
19.	Ergebnis der normalen Geschäftstätigkeit	14,2
20.	Außerordentliche Erträge	0,0
21.	Außerordentliche Aufwendungen	0,0
22.	Außerordentliche Erträge	0,0
23.	Steuern vom Einkommen und vom Ertrag	8,4
24.	Sonstige Steuern	- 0,1
25.	Jahresüberschuss	5,9
26.	Gewinnvortrag aus dem Vorjahr	0,0
27.	Entnahmen aus Ergebnisrücklagen	0,0
28.	Einstellungen in Ergebnisrücklagen	2,0
29.	Bilanzgewinn	3,9

a) Ermitteln Sie das Teilbetriebsergebnis und das Betriebsergebnis nach Bewertung!

b) Ermitteln Sie die Bruttoertragsspanne, die Bruttobedarfsspanne, die Bruttogewinnspanne, die Risikospanne, die Nettogewinnspanne und die Nettozinsspanne!

4 Kalkulation von Bankdienstleistungen im Wertbereich

Problemstellung:	Eine Kundin beabsichtigt den Kauf einer Eigentumswohnung. Diese wird in etwa 6 Monaten fertig gestellt sein. Bis dahin will sie 50 000,00 € anlegen, die dann zur Mitfinanzierung des Kaufpreises der Eigentumswohnung von insgesamt 270 000,00 € verwendet werden sollen. Die Kundin verlangt für die Einlage eine Verzinsung von 3 %, für ein Darlehen zur Restfinanzierung wäre sie bereit, 5,5 % Zinsen zu bezahlen.
Arbeitsauftrag:	Unter welchen Bedingungen könnte das Kreditinstitut die Konditionenwünsche der Kundin erfüllen?

Informationen

Die bisher durchgeführte Gesamtbetriebskalkulation gibt auf diese Frage noch keine Antwort. Es ist vielmehr erforderlich, die Faktoren zu ermitteln, die zu der Gesamtzinsspanne bzw. zum Betriebsergebnis geführt haben.

Zu diesem Zweck wird die Kosten- und Erlösrechnung von der **Gesamtbetrachtung** zu einer **Einzelbetrachtung der Erfolgsfaktoren** im **Wertbereich** und im **Betriebsbereich** geführt.

Im **Wertbereich** erfolgt die Analyse der Gesamtzinsspanne in **Teilzinsspannen** (Margen). Im **Betriebsbereich** werden die Kosten und Erlöse durch die **Stückleistungskalkulation** in Teilkosten zerlegt.

Betrachten wir zunächst den Wertbereich.

Grundsätzlich könnte ein Kreditinstitut den Zinswünschen der Kunden dann entsprechen, wenn im **Passivgeschäft** die Zinskosten aus der Geldaufnahme niedriger sind als die Zinserlöse für eine Anlage der aufgenommenen Mittel. Im **Aktivgeschäft** gilt, dass die Zinserlöse aus einem Geschäft höher sind als die Zinskosten, die für die Refinanzierung gezahlt werden müssen.

Das heute in der **Praxis** vorherrschende **Verfahren der Kalkulation der Zinsgeschäfte** ist die **Marktzinsmethode.**

4.1 Marktzinsmethode

Ziel der Marktzinsmethode ist es, die **Preisuntergrenze** im Wertbereich zu ermitteln.

Der **Grundgedanke** der Marktzinsmethode beruht darauf, dass für **jedes Kundengeschäft** im **Aktiv- und Passivbereich** ein vergleichbares **alternatives Geschäft mit gleicher Laufzeit am Geld- und Kapitalmarkt** möglich ist. Das bedeutet, dass der Erfolg an den **Opportunitätskosten** gemessen wird. Dabei werden die Aktiv- und Passivgeschäfte jeweils mit den Alternativen auf der gleichen Bilanzseite gemessen.

So könnte zum **Beispiel** statt der Hereinnahme von Sichteinlagen von Kunden auch Tagesgeld am Geldmarkt aufgenommen werden. Als Alternative zur Gewährung eines Darlehens an einen Kunden könnte die Anlage in festverzinslichen Wertpapieren am Kapitalmarkt vorgenommen werden.

Für ein Kreditinstitut lohnt sich ein Geschäft mit Kunden nur dann, wenn es einen höheren Zinsertrag bringt als die risikolosere Anlage am Geld- und Kapitalmarkt.

Durch dieses Vorgehen lässt sich kalkulatorisch die Aktivseite der Bilanz von der Passivseite trennen.

Die Kundenberater werden in die Lage versetzt, den Erfolg der jeweiligen Akquisition sofort abzuschätzen zu können.

Wie ist die Marktzinsmethode aufgebaut?

Kundengeschäfte		Differenz		Alternative am GKM			Tagesgeldzins	Bankbilanz		Tagesgeldzins	Alternative am GKM			Differenz		Kundengeschäfte	
								Aktiva	Passiva								
Zinsertrag	Zinssatz	Betrag	Marge	Anlageform	Zinsertrag	Zinssatz					Art	Zinssatz	Zinsaufwand	Marge	Betrag	Zinssatz	Zinsaufwand
32 500,00	6,50 %	13 500,00	2,70 %	Termingeld 4 Mon.	19 000,00	3,80 %	2,30 %	Kontokorrentkredit 500 000,00	Sichteinlage 500 000,00	2,30 %	Tagesgeld	2,30 %	11 500,00 0,00 0,00 0,00	1,80 %	9 000,00	0,50 %	2 500,00 0,00 0,00 0,00
Durchschn. Sollzinsen	6,50 %				Durchschn. GKM-Satz aktiv	3,80 %	2,30 %	Strukturbeitrag Aktiva 1,50 % Konditionenbeitrag Aktiva 2,70 %	Strukturbeitrag Passiva 0,00 % Konditionenbeitrag Passiva 1,80 %	2,30 %	Durchschn. GKM-Satz passiv	2,30 %				0,50 %	Durchschn. Habenzinsen

Strukturbeitrag	1,50 %
Konditionenbeitrag	4,50 %
Bruttozinsspanne	6,00 %

Sehen wir uns die einzelnen Schritte der Marktzinsmethode am obigen **Beispiel** an.

1. Die Kundenberater müssen über die Preisober- und die Preisuntergrenze der einzelnen Geschäfte informiert werden:

   Die **Preisobergrenze** wird bei Kreditinstituten durch die Konditionen der jeweiligen Mitwettbewerber bestimmt. Die **Preisuntergrenze** für die Kreditinstitute bilden die alternativen Zinssätze zu den einzelnen Bankprodukten am Geld- und Kapitalmarkt (GKM). Zu diesen Konditionen können sich die Kreditinstitute jeweils refinanzieren.

2. Zuordnung der **Alternativzinssätze** zu den **Bankprodukten:**

   Eine Entscheidung darüber, ob die Zinsmarge für ein einzelnes Geschäft ausreicht, kann erst getroffen werden, wenn den Mitarbeitern die jeweiligen Vergleichskonditionen des Geld- und Kapitalmarktes bekannt gemacht werden.

Eine mögliche Zuordnung könnte sein:

Aktiva	Mögliche Vergleichszinssätze am Geld- und Kapitalmarkt
Kontokorrentkredite, Dispositionskredite	Tagesgeld
Variabel verzinsliche Darlehen	Sätze für Termingelder je nach Laufzeit der Darlehen
Festverzinsliche Darlehen	Sätze für die laufzeitentsprechende Refinanzierung
Passiva	
Termineinlagen	Geldmarktsätze gleicher Laufzeit
Spareinlagen	Mischsatz aus Dreimonatsgeld und langfristigem Kapitalmarktzins

Das Kreditinstitut muss die entsprechenden Geld- und Kapitalmarktzinssätze laufend feststellen und den Entscheidungsträgern für Aktiv- und Passivgeschäfte als Vergleichszinssätze zur Verfügung stellen.

3. **Konditionenbeiträge ermitteln:**

Das Kreditinstitut benötigt einen Betrag von 500 000,00 €. Es hat die Möglichkeit, dieses Geld am Geldmarkt zu 2,3 % **oder** alternativ durch die Hereinnahme einer Sichteinlage von Kunden zu 0,5 % zu beschaffen. Durch den Vergleich der alternativen Finanzierungskosten wird der Konditionenbeitrag für jedes Einzelgeschäft ermittelt.

Im **obigen Beispiel** errechnen sich die aktiven und passiven Konditionenbeiträge wie folgt:

Konditionenbeitrag Passiva

Kapitalbeschaffung	Kosten in %	Betrag €
Kapitalbeschaffung über den Geldmarkt	2,3 %	11 500,00
– Hereinnahme von Sichteinlagen	0,5 %	2 500,00
= Konditionenbeitrag Passiva	**1,8 %**	**9 000,00**

Das Kreditinstitut kann die 500 000,00 € entweder am Geldmarkt als 4-Monats-Termingeld zu 3,8 % anlegen **oder** einen Kontokorrentkredit zu 6,5 % gewähren.

Konditionenbeitrag Aktiva

Kapitalverwendung	Erlöse in %	Betrag €
Gewährung eines Kontokorrentkredites	6,5 %	32 500,00
– Anlage am Geldmarkt (Termingeld 4 Mon.)	3,8 %	19 000,00
= Konditionenbeitrag Aktiva	**2,7 %**	**13 500,00**

Der **Konditionenbeitrag von insgesamt 4,5 %** ergibt sich aus der Summe des aktiven und passiven Konditionenbeitrags.

Da der Konditionenbeitrag von den Kundenbetreuern dadurch erzielt wurde, dass diese mit den Kunden bessere Konditionen vereinbart haben, als die Finanzierung bzw. Refinanzierung am Geld- und Kapitalmarkt erbracht hätte, wird ihnen dieser Erfolg zugerechnet.

Da durch den Konditionenbeitrag zum Beispiel auch die durch den Mitarbeiter verursachten Kosten für die Beratung gedeckt werden müssen, wird die Geschäftsleitung eine **Mindestmarge** festlegen, die von dem Kundenberater nicht unterschritten werden darf.

4. **Bruttozinsspanne feststellen:**

   Wenn Sie die Differenz der Zinskonditionen der beiden Kundengeschäfte miteinander vergleichen, können Sie einen Zinsüberschuss von 30 000,00 € oder 6 % feststellen. Diese **Bruttozinsspanne** ist aber nicht identisch mit dem Konditionenbeitrag von 4,5 %. Worauf ist diese Differenz zurückzuführen?

5. **Fristentransformationsbeitrag (Strukturbeitrag) ermitteln:**

   Die Ursache für die verbleibende Differenz von 1,5 % ergibt sich aus der vom Kreditinstitut vorgenommenen **Fristentransformation.** Das Kreditinstitut hat das beschaffte Geld nicht fristenkongruent, sondern längerfristig angelegt. Für das Kreditinstitut ist dadurch ein Zinsänderungsrisiko entstanden, falls sich der Zinssatz für die Kapitalbeschaffung schneller verändert, als die Zinsanpassung des Aktivzinses erfolgen kann. Diese Differenz wird auch als **Strukturbeitrag** bezeichnet.

   Den Strukturbeitrag könnte eine Bank auch ohne Kundengeschäfte erzielen, wenn nur Geld- und Kapitalmarktgeschäfte abgeschlossen würden. In dem Beispiel könnte die Bank am GKM Tagesgeld zu 2,3 % aufnehmen und als Termingeld (4 Monate Laufzeit) zu 3,8 % anlegen. Als Strukturbeitrag ergibt sich die Differenz von 1,5 %.

   Eine **Aufspaltung** des Strukturbeitrags in einen aktivischen und passivischen Strukturbeitrag erhält man, wenn die Fristentransformation anhand eines **Referenzzinssatzes** gemessen wird. Als Referenzzinssatz wird meist der Tagesgeldzinssatz herangezogen.

   In **unserem Beispiel** ergibt sich die folgende Aufteilung des Strukturbeitrags:

   Passiver Strukturbeitrag

Kapitalbeschaffung am GKM	Kosten in %
Tagesgeldsatz	2,3 %
– Durchschn. GKM-Satz passiv	2,3 %
= **Strukturbeitrag Passiva**	0,0 %

   Aktiver Strukturbeitrag

Kapitalanlage am GKM	Erlöse in %
Durchschn. GKM-Satz aktiv	3,8 %
– Tagesgeldsatz	2,3 %
= **Strukturbeitrag Aktiva**	1,5 %

Der Strukturbeitrag ist der Preis dafür, dass das Kapital im Termingeld länger als bei einer Tagesgeldanlage gebunden ist.

Da auf der Passivseite in diesem Beispiel keine Fristentransformation vorliegt, entsteht auch kein passiver Strukturbeitrag.

Der Strukturbeitrag von 1,5 % ist nicht dem Kundenbetreuer als Erfolg zuzurechnen, weil er auch erzielt worden wäre, wenn das Kreditinstitut sich das Kapital als Tagesgeld am Geldmarkt zu 2,3 % beschafft und es dort als Termingeld für vier Monate zu 3,8 % angelegt hätte. Aus diesem Grunde ist der Strukturbeitrag als Leistung der **Geschäftsleitung** anzusehen.

Wie ist die Marktzinsmethode zu beurteilen?

Der **Hauptvorteil** dieser Methode liegt darin, dass sie sich immer an aktuellen Marktkonditionen orientiert, was inbesondere bei stark schwankenden Zinsen am GKM wichtig ist.

Den Kundenberatern müssen daher sehr kurzfristig die entsprechenden Änderungen der Zinssätze am Geld- und Kapitalmarkt zur Verfügung gestellt werden.

Zu falschen Entscheidungen kann es kommen, wenn das Kreditinstitut entweder

- mehr Mittel beschafft hat als Kreditnachfrage vorhanden ist oder
- die Kreditnachfrage höher ist als die Mittel aus passivischen Kundengeschäften.

Hat das Kreditinstitut keinen eigenständigen Zugang zum Geld- und Kapitalmarkt, wie zum Beispiel kleinere Kreditgenossenschaften oder Sparkassen, dann ist die Refinanzierung bzw. Kapitalanlage nur bei der genossenschaftlichen Zentralbank bzw. der Girozentrale möglich. Diese berechnen aber ungünstigere Konditionen als die Geld- und Kapitalmarktsätze. Für eine richtige Entscheidung müssen die Kreditinstitute aber **diese** Refinanzierungs- bzw. Geldanlagesätze ansetzen.

Auf einen Blick:

1. Die Marktzinsmethode ist eine Kalkulationsmethode zur Ermittlung von Preisuntergrenzen im Wertbereich.
2. Es findet eine Trennung von Aktiv- und Passivgeschäften statt.
3. Die Erfolge von Aktiv- und Passivgeschäften werden an den jeweiligen **Opportunitätskosten** alternativer Geschäfte am Geld- und Kapitalmarkt gemessen.
4. Der **Zinsüberschuss** (Bruttozinsspanne) wird in einen **Konditionenbeitrag** und einen **Strukturbeitrag** zerlegt.
5. Der **Konditionenbeitrag** wird erzielt, wenn die Geldbeschaffung oder die Geldverwendung zu günstigeren Konditionen erfolgt, als bei der alternativen Finanzierung am Geld- und Kapitalmarkt möglich ist.
6. Der **Strukturbeitrag** ergibt sich aus der **Fristentransformation,** weil die Geschäftsleitung das Risiko einer nicht fristenkongruenten Finanzierung eingeht.

7. Aktiva Passiva

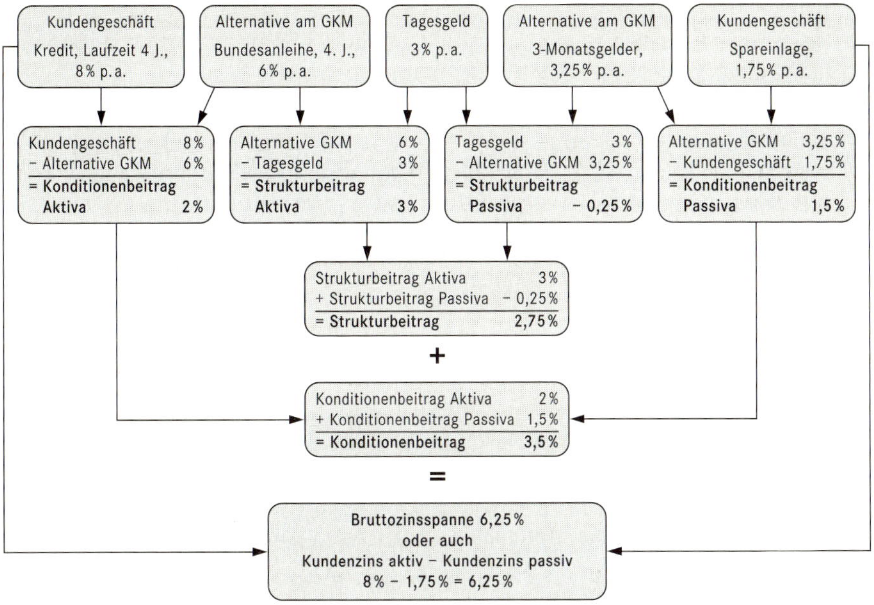

Aufgaben:

24. Erstellen Sie ein Excel-Arbeitsblatt nach folgendem Muster, um die Auswirkungen von Geschäften auf Strukturbeitrag, Konditionenbeitrag und die Bruttozinsspanne sofort ablesen zu können!

	A	B	C	D	E	F	G	H	I	J	K	L	M	N	O	P	Q	R	S	T
1	Kunden-geschäfte		Differenz		Alternative am GKM			Tages-geld-zins	Bankbilanz				Tages-geld-zins	Alternative am GKM			Differenz		Kunden-geschäfte	
2									Aktiva			Passiva								
3	Zinser-trag	Zinssatz	Betrag	Marge	Anlage-form	Zinser-trag	Zinssatz							Art	Zins-satz	Zinsauf-wand	Marge	Betrag	Zinssatz	Zinsauf-wand
4	32 500,00	6,50%	13 500,00	2,70%	Termin-geld 4 Mon.	19 000,00	3,80%	2,30%	Kontokor-rentkredit	500 000,00	Sicht-einlage	500 000,00	2,30%	Tages-geld	2,30%	-11 500,00	1,80%	9 000,00	0,50%	2 500,00
5	0,00	8,00%	0,00	8,00%	Anleihe	0,0	0,00%	2,30%		0,00		0,00	2,30%	0,00	0,00%	0,00	0,00%	0,00	0,00%	0,00
6																				
7																0,00				0,00
8																0,00				0,00
9																0,00				0,00
10								2,30%					2,30%							
11						Durchschn. GKM-Satz aktiv	3,80%		Struktur-beitrag Aktiva	1,50%	Struktur-beitrag Passiva	0,00%		Durchschn. GKM-Satz passiv	2,30%					
12	Durchschn. Soll-zinsen	6,50%							Kondi-tionen-beitrag Aktiva	2,70%	Kondi-tionen-beitrag Passiva	1,80%							0,50%	Durchschn. Haben-zinsen
13																				
14									Strukturbeitrag			1,50%								
15									Konditionenbeitrag			4,50%								
16									Bruttozinsspanne			6,00%								

Lösen Sie die folgenden Aufgaben entweder mit dem Taschenrechner oder mit Ihrem Excel-Arbeitsblatt Marktzinsmethode!

25. Ein Kreditinstitut beschafft sich 50 000,00 € Spareinlagen mit einer Kündigungsfrist von drei Monaten zu 3 % p. a. Alternativ könnte bei der Zentrale Monatsgeld zu 5,5 % p. a. aufgenommen werden.

Es gewährt ein Darlehen von 50 000,00 € mit einer Laufzeit von 5 Jahren zu 7 % p. a. fest. Alternativ könnten 5,5 %ige Anleihen mit gleicher Laufzeit zu pari gekauft werden.

Tagesgeldsatz am GKM 3,2 %.

Ermitteln Sie

a) die Bruttozinsspanne,
b) die Konditionenbeiträge Aktiva und Passiva sowie den Konditionenbeitrag insgesamt,
c) den Strukturbeitrag (Fristentransformationsbeitrag) sowie dessen Aufteilung Aktiva und Passiva!

26. Ein Kunde verlangt vom Kundenberater einer Sparkasse ein Darlehen in Höhe von 100 000,00 € mit einer Laufzeit von 10 Jahren zu 7,5 % p. a. Alternativ kann er das Geld in Bundesanleihen mit gleicher Laufzeit zu 6,3 % p. a. anlegen.

Die Refinanzierung kann durch die Ausgabe von Inhaberschuldverschreibungen mit einer Laufzeit von 6 Jahren zu 5,5 % p. a. oder durch Termingelder am Interbankenmarkt zu 6,0 % p. a. erfolgen.

Der Satz für Tagesgeld am Interbankenmarkt beträgt 3,8 % p. a.

Ermitteln Sie jeweils in % und in €

a) die Konditionenbeiträge aktiv und passiv,
b) den Konditionenbeitrag insgesamt,
c) die Strukturbeiträge aktiv und passiv,
d) den Strukturbeitrag insgesamt,
e) die Bruttozinsspanne!

27. Ein Kreditinstitut hat folgende Geschäfte

Passiva:

100 000,00 € Sichteinlagen zu 0,5 % p. a.
Alternative GKM Tagesgeld zu 5 % p. a.

200 000,00 € Spareinlagen zu 2 % p. a.
Alternative GKM Dreimonatsgeld zu 5,5 % p. a.

Aktiva:

130 000,00 € Kontokorrentkredit zu 8 % p. a.
Alternativ Festgeld am GKM zu 6 % p. a.

170 000,00 € Darlehen, Laufzeit 5 Jahre, 9 % p. a. fest
Alternativ Festverzinsliche Wertpapiere zu 7 % p. a.

Tagesgeldsatz am GKM 5 %

Ermitteln Sie

a) die Bruttozinsspanne,
b) den Konditionenbeitrag und dessen Aufteilung,
c) den Strukturbeitrag und dessen Aufteilung!

28. 1. Beschaffen Sie sich in Ihrem Ausbildungsbetrieb oder aus der Fachpresse aktuelle Konditionen des Geld- und Kapitalmarktes!

2. Stellen Sie in Ihrem Ausbildungsbetrieb die Standardkonditionen für die häufigsten Bankgeschäfte im Aktiv- und Passivgeschäft fest!

3. Ermitteln Sie mit selbst gewählten Beispielen und unter Verwendung Ihres Excel-Arbeitsblattes die Margen!

29. Es gelten diese Sätze am GKM:

Geldmarkt	Zinssatz % p. a.
Tagesgeld	3,4
Dreimonatsgeld	3,52
Sechsmonatsgeld	3,64
Zwölfmonatsgeld	3,82

Kapitalmarkt	Zinssatz % p. a.
Laufzeit 2 Jahre	5,3
Laufzeit 5 Jahre	5,5
Laufzeit 10 Jahre	5,9

Ihnen liegen die folgenden Kundenanfragen vor:
Anlage eines Termingeldes 3,4 Mio. € für 40 Tage. Der Kunde fordert 3,3 % Zinsen. Kontokorrentkredit über 2 Mio. € zu 6,5 %. Darlehen über 1,4 Mio., Laufzeit 12 Monate, Rückzahlung bei Endfälligkeit zu 5 %.

Wie entscheiden Sie in diesem Falle über die Kundenwünsche?

4.2 Barwertmethode als Weiterentwicklung der Marktzinsmethode

Darlehen mit Tilgung bei Endfälligkeit

Problemstellung: Ein Kunde beantragt ein Darlehen über 80 000 EUR; Laufzeit 2 Jahre; Zinssatz 6,5 % fest; Zinszahlung jährlich nachträglich. Tilgung bei Endfälligkeit.

Ihr Kreditinstitut kann sich zu folgenden Sätzen refinanzieren:

Laufzeit Jahre	Zinssatz % p. a.
1	5,00 %
2	5,50 %

Arbeitsauftrag: Empfehlen Sie dieses Kreditgeschäft?

Informationen

Der **Grundgedanke** des Barwertkonzeptes liegt darin, dass der Erfolg aus einem Bankgeschäft nicht mehr auf ein Jahr, sondern auf die gesamte Laufzeit bezogen wird.

Im **Zeitpunkt der Darlehensgewährung** sind drei Fragen zu beantworten:

1. Wie viel muss ich aufwenden, um das gewünschte Darlehen mit den heutigen Konditionen zu refinanzieren?
2. Wie viel Erträge erziele ich aus dem Darlehen während der gesamten Laufzeit?
3. Wird durch die Darlehensgewährung ein Überschuss erwirtschaftet?

Lösungsweg für die Entscheidungsvorbereitung

	A	B	C	D	E
1	**Barwertkonzept**				
2					
3	Darlehen	80000,00		Refinanzierungssätze	
4	Auszahlung	100%		Jahr	Satz
5	Zinssatz	6,5%		1	5,00%
6	Laufzeit Jahre	2		2	5,50%
7	Tilgung Endfälligkeit				
8	Zinszahlung	jährlich nachträglich			
9					
10	**Zahlungsströme**	Jahr	Jahr	Jahr	
11	**Darlehen**	0	1	2	
12	Darlehensauszahlung	- 80000,00			
13	Zinsen		5200,00	5200,00	
14	Darlehenstilgung			80000,00	
15	**Summe Zahlungen**	**- 80000,00**	**5200,00**	**85200,00**	
16					
17	**Refinanzierung**				
18	**2. Jahr**	80758,29	: 1,055	- 85200,00	
19	1. Jahr	· 0,055	- 4441,71	0,00	
20			: 1,05 758,29		
21			- 758,29		
22		722,18	0,00		
23	**Barwert**	**1480,47**			

- Die **Barwertmethode** geht davon aus, dass die durch die Kreditgewährung und deren Refinanzierung während der gesamten Laufzeit verursachten **Zahlungsströme** ermittelt und vergleichbar gemacht werden.

- Die **Vergleichbarkeit der Zahlungsströme** wird dadurch erreicht, dass sämtliche Zahlungen auf den Zeitpunkt t_0, das ist der Zeitpunkt der Kreditgewährung, bezogen werden.

  Später folgende Ein- und Auszahlungen sind auf den Zeitpunkt t_0 **abzuzinsen.**

- **Durchführung der Kalkulation** nach der Barwertmethode

  Ermitteln der Zahlungsströme

  ➥ Zahlungsstrom für das Darlehen

  Für unser Beispiel (siehe oben) ergibt sich für das Darlehen eine **Auszahlung** von 80000,00 € im Zeitpunkt t_0.

  Dem stehen **Einzahlungen** durch die Zinszahlungen von jeweils 5200,00 € am Ende der Jahre t_1 und t_2 gegenüber. Schließlich hat der Kunde eine **Tilgungszahlung** am Ende des Jahres t_2 im Betrag von 80000,00 € zu leisten.

➥ Zahlungsstrom für die Refinanzierung

Das Kreditinstitut erhält am Ende des 2. Jahres einen Betrag von 85 200,00 €, der die Zinsen des 2. Jahres und die Tilgung des Darlehens umfasst.

Als **Gegengeschäft** ist ein **Auszahlungsbetrag** für zwei Jahre zu finanzieren. Dies ist mit einem Termingeld für zwei Jahre zu 5,5 % möglich.

Der Gegenwartswert (Barwert) für dieses Termingeld beträgt 80 758,29 €.

Rechnung: 85 200 : 1,055 = **80 758,29** €

Für diese 80 758,29 € sind am Ende des 1. Jahres und am Ende des 2. Jahres jeweils 4 441,71 € Zinsen zu zahlen, außerdem die Tilgung von 80 758,29 € am Ende des 2. Jahres.

Betrachten Sie bitte einmal die Zahlungsströme im Jahr t_1. Das Kreditinstitut erhält vom Kreditnehmer eine Zahlung von 5 200 €. Dem steht die Zinszahlung für die Finanzierung des Darlehens in Höhe von 4 441,71 € gegenüber. Es bleibt ein Zahlungsüberschuss von 758,29 €. Für diesen Betrag könnte das Kreditinstitut im Zeitpunkt t_0 am Geldmarkt eine Refinanzierung von 722,18 € (Zinssatz 5 %) durchführen.

➥ Erfolgsermittlung (Nettobarwert)

Der Erfolg des Kreditinstituts wird dadurch ermittelt, dass festgestellt wird, welchen Betrag das Kreditinstitut zum Zeitpunkt t_0 aus den Rückflüssen des Darlehens am Markt finanzieren könnte.

In unserem Beispiel stehen bezogen auf t_0 der Auszahlung von 80 000,00 € Einzahlungen in Höhe von 81 480,47 € gegenüber. Es ergibt sich ein **Überschuss (Nettobarwert)** von 1 480,47 €.

Da das Kreditinstitut einen höheren Barwert erhält als es einsetzt, lohnt sich diese Investition.

➥ Beurteilung der Barwertmethode

Die Barwertmethode hat gegenüber der Marktzinsmethode den Vorteil, dass sie sämtliche Ein- und Auszahlungen berücksichtigt, die eine Investition im Aktiv- oder Passivgeschäft verursachen. Voraussetzung dafür ist aber, dass die Zinsen während der Laufzeit fest bleiben.

Bei variabel verzinslichen Geschäften fehlt der exakte Zinssatz für die Ermittlung des Barwertes.

Die Barwertmethode zeigt den tatsächlichen Nutzen während der **Gesamtlaufzeit**, nicht den in einer Geschäftsperiode.

Darlehen mit Annuitätentilgung

Problemstellung: Eine Sparkasse zahlt ein Investitionsdarlehen in Höhe von 50 000,00 € aus. Laufzeit 3 Jahre, Zinssatz 6 % p. a., Auszahlung 100 %, Annuitätenzahlung.

Die Sparkasse kann sich zu folgenden Sätzen refinanzieren:

Laufzeit Jahre	Zinssatz % p. a.
1	3,00 %
2	4,25 %
3	4,50 %

Arbeitsauftrag: Wie hoch ist der Barwert aus diesem Darlehen?

Informationen

Auch bei Annuitätentilgung ergibt sich bei der Anwendung der Barwertmethode kein grundsätzlicher Unterschied gegenüber der Tilgung bei Endfälligkeit.

Es sind wiederum die **Zahlungsströme** zu ermitteln. Die **Jahresannuität** eines Darlehens errechnet sich aus nach der Formel

$$A = \frac{D \cdot q^n \cdot (q - 1)}{q^n - 1}$$

A = Annuität (das ist die Jahresleistung aus Zinsen und Tilgung);
D = Darlehensbetrag; q = 1 + p : 100; p = Zinssatz; n = Laufzeit in Jahren

Für unsere Problemstellung ergibt sich die folgende Barwertermittlung

	A	B	C	D	E
1	Darlehen	50 000,00		Refinanzierungssätze	
2	Auszahlung	100%		Jahr	Satz
3	Zinssatz (p/100)	6,00%		1	3,00%
4	q = (1 + p/100)	1,060		2	4,25%
5	Laufzeit Jahre	3		3	4,50%
6	Annuitätentilgung			4	5,00%
7					
8	**Zahlungsströme**				
9	**Darlehen**	Jahr	Jahr	Jahr	Jahr
10		0	1	2	3
11	Darlehensauszahlung	- 50 000,00			
12	Annuität		18 705,49	18 705,49	18 705,49
13					
14	**Summe Zahlungen**	**- 50 000,00**	**18 705,49**	**18 705,49**	**18 705,49**
15					
16	**Refinanzierung**				
17	3. Jahr	17 899,99			18 705,49
18			- 805,50	- 805,50	- 18 705,49
19					0,00
20	2. Jahr	17 170,26		17 899,99	
21			- 729,74	- 17 899,99	
22	1. Jahr			0,00	
23			17 170,26		
24		16 670,15	- 17 170,26		
25			0,00		
26					
27					
28	**Barwert**	**1 740,40**			

Auf einen Blick:

1. Bei der Barwertmethode werden die **Zahlungsströme fristenkongruent** dargestellt.
2. Die **Zahlungsüberschüsse** werden auf den **Zeitpunkt t_0 abgezinst.**
3. Der **Nettobarwert** ist der Überschuss oder Fehlbetrag der abgezinsten Zahlungsströme.
4. Eine Investition ist **vorteilhaft,** wenn der **Nettobarwert positiv** ist.
5. Diese Methode eignet sich zur Kalkulation von **Festzinsgeschäften.**

Aufgaben:

30. a) Erstellen Sie ein Tabellenkalkulationsprogramm für einen Zeitraum von 4 Jahren!

b) Ermitteln Sie den Barwert für dieses Kundengeschäft!

	A	B	C	D	E
1	Darlehen	50 000,00		Refinanzierungssätze	
2	Auszahlung	100 %		Jahr	Satz
3	Zinssatz (p/100)	6,00 %		1	3,00 %
4	q = (1 + p/100)	1,060		2	4,25 %
5	Laufzeit Jahre	3		3	4,50 %
6	Annuitätentilgung			4	5,00 %
7					
8	**Zahlungsströme**				
9	**Darlehen**	Jahr	Jahr	Jahr	Jahr
10		0	1	2	3
11	Darlehensauszahlung	− 50 000,00			
12	Annuität		18 705,49	18 705,49	18 705,49
13					
14	**Summe Zahlungen**	**− 50 000,00**	**18 705,49**	**18 705,49**	**18 705,49**
15					
16	**Refinanzierung**				
17	3. Jahr	17 899,99			18 705,49
18			− 805,50	− 805,50	− 18 705,49
19					0,00
20	2. Jahr	17 170,26		17 899,99	
21			− 729,74	− 17 899,99	
22	1. Jahr			0,00	
23			17 170,26		
24		16 670,15	− 17 170,26		
25			0,00		
26					
27					
28	**Barwert**	**1 740,40**			

c) Simulieren Sie die Auswirkungen verschiedener Zinssatzänderungen auf den Barwert mit Ihrem Rechnerprogramm!

31. Ermitteln Sie den Barwert für dieses Annuitätendarlehen.

	A	B	C	D	E
1	**Barwertkonzept**				
2					
3	Darlehen	100 000,00		Refinanzierungssätze	
4	Auszahlung	100%		Jahr	Satz
5	Zinssatz (p/100), fest	5,50%		1	3,75%
6	q = (1 + p/100)	1,055		2	4,00%
7	Laufzeit Jahre	3		3	4,25%
8	Annuitätentilgung			4	4,50%
9					
10	**Zahlungsströme**				
11	**Darlehen**	Jahr	Jahr	Jahr	Jahr
12		0	1	2	3
13	Darlehensauszahlung				
14	Annuität				
15					
16	**Summe Zahlungen**				
17					
18	**Refinanzierung**				
19	3. Jahr				
20					
21	2. Jahr				
22					
23	1. Jahr				
24					
25					
26					
27	**Barwert**				

32. Ermitteln Sie den Barwert für folgendes Annuitätendarlehen:

	A	B	C	D	E
1	Darlehen	300 000,00		Refinanzierungssätze	
2	Auszahlung	100%		Jahr	Satz
3	Zinssatz	10,00%		1	7,00%
4	q = (1 + p/100)	1,100		2	8,00%
5	Laufzeit Jahre	4		3	9,00%
6	Annuitätentilgung			4	9,50%
7	Zinszahlung	jährlich nachträglich			

5 Kalkulation von Bankdienstleistungen im Betriebsbereich

Problemstellung:	Die Kundin Anna Müller kauft zum ersten Mal Aktien. Als sie auf der Abrechnung sieht, dass ihr das Kreditinstitut eine Mindestprovision von 20,00 € berechnet, ist sie darüber sehr erbost. Sie beschwert sich unverzüglich bei ihrem Kundenberater.
Arbeitsauftrag:	Suchen Sie Argumente, die Sie in der Situation des Kundenberaters/der Kundenberaterin gegenüber der Kundin vorbringen können, um dieses Entgelt zu rechtfertigen.

5.1 Abgrenzung von Voll- und Teilkostenrechnung

Um der Kundin Anna Müller eine begründete Antwort geben zu können, müssen Sie eine Vorstellung über die von der Bank zu deckenden Kosten für die Anbahnung, Durchführung und Abwicklung dieser Bankdienstleistung haben. Im Gegensatz zur Geldbeschaffung oder -anlage fallen in diesem Falle keine Wertkosten, sondern nur Betriebskosten an.

Dabei ist das Problem zu lösen, wie die angefallenen **Betriebskosten** auf die einzelnen Bankleistungen (so genannte Kostenträger) **zu verteilen** sind. Werden alle anfallenden Betriebskosten einer Periode auf die Kostenträger verteilt, spricht man von einer **Vollkostenrechnung.** Werden auf einen Kostenträger dagegen nur die Kosten verteilt, die von diesem **eindeutig verursacht und diesem direkt als Einzelkosten zugerechnet** werden können, dann liegt eine **Teilkostenrechnung** vor.

5.2 Vollkostenrechnung

In der **traditionellen Bankkostenrechnung** erfolgt die Verrechnung der Betriebskosten in Form der Vollkostenrechnung. Dazu werden sämtliche Kosten einer Periode nach **Kostenarten** gegliedert (Kostenartenrechnung) und mit Hilfe eines Betriebsabrechnungsbogens (BAB) auf die **Kostenstellen** (Kostenstellenrechnung) und **Kostenträger** (Kostenträgerrechnung) verteilt.

Kostenartenrechnung

Die Kostenartenrechnung soll die Frage beantworten:

Welche Kostenarten sind in einer Periode angefallen? Mögliche Kostenarten wurden im Kapitel 2.4.1 dargestellt. Die Kostenarten können durch einen Periodenvergleich, einen zwischenbetrieblichen Vergleich (Benchmarking) oder durch einen Vergleich der Plankosten (Sollwerte) mit den tatsächlich entstandenen Kosten, den Istkosten, ausgewertet werden.

Kostenstellenrechnung

Die Kostenstellenrechnung soll die Frage beantworten:

Wo sind die entstandenen Kosten angefallen?

Die Kostenarten sollen auf **die Kostenstellen** verteilt werden, bei deren Leistungserstellung sie anfallen.

Die Kostenstellen können nach verschiedenen Kriterien gebildet werden. Kriterien sind:
1. die Gleichartigkeit der Betriebsleistung, z. B. Scheckverkehr;
2. die räumlichen Gegebenheiten, z. B. Hauptstelle, Zweigstelle;
3. die Verantwortungsbereiche, z. B. Abteilungsleiter, Gruppenleiter;
4. die Marktleistungsart, z. B. Kreditgeschäft.

Die Bildung der Kostenstellen wird bei den einzelnen Institutsgruppen unterschiedlich vorgenommen.

Im Beispiel (siehe Seite 223) werden der **innerbetriebliche Bereich**, der **Marktleistungsbereich** und die **Zweigstellen** unterschieden. Die Bereiche werden in weitere Kostenstellen unterteilt, wobei die Feingliederung betriebsspezifisch erfolgen kann.

Dem **allgemeinen Hilfsbereich** werden die Tätigkeiten zugerechnet, die „generell zur Unterhaltung und Erhaltung des betrieblichen Leistungsvermögens" anfallen. Dies sind z. B. Kosten für Registratur, Expedition, Materialverwaltung, Hausverwaltung, Telefonzentrale.

Im **allgemeinen Bereich** soll zwischen der Verwaltung und der Buchhaltung unterschieden werden.

Zu den Kosten der **Verwaltung** zählen z. B. Kosten der Geschäftsleitung, der Innenrevision, der Organisations- und Planungsabteilung. Der Kostenstelle **Buchhaltung** werden z. B. die Kosten für die Datenerfassung, Datenverarbeitung, Datenkontrolle, Bilanzerstellung zugerechnet.

Im **Marktleistungsbereich** wird nach Marktleistungsarten gegliedert. Dabei kann eine feinere Gliederung erfolgen, z. B. im Kreditgeschäft nach Kontokorrentkrediten, Wechselkrediten, Ratenkrediten, langfristigen Darlehen gegen Grundpfandrechte usw. Dabei entsteht aber das Problem, dass die Kostenzurechnung umso schwieriger wird, je größer die Zahl der Kostenstellen ist.

Der Bereich „Sonstige Dienstleistungen" erfasst z. B. den Sorten- und Devisenhandel, das Bereitstellen von Kundensafes usw.

Jede **Zweigstelle/Filiale** bildet in der Regel eine eigene Kostenstelle.

Die **Gesamtkosten** werden jetzt auf die Kostenstellen verteilt.

Bei der Verteilung der Stellen**einzel**kosten ergeben sich dabei keine besonderen Schwierigkeiten, da die Kosten der Kostenstelle **direkt zurechenbar** sind. Zurechnungsprobleme bestehen dagegen bei der Verteilung der Stellen**gemein**kosten. Diese Kosten sind nach **Kostenschlüsseln** zu verteilen.

Die Raumkosten können z. B. nach der Raumgröße, die Werbungskosten nach dem Umsatz der Marktleistungsarten aufgeteilt werden. Bei den Personalkosten ist z. B. der anteilige Zeitbedarf zu messen oder, falls dies aus Kostengründen nicht getan wird, zu schätzen.

Hauptregel für die Zuordnung der Kosten ist, dass diese **verursachungsgerecht** erfolgen soll. Das bedeutet, dass die Kosten möglichst genau der Kostenstelle zugeordnet werden, welche die Kosten verursacht hat.

Mit der Ermittlung der Stellenkosten vor Umlage ist die Kostenstellenrechnung (= Betriebsabrechnung) im engeren Sinne abgeschlossen.

Als Hilfsmittel für die Zuordnung der Kosten auf die Kostenstellen dient der **Betriebsabrechnungsbogen (BAB)**.

Kostenstellenrechnung (Betriebsabrechnung)

Der Aufbau der Kostenstellenrechnung ist aus diesem Beispiel ersichtlich.

Beispiel:

Kostenstellen		Innerbetrieblicher Bereich			Marktleistungsbereich						Zweigstellen		
	Gesamtkosten i. Tsd.	Allgem. Hilfsbereich i. Tsd.	Allgemeiner Bereich Verwaltung i. Tsd.	Allgemeiner Bereich Buchhaltung i. Tsd.	Kreditgeschäft i. Tsd.	Spargeschäft i. Tsd.	Zahlungsverkehr Kasse i. Tsd.	Zahlungsverkehr Giroverkehr i. Tsd.	Andere Dienstleistungen Effektengeschäft i. Tsd.	Andere Dienstleistungen sonstige i. Tsd.	I i. Tsd.	II i. Tsd.	
Kostenarten (1)	(2)	(3)	(4)	(5)	(6)	(7)	(8)	(9)	(10)	(11)	(12)	(13)	
Stelleneinzelkosten													
1. Personalkosten	2 500	200	600	400	500	300	100	200	60	30	60	50	
2. Sachkosten													
a) Bürobedarf, Formulare	320	15	20	35	30	40	20	50	15	5	50	40	
b) Raumkosten	240	10	50	25	40	50	15	20	5	--	15	10	
c) Instandsetzungen	50	--	--	20	--	10	--	20	--	--	--	--	
d) Abschreibungen a. BGA	60	5	8	8	4	5	10	5	2	2	6	5	
e) Werbung	380	--	--	--	150	200	--	10	20	--	--	--	
f) Sonstige Sachkosten	50	10	5	5	4	10	5	4	2	--	3	2	
Summe d. Stelleneinzelkosten	3 600	240	683	493	728	615	150	309	104	37	134	107	Genauigkeitsschicht I
Stellengemeinkosten													
1. Personalkosten	400	10	60	50	65	35	15	45	40	10	40	30	
2. Sachkosten													
a) Versicherungen	130	--	30	30	20	20	10	10	--	--	20	10	
b) Raumkosten	320	20	35	15	20	25	15	40	30	10	60	50	
c) Instandsetzungen Geb.	80	5	9	5	5	6	5	10	8	2	15	10	
d) Werbung	290	--	--	--	40	90	10	60	30	20	20	20	
e) Prüfungskosten	100	--	100	--	--	--	--	--	--	--	--	--	
3. Betriebssteuern	170	--	120	--	--	--	--	--	--	--	30	20	
4. Abschreib. auf Sachanlagen	2 150	130	320	490	120	270	210	190	50	20	190	160	
5. Kalkulator. Zusatzkosten	20	2	--	3	1	1	1	1	1	1	5	4	
Summe d. Stellengemeinkosten	3 660	167	674	593	271	437	266	346	159	63	380	304	
Stellenkosten **vor** Umlage	7 260	407	1 357	1 086	999	1 052	416	655	263	100	514	411	Genauigkeitsschicht II
Umlagen 1. Allgemeiner Hilfsbereich		→	81,4 (20 %)	40,7 (10 %)	40,7 (10 %)	40,7 (10 %)	40,7 (10 %)	40,7 (10 %)	20,35 (5 %)	20,35 (5 %)	40,7 (10 %)	40,7 (10 %)	
Zwischensumme			1 438,4	1 126,7	1 039,7	1 092,7	456,7	695,7	283,35	120,35	554,7	451,7	
2. Allgem. Bereich Verwaltung			→	71,92 (5 %)	431,52 (30 %)	143,84 (10 %)	71,92 (5 %)	71,92 (5 %)	71,92 (5 %)	28,77 (2 %)	287,68 (20 %)	258,91 (18 %)	
Zwischensumme				1 198,62	1 471,22	1 236,54	528,62	767,62	355,27	149,12	842,38	710,61	
3. Allg. Bereich Buchhaltung				→	95,89 (8 %)	275,68 (23 %)	59,93 (5 %)	443,49 (37 %)	47,94 (4 %)	11,99 (1 %)	143,83 (12 %)	119,87 (10 %)	
Zwischensumme					1 567,11	1 512,22	588,55	1 211,11	403,21	161,11	986,21	830,48	
4. Zweigstelle I 5. Zweigstelle II					246,55 207,62 (25 %)	295,86 249,14 (30 %)	49,31 41,52 (5 %)	345,17 290,67 (35 %)	39,45 33,22 (4 %)	9,87 8,31 (1 %)	←	←	
Kosten d. Marktleistungsarten					2 021,28	2 057,22	679,38	1 846,95	475,88	179,29			Genauigkeitsschicht III

Kostenträgerrechnung

Kostenträgerrechnung (Marktleistungsartenrechnung)

Hiermit soll die Frage beantwortet werden:

Für welche Marktleistungen sind die Kosten angefallen?

➥ Kostenträgerrechnung

Das **Endziel der Kostenrechnung** besteht nicht darin, nur die Kosten der Kostenstellen zu ermitteln. Vielmehr will man die **Kosten für die einzelnen Marktleistungsarten feststellen.**

Diesem Zweck dient die **Kostenträgerrechnung**, die auch als Marktleistungsartenrechnung bezeichnet wird.

Um dieses Ziel zu erreichen, sind die in den Kostenstellen des innerbetrieblichen Bereichs und der Zweigstellen entstandenen Kosten auf die Kostenstellen des Marktleistungsbereichs zu verteilen.

Zunächst werden die Kosten des allgemeinen Hilfsbereichs verteilt. Dabei kann die einigermaßen genaue Ermittlung des Verteilungsschlüssels große Schwierigkeiten bereiten. Z. B. können die Telefongespräche während eines Zeitraumes notiert und wertmäßig berechnet werden. Die Telefonkosten werden dann prozentual auf die Kostenstellen verteilt.

In der nächsten Stufe werden die Verwaltungskosten, anschließend die Kosten der Buchhaltung auf die jeweils verbleibenden Kostenstellen verteilt.

Zum Schluss ist der Bereich Zweigstellen auf die Marktleistungsbereiche umzulegen.

Als **Ergebnis** dieses Rechenvorganges erhalten wir die **Kosten der Marktleistungsarten in einem Zeitabschnitt** (Rechnungsperiode).

➥ Genauigkeitsstufen

Wenn man die Kostenstellenrechnung insgesamt betrachtet, so kann man drei Genauigkeits(-stufen)schichten unterscheiden:

Zunächst den Bereich der Stelleneinzelkosten. Hier ist die Kostenerfassung am genauesten.

Die Verteilung der Stellengemeinkosten schließt sich an. Dabei ist die Kostenumlage auf die Kostenstellen schon weniger exakt durchzuführen. Viele Kosten müssen durch Schätzung verteilt werden.

Noch ungenauer wird die Rechnung nach der Umlage der innerbetrieblichen Bereiche und der Zweigstellen.

Stückleistungskalkulation

Die Kostenträgerrechnung ist die Basis für die **Stückkalkulation.** Hier lautet die Frage: **Wie viel** Selbstkosten entstehen bei der Erstellung **einer Einzelleistung?**

Die unterste Stufe der Bankkalkulation bilden die Kenntnisse über die Kosten der Einzelleistungen. Die dabei anfallenden Kosten sollen pro Leistungsart (Stück) erfasst werden. In unserem Beispiel besteht die Einzelleistung in 1 Stück Überweisung.

Der Bereich der Kostenrechnung, in dem die Selbstkosten einer Stückleistung ermittelt werden sollen, wird als

Stückleistungskalkulation oder **Kostenträgerstückrechnung**

bezeichnet.

Die **Aufgabe** dieser Stückleistungskalkulation besteht darin, die Betriebskosten, die wir in der Kostenstellenrechnung für die Marktleistungsarten festgestellt haben, anteilig auf die einzelnen Stückleistungen zu verteilen.

Bei der Stückleistungskalkulation / Kostenträgerstückrechnung können verschiedene Kalkulationsmethoden angewandt werden. Hiervon sollen zwei erläutert werden.

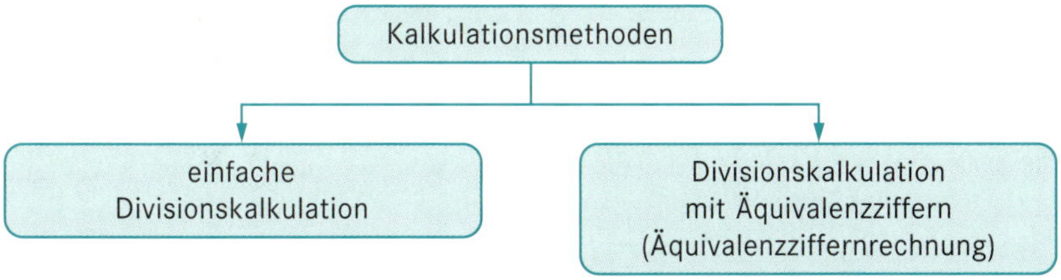

➥ Einfache Divisionskalkulation

Die einfachste Kalkulationsmethode für Stückleistungen ist die einfache Divisionskalkulation.

Beispiel:

In der Marktleistungsart „Sortenkasse" seien 50 000,00 € Betriebskosten entstanden. In dieser Periode wurden 32 700 Sortenan- und -verkäufe gezählt.

Die Stückkosten (Selbstkosten) pro Einzelleistung können durch eine **Division** festgestellt werden.

$$\text{Selbstkosten pro Stück} = \frac{\text{Betriebskosten (der Marktleistungsart)}}{\text{Stückzahl der Leistungsart}}$$

Für das Beispiel:

$$\text{Selbstkosten pro Sortengeschäft} = \frac{50\,000{,}00}{32\,700} = \underline{\underline{1{,}529\text{ € pro Stück}}}$$

Diese einfach anzuwendende Kalkulationsmethode hat den **Nachteil**, dass sie nur bei Marktleistungsarten benutzt werden kann, deren (verschiedene) Stückleistungen sich im Umfang der Kostenverursachung nur wenig unterscheiden.

Dies ist bei Kreditinstituten aber nur vereinzelt gegeben.

Die meisten Marktleistungen der Kreditinstitute bestehen aus verschiedenen **Leistungselementen** (Teilleistungen), die unterschiedlichen Zeitbedarf erfordern. Für derartige Leistungen kann mit der Äquivalenzziffernrechnung kalkuliert werden.

15 Schuster – ISBN 978-3-8120-0194-6

➥ Äquivalenzziffernrechnung

Beispiel:

Bei den Marktleistungen sind die Leistungselemente (Teilleistungen) festzustellen und ihrerseits wieder in zeitlich messbare Tätigkeiten zu unterteilen, wie z. B. bei der Marktleistungsart „Sparverkehr" (ohne staatliche Sparförderung).

Marktleistung:

Sparverkehr

Leistungselemente: z. B.
(Teilleistungen)

1. Kontoeröffnung
   - Tätigkeiten: z. B.
     1. Beratung
     2. Ausfüllen des Kontoeröffnungsantrages
     3. Legitimationsprüfung mit Unterschriften
     4. Ausstellen des Sparbuches
     5. DV-Erfassung der Stammdaten
     6. Kontrollen
2. Kontoschließung
3. Einzahlung
4. Auszahlung
5. Sparbucheinzug
6. Änderung von Stammdaten
7. Kündigung einer Spareinlage

Der **Zeitbedarf der Leistungselemente** wird als Summe der einzelnen Zeiten für die Tätigkeiten durch Zeitaufnahmen festgestellt.

Leistungselemente	Zeitbedarf	Äquivalenzziffer	Stückleistung	Gewichtete Stückleistungen	Betriebskosten der Leistungselemente Betrag €
1. Kontoeröffnung	33 Min.	13,20	900	11 880	3,08
2. Kontoschließung	28 Min.	11,20	520	5 824	2,61
3. Einzahlung	3,1 Min.	1,24	348 900	432 636	0,29
4. Auszahlung	3,6 Min.	1,44	240 300	346 032	0,34
5. Sparbucheinzug	9,6 Min.	3,84	160	614	0,89
6. Änderung von Stammdaten	4,7 Min.	1,88	5 040	9 475	0,44
7. Kündigung einer Spareinlage	2,5 Min.	1,00	9 750	9 750	0,23
		Insgesamt		816 211	

➥ Berechnung der Äquivalenzziffer

Um die Leistungselemente auf eine einheitliche Basis zu bringen, kann man den Zeitbedarf in eine **Äquivalenzziffer** umrechnen.

Dabei wird der geringste Zeitbedarf mit dem Wert 1 oder 100 % angenommen. In obigem Beispiel erhält das Leistungselement 7. den Wert 1 oder 100 %.

Für das Leistungselement 1. ergibt sich z. B. dann als Äquivalenzziffer:

$$\begin{array}{l} 2{,}5 \triangleq 1 \\ 33{,}0 \triangleq x \end{array} \qquad x = \frac{1 \cdot 33}{2{,}5} = \underline{\underline{13{,}2}}$$

➥ Stückleistungen

Für die einzelnen Leistungselemente sind nun noch die **Stückleistungen** der **Betriebsstatistik zu entnehmen.**

➥ Gewichtete Stückleistungen

Die **gewichteten Stückleistungen** werden ermittelt, indem man die Äquivalenzziffern mit den Stückleistungen multipliziert.

Gewichtete Stückleistung = Äquivalenzziffer · Stückleistung

Für das Leistungselement Kontoeröffnung ergeben sich

$13{,}20 \cdot 900 = \underline{\underline{11\,880}}$ gewichtete Stückleistungen.

Insgesamt ergeben sich in obigem Beispiel 816 211 gewichtete Stückleistungen.

➥ Betriebskosten pro gewichteter Stückleistung

Um die Betriebskosten pro gewichteter Stückleistung ermitteln zu können, sind die Betriebskosten der jeweiligen Marktleistungsart aus der Kostenträgerrechnung zu entnehmen.

$$\text{Betriebskosten pro gewichteter Stückleistung} = \frac{\text{Betriebskosten der Marktleistungsart, z. B. Sparverkehr}}{\text{Summe der gewichteten Stückleistungen}}$$

In diesem Beispiel ist angenommen, dass in der Kostenträgerrechnung für die Marktleistungsart „Sparverkehr" 190 000,00 € ausgewiesen wurden.

Dann ergeben sich als

$$\text{Betriebskosten pro gewichteter Stückleistung} = \frac{190\,000{,}00}{816\,211} = \underline{\underline{0{,}233\ €}}$$

➥ Betriebskosten der einzelnen Leistungselemente

Das Ziel war es, die **Betriebskosten der einzelnen Leistungselemente** festzustellen.

Dies kann man durch die Rechnung:

Äquivalenzziffer (des Leistungselementes)	·	Betriebskosten der gewichteten Stückleistung	=	Betriebskosten des Leistungselementes

erreichen.

Für das Leistungselement **Kontoeröffnung** betragen diese Betriebskosten:

$$13{,}2 \cdot 0{,}233 = \underline{\underline{3{,}08\ €}}$$

Die 3,08 € sind die bei der Erstellung der Stückleistung Kontoeröffnung entstehenden Betriebskosten.

Die Betriebskosten der übrigen Leistungselemente sind in der letzten Spalte ebenfalls eingetragen.

Das soeben behandelte Kalkulationsverfahren der **Divisionskalkulation mit Äquivalenzziffern** oder kurz **Äquivalenzziffernrechnung** ist eine verfeinerte Form der einfachen Divisionskalkulation.

Wenn die Betriebskosten der einzelnen Leistungselemente bekannt sind, kann mit der nächsthöheren Stufe der Kalkulation begonnen werden.

Kritik an der traditionellen Stückleistungskalkulation

Die Haupteinwände gegen diese traditionellen Verfahren sind:

- Die **Verteilung der Gemeinkosten** auf die Kostenträger ist nicht exakt, weil die Kostenverteilungsschlüssel keine eindeutigen Beziehungen zu den Kostenträgern herstellen;
- die Belastung einzelner Kostenstellen mit Kosten, die sie nicht verursacht haben, wird von den Betroffenen als **ungerecht** empfunden;
- die bei der Stückkostenrechnung unterstellte **Proportionalisierung der Fixkosten** kann zu falschen Aussagen und Konsequenzen führen, weil nicht zwischen mengenabhängigen (variablen) und kapazitätsabhängigen (fixen) Kosten unterschieden wird;
- die Verrechnung von Vollkosten (Einzel- und Gemeinkosten) auf einzelne Bankleistungen kann zu falschen Preisentscheidungen führen.

5.3 Teilkostenrechnung (Prozessorientierte Standardeinzelkostenrechnung)

Um die **Nachteile der Vollkostenrechnung** zu vermeiden, wurden mehrere Methoden entwickelt, die nur solche Kosten berücksichtigen, die der jeweiligen Bankleistung **direkt zurechenbar** sind.

Im Folgenden soll das Verfahren der prozessorientierten **Standardeinzelkostenrechnung** dargestellt werden.

5.3.1 Grundgedanken

1. Prozessorientierung

Das Controlling hat, wie wir bereits wissen, die wesentliche Aufgabe, den optimalen Einsatz der Produktionsfaktoren zu erreichen, Veränderungen des Marktes zu erkennen und darauf zu reagieren sowie wichtige Informationen für die Unternehmenssteuerung bereitzustellen. Die **Orientierung an Geschäftsprozessen** liefert hierzu die Basis.

Ein **Geschäftsprozess** umfasst **alle Aktivitäten und Tätigkeiten,** die für ein Bankprodukt **oder** eine innerbetriebliche Leistung von den Mitarbeitern erbracht wird.

Beispiel: Bankkredit

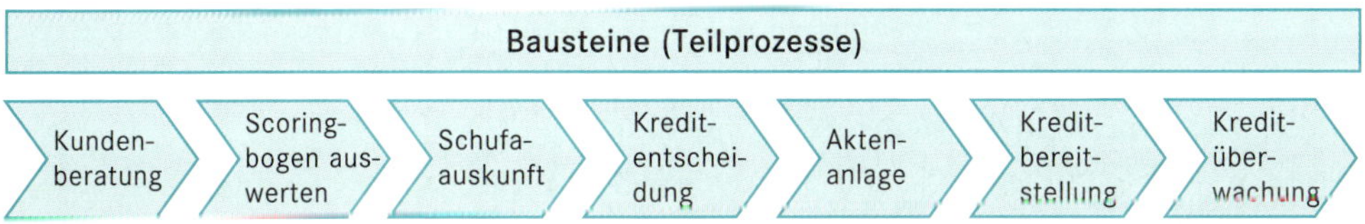

Bei der Erstellung von Bankleistungen fallen für die **einzelnen** Aktivitäten und Tätigkeiten **Kosten** an, die als **Prozesskosten** bezeichnet werden.

2. Standardkosten

Standardkosten lassen sich durch folgende Elemente charakterisieren:

- Die Kosten der Bankprodukte entstehen immer durch die **gleichen** (standardisierten) **Leistungen.**
- Die Kosten werden auf der Grundlage des **erforderlichen Ressourcenverbrauchs** für die Leistungserstellung ermittelt. Es handelt sich somit um Plankosten.
- Standardkosten werden als **Einzelkosten** erfasst. Sie sind einem Produkt daher **verursachungsgerecht zurechenbar.**

Die Standardkosten werden für die **Kunden- und Produktkalkulation** sowie für die Ermittlung der **Ergebnisse der Geschäftsbereiche** (Abteilungen, Filialen usw.) verwendet.

3. Standardleistungen

Bei der Erstellung von Bankleistungen sind verschiedene **Arten der Leistungserstellung** möglich.

- **Standardleistungen,** die dadurch charakterisiert sind, dass sie in immer
  - gleichen Arbeitsschritten,
  - in annähernd gleicher Zeit und
  - in der gleichen Abfolge der Arbeitsschritte

  erbracht werden.
- Dem steht die **Einzelfertigung** von Bankleistungen gegenüber, die sich durch
  - eine starke Individualität des Leistungserstellungsprozesses und
  - einem sehr unterschiedlichen Zeitverbrauch je Einzelfall auszeichnet.
- Weiterhin entstehen **Overheadkosten,** die durch die allgemeine Tätigkeit der Unternehmensleitung entstehen und die dadurch gekennzeichnet sind, dass
  - sie **keinem Produkt eindeutig zurechenbar** sind **und**
  - die Tätigkeit **unabhängig vom Leistungserstellungsprozess** anfallen.

  Zu diesen Kosten zählen z. B. Kosten der Revision, Bilanzerstellung, Ausbildung.

5.3.2 Ermitteln der prozessorientierten Standardeinzelkosten

Die **Ermittlung der prozessorientierten Standardeinzelkosten** (PSEK) erfolgt in folgenden Schritten:

Schritte	Erläuterungen
1. Ermitteln der Leistungsbereiche (Prozessanalyse)	Zunächst werden die Leistungen (Bankprodukte) ermittelt, die das Kreditinstitut den Kunden anbietet. Diese Bankprodukte werden in einem **Produktkatalog** systematisiert.
2. Durchführen von Arbeitsablaufstudien	Durch **Arbeitsablaufstudien** wird anschließend ermittelt, **welche Tätigkeiten** (Arbeitsschritte) für die Erstellung der einzelnen Produkte **von welchen Kostenstellen** durchzuführen sind, um z. B. die Einzelleistung **Aktiengeschäft** bei einem Bestandskunden zu erstellen. **Methodisch** bietet sich für die Ermittlung des Fertigungsprozesses die **Befragung** der Mitarbeiter (Experten) an. Die Ergebnisse dieser Interviews werden strukturiert und zu Leistungsbündeln **(Bausteine)**, z. B. Gesprächsvorbereitung, Gesprächsdurchführung, Auftragsbearbeitung usw., zusammengefasst. **Beispiel:** **Produkt:** Aktiengeschäft Bestandskunde ↓ **Bausteine** z. B.: Gesprächsvorbereitung, Beratungsgespräch usw. ↓ **Tätigkeiten** z. B.: Analyse des Kundendepots Terminvereinbarung Beratungsunterlagen bereitstellen usw.

3. Ermitteln der Standardverbrauchsmengen

Für jeden Baustein (Teilprozess) werden die zur Leistungserstellung erforderlichen **Standardverbrauchsmengen** an **Arbeitszeit und Sachmitteln** ermittelt.

Meist wird eine Tätigkeit ein Mal pro Prozess anfallen. In diesem Fall wird ein Prozessschritt angesetzt. Es kommt aber auch vor, dass die Tätigkeit nicht bei jedem Leistungserstellungsprozess anfällt. So wird z. B. bei der Gewährung eines Anschaffungsdarlehens nicht in jedem Fall eine Schufa-Auskunft eingeholt werden. Ist das z. B. nur in jedem zweiten Prozess erforderlich, wird mit einer Prozessanzahl mit 0,5 gerechnet.

Methoden der Verbrauchsermittlung

Um die **Standardbearbeitungszeit** für **ein Produkt** zu bestimmen, ist die durchschnittlich für **jede Tätigkeit** aufzuwendende Arbeitszeit durch **Arbeitszeitstudien** festzustellen.

Bei **gleich bleibenden** Tätigkeiten, z. B. der Eingabe der Auftragsdaten in den Computer, könnte die Arbeitszeit relativ einfach mit einer Stoppuhr gemessen werden.

Bei **unregelmäßigem** Zeitbedarf für eine Tätigkeit, wie der Beratungsleistung, können besondere statistische Verfahren, wie z. B. **Multimomentaufnahmen,** zur Leistungsmessung herangezogen werden. Bei dieser Methode wird während eines bestimmten Zeitraums, z. B. innerhalb von vier Wochen, zu nach dem Zufallsprinzip festgelegten Beobachtungszeitpunkten ermittelt, welche Tätigkeiten ein Kundenberater während der Arbeitszeit ausübt. Aus der Verteilung der verschiedenen Tätigkeiten auf die Gesamtarbeitszeit kann dann auf die für die Beratung erforderlich Zeit geschlossen werden.

Da die Mitarbeiter bei Kreditinstituten diesen Methoden häufig mit Vorbehalten begegnen, bieten sich zwei **weitere Methoden** an:

1. **Zeitaufschreibung** durch die Mitarbeiter selbst oder
2. die **Schätzung** der Zeiten durch Experten.

Die Zeitaufschreibung muss über einen längeren Zeitraum (z. B. 4 - 6 Wochen) erfolgen, um Mengenschwankungen oder sonstige Zufälligkeiten auszugleichen. Es ist **nur** die tatsächliche tägliche **Arbeitszeit** zu berücksichtigen, die auch Mehrarbeitszeit umfassen muss. Abwesenheitszeiten und Verteilzeiten, z. B. Lesen von Fachliteratur, werden nicht mit einbezogen.

Die **sonstigen Sachmittelmengen,** wie Formulare, Porto, Kosten der Telefoneinheit, lassen sich einfach ermitteln, entweder täglich durch das Aufschreiben der verbrauchten Einheiten oder monatlich aus der Betriebsstatistik, z. B. Zahl der Überweisungen, Effektenorder.

Bei den Telefonkosten erfolgt meist eine pauschale Schätzung der durchschnittlichen Dauer.

Hierzu zählen auch Kosten für die Informationsverarbeitung, soweit sie als DV-Einzelkosten zuzuordnen sind. Die Erfassungseinheit ist die Nutzungszeit in Sekunden.

Beispiel für die Schritte 1.–3.:

Produkt (Kostenträger): Aktienkauf				
Prozess				
Bausteine/Tätigkeiten	Leistungs-erbringende Kostenstelle Nr.	Bearbei-tungszeit Min.	Anzahl der Prozesse	Gehalts-gruppe
Gesprächsvorarbeiten	100	8	2	
- Terminvereinbarung	100	1	1	1
- Gesprächsvorbereitung	100	7	1	1
Beratungsgespräch	100	10	1	
- Kunden beraten	100	10	1	1
Auftragsbearbeitung	100	2,5	4	
- Order ausfüllen	100	1	1	1
- Dokumentation prüfen	100	0,5	1	1
- Orderweitergabe am PC	100	0,5	1	1
- Orderweitergabe an MS*	100	0,5	1	1
Marktservice	103	2,5	3	
- Orderkontrolle	103	1	1	3
- Orderabwicklung prüfen	103	1	1	3
- Orderablage	103	0,5	1	3

* MS = Marktservice

Sachmitteleinzelkosten		
Kostenart	**Menge**	Standard-kosten/ Mengen-einheit
Auftragsformular	1	0,25
Formular Kundenabrechnung	1	0,35
Porti	1	1,10
Telefon	2	0,40
DV-Einzelkosten	90	0,01

4. Ermitteln der Standardkostensätze

Die im vorigen Schritt ermittelten Standardverbrauchsmengen müssen **bewertet** werden, um die Standardkosten pro Einheit zu erhalten.

Um die Standardeinzelkosten pro Minute Arbeitszeit zu erhalten, werden die **jährlichen Standardpersonalkosten** des die Leistung erbringenden Mitarbeiters (MA) durch dessen Planbeschäftigung pro Jahr (in Minuten) geteilt.

Wenn unterschiedlich bezahlte Mitarbeiter die entsprechende Tätigkeit ausführen, wird von dem durchschnittlichen Gehalt der eingesetzten Mitarbeiter ausgegangen. Die Planbeschäftigung ergibt sich aus der maximal möglichen Jahresarbeitszeit des MA (siehe das folgende Beispiel).

$$\text{Standardkostensatz in €/Min.} = \frac{\text{Standardpersonalkosten MA pro Jahr}}{\text{maximale Planbeschäftigung MA in Minuten pro Jahr}}$$

Bei einer **Unterauslastung** der Mitarbeiter werden bei dieser Rechnung die tatsächlichen Kosten nicht richtig erfasst.

Beispiel:

Ermittlung der maximalen Planbeschäftigung	
Arbeitstage pro Jahr	245
– Urlaubstage pro Jahr	30
– Krankheitstage pro Jahr	10
– Sonstige Fehltage pro Jahr	5
Effektive Arbeitstage pro Jahr	200
Arbeitszeit täglich in Stunden	7,8
Maximale Arbeitszeit pro Jahr in Stunden	1 560
Maximale Arbeitszeit pro Jahr in Minuten (Maximale Planbeschäftigung)	**93 600**

Ermittlung der Standardkostensätze				
Kostenart Personalkosten		Tarifgruppe	Max. Beschäftigung in Min./Jahr	Standardkostensatz € pro Min.
	(1)		(2)	(1) : (2)
Tariflohn pro Monat	3 500,00 €	1		
Anzahl der Gehälter	14			
Personalnebenkosten in v. H.	28,00 %			
Höhe der Sparförderung/Monat	40,00 €			
Jahresgehalt	49 000,00 €			
Lohnnebenkosten pro Jahr	13 720,00 €			
VL-Leistungen	480,00 €			
Summe Personalkosten MA	63 200,00 €		93 600	**0,675**

Tarifvertrag		
Tarifgruppe		Standardkosten/Min.
1	3 500,00 €	**0,675**
2	2 000,00 €	**0,541**
3	2 500,00 €	**0,484**
4	2 100,00 €	**0,407**
5	1 900,00 €	**0,369**

5. Bewerten der Standardverbrauchsmengen mit Standardkostensätzen	Die **Bearbeitungszeiten** der Tätigkeiten (Teilprozesse) werden mit dem Standardkostensatz der leistungserbringenden Kostenstelle multipliziert. Wir erhalten die standardisierten **Personaleinzelkosten** für jede einzelne Tätigkeit. Diese können zu den Personaleinzelkosten je Baustein bzw. je Produkt aufaddiert werden. Die **Sachmittelmengen** werden mit den Standardkosten je Mengeneinheit multipliziert. Die Summe aller einem Produkt direkt zurechenbaren Sachkosten bezeichnet man als standardisierte **Sacheinzelkosten.**

6. Ermitteln der Standardstückkosten pro Produkt (Standardstückkosten)

Die **Standardeinzelkosten pro Produkt** (Bankleistung) ergeben sich aus:

Personalstandardeinzelkosten + Sachmittelstandardeinzelkosten

Beispiel:

Produkt (Kostenträger): Aktienkauf						
Prozess						
Bausteine/Tätigkeiten	Leistungserbringende Kostenstelle Nr.	Bearbeitungszeit in Min.	Anzahl der Prozesse	Gehaltsgruppe	Standardkostensätze in €/Min.	Standardkosten pro Baustein bzw. Tätigkeit (€/Tätigkeit)
Gesprächsvorarbeiten	100	8	2			**5,40**
-Terminvereinbarung	100	1	1	1	0,675	0,68
- Gesprächsvorbereitung	100	7	1	1	0,675	4,73
Beratungsgespräch	100	10	1			**6,75**
- Kunden beraten	100	10	1	1	0,675	6,75
Auftragsbearbeitung	100	2,5	4			**1,69**
- Order ausfüllen	100	1	1	1	0,675	0,68
- Dokumentation prüfen	100	0,5	1	1	0,675	0,34
- Orderweitergabe am PC	100	0,5	1	1	0,675	0,34
- Orderweitergabe an MS	100	0,5	1	1	0,675	0,34
Marktservice	103	2,5	3			**1,21**
- Orderkontrolle	103	1	1	3	0,484	0,48
- Orderabwicklung prüfen	103	1	1	3	0,484	0,48
- Orderablage	103	0,5	1	3	0,484	0,24
Summe Personalstandardeinzelkosten						15,05
Sachmitteleinzelkosten						
Kostenart	Menge	Standardkosten/ Mengeneinheit				Standardstückkosten €/ Kostenart
Auftragsformular	1	0,25				0,25
Formular Kundenabrechnung	1	0,35				0,35
Porti	1	1,10				1,10
Telefon	2	0,40				0,80
DV-Einzelkosten	90	0,01				0,90
Summe Sachmittelstandardeinzelkosten						3,40
Standardeinzelkosten pro Prozess (Auftrag)						18,45

7. Zuschläge für personalbezogene Sachkosten

In der **Praxis** ergibt sich das Problem, dass die so ermittelten **direkt** dem Produkt zurechenbaren standardisierten Personal- und Sachkosten nicht die gesamten Betriebskosten darstellen, die in die **Produktkalkulation für die Standardkondition** einbezogen werden müssen, um vom Kunden einen kostendeckenden Preis zu verlangen. Es fehlen die so genannten **personalbezogenen Sachkosten,** die zwar bei der Leistungserstellung anfallen, aber nicht direkt als Einzelkosten zurechenbar sind.

Zu diesen Kosten gehören:

- Kalkulatorische Raumkosten
- AfA auf Betriebs- und Geschäftsausstattung
- Infrastrukturkosten für die Datenverarbeitung
- Sonstige nicht direkt zurechenbare Sachkosten

Diese Kosten können z. B. als **Arbeitsplatzkosten** bei der Ermittlung der Standardkostensätze einbezogen werden.

Es ist **auch möglich,** diese Kosten als Sachkosten in Form eines prozentualen Zuschlags auf die jeweiligen Personaleinzelkosten der Bausteine zu ermitteln. Der **Aufschlagsatz** könnte berechnet werden aus den

personalbezogenen Sachkosten in v. H. der Personalkostensumme

Beispiel:

Personalbezogene Sachkosten	150 000,00 €
Personalkostensumme	550 000,00 €
Zuschlagssatz	(150 000 · 100) / 550 000 = **27,27 %**

Problematisch ist bei diesem Vorgehen, dass die exakte Ermittlung der Einzelkosten durch die mehr oder weniger willkürliche Zuordnung von nicht direkt zurechenbaren Kosten wieder verzerrt wird.

Auf einen Blick:

1. Die **Bankkalkulation im Betriebsbereich** kann auf Voll- oder auf Teilkostenbasis erfolgen.
2. Die moderne Betriebskalkulation wendet **Verfahren der Teilkostenrechnung** an. Dabei wird auf die **Umlage von Gemeinkosten in der internen Kalkulation verzichtet.**
3. Die prozessorientierte **Standard-Einzelkostenrechnung** (PSEK) wird in folgenden Schritten durchgeführt:
   - Feststellen der **Leistungsbereiche (Prozessanalyse)**
   - **Durchführen von Arbeitsablaufstudien**
   - Ermitteln der **Standardverbrauchsmengen** der Teilprozesse
   - Ermitteln der **sonstigen Sachmitteleinzelkosten**
   - Feststellen der **Standardkostensätze**
   - Bewerten der **Standardverbrauchsmengen mit Standardkostensätzen**
   - Berechnen der **Standardeinzelkosten pro Produkt (Leistung)**
4. Bei der externen Produktkalkulation (Standardkonditionen) sind zusätzlich Zuschläge für personalbezogene Sachkosten zu berücksichtigen.

Aufgaben:

33. Ein Kreditinstitut führt die prozessorientierte Standardeinzelkostenrechnung ein. Dabei wurden für den Prozess Aktienaufträge die Mitarbeiter A, B und C nach ihren Bearbeitungszeiten für die vorher ermittelten Bausteine/Tätigkeiten befragt. Diese Befragung ergab die folgenden Ergebnisse:

Bausteine/Tätigkeiten	Leistungserbringende Kostenstelle Nr.	Bearbeitungszeit Min. MA A	Bearbeitungszeit Min. MA B	Bearbeitungszeit Min. MA C
Gesprächsvorarbeiten	100			
- Terminvereinbarung	100	1	4	1,5
- Gesprächsvorbereitung	100	7	10	12
Beratungsgespräch	100			
- Kunden beraten	100	10	15	8
Auftragsbearbeitung	100			
- Order ausfüllen	100	1	2	1,5
- Dokumentation prüfen	100	0,5	0,5	1
- Orderweitergabe am PC	100	0,5	0,5	0,4
- Orderweitergabe an MS	100	0,5	1	0,7
Marktservice	103			
- Orderkontrolle	103	1	1,5	1
- Orderabwicklung prüfen	103	1	1,2	1,2
- Orderablage	103	0,5	0,4	0,4

a) Bereiten Sie diese Informationen sinnvoll auf!

b) Erarbeiten Sie einen Vorschlag für die Festlegung der Standardzeiten für die Bausteine und die Tätigkeiten!

c) Welche Maßnahmen schlagen Sie als Mitarbeiter des Controllings aus dieser Zeitaufnahme im Hinblick auf die Personalentwicklung der Kundenberater vor?

34. Simulation mit dem PC

1. Erstellen Sie eine Tabelle nach dem Aufbau des Beispiels Aktienkauf (siehe folgende Seite)!
2. Geben Sie zunächst die Werte dieses Beispiels ein!
3. Prüfen Sie jeweils alternativ die folgenden Auswirkungen dieser Ereignisse auf die Personalstandardeinzelkosten:
   a) Die Personalkosten steigen um 5 %. Der Zuschlag für Personalnebenkosten bleibt gleich.
   b) Die tägliche Arbeitszeit wird auf 7,3 Stunden verkürzt.
   c) Der Baustein Gesprächsvorarbeiten wird an die leistungserbringende Stelle 105 verlagert. Dort fallen Personalkosten nach der Gehaltsgruppe 5 an. Gleichzeitig kann die Prozesszeit für die Gesprächsvorbereitung auf 4 Minuten gesenkt werden.

Produkt (Kostenträger): Aktienkauf						
Prozess						
Bausteine/Tätigkeiten	**Leistungserbringende Kostenstelle Nr.**	**Bearbeitungszeit in Min.**	**Anzahl der Prozesse**	**Gehaltsgruppe**	**Standardkostensätze in €/Min.**	**Standardkosten pro Baustein bzw. Tätigkeit (€/Tätigkeit)**
Gesprächsvorarbeiten	100	8	2			**5,40**
- Terminvereinbarung	100	1	1	1	0,675	0,68
- Gesprächsvorbereitung	100	7	1	1	0,675	4,73
Beratungsgespräch	100	10	1			**6,75**
- Kunden beraten	100	10	1	1	0,675	6,75
Auftragsbearbeitung	100	2,5	4			**1,69**
- Order ausfüllen	100	1	1	1	0,675	0,68
- Dokumentation prüfen	100	0,5	1	1	0,675	0,34
- Orderweitergabe am PC	100	0,5	1	1	0,675	0,34
- Orderweitergabe an MS	100	0,5	1	1	0,675	0,34
Marktservice	103	2,5	3			**1,21**
- Orderkontrolle	103	1	1	3	0,484	0,48
- Orderabwicklung prüfen	103	1	1	3	0,484	0,48
- Orderablage	103	0,5	1	3	0,484	0,24
Summe Personalstandardeinzelkosten						15,05
Sachmitteleinzelkosten						
Kostenart	**Menge**	**Standardkosten/ Mengeneinheit**				**Standardstückkosten €/ Kostenart**
Auftragsformular	1	0,25				0,25
Formular Kundenabrechnung	1	0,35				0,35
Porti	1	1,10				1,10
Telefon	2	0,40				0,80
DV-Einzelkosten	90	0,01				0,90
Summe Sachmittelstandardeinzelkosten						3,40
Standardeinzelkosten pro Prozess (Auftrag)						18,45
Ermittlung der Standardkostensätze						
Kostenart		**Tarifgruppe**		**Max. Beschäftigung in Min./Jahr**	**Standardkostensatz €/ Minute**	
		(1)		(2)	(1) : (2)	
Tariflohn pro Monat	3 500,00 €	1				
Anzahl der Gehälter	14					
Personalnebenkosten in v. H.	28,00 %					
Höhe der Sparförderung/Monat	40,00 €					
Jahresgehalt	49 000,00 €					
Lohnnebenkosten pro Jahr	13 720,00 €					
VL-Leistungen	480,00 €					
Summe	63 200,00 €			93 600	0,675	
Ermittlung der Maximalbeschäftigung						
				Tarifgruppe		**Standardkosten/€ pro Min.**
Arbeitstage pro Jahr	245					
- Urlaubstage pro Jahr	30			1	3 500,00 €	0,675
- Krankheitstage pro Jahr	10			2	2 800,00 €	0,541
- Sonstige Fehltage pro Jahr	5			3	2 500,00 €	0,484
Effektive Arbeitstage pro Jahr	200			4	2 100,00 €	0,407
Arbeitszeit täglich in Stunden	7,8			5	1 900,00 €	0,369
Max. Arbeitszeit pro Jahr in Std.	1 560					
Max. Arbeitszeit pro Jahr in Min.	93 600					

35. Kalkulieren Sie nach folgenden Angaben die Standardstückkosten für einen Dispositionskredit!

Produkt (Kostenträger): Kontokorrentkredit Privatkundengeschäft						
Prozess						
Bausteine/Tätigkeiten	Leistungserbringende Kostenstelle Nr.	Bearbeitungszeit in Min.	Anzahl der Prozesse	Gehaltsgruppe	Standardkostensätze in €/Min.	Standardkosten pro Baustein bzw. Tätigkeit (€/Tätigkeit)
Beratungsgespräch einschl. Vorbereitung	601	12,00	2			0,00
- Gesprächsvorbereitung	601	2,50	1	3		
- Kunden beraten	601	9,50	1	3		
Auftragsbearbeitung	601	12,70	2,5			0,00
- Bonitätsprüfung am PC	601	4,50	1	3		
- Schufa-Auskunft	601	3,50	0,4	3		
- ggf. Bankauskunft (Neukunde)	603	3,50	0	4		
- Erfassen der Kundendaten PC	601	1,20	1,1	3		
Produktpflege während der Laufzeit	601	20,50	2,1			0,00
- Überwachen Überziehungsliste	601	2,00	1	3		
- Änderung des Limits	601	5,00	0,5	3		
- Kundenansprache	601	13,50	0,6	3		
Summe Personalstandardeinzelkosten						0,00
Sachmitteleinzelkosten						
Kostenart	Menge	Standardkosten/Mengeneinheit				Standardstückkosten €/Kostenart
Antragsformular	1	0,50				
Vordruck Sicherheitenbestellung	1	0,35				
Kreditakte	1	1,50				
Porti	2	1,12				
Telefonkosten	1	0,20				
DV-Einzelkosten	180	0,01				
Summe Sachmittelstandardeinzelkosten						0,00
Standardeinzelkosten pro Prozess						0,00
Ermittlung der Standardkostensätze						
Kostenart		Tarifgruppe		Max. Beschäftigung in Min./Jahr	Standardkostensatz €/Min.	
		(1)		(2)	(1) : (2)	
Tariflohn pro Monat	4 200,00 €	1				
Anzahl der Gehälter	14					
Personalnebenkosten in v. H.	25,00 %					
Höhe der Sparförderung/Monat	40,00 €					
Jahresgehalt	58 800,00 €					
Lohnnebenkosten pro Jahr	14 700,00 €					
VL-Leistungen	480,00 €					
Summe	74 020,00 €			0	#DIV/0!	
Ermittlung der Maximalbeschäftigung						
				Tarifgruppe		Standardkosten €/Minute
Arbeitstage pro Jahr	245					
- Urlaubstage pro Jahr	33			1	4 200,00 €	
- Krankheitstage pro Jahr	5			2	3 750,00 €	
- Sonstige Fehltage pro Jahr	8			3	2 870,00 €	
Effektive Arbeitstage pro Jahr	199			4	2 200,00 €	
Arbeitszeit täglich in Stunden	7,5			5	1 890,00 €	
Max. Arbeitszeit pro Jahr in Std.						
Max. Arbeitszeit pro Jahr in Min.						

6 Produkt-, Kunden- und Geschäftsstellenkalkulation

Da ein Kreditinstitut mindestens kostendeckend arbeiten muss, ist es erforderlich, die einzelnen Produkte so zu kalkulieren, dass diese einen möglichst hohen Beitrag zur Deckung der nicht direkt zurechenbaren Kosten leisten. Als **Kalkulationsobjekt** kann z. B. das einzelne Produkt, ein Kunde oder eine Kundengruppe, eine Sparte oder eine Geschäftsstelle gewählt werden.

Der direkte Beitrag der genannten Bezugsgrößen zum Erfolg einer Bank wird als Deckungsbeitrag **bezeichnet. Der Deckungsbeitrag** ergibt sich aus der Differenz der **direkt zurechenbaren Erlöse** (Zins- und Provisionsergebnis) aus der Verwertung der Marktleistungen und der direkt zurechenbaren Kosten (Standardeinzelkosten).

	Zinsergebnis
+	Provisionsergebnis
−	Standardeinzelkosten
=	**Deckungsbeitrag**

6.1 Einzelproduktkalkulation

Die **Einzelproduktkalkulation** hat zum Ziel, dem Kundenberater für ein **Aktiv- oder ein Dienstleistungsgeschäft** die **Preisuntergrenze** bzw. für ein **Passivgeschäft** die **Preisobergrenze** anzugeben. Dadurch wird dieser in die Lage versetzt, Konditionenwünsche der Kunden hinsichtlich deren Wirkungen auf den Gesamterfolg der Bank zu beurteilen.

Kalkulation von Aktivprodukten

Problemstellung: Ein Firmenkunde will einen Kontokorrentkredit in Höhe von 120 000,00 €. Er verlangt einen Nettozinssatz von 9,5 % p. a. Der Marktzinssatz für eine alternative Anlage am GKM beträgt 5,5 % p. a. Die Bank verlangt, dass nur Geschäfte eingegangen werden, bei denen sich das eingesetzte Eigenkapital *vor Ertragsteuern* mit mindestens 30 % p. a. verzinst.

Arbeitsauftrag: Unter welchen Bedingungen gewähren Sie den Kredit zu diesen Konditionen? Bei der Firma handelt es sich um einen Kunden der Risikogruppe B.

Informationen

Kalkulation der Preisuntergrenze

Die Bank wird das Kreditgeschäft mit dem Kunden nur durchführen, wenn **mindestens** die bei einer **alternativen Anlage erzielbaren Erlöse** und die bei der Leistungserstellung entstehenden **direkt zurechenbaren Kosten** gedeckt werden. Dieser aus einem einzelnen Kundengeschäft **mindestens** zu erzielende Erlös wird als (kurzfristige) **Preisuntergrenze** bezeichnet. Alle nicht direkt zurechenbaren Kosten sind bei diesem Preis nicht abgedeckt.

Kalkulation der Preisuntergrenze im Aktivgeschäft			
	in €		in %
Zinserlös für altern. Anlage am GKM		Satz für altern. Anlage am GKM	
+ Standardrisikokosten		+ Risikokostensatz (-marge)	
+ Standardeinzelkosten		+ Standardeinzelkostensatz (-marge)	
+ Eigenkapitalkosten		+ Eigenkapitalkostensatz (-marge)	
= Preisuntergrenze		= Preisuntergrenze	

Alternativer GKM-Satz:

Gemäß der Marktzinsmethode könnte das Kreditinstitut eine alternative risikolose Anlage am GKM vornehmen. Im Kundengeschäft sollte daher kein niedrigerer Satz angesetzt werden.

Da der Kundenkredit aber **risikoreicher** ist, sind zusätzlich **Risikokosten** zu kalkulieren.

Ermitteln des Standard-Risikokostensatzes (Risikomarge)

Das mit der Kreditvergabe verbundene **allgemeine (latente) Kreditausfallrisiko** wird in der Gesamtbetriebskalkulation durch die Bildung der Risikovorsorge berücksichtigt. Wenn diese Kreditausfälle nicht aus den Eigenmitteln der Kreditinstitute bezahlt werden sollen, müssen sie in die Preise einkalkuliert und über die Erlöse erwirtschaftet werden. Das geschieht durch die **Kalkulation der Standardrisikokosten.**

Der **Standard-Risikokostenzuschlag** kann z. B. aus den tatsächlichen durchschnittlichen Kreditausfällen der vergangenen fünf Jahre errechnet werden. Dabei können je nach Risikogruppe der Kreditnehmer eigene **Standard-Risikokostensätze** kalkuliert werden.

Ermitteln der Standard-Risikokosten

Risikogruppen	Durchschnittliches Kreditvolumen der letzten 5 J. in Mio. €	Durchschnittlicher Forderungsausfall der letzten 5 J. in Mio. €	Durchschnittlicher Forderungsausfall in v. H.	Standard-Risikokostensatz in v. H.
A	115	0,00	0,00	0,00
B	225	1,45	0,64	0,65
C	23	0,30	1,30	1,32
D	54	0,80	1,48	1,50

Bei der Ermittlung des zu kalkulierenden Risikokostensatzes ist zu beachten, dass die **durchschnittlich ausfallenden Forderungen** von den **nicht ausfallenden Forderungen** zu erwirtschaften sind.

In unserem **Beispiel** bedeutet das für die Kreditnehmer der Risikogruppe B:

Durchschnittliches Kreditvolumen	225,00 Mio. €	100,00 %
– Durchschnittlicher Forderungsausfall	**1,45 Mio. €**	**0,64 %**
= Nicht vom Ausfall bedrohter Forderungsbestand	223,55 Mio. €	99,36 %

$$\text{Standard-Risikokostensatz} = \frac{\text{Durchschnittlicher Forderungsausfall} \cdot 100}{\text{Nicht vom Ausfall bedrohter Forderungsbestand}}$$

$$\text{Standard-Risikokostensatz} = \frac{1{,}45 \cdot 100}{223{,}55} = \underline{\underline{0{,}65\,\%}}$$

Probe: 0,65 % von 223,55 Mio. € = 1,45 Mio. €

Zusätzlich gestellte **Sicherheiten** können die Standard-Risikokosten im Einzelfall vermindern.

Ermitteln des Standardeinzelkostensatzes (Betriebskostenmarge)

Bei der Kalkulation der Kreditkosten in Euro werden als Betriebskosten die prozessorientierten Standardeinzelkosten angesetzt.

Sollen die Betriebskosten eines Einzelgeschäfts als Marge (Prozentsatz) kalkuliert werden, dann ergibt sich das Problem, dass die ermittelten prozessorientierten Standardeinzelkosten weitgehend unabhängig von der Kredithöhe anfallen. Dieser Sachverhalt wird insbesondere bei Tilgungsdarlehen deutlich.

Als mögliche Lösung des Problems hat sich in der Praxis herausgebildet, die während der gesamten Kreditlaufzeit aufgrund von Erfahrungswerten der Vergangenheit anfallenden PSEK zu addieren und anschließend durch das Produkt aus durchschnittlichem Kapitaleinsatz und Laufzeit in Jahren zu dividieren.

Für unser **Beispiel** soll eine vollständige durchschnittliche Ausschöpfung des Kontokorrentkredits angenommen werden.

Standardeinzelkostensatz (Betriebskostenmarge)	
KKK	
Durchschnittliches KKK-Volumen pro Jahr	120 000,00 €
PSEK	
– Kreditverkauf	400,00 €
– Laufende Standardeinzelkosten pro Jahr	700,00 €
Laufzeit in Jahren	1
PSEK pro Kreditlaufzeit	1 100,00 €
Standardeinzelkostensatz (Marge)	**0,92 %**

$$\text{Standardeinzelkostensatz} = \frac{\text{PSEK der Kreditlaufzeit} \cdot 100}{(\text{Durchschnittlicher Kapitaleinsatz} \cdot \text{Kreditlaufzeit})}$$

$$\text{Standardeinzelkostensatz} = \frac{1\,100{,}00 \cdot 100}{(120\,000{,}00 \cdot 1} = \underline{\underline{\mathbf{0{,}92\,\%\ p.a.}}}$$

Ermitteln des Eigenkapitalkostensatzes (Eigenkapitalkostenmarge)

Um die **Kreditrisiken** abzusichern, verlangt die Bankenaufsicht eine **Eigenkapitalunterlegung** nach **Grundsatz I** der Grundsätze über die Eigenmittel und die Liquidität der Kreditinstitute.

16 Schuster - ISBN 978-3-8120-0194-6

Danach darf das **Verhältnis zwischen dem haftenden Eigenkapital** (heK) eines Instituts **und** seinen **gewichteten Risikoaktiva täglich** den **Solvabilitätskoeffizienten von 8 % nicht unterschreiten.** Das heißt, dass die Summe der gewichteten Risikoaktiva mit mindestens 8 % heK unterlegt werden müssen.

Der **Betrag der gewichteten Risikoaktiva** ergibt sich durch die **Multiplikation des Kreditrisikobetrags mit** einem **Gewichtungsfaktor,** dem so genannten **Bonitätsgewicht.**

Der Kreditrisikobetrag entspricht im Wesentlichen dem Buchwert der Forderungen.

Die **Bonitätsgewichte (§ 13 Grundsatz I)** schwanken je nach Bonität und Herkunftsland des Schuldners zwischen 0 und 100 %.

Beispiele:

Risikoaktiva	Bonitätsgewicht
Kredite an Bund, Land, Gemeinde	**0 %**
Realkredite (Grundpfandrecht auf Wohneigentum; Eigennutzung)	**50 %**
Firmenkredite (keine Sicherung durch Grundpfandrechte)	**100 %**

Die **Eigenkapitalanforderung** errechnet sich nach der Gliederung:

Eigenkapitalanforderung = Kreditrisikobetrag · Bonitätsgewicht · Solvabilitätskoeffizient

Beispiel:

Risikoaktiva	Durchschnittliches Kreditvolumen in €	Anrechnung des Kreditvolumens in GS I im v. H.	Anrechnung im GS I in €	Eigenkapitalanforderung in €	Eigenkapitalkosten in €	EK-Kostensatz in v. H.
Forderungen an Kommunen	8 000 000,00	0 %	0,00	0,00	0,00	0,00 %
Baudarlehen	5 000 000,00	50 %	2 500 000,00	200 000,00	60 000,00	1,20 %
Firmenkredite	120 000,00	100 %	120 000,00	9 600,00	2 880,00	2,40 %
Angestrebte Eigenkapitalverzinsung	30 %					
Solvabilitätskoeffizient	8 %					

Unter der Voraussetzung, dass das Kreditinstitut **in unserem Beispiel** eine **Eigenkapitalverzinsung** von 30 % (vor Steuern) anstrebt, ergibt sich ein **Eigenkapitalkostensatz (Marge)** von 2,4 % p. a. vom Kreditbetrag.

Für **unser Beispiel** ergibt sich für den Kundenberater als Preisuntergrenze:

Satz für alternative Anlage am GKM		5,50 %
+ Mindestkonditionenmarge aus		
Risikokostensatz	0,65 %	
Standardeinzelkostensatz	0,92 %	
Eigenkapitalkostensatz	2,40 %	3,97 %
Preisuntergrenze		9,47 %

Gemeinkostenzuschlag und Gewinnzuschlag

In diesem mindestens zu erzielenden Nettozinssatz ist **noch kein Zuschlag** für die Deckung der **nicht direkt zurechenbaren Kosten (Gemeinkosten)** enthalten. Dazu gehören die **personalbezogenen Sachkosten** und die so genannten **Overheadkosten,** die insbesondere für Vorstand und Stabsabteilungen, z. B. Controlling, Zentralmarketing usw., anfallen. Außer diesen Gemeinkosten ist ein **Plangewinn** zu kalkulieren, soweit das nicht bereits in der Einzelproduktkalkulation berücksichtigt wurde.

Als **Basis für diesen Zuschlag** kann die Summe der Personalstandardkosten **oder** die Summe der Standardeinzelkosten gewählt werden. Da die Sacheinzelkosten bei Kreditinstituten relativ bedeutungslos sind, kommen beide Zuschläge zu sehr ähnlichen Ergebnissen.

Wir nehmen die **Summe der Standardeinzelkosten** als Berechnungsbasis.

Beispiel:

Ermitteln des Gemeinkostenzuschlags	
	Mio. €
Summe der Gemeinkosten	485,0
Overheadkosten	15,0
	0
Gesamtbedarf	**500,0**
Summe Standardeinzelkosten	**845,0**
Gemeinkostenzuschlag	59,17 %
Standardeinzelkostensatz	0,92 %
Gemeinkostenzuschlag in Prozent des Standardeinzelkostensatzes	0,54 %

Ermitteln des Gewinnzuschlags	
	Mio. €
Plangewinn	50,0
Plangewinn in v. H. der Standardeinzelkosten	5,92 %
Standardeinzelkostensatz	0,92 %
Gewinnzuschlag in Prozent des Standardeinzelkostensatzes	

Das heißt, auf die **Summe** der Standardeinzelkosten ist ein Gemeinkostenzuschlag von 59,17 % zu kalkulieren.

Bei der **Margenkalkulation** ist entsprechend auf den Standardeinzelkostensatz (die Standardeinzelkostenmarge) von **in unserem Beispiel** 0,92 % p. a. ein Gemeinkostenzuschlag von 59,17 % zu rechnen, das sind weitere **0,54 % p. a.**

Entsprechend wäre ein **Plangewinn** von 0,22 % des Standardeinzelkostensatzes in den Planpreis einzurechnen.

Lösung für den Eingangsfall:

Unter Berücksichtigung der Gemeinkosten ergibt sich folgender Vergleich:

Preisuntergrenze I	9,47 % p. a.
+ Gemeinkostenzuschlag	0,54 % p. a.
+ Plangewinnmarge	0,05 % p. a.
= Gesamtkosten	10,06 % p. a.
– vom Kunden geforderter Nettozinssatz	9,50 % p. a.
= **Unterdeckung**	**0,56 % p. a.**

Ein Eingehen auf die gewünschte Kondition kann nur bei einem teilweisen Verzicht auf die Deckung der Gemeinkosten und den vollen Verzicht auf die angestrebte Gewinnmarge erfolgen.

Kalkulation von Passivprodukten

Problemstellung: Die Kundin Hanne Schmitt will bei Ihrem Ausbildungsbetrieb erneut ein Festgeld von 25 000,00 € auf ihrem Termingeldkonto anlegen. Festlegungsfrist 1 Monat.

Sie verlangt eine Verzinsung von 3 % p. a.. Die Normkondition für derartige Einlagen liegt bei 2,5 %.

Die Standardeinzelkosten für eine Termingeldanlage von Kunden als Folgegeschäft betragen 5,00 €.

Arbeitsauftrag: Wie entscheiden Sie in diesem Fall, wenn der alternative GKM-Zins bei 2,9 % liegt und die Standardeinzelkosten für die Beschäftigung am GKM nicht berücksichtigt werden?

Informationen

Bei Passivgeschäften hat der Kundenberater die **Preisobergrenze** zu beachten, das heißt, er darf keine höheren Kapitalbeschaffungskosten für Kundeneinlagen bezahlen, als die alternative Refinanzierung am GKM unter Beachtung der Standardeinzelkosten für Kundeneinlagen kostet.

Im Passivbereich entfallen die Risikokosten. Die Geldbeschaffung ist unabhängig vom Eigenkapital.

Durch die **Verzinsung der Mindestreserve** der Kreditinstitute bei der Europäischen Zentralbank entfällt in Zukunft die durch die Nichtverzinsung künstlich verursachte Verteuerung der Refinanzierung weitgehend.

Als **Betriebskosten** sind die **prozessorientierten Standardeinzelkosten** anzusetzen.

Im **obigen Beispiel** fallen je Prozess 5,00 € PSEK an. Obwohl diese Kosten nicht von der Höhe der Termineinlage abhängen, können diese Kosten in einen Standardeinzelkostensatz pro Jahr umgerechnet werden.

Standardeinzelkostensatz (Passivprodukte)	
Standardeinzelkosten pro Prozess €	5,00
PSEK pro Jahr €	60,00
Anlagebetrag €	25 000,00
Standardeinzelkostensatz (Marge) p. a.	**0,24 %**

Die **Preisobergrenze** für **Passivprodukte** ergibt sich aus folgender **Margenkalkulation:**

Kalkulation der Preisobergrenze im Passivgeschäft	
Margenkalkulation	in % p. a.
Satz für alternative Beschaffung am GKM	2,90 %
– Standardeinzelkostensatz (-marge)	0,24 %
= Preisobergrenze	2,66 %

Der Kunde kann höchstens eine Verzinsung von 2,66 % p. a. erhalten. In diesem Fall wären aber weder die nicht direkt zurechenbaren Kosten (Gemeinkosten) gedeckt noch ein Gewinnbeitrag erzielt worden.

Bei einem **Gemeinkostenzuschlag** von 59,17 % auf den Standardeinzelkostensatz von 0,24 %, beträgt dieser 0,14 % p. a.

Der dem Kunden zu zahlende Preis verringert sich dann bereits ohne Berücksichtigung eines Plangewinns auf 2,66 % – 0,14 % = **2,52 % p. a.**

Der **Wunsch des Kunden** nach einem Zinssatz von 3 % p. a. kann daher nicht erfüllt werden.

Kalkulation von Dienstleistungen

Problemstellung:	Sie sind damit beauftragt, die Limitgebühren für Wertpapierorders festzulegen.
Arbeitsauftrag:	Wie könnten Sie den Mindestpreis (Preisuntergrenze) bestimmen?

Die **Grundlage** für die Ermittlung von Entgelten für Dienstleistungen, wie z. B. Wertpapierorder, Überweisungsentgelten, Barein- und -auszahlungen, sind die **prozessorientierten Standardeinzelkosten.**

Betragen die PSEK für die den **Prozess Limitüberwachung** z. B. 4,00 €, dann sind **mindestens** diese Kosten zu decken. Darüber hinaus ist auch hier ein **Gemeinkostenzuschlag** im Angebotspreis für diese Dienstleistung zu kalkulieren, der 50 % der Standardeinzelkosten betragen soll.

Kalkulation von Dienstleistungen		**in EUR**
Standardeinzelkosten pro Prozess		4,00
Preisuntergrenze		**4,00**
+ Gemeinkostenzuschlag	50 %	2,00
Angebotspreis (Standardkondition)		**6,00**

Falls die Provision in Prozent des Umsatzes, also als **Marge** angegeben werden soll, wie dies z. B. bei der Provision für Effektivprovisionen der Fall ist, muss die Marge auf der Basis eines **durchschnittlichen Umsatzes** ermittelt werden, da die Kunden nicht mit einer Vielzahl unterschiedlicher Provisionssätze konfrontiert werden können.

Beispiel:

Standardeinzelkostensatz (Dienstleistungen)		
Standardeinzelkosten pro Prozess		50,00 €
Durchschnittlicher Umsatz		5 000,00 €
Standardeinzelkostensatz (Mindestmarge) (PSEK in v. H. des durchschnittlichen Umsatzes)		**1,00 %**
+ Gemeinkostenzuschlag	50,00 %	0,50 %
Entgeltsatz (Marktpreis)		1,50 %

Deckungsbeitragsrechnung

Die in den vorherigen Abschnitten erläuterte **Kalkulation der Produktpreise** ist vom Controlling auch im Nachhinein auf ihren Erfolg hin zu überprüfen. Wurden die Produkte nicht zu den geplanten Preisen am Markt abgesetzt, müssen die Ursachen für die Planabweichungen analysiert, neue Maßnahmen geplant und umgesetzt werden. Auch sind die tatsächlich angefallenen Kosten nicht berücksichtigt, sondern lediglich die Standardkosten. Ein Mittel zur Überprüfung des Markterfolges ist die **Deckungsbeitragsrechnung.**

Der **Markterfolg** eines Kreditinstituts lässt sich auf verschiedenen Ebenen auswerten, wie z. B.

- das Einzelgeschäft,
- den Markterfolg eines Produkts,
- den Erfolg aus der Geschäftsverbindung mit einem Kunden oder
- den Erfolg einer Geschäftsstelle (Filiale) und schließlich
- den Erfolg der Gesamtbank.

Bei **allen** Auswertungen kann von folgendem einheitlichen **Grundaufbau** der **Deckungsbeitragsrechnung**[1] ausgegangen werden:

		Erläuterungen
Zinserlöse – Alternativzins aus GKM		Der Zinssatz des Kundengeschäfts wird jeweils zum Alternativzinssatz am GKM verglichen.
= Zinsüberschuss oder (Zins-)Konditionenbeitrag	Deckungsbeitrag I	
– Standardrisikokosten		Hierbei handelt es sich um die Risiken aus dem Kreditgeschäft.
– Standardeigenkapitalkosten		Sie werden nur bei Krediten direkt einkalkuliert.
= Überschuss im Wertbereich	Deckungsbeitrag II	
+ Provisionsergebnis		Entgelte, die dem Kreditinstitut für Betriebsleistungen zufließen bzw. von diesem verursacht werden.
– Standardeinzelkosten (PSEK)		Hier werden keine Zuschläge für Gemeinkosten berücksichtigt.
= Nettokonditionenbeitrag	Deckungsbeitrag III	Der Nettobeitrag ist der Ertrag aus dem Bankgeschäft, der zur Deckung der nicht direkt zurechenbaren Kosten und für Gewinnausschüttungen vor Steuern erwirtschaftet wurde.

1 Siehe Fußnote auf Seite 258.

Beispiel: Kalkulation eines Einzelgeschäfts mit der Deckungsbeitragsrechnung

Ein Kunde unterhält bei der Volksbank Ehingen eG nur ein Wertpapierdepot. Während des vergangenen Geschäftsjahres wurde nur ein Wertpapiergeschäft für diesen Kunden abgewickelt, das 10,00 € Provisionsertrag erbrachte. Die Standardstückkosten der Volksbank Ehingen eG für ein Wertpapiergeschäft betragen 15,00 €.

Wie hoch ist der Deckungsbeitrag III des Kunden?

Lösung:

Zinserlöse	0,00 €	
– Zinskosten	0,00 €	
= Zinsüberschuss oder (Zins-)Konditionenbeitrag	0,00 €	Deckungsbeitrag I
– Standardrisikokosten	0,00 €	
– Standardeigenkapitalkosten	0,00 €	
= Überschuss im Wertbereich	0,00 €	Deckungsbeitrag II
+ Provisionsergebnis	10,00 €	
– Standardeinzelkosten (PSEK)	15,00 €	
= Nettokonditionenbeitrag	– 5,00 €	Deckungsbeitrag III

Ergebnis:

Der Kunde hat negativ zum Betriebsergebnis beigetragen.

Denkbare **Folgerungen des Controllings:**

Es könnte an eine Mindestprovision pro Order gedacht werden, die mindestens die Standardeinzelkosten decken sollte. Es kann auch versucht werden, über die Höhe der Depotgebühr dafür zu sorgen, dass „Kleinkunden" an der Geschäftsverbindung nicht mehr interessiert sind.

Auf einen Blick:

Kalkulation im Aktivgeschäft (Margen)	Kalkulation im Passivgeschäft (Margen)	Kalkulation für Dienstleistungen
Satz für alternative Anlage am GKM + Mindestkonditionenmarge aus Risikokostensatz Standardkostensatz Eigenkapitalkostensatz	Satz für alternative Beschaffung am GKM – Mindestkonditionenmarge	Standardeinzelkosten
= Preisuntergrenze	= Preisobergrenze	= Preisuntergrenze
+ Gemeinkostenzuschlagsatz + Gewinnzuschlag	– Gemeinkostenzuschlagsatz – Gewinnzuschlagsatz	+ Gemeinkostenzuschlagsatz + Gewinnzuschlagsatz
= Normkondition (Standardkondition)	= Normkondition (Standardkondition)	= Normkondition (Standardkondition)

Aufgaben:

36. Eine Sparkasse will Kredite an Firmenkunden kalkulieren. Aus diesem Grunde hat sie die Kreditkunden in die Bonitätsklassen A bis E eingeteilt. Für jede dieser Kundengruppen wurde der durchschnittliche Forderungsbestand der letzten fünf Jahre und der zugehörige Forderungsausfall festgestellt.

Kreditnehmergruppe	Durchschnittliches Kreditvolumen der letzten 5 Jahre in Mio. €	Durchschnittlicher Forderungsausfall der letzten 5 Jahre in Mio. €	Durchschnittlicher Forderungsausfall in v. H.	Risikokostensatz in v. H.
A	938	0,45		
B	1 450	5,65		
C	890	10,40		
D	390	8,96		
E	38	4,50		

a) Wie hoch ist der durchschnittliche Forderungsausfall jeder Kreditnehmergruppe?

b) Mit welchem Risikokostensatz muss die Sparkasse in jeder Kreditnehmergruppe kalkulieren?

c) Ein Kunde der Kundengruppe C will ein Investitionsdarlehen in Höhe von 80 000,00 € aufnehmen, das in vier Jahresraten zu je 20 000,00 € jeweils am Jahresende getilgt werden soll.
Die Standardeinzelkosten für den Verkauf des Darlehens betragen 500,00 €.
Für den Prozess Darlehensverwaltung fallen in den vier Jahren jeweils 100,00 € Prozesseinzelkosten an.
Mit welcher jährlichen Marge sind diese Standard-Betriebskosten in der Kalkulation eines Nettozinsatzes für das Darlehen anzusetzen?

d) Die Sparkasse muss die Forderung in voller Höhe im Grundsatz I anrechnen. Sie hat auf das durchschnittliche Kreditvolumen eine Eigenmittelverzinsung von 15 % einkalkuliert. Der Solvabilitätskoeffizient beträgt 8 %.
Mit welcher Eigenkapitalmarge muss die Sparkasse kalkulieren?

37. Eine Sparkasse will den Zinssatz für Spareinlagen mit einer Kündigungsfrist von 3 Monaten festlegen. Die alternative Finanzierung am GKM ist zu 2,5 % p. a. möglich.

Die durchschnittlichen Höhe der Spareinlagen betragen bei dieser Sparkasse 1 800,00 €.

Die PSEK für eine Sparkontoeröffnung betragen 20,00 €. Die durchschnittliche Laufzeit eines Sparkontos wird mit 5 Jahren angenommen. Die jährlich anfallenden Standardeinzelkosten betragen 5,00 € je Sparkonto.

a) Welcher Zinssatz müsste als Normkondition gewählt werden, wenn auf die Standardeinzelkosten noch ein Gemeinkostenzuschlag von 30 % berechnet wird? Ein Gewinnzuschlag soll nicht berücksichtigt werden.

b) Die Sparkasse legt den Regelzinssatz für diese Spareinlagen auf 1,75 % fest. Der Alternativzins am GKM ist auf 2,75 % gestiegen.
Ermitteln Sie den Nettokonditionenbeitrag mit Hilfe der Deckungsbeitragsrechnung für dieses Konto!

38. Die Sparkasse Groß-Gerau will den durchschnittlichen Deckungsbeitrag eines Sparkontos mit vereinbarter Kündigungsfrist von 3 Monaten ermitteln. Das Durchschnittsguthaben pro Sparkonto wurde mit 2 400,00 € ermittelt.

Es liegen folgende Daten zugrunde:

Zinssatz	1,5 %
Alternativzinssatz	2,5 %

Standardeinzelkosten:

Barein-/Barauszahlung	1,35 €
Nachträge	0,15 €

Die durchschnittliche Postenzahl pro Sparkonto und Jahr beträgt:

Barein-/Barauszahlungen	4
Nachträge	3

39. Der Schreinermeister Hans Rau beantragt einen Kontokorrentkredit, weil er sich selbstständig machen will. Er verlangt einen Nettozinssatz von 7,4 %, da ihm einer unserer Mitwettbewerber ein Angebot zu 7,6 % unterbreitet habe.

Der Alternativzinssatz am GKM beträgt 6,2 %. Für diese Risikogruppe wird mit einem Risikokostensatz von 0,35 % kalkuliert. Der Bearbeitungskostensatz wird mit 0,25 % angenommen. Den Eigenkapitalkostensatz setzt das Kreditinstitut mit 0,6 % an.

Es ist mit einer durchschnittlichen Kreditinanspruchnahme von 30 500,00 € zu rechnen.

Treffen Sie eine Entscheidung über den Kundenwunsch. Begründen Sie, warum Sie zu Ihrer Entscheidung gekommen sind!

40. Die Handelsbank AG will für Lohn- und Gehaltsempfänger eine **Monatspauschale** für das laufende Konto anbieten.

Aus der Statistik konnten folgende Daten über derartige Konten entnommen werden:

Durchschnittliches Guthaben	1 580,00 €
Zinssatz	0 % p. a.
Durchschnittliche Kreditinanspruchnahme	1 920,00 €
Zinssatz	8,5 % p. a.
Durchschnittlicher Umsatz pro Jahr	30 000,00 €

Durchschnittliche Alternativzinssätze am GKM:

Tagesgeldaufnahme	2 % p. a.
Termingeldanlage	3,5 % p. a.

Die Handelsbank AG hat folgende Standardeinzelkostensätze, bezogen auf den durchschnittlichen Kreditbetrag, ermittelt:

Risikokostensatz	0,2 % p. a.
Eigenkapitalkostensatz	0,4 % p. a.
Standardeinzelkostensatz	0,4 % p. a. vom durchschnittlichen Umsatz

Zur Deckung der Gemeinkosten soll ein Satz von 30 % der Standardeinzelkosten kalkuliert werden.

Mit welchem Preis muss die Handelsbank AG die Monatspauschale mindestens kalkulieren?

41. Richten Sie ein Excel-Arbeitsblatt mit folgendem Aufbau ein, um Veränderungen der Bedingungen der Aufgabe 40 **simulieren** zu können.

	A	B	C	D	E	F	G	H	I	J	K
1	Kundenkalkulation										
2	Name:										
3	Risikokostensatz	0,20%			Gemeinkostenzuschlag in v. H. der PSEK	30%					
4	Eigenkapitalkostensatz p. a.	0,40%									
5	Standardeinzelkostensatz p. a.				Umsatzdurchschnitt pro Jahr in €	0,00					
6	Kontokorrent	0,40%									
7	Darlehen	1,50%									
8	Passivprodukte	0,05%									
9	**Aktivprodukte**	Durchschnittlicher Bestand	Zinssatz	GKM-Zins	Marge	Zinsüberschuss	Standardrisikokosten	Standardeigenkapitalkosten	Standardeinzelkosten	**Nettokonditionenbeitrag**	DB/Monat
10	Kontokorrentkredit	0,00	8,50%	3,50%	5,00%	0,00	0,00	0,00	0,00	**0,00**	0,00
11	Darlehen	0,00	0,00%	0,00%	0,00%	0,00	0,00	0,00	0,00	**0,00**	0,00
12											
13	Gesamt	0,00				0,00	0,00	0,00	0,00	**0,00**	0,00
14											
15	**Passivprodukte**										
16	Sichteinlagen	0,00	0,00%	2,00%	2,00%	0,00	0,00	0,00	0,00	**0,00**	0,00
17	Spareinlagen	0,00	0,00%	0,00%	0,00%	0,00	0,00	0,00	0,00	**0,00**	0,00
18	Gesamt	0,00				0,00	0,00	0,00	0,00	**0,00**	0,00
19											
20											
21											
22											
23	**Zusammenstellung**	pro Jahr	pro Monat								
28	Konditionenbeiträge	EUR	EUR								
25	Aktiva	0,00	0,00								
26	Passiva	0,00	0,00								
27	**Deckungsbeitrag I**	**0,00**	**0,00**								
28	– Standardrisikokosten	0,00	0,00								
29	– Standardeigenkapitalkosten	0,00	0,00								
30	**= Deckungsbeitrag II**	**0,00**	**0,00**								
31	Standardeinzelkosten	0,00	0,00								
32	**Deckungsbeitrag III**	**0,00**	**0,00**								
33	– Gemeinkostenzuschlag	0,00	0,00								
34	**Beitrag zum Betriebsergebnis**	**0,00**	**0,00**								

a) Lösen Sie die Aufgabe 40 jetzt mit dem PC!

b) Wie hoch müsste bei den in Aufgabe 40 angegebenen Daten die durchschnittliche Kreditinanspruchnahme sein, wenn der Überschuss gleich NULL sein soll? Die übrigen Daten sollen unverändert bleiben.
Nutzen Sie zur Lösung die Funktion **Zielwertsuche** (Information siehe unten)!

c) Bei welchem durchschnittlichen Guthaben können Sie unter sonst gleichen Bedingungen die kostenlose Kontoführung anbieten?

d) Wie verändert sich der Deckungsbeitrag III, wenn die **ursprünglichen Werte** gelten, der Risikokostensatz aber von 0,2 % auf 0,3 % steigt?

e) Angenommen, das Kreditinstitut verzichtet auf die Hälfte der Eigenkapitalverzinsung. Welche Auswirkungen ergeben sich unter der Prämisse der Ausgangsdaten auf den Deckungsbeitrag III?

f) Simulieren Sie die Veränderung anderer Größen nach Ihrer eigenen Wahl!

Informationen

Zielwertsuche

Mit der Funktion **Zielwertsuche** im Tabellenkalkulationsprogramm Excel können Sie einen zu suchenden Wert, der sich aus den Verknüpfungen der Formeln ergeben muss, einfach ermitteln.

Schritte	
1.	Öffnen Sie Ihr Excel-Arbeitsblatt zur Aufgabe 41. Geben Sie die Werte der Aufgabe 41 ein.
2.	Menü **EXTRAS/Zielwertsuche**
3.	Geben Sie in das Dialogfeld die Felder ein, die Sie in Ihrem Arbeitsblatt belegt haben. **Zielzelle:** Zelle, die den Beitrag zum Betriebsergebnis aufnimmt, im Beispiel auf Seite 247 die Zelle B 34. **Zielwert:** Wir wollen den Betrag zum Betriebsergebnis von 0 ermitteln. Geben Sie daher die Null ein. **Veränderbare Zelle:** Diese Zelle soll die durchschnittliche Kreditinanspruchnahme angeben, die zu dem Zielwert 0 führt. Im Beispiel auf Seite 247 ist das die B 10.
4.	OK Das richtige Ergebnis erhalten Sie, wenn Ihre Programmierung logisch aufgebaut ist. Im obigen Beispiel ist die Lösung 2 827,27. ✘ Ändern Sie den Kundenzinssatz auf 6,5 %. Welche notwendige durchschnittliche Kreditinanspruchnahme wäre erforderlich, wenn weiterhin keine Sichteinlagen bestehen?

6.2 Kundenkalkulation

Problemstellung: Die Kundin Anne Schreiner hat sich vor zwei Jahren selbstständig gemacht. Sie unterhält bei Ihrem Ausbildungsbetrieb ein laufendes Konto. Die Kalkulation dieses Kontos führte zu einem positiven Deckungsbeitrag von 90,00 €. Die Kundin verlangt eine Senkung des Zinssatzes um ½ % mit der Begründung, dass ihr dieser Zinssatz von einem Mitwettbewerber geboten worden sei, falls sie mit ihm in Geschäftsverbindung trete.

Arbeitsauftrag: Stellen Sie die Überlegungen zu Ihrer Entscheidungsfindung in diesem Falle dar!

Informationen

Jede Konditionenentscheidung ist nicht isoliert zu treffen. Es ist die **gesamte** Kundenbeziehung in die Entscheidung einzubeziehen.

Beispiel:

Anne Schreiner unterhält bei einem Kreditinstitut ein Kontokorrentkonto, ein Sparkonto mit vereinbarter Kündigungsfrist von drei Monaten und ein Effektendepot.

Die **Kalkulation** der drei **Konten** ergab folgende Deckungsbeiträge:

Kunde/Kundin	Anne Schreiner	
Geschäftsverbindung	**Erträge bzw. Standardkosten**	
Kontokorrentkonto	Zinskonditionenbeitrag	250,00 €
	Standardrisikokosten	50,00 €
	Standardeigenkapitalkosten	5,00 €
	Provisionserlöse	125,00 €
	Standardeinzelkosten	230,00 €
Sparkonto	Zinskonditionenbeitrag	110,00
	Standardrisikokosten	0,00 €
	Standardeigenkapitalkosten	0,00 €
	Provisionserlöse	0,00 €
	Standardeinzelkosten	60,00 €
Effektenhandelsgeschäfte	Zinskonditionenbeitrag	0,00 €
	Standardrisikokosten	0,00 €
	Standardeigenkapitalkosten	0,00 €
	Provisionserlöse	330,00 €
	Standardeinzelkosten	170,00 €

Gemeinkostenzuschlagsfaktor in v. H. der Standardeinzelkosten 25%

Deckungsbeitrag Kunde[1]	DB I	**Zinskonditionenbeitrag**	**360,00 €**
		– Standardrisikokosten	50,00 €
		– Standardeigenkapitalkosten	5,00 €
	DB II	= Überschuss im Wertbereich	305,00 €
		+ Provisionsergebnis	455,00 €
		– Standardeinzelkosten	460,00 €
	DB III	= Nettokonditionenbeitrag	300,00 €
		– Gemeinkostenzuschlag	115,00 €
		= Überdeckung des Kunden	**185,00 €**

In diesem Fall ist es vertretbar, die Senkung des Zinssatzes um 0,5% zu akzeptieren, da insgesamt ein Nettokonditionenbeitrag von 300,00 € erwirtschaftet wurde. Ein Wechsel der Kundin zu einem anderen Kreditinstitut könnte auch die positiven Beiträge aus den beiden anderen Konten gefährden.

Bei der Ermittlung des **Nettokonditionenbetrags** dürfen **keine tatsächlich angefallenen Risiko- und Betriebskosten** angesetzt werden, da nur mit den Standardkosten unwirtschaftliches Handeln sichtbar gemacht werden kann.

1 Siehe Fußnote auf Seite 258.

Bei der Bewertung des Ergebnisses kommt es neben dem Erfolg in der bisherigen Geschäftsbeziehung – wobei Aktiv-, Passiv- und Dienstleistungsgeschäfte zu berücksichtigen sind – besonders auf die zukünftige Entwicklung der Geschäftsbeziehung an. Hierbei ist eine Beurteilung der **Potenzialentwicklung** des Kunden vorzunehmen. Bei dieser **Potenzialbeurteilung** sind auch Gesichtspunkte zu berücksichtigen, die nicht unmittelbar messbar sind, wie die **Werbewirksamkeit** bei den Kunden, z. B. Handwerker mit vielen Kunden am Ort.

Auch **Meinungsbildner** sind besonders zu betrachten, z. B. der Vorsitzende des örtlichen Sportvereins. Eine ähnliche Funktion haben Kunden mit **Vorbildfunktion,** wie z. B. Spitzensportler.

Bei **Existenzgründern,** insbesondere in sehr innovativen Sektoren, ist es für Kreditinstitute nicht immer einfach, die zukünftige Entwicklung des Kunden bzw. seiner Branche einzuschätzen, z. B. Gentechnologie.

Neben der Entwicklung einer Geschäftsverbindung mit einem Kunden können auch Kundenkalkulationen für bestimmte Kundengruppen, z. B. Ärzte, Landwirte, vorgenommen werden. Dabei sind die speziellen Risiken einzelner Kundengruppen und spezieller Produkte, z. B. Auslandsverbindlichkeiten, zu berücksichtigen.

6.3 Geschäftsstellenkalkulation

Problemstellung:	Die Sparkasse Gießen unterhält 21 Geschäftsstellen. Um die Vergütung der Filialleiter erfolgsabhängiger zu gestalten, will sie feststellen, welchen Beitrag die einzelnen Filialen der Sparkasse zum Betriebsergebnis der Gesamtsparkasse beitragen.
Arbeitsauftrag:	Erarbeiten Sie einen Vorschlag, wie die Sparkasse Gießen die erforderlichen Informationen ermitteln könnte.

Informationen

Wie bei der Kundenkalkulation können auch auf der Ebene der Filiale (Geschäftsstelle, Zweigstelle) die Deckungsbeiträge ermittelt und analysiert werden.

Für die **Geschäftsstellenkalkulation** (Profit-Center-Kalkulation) ergibt sich folgender **Aufbau:**

	Zinskonditionenbeiträge der Aktivgeschäfte
+	Zinskonditionenbeiträge der Passivgeschäfte
=	Deckungsbeitrag I (Zinsüberschuss; Konditionenbeitrag)
–	Standardrisikokosten
–	Standardeigenkapitalkosten
=	Deckungsbeitrag II (Überschuss im Wertbereich)
+	Provisionsergebnis
–	Standardeinzelkosten
=	**Deckungsbeitrag III (Nettokonditionenbeitrag der Filiale)**

Filialen		Hegerwald	Dammstraße		
Geschäftsart	Jahresergebnisbeiträge	TEUR	TEUR		
Kontokorrentkredite	Zinskonditionenbeitrag	189,00	69,00		
	Standardrisikokosten	40,00	15,00		
	Standardeigenkapitalkosten	12,00	7,00		
	Provisionserlöse	95,00	20,00		
	Standardeinzelkosten	55,00	24,00		
Spareinlagen	Zinskonditionenbeitrag	30,00	80,00		
	Standardrisikokosten	0,00	0,00		
	Standardeigenkapitalkosten	0,00	0,00		
	Provisionserlöse	0,00	0,00		
	Standardeinzelkosten	6,00	20,00		
Effektenhandelsgeschäfte	Zinskonditionenbeitrag	0,00	0,00		
	Standardrisikokosten	0,00	0,00		
	Standardeigenkapitalkosten	0,00	0,00		
	Provisionserlöse	26,00	54,00		
	Standardeinzelkosten	5,00	8,50		
Gemeinkostenzuschlags-faktor in v.H. der Standardeinzelkosten	25%				
				Hegerwald	Dammstraße
Deckungsbeitrag der Filiale				in v.H. des Geschäfts-volumens	in v.H. des Geschäfts-volumens
DB I	Zinskonditionenbeitrag	219,00	149,00	6,84	10,49
	– Standardrisikokosten	40,00	15,00	1,25	1,06
	– Standardeigenkapitalkosten	12,00	7,00	0,38	0,49
DB II	= Überschuss im Wertbereich	167,00	127,00	5,22	8,94
	+ Provisionserlöse	121,00	74,00	3,78	5,21
	– Standardeinzelkosten	66,00	52,50	2,06	3,70
DB III	**= Nettokonditionenbeitrag**	**222,00**	**148,50**	**6,94**	**10,46**
	– Gemeinkostenzuschlag	16,50	13,13	0,52	0,92
	= Überdeckung/Unterdeckung der Filiale	**205,50**	**135,38**	**6,42**	**9,53**
Geschäftsvolumen (TEUR)		3200,00	1420,00		

Auswertungsmöglichkeiten der Geschäftsstellenkalkulation

Dieses **Geschäftsstellenergebnis** bietet dem **Bankcontrolling** zahlreiche Ansatzpunkte für die Analyse. Nahe liegt der Vergleich mit den Deckungsbeiträgen anderer vergleichbarer Filialen hinsichtlich der Kosten- und Erlösstrukturen, der Entwicklung der Kosten- und Erlösbeiträge im inner- und zwischenbetrieblichen Vergleich, der unterschiedlichen Erfolge bei einzelnen Kunden oder Kundengruppen. Es können auch Vergleiche hinsichtlich der Deckungsbeiträge einzelner Produkte bei den verschiedenen Geschäftsstellen durchgeführt werden.

Durch den Vergleich der Standardbetriebskosten einer Filiale mit den tatsächlich angefallenen Ist-Betriebskosten kann auf die **Produktivität** der Filiale geschlossen werden.

Bei den Filialen in unserem **Beispiel** zeigt sich, dass die Filiale Hegerwald um 9 000,00 € höhere Betriebskosten hatte als nach den Standardkosten erforderlich gewesen wäre. Es wurde also unwirtschaftlicher gearbeitet. Umgekehrt war die Filiale Dammstraße um 2 500,00 € besser als nach den Standardbetriebskosten zu erwarten war.

	Hegerwald TEUR	Dammstraße TEUR	Abweichung vom Soll TEUR	Abweichung vom Soll TEUR
Ist-Betriebskosten	75,00	50,00	9,00	– 2,50
Ist-Forderungsausfälle	36,00	18,00	– 4,00	3,00

Bei der Auswertung des Risikoergebnisses zeigt sich umgekehrt, dass hier die Filiale Hegerwald die Kreditrisiken besser eingeschätzt hat als zu erwarten war. Umgekehrt dagegen bei der Filiale Dammstraße.

Auf einen Blick:

1. Bei der **Kundenkalkulation** sind sämtliche Deckungsbeiträge aus der Geschäftsverbindung mit einem Kunden zusammenzufassen.
2. Bei **Konditionenentscheidungen** sind die gegenwärtigen und zukünftigen Deckungsbeiträge in die Überlegung einzubeziehen.
3. Die Ergebnisse der Kundenkalkulation können bei der Entwicklung einer langfristigen Kundenstrategie mit dem Ziel eingesetzt werden, defizitäre Deckungsbeiträge bei einzelnen Konten gezielt abzubauen.
4. Die **Geschäftsstellenkalkulation** (Profit-Center-Kalkulation) bietet die Möglichkeit, über den Beitrag der einzelnen Geschäftsstellen zum Gesamtbetriebsergebnis eine Steuerung der Geschäftsstelle vorzunehmen, weil nur die der Geschäftsstelle direkt zurechenbaren und damit von der Geschäftsstelle zu verantwortenden Deckungsbeiträge in die Rechnung eingehen.

Aufgaben:

42. Der Kunde Arnold Pfaff unterhält bei der Sparkasse Leipzig ein Sparkonto mit vereinbarter Kündigungsfrist von 3 Monaten. Sein Durchschnittsguthaben beträgt 8 700,00 €. Der Sparzinssatz beträgt 1,5 %, der alternative Marktzinssatz am GKM 2,8 %.

Herr Pfaff nutzte das Sparkonto in folgendem Umfang:

Vorgänge	Posten	Standardeinzelkosten
Einzahlungen/Auszahlungen	7	1,20 €
Nachträge	18	0,30 €

Herr Pfaff unterhält ein Girokonto bei dieser Sparkasse. Dieses hat einen durchschnittlichen Sollsaldo von 2 500,00 €. Der Sollzinssatz beträgt 8 %. Der Alternativzins am GKM liegt bei 4,5 %.

Der Standardrisikokostensatz wird bei dieser Risikoklasse mit 0,3 % des durchschnittlichen Kreditvolumens angenommen. Die Sparkasse kalkuliert mit einem Eigenkapitalkostensatz von 0,35 % des durchschnittlichen Kreditvolumens.

Für dieses Girokonto waren im Jahr folgende Betriebsleistungen zu erbringen:

Vorgänge	Posten	Standardeinzelkosten
Einzahlungen/Auszahlungen	86	1,10 €
Überweisungen	80	0,40 €
Daueraufträge	36	0,25 €
Kontoauszüge	12	0,30 €

Dem Kunden wird eine monatliche Kontoführungspauschale von 5,00 € berechnet.

Welchen Deckungsbeitrag III in Euro erbrachte die gesamte Geschäftsverbindung mit diesem Kunden?

43. Die Kundin Elvira Schreiner unterhält bei der Volksbank Emmendingen ein laufendes Konto. Für die Kontoführung zahlt sie jährlich eine Kostenpauschale von 144,00 €. Das Durchschnittsguthaben beträgt 1 000,00 €.

Bei der Nachkalkulation dieses Kontos stellte die Volksbank im vergangenen Geschäftsjahr folgende Nutzungen fest:

Vorgänge	Posten	Standardeinzelkosten
Einzahlungen/Auszahlungen	50	1,50 €
Überweisungen	230	0,45 €
Daueraufträge	36	0,35 €
Kontoauszüge	12	0,30 €

Welchen Deckungsbeitrag erbringt diese Geschäftsverbindung für die Volksbank, wenn derartige Guthaben nicht verzinst werden müssen? Eigenkapitalkosten sollen unberücksichtigt bleiben. Der alternative Zins am GKM liegt bei 3 %.

44. Es gelingt der Kundenberaterin der Volksbank Emmendingen, Frau Schreiner einen Sparbrief zu verkaufen, Betrag 5 000,00 €, Laufzeit 4 Jahre, Zinssatz 3,2 %, alternativer Marktzinssatz 5 %. Die direkt zurechenbaren Betriebskosten für einen Sparbrief betragen 25,00 €.

Wie verändert sich die Kalkulation der Geschäftsverbindung mit der Kundin Schreiner durch dieses zusätzliche Bankgeschäft?

45. Die Gewerbebank eG, Düsseldorf, führt eine Geschäftsstellenkalkulation durch.

Die **Filiale A** liefert die folgende Kalkulationsgrundlage:

Aktivgeschäfte	Volumen i. Tsd. €	Zinserlöse i. Tsd. €	Durchschnittl. Zinssatz	GKM-Satz
- Firmenkredite - Dispokredite - Baufinanzierungen	1 300,00 900,00 1 100,00	88,40 87,30 75,90	6,80 % 9,70 % 6,90 %	4,30 % 4,90 % 5,10 %
Summe				
Passivgeschäfte	Volumen i. Tsd. €	Zinskosten i. Tsd. €	Durchschnittl. Zinssatz	GKM-Satz
- Sichteinlagen - Spareinlagen	1 200,00 2 700,00	1,80 67,50	0,15 % 2,50 %	2,75 % 3,20 %
Summe				

	Prov.-Erlöse i. Tsd. €	Standardeinzelkosten i. Tsd. €
Dienstleistungsbereich - Zahlungsverkehr - Wertpapiergeschäfte	 55,70 35,20	 68,30 18,70

Bei der **Filiale B** ergaben sich diese Werte:

Aktivgeschäfte	Volumen i. Tsd. €	Zinserlöse i. Tsd. €	Durchschnittl. Zinssatz	GKM-Satz
- Firmenkredite - Dispokredite - Baufinanzierungen	2 500,00 500,00 800,00	165,00 47,00 55,20	6,60 % 9,40 % 6,90 %	4,30 % 4,90 % 5,10 %
Summe				
Passivgeschäfte	Volumen i. Tsd. €	Zinskosten i. Tsd. €	Durchschnittl. Zinssatz	GKM-Satz
- Sichteinlagen - Spareinlagen	2 200,00 1 100,00	5,50 27,50	0,25 % 2,50 %	2,75 % 3,20 %
Summe				

	Prov.-Erlöse i. Tsd. €	Standardeinzelkosten i. Tsd. €
Dienstleistungsbereich - Zahlungsverkehr - Wertpapiergeschäfte	 77,00 40,20	 88,30 46,30

Die **Risiko- und Bearbeitungskosten** für beide Geschäftsstellen betragen jeweils:

Risikokosten	
Firmenkredite in % des Volumens	0,20%
Dispokredite in % des Volumens	0,30%
Baufinanzierungen in % des Volumens	0,05%

Bearbeitungskosten in % des Volumens	
Firmenkredite	1,30%
Dispokredite	1,20%
Baufinanzierungen	0,95%
Passivgeschäfte	0,60%

a) Ermitteln Sie die Deckungsbeiträge der beiden Filialen für das Aktiv-, Passiv- und Dienstleistungsgeschäft!

b) Analysieren Sie die Geschäftsstruktur sowie Stärken und Schwächen der beiden Filialen!

c) Erarbeiten Sie einen Vorschlag für die beiden Geschäftsstellenleiter, wie diese die Stärken weiter ausbauen und die Schwächen abbauen könnten!

1 **Fußnote zu Seite 246 und 252.**

Es hat sich bei den Kreditinstituten noch kein einheitliches Schema für die Deckungsbeitragsrechnung herausgebildet.

Im VR-Control der Kreditgenossenschaften wird folgendes Deckungsbeitragsschema eingesetzt:	In den Abschlussprüfungen für Bankkaufleute verwendet die ZPA folgendes Grundschema, das den Prüflingen zur Verfügung gestellt wird:
Konditionenbeitrag = Deckungsbeitrag Ia + Provisionsbeitrag = Deckungsbeitrag Ib – Risikoprämie = Deckungsbeitrag II – Standardstückkosten = **Deckungsbeitrag III**	Zinserlöse – Alternativzinsen am GKM = **Deckungsbeitrag I** (Zinsüberschuss, Zins-Konditionenbeitrag) + Direkt zurechenbare Provisionserlöse – Direkt zurechenbare Betriebskosten = **Deckungsbeitrag II** (Netto-Konditionenbeitrag) – Risikokosten – Eigenkapitalkosten = **Deckungsbeitrag III** (Beitrag zum Betriebsergebnis)

7 Sonstige Anwendungen des Bankcontrollings

Da das **Controlling** die Aufgabe hat, die Planung, Steuerung und Kontrolle der Bank zu unterstützen, kommen Controllingaufgaben in allen betrieblichen Funktionsbereichen vor. Hier sollen nur einige Beispiele aufgezeigt werden.

Risikosteuerung

Ein wichtiges Feld der Risikosteuerung eines Kreditinstituts liegt in der **Steuerung der Bilanzstruktur.** Dabei werden **Erfolgsrisiken** und **Liquiditätsrisiken** unterschieden.

Erfolgsrisiken sind die **Adressrisiken,** die **operationellen Risiken** und die **Marktrisiken.** Bei Eintritt dieser Risiken entstehen Verluste, die das Unternehmensergebnis schmälern.

Adressrisiken	bestehen z. B. darin, dass • Kreditnehmer ihre Verpflichtungen nicht vertragsgemäß erfüllen **(Adressenausfallrisiko),** • **Wertverschlechterungen** bei Sachanlagen eintreten, • Geschäftspartner Verträge nicht sachgerecht abwickeln **(Abwicklungsrisiko).**
Operationelle Risiken	Ursachen für diese Risiken können sein: • **interne betrügerische Handlungen,** z. B. Diebstahl durch Mitarbeiter, Insidergeschäfte auf eigene Rechnung von Mitarbeitern, • **externe betrügerische Handlungen,** z. B. Raub, Fälschung, Schäden durch Computerhacker, • **Einstellungspraktiken und Sicherheit am Arbeitsplatz,** z. B. Haftungsansprüche von Mitarbeitern, Verstoß gegen Vorschriften für Arbeitsmedizin, • **Kunden, Produkte und Geschäftspraxis,** z. B. Verletzung von Treuhandpflichten, Missbrauch vertraulicher Kundeninformationen, unsaubere Handelspraktiken auf Rechnung der Bank, Geldwäsche und Verkauf nicht genehmigter Produkte, • **Schäden am Sachvermögen,** z. B. Terrorismus, Vandalismus, Erdbeben, • **Geschäftsunterbrechungen und Systemausfälle,** z. B. Hardware- und Softwarepannen, Telekommunikationsprobleme, Stromausfälle, • **Ausführung, Lieferung und Prozessmanagement,** z. B. fehlerhafte Dateneingabe, unvollständige rechtliche Dokumentation, nicht genehmigter Zugang zu Kundenkonten.
Marktrisiken	Diese Risiken entstehen durch die Änderung von **Zinssätzen, Kursänderungen von Fremdwährungspositionen** sowie **Kursänderungen für den Handelsbestand** und den **Anlagebestand von Wertpapieren** (einschließlich der Zinsänderungsrisiken). Bei der Beurteilung der Marktrisiken ist die **Zinselastizität** zu berücksichtigen. Darunter wird das Verhältnis der relativen Veränderung des Kapitalmarktzinses zur relativen Veränderung des Zinses des Bankproduktes verstanden.

Beispiel:

Die Veränderung der Zinsen für Anleihen am Kapitalmarkt reagiert schneller auf Veränderungen von Angebot und Nachfrage als die Zinsen für Darlehen mit gleicher Laufzeit.

Diese banktypischen Risiken müssen die Kreditinstitute durch ein **Risikomanagement** steuern. Dazu müssen sie angemessene Strategien festlegen und angemessene interne Kontrollverfahren festlegen (Mindestanforderungen an das Risikomanagement [MaRisk]).

Durch die Verordnung über die **angemessene Eigenmittelausstattung** von Instituten, Institutsgruppen und Finanzholding-Gruppen (Solvabilitätsverordnung - SolvV) vom 14. Dezember 2006 wurden die Anforderungen festgelegt, um die oben beschriebenen Risiken durch **ausreichende Eigenmittel** zu begrenzen.

Die Eigenmittel sind ausreichend, wenn sie mindestens 8 % der gewichteten Risiken betragen.

An einem **vereinfachten Beispiel** soll gezeigt werden, wie die Kreditinstitute bei Krediten an Unternehmen das zur Deckung des Adressrisikos erforderliche Eigenkapital ermitteln können:

Die Kreditinstitute müssen zuerst die **Bonität** ihrer Kreditnehmer beurteilen. Das kann entweder durch **externe Ratingagenturen,** so genannter **Kreditrisiko-Standardansatz** (KSA), **oder** durch den auf **internen Ratings basierenden Ansatz** (IRBA) geschehen.

Bei Anwendung des KSA werden die **Bewertungen der Ratingagenturen** den von der BaFin festgelegten **Bonitätsstufen** zugeordnet. Jeder Bonitätsstufe wurde ein **Risikogewicht** beigemessen.

Ohne Rating beträgt das Risikogewicht für kurzfristige Forderungen an Unternehmen 100%.

Beispiel:

Kreditvolumen 1 000 000,00 € **Eigenkapital (EK)** 8 %

Rating der Agentur	Bonitätsstufe (SolvV)	KSA-Risikogewicht (SolvV)	Gewichtetes Kreditvolumen	Erforderliches Eigenkaptial	EK in v. H. des Kreditvolumens
AAA bis AA−	1	20%	200 000 €	16 000 €	1,60%
A+ bis A−	2	50%	500 000 €	40 000 €	4,00%
BBB+ bis BBB−	3	100%	1 000 000 €	80 000 €	8,00%
BB+ bis BB−	4	150%	1 500 000 €	120 000 €	12,00%
B+ bis B−	5	150%	1 500 000 €	120 000 €	12,00%
CCC und C	6	150%	1 500 000 €	120 000 €	12,00%
ohne Rating		100%	1 000 000 €	80 000 €	8,00%

Wie aus dieser Tabelle zu ersehen ist, sind die erforderlichen Eigenmittel des Kreditinstituts sehr stark von der Bonität der Kreditnehmer abhängig.

Die **Steuerung der Risiken** des Bankbetriebs erfolgt über die Ermittlung bestimmter **Risikokennzahlen,** die sich sowohl auf die **Risiko-Struktur** als auch auf den **Risiko-Ertrag** beziehen können.

Einige **ausgewählte Risikokennzahlen** werden in folgendem Schaubild definiert.

Nr.	Bezeichnung	Definition der Kennziffer
1	Eigenkapitalquote (v.H.) =	$\frac{\text{Bilanzielles Eigenkapital} \cdot 100}{\text{Bilanzsumme (oder Bilanzvolumen)}}$
2	Angemessenes Eigenkapital (v.H.) =	$\frac{\text{Anrechenbares Eigenkapital} \cdot 100}{12{,}5 \cdot \sum \text{(Gesamtanrechnungsbeträge für Adressrisiken + operationelle Risiken + Marktrisikopositionen)}}$
3	Bonitätsstruktur der Kredite (v.H.) =	$\frac{\text{Anteil der Kredite einer bestimmten Bonitätsgruppe} \cdot 100}{\text{Gesamtes Kreditvolumen}}$
4	Rückstandsquote (v.H.) =	$\frac{\text{Rückständige Zins- und Tilgungszahlungen} \cdot 100}{\text{Gesamtes Kundenkreditvolumen}}$
5	Wertberichtigungsquote (v.H.) =	$\frac{\text{Gesamter Wertberichtigungsbedarf} \cdot 100}{\text{Geschäftsvolumen}}$
6	Währungsrisikoquote (v.H.) =	$\frac{\text{Ungedeckte Fremdwährungspositionen} \cdot 100}{\text{Geschäftsvolumen}}$

Aufgaben:

46. Bei Kreditinstituten fallen unterschiedliche Bankgeschäfte bzw. interne Vorgänge an. Diese können mit Risiken verbunden sein. Stellen Sie fest, ob bei den folgenden Bankgeschäften bzw. internen Vorgängen hauptsächlich ein Adressrisiko (= 1), ein operationelles Risiko (= 2) oder ein Marktrisiko (= 3) besteht. Falls keines dieser Risiken zutrifft, geben Sie eine Null an.

1. Das KI hat Aktien eines im DAX 30 notierten Unternehmens im eigenen Bestand.
2. Das KI gibt einem inländischen Firmenkunden einen Kontokorrentkredit.
3. Der Kundenberater verkauft ein riskantes Bankprodukt, ohne den Kunden auf das erhöhte Verlustrisiko hinzuweisen.
4. Das KI legt bei einem anderen KI ein Festgeld an. Die Refinanzierung erfolgt durch Kundeneinlagen in gleicher Höhe und gleicher Laufzeit. Dem Kunden wird ein vorzeitiges Kündigungsrecht eingeräumt.
5. Das KI reicht Darlehen mit Zinsbindung aus. Die Refinanzierung erfolgt durch variabel verzinsliche begebene Bankschuldverschreibungen.

47. Ein Kreditinstitut hat in den vergangenen fünf Perioden die folgenden Bilanzwerte:

Posten / Jahr	2006	2005	2004	2003	2002
Bilanzielles Eigenkapital (Mio. €)	73	72,55	77,25	77,26	76
Bilanzvolumen (Mio. €)	1 100	1 067	1 030	978	958

a) Wie beurteilen Sie die Entwicklung des Eigenkapitals bei diesem Kreditinstitut?
b) Welche Ursachen könnte diese Entwicklung haben?
c) Welche Maßnahmen schlagen Sie vor, um die Entwicklung zu beeinflussen?

48. Ein Kreditinstitut stellt im Rahmen des Kreditcontrolling die folgenden Daten fest:

Posten / Jahr	2006	2005	2004	2003	2002
Gesamtes Kundenkreditvolumen (Mio. €)	800	776	745	711	696
Rückständige Zins- und Tilgungszahlungen (Mio. €)	6,4	4,66	4,91	4,99	2,784

a) Beurteilen Sie die Entwicklung der Rückstände bei den Zins- und Tilgungszahlungen!
b) Welche zusätzlichen Informationen ziehen Sie zur Beurteilung der Zahlen heran?
c) Welche Ursachen könnten der Entwicklung der Rückstände zugrunde liegen?
d) Welche Maßnahmen empfehlen Sie dem Kreditinstitut, um evtl. Schwachstellen in diesem Zusammenhang zu beseitigen?

49. Ein Kreditinstitut hat folgende kurzfristige Forderungen an verschiedene Unternehmen. Entnehmen Sie die KSA-Risikogewichte dem obigen Beispiel. Wie hoch ist das insgesamt für diese Kreditengagements mindestens erforderliche Eigenkapital?

Kreditnehmer	Bonitätstufe	Kreditvolumen EUR	KSA-Risikogewicht	Gewichtetes Kreditvolumen EUR	Erforderliches Eigenkapital EUR
Anders & Söhne OHG	2	420 000			
Metallbau GmbH	1	1 125 000			
Lohmann, Hans e. K.	3	750 000			

50. Die Modell-Kreditinstitute A, B und C sollen auf der Aktiv- und Passivseite jeweils nur diese Bilanzposten haben.

Zinsbindungsbilanz Kreditinstitut A zum 31. Dez. 20..

Aktiva	i. Tsd. €	Passiva	i. Tsd. €
Forderungen an Kunden, 7 %, variabel, Laufzeit 12 Monate	2 000,00	Termineinlagen, 1,25 % Laufzeit 30 Tage	2 000,00

Zinsbindungsbilanz Kreditinstitut B zum 31. Dez. 20..

Aktiva	i. Tsd. €	Passiva	i. Tsd. €
Forderungen an Kunden, Laufzeit 3 Jahre, Festzinssatz 6,5 %	2 000,00	Festgeldeinlagen, 6 Monate, 3,5 %	1 000,00
		Sparbriefe, 5 %, 4 Jahre	1 000,00

Aktiva	Zinsbindungsbilanz Kreditinstitut C zum 31. Dez. 20..		Passiva
	i. Tsd. €		i. Tsd. €
5 % Anleihe, Laufzeit 4 Jahre	2 000,00	Spareinlagen mit vereinbarter Kündigungsfrist von 3 Monaten; Zinssatz 2 %	2 000,00

a) Stellen Sie die Zinsänderungsrisiken der drei Kreditinstitute dar!

b) Welche Auswirkungen können mögliche Zinsänderungen auf den Erfolg der Kreditinstitute haben?

Liquiditätssteuerung

Unter der **Liquidität eines Kreditinstituts** versteht man dessen Fähigkeit, die fälligen Verbindlichkeiten jederzeit bedienen zu können.

Liquiditätsrisiken haben ihre Hauptursache in der von den Kreditinstituten betriebenen **Fristentransformation.** Da dadurch die beschafften Finanzierungsmittel längerfristig angelegt werden, als diese von den Kunden zur Verfügung gestellt werden, kann es zu **vorzeitigen Kapitalabflüssen** kommen.

Weitere Risikoquellen für die Liquidität liegen in der verzögerten Zahlung von Zins- und Tilgungsleistungen der Kunden. Der dadurch ausbleibende Liquiditätszufluss kann zu einer Liquiditätslücke führen.

Das **Bundesministerium für Finanzen** hat die am 1. Jan. 2007 in Kraft getretene Verordnung über die Liquidität der Institute (**Liquiditätsverordnung** – LiqV) erlassen, um die Anforderungen an eine ausreichende Liquidität der Kreditinstitute festzulegen. Nach dieser Verordnung haben die Kreditinstitute ihre **Zahlungsmittel und Zahlungsverpflichtungen** jeweils nach Restlaufzeiten vier so genannten **Laufzeitbändern** zuzuordnen.

Die **Liquidität gilt als ausreichend, wenn die Summe der täglich oder bis zu einem Monat fälligen Zahlungsmittel (Laufzeitband 1) größer ist als die Summe der Zahlungsverpflichtungen im Laufzeitband 1.** Der Quotient dieser beiden Laufzeitbänder ergibt die **Liquiditätskennzahl.**

Liquiditätskennzahl und Beobachtungskennzahlen

Berechnung der Liquiditätskennzahl und der Beobachtungszahlen		Kontroll-summe	Gewich-tungs-satz	Anrechnungsbeträge			
				Fristigkeiten: Restlaufzeiten von			
				täglich fällig bis zu einem Monat	über 1 Monat bis zu 3 Monaten	über 3 Monaten bis zu 6 Monaten	über 6 Monaten bis zu 12 Monaten
				Laufzeitband 1	Laufzeitband 2	Laufzeitband 3	Laufzeitband 4
		01	02	03	04	05	06
A. Summe der Zahlungsmittel (Vordruck LV 1 Zeile 200)	300						
B. Summe der Zahlungsverpflichtungen (Vordruck LV 1 Zeile 400)	310						
C. Fristeninkongruenzen (A – B)	320						
D. Positive Fristeninkongruenzen (A > B)	330						
E. Bereinigte Fristeninkongruenzen (A. zzgl. positive Fristeninkongruenzen D. des Vorbandes)	340						
F. Liquiditätskennzahl (A / B) (Position 300/03 / 310/03)	350						
G. Sonderverhältnisse	360						
H. Beobachtungskennzahlen (E / B) (Positionen 340/04 / 310/04; 340/05 310/05; 340/06 310/06)	370						

Grau unterlegte Felder sind nicht auszufüllen. – Kennzahlen mit zwei Dezimalstellen angeben.

Die **kurzfristige Liquiditätssteuerung** der Kreditinstitute erfolgt über die Steuerung der Guthaben bei der Zentralbank im Rahmen der Mindestreservehaltung.

Aufgaben:

51. Die Handelsbank AG hat folgende Anrechnungsbeträge ihrer Zahlungsmittel und Zahlungsverpflichtungen ermittelt:

Berechnung der Liquiditätskennzahl	Fristigkeiten: Restlaufzeiten von			
	täglich fällig bis zu einem Monat	über 1 Monat bis zu 3 Monaten	über 3 Monaten bis zu 6 Monaten	über 6 Monaten bis zu 12 Monaten
	Laufzeitband 1	Laufzeitband 2	Laufzeitband 3	Laufzeitband 4
Summe der Zahlungsmittel in Tsd. Euro	400	300	500	600
Summe der Zahlungsverpflichtungen in Tsd. Euro	390	400	450	600
Fristenkongruenzen				
Positive Fristenkongruenzen				
Liquiditätskennzahl				

a) Ermitteln Sie die Fristeninkongruenzen und die positiven Fristeninkongruenzen!

b) Ermitteln Sie die Liquiditätskennzahl!

c) Beurteilen Sie die Liquiditätskennzahl!

d) Beurteilen Sie die Fristeninkongruenzen!

Erfolgssteuerung

Die **Erfolgssteuerung** erfolgt im **Wertbereich** mit Hilfe der Marktzinsmethode bzw. der Barwertmethode, im **Betriebsbereich** über die Standardeinzelkostenrechnung.

Während dem Wertbereich durch die Marktzinssätze für das Controlling objektive Vergleichsparameter zur Verfügung stehen, müssen diese **Benchmarks** (Vergleichsmaßstäbe) im Betriebsbereich entweder **intern** durch den Vergleich ähnlicher Profit Center (z. B. Geschäftsstellen) oder durch **externe** Kennziffern, z. B. durch den jeweiligen Verband, beschafft werden.

Voraussetzung für einen externen Vergleich ist ein **einheitlicher Kontenplan.** Nur dadurch kann gewährleistet werden, dass einzelne Aufwands- und Ertragsposten vergleichbaren Inhalt haben.

Aufgabe:

52. Eine Bankzweigstelle sei in die vier operativen Kostenstellen Wertpapiergeschäft, Zahlungsverkehr, Kreditgeschäft und Einlagengeschäft gegliedert.

Geschäftszweige/ Sparten – Kosten- u. Erlösarten	Wertpapiergeschäft	Zahlungsverkehr	Kreditgeschäft	Einlagengeschäft
Direkte Betriebserlöse €/Monat	23 500,00	18 670,00	38 549,00	31 570,00
Direkte Betriebskosten €/Monat	15 360,00	45 600,00	28 539,00	25 981,00

a) Ermitteln Sie die Deckungsbeiträge der vier Geschäftszweige!

b) Welcher Gewinn wird in dieser Zweigstelle erwirtschaftet?

c) Welche Konsequenzen empfehlen Sie dem Kreditinstitut in diesem Fall?

Grundzüge der Break-even-Analyse

Unternehmen sind daran interessiert, festzustellen, ab welcher Beschäftigung sich ein Überschuss ergibt. Dazu benutzen sie die Einteilung der Kosten in fixe und variable.

Durch die Berücksichtigung der Erlöse pro Stück kann dann die Gewinnschwelle (break-even-point) ermittelt werden.

Aufgaben:

53. Ein Kreditinstitut will die Umstellung der Brandversicherung dazu nutzen, durch einen Neuabschluss der Versicherungsverträge eine höhere Provision zu erzielen. Zu diesem Zweck will das Kreditinstitut drei Hilfskräfte anstellen, die die bisherigen Versicherten anrufen, um ein Gespräch mit einem Kundenberater der Bank zu vereinbaren. Die fixen Kosten für die Telefonanlage und die Hilfskräfte betragen monatlich 10 500,00 €. Die variablen Kosten werden mit 0,50 € pro Anruf angenommen. Es wurde ermittelt, dass die drei Hilfskräfte insgesamt 60 Anrufe pro Stunde bewältigen. Die wöchentliche Arbeitszeit wird mit 5 Tagen à 7 Stunden angenommen. Das Kreditinstitut rechnet mit einem Provisionserlös von 10,70 € für jeden zustande gekommenen Abschluss.

Wie viel erfolgreiche Abschlüsse sind erforderlich, um einen Überschuss aus dieser Aktion zu erwirtschaften? (Die Kosten des Kundenberaters und der Vertragsnachbereitung sollen unberücksichtigt bleiben. Der Monat ist mit 30 Tagen anzusetzen.)

54. Ein Kreditinstitut handelt mit Sammlermünzen. Der zuständige Sachbearbeiter bezieht ein Monatseinkommen von 2 500,00 € einschl. Lohnnebenkosten. Die sonstigen zurechenbaren fixen Kosten betragen monatlich 500,00 €. Direkt zurechenbare variable Kosten fallen nur in unbedeutendem Umfang an und sollen vernachlässigt werden. Das Kreditinstitut erzielt eine Umsatzprovision von 10 v. H. vom jeweiligen Warenwert.

a) Wie viel Umsatz muss der Münzhändler monatlich erzielen, damit die Fixkosten gedeckt werden?

b) Der tatsächliche Monatsumsatz beträgt ca. 45 000,00 €. Welche Empfehlung geben Sie für die Beibehaltung des Münzhandels?

Lernfeld: Dokumentierte Unternehmensleistungen auswerten

KMK-PLAN

Die Schülerinnen und Schüler vergleichen Bilanzen von Unternehmen, werten Jahresabschlüsse aus und beschreiben bilanzpolitische Grundsätze. Sie begründen die Notwendigkeit einer zukunftsorientierten Unternehmensanalyse.

Ausbildungsordnung

Firmenkredite (§ 3 Nr. 5.3):

Kreditarten für Firmenkunden erklären und Unterschiede zwischen Firmen- und Privatkreditgeschäft in Grundzügen herausarbeiten.

1 Rücklagen- und Ausschüttungspolitik bei Kreditinstituten

Problemstellung:

Claudia Lehmann ist Auszubildende der Handelsbank AG im dritten Ausbildungsjahr. Sie besuchte jetzt zum zweiten Mal die Hauptversammlung ihres Ausbildungsbetriebes. Vorher hatte sie sich jeweils den Geschäftsbericht besorgt.

Bei der Rede des Vorstandsvorsitzenden zur Erläuterung des neuesten Geschäftsberichts fiel ihr auf, dass dieser zwar auf die verschlechterte Gewinnsituation der Bank hinwies, dann aber erklärte, dass auch für das abgelaufene Geschäftsjahr wieder eine Dividende in der Höhe der Vorjahre ausgeschüttet werden kann.

Im Geschäftsbericht entdeckte sie daraufhin eine Vielzahl von Gewinnbegriffen, unter denen sich Claudia nicht viel vorstellen kann.

Arbeitsaufträge:

1. Warum schüttet die Handelsbank AG eine Dividende aus, die sich nicht unmittelbar am Gewinn des vergangenen Geschäftsjahres orientiert?
2. Was ist unter den verschiedenen Gewinnbegriffen zu verstehen?
3. Wie kann der Jahresüberschuss verwendet werden?
4. Was erwarten die Kapitalgeber hinsichtlich der Verteilung des Jahresüberschusses?
5. Welche Regelungen bestehen für die Verteilung des Jahresüberschusses bei Sparkassen und Kreditgenossenschaften?

Informationen

Kreditinstitute, wie auch andere Unternehmen, benötigen **Eigenkapital.** Dieses hat die **Hauptaufgabe,** gegenüber den Gläubigern eines Unternehmens eine **Voraushaftungsfunktion** für den Fall zu übernehmen, dass es zu Verlusten kommt. Nur durch diese Voraushaftungsfunktion sind Fremdkapitalgeber bereit, zu angemessenen Bedingungen Kapital bereitzustellen.

Die Kreditinstitute müssen nach § 10 KWG im Interesse der Erfüllung ihrer Verpflichtungen gegenüber ihren Gläubigern, insbesondere im Interesse der Sicherheit der ihnen anvertrauten Vermögenswerte, angemessene Eigenmittel haben.

Die Höhe des angemessenen Eigenkapitals wurde durch die **Verordnung über die angemessene Eigenmittelausstattung von Instituten, Institutsgruppen und Finanzholding-Gruppen (Solvabilitätsverordnung)** näher bestimmt.

Das **Eigenkapital begrenzt** dadurch das mögliche **Geschäftsvolumen** der Kreditinstitute.

Daneben kann das Eigenkapital auch die **Finanzierungsfunktion** übernehmen, es unterscheidet sich in dieser Funktion nicht von Fremdkapital. Eigenkapital wird vorwiegend bei der **Finanzierung** des **Anlagevermögens** eingesetzt.

1.1 Aus welchen Posten setzt sich das Eigenkapital einer Bank AG zusammen?

Der **Posten „Eigenkapital"** ist die Zusammenfassung von **mehreren eigenständigen Einzelposten**. Das Eigenkapital kann durch **Außenfinanzierung** oder durch **Innenfinanzierung** beschafft werden.

Arten des Eigenkapitals (nach Formblatt Passiva 12.)	Inhalt
Außenfinanzierung	
a) Gezeichnetes Kapital	Darunter wird das Kapital verstanden, auf das die **Haftung der Gesellschafter** für die Verbindlichkeiten der Kreditinstitute **gegenüber den Gläubigern beschränkt ist.** Bei der Aktiengesellschaft handelt es sich um das Grundkapital, das in Aktien eingeteilt wird. Zu dem gezeichneten Kapital gehören auch - Einlagen **stiller Gesellschafter,** - **Dotationskapital** bei Sparkassen, - **Geschäftsguthaben** bei Kreditgenossenschaften.
b) Kapitalrücklagen	Als **Kapitalrücklagen** sind nach § 272 Abs. 2 HGB auszuweisen 1. der Betrag, der bei der **Ausgabe von Anteilen** einschließlich von Bezugsanteilen **über dem Nennbetrag** oder, falls ein Nennbetrag nicht vorhanden ist, **über den rechnerischen Wert hinaus** erzielt wird; 2. der Betrag, der bei der **Ausgabe von Schuldverschreibungen für Wandlungsrechte und Optionsrechte** zum Erwerb von Anteilen erzielt wird;

	3. der Betrag von **Zuzahlungen,** die Gesellschafter **gegen Gewährung eines Vorzugs** für Anteile leisten; 4. der Betrag von **anderen Zuzahlungen,** die Gesellschafter **in das Eigenkapital** leisten.
Innenfinanzierung	
c) Gewinnrücklagen	Als **Gewinnrücklagen** dürfen nach § 272 Abs. 3 HGB nur Beträge ausgewiesen werden, die im Geschäftsjahr oder in einem früheren Geschäftsjahr **aus dem Ergebnis gebildet worden sind.** Da diese Rücklagen **von dem Unternehmen erwirtschaftet** wurden, stellen sie eine **Innenfinanzierung** dar. Es werden die folgenden vier Arten der Gewinnrücklagen in der Bilanz ausgewiesen:
ca) gesetzliche Rücklage	Aktiengesellschaften sind verpflichtet, eine gesetzliche Rücklage zu bilden. Dabei sind die folgenden gesetzlichen Vorschriften zu beachten. **§ 150 AktG. Gesetzliche Rücklage. Kapitalrücklage** (1) In der Bilanz des nach den §§ 242, 264 des Handelsgesetzbuchs aufzustellenden Jahresabschlusses ist eine **gesetzliche Rücklage** zu bilden. (2) In diese ist der **zwanzigste Teil des** um einen Verlustvortrag aus dem Vorjahr geminderten **Jahresüberschusses** einzustellen, **bis die gesetzliche Rücklage und die Kapitalrücklagen** nach § 272 Abs. 2 Nr. 1 bis 3 des Handelsgesetzbuchs **zusammen den zehnten oder** den in der **Satzung bestimmten höheren Teil des Grundkapitals** erreichen. (3) **Übersteigen** die **gesetzliche Rücklage und die Kapitalrücklagen** nach § 272 Abs. 2 Nr. 1 bis 3 des Handelsgesetzbuchs **zusammen nicht** den **zehnten** oder den in der Satzung bestimmten höheren **Teil des Grundkapitals,** so dürfen sie **nur verwandt** werden. 1. **zum Ausgleich eines Jahresfehlbetrags,** soweit er nicht durch einen Gewinnvortrag aus dem Vorjahr gedeckt ist und nicht durch Auflösung anderer Gewinnrücklagen ausgeglichen werden kann; 2. **zum Ausgleich eines Verlustvortrags** aus dem Vorjahr, soweit er nicht durch einen Jahresüberschuss gedeckt ist und nicht durch Auflösung anderer Gewinnrücklagen ausgeglichen werden kann. (4) **Übersteigen** die gesetzliche Rücklage und die Kapitalrücklagen nach § 272 Abs. 2 Nr. 1 bis 3 des Handelsgesetzbuchs **zusammen den zehnten** oder den in der Satzung bestimmten höheren **Teil des Grundkapitals,** so darf der übersteigende Betrag verwandt werden 1. **zum Ausgleich eines Jahresfehlbetrags,** soweit er nicht durch einen Gewinnvortrag aus dem Vorjahr gedeckt ist; 2. **zum Ausgleich eines Verlustvortrags** aus dem Vorjahr, soweit er nicht durch einen Jahresüberschuss gedeckt ist; 3. **zur Kapitalerhöhung aus Gesellschaftsmitteln** nach den §§ 207 bis 220. Die **Verwendung** nach den Nummern 1 und 2 ist **nicht zulässig, wenn** gleichzeitig **Gewinnrücklagen zur Gewinnausschüttung aufgelöst werden.** **§ 272 HGB. Eigenkapital** (1) **Gezeichnetes Kapital** ist das Kapital, auf das die Haftung der Gesellschafter für die Verbindlichkeiten der Kapitalgesellschaft gegenüber den Gläubigern beschränkt ist. [...]

(2) Als **Kapitalrücklage** sind auszuweisen

1. der Betrag, der bei der Ausgabe von Anteilen einschließlich von Bezugsanteilen über den Nennbetrag oder, falls ein Nennbetrag nicht vorhanden ist, über den rechnerischen Wert hinaus erzielt wird;
2. der Betrag, der bei der Ausgabe von Schuldverschreibungen für Wandlungsrechte und Optionsrechte zum Erwerb von Anteilen erzielt wird;
3. der Betrag von Zuzahlungen, die Gesellschafter gegen Gewährung eines Vorzugs für ihre Anteile leisten;
4. der von anderen Zuzahlungen, die Gesellschafter in das Eigenkapital leisten.

(3) Als **Gewinnrücklagen** dürfen nur Beträge ausgewiesen werden, die im Geschäftsjahr oder in einem früheren Geschäftsjahr aus dem Ergebnis gebildet worden sind. **Dazu gehören** aus dem Ergebnis zu bildende gesetzliche oder auf Gesellschaftsvertrag **oder** Satzung beruhende Rücklagen **und** andere Gewinnrücklagen.

cb) Rücklage für eigene Anteile

Nach § 71 AktG ist es Aktiengesellschaften erlaubt, unter den dort festgelegten Voraussetzungen eigene Aktien zu erwerben. Eine Möglichkeit des Erwerbs von eigenen Aktien ist ein entsprechender Beschluss der Hauptversammlung. Der Gesamtbestand an eigenen Aktien darf 10 % des Grundkapitals der Gesellschaft nicht übersteigen. Außerdem ist die Bedingung zu beachten, dass die Gesellschaft die nach § 272 Abs. 4 HGB vorgeschriebene Rücklage für eigene Aktien bilden kann

§ 272 HGB. Eigenkapital

(4) In eine Rücklage für eigene Anteile ist ein Betrag einzustellen, der dem auf der Aktivseite der Bilanz für die eigenen Anteile anzusetzenden Betrag entspricht. Die Rücklage darf nur aufgelöst werden, soweit die eigenen Anteile ausgegeben, veräußert oder eingezogen werden oder soweit nach § 253 Abs. 3 auf der Aktivseite ein niedrigerer Betrag angesetzt wird. Die Rücklage, die bereits bei der Aufstellung der Bilanz vorzunehmen ist, darf aus vorhandenen Gewinnrücklagen gebildet werden, soweit diese frei verfügbar sind.

Die Rücklage nach Satz 1 ist auch für Anteile eines herrschenden oder eines mit Mehrheit beteiligten Unternehmens zu bilden.

cc) Satzungsmäßige Rücklagen

Die **Satzung** einer AG kann für den Fall, dass die **Hauptversammlung** den Jahresabschluss feststellt, bestimmen, dass Beträge aus dem Jahresüberschuss in andere Gewinnrücklagen einzustellen sind. Die **jährliche Einstellung** ist auf **höchstens die Hälfte des Jahresüberschusses** nach Abzug der Einstellungen in die gesetzliche Rücklage und eines Verlustabzugs begrenzt (§ 58 Abs. 1 AktG).

cd) Andere Gewinnrücklagen

Stellen **Vorstand und Aufsichtsrat** einer AG den Jahresabschluss fest, so können sie **höchstens die Hälfte** oder den in der Satzung bestimmten größeren oder kleineren Teil des Jahresüberschusses nach Abzug der Einstellungen in die gesetzliche Rücklage und eines Verlustabzugs in andere Gewinnrücklagen einstellen. Der **Gesamtbetrag** dieser Gewinnrücklagen darf **maximal die Hälfte des Grundkapitals** betragen (§ 58 Abs. 2 AktG).

d) **Jahresüberschuss/ Jahresfehlbetrag**	Der **Jahresüberschuss** bzw. **Jahresfehlbetrag** ist der Saldo, der sich in der Gewinn- und Verlustrechnung bei der Gegenüberstellung der Aufwendungen und Erträge für ein Geschäftsjahr ergibt. Dabei ist es gleichgültig, ob die **Gewinn- und Verlustrechnung** in **Kontoform** vgl.**Formblatt 2** **(Seite 449 ff.)** oder **Staffelform** vgl. **Formblatt 3** **(Seite 452 ff.)** erstellt wurde. **Jahresüberschuss:** Die Erträge sind höher als die Aufwendungen. **Jahresfehlbetrag:** Die Erträge sind geringer als die Aufwendungen.

Bilanzgewinn/Bilanzverlust

Der **Jahresüberschuss** ist meist **nicht identisch mit** dem in der Jahresbilanz ausgewiesenen **Bilanzgewinn.** Dies gilt entsprechend für den Jahresfehlbetrag und den Bilanzverlust.

Ausgehend vom Jahresüberschuss/Jahresfehlbetrag errechnen sich bei Kapitalgesellschaften, die Kreditinstitute sind, Bilanzgewinn/Bilanzverlust nach dem **Formblatt** wie folgt:

1. Jahresüberschuss/Jahresfehlbetrag
2. Gewinnvortrag/Verlustvortrag aus dem Vorjahr
3. Entnahmen aus der Kapitalrücklage
4. Entnahmen aus Gewinnrücklagen
   a) aus der gesetzlichen Rücklage
   b) aus der Rücklage für eigene Anteile
   c) aus satzungsmäßigen Rücklagen
   d) aus anderen Gewinnrücklagen
5. Entnahmen aus Genussrechtskapital
6. Einstellungen in Gewinnrücklagen
   a) in die gesetzliche Rücklage
   b) in die Rücklage für eigene Anteile
   c) in satzungsmäßige Rücklagen
   d) in andere Gewinnrücklagen
7. Wiederauffüllung des Genussrechtskapitals
8. Bilanzgewinn/Bilanzverlust

1.2 Exkurs: Sonderposten mit Rücklageanteil

Werden auf der Passivseite Posten ausgewiesen, die aufgrund **steuerlicher Vorschriften** erst bei ihrer Auflösung zu versteuern sind, so sind diese Posten gesondert von den offenen Gewinnrücklagen als **Sonderposten mit Rücklageanteil** in der Bilanz auszuweisen. Diese werden auch als **steuerfreie** Rücklagen bezeichnet, **obwohl** sie bei ihrer **Auflösung** der Steuer unterliegen. Es liegt lediglich eine zeitliche Steuerverschiebung vor.

§ 273 HGB. Sonderposten mit Rücklagenanteil

Der Sonderposten mit Rücklagenanteil (§ 247 Abs. 3) darf nur insoweit gebildet werden, als das Steuerrecht die Anerkennung des Wertansatzes bei der steuerrechtlichen Gewinnermittlung davon abhängig macht, dass der Sonderposten in der Bilanz gebildet wird. Er ist auf der Passivseite vor den Rückstellungen auszuweisen; die Vorschriften, nach denen er gebildet worden ist, sind in der Bilanz oder im Anhang anzugeben.

Beispiele für Sonderposten mit Rücklageanteil:

- Rücklage für Ersatzbeschaffung (Abschnitt 35 EStRichtlinien).
- Rücklage gemäß § 6 b EStG (Übertragung stiller Reserven, die durch die Veräußerung von Anlagegütern realisiert werden, auf neu gekaufte Güter des Anlagevermögens).

Die Bildung dieser Rücklagen erfolgt als Aufwandsbuchung.

Buchung:	Einstellung in Sonderposten mit Rücklageanteil	an	Sonderposten mit Rücklageanteil

Der Staat versucht durch diese Posten, wirtschaftspolitisch erwünschte Zielsetzungen zu fördern.

Aufgaben:

1. Erstellen Sie aus den folgenden Angaben die Gewinn- und Verlustrechnung der Handelsbank AG in Kontoform und ermitteln Sie den Jahresüberschuss/Jahresfehlbetrag!

Zinserträge aus Kredit- und Geldmarktgeschäften	1 500 Mio. €
Zinserträge aus festverzinslichen Wertpapieren	1 200 Mio. €
Zinsaufwendungen	1 700 Mio. €
Provisionserträge	280 Mio. €
Provisionsaufwendungen	10 Mio. €
Erträge aus der Auflösung von Rückstellungen im Kreditgeschäft	150 Mio. €
Löhne und Gehälter	600 Mio. €
Soziale Abgaben	180 Mio. €
Andere Verwaltungsaufwendungen	260 Mio. €
Abschreibungen und Wertberichtigungen auf Forderungen	80 Mio. €
Steuern vom Einkommen und vom Ertrag	165 Mio. €

2. Aus dem Vorjahr besteht ein Gewinnvortrag von 2 Mio. €. Den anderen Gewinnrücklagen sind 67 Mio. € zuzuführen. Ausgangswerte Lösung Aufgabe 1.
   a) Wie hoch ist der Bilanzgewinn?
   b) Welcher Finanzierungsart ist die Rücklagenzuführung zuzurechnen?

3. Das Grundkapital der Handelsbank AG beträgt 600 Mio. €. Es wird in der Hauptversammlung eine Dividende von 11 % (5,50 € pro Stück nom. 50,00 €) beschlossen.
   a) Wie ist nach dem Hauptversammlungsbeschluss zu buchen?
   b) Die Dividenden werden gegen Vorlage der Dividendenscheine an befreundete Kreditinstitute unter Einbehaltung der KESt und des Solidaritätszuschlages überwiesen. Wie ist zu buchen?

4. Die Handelsbank AG hat im abgelaufenen Geschäftsjahr folgende Aufwendungen und Erträge:

Zinserträge aus Kredit- und Geldmarktgeschäften	136,0 Mio. €
Zinserträge aus festverzinslichen Wertpapieren	38,2 Mio. €
Zinsaufwendungen	102,8 Mio. €
Laufende Erträge aus Aktien und anderen nicht festverzinslichen Wertpapieren	25,0 Mio. €
Allgemeine Verwaltungsaufwendungen	71,5 Mio. €
Abschreibungen und Wertberichtigungen auf immaterielle Anlagewerte und Sachanlagen	8,0 Mio. €
Sonstige betriebliche Aufwendungen	0,3 Mio. €
Steuern vom Einkommen und vom Ertrag	13,0 Mio. €
Sonstige Steuern	1,4 Mio. €
Sonstige betriebliche Erträge	5,9 Mio. €
Verlustvortrag aus dem Vorjahr	0,2 Mio. €
Provisionserträge	13,5 Mio. €
Provisionsaufwendungen	1,3 Mio. €

Vor der Aufstellung der Jahresbilanz liegen folgende Bestände vor:

Gezeichnetes Kapital (Grundkapital)	45,0 Mio. €
Kapitalrücklage	1,0 Mio. €
Gesetzliche Rücklage	2,5 Mio. €
Andere Gewinnrücklagen	1,5 Mio. €

a) Ermitteln Sie den Jahresüberschuss/Jahresfehlbetrag dieses Geschäftsjahres!

b) Ermitteln Sie den Betrag der evtl. noch fehlenden gesetzlichen Rücklage!

c) Ermitteln Sie den Betrag, der ggf. in diesem Geschäftsjahr in die gesetzliche Rücklage einzustellen ist!

d) Ermitteln Sie den Betrag, der vom Vorstand und Aufsichtsrat nach § 58 Abs. 2 AktG in die anderen Gewinnrücklagen eingestellt werden kann!

e) Ermitteln Sie den Bilanzgewinn, wenn die höchstmögliche Zuweisung zu den Gewinnrücklagen durch Vorstand und Aufsichtsrat ausgeschöpft wird! (Es gelten nur die gesetzlichen Regelungen.)

1.3 Welche Gesichtspunkte liegen der Rücklagen- und Dividendenpolitik zugrunde?

Als **Dividendenpolitik** bezeichnet man die Entscheidung über Höhe, Form und Zeitpunkt der Dividendenzahlung.

Die Entscheidung über die Dividendenzahlung trifft die Hauptversammlung. Diese ist dabei jedoch an den festgestellten Bilanzgewinn gebunden.

Vorstand und Aufsichtsrat können durch die Zuweisung maximal 50% oder den in der Satzung bestimmten höheren Teil des Jahresüberschusses in die **anderen Gewinnrücklagen** einstellen (§ 58 Abs. 2 AktG). In diesem Zusammenhang wird von **Rücklagenpolitik** gesprochen.

Ziele der Dividenden- und Rücklagenpolitik

Beeinflussung der Liquidität: Die Dividendenausschüttung beansprucht liquide Mittel und Verzicht auf anderweitige Investitionen.

Erhöhte Rücklagen wirken dem entgegen.

Wachstumsfinanzierung: Zuweisungen von Rücklagen ermöglichen die Finanzierung von Investitionen durch **Selbstfinanzierung**.

Das haftende Eigenkapital wird erhöht, das Geschäftsvolumen kann ausgedehnt werden.

Aufgabe:

5. Beantworten Sie folgende Fragen:
   1. Welche Ziele verfolgt die Dividenden- und Rücklagenpolitik?
   2. Welche Vor- und Nachteile ergeben sich für Aktionäre aus den möglichen Zielen der Dividendenpolitik?
   3. Welche Vor- und Nachteile ergeben sich aus den Formen der Dividendenpolitik?
   4. Welchen Sinn hat die Vorschrift des § 58 Abs. 2 AktG?

1.4 Welche Regelungen für die Verteilung des Jahresüberschusses bestehen für Sparkassen und Kreditgenossenschaften?

Sparkassen kennen kein Grund- oder Stammkapital. An deren Stelle treten die **Rücklagen nach § 10 Abs. 2a Nr. 4 KWG**.

Diese werden in a) **Sicherheitsrücklagen** und
b) **andere Rücklagen**

unterteilt.

Die Verteilung des Jahresüberschusses ist im Sparkassenrecht der einzelnen Bundesländer unterschiedlich geregelt.

Mit Wirkung für den Bilanzstichtag kann der Jahresüberschuss vorweg bis zur Hälfte der Sicherheitsrücklage oder einer freien Rücklage zugeführt werden.

Die **Sparkassen** werden von der nach der **Verordnung über die Rechnungslegung der Kreditinstitute** möglichen **GuV-Rechnung in Staffelform** Gebrauch machen.

Danach ergibt sich folgende Reihenfolge:

25. Jahresüberschuss
26. Gewinnvortrag / Verlustvortrag aus dem Vorjahr
27. Entnahmen aus der Kapitalrücklage
28. Entnahmen aus Gewinnrücklagen
    a) aus der Sicherheitsrücklage
    b) aus anderen Rücklagen
29. Entnahmen aus Genussrechtskapital

18 Schuster - ISBN 978-3-8120-0194-6

30. Einstellungen in Gewinnrücklagen
    a) in die Sicherheitsrücklage
    b) in andere Rücklagen
31. Wiederauffüllung des Genussrechtskapitals
32. Bilanzgewinn

Auszug aus dem Sparkassen-Gesetz des Landes Hessen

§ 16 Überschüsse

(1) Aus dem Jahresüberschuss, der sich bei der Rechnungslegung ergibt, wird eine Sicherheitsrücklage gebildet. Daneben können aus dem Jahresüberschuss freie Rücklagen gebildet werden; die Zuführung darf die Hälfte der Zuführung an die Sicherheitsrücklage nicht übersteigen.

(2) Bei der Feststellung des Jahresabschlusses kann der Jahresüberschuss mit Wirkung für den Bilanzstichtag bis zu fünfundsiebzig vom Hundert der Sicherheitsrücklage oder einer freien Rücklage zugeführt werden (Vorwegzuführungen).

(3) Die Sparkasse kann an den Träger von dem Bilanzgewinn bis zu fünfundzwanzig vom Hundert, wenn die Sicherheitsrücklage vier vom Hundert und bis zu fünfzig vom Hundert, wenn die Sicherheitsrücklage mindestens sechs vom Hundert der Bilanzsumme beträgt, abführen.

Maßgebend ist die Höhe der Sicherheitsrücklage und der Bilanzsumme am Bilanzstichtag. Vorwegzuführungen nach Abs. 2 bleiben unberücksichtigt. Über die Höhe der Gewinnabführung beschließt der Verwaltungsrat auf Vorschlag des Vorstandes der Sparkasse unter Würdigung der wirtschaftlichen Lage der Sparkasse.

(4) Der Träger hat den an ihn abgeführten Betrag für öffentliche, dem gemeinen Nutzen dienende Zwecke zu verwenden.

Bei **Kreditgenossenschaften** setzt sich das **Eigenkapital** aus den **Geschäftsguthaben** und den **offenen Rücklagen** zusammen.

Das **Geschäftsguthaben** besteht aus der **Summe der eingezahlten Geschäftsanteile.**

Das **haftende Eigenkapital** besteht aus Eigenkapital + Haftsummenzuschlägen der Mitglieder.

In der **Bilanz** werden die **Geschäftsguthaben**
a) der verbleibenden Mitglieder und
b) der ausscheidenden Mitglieder
c) aus gekündigten Geschäftsanteilen

getrennt ausgewiesen. Dazu sind rückständige fällige Pflichteinzahlungen auf Geschäftsanteile auszuweisen.

Als **Kapitalrücklage** werden alle Beträge erfasst, die nicht aus erwirtschafteten Gewinnen gebildet worden sind.

Bei den **Ergebnisrücklagen** werden unterschieden:
a) gesetzliche Rücklage
b) andere Ergebnisrücklagen

Die Höhe der **„gesetzlichen Rücklage"** wird in der **Satzung** der Genossenschaft festgelegt, z. B. 10% des Jahresüberschusses, solange 10% der Bilanzsumme nicht erreicht sind.

Die **„anderen Ergebnisrücklagen"** entstehen durch **zusätzliche** Zuweisungen von Teilen des Jahresüberschusses. Ihre Höhe wird in der Satzung festgelegt, z. B. jährlich mindestens 10% des Jahresüberschusses.

Die **Gewinnverteilung** bei Kreditgenossenschaften unterscheidet sich dadurch von den übrigen Kreditinstituten, dass die **Generalversammlung (Vertreterversammlung)** die Entscheidung über die Verteilung des Bilanzgewinns trifft. Die **Verwaltung** (Vorstand und Aufsichtsrat) unterbreitet lediglich einen Vorschlag zur Gewinnverteilung. Darin werden auch Vorwegzuweisungen zu den Rücklagen vorgenommen.

Der **Bilanzgewinn** ergibt sich aus:

1. Jahresüberschuss/Jahresfehlbetrag
2. Gewinnvortrag/Verlustvortrag aus dem Vorjahr
3. Entnahmen aus der Kapitalrücklage
4. Entnahmen aus Gewinnrücklagen
   a) aus der gesetzlichen Rücklage
   b) aus anderen Ergebnisrücklagen
5. Entnahmen aus Genussrechtskapital
6. Einstellungen in Ergebnisrücklagen
   a) in die gesetzliche Rücklage
   b) in andere Ergebnisrücklagen
7. Wiederauffüllung des Genussrechtskapitals
8. Bilanzgewinn/Bilanzverlust

Der **ausgeschüttete Gewinn** unterliegt der **Kapitalertragsteuer.**

Auf einen Blick:

Bei **Sparkassen** tritt an die Stelle des Grund- bzw. Stammkapitals die **Sicherheitsrücklage.** Darüber hinausgehende Verluste sind durch die Haftung der Gewährträger abgedeckt.

Kreditgenossenschaften:

	Geschäftsguthaben der verbleibenden Mitglieder
+	Kapitalrücklage
+	Ergebnisrücklagen
=	bilanzielles Eigenkapital
+	Haftsummenzuschläge
=	haftendes Eigenkapital

Aufgaben:

Jahresabschluss der Sparkassen und Kreditgenossenschaften

6. Die Kreissparkasse Groß-Gerau (Hessen) hat einen Jahresüberschuss von 5390000,00 € erzielt. Davon sollen 2 Mio. € gemäß § 16 Abs. 2 des Sparkassen-Gesetzes des Landes Hessen vorweg der Sicherheitsrücklage zugeführt werden (Vorwegabzug).

Die Bilanzsumme der Sparkasse beträgt 975 Mio. €, die Sicherheitsrücklage 39 Mio. €. Ein Gewinnvortrag besteht nicht.

a) Wie hoch ist der Bilanzgewinn?

b) Welchen Betrag kann die Sparkasse höchstens an den Gewährträger abführen?

c) Wie wird der Bilanzgewinn verteilt?

d) Welcher Betrag kann insgesamt (einschließlich dieser Vorwegzuführung) der Sicherheitsrücklage zugeführt werden?

e) Wie hat der Gewährträger einen an ihn abgeführten Betrag zu verwenden?

7. Die Volksbank Lahn eG hat einen Jahresüberschuss von 1399179,64 € erwirtschaftet. Den offenen Rücklagen sollen vorweg 823235,76 € zugeführt werden. Der Gewinnvortrag aus dem Vorjahr beträgt 6513,71 €.

Auf die Geschäftsguthaben von 3014583,00 € sollen 5,76% Dividende ausgeschüttet werden. Der gesetzlichen Rücklage und den anderen Ergebnisrücklagen sollen gleiche Beträge, gerundet auf volle 100000,00 €, zugeführt werden.

Der Rest ist als Gewinnvortrag zu übernehmen.

a) Wie hoch ist der in der Bilanz auszuweisende Reingewinn?

b) Wie wird dieser Reingewinn (Bilanzgewinn) verteilt?

c) Wer entscheidet über die Verteilung des Reingewinns?

P

8. Eine Volksbank hat in der Gewinn- und Verlustrechnung u. a. folgende Beträge ausgewiesen:

	TEUR
Ergebnis der normalen Geschäftstätigkeit	21198
Steuern vom Einkommen und vom Ertrag	12525
Gewinnvortrag aus dem Vorjahr	82
Einstellung in die gesetzlichen Rücklagen	500
Einstellung in andere Ergebnisrücklagen	2000

a) Wie hoch ist der Jahresüberschuss in TEUR?

b) Wie hoch ist der Bilanzgewinn in TEUR?

2 Unterschiede der Bilanzen von Industrie-, Handels-, Dienstleistungs- und Handwerksunternehmen

Problemstellung: Bei Ihrer Ausbildung im Firmenkundenbereich legt Ihnen die Ausbilderin die folgenden Bilanzen vor. Die Ausbilderin fordert Sie auf festzustellen und zu begründen, bei welcher Bilanz es sich um die eines Industrie-, Handels-, Dienstleistungs- oder Handwerksunternehmens handelt.

Unternehmen A

Aktiva — Bilanz zum 31. Dez. 20.. — **Passiva**

Aktiva	Mio. €
A. Anlagevermögen	
I. Sachanlagen	
1. Grundstücke und Gebäude	4,2
2. Maschinen	9,9
3. Betr.- und Geschäftsausst.	11,6
II. Finanzanlagen	
1. Beteiligungen	3,7
B. Umlaufvermögen	
I. Vorräte	
1. Roh-, Hilfs- und Betriebsstoffe	4,6
2. Unfertige Erzeugn./Leistungen	2,2
3. Fertige Erzeugnisse u. Waren	1,7
II. Forderungen aus Lieferungen	13,6
III. Liquide Mittel	1,1
C. Rechnungsabgrenzungsposten	0,5
Summe Aktiva	53,1

Passiva	Mio. €
A. Eigenkapital	
1. Stammkapital	5,9
2. Gewinnrücklagen	8,4
B. Rückstellungen	
1. Rückstellungen für Pensionen	9,1
2. Sonstige Rückstellungen	1,9
C. Verbindlichkeiten	
1. Verbindlichkeiten gegenüber Kreditinstituten	
- langfristig	8,1
- kurzfristig	2,5
2. Verbindlichkeiten aus Lieferungen und Leistungen	16,6
D. Rechnungsabgrenzungsposten	0,6
Summe Passiva	53,1

Unternehmen B

Aktiva — Bilanz zum 31. Dez. 20.. — **Passiva**

Aktiva	i. Tsd. €
A. Anlagevermögen	
I. Sachanlagen	
1. Grundstücke und Gebäude	50,1
2. Maschinen	9,1
3. Betr.- und Geschäftsausst.	41,0
II. Finanzanlagen	
1. Beteiligungen	27,8
B. Umlaufvermögen	
I. Vorräte	
1. Roh-, Hilfs- und Betriebsstoffe	0,5
2. Unfertige Erzeugn./Leistungen	0,9
3. Fertige Erzeugnisse u. Waren	191,4
II. Forderungen aus Lieferungen	114,0
III. Liquide Mittel	18,2
C. Rechnungsabgrenzungsposten	2,8
Summe Aktiva	455,8

Passiva	i. Tsd. €
A. Eigenkapital	
1. Komplementärkapital Karl Mölln	6,8
2. Kommanditkapital Karin Schön	9,1
B. Rückstellungen	
1. Rückstellungen für Pensionen	13,7
2. Sonstige Rückstellungen	28,3
C. Verbindlichkeiten	
1. Verbindlichkeiten gegenüber Kreditinstituten	
- langfristig	104,8
- kurzfristig	127,6
2. Verbindlichkeiten aus Lieferungen und Leistungen	164,0
D. Rechnungsabgrenzungsposten	1,5
Summe Passiva	455,8

Unternehmen C

Aktiva	Bilanz zum 31. Dez. 20..		**Passiva**
	i. Tsd. €		i. Tsd. €
A. Anlagevermögen		**A. Eigenkapital**	
I. Sachanlagen		1. Einlage Karl Sommer	80,9
1. Grundstücke und Gebäude	59,4	2. Einlage Claudia Sommer	15,4
2. Maschinen	10,0	**B. Rückstellungen**	
3. Betr.- und Geschäftsausst.	123,3	1. Rückstellungen für Pensionen	23,1
II. Finanzanlagen		2. Sonstige Rückstellungen	47,8
1. Beteiligungen	7,7	**C. Verbindlichkeiten**	
B. Umlaufvermögen		1. Verbindlichkeiten gegenüber Kreditinstituten	
I. Vorräte		- langfristig	177,3
1. Roh-, Hilfs- und Betriebsstoffe	39,3	- kurzfristig	215,9
2. Unfertige Erzeugn./Leistungen	47,8	2. Verbindlichkeiten aus Lieferungen und Leistungen	209,0
3. Fertige Erzeugnisse u. Waren	9,3	**D. Rechnungsabgrenzungsposten**	1,5
II. Forderungen aus Lieferungen	434,8		
III. Liquide Mittel	38,5		
C. Rechnungsabgrenzungsposten	0,8		
Summe Aktiva	**770,9**	**Summe Passiva**	**770,9**

Unternehmen D

Aktiva	Bilanz zum 31. Dez. 20..		**Passiva**
	i. Tsd. €		i. Tsd. €
A. Anlagevermögen		**A. Eigenkapital**	
I. Sachanlagen		1. Stammkapital	50,0
1. Grundstücke und Gebäude	0,0	2. Gewinnrücklagen	11,8
2. Maschinen	0,0	**B. Rückstellungen**	
3. Betr.- und Geschäftsausst.	97,4	1. Rückstellungen für Pensionen	17,7
II. Finanzanlagen		2. Sonstige Rückstellungen	36,6
1. Beteiligungen	13,0	**C. Verbindlichkeiten**	
B. Umlaufvermögen		1. Verbindlichkeiten gegenüber Kreditinstituten	
I. Vorräte		- langfristig	76,7
1. Roh-, Hilfs- und Betriebsstoffe	7,7	- kurzfristig	348,1
2. Unfertige Erzeugn./Leistungen	0,0	2. Verbindlichkeiten aus Lieferungen und Leistungen	49,1
3. Fertige Erzeugnisse u. Waren	0,0	**D. Rechnungsabgrenzungsposten**	0,0
II. Forderungen aus Lieferungen	430,7		
III. Liquide Mittel	41,2		
C. Rechnungsabgrenzungsposten	0,0		
Summe Aktiva	**590,0**	**Summe Passiva**	**590,0**

Arbeitsaufträge:

1. Stellen Sie die Unterschiede gegenüber einer Bankbilanz fest!
2. Vergleichen Sie die Bilanzen der Unternehmen A–D im Hinblick auf deren Struktur!
   Geben Sie mit Begründung an, welche Bilanz von einem Industrie-, Handels-, Dienstleistungs- oder Handwerksunternehmen stammen könnte!

Informationen

Wie liest man eine Bilanz?

Aktiva — Bilanz zum 31. Dez. 20.. — **Passiva**

	Aktiva	Mio. €	Passiva	Mio. €
Basis für Leistungs-erstellung	**A. Anlagevermögen**		**A. Eigenkapital**	
	I. Sachanlagen		1. Stammkapital	
	1. Grundstücke und Gebäude		2. Gewinnrücklagen	
	2. Maschinen		**B. Rückstellungen**	
	3. Betr.- und Geschäftsausstattung		1. Rückstellungen für Pensionen	
	II. Finanzanlagen		2. Sonstige Rückstellungen	
	1. Beteiligungen		**C. Verbindlichkeiten**	
Laufende Leistungs-erstellung	**B. Umlaufvermögen**		1. Verbindlichkeiten gegenüber Kreditinstituten	
	I. Vorräte		- langfristig	
	1. Roh-, Hilfs- und Betriebsstoffe		- kurzfristig	
	2. Unfertige Erzeugn./Leistungen		2. Verbindlichkeiten aus Lieferungen und Leistungen	
	3. Fertige Erzeugnisse u. Waren		**D. Rechnungsabgrenzungsposten**	
	II. Forderungen aus Lieferungen			
	III. Liquide Mittel			
	C. Rechnungsabgrenzungsposten			
	Summe Aktiva		Summe Passiva	

Verwendung der Finanzierungsmittel — Quellen der Finanzierungsmittel

Verschiedentlich wird die **Bilanz als Lesebuch** eines Unternehmens beschrieben. Da Sie mit den Grundzügen der Bankbilanz bereits vertraut sind, werden Sie beim Lesen der obigen Bilanzen sicherlich bereits einige Unterschiede, aber auch Übereinstimmungen festgestellt haben.

Gemeinsam ist allen Bilanzen, dass sie auf der **Passivseite** Auskunft über die **Quellen (Herkunft) der Finanzierungsmittel** geben. Daraus können Sie erkennen, in welchem Umfang die **Eigentümer** und in welchem Umfang **Dritte** das Unternehmen finanziert haben. Aus der **Aktivseite** kann der Bilanzleser entnehmen, wie das Unternehmen die beschafften Mittel **verwendet (investiert)** hat.

Aus der **Art der Verwendung** lassen sich nun Rückschlüsse auf die **Art der unternehmerischen Tätigkeit** ziehen. Durch Investitionen im **Anlagevermögen,** das alle Investitionen mit einer Investitionsdauer von mehr als einem Jahr anzeigt, wurde die **Voraussetzung** für die Durchführung der betrieblichen **Leistungserstellung** geschaffen. Das ist bei Kreditinstituten nicht anders als in anderen Branchen. Verwaltungs- und Betriebsgebäude, Maschinen und die Betriebs- und Geschäftsausstattung sind, je nach Branche, in mehr oder weniger hohem Umfang notwendig, um die Unternehmensleistungen in Form von Gütern oder Dienstleistungen zu erstellen.

Das **Umlaufvermögen** spiegelt den laufenden **Leistungserstellungsprozess** wider. Die dazu jeweils notwendige Prozesskette ist bei **Fertigungsbetrieben** anders als bei **Dienstleistungserstellern.**

Für die **Produktion von Gütern** sind Rohstoffe, Hilfs- und Betriebsstoffe erforderlich. Es entstehen zuerst halbfertige Erzeugnisse und schließlich Fertigerzeugnisse. Werden diese zum Beispiel auf Ziel verkauft, so entstehen Forderungen aus Lieferungen und Leistungen. Mit der Bezahlung der gelieferten Produkte erhält das Unternehmen wieder liquide Mittel, je nach Zahlungsart in Form von Bar- und Buchgeld. Damit können wiederum Roh-, Hilfs- und Betriebsstoffe gekauft werden. Diesen **Kreislauf** können Sie an den obigen vier Bilanzen nachvollziehen.

Was wird in den verschiedenen Bilanzposten ausgewiesen?

Bevor Sie mit der **Analyse von Kundenbilanzen** beginnen, sollten Sie sich mit den **Inhalten** der wichtigsten **Bilanzposten** bei Nichtkreditinstituten vertraut machen. Die wesentlichen Inhalte der **Posten der Bankbilanz** kennen Sie ja bereits.

Aktiva	
Posten	**Inhalt**
Anlagevermögen	Erfasst werden die Vermögensgegenstände, die **dauernd** dem Geschäftsbetrieb dienen (§ 247 Abs. 2 HGB).
Sachanlagen	Es handelt sich um die **materiellen** (körperlichen) Anlagegüter. Im Gegensatz dazu gibt es die **immateriellen** Vermögensgegenstände, wie z. B. Patente, Lizenzen, Nutzungs- und Gebrauchsrechte oder den **Firmenwert,** der eventuell bei Erwerb eines Unternehmens für dessen Ansehen, Bekanntheitsgrad, Kundenstamm usw. mitgezahlt werden muss. Der Firmenwert wird auch als **Goodwill** bezeichnet. Er kann, im Falle eines Unternehmenskaufs, aktiviert werden. Der aktivierte Firmenwert ist in jedem folgenden Geschäftsjahr mit mindestens 25 % abzuschreiben. Er kann aber auch planmäßig auf die Geschäftsjahre verteilt werden, in denen er voraussichtlich genutzt wird (§ 255 Abs. 4 HGB).
- **Grundstücke und Gebäude**	Alle bebauten Grundstücke und Gebäude.
- **Technische Anlagen und Maschinen**	Diese dienen direkt dem technischen Produktionsprozess, wie z. B. Pressen, Stanzen, Hochöfen, Förderbänder.
- **Betriebs- und Geschäftsausstattung (BGA)**	Die **BGA** dient **mittelbar** der betrieblichen Leistungserstellung. **Betriebsausstattung:** z. B. Fuhrpark, Werkzeuge, Lagereinrichtungen **Geschäftsausstattung:** z. B. DV-Anlagen, Büromaschinen, Kommunikationsmittel
Finanzanlagen	Das sind **langfristige,** bei **anderen** Unternehmen angelegte Mittel.
- **Beteiligungen**	Das bilanzierende Unternehmen beabsichtigt mit dem Erwerb einer Beteiligung eine **dauerhafte Verbindung** zu einem anderen Unternehmen durch die Beteiligung an dessen Eigenkapital. **Beispiele:** ⇨ Eine Volksbank beteiligt sich am Kapital der Genossenschaftlichen Zentralbank. ⇨ Kreditinstitute halten Anteile am Kapital der Gesellschaft für Zahlungssysteme. ✘ Stellen Sie fest, welche Beteiligungen Ihr Ausbildungsbetrieb hat!
- **Wertpapiere des Anlagevermögens**	Hierbei handelt es sich um **längerfristige Kapitalanlagen** ohne Beteiligungsabsicht.

Umlaufvermögen	Das Umlaufvermögen dient dem **laufenden** Geschäftsbetrieb. Es besteht daher **keine** längerfristige Kapitalbindung.
Vorräte	**Vorräte** dienen der Leistungserstellung. In Bilanzen von Klein- und Mittelbetrieben erfolgt keine weitere Aufgliederung dieses Postens. Zu den Vorräten werden auch die von Kunden erhaltenen **Anzahlungen** gerechnet.
- **Roh-, Hilfs- und Betriebsstoffe**	**Rohstoffe** werden **wesentlicher Bestandteil** des Enderzeugnisses, z. B. Baumwolle für Herstellung von Stoffen. **Hilfsstoffe** sind **Nebenbestandteile** des Enderzeugnisses, z. B. Lacke, Leim, Schrauben. **Betriebsstoffe** werden bei der Produktion benötigt, ohne dass diese in das Haupterzeugnis eingehen, z. B. Schmierstoffe.
- **Unfertige Erzeugnisse/ unfertige Leistungen**	**Unfertige Erzeugnisse bzw. Leistungen** liegen vor, wenn der Fertigungs- bzw. Leistungserstellungsprozess zwar begonnen, aber noch nicht beendet ist. **Beispiele:** ⇨ Ein mit einem Fertigbau beauftragter Bauunternehmer hat am Bilanzstichtag erst den Keller fertiggestellt. ⇨ Ein Planungsbüro hat erst ein Drittel eines Auftrages erledigt.
- **Fertigerzeugnisse und Handelswaren**	**Fertigerzeugnisse** entstehen am Ende des Fertigungsprozesses. Sie stehen zum Verkauf zur Verfügung. **Handelswaren** sind von anderen gekaufte Erzeugnisse, die im Wesentlichen unverändert weiterverkauft werden.
Forderungen aus Lieferungen und Leistungen	Hier werden die Forderungen aus dem **Verkauf** der Fertigerzeugnisse bzw. der erstellten Dienstleistungen erfasst. Für die Bilanzanalyse ist deren Laufzeit zu berücksichtigen. Die **Restlaufzeiten** werden in der Bilanz oder im Anhang zur Bilanz angegeben.
Wertpapiere	In diesem Posten werden **kurzfristige Anlagen** in Wertpapieren angegeben.
Liquide Mittel	Dieser Posten umfasst im Wesentlichen die **Guthaben bei Kreditinstituten** und die **Kassenbestände.**
Rechnungsabgrenzungsposten	Auf der Aktivseite werden die **transitorischen Posten** ausgewiesen. Das sind **Ausgaben** im alten Geschäftsjahr, die **Aufwand** des neuen Geschäftsjahres sind.

Passiva	
Posten	**Inhalt**
Eigenkapital	
Rückstellungen	Hier bestehen keine Unterschiede zur Bankbilanz.
Verbindlichkeiten	Die Verbindlichkeiten werden in der Bilanz nach bestimmten **Gruppen** ausgewiesen. Durch Zusatzangaben in der Bilanz oder im Anhang ist eine **Fristengliederung** nach **Restlaufzeiten** möglich, und zwar – bis zu einem Jahr = kurzfristig; – über fünf Jahre = langfristig. Als Differenz können die mittelfristigen Verbindlichkeiten errechnet werden.
– **Verbindlichkeiten gegenüber Kreditinstituten**	Dieser Posten enthält alle Bankkredite und Bankdarlehen.
– **Verbindlichkeiten aus Lieferungen und Leistungen**	Es handelt sich dabei um die auf Ziel (Lieferantenkredite) **gekauften** Warenlieferungen.
Rechnungsabgrenzungsposten	Hier erfolgt der Ausweis der **passiven Rechnungsabgrenzungsposten.** Das sind **Einnahmen** im alten Geschäftsjahr, die **Ertrag** des neuen Geschäftsjahres sind.

Aufgabe:

9. Sie sollen über die Bilanz informieren! Welche Angaben sind zutreffend?

1. Das Umlaufvermögen spiegelt die Basis für die Leistungserstellung wider.
2. Aus der Passivseite ersehen Sie die Sicherheiten des Unternehmens.
3. Der Leistungserstellungs- und -verwertungsprozess lässt sich aus dem Umlaufvermögen ableiten.
4. Das Umlaufvermögen muss mindestens ein Geschäftsjahr für den Betriebsprozess zur Verfügung stehen.
5. Die Bilanz eines Dienstleistungsunternehmens hat keine Roh-, Hilfs- und Betriebsstoffe.
6. Der Firmenwert kann bei Bedarf bilanziert werden.

3 Auswertung von Jahresabschlüssen der Kunden im Hinblick auf Kredit- und Anlageentscheidungen

Problemstellung:	Die Anderwerk AG ist Kundin Ihres Ausbildungsbetriebes. Der Gesellschaft wird ein Kontokorrentkredit von 2,3 Mio. eingeräumt. Im Rahmen der laufenden Kreditüberwachung wird der Jahresabschluss der Kreditnehmerin ausgewertet. Die Anderwerk AG reicht ihren Jahresabschluss ein (siehe Seite 284 bis 288).
Arbeitsaufträge:	1. Bereiten Sie den Jahresabschluss zur Auswertung auf! 2. Stellen Sie dar, ob sich aus dem Anhang sowie den Erläuterungen zur Bilanz und zur Gewinn- und Verlustrechnung negative Aussagen über diese Gesellschaft ableiten lassen! 3. Wie ist der Bestätigungsvermerk zu bewerten? 4. Stellen Sie wesentliche Aufgaben des Aufsichtsrates dar, soweit sich diese aus dem Bericht des Aufsichtsrates ergeben!

Informationen

Bei **Kreditentscheidungen,** aber auch bei **Anlageentscheidungen** ergibt sich die Notwendigkeit, das betroffene Unternehmen zu beurteilen. In beiden Fällen kommt dabei der **zukünftigen Entwicklung** des Unternehmens vorrangige Bedeutung zu. Der **Kreditgeber** ist an einer vertragsgerechten Rückzahlung des Kredites, der **Anleger** an einer marktgerechten Verzinsung seines Kapitals interessiert.

Aussagen über die Zukunft eines Unternehmens werden u.a. aus der Entwicklung von Unternehmensdaten der Vergangenheit abgeleitet, die zukünftige Entwicklung lässt sich aber nur schwer beurteilen. Für den externen Beurteiler stellt der **Jahresabschluss** die **Hauptinformationsquelle** über die bisherige Entwicklung eines Unternehmens dar.

Als **Faustregel** kann angenommen werden, dass vergangenheitsbezogene Informationen des Jahresabschlusses zu etwa **einem Drittel,** zukunftsbezogene Informationen zu etwa **zwei Dritteln** für die Kredit- bzw. Anlageentscheidung herangezogen werden sollten.

Vergangenheitsorientierung	Zukunftsorientierung
Ein Drittel	Zwei Drittel

Bilanz der Anderwerk Aktiengesellschaft zum 31. Dez. 20..

Aktiva

	Restlaufzeit mehr als 1 Jahr EUR	31.12. Berichtsjahr TEUR	31.12. Vorjahr TEUR
Anlagevermögen			
Immaterielle Vermögensgegenstände			
Konzessionen, gewerbliche Schutzrechte und ähnliche Rechte und Werte		1	0
Sachanlagen			
Grundstücke und Bauten		1 430	1 535
Technische Anlagen und Maschinen		1 287	1 391
Andere Anlagen, Betr.- u. Geschäftsausst.		2 426	1 929
Geleistete Anzahlungen und Anlagen im Bau		270	0
		5 413	4 855
Finanzanlagen			
Anteile an verbundenen Unternehmen		225	225
Sonstige Ausleihungen		538	566
		763	791
		6 176	5 646
Umlaufvermögen			
Vorräte			
Roh-, Hilfs- und Betriebsstoffe		2 440	2 342
Unfertige Erzeugnisse, unfertige Leistungen		8 396	7 559
Fertige Erzeugnisse und Waren		2 957	2 414
Geleistete Anzahlungen		162	203
		13 955	12 518
Forderungen und sonstige Vermögensgegenstände			
Forderungen aus Lieferungen und Leistungen	23 940,00	10 439	9 873
Sonstige Vermögensgegenstände	402,00	584	144
	24 342,00	11 023	10 017
Wertpapiere – Sonstige –		16	16
Flüssige Mittel		1 287	1 451
		26 281	24 002
Rechnungsabgrenzungsposten		52	80
Davon Disagio TEUR 42 (Vj. TEUR 58)		32 509	29 728

Passiva

	Restlaufzeit bis zu 1 Jahr TEUR	31.12. Berichtsjahr TEUR	31.12. Vorjahr TEUR
Eigenkapital			
Gezeichnetes Kapital		4 800	4 800
Kapitalrücklage		105	105
Gewinnrücklagen			
Gesetzliche Rücklage		375	375
Andere Gewinnrücklagen		1 244	1 181
		1 619	1 556
Bilanzgewinn		313	351
		6 837	6 812
Sonderposten mit Rücklageanteil gemäß § 52 Abs. 8 EStG		2	4
Rückstellungen			
Rückstellungen für Pensionen		1 778	1 663
Steuerrückstellungen		0	213
Sonstige Rückstellungen		9 149	9 861
		10 927	11 737
Verbindlichkeiten			
Verbindlichkeiten gegenüber Kreditinstituten	2 580	4 597	2 954
Erhaltene Anzahlungen	1 091	1 091	1 594
Verbindlichkeiten aus Lieferungen und Leistungen	2 350	2 350	2 077
Verbindlichkeiten aus der Annahme gezogener Wechsel und der Ausstellung eigener Wechsel	2 238	2 238	418
Verbindlichkeiten gegenüber verbundenen Unternehmen	0	225	225
Sonstige Verbindlichkeiten	2 884	4 242	3 907
davon aus Steuern TEUR .... 654 (Vorjahr TEUR 435)			
davon im Rahmen der sozialen Sicherheit TEUR ... 1 529 (Vorjahr TEUR 1 449)			
	11 143	14 743	11 175
		32 509	29 728

Gewinn- und Verlustrechnung der Anderwerk Aktiengesellschaft für das Geschäftsjahr 20..

	TEUR	Berichtsjahr TEUR	Vorjahr TEUR
Umsatzerlöse		56759	53504
Bestandsveränderung der Erzeugnisse		1148	81
Andere aktivierte Eigenleistungen		52	0
Sonstige betriebliche Erträge		2001	3345
davon Erträge aus der Auflösung von Sonderposten mit Rücklageanteil: TEUR 2 (im Vorjahr TEUR 301)			
		59960	56930
Aufwendungen für Roh-, Hilfs- und Betriebsstoffe sowie für bezogene Waren		24885	18910
Personalaufwand			
Löhne und Gehälter	16856		15687
Soziale Abgaben und Aufwendungen für Altersversorgung und für Unterstützung	3300		4066
davon für Altersversorgung TEUR: 385 (im Vorjahr TEUR 1407)		20156	
Abschreibungen auf immaterielle Vermögensgegenstände des Anlagevermögens und auf Sachanlagen		1469	2631
Sonstige betriebliche Aufwendungen		11964	13867
		58474	55161
Erträge aus anderen Wertpapieren und aus Ausleihungen des Finanzanlagevermögens		36	36
Sonstige Zinsen und ähnliche Erträge		49	227
Zinsen und ähnliche Aufwendungen		573	373
davon an verbundene Unternehmen TEUR 7 (im Vorjahr TEUR 7)			
Ergebnis der gewöhnlichen Geschäftstätigkeit		998	1659
Steuern vom Einkommen und vom Ertrag		480	829
Sonstige Steuern		206	205
Jahresüberschuss		312	625
Gewinnvortrag aus dem Vorjahr		0	26
Einstellung aus dem Jahresüberschuss in andere Gewinnrücklagen		0	300
Bilanzgewinn		312	351

Anhang für das Geschäftsjahr 20..

Die Gesellschaft ist eine große Kapitalgesellschaft i. S. d. § 267 Abs. 3 Satz 2 HGB. Die Gewinn- und Verlustrechnung wird nach dem Gesamtkostenverfahren erstellt.

Bilanzierungs- und Bewertungsgrundsätze

Die nachstehend beschriebenen Bilanzierungs- und Bewertungsgrundsätze sind unverändert gegenüber dem Vorjahr.

Das Sachanlagevermögen wird zu Anschaffungs- oder Herstellungskosten, vermindert um planmäßige, nutzungsbedingte Abschreibungen, angesetzt. Sofern die Voraussetzungen vorlagen, wurden in der Vergangenheit Abschreibungen gemäß § 6b EStG vorgenommen. Die Nutzungsdauer bei Gebäuden beträgt maximal 50 Jahre, bei technischen Anlagen und Maschinen überwiegend 10 Jahre und bei Betriebs- und Geschäftsausstattungen zwischen 4 und 10 Jahren. Beim beweglichen Anlagevermögen wird überwiegend degressiv abgeschrieben mit Übergang zur linearen Methode. Geringwertige Anlagegüter werden im Jahr des Zugangs voll abgeschrieben. Für Werkzeuge, Vorrichtungen, Modelle besteht ein Festwert.

Die Anteile an verbundenen Unternehmen werden unverändert mit den Anschaffungskosten ausgewiesen.

Die sonstigen Ausleihungen enthalten Darlehen gemäß § 17 BerlinFG, die mit dem Auszahlungsbetrag abzüglich Tilgung aktiviert sind.

Die Vorräte sind mit den Anschaffungs- oder Herstellungskosten unter Beachtung des Niederstwertprinzips bilanziert. Bei den Herstellungskosten sind neben den Einzelkosten die nach § 255 Abs. 2 Satz 3 HGB aktivierungsfähigen Gemeinkosten angesetzt. Darüber hinaus wird den vorhersehbaren Risiken durch angemessene Bewertungsabschläge Rechnung getragen.

Forderungen aus Lieferungen und Leistungen werden zu Nennwerten abzüglich Einzelabwertungen und einer Pauschalabwertung für latente Risiken angesetzt.

Der Ansatz der sonstigen Vermögensgegenstände erfolgt zum Nennwert abzüglich erforderlicher Wertberichtigungen.

Wertpapiere werden aus steuerlichen Gründen nach dem strengen Niederstwertprinzip bewertet.

Das in den Rechnungsabgrenzungsposten enthaltene Disagio wird nach der Zinssummenmethode abgeschrieben. Die Vorauszahlungen für künftige Zeiträume sind zeitanteilig abgegrenzt.

Die Auflösung des Sonderpostens gemäß § 52 Abs. 8 EStG erfolgt mit dem Mindestbetrag.

Die Pensionsrückstellungen werden gemäß § 6a EStG (Zinssatz 6 %) bilanziert. Das zugrunde gelegte Endalter wurde den Änderungen in der gesetzlichen Rentenversicherung angepasst.

Bei Bildung der Steuer- und sonstigen Rückstellungen ist den erkennbaren Risiken und ungewissen Verbindlichkeiten angemessen Rechnung getragen. Sie sind in der Höhe bemessen, die nach vernünftiger, kaufmännischer Beurteilung notwendig ist.

Die Verbindlichkeiten sind mit dem Rückzahlungsbetrag angesetzt. Die Verbindlichkeiten gegenüber der Unterstützungseinrichtung (sonstige Verbindlichkeit) stellen einen Teil des Kassenvermögens dar. Mit einem weiteren Teil wurden in 20. . 29 Wohneinheiten gekauft, die im Kassenvermögen nach den Vorschriften des Bewertungsgesetzes mit dem 2,0fachen des Einheitswertes aktiviert sind. Das Gesamtkassenvermögen weist bei Bewertung der Wohnungen zum Verkehrswert keine Unterdeckung gegenüber dem nach versicherungsmathematischen Grundsätzen ermittelten Teilwert gemäß § 6a EStG aus.

Erläuterungen zur Bilanz

Anlagevermögen

Die in der Bilanz ausgewiesenen Positionen des Anlagevermögens sind in ihrer Gliederung und Bewegung im Geschäftsjahr 20. . am Schluss des Anhangs dargestellt. Das Ausmaß der Beeinflussung des Jahresergebnisses aufgrund steuerlicher Vorschriften vorgenommener Abschreibungen in früheren Geschäftsjahren ist von untergeordneter Bedeutung. Die Anteile an verbundenen Unternehmen betreffen die 100 %igen Tochtergesellschaften Bach GmbH.

Gezeichnetes Kapital

Das als gezeichnetes Kapital ausgewiesene Grundkapital ist aufgeteilt in 96 000 Stückaktien ohne Nennbetrag. Die Aktien lauten auf den Inhaber.

Andere Gewinnrücklagen

Gemäß § 58 Abs. 3 AktG wurden vom Jahresüberschuss des Vorjahres 62 889,83 EUR durch Beschluss der Hauptversammlung vom 28. August 20. . den anderen Gewinnrücklagen zugeführt.

Rückstellungen

Die sonstigen Rückstellungen betreffen im Wesentlichen Garantieverpflichtungen, noch zu erbringende Leistungen im Anlagenbau, Rückstellungen für Umweltschutz, unterlassene Instandhaltung, leistungsbedingte Vergütung sowie rückständige Urlaubslöhne, Urlaubsgehälter und Urlaubsgelder. Die Rückstellung für Garantieverpflichtungen trägt u. a. den besonderen Risiken eines Großauftrages Rechnung.

Verbindlichkeiten

Der Gesamtbetrag der Verbindlichkeiten mit einer Restlaufzeit von mehr als 5 Jahren beträgt 1,2 Mio. EUR.

Die Verbindlichkeiten gegenüber Kreditinstituten enthalten 2,5 Mio. EUR durch Grundpfandrechte gesicherte Darlehen. Davon haben 574 TEUR eine Restlaufzeit von mehr als 5 Jahren.

Von den sonstigen Verbindlichkeiten haben 594 TEUR eine Restlaufzeit von mehr als 5 Jahren.

Haftungsverhältnisse

Das Wechselobligo beträgt 360 270,52 EUR (43 110,55 EUR).

Zur Sicherung der von Banken bereitgestellten Kredite ist der Grundbesitz der Gesellschaft mit Grundpfandrechten in Höhe von 3 345 800,00 EUR belastet (Valuta 31. Dez. 2 499 924,21 EUR).

Sonstige finanzielle Verpflichtungen

Bestellobligo Sachanlagen 1783272,00 EUR.

Erläuterungen zur Gewinn- und Verlustrechnung

Der Umsatz gliedert sich wie folgt:	Berichtsjahr TEUR	Vorjahr TEUR
Nahrungsmittelmaschinen	19748	17666
Industriemaschinen und Anlagenbau	27968	26631
Handelsware	7814	7786
Übrige	1229	1421
Gesamt	56759	53504

Davon sind im Inland 28766 TEUR (23898 TEUR) erzielt worden.
Im Jahresdurchschnitt waren 132 (130 Arbeiter) und 121 (113) Angestellte beschäftigt.
Die Bezüge der tätigen Vorstandsmitglieder betrugen für das Geschäftsjahr 522637,30 EUR.
Für Pensionsverpflichtungen gegenüber früheren Mitgliedern des Vorstandes und deren Hinterbliebenen bestehen Rückstellungen in Höhe von 371625,00 EUR. Die laufenden Bezüge betrugen 38676,00 EUR. An die Mitglieder des Aufsichtsrates wurden im Geschäftsjahr 9000,00 EUR gezahlt.

Gewinnverwendungsvorschlag

Wir schlagen vor, aus dem Bilanzgewinn in Höhe von 312884,57 EUR eine Dividende von 288000,00 EUR zu zahlen und den verbleibenden Teil von 24884,57 EUR auf neue Rechnung vorzutragen.

Entwicklung des Anlagevermögens in TEUR	Anschaffungskosten	Zugänge	Abgänge	Abschreibungen bis 31. Dez. Vorjahr	Abschreibungen Berichtsjahr	Buchwert Stand 31. Dez. Vorjahr	Buchwert Stand 31. Dez. Berichtsjahr
Immaterielle Vermögensgegenstände	87	0	82	5	0	0	0
Grundstücke und Bauten	5921	0	0	4387	104	1430	1535
Technische Anlagen und Maschinen	11313	457	58	9894	531	1287	1391
Betriebs- und Geschäftsausstattung	6363	1335	105	4334	833	2426	1929
Geleistete Anzahlungen und Anlagen im Bau	0	270	0	0	0	270	0
Anteile an verbundenen Unternehmen	225	0	0	0	0	225	225
Sonstige Ausleihungen	649	0	111	0	0	538	566
	24558	2062	356	18620	1468	6176	5646

Remscheid, 25. Mai 20..

Bestätigungsvermerk

Die Buchführung und der Jahresabschluss entsprechen nach unserer pflichtgemäßen Prüfung den gesetzlichen Vorschriften. Der Jahresabschluss vermittelt unter Beachtung der Grundsätze ordnungsmäßiger Buchführung ein den tatsächlichen Verhältnissen entsprechendes Bild der Vermögens-, Finanz- und Ertragslage der Anderwerk Aktiengesellschaft. Der Lagebericht steht im Einklang mit dem Jahresabschluss.

Köln, 28. Mai 20..

Deutsche Revision Aktiengesellschaft
Wirtschaftsprüfungsgesellschaft und Steuerberatungsgesellschaft

gez. Mayer — Wirtschaftsprüfer

gez. ppa. Schuster — Wirtschaftsprüfer

Bericht des Aufsichtsrates

Der Aufsichtsrat hat sich während des Geschäftsjahres aufgrund mündlicher und schriftlicher Berichterstattung des Vorstandes laufend über die Geschäftsführung und die Lage der Gesellschaft unterrichtet. Alle wichtigen Angelegenheiten der Gesellschaft wurden in mehreren Sitzungen mit dem Vorstand behandelt.

Der Jahresabschluss und der Lagebericht des Vorstandes sind von der Deutsche Revision AG, Köln, geprüft worden. Der uneingeschränkte Bestätigungsvermerk wurde erteilt. Der Aufsichtsrat hat von dem Ergebnis der Prüfung zustimmend Kenntnis genommen.

Der Aufsichtsrat hat den vom Vorstand aufgestellten Jahresabschluss und den Lagebericht geprüft und gebilligt, der damit festgestellt ist.

Der Aufsichtsrat hat ferner den Gewinnverwendungsvorschlag des Vorstandes geprüft und schlägt vor, dass die Hauptversammlung beschließt, aus dem ausgewiesenen Bilanzgewinn in Höhe von 312 884,57 EUR eine Dividende von 288 000,00 EUR auszuschütten und 24 884,57 EUR auf neue Rechnung vorzutragen.

Remscheid, im Juli 20. .

Der Aufsichtsrat

3.1 Aufbereitung des Jahresabschlusses zu Vergleichszwecken

Für die **Analyse des Jahresabschlusses** können die Angaben in der Bilanz und GuV-Rechnung in der Regel nicht unverändert in zu errechnende Kennziffern übernommen werden, da sie aus der **Sicht des Gläubigerschutzes** zu fehlerhaften Aussagen im Fall einer Insolvenz führen. Ein weiterer Aspekt ergibt sich bei der Beurteilung der **Liquidität,** da weder die Aktiv- noch die Passivseite nach der **exakten Laufzeit** der verschiedenen Vermögenswerte bzw. der Verbindlichkeiten gegliedert ist. Da die Unternehmen aber bestimmte Angaben über die Fristen in der Bilanz oder im Anhang machen müssen, besteht die Möglichkeit, Blöcke nach der Fristigkeit zu bilden. Die in diesem Zusammenhang vorzunehmenden **Kompensationen** und **Umgliederungen nach der Fristigkeit** sind Gegenstand der **Aufbereitung der Bilanz.**

In der **Gewinn- und Verlustrechnung** kommt es hauptsächlich darauf an, durch die Aufbereitung das **Betriebsergebnis** festzustellen, da es dem externen Beobachter den besten Einblick in die Ertragssituation des Unternehmens ermöglicht.

Für die **Beurteilung** der Ertragslage des Unternehmens sind außerdem die Informationen aus dem **Anhang** auszuwerten, da durch bestimmte Bewertungsmöglichkeiten der Jahreserfolg beeinflusst werden kann.

Ein **weiteres Argument** für die Notwendigkeit einer Aufbereitung liegt in der verbesserten Möglichkeit des **Vergleichs** mit anderen Unternehmen, da der Gesetzgeber, insbesondere bei kleinen und mittleren Nichtkapitalgesellschaften, eine individuelle Gestaltung der Bilanz und Gewinn- und Verlustrechnung zulässt. Kreditinstitute werden von den Kreditnehmern in der Regel verlangen, dass sie Bilanzen nach den **Gliederungsvorschriften der großen Kapitalgesellschaften** einreichen.

Aufbereitung der Bilanz

Für die **Aktivseite und Passivseite** der Bilanz werden unter dem Gesichtspunkt der Fristigkeit die folgenden Blöcke (Cluster) gebildet:

Aktiva	**Aufbereitung der Bilanz**				Passiva
	Konzessionen, andere immat. Güter			Gezeichnetes Kapital	
Summe	**Immaterielles Vermögen**			Rücklagen	
	Grundstücke, Bauten			Bilanzgewinn/-verlust	
	Maschinen, techn. Anlagen			Gewinn-/Verlustvortrag	
	Inventar, andere Anlagen			./. Geschäfts-/Firmenwert	
	Anlagen im Bau, Anzahlungen			./. Ausstehende Einlagen	
Summe	**Sachanlagen**			./. Aktiviertes Disagio	
			Summe	**Haftendes Eigenkapital**	
	Anteile an verbundenen Unternehmen			Eigenmittelanteil SOPOS	
	Sonstige Ausleihungen		Summe	**Wirtschaftliches Eigenkapital**	
Summe	**Finanzanlagen**			Mittel- und langfristige Bankverbindlichkeiten	
Summe	**Anlagevermögen**			Mittel- und langfristige Verbindlichkeiten aus Lieferungen und Leistungen	
	Mittel- u. langfr. Forderungen aus Lieferungen und Leistungen			Sonstige mittelfr./langfristige Verbindlichkeiten	
	Sonstige mittel- und langfristige Forderungen			Pensionsrückstellungen	
Summe	**Sonstige mittel- und langfristige Aktiva**		Summe	**Mittel- u. langfr. Fremdkapital**	
	Roh-, Hilfs-, Betriebsstoffe			Kurzfr. Bankverbindlichkeiten	
	Unfertige Erzeugnisse			Kurzfr. Verbindlichkeiten aus Lieferungen und Leistungen	
	Fertige Erzeugnisse/Waren			Akzepte	
	Anzahlungen aus Lieferungen und Leistungen			Erhaltene Anzahlungen	
Summe	**Vorräte und Anzahlungen**			Kurzfristige Rückstellungen	
	Kurzfr. Ford. aus Lief. u. Leist.			Sonstige kurzfristige Verbindlichkeiten	
	Kurzfr. Ford. gegenüber verb./bet. Unternehmen		Summe	**Kurzfristiges Fremdkapital**	
	Liquide Mittel				
	Sonst. kurzfr. Ford./Vermögen				
Summe	**Sonstige kurzfristige Aktiva**	___			___
	Bilanzsumme (bereinigt)	___		**Bilanzsumme**	___

Bei der Aufbereitung der **Vermögenswerte** ist grundsätzlich zu beurteilen, ob der jeweilige Vermögensgegenstand im Notfall einen **verwertbaren Wert** hat. Ist dies voraussichtlich nicht der Fall, wird der Vermögenswert vom Eigenkapital abgesetzt (kompensiert).

19 Schuster - ISBN 978-3-8120-0194-6

Bilanzposten	Zuordnung bei der Analyse
Aktiva	
Immaterielle Vermögensgegenstände	In diesem Posten werden **entgeltlich erworbene** Rechte und Werte ausgewiesen. Falls **Zweifel** an der Verwertbarkeit bestehen, sollten immaterielle Anlagen **mit dem Eigenkapital kompensiert** werden. Das ist aus Vorsichtsgründen **immer** mit einem aktivierten **Geschäfts- und Firmenwert** zu tun, da nicht sicher ist, ob dieser Wert im Insolvenzfall realisiert werden kann. Die Aktivierung des Geschäfts- und Firmenwertes ist eher als negativ zu bewerten. Ebenfalls negativ ist eine Abschreibung von weniger als 25 % zu bewerten.
Ausstehende Einlagen	Diese Forderungen an die Eigentümer des Unternehmens sind ebenfalls mit dem Eigenkapital zu kompensieren.
Rechnungsabgrenzungsposten	Sie sind dem Posten „Sonstiges Umlaufvermögen" zuzuordnen. Falls ein **Disagio** aktiviert wurde, so ist es mit dem **Eigenkapital** zu kompensieren, da dieser Vermögenswert nicht realisierbar ist.
Passiva	
Gewinnvortrag, Jahresüberschuss, Bilanzgewinn	Falls **keine Ausschüttung** (Entnahme) vorgesehen oder zu erwarten ist, erfolgt die Zuordnung als **haftendes Eigenkapital.** Der für die **Ausschüttung** vorgesehene Teil des Jahresüberschusses, der in der Bilanz in dem Posten **Bilanzgewinn** ausgewiesen wird, ist den **kurzfristigen Verbindlichkeiten** zuzuordnen, da nach dem Beschluss über die Gewinnverwendung, z. B. durch die Hauptversammlung oder die Gesellschafterversammlung, die **Auszahlung** erfolgt. **Beachten** Sie die Angaben über den Vorschlag zur Gewinnverwendung im **Anhang! (Vgl. Seite 284.)**
Sonderposten mit Rücklageanteil (SOPO)	Die **Aufteilung** dieses Postens erfolgt nach folgender **Faustregel:** 50 % werden als **eigenkapitalähnlich** dem **wirtschaftlichen Eigenkapital,** 50 % als **Steuerrückstellung** dem mittelfristigen Fremdkapital zugeordnet. Diese Aufteilung geht davon aus, dass bei der Auflösung der steuerfreien Rücklage Einkommen- oder Körperschaftsteuer von etwa 50 % zu zahlen ist. Die Bildung von SOPO wird als positiv angesehen.
Pensionsrückstellungen	Sie sind dem **langfristigen Fremdkapital** zuzurechnen. Die **neu gebildeten** Pensionsrückstellungen stellen Selbstfinanzierung dar. Sie zählen daher zum **Cashflow.** Positiv ist zu bewerten, wenn die Pensionsrückstellungen höher als steuerlich zulässig bemessen werden. Der steuerliche Rechnungszinsfuß beträgt 5,5 %. Negativ sind unterlassene Pensionsrückstellungen zu bewerten.
Steuerrückstellungen, sonstige Rückstellungen	Hier handelt es sich um **kurzfristiges Fremdkapital.** Die Bildung sonstiger Rückstellungen von mehr als 20 % ist eher positiv zu bewerten, wenn dafür keine speziellen Gründe angeführt werden.
Rechnungsabgrenzungsposten	Sie werden dem **sonstigen kurzfristigen Fremdkapital** zugeordnet.

Aufbereitung der Gewinn- und Verlustrechnung

Die **Gewinn- und Verlustrechnung** kann nach dem **Gesamtkostenverfahren** oder dem **Umsatzkostenverfahren** aufgebaut sein.

Gesamtkostenverfahren

Bei diesem Verfahren werden den **Umsatzerlösen** die **Gesamtkosten der produzierten Leistungen gegenübergestellt.** Um die produzierten Leistungen bei der Ermittlung des Betriebsergebnisses berücksichtigen zu können, müssen in der GuV auch die **Bestandsveränderungen an Halb- und Fertigerzeugnissen** angegeben werden.

Umsatzkostenverfahren

Bei diesem Verfahren werden den **Umsatzerlösen** die **Herstellkosten der abgesetzten Betriebsleistungen** zuzüglich der **in der Abrechnungsperiode angefallenen Verwaltungs- und Vertriebsgemeinkosten** gegenübergestellt. Eine Korrektur des Ergebnisses durch Bestandsveränderungen der Halb- und Fertigfabrikate ist nicht erforderlich.

Beispiel: Gesamtkostenverfahren und Umsatzkostenverfahren

Ausgangssituation: Zwei-Produkt-Unternehmen

Herstellungsmenge (Stück)

Produkt I	10 000			
Produkt II	4 000			
Absatzmenge				
Produkt I Stück	9 000	Preis pro Stück	14,00	
Produkt II Stück	5 000	Preis pro Stück	18,00	
Herstellkosten pro Stück				
Produkt I	6,00	lfd. Periode		
Produkt I	5,50	Vorperiode		
Produkt II	11,00	lfd. Periode		
Produkt II	10,00	Vorperiode		
Verwaltungsgemeinkosten pro Stück	3,00			
Gesamtkosten				60 000,00
				44 000,00
				42 000,00
				146 000,00

Gesamtkostenverfahren

Erlöse
∕. Gesamtkosten der lfd. Periode
+ oder − Bestandsveränderungen an Halb- und Fertigerzeugnissen
= **Betriebsergebnis**

Erlöse	
Produkt I	126 000,00
Produkt II	90 000,00
Gesamterlöse	216 000,00
− **Gesamtkosten**	146 000,00
+ Best.-Veränderungen	− 4 000,00
Betriebsergebnis	**66 000,00**
zu Bestandsveränderungen	
Produkt I	**6 000,00**
Produkt II	**− 10 000,00**
Wert der Best.-Veränd.	**− 4 000,00**

Umsatzkostenverfahren

Erlöse
∕. Kosten des Umsatzes
= **Betriebsergebnis**

Erlöse	216 000,00
Kosten	54 000,00
	44 000,00
	10 000,00
VerwGK	42 000,00
Betriebsergebnis	66 000,00

Sie sehen an dem Beispiel, dass beide Verfahren zum selben Ergebnis kommen.

Die Anderwerk AG hat die GuV-Rechnung nach dem **Gesamtkostenverfahren** erstellt. Nutzen Sie für die **Aufbereitung der GuV-Rechnung** nach diesem Verfahren folgendes Schema:

Aufbereitung der GuV-Rechnung

	Umsatzerlöse (netto)
±	Bestandsveränderungen
+	andere aktivierte Eigenleistungen
	Gesamtleistung
–	Materialaufwand
	Rohertrag
–	Personalaufwand
–	Planmäßige Abschreibungen auf Sachanlagen
–	Betriebsteuern
–	Sonstige ordentliche Aufwendungen
+	Sonstige ordentliche Erträge
	Teil-Betriebsergebnis
+	Zinserträge u. Ä.
–	Zinsaufwendungen
	Betriebsergebnis
–	Abschreibungen auf Finanzanlagen und Wertpapiere des Umlaufvermögens
–	Einstellungen in SOPO
+	Auflösung SOPO
–	sonstige a. o. Aufwendungen
+	sonstige a. o. Erträge
	Ergebnis vor EE-Steuern
–	Steuern vom Einkommen und vom Ertrag
	Jahresüberschuss/-fehlbetrag
+	Gewinnvortrag
–	Verlustvortrag
±	Rücklagenveränderung
	Bilanzgewinn / -verlust

Da das Ziel der Aufbereitung der GuV-Rechnung die Ermittlung des **Periodenerfolgs** ist, sind die periodenfremden Aufwendungen und Erträge **nicht** dem Betriebsergebnis zuzurechnen.

Beachten Sie bei der Aufbereitung der GuV-Rechnung daher die folgenden Hinweise:

GuV-Posten	Zuordnung bei der Analyse
Sonstige betriebliche Erträge	Soweit sie nicht periodenfremd sind, werden sie als **Sonstige ordentliche Erträge** erfasst. **Periodenfremde Erträge** werden den **Sonstigen a. o. Erträgen** zugeordnet. **Hinweis** im Anhang, falls periodenfremde Erträge von größerer Bedeutung.

GuV-Posten	Zuordnung bei der Analyse
Sonstige betriebliche Aufwendungen	Soweit **nicht periodenfremde Aufwendungen** vorliegen, erfolgt die Zuordnung als **Sonstiger ordentlicher Aufwand.** **Periodenfremde Aufwendungen** werden den **Sonstigen a.o. Aufwendungen** zugewiesen. **Hinweis** im Anhang, falls periodenfremde Aufwendungen nicht von untergeordneter Bedeutung.

Anhang

In den Anhang sind diejenigen Angaben aufzunehmen, die zu den einzelnen Posten der Bilanz oder der Gewinn- und Verlustrechnung vorgeschrieben **oder** die im Anhang zu machen sind, weil sie in Ausübung eines Wahlrechts nicht in die Bilanz oder in die GuV-Rechnung aufgenommen wurden.

Den Angaben des **Anhangs** kommt wegen der dort angegebenen Bilanzierungs- und Bewertungsgrundsätze erhebliche Bedeutung zu.

Über die **Ansatz- und Bewertungswahlrechte** haben die Unternehmen die Möglichkeit, den ausgewiesenen Jahresüberschuss zu beeinflussen.

Als **positiv** kann zum Beispiel angesehen werden, wenn ein Unternehmen

- die Abschreibungsmethode wählt, die zu dem größten Aufwand führt. Daher ist die degressive Abschreibungsmethode vorteilhafter als die lineare;
- eine möglichst kurze Nutzungsdauer unterstellt;
- die Bewertung von Roh-, Hilfs- und Betriebsstoffen bei steigenden Preisen nach der LIFO- Methode (last in, first out) vornimmt;
- geringwertige Wirtschaftsgüter im Jahre der Anschaffung voll abschreibt;
- die Möglichkeiten der Bewertung der Betriebsmittel zum Festwert nutzt oder für bewegliches Umlaufvermögen Gruppen bildet und diese Gruppen gemeinsam bewertet (Gruppenbewertung);
- auf Zuschreibungen verzichtet, soweit dies steuerlich zulässig ist;
- alle Möglichkeiten der steuerlichen Sonderabschreibungen nutzt;
- auf die rechtlich zulässige Auflösung stiller Reserven verzichtet.

Bestätigungsvermerk

Der **Jahresabschluss** und der **Lagebericht** von mittleren und großen Kapitalgesellschaften sind durch einen Abschlussprüfer zu prüfen, bevor sie von den zuständigen Organen **festgestellt** werden können. In diese Prüfung ist die **Buchführung** einzubeziehen.

Über das Ergebnis der Prüfung wird ein Bestätigungsvermerk (Testat) erteilt. Die anderen Unternehmen lassen den Jahresabschluss meist von einem **Steuerberater** erstellen.

Für Analysezwecke ist zu prüfen, ob der Bestätigungsvermerk **uneingeschränkt** erteilt wurde. **Hinweise** auf das Unternehmen ergeben sich auch aus dem **Ruf** des **Abschlussprüfers** oder des **Steuerberaters.**

Kritisch ist ein Wechsel des prüfenden Unternehmens zu betrachten, da langjährige Prüfer das Unternehmen genau kennen. Ohne Grund wird kein Unternehmen den Abschlussprüfer oder den Steuerberater wechseln.

3.2 Vergangenheitsorientierte Beurteilungsmaßstäbe

Problemstellung: Sie sollen ein Gutachten über die Anderwerk AG abgeben.

Arbeitsaufträge:

1. Ermitteln Sie zur Beurteilung der Anderwerk AG geeignete Kennziffern für das laufende Geschäftsjahr!
2. Beurteilen Sie die Anderwerk AG durch einen Vergleich mit der Branche! Für die Branche liegen folgende Kennziffern vor:

Umsatzrentabilität	1,2 %	Eigenkapitalquote	28,7 %
Cashflow-Rate	4,1 %	Anlagendeckungsgrad I	145,0 %
Eigenkapitalrentabilität	11,9 %	Anlagendeckungsgrad II	255,0 %
Gesamtkapitalrentabilität	5,2 %	Kreditorenziel	80 Tage
Lagerdauer	320 Tage	Liquidität II	155,0 %
Debitorenziel	50 Tage	Abnutzungsgrad techn. Anlagen	52,0 %
Dynam. Verschuldungsgrad	11 Jahre	Pro-Kopf-Ertrag	92600 EUR

Um dem Bilanzanalytiker ein Urteil über den vorgelegten Jahresabschluss zu ermöglichen, werden aus den aufbereiteten Daten der Bilanz und GuV-Rechnung **sinnvolle Kennzahlen** (Kennziffern) ermittelt. Dabei handelt es sich meistens um **Verhältniszahlen.**

Die **Kennzahlen können von jedem Kreditinstitut individuell definiert** werden. Bei **externen Vergleichen** von Kennzahlen, die von verschiedenen Instituten ermittelt wurden, ist daher die jeweilige Definition zu beachten.

Bei den folgenden Kennzahlen wird von einer GuV-Rechnung nach dem **Gesamtkostenverfahren** ausgegangen. Aus der Fülle möglicher Kennzahlen sollen nur einige **häufig** verwendete vorgestellt werden.

Die Kennzahlen sollen Analysen über die **Ertragslage** (Rentabilität), die **Vermögenslage** (Vermögensstruktur), die **Finanzlage** (Kapitalstruktur und Liquidität) sowie über **sonstige Sachverhalte** wie die Produktivität, Modernität und die Kostensituation ermöglichen.

Kennzahlen zur Ertragslage (Rentabilität)

Kennziffern	Definitionen	Aussagen
Umsatzrentabilität	$\frac{\text{Betriebsergebnis} \cdot 100}{\text{Gesamtleistung}}$	Hierdurch kommt zum Ausdruck, wie viel Prozent Ertrag aus 100 GE Gesamtleistung erwirtschaftet wurden. (Bei der GuV nach dem Umsatzkostenverfahren treten an die Stelle der Gesamtleistung die Umsatzerlöse.) Nahezu zwei Drittel aller Insolvenzfälle wiesen eine Umsatzrendite unter 1 % auf.
Cashflow	Betriebsergebnis + ordentliche Abschreibungen + Bildung mittel- und langfristiger Rückstellungen	Der Cashflow stellt die **Selbstfinanzierungskraft** des Unternehmens dar, und zwar unabhängig von bilanzpolitischen Beeinflussungen des Ergebnisses durch Abschreibungen und Zuführungen zu langfristigen Rückstellungen.
Cashflow-Rate	$\frac{\text{Cashflow} \cdot 100}{\text{Gesamtleistung}}$	Der Cashflow ist eine der wichtigsten Größen zur Beurteilung eines Unternehmens. Dazu wird er in Relation zur Gesamtleistung gesetzt, weil er als **absolute**

		Zahl für Branchenvergleiche wenig aussagefähig ist. Diese Kennzahl macht deutlich, in welchem Umfang ein Unternehmen in der Lage ist, **liquide Mittel aus eigener Kraft am Markt zu erwirtschaften.** In rund 70 % der Insolvenzfälle lag diese Kennzahl unter 2 %. > 10 % = optimal; 5 % - 10 % = Mittelmaß; < 5 % = Gefährdung.
Eigenkapital-rentabilität	$\frac{\text{Betriebsergebnis} \cdot 100}{\text{(wirtschaftl.) Eigenkapital}}$	Die Eigenkapitalrentabilität zeigt, wie sich das eingesetzte **Eigenkapital verzinst.** Diese Kennziffer sollte über dem langfristigen Kapitalmarktzins liegen, da zusätzlich eine Risikoprämie für den Unternehmer zu berücksichtigen ist.
Gesamtkapital-rentabilität	$\frac{(\text{Betriebsergebnis} + \text{Zinsaufwand}) \cdot 100}{\text{bereinigte Bilanzsumme}}$	Dadurch wird die **Rentabilität** des insgesamt im Unternehmen **eingesetzten Kapitals** ausgedrückt, und zwar unabhängig von der Finanzierungsstruktur. Der Einfluss stark schwankender Zinsen auf die Rentabilität wird durch diese Rechnung ausgeglichen. > 20 % = optimal; 8 % - 20 % = Mittelmaß; < 8 % = Gefährdung.

Return-on-Investment-Verfahren (ROI-Kennzahl)

Die ROI-Kennzahl bringt die Faktoren Betriebsergebnis, Gesamtleistung und investiertes Kapital in einen Zusammenhang, und zwar

$$\frac{\text{Betriebsergebnis} \cdot 100}{\text{Gesamtleistung}} = \boxed{\text{Umsatzrentabilität (\%)}}$$

$$\times \qquad = \boxed{\text{ROI (\%)}}$$

$$\frac{\text{Gesamtleistung}}{\text{Bereinigte Bilanzsumme}} = \boxed{\text{Kapitalumschlag } (\times)}$$

Bei der GuV nach dem Umsatzkostenverfahren tritt an die Stelle der Gesamtleistung der Umsatz. Der ROI ist die Darstellung der Gesamtkapitalrentabilität in anderer Form. Er zeigt, dass durch eine Erhöhung des Kapitalumschlags bei gleich bleibender Umsatzrentabilität die Gesamtrentabilität verbessert werden kann.

Kennzahlen zur Vermögensstruktur

Kennziffern	Definitionen	Aussagen
(Gesamt)-Kapital-umschlag	$\frac{\text{Gesamtleistung}}{\text{Bilanzsumme}}$	Durch diese Kennzahl wird die **Bindungsdauer des Kapitals** ausgedrückt. Je häufiger das Kapital umgesetzt wird, desto besser ist seine Nutzung.
Lagerdauer (in Tagen)	$\frac{\text{Vorräte} \cdot 365}{\text{Materialaufwand}}$	Dadurch wird die Dauer der durchschnittlichen Kapitalbindung in den Lagervorräten aufgezeigt. Eine möglichst kurze Lagerzeit erhöht die Rentabilität. Unternehmen versuchen, die Lagerzeiten zu optimieren, zum Beispiel durch die Organisation der Zulieferung von Roh-, Hilfs- und Betriebsstoffen **just-in-time.** Die Lagerung von Fertigerzeugnissen soll durch **Direktauslieferung** am Ende der Fertigungsprozesses möglichst vermieden werden.
Debitorenziel (in Tagen)	$\frac{\text{(Kurz- und mittelfristige Forderungen aus Lief. und Leist.)} \cdot 365}{\text{Umsatzerlöse}}$	Hiermit wird das **Zahlungsverhalten der Kunden** in Form des durchschnittlich beanspruchten Zahlungszieles in Tagen aufgezeigt. Die Forderungen enthalten die Umsatzsteuer, die Umsatzerlöse dagegen nicht.

Kennzahlen zur Kapitalstruktur und Liquidität

Kennziffern	Definitionen	Aussagen
Dynamischer Verschuldungsgrad (in Jahren)	$\frac{\text{Fremdkapital-liquide Mittel}}{\text{Cashflow}}$	Der dynamische Verschuldungsgrad zeigt an, wie viele Jahre es dauert, bis das Unternehmen seine **Verbindlichkeiten** durch die **Selbstfinanzierung begleichen** kann. In 85 % der Insolvenzfälle lag der dynamische Verschuldungsgrad über 15 Jahren. < 3 Jahre = optimal; > 10 Jahre = Gefährdung.
Eigenkapitalquote	$\frac{\text{wirtschaftliches Eigenkapital} \cdot 100}{\text{bereinigte Bilanzsumme}}$	Diese Strukturzahl drückt den prozentualen Anteil des Eigenkapitals am Gesamtkapital aus. Sie ist damit der Gradmesser für die **Voraushaftungsfunktion** des Eigenkapitals. Bei der Beurteilung dieser Größe ist auf die **branchenübliche Quote** abzustellen. **Generell** gilt: **Je geringer die Eigenkapitalquote, desto höher das Risiko für die Gläubiger.** **Bei etwa 80 % der Insolvenzfälle lag die Eigenkapitalquote im letzten Jahresabschluss unter 10 %.**
Anlagendeckungsgrad I	$\frac{\text{wirtschaftliches Eigenkapital} \cdot 100}{\text{Anlagevermögen}}$	Diese Kennzahl gibt an, in welchem Umfang **langfristige Investitionen** durch Eigenkapital finanziert sind. Das Eigenkapital hat für das Unternehmen den Vorteil, dass es im Falle schlechter Geschäftslage nicht verzinst werden muss. Das wirtschaftliche Risiko geht voll zu Lasten der Eigentümer. Fremdkapitalgeber bestehen auf der Zahlung von Zins- und Tilgungsleistungen, unabhängig von der wirtschaftlichen Situation des Unternehmens.
Anlagendeckungsgrad II	$\frac{\text{(wirtsch. EK + mittel- u. langfr. FK)} \cdot 100}{\text{Anlagevermögen}}$	Mit dieser Kennzahl wird die Einhaltung der Finanzierungsregel für die horizontale Bilanzstruktur überprüft. **Mindestens** das **Anlagevermögen** sollte durch **mittel- und langfristige Finanzierungsmittel gedeckt sein.** Diese Kennzahl sollte daher über 100 % liegen.
Kreditorenziel (in Tagen)	$\frac{\text{(Verb. a. L. u. L. + Wechselverb.)} \cdot 365}{\text{Materialaufwand bzw. Wareneinsatz}}$	Hier wird das **Zahlungsverhalten des Unternehmens gegenüber seinen Lieferanten** bei Zieleinkäufen aufgezeigt. Die Verbindlichkeiten enthalten die Umsatzsteuer, der Materialaufwand (Wareneinsatz) dagegen nicht. Im Zeitverlauf länger werdende Inanspruchnahme von Zahlungszielen lassen auf Zahlungsschwierigkeiten oder fehlerhafte Finanzierung schließen.
Liquidität II	$\frac{\text{(Vorräte u. Anz. + so. kurzfr. Aktiva)} \cdot 100}{\text{kurzfristiges Fremdkapital}}$	Durch diese Kennziffer wird ausgedrückt, in welchem Umfang **kurzfristige Verbindlichkeiten** durch **kurzfristiges Vermögen** beglichen werden können. Andere in der Literatur dargestellte Liquiditätskennzahlen sind in der Praxis für externe Analysen nicht von Bedeutung. Für die interne Beurteilung der kurzfristigen Liquiditätsentwicklung stehen gut geführten Unternehmen Finanzpläne zur Verfügung, die die voraussichtlichen Ein- und Auszahlungen des Unternehmens in den nächsten Wochen oder Monaten enthalten. Der Überschuss des kurzfristig gebundenen Kapitals über das kurzfristige Fremdkapital wird als **working**

		capital bezeichnet. Durch einen Vergleich der Entwicklung des Überschusses in mehreren Geschäftsjahren kann die **eingetretene Liquiditätsveränderung** festgestellt werden. Die Differenz weist außerdem auf das **vorhandene Finanzierungspotenzial** hin. < 70 % = Gefährdung; 70 % - 150 % = Mittelmaß; > 150 % = optimal.

Kennziffern zur Analyse der Gewinn- und Verlustrechnung

Kennziffern	Definitionen	Aussagen
Materialaufwandsquote	$\frac{\text{Materialaufwand} \cdot 100}{\text{Gesamtleistung}}$	Hier können Veränderungen des Materialeinsatzes sichtbar gemacht werden.
Personalaufwandsquote	$\frac{\text{Personalaufwand} \cdot 100}{\text{Gesamtleistung}}$	Die Kennziffer ist ein Indikator für die Entwicklung der Personalkosten im Verhältnis zur Gesamtleistung. Arbeitsproduktivität kann gemessen werden.
Sachabschreibungsquote	$\frac{\text{Abschreibungen auf Sachanlagen} \cdot 100}{\text{Sachanlagen + Abschr. a. Sachanl.}}$	Durch diese Kennziffern kann auf die Investitionstätigkeit geschlossen werden.

Sonstige Kennzahlen

Kennziffern	Definitionen	Aussagen
Abnutzungsgrad technischer Anlagen u. Maschinen	$\frac{\text{kumulative Abschr. a. techn. Anl.} \cdot 100}{\text{Anschaffungskosten techn. Anlagen}}$	Diese Kennzahl gibt Auskunft über den **Grad der Modernität** des Bestandes der technischen Anlagen und Maschinen. Je höher diese Kennzahl, desto veralteter ist der technische Zustand des Unternehmens.
Pro-Kopf-Ertrag	$\frac{\text{Rohertrag}}{\text{Beschäftigte}}$	Der Ertrag pro Mitarbeiter gibt bei zwischenbetrieblichen Vergleichen Hinweise auf die Produktivität der Beschäftigten.
Lohnproduktivität	$\frac{\text{Rohertrag}}{\text{Personalaufwand}}$	In dieser Kennziffer wird die Arbeitsproduktivität im Verhältnis zu den Kosten für die Arbeitskraft ausgedrückt.
Umsatz pro m^2 Verkaufsfläche	$\frac{\text{Umsatz}}{\text{Verkaufsfläche } (m^2)}$	Diese Kennziffer ist vor allem bei Vergleichen von Unternehmen des Handels geeignet.

Durch die Auswertung des Jahresabschlusses werden für die Risiko- bzw. Anlageentscheidung vergangenheitsorientierte Anhaltspunkte über die Ertrags- und Finanzlage von Unternehmen bereitgestellt.

Diese Kennzahlen reichen für eine endgültige Risikobeurteilung aber nicht aus.

Vergangenheitsorientiert sind auch die **Auswertung** der **bisherigen Kontoführung** und die Berücksichtigung der **bisherigen Entwicklung** sowie der **Dauer der Geschäftsbeziehung.**

Die **Rechtsform** ist ebenfalls unter dem Gesichtspunkt der persönlichen **Risikoübernahme** durch die Eigentümer bzw. die Geschäftsführer zu bewerten.

3.3 Zukunftsorientierte Unternehmensanalyse

Um **Kredit-(Anlage-)Risiken** zu begrenzen, ist es vor allem notwendig, **zukünftige Entwicklungen** des Unternehmens frühzeitig zu erkennen und in die Kredit- bzw. Anlageentscheidung einzubeziehen.

Zu beurteilen sind in diesem Zusammenhang

- das **Management,**
- die **Branche** und die **Wettbewerbsbedingungen,**
- die **Unternehmensentwicklung** im bisherigen Geschäftsjahr und
- **ökologische Risiken.**

Beurteilung des Managements

Bei der Beurteilung des Managements sind mindestens die folgenden Gesichtspunkte zu berücksichtigen:

Beurteilungskriterien	Inhalt
Persönliche/fachliche Qualifikation	**Positive Eigenschaften:** teamfähig, zukunftsorientiert, entscheidungsfreudig, aufgeschlossen, lernfähig und -willig, durchsetzungsfähig, willensstark, belastbar, risikobewusst, ideenreich u. a. **Negative Eigenschaften:** Rückwärts orientiert, oberflächlich, verschwenderisch, selbstherrlich, starrsinnig, ideenarm, unzuverlässig, mangelndes Risikobewusstsein u. a.
Planungstätigkeit	**Positiv** ist das Vorhandensein einer kurz- und mittelfristigen Planung zu bewerten, die regelmäßig auf den neuesten Stand gebracht wird.
Personalplanung	**Positiv** zu bewerten ist eine mittelfristig angelegte Personalbedarfsplanung mit einer konsequenten Planung der **Personalentwicklung.** Bei Einzelunternehmen und Personengesellschaften ist auf die **Nachfolgeplanung** zu achten.
Umfang und Verlässlichkeit der Planung (Controlling)	**Positiv** ist es, wenn das Management über ein umfassendes, prognosesicheres **Planungssystem** verfügt. Darin sollten kurz-, mittel- und langfristige Planungen berücksichtigt sein. Das betriebliche **Controlling** sollte voll ausgebaut und der Unternehmensleitung direkt verantwortlich sein.

Beurteilung der Branche und der Wettbewerbsbedingungen

Jedes Unternehmen muss seine Leistungen am **Markt** absetzen. Dabei wird es in der Regel nicht alleiniger Anbieter sein. Da sich die Nachfrage der Verbraucher ständig verändert, sind die **Entwicklungen der Branchen** zu beachten, z. B. durften die Produzenten von Schreibmaschinen nicht von der Entwicklung des PCs überrascht werden. Auch die **gesellschaftlichen Einstellungen** zu bestimmten Produkten können sich ändern, z. B. ist die Erzeugung von Strom aus Kernenergie sehr umstritten.

Beurteilungskriterien	Inhalt
Produktionsprogramm/ Brancheneinschätzung	Die Analyse des Produktionsprogramms bzw. der Warengruppen gibt Aufschluss über die zu erwartenden langfristigen Marktchancen des Unternehmens. Wichtig ist dabei die Untersuchung des Anteils der einzelnen Produkte am Gesamtprogramm, ob z. B. ein Unternehmen von einem Produkt abhängig ist, dessen Zukunftschancen als negativ zu beurteilen sind. **Produktportfolio** erstellen.
Wettbewerbs-bedingungen	Hier sind zahlreiche Fragen zu klären, wie zum Beispiel: Welche **Marktform** herrscht vor? - Wie hoch sind die **Marktanteile** des Unternehmens bei den einzelnen Produkten? - Besteht **Preisführerschaft?** - Welche **Abhängigkeiten** bestehen zu einzelnen Lieferanten bzw. Kunden? - Stellt das Unternehmen **Markenprodukte** her? - Wie ist der **Ruf** des Unternehmens einzuschätzen? - Wie ist die **Produktentwicklung** zu beurteilen? - Betreibt das Unternehmen eine eigenständige **Grundlagenforschung** und **Produktentwicklung?** - Wie ist der **Standort** des Unternehmens einzuschätzen? Zentrale Lage, zukunftssicher? - Wie **modern** sind die Produktionsanlagen bzw. Verkaufsräume? - Welche **Vertriebswege** werden genutzt? - Ist das **Sortiment** saison- oder modeabhängig?

Unternehmensentwicklung im bisherigen Geschäftsjahr

Da der Jahresabschluss im Zeitpunkt der Kredit- oder Anlagebeurteilung bereits veraltet ist, sind die neuesten Entwicklungen des Unternehmens zu hinterfragen.

Im Geschäftsbericht finden sich Angaben über diese Entwicklung seit dem Jahresabschluss. Bei kleinen und mittleren Unternehmen sind diese Angaben von der Geschäftsleitung zu erfragen.

Um die Entwicklung ausreichend beurteilen zu können, sollten Fragen zum **Auftragsbestand** und zur **Auftragsentwicklung** gestellt werden. Kurzfristige **Finanzpläne** sollten eingesehen werden.

Auch **Änderungen** im Unternehmen, wie z. B. die Änderung der Rechtsform, neue gesetzliche Rahmenbedingungen, Kurzarbeit oder Personalfreisetzungen sollten beachtet werden.

Ökologische Risiken

Durch das gesteigerte **Umweltbewusstsein** der Öffentlichkeit kommt der Berücksichtigung ökologischer Gesichtspunkte im Firmenkreditgeschäft ein größeres Gewicht als in der Vergangenheit zu.

Stoff- und Energiebilanz

Input

Strom	1997	zu 96
Produktion	33.200 MWh	-37%
Transporte	86.450 MWh	11%
Gesamt	119.650 MWh	-8,6%

Andere Energieträger

Erdgas
Diesel
Heizöl
Fernwärme/-kälte

Input

(in 1.000 t)	1997	zu 96
Rohölzufuhr inkl. Lohnverarbeitung in Drittraffinerien	14.523	-6,1%
davon naphthen-basisches Rohöl	751	-4,2%
Halbfabrikate/ Additive	1.242	-14%
Feedstocks für Processing	334	-4,0%
Zukauf Fertigprodukte	6.623	21%
Bestandsabbau	350	
Zufuhr für Processing Chemie durch die Deutsche Shell Chemie (DSC) in die Raffinerie Godorf	405	-11%

Differenzen im Stoffinput/-output basieren namentlich auf Eigenverbrauch.

Betriebsmittel & Hilfsstoffe		
Katalysatoren/Kugeln	464 t	-20%
Öle/Fette	399 t	5,6%
Reinigungsmittel/ Ölbindemittel	59 t	2,1%
Kalkhydrat	244 t	-60%
Methanol	796 t	-3,4%
Natronlauge	3.683 t	-2,2%
Salzsäure	1.662 t	4,6%
Stickstoff	9.693 t	-15%
Calciumclorid	582 t	25%
Kohlensäure	1.306 t	-8,1%
Schwefelsäure	225 t	6,6%
andere Chemikalien/Technische Gase*	177.886 l 111 t	-40% -19%
andere Hilfsstoffe	2.362 t	37%

*Angabe des Flascheninhaltes in Liter

Verpackungen		
200 l Drums	350.700 St.	4,4%
Blechgebinde	656.000 St.	-4,8%
PE-Gebinde	5.543.000 St.	-4,8%

Shell Haus Hamburg (Zentrale)

	1997	zu 96
Strom	8.234 MWh	4,9%
Fernwärme/-kälte	12,7 MWh	-7,0%
Stadtwasser	0,025 Mio m³	-18%

	1997	zu 96
Luftschadstoffe		
nicht vorhanden		
Wasserbelastung		
Abwasser (indirekt)	0,025 Mio. m³	-18%
Abfälle		
Verwertung	207 t	-4,2%
Verbrennung	112 t	26%
Deponierung	30 t	50%
Summe	349 t	7,4%

Raffinerie Godorf

Verarbeitung: 10,5 Mio. t 1,6%

	1997	zu 96
Strom	411 MWh	-97%
Erdgas	3.430 TJ	24%
Stadtwasser	0,212 Mio. m³	8,7%
Werkswasser	6,787 Mio. m³	15%
VE-Wassser	0,722 Mio. m³	24%

	1997	zu 96
Eigen-Energie	31 PJ	2,0%
Luftschadstoffe		
CO_2	2,003 Mio. t	2,6%
NO_x	2.626 t	4,4%
SO_2	5.676 t	14%
Staub	185 t	11%
VOC	486 t	0%
Wasserbelastung		
Abwasser (direkt)	5,392 Mio. m³	22%
CSB	156 t	32%
Gesamtstickstoff	93 t	-35%
gelöste KW	4,9 t	11%
Abfälle		
Verwertung	6.192 t	-39%
Verbrennung	1.893 t	-28%
Deponierung	608 t	11%
Summe	8.693 t	-35%

Raffinierie Harburg & Labor

Verarbeitung: 5,1 Mio. t -5,2%

	1997	zu 96
Strom	9.657 MWh	-47%
Erdgas (Lab.)	8,4 TJ	8,4%
Heizöl (Lab.)	286 t	-34%
Stadtwasser	0,192 Mio. m³	22%
Werkswasser	1,178 Mio. m³	-3,7%
Elbwasser	15,5 Mio. m³	6,5%

	1997	zu 96
Eigen-Energie	14 PJ	-2,9%
Luftschadstoffe		
CO_2	0,849 Mio. t	-3,0%
NO_x	1.135 t	7,8%
SO_2	1.205 t	-0,5%
Staub	26,5 t	-14%
VOC	1.495 t	-12%
Wasserbelastung		
Abwasser (direkt)	1,871 Mio. m³	5,9%
CSB	94 t	0%
Gesamtstickstoff	67 t	22%
gelöste KW	1,5 t	-22%
Kühlw. durch.	14,9 Mio. m³	6,3%
Abfälle		
Verwertung	2.763 t	27%
Verbrennung	2.185 t	-28%
Deponierung	25 t	-54%
Summe	4.973 t	-5,8%

Output

Luftschadstoffe	1997	zu 96
CO_2	2.922 Mio. t	1,0%
NO_x	4.519 t	4,4%
SO_2	6.901 t	11%
Staub/Partikel	237 t	5,4%
VOC	4.111 t	-22%

Abwasser

Abwasser (direkt)
CSB
Gesamtstickstoff
gelöste KW
Abwasser (indirekt)
gelöste KW
Kühlwasserdurchfluß

der Deutschen Shell AG

1997	zu 96
3.603 TJ	22%
18.636 t	4,3%
394 t	-25%
12,7 MWh	-7,0%

Wasser

	1997	zu 96
Stadtwasser	0,460 Mio. m³	10%
Werkswasser	8,115 Mio. m³	9,6%
VE-Wasser	0,722 Mio. m³	24%
Elbwasser	15,5 Mio. m³	6,5%

	1997	zu 96
Strom	9.402 MWh	-3,7%
Erdgas	165 TJ	-8,3%
Stadtwasser	0,026 Mio. m³	6,5%
Werkswasser	0,15 Mio. m³	-47%

	1997	zu 96
Strom	5.496 MWh	7,4%
Heizöl	108 t	12%
Stadtwasser	5.451 m³	-46%

	1997	zu 96
Strom	86.450 MWh	11%
Diesel	18.636 t	4,3%

Werk Grasbrook

Verarbeitung: 0,3 Mio. t 2,2%

4 Umschlagsläger

Durchsatz: 5,9 Mio. t 14%

Produktverteilung

Straße:	588 Mio. tkm	-4,7%
Wasserwege:	419 Mio. tkm	9,1%
Schiene:	643 Mio. tkm	9,2%
Pipeline:	4.542 Mio. tkm	11%

Werk Grasbrook

	1997	zu 96
Luftschadstoffe		
CO_2	0,011 Mio. t	-11%
NO_x	7,6 t	-18%
SO_2	0,16 t	-11%
Staub	0,14 t	0%
VOC	0,25 t	0%
Wasserbelastung		
Abwasser (direkt)	0,191 Mio. m³	-32%
CSB	2,4 t	27%
gelöste KW	45 kg	-20%
Abwasser (indirekt)	0,056 Mio. m³	-8,8%
gelöste KW	81 kg	-44%
Abfälle		
Verwertung	1.047 t	-3,3%
Verbrennung	1.148 t	-4,0%
Deponierung	432 t	-38%
Summe	2.627 t	-9,5%

4 Umschlagsläger

	1997	zu 96
Luftschadstoffe		
CO_2	342 t	12%
NO_x	138 kg	12%
SO_2	345 kg	12%
Staub	4,6 kg	12%
VOC	371 t	-1,1%
Wasserbelastung		
Abwasser (indirekt)	5.451 m³	-46%
Abfälle		
Verwertung	187 t	750%
Verbrennung	343 t	-27%
Deponierung	76 t	0%
Summe	606 t	6,1%

Produktverteilung

	1997	zu 96
Luftschadstoffe		
CO_2	0,059 Mio. t	4,0%
NO_x	750 t	0,1%
SO_2	19 t	5,0%
Partikel	25 t	-7,0%
VOC	59 t	-1,7%
VOC aus Tankstellen	1.700 t	-35%
nachrichtlich: Rücknahme von verkauften Autoschmierstoffen an Tankstellen	4.275 t	-11%

Abfälle

Die Entsorgung von Abfällen (z. B. Benzinabscheiderinhalte) liegt im Verantwortungsbereich der Tankstellenpächter

1997	zu 96
7.454 Mio. m³	15%
252 t	18%
160 t	-20%
6,4 t	0,7%
0,086 Mio. m³	-16%
81 kg	-44%
14,9 Mio. m³	6,3%

Abfälle

	1997	zu 96
Verwertung	10.396 t	-23%
Verbrennung	5.681 t	-23%
Deponierung	1.171 t	-16%
Summe	17.248 t	-23%

Output

	1997	zu 96
Produkte (in 1.000 t)		
Ottokraftstoff	4.803	-9,4%
Dieselkraftstoff (mit Inlandbunker)	3.803	5,5%
Marine Gasöl, Bunker C	226	-7,0%
Heizöl leicht	5.170	3,7%
Heizöl schwer	974	-5,5%
Bitumen	710	1,0%
Flugkraftstoffe	1.345	3,3%
Schmierstoffe	374	9,9%
Flüssiggase	801	3,0%
Naphtha	2.384	5,0%
Hydrowax, Waxy	1.090	17%
Schwefel	42	4,7%
Sonstiges	124	3,4%
Ablieferung von Aromaten aus Processing Chemie der Raffinerie Godorf an DSC (davon in 1997 494 kt aus Verarbeitung von verkauften Naphtha)	838	0%
Stromabgabe		
Godorf	105.268 MWh	-17%
Harburg	15.531 MWh	51%
Gesamt	120.799 MWh	-11%

Besondere Umweltrisiken sind:

Bonitätsrisiken	Wenn Umweltprobleme **Ausfälle in der Produktion verursachen,** können Unternehmen ihre Zins- und Tilgungsverpflichtungen nicht erfüllen.
Besicherungsrisiken	Die als Sicherheiten eingebrachten Grundstücke und Gebäude können ihren **Wert** ganz oder teilweise **einbüßen,** weil diese z. B. in ein Naturschutzgebiet einbezogen oder die Nutzungsvorschriften geändert wurden.
Imageverlust	Kredite an Unternehmen, die in **Umweltskandale** verwickelt sind, können zu einem Imageverlust der Kredit gebenden Banken führen.
Geschäftsfeld-verschiebungen	Umweltvorschriften können Unternehmen dazu veranlassen, die **Produktion** betroffener Erzeugnisse **einzustellen oder** ins Ausland zu **verlagern.**
Altlastenrisiko	Der Kreditnehmer beantragt ein Darlehen, um den Bau eines Wohngebäudes auf dem Gelände einer stillgelegten Tankstelle zu errichten. Es stellt sich heraus, dass umfangreiche unvorhergesehene **Bodensanierungsarbeiten** durchzuführen sind.

Die Kreditinstitute sollten sich zur **Beurteilung der ökologischen Kreditrisiken** u. a. mit den Stoffkreisläufen, den Altlasten, den bisherigen Störfällen, den gesetzlichen Bestimmungen, dem veränderten Käuferverhalten befassen. Eine Möglichkeit bietet auch die **Einsicht in die Stoff- und Energiebilanz** (Ökobilanz) des Unternehmens. Es ist aber zweifelhaft, ob kleinere und mittlere Unternehmen über derartige Bilanzen verfügen.

Als **Beispiel** für eine derartige Bilanz wird die der Deutschen Shell AG abgedruckt (Seite 300 - 301).

Shareholder Value und Stakeholder Value

In letzter Zeit verfolgen insbesondere international tätige Aktiengesellschaften die **strategische Ausrichtung** nach dem **Shareholder-Value-Konzept.** Darunter verstehen sie die Orientierung der Geschäftspolitik an der **langfristigen Gewinnmaximierung** für die Aktionäre (= Shareholder). Die Kennziffer, die das Erreichen dieses Ziels am ehesten darstellt, ist die für die Ermittlung der **Rentabilität des Eigenkapitals.** Da sich der wirtschaftliche Erfolg einer Aktiengesellschaft in der Bewertung der Gesellschaft an der Börse ausdrückt, wurden Entlohnungsmodelle entwickelt, bei denen die Bezahlung von Vorstandsmitgliedern und anderen leitenden Angestellten teilweise in Form von **Aktienoptionsrechten** erfolgt. Dadurch haben diese Personen Interesse an einem steigenden Aktienkurs. Die Identität mit den gleichgerichteten Aktionärsinteressen ist dadurch erreicht.

Da das **Shareholder-Value-Konzept** der Gewinnmaximierung des Kapitals Vorrang einräumt, wurde daran, insbesondere von Seiten der Gewerkschaften, heftige Kritik geübt. Dabei wurde vorgetragen, dass das Unternehmen bei seiner Unternehmensstrategie auch die Interessen anderer Personengruppen zu berücksichtigen habe. Insbesondere sind das die **Interessen der Beschäftigten.** Daneben haben aber auch der **Staat,** die **Zulieferer** und **Kunden** sowie die **Öffentlichkeit** Erwartungen an die Geschäftspolitik eines Unternehmens. Wenn Unternehmen diese Gruppeninteressen bewusst in ihre Geschäftspolitik einbeziehen, verfolgen sie das **Stakeholder-Value-Konzept.**

Auf einen Blick:

- Zur **Analyse** des Jahresabschlusses ist die **Aufbereitung der Bilanz und der Gewinn- und Verlustrechnung** erforderlich.
- Für die **Kredit- bzw. Anlageentscheidung** sind vorrangig **zukunftsbezogene Gesichtspunkte** zu berücksichtigen.
- Bei der **Aufbereitung der Bilanz** werden einzelne Bilanzposten zu gleichartigen Gruppen zusammengefasst.
- Bei der **Analyse der Gewinn- und Verlustrechnung** kommt der Feststellung des **Betriebsergebnisses** eine vorrangige Bedeutung zu.
- Für die **Analyse** werden **Kennziffern** ermittelt, die durch innerbetrieblichen Zeitvergleich oder durch Branchenvergleich ausgewertet werden können.
- Im Rahmen der **zukunftsbezogenen Unternehmensanalyse** sind das Management, die Wettbewerbssituation, die Unternehmensentwicklung und ökologische Faktoren zu berücksichtigen.

Aufgaben:

10.

Bilanz der Frischauf AG zum 31. Dez. 20..

Aktiva	Vorjahr Mio. €	Berichtsjahr Mio. €	Passiva	Vorjahr Mio. €	Berichtsjahr Mio. €
I. Anlagevermögen			Gezeichnetes Kapital	105	150
Sachanlagen	329	333	Gewinnrücklagen	177	183
Finanzanlagen	74	76	Bilanzgewinn	19	23
II. Umlaufvermögen			Pensionsrückstellungen	104	141
Vorräte	530	465	Verbindlichkeiten:		
Forderungen aus Lieferungen			Verb. gegenüber Kreditinstituten	570	520
und Leistungen	240	280	davon: Restlaufzeit bis 1 Jahr	(320)	(335)
davon: Restlaufzeit über 1 Jahr	(10)	(13)	Restlaufzeit über 5 Jahre	(110)	(120)
Liquide Mittel	162	186	Verb. aus Lief. u. Leistungen	360	323
			davon: Restlaufzeit bis 1 Jahr	(360)	(323)
	1 335	1 340		1 335	1 340

Gewinn- und Verlustrechnung der Frischauf AG zum 31. Dez. 20..

	Vorjahr Mio. €	Berichtsjahr Mio. €
Umsatzerlöse	1 587	1 655
Bestandsveränderungen	50	– 65
Sonstige betriebliche Erträge	270	255
Aufwendungen für Roh-, Hilfs- und Betriebsstoffe, Waren	713	686
Personalaufwand	462[1]	467
Abschreibungen auf Sachanlagen	56	52
Sonstige betriebliche Aufwendungen	404	381
Zinserträge	7	6
Zinsaufwendungen	49	46
Ergebnis der gewöhnlichen Geschäftstätigkeit	230	219
Steuern vom Einkommen und vom Ertrag	110	105
Sonstige Steuern	90	85
Jahresüberschuss	30	29
Einstellung aus dem Jahresüberschuss in andere Gewinnrücklagen	11	6
Bilanzgewinn	19	23

1 Darin sind 30 Mio. € Zuführung zu Pensionsrückstellungen enthalten.

Anhang

Bilanzgewinn wird zur Gewinnausschüttung vorgeschlagen.

Sonstige betriebliche Erträge sind Erträge aus Weiterbelastungen von Kosten und Leistungen.

Sonstige betriebliche Aufwendungen sind Betriebs-, Verwaltungs- und Vertriebsaufwendungen.

Zahl der Beschäftigten (in Klammern Vorjahr): 10700 (11000)

a) Bereiten Sie die Bilanz und die GuV-Rechnung der Frischauf AG auf!

b) Beurteilen Sie die Entwicklung dieser Gesellschaft in den beiden letzten Geschäftsjahren! Ermitteln Sie dazu die Kennziffern wie bei der Anderwerk AG, soweit diese aus den gegebenen Angaben errechnet werden können!

11. Bereiten Sie die Bilanz und die GuV-Rechnung zur Analyse auf!

Bilanz der Koschü AG zum 31.12.20..

Aktiva			Vorjahr i. Tsd. €
A. Anlagevermögen			
I. Sachanlagen			
1. Grundstücke, grundstücksgleiche Rechte und Bauten einschließlich der Bauten auf fremden Grundstücken	4651530,00		5036
2. Technische Anlagen und Maschinen	9127858,00		9312
3. Andere Anlagen, Betriebs- und Geschäftsausstattung	921339,00		837
4. Geleistete Anzahlungen und Anlagen im Bau	618167,00		1019
		15318894,00	16204
II. Finanzanlagen			
1. Anteile an verbundenen Unternehmen	600000,00		600
2. Sonstige Ausleihungen	140000,00		140
		740000,00	740
B. Umlaufvermögen			
I. Vorräte			
1. Roh-, Hilfs- und Betriebsstoffe	4003490,00		4292
2. Unfertige Erzeugnisse	6703550,00		5962
3. Fertige Erzeugnisse und Waren	7057220,00		7076
		17764260,00	17330
II. Forderungen und sonstige Vermögensgegenstände			
1. Forderungen aus Lieferungen und Leistungen	10622278,00		8594
2. Sonstige Vermögensgegenstände	1838826,00		936
		12461104,00	9530
III. Wertpapiere			
Sonstige Wertpapiere		118731,00	119
IV. Schecks, Kassenbestand, Bundesbank- und Postbankguthaben, Guthaben bei Kreditinstituten		3577163,00	5355
C. Rechnungsabgrenzungsposten			
1. Disagio	109910,00		141
2. Sonstige	7544,00		1
		117454,00	142
		50097606,00	49420

Passiva				Vorjahr i. Tsd. €
A. Eigenkapital				
I. Gezeichnetes Kapital			8 000 000,00	8 000
II. Gewinnrücklagen				
1. Gesetzliche Rücklage		2 733 000,00		2 733
2. Andere Gewinnrücklagen		7 341 000,00		7 341
			10 074 000,00	
III. Bilanzgewinn			820 330,00	642
			18 894 330,00	18 716
B. Sonderposten mit Rücklageanteil				
1. Gemäß § 7c EStG		140 000,00		140
2. Gemäß § 52 Abs. 5 EStG		106 817,00		128
			246 817,00	268
C. Rückstellungen				
1. Rückstellungen für Pensionen		7 859 763,00		7 664
2. Steuerrückstellungen		1 755 448,00		2 198
3. Sonstige Rückstellungen		8 602 441,00		7 211
			18 217 652,00	17 073
D. Verbindlichkeiten				
1. Verbindlichkeiten gegenüber Kreditinstituten		5 525 000,00		6 175
2. Verbindlichkeiten aus Lieferungen und Leistungen		2 317 474,00		1 968
3. Verbindlichkeiten gegenüber verbund. Unternehmen		159 398,00		498
4. Sonstige Verbindlichkeiten		4 736 935,00		4 722
davon aus Steuern	877 217,38			
davon im Rahmen der soz. Sicherheit	808 216,24		12 738 807,00	13 363
			50 097 606,00	49 420
Verbindlichkeiten aus der Begebung und Übertragung von Wechseln	3 251 373,00			
Verbindlichkeiten aus Bürgschaften	1 280 610,00			

Gewinn- und Verlustrechnung der Koschü AG

				Vorjahr i. Tsd. €
1.	Umsatzerlöse	104 099 096,00		104 156
2.	Erhöhung (im Vorjahr Verminderung) des Bestands an fertigen und unfertigen Erzeugn.	722 940,00	104 822 036,00	./. 60
3.	Sonstige betriebliche Erträge		1 634 900,00	1 378
			106 456 936,00	105 474
4.	Materialaufwand			
	a) Aufwendungen für Roh-, Hilfs- und Betriebsstoffe und für bezogene Waren	38 184 691,00		36 341
	b) Aufwendungen für bezogene Leistungen	7 026 003,00	45 210 694,00	7 487
			61 246 242,00	
5.	Personalaufwand			
	a) Löhne und Gehälter	33 024 574,00		33 262
	b) Soziale Abgaben und Aufwendungen für Altersversorgung und für Unterstützung	6 967 212,00		6 901
6.	Abschreibungen auf immaterielle Vermögensgegenstände des Anlageverm. u. Sachanlagen	7 472 884,00		7 235
7.	Sonstige betriebliche Aufwendungen	10 890 037,00	58 354 707,00	10 645
			2 891 535,00	3 603
8.	Erträge aus Beteiligungen	250 000,00		--
9.	Sonstige Zinsen und ähnliche Erträge	258 852,00		250
10.	Zinsen und ähnliche Aufwendungen	517 159,00	./. 8 307,00	./. 626
11.	Ergebnis der gewöhnlichen Geschäftstätigkeit		2 883 228,00	3 227
12.	Steuern vom Einkommen und vom Ertrag	1 589 967,00		2 101
13.	Sonstige Steuern	474 960,00	2 064 927,00	486
14.	Jahresüberschuss		818 301,00	640
15.	Gewinnvortrag aus dem Vorjahr		2 029,00	2
16.	Bilanzgewinn		820 330,00	642

Anhang

I. Erläuterungen zur Bilanz

Forderungen und sonstige Vermögensgegenstände

Von den Sonstigen Vermögensgegenständen haben 337 000,00 € eine Restlaufzeit von mehr als einem Jahr.

Sonderposten mit Rücklageanteil

Von der Rücklage nach § 52 Absatz 5 EStG wurden 21 364,00 € planmäßig aufgelöst.

Verbindlichkeiten	20.. i. Tsd. €	– davon Restlaufzeit – bis 1 Jahr i. Tsd. €	1 bis 5 Jahre i. Tsd. €	mehr als 5 Jahre i. Tsd. €
Verbindlichkeiten gegenüber Kreditinstituten	5 525	938	3 149	1 438
(davon grundpfandrechtlich gesichert)	(4 625)			
Verbindlichkeiten aus Lieferungen und Leistungen	2 318	2 318	–	–
Verbindlichkeiten gegenüber verbund. Unternehmen	159	159	–	–
Sonstige Verbindlichkeiten	4 737	3 073	–	1 664
	12 739	6 488	3 149	3 102

II. Erläuterungen zur Gewinn- und Verlustrechnung

Sonstige betriebliche Erträge

	i. Tsd. €
Erträge aus der Auflösung von Rückstellungen	706
Erträge aus der Auflösung von Sonderposten mit Rücklageanteil	21
Übrige Erträge	908
	1635

Die übrigen Erträge enthalten hauptsächlich Mieteinnahmen, Investitionszulagen sowie Weiterbelastungen von Kosten und Leistungen.

Personalaufwand

	i. Tsd. €
Insgesamt	39 992
– davon für Altersversorgung	1 155

Im Jahresdurchschnitt wurden beschäftigt:

Lohnempfänger	676
Gehaltsempfänger	184
Auszubildende	31
	891

Sonstige betriebliche Aufwendungen

Die betrieblichen Aufwendungen enthalten hauptsächlich Betriebs-, Verwaltungs- und Vertriebsaufwendungen.

Vorschlag für die Verwendung des Bilanzgewinns

Der Jahresabschluss der AG weist einen Bilanzgewinn von 820 330,00 € aus.

Wir empfehlen im Einvernehmen mit dem Aufsichtsrat, daraus eine Dividende von 10 % (5,00 € pro Aktie zu 50,00 €) auf das Grundkapital von 8 000 000,00 € auszuschütten und 20 330,00 € auf neue Rechnung vorzutragen.

AG	Anschaffungs-/Herstellungskosten Vorj. €	Zugänge €	Umbuchungen €	Abgänge €	Kumulierte Abschreibung €	Buchwerte 31. 12. Berichtsjahr €	Buchwerte 31. 12. Vorjahr €	Abschreibungen lfd. Jahr €
Sachanlagen Grundstücke, grundstücksgleiche Rechte u. Bauten einschl. der Bauten auf fremden Grundstücken	16 271 443,00	27 500,00	0,00	0,00	11 647 413,00	4 651 530,00	5 036 453,00	412 423,00
Technische Anlagen und Maschinen	61 752 918,00	5 651 747,00	+ 817 482,00	668 028,00	58 426 262,00	9 127 858,00	9 312 317,00	6 653 688,00
Andere Anlagen, Betriebs- und Geschäftsausstattung	4 335 755,00	491 320,00	0,00	147 379,00	3 758 357,00	921 339,00	836 791,00	406 772,00
Geleistete Anzahlungen und Anlagen im Bau	1 018 905,00	418 986,00	– 817 482,00	2 242,00	0,00	618 167,00	1 018 905,00	0,00
	83 379 021,00	6 589 553,00	0,00	817 649,00	73 832 032,00	15 318 894,00	16 204 466,00	7 472 883,00
Finanzanlagen Anteile an verbundenen Unternehmen	600 000,00	0,00	0,00	0,00	0,00	600 000,00	600 000,00	0,00
sonst. Ausleihungen	140 000,00	0,00	0,00	0,00	0,00	140 000,00	140 000,00	0,00
	740 000,00	0,00	0,00	0,00	0,00	740 000,00	740 000,00	0,00
	84 119 021,00	6 589 553,00	0,00	817 649,00	73 832 032,00	16 058 894,00	16 944 466,00	7 472 883,00

12. a) Ermitteln Sie für die Koschü AG (Aufgabe 11) für das Berichtsjahr folgende Kennziffern:

	Branchenübliche Werte
Cashflow-Rate %	8,2 %
Gesamtkapitalrentabilität %	4,2 %
Dyn. Verschuldungsgrad (Jahre)	4,6 Jahre
Liquidität II	160 %
Anlagendeckungsgrad II	174 %
Lagerdauer	136 Tage
Debitorenziel	44 Tage
Kreditorenziel	28 Tage
Abnutzungsgrad techn. Anlagen	69 %

b) Beurteilen Sie die Koschü AG durch Vergleich mit der Branche!

c) Welche zusätzlichen Informationen könnten die Beurteilung der Koschü AG verbessern?

13. **Bilanzen der Industrie AG zum 31.12.**

Aktiva	Vorvorjahr Mio. €	Vorjahr Mio. €	Berichtsjahr Mio. €
Anlagevermögen:			
Sachanlagen	270	290	335
Finanzanlagen	50	60	60
Umlaufvermögen:			
RH, Fertige Erzeugnisse	355	360	380
Forderungen aus Lieferungen und Leistungen, Restlaufzeit unter 1 Jahr	286	300	280
Wertpapiere (börsengängig)	30	20	20
Liquide Mittel	139	152	156
	1 130	1 182	1231

Passiva	Vorvorjahr Mio. €	Vorjahr Mio. €	Berichtsjahr Mio. €
Gezeichnetes Kapital	105	130	130
Gewinnrücklagen	140	160	165
Bilanzgewinn	20	17	26
Pensionsrückstellungen	75	85	95
Bankverbindlichkeiten (Restlaufzeit unter 1 Jahr)	540 (80)	490 (90)	485 (100)
Verbindlichkeiten aus Lieferungen und Leistungen, Restlaufzeit bis 1 Jahr	250	300	330
	1 130	1 182	1231

Anhang: Der Bilanzgewinn wird zur Ausschüttung vorgeschlagen.

GuV-Rechnungen der Industrie AG zum 31.12.

	Vorvorjahr Mio. €	Vorjahr Mio. €	Berichtsjahr Mio. €
Umsatzerlöse	1210	1390	1430
Bestandsveränderungen an fertigen/unfertigen Erzeugnissen	+ 20	− 40	+ 30
Sonstige betriebliche Erträge (siehe Anhang 1)	20	25	30
Materialaufwand	540	560	600
Personalaufwand	480	485	520
Abschreibungen auf Sachanlagen	50	55	70
Sonstige betriebliche Aufwendungen (siehe Anhang 2)	100	188	224
Zinsen und ähnliche Erträge	10	8	7
Zinsen und ähnliche Aufwendungen	45	38	32
Ergebnis der gewöhnlichen Geschäftstätigkeit	45	57	51
Steuern vom Einkommen und vom Ertrag	17	15	16
Sonstige Steuern	3	5	4
Jahresüberschuss	25	37	31
Einstellung in die Gewinnrücklagen	5	20	5
Bilanzgewinn	20	17	26

Anhang

(1) Hauptsächlich Mieteinnahmen sowie Weiterbelastungen von Kosten und Leistungen.

(2) Betriebs-, Verwaltungs- und Vertriebsaufwendungen.

a) Bereiten Sie die Bilanz und die GuV Rechnung auf!

b) Beurteilen Sie die Entwicklung der Industrie AG! Ermitteln Sie hierzu – soweit möglich – folgende Kennziffern:
   1. Eigenkapitalquote (wirtsch.)
   2. Gesamtkapitalrentabilität
   3. Liquidität II
   4. Anlagendeckungsgrad I
   5. Debitorenziel
   6. Kreditorenziel!

14. Die Kraftfahrzeuge AG veröffentlichte den folgenden Jahresabschluss:

Aktiva	lfd. Jahr Mio. €	Vorjahr Mio. €	**Bilanz zum 31. Dez. 20..** **Passiva**	lfd. Jahr Mio. €	Vorjahr Mio. €
Anlagevermögen			**Eigenmittel**		
Sachanlagen	2 894	2 335	Grundkapital	1 200	1 200
Finanzanlagen	2 317	1 786	Gewinnrücklagen	2 835	2 704
Umlaufvermögen			**Fremdkapital**		
Vorräte	2 282	2 038	Rückstellungen		
Forderungen a. L. u. L.	2 995	2 819	a) für Pensionen	4 978	4 558
Liquide Mittel	3 579	4 011	b) sonstige	891	881
			Verbindlichkeiten		
			a) mittel- u. langfr. (KI)	2 127	1 984
			b) kurzfristig (L. u. L.)	1 843	1 422
			Bilanzgewinn	193	240
Summe	14 067	12 989	Summe	14 067	12 989

Weitere Angaben aus der Erfolgsrechnung in Mio.:

	lfd. Jahr Mio. €	Vorjahr Mio. €
Umsatzerlöse	25 623	24 685
Materialaufwand	15 809	15 137
Personalaufwand	6 534	5 608
Abschreibungen auf Sachanlagen	1 021	904
Abschreibungen auf Finanzanlagen	100	10
Zinsaufwendungen	210	170
Aufwendungen für Altersversorgung	420	555
Sonstige betriebliche Aufwendungen	68	120
Steuern vom Einkommen und Ertrag	1 134	1 739
Sonstige Steuern	3	4
Jahresüberschuss	324	438
Einstellungen in Gewinnrücklagen	131	198
Bilanzgewinn	**193**	**240**

Entwicklung des Anlagevermögens in Mio.:

	01.01.	Zugänge	Abgänge	Abschreibungen	31.12.
Sachanlagen	2 335	1 635	55	1 021	2 894
Finanzanlagen	1 786	814	183	100	2 317

a) Erstellen Sie eine Finanzierungsrechnung! Vgl. S. 310ff.
b) Beurteilen Sie die Bilanzstruktur dieses Unternehmens!
c) Beurteilen Sie die Liquidität dieses Unternehmens!
d) Ermitteln Sie den Cashflow dieses Unternehmens für das letzte Geschäftsjahr!
e) Ermitteln Sie die Rentabilität des Eigenkapitals und das ROI dieses Unternehmens!
f) Erläutern Sie die Kennziffer ROI!
g) Angenommen, das Unternehmen will bei Ihrem Arbeitgeber einen Lieferantenkredit über 100 Mio. € in Anspruch nehmen. Befürworten Sie diese Kreditgewährung, wenn Ihnen nur die von Ihnen ermittelten Kennziffern zur Verfügung stehen?

15. Aufgabenstellung

Die Firma Metallbau Fischer ist seit einigen Jahren im Werkzeugmaschinenbau tätig.

Sie haben die Aufgabe, die Bonität dieses Kunden zu überprüfen.

Zu diesem Zweck haben Sie sich die letzten drei Bilanzen der Firma Metallbau Fischer beschafft. Sie wollen die Entwicklung dieses Unternehmens beurteilen. Dabei wollen Sie sowohl dessen Bilanzentwicklung als auch den Vergleich zur Branche heranziehen.

Die Branchenwerte des letzten Jahres entnehmen Sie, soweit nicht in den letzten beiden Spalten der aufbereiteten Bilanz bzw. GuV-Rechnung angegeben, der folgenden Aufstellung.

Sie entscheiden sich bei der Analyse für die folgenden Kennzahlen:

	Formel	Jahr 1	Jahr 2	Berichtsjahr	Branche von %	Branche bis %
Erfolgskennzahlen						
Materialaufwandsquote					28,1	41,6
Personalaufwandsquote					37,1	47,3
Sachabschreibungsquote					18,0	22,5
Cashflow-Rate					2,9	14,4
Finanzierungskennzahlen						
Anlagendeckungsgrad II					92,5	168,8
Debitorenziel (Tage)					29,8	58,7
Kreditorenziel (Tage)					52,3	144,1
Lagerdauer (Tage)					100,4	315,2
Bilanzstrukturkennzahlen						
Eigenkapitalquote					8,8	32,5
Bruttoinvestitionsquote					1,3	6,9

a) Wie beurteilen Sie die Entwicklung der Firma Metallbau Fischer?

b) Welche drei Maßnahmen sollten Ihrer Ansicht nach am dringendsten getroffen werden, um die Situation der Firma zu ändern?

(Bilanz und GuV-Rechnung der Firma Metallbau Fischer siehe nachfolgende drei Seiten!)

Aktiva Metallbau Fischer

	A	B	C	D	E	F	G	H	I
1	Firma	Metallbau Fischer			Strukturzahlen in v.H. der Bilanzsumme			Branche in v.H.	
2	**Bilanz zum**	31.12.01	31.12.02	31.12. BR	Jahr 1	Jahr 2	Berichtsjahr	von	bis
3									
4									
5	**Aufbereitung der Bilanz**								
6									
7	**Aktiva**								
8		**Jahr 1**	**Jahr 2**	**Berichtsjahr**					
9									
10		**i. Tsd. €**	**i. Tsd. €**	**i. Tsd. €**	v.H.	v.H.	v.H.		
11	**Konzessionen, andere immat. Güter**								
12									
13	**Summe immaterielles Vermögen**	**0,000**	**0,000**	**0,000**					
14									
15	**Grundstücke, Bauten**	**671,000**	**1926,000**	**4.034,000**					
16	**Maschinen, techn. Anlagen**	**1.032,000**	**1.010,000**	**528,000**					
17	**Inventar, andere Anlagen**	**161,000**	**112,000**	**153,000**					
18	**Anlagen im Bau, Anzahlungen**								
19									
20	**Summe Sachanlagen**	**1.864,000**	**3.048,000**	**4.715,000**					
21	*davon Bruttoinvestitionen*		*1.659,000*	*2.556,000*		*40,7*	*39,8*		
22	Anteile an verbundenen Unternehmen	6,000	6,000	7,000					
23	sonstige Ausleihungen	47,000	60,000	71,000					
24									
25	**Summe Finanzanlagen**	**53,000**	**66,000**	**78,000**					
26									
27	**Summe Anlagevermögen**	**1.917,000**	**3.114,000**	**4.793,000**				**23,3**	**52,1**
28									
29	Mittel- u. langfr. Forderungen aus Lief. und Leist.	0,000							
30									
31									
32	sonst. mittel- u. langfr. Forderungen	0,000							
33									
34	**Summe sonst. mittel- und langfr. Forderungen**	**0,000**	**0,000**	**0,000**					
35									
36	Roh-, Hilfs- und Betriebsstoffe	60,000	6,000	2,000					
37	unfertige Erzeugnisse	517,000	487,000	642,000					
38	fertige Erzeugnisse		66,000	136,000					
39	Anzahlungen aus Lief. und Leistungen								
40									
41	**Summe Vorräte und Anzahlungen**	**577,000**	**559,000**	**780,000**					
42									
43	kurzfr. Forderungen aus Lief. und Leist.	352,000	369,000	592,000					
44									
45	kurzfr. Ford. gegenüber verb. Unternehmen								
46									
47	Liquide Mittel	9,000	15,000	9,000					
48									
49	sonst. kurzfr. Forderungen / Vermögen	24,000	24,000	252,000					
50									
51	**Summe sonst. kurzfr. Vermögen**	**385,000**	**408,000**	**853,000**					
52									
53	**Summe Umlaufvermögen**	**962,000**	**967,000**	**1.633,000**					
54									
55	**Bilanzsumme (bereinigt)**	**2.879,000**	**4.081,000**	**6.426,000**					

Passiva Metallbau Fischer

	A	B	C	D	E	F	G	H	I
1	Firma	Metallbau Fischer			Strukturzahlen in v.H. der Bilanzsumme			Branche in v.H.	
2	**Bilanz zum**	31.12.01	31.12.02	31.12. BR	Jahr 1	Jahr 2	Berichtsjahr	von	bis
3									
4									
5	**Aufbereitung der Bilanz**								
6									
7	**Passiva**								
8		Jahr 1	Jahr 2	Berichtsjahr					
9									
10		i. Tsd. €	i. Tsd. €	i. Tsd. €	v.H.	v.H.	v.H.		
11	Grund-, Stamm-, Gesellschaftskapital	615,000	607,000	525,000					
12									
13	**Rücklagen**								
14	Kapitalrücklagen								
15									
16	Gewinnrücklagen								
17	Gesetzliche Rücklage								
18	andere Gewinnrücklagen								
19									
20	Bilanzgewinn/Bilanzverlust								
21									
22	./. Geschäfts-/Firmenwert								
23									
24	./. Ausstehende Einlagen								
25									
26	./. Disagio								
27									
28	**Summe haftendes Eigenkapital**	**615,000**	**607,000**	**525,000**				**8,8**	**32,5**
29									
30	Eigenmittelanteil SOPOS								
31									
32	Gesellschafterdarlehen		39,000	39,000					
33	**Summe wirtschaftliches Eigenkapital**	**615,000**	**646,000**	**564,000**					
34									
35	Mittel- und langfristige Bankverbindlichkeiten	966,000	2.134,000	2.910,000					
36									
37									
38	Sonstige mittel- und langfr. Verbindlichkeiten	134,000	371,000	618,000					
39									
40									
41									
42	Pensionsrückstellungen								
43									
44	**Summe mittel- und langfr. Fremdkapital**	**1.100,000**	**2.505,000**	**3.528,000**				**8,6**	**35,7**
45									
46	**Summe langfristiges Kapital**	**1.715,000**	**3.151,000**	**4.092,000**					
47									
48	kurzfristige Bankverbindlichkeiten	330,000	308,000	867,000					
49									
50	kurzfr. Verb. aus Lief. und Leistungen	595,000	395,000	787,000					
51									
52									
53									
54	Akzepte			92,000					
55									
56	erhaltene Anzahlungen								
57									
58	kurzfristige Rückstellungen	0,000	20,000	24,000					
59									
60									
61	sonst. kurzfr. Verbindlichkeiten	239,000	207,000	564,000					
62	**Summe kurzfr. Fremdkapital**	**1.164,000**	**930,000**	**2.334,000**				**39,8**	**68,8**
63									
64	**Bilanzsumme (bereinigt)**	**2.879,000**	**4.081,000**	**6.426,000**					

GuV Metallbau Fischer

	A	B	C	D	E	F	G	H	I
1	**Aufbereitung der GuV-Rechnung**								
2		Jahr 1	Jahr 2	Berichtsjahr	Strukturzahlen in v. H. der Gesamtleistung			Branche Berichtsjahr	
3		i. Tsd. €	i. Tsd. €	i. Tsd. €	Jahr 1	Jahr 2	Berichtsjahr	von %	bis %
4	Umsatzerlöse (netto)	6.079,000	6.259,000	5.975,000					
5									
6	Bestandsveränderungen +/-			226,000					
7									
8	andere aktivierte Eigenleist. +/-								
9	**Gesamtleistung**	**6.079,000**	**6.259,000**	**6.201,000**					
10									
11	./. Materialaufwand	2.051,000	1.820,000	2.196,000				28,1	41,6
12	**Rohertrag**	**4.028,000**	**4.439,000**	**4.005,000**					
13									
14	Personalaufwand	2.841,000	3.213,000	2.586,000				37,1	47,3
15									
16	planm. Abschrb. auf Sachanlagen	386,000	477,000	403,000				2,1	5,2
17									
18	Betriebssteuern	65,000	35,000	61,000					
19	Mieten	11,000	4,000	102,000				0,1	2,4
20	sonst. ordentl. Aufwendungen	366,000	385,000	453,000					
21									
22	sonst. ordentl. Erträge	11,000	12,000						
23	**Teilbetriebsergebnis**	**370,000**	**337,000**	**400,000**					
24	Zinserträge			23,000					
25									
26	Zinsaufwendungen	159,000	230,000	470,000				1,3	3,8
27	**Betriebsergebnis**	**211,000**	**107,000**	**-47,000**				**-0,1**	**7,2**
28									
29	Abschr. auf Finanzanl. u. Wertpap. des Umlaufv.								
30									
31	Einstellungen in SOPOS								
32									
33	Auflösung von SOPOS								
34									
35	sonst. a. o. Aufwendungen	6,000							
36									
37	sonst. a. o. Erträge		4,000	35,000					
38	**Ergebnis vor EE-Steuern**	**205,000**	**111,000**	**-12,000**					
39									
40									
41	Steuern vom Eink. und Ertrag								
42	**Jahresüberschuss/-fehlbetrag**	**205,000**	**111,000**	**-12,000**					
43									
44	Gewinnvortrag + / Verlustvortrag -								
45	Rücklagenveränderung								
46	Einstellung in gesetzliche Rücklage -								
47	Einstellung in andere Gewinnrücklagen -								
48	Entnahmen aus Gewinnrücklagen +								
49	**Bilanzgewinn/-verlust**	**205,000**	**111,000**	**-12,000**					
50									
51	**Sonstige Angaben**								
52	Ausschüttungen/Entnahmen	146,000	88,000	40,000					
53									
54	Zahl der Beschäftigten			80					

16. Beurteilen Sie die folgende aufbereitete Bilanz und Gewinn- und Verlustrechnung!

Bilanz zum 31. 12. 20..

Aktiva	Mio. €	**Passiva**	Mio. €
Summe Sachanlagen	120	Grundkapital	75
Summe sonstige mittel- und langfristige Forderungen	20	Gewinnrücklagen	30
Vorräte und Anzahlungen	200	Bilanzgewinn	14
Kurzfristige Forderungen a. L. u. L.	164	Mittel- und langfristige Bankverb.	70
Liquide Mittel	50	Mittel- und langfristige Verb. a. L. u. L.	20
		Kurzfristige Bankverbindlichkeiten	241
		Kurzfristige Verb. a. L. u. L.	80
		Kurzfristige Rückstellungen	24
	554		554

Weitere Angaben aus der Erfolgsrechnung in Mio. €:

Umsatzerlöse	1 228
Gesamtleistung	**1 228**
Aufwendungen:	
Wareneinsatz	958
Rohertrag	**270**
Personalaufwand	90
Abschreibungen auf Sachanlagen	31
Übrige betriebliche Aufwendungen	124
Sonstige betriebliche Erträge	20
Teilbetriebsergebnis	**45**
Zinsaufwendungen	18
Betriebsergebnis	**27**
Steuern vom Einkommen und Ertrag	13
Jahresüberschuss	**14**
Gewinnvortrag + / Verlustvortrag –	0
Rücklagenveränderung	0
Einstellung in gesetzliche Rücklagen –	0
Einstellung in andere Gewinnrücklagen –	0
Entnahmen aus Gewinnrücklagen +	0
Bilanzgewinn/-verlust	**14**

Der Bilanzgewinn wird den Gewinnrücklagen zugeführt.

Ermitteln Sie die folgenden Kennzifffern:

1. Cashflow in Mio. €
2. Eigenkapitalrentabilität
3. Gesamtkapitalrentabilität
4. Umsatzrentabilität
5. Durchschnittliches Debitorenziel in Tagen
6. Eigenkapitalquote
7. Anlagendeckungsgrad II
8. Liquidität II

4 Finanzierungsrechnung (Bewegungsbilanz)

Die Bilanz eines Unternehmens gibt Auskunft über die Beschaffung von Finanzierungsmitteln (Passivseite) und die Verwendung von Finanzierungsmitteln (Aktivseite).

Untersucht man die Veränderungen der einzelnen Vermögens- und Schuldenpositionen zwischen zwei Bilanzstichtagen, so kann festgestellt werden, aus welchen Quellen dem Unternehmen Mittel zuflossen und in welcher Form sie verwendet wurden. So lässt sich der Fluss von Finanzierungsmitteln innerhalb einer Rechnungsperiode erkennen.

Beispiel: Finanzierungsrechnung der Linus AG für das Jahr 20..

Herkunft der Mittel	Mio. €	%	Verwendung der Mittel	Mio. €	%
Innenfinanzierung					
Abschreibungen und Abgänge			Zugänge und Zuschreibungen		
Sachanlagen	637	45,5	Sachanlagen	652	46,6
Beteiligungen	282	20,1	Beteiligungen	125	8,9
übrige Finanzanlagen	16	1,2	übrige Finanzanlagen	29	2,1
Einstellung aus dem Jahresüberschuss in die freie Rücklage	70	5,0	Erhöhung der Vorräte	140	10,0
Rücklage für Auslandsrisiken	23	1,6	Erhöhung der Forderungen	186	13,3
Erhöhung des Sonderpostens mit Rücklageanteil	36	2,6	Minderung der sonstigen Verbindlichkeiten mit einer Laufzeit von mindestens vier Jahren	268	19,1
Erhöhung der Rückstellungen	91	6,5			
Erhöhung des Bilanzgewinns	43	3,1			
Minderung der flüssigen Mittel	122	8,7			
	1320	94,3			
Außenfinanzierung					
Erhöhung der anderen Verbindlichkeiten	80	5,7			
Gesamt	1400	100,0	Gesamt	1400	100,0

Die Finanzierungsrechnungen werden auf der **Mittelbeschaffungsseite** häufig nach Innen- und Außenfinanzierung gegliedert.

Innenfinanzierung

a) Finanzierung durch Zurückbehaltung von Gewinn (Selbstfinanzierung),
b) Finanzierung durch Bildung von Rückstellungen,
c) Finanzierung aus Abschreibungen,
d) Finanzierung durch Kapitalfreisetzung (Verminderung des Anlage- und Umlaufvermögens, Umschichtungsfinanzierung).

Außenfinanzierung

a) Eigenfinanzierung (Einlagen der Gesellschafter, Beteiligungen),
b) Fremdfinanzierung (Aufnahme von Krediten und sonstigen Verbindlichkeiten).

Merke: Der Bilanzgewinn des laufenden Jahres wird als Kapitalbeschaffung angesehen.

Bei der Darstellung der **Mittelverwendung** werden die einzelnen Verwendungsarten gegliedert nach

(a) Zugängen im Anlagevermögen,

(b) Veränderungen im Umlaufvermögen,

(c) Ausschüttung der Vorjahresdividende.

Aufgaben:

17. a) Erstellen Sie die Finanzierungsrechnung der Metallwerke AG!
(Hinweis: Ermitteln Sie zunächst die Differenzen der Bilanzpositionen des Umlaufvermögens gegenüber dem Vorjahr und kennzeichnen Sie diese mit + (Zunahme) oder – (Abnahme). Veränderungen des Anlagevermögens sind bereits angegeben.)

b) Welche Regel lässt sich für die Zuordnung der Veränderungen zur Kapitalbeschaffung oder Kapitalverwendung aufstellen?

c) Beurteilen Sie die Finanzierung des abgelaufenen Jahres!

Bilanz der Metallwerke AG

Aktiva	Vorjahr Mio. €	Berichtsjahr Mio. €	Veränderungen gegenüber Vorjahr	Passiva	Vorjahr Mio. €	Berichtsjahr Mio. €	Veränderungen gegenüber Vorjahr
1. Sachanlagen	736	818		1. Gezeichnetes Kapital	410	415	
2. Finanzanlagen	402	433		2. Gewinnrücklagen	442	460	
Anlagevermögen	1138	1251		Eigenkapital	852	875	
3. Vorräte	75	87		3. Rückstellungen	123	158	
4. Forderungen	274	332		4. Langfristige Verbindl.	373	457	
5. Flüssige Mittel	46	50		5. Kurzfristige Verbindl.	160	197	
Umlaufvermögen	395	469		Fremdkapital	656	812	
Summe der Aktiva	1533	1720		6. Bilanzgewinn	25	33	
				Summe der Passiva	1533	1720	

Entwicklung des Anlagevermögens

a)		€
	Sachanlagen Stand 01.01.	736
+	Zugänge	179
–	Abschreibungen	97[1]
	Stand 31.12.	818

b)		€
	Finanzanlagen Stand 01.01	402
+	Zugänge	36
–	Abschreibungen	5
	Stand 31.12.	433

1 In den Abschreibungen des Anlagenspiegels sind die Abgänge des lfd. Jahres enthalten.

18. Erstellen Sie eine Finanzierungsrechnung!

Bilanz der Handels AG zum 31. Dez. 20.. (in Mio.)

Aktiva	31. Dez. Vorjahr Mio. €	Zugänge Mio. €	Abgänge Mio. €	Abschreibungen Mio. €	31. Dez. Berichtsjahr Mio. €
Anlagevermögen					
1. Sachanlagen	986,5	197,1	-	128,2	1055,4
2. Finanzanlagen	58,4	2,7	-	1,5	59,6
Umlaufvermögen					
1. Vorräte	324,4				393,1
2. Sonstige Forderungen	41,9				66,7
3. Forderungen aus Lieferungen	19,5				22,4
4. Sonstige Wertpapiere (börsengängig)	1,0				1,1
5. Kassenbestand	16,7				19,6
6. Guthaben bei Kreditinstituten	112,7				171,5
	1561,1				1789,4
Passiva					
Gezeichnetes Kapital	270,0				300,0
Gewinnrücklagen	489,0				549,0
Bilanzgewinn	54,0				60,0
Rückstellungen					
a) für Pensionen	150,0				178,0
b) sonstige	29,2				33,5
Verbindlichkeiten					
a) langfristig	305,6				394,4
b) kurzfristig	263,3				274,5
	1561,1				1789,4

Gewinn- und Verlustrechnung der Handels AG

	Vorjahr Mio. €	Berichtsjahr Mio. €
Umsatzerlöse (ohne MWSt)	3646,0	4159,5
Aufwendungen für bezogene Waren	2483,4	2820,9
Sonstige betriebliche Erträge	105,1	124,5
Personalkosten	636,2	747,6
Abschreibungen auf Sachanlagen	110,3	128,2
Abschreibungen auf Finanzanlagen		1,5
Zinsen und ähnliche Aufwendungen	23,3	30,5
Steuern		
a) vom Einkommen und vom Ertrag	147,3	151,9
b) sonstige	1,1	0,9
Sonstige betriebliche Aufwendungen	241,5	282,5
Jahresüberschuss	108,0	120,0
Einstellung in die Gewinnrücklagen	54,0	60,0
Bilanzgewinn	54,0	60,0

Exkurs: *Arbeiten mit dem Tabellenkalkulationsprogramm Excel*

A. Erste Bekanntschaft mit dem Tabellenkalkulationsprogramm Excel

Problemstellung: Sie wollen bei Ihrer Vorbereitung auf die Zwischen- oder Abschlussprüfung als Bankkaufmann/Bankkauffrau oder bei der Erledigung Ihrer Hausaufgaben die Lösungen von Rechenaufgaben möglichst schnell kontrollieren? Oder vielleicht ausrechnen, wie viel jeder Teilnehmer einer gemeinsamen Urlaubsreise an Kosten zu übernehmen hat?

Bei diesen und vielen anderen Aufgaben können Sie auf Ihrem PC ein Tabellenkalkulationsprogramm nutzen. Wie Sie dabei vorgehen können, soll Ihnen in den Grundzügen am Tabellenkalkulationsprogramm Excel von Microsoft, das unter dem Betriebssystem Windows läuft, gezeigt werden, um es selbst anschließend einsetzen zu können. Erlernen oder wiederholen Sie dabei zunächst die Grundlagen des Wirtschaftsrechnens.

Arbeitsaufträge:

- Informieren Sie sich darüber, was ein Tabellenkalkulationsprogramm ist!
- Starten Sie Excel auf Ihrem PC!
- Erläutern Sie das Excel Anwendungsfenster!
- Bewegen Sie sich mit der Maus im Excel Arbeitsblatt!
- Beenden Sie Excel!

Informationen

1. Was bedeutet Tabellenkalkulation?

Bisher haben Sie Berechnungen entweder im Kopf, auf Papier oder mit dem Taschenrechner durchgeführt. Das Tabellenkalkulationsprogramm ersetzt diese Medien durch ein **elektronisches Arbeitsblatt.** Auf diesem können Sie Texte, Zahlen und Formeln eingeben, die Sie zur Lösung kaufmännischer oder technischer Berechnungen benötigen. Von großem Vorteil ist, dass Sie einmal eingegebene Formeln zur Lösung bestimmter Probleme immer wieder verwenden können.

2. Wie starte ich Excel?

1. Klicken Sie auf die Schaltfläche **Start**.
2. Zeigen Sie auf den Menüpunkt **Programme**.
3. Klicken Sie auf den Menüpunkt **Microsoft Excel**.

Daneben besteht die Möglichkeit, die MS Office Shortcut-Leiste so einzurichten, dass durch Anklicken des MS Excel-Symbols das Programm Excel geöffnet wird.

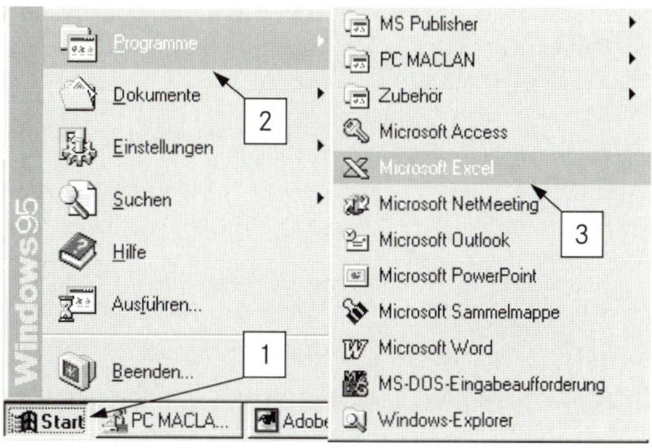

3. Wie ist das Excel Arbeitsfenster aufgebaut?

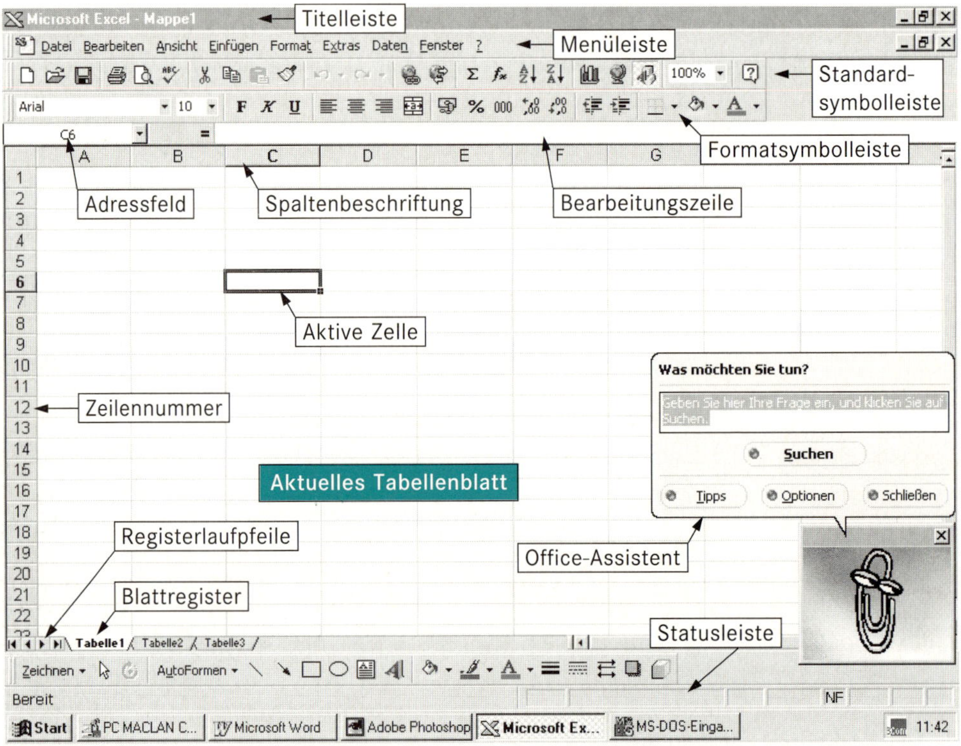

Titelleiste

Nach dem Start stellt Excel eine leere Arbeitsmappe zur Verfügung. In der Abbildung Mappe 1, siehe Titelleiste. Wenn Sie Ihre Arbeit unter einem bestimmten Namen, z. B. **Zinsrechnen,** speichern, so wird dieser Titel in dieser Leiste angezeigt.

Am rechten Rand der Titelleiste befinden sich die Windows-Standardelemente

 Minimierfeld,

 Vollbild- bzw. Teilbildfeld und

 Schließfeld.

✘ Probieren Sie einmal aus, was bei einem Anklicken dieser Symbole jeweils geschieht.

Menüleiste

Excel stellt verschiedene Menüs zur Verfügung. Durch diese sind verschiedene Funktionen des Programms abrufbar.

Hinter jedem Menü steht ein Pull Down-Menü, das durch einmaliges Anklicken des Menüs mit der linken Maustaste erscheint.

Durch einen Mausklick auf die gewünschte Funktion wird diese aktiviert.

✘ Aktivieren Sie das Menü **Format** / **Spalten**[1]

1 Der Teilungsstrich / dient nur der Trennung der Befehle. Bitte nicht eingeben!

Symbolleisten Die Symbolleisten bestehen aus kleinen Knöpfen (buttons), durch deren Anklicken bestimmte Befehle bzw. Befehlsfolgen ausgeführt werden. Wenn Sie mit dem Mauszeiger länger auf eines dieser Symbole deuten, wird die jeweilige Funktion stichwortartig angezeigt. Die Symbolleisten können erweitert oder individuell gestaltet werden. Menü **Ansicht / Symbolleisten / Anpassen.**

- ✗ Deuten Sie auf das Symbol **F** auf der Standardsymbolleiste.
- ✗ Lassen Sie die Symbolleiste **Grafik** erscheinen.

Spaltenbeschriftung Jedes Tabellenblatt ist in **Spalten** und **Zeilen** unterteilt. Die Spaltenköpfe sind mit **Buchstaben** gekennzeichnet. Eine Excel-Tabelle kann aus bis zu 256 Spalten bestehen.

Zeilennummer Eine Excel-Tabelle kann aus maximal 65536 Zeilen bestehen. Die Zeilennummer finden Sie am linken Rand des Tabellenblattes.

Adressfeld / Aktive Zelle Durch die Kombination von Spalte und Zeile entsteht eine **Zelle.** Die Zelle wird durch die Angabe der jeweiligen Spaltenbeschriftung und der Zeilennummer eindeutig bestimmt. Diese Bestimmung können Sie sich als „Hausnummer" der Zelle vorstellen. Die Zelle, die durch die Spalte C und die Zeile 3 bestimmt wird, erhält die „Hausnummer" C3.

Im Adressfeld wird jeweils die „Hausnummer" angegeben, mit der gerade gearbeitet wird. Dort befindet sich auch der **Cursor.** Diese Zelle wird als die **aktive Zelle bezeichnet.**

- ✗ Welche „Hausnummer" hat die Zelle, die aus der Spalte F und der Zeile 21 gebildet wird?
- ✗ Welche Zelle ist in dem abgebildeten Bildschirmfenster die „Aktive Zelle"?
- ✗ Gehen Sie mit dem Cursor in die Zelle D17!

Bearbeitungszeile In die Bearbeitungszeile und in die aktiven Zellen können Sie Daten eingeben. Das kann ein Text, eine Zahl oder eine Formel sein. Bei einer Formel nimmt die Bearbeitungszeile aber nach dem = -Zeichen noch zwei weitere Symbole auf. Das werden wir später noch erfahren.

- ✗ Schreiben Sie in die Zelle A2 Ihren Nachnamen und in die Zelle B2 Ihr Geburtsdatum.

Blattregister Die Namen der Tabellenblätter werden im Blattregister angezeigt. Durch Anklicken des Blattregisters können Sie zwischen den Blattregistern wechseln. Das jeweils angeklickte Registerblatt wird aktiviert, d. h. Sie können es bearbeiten.

Falls Sie wissen wollen, was auf dem jeweiligen Blatt von Ihnen gespeichert wurde, können Sie dem Blattregister auch einen anderen Namen geben. Dazu klicken Sie zweimal mit der Maus auf das Blattregister und geben dann den von Ihnen gewünschten Namen ein.

Durch Anklicken der **Registerlaufpfeile** am linken Rand des Blattregisters können Sie zwischen den Registerblättern wechseln.

- ✗ Ändern Sie das Blattregister **Tabelle 2,** indem Sie diesem **Ihren Vornamen** geben.
  Bestätigen Sie die Eingabe mit: RETURN ↵
- ✗ Probieren Sie aus, welche Wirkungen das Anklicken der vier Registerlaufpfeile jeweils hat.

21 Schuster - ISBN 978-3-8120-0194-6

Statusleiste Der linke Teil der Statusleiste gibt Ihnen Informationen über das, was Sie gerade tun oder über den gewählten Befehl. Im rechten Teil erhalten Sie Auskunft über aktuelle Einstellungen Ihres PC.

Office-Assistent Durch einen Mausklick auf das Symbol **Fragezeichen,** das Sie auf der Standardsymbolleiste finden, können Sie den Office-Assistenten anfordern. Sie können ihm Fragen stellen, er gibt Ihnen Tipps und bietet Optionen an.

Den Office-Assistenten können Sie auch durch das Drücken der **F1**-Taste aktivieren.

✘ Probieren Sie den Office-Assistenten aus!

4. Bildlaufleisten / Rollbalken / Bildlaufpfeile

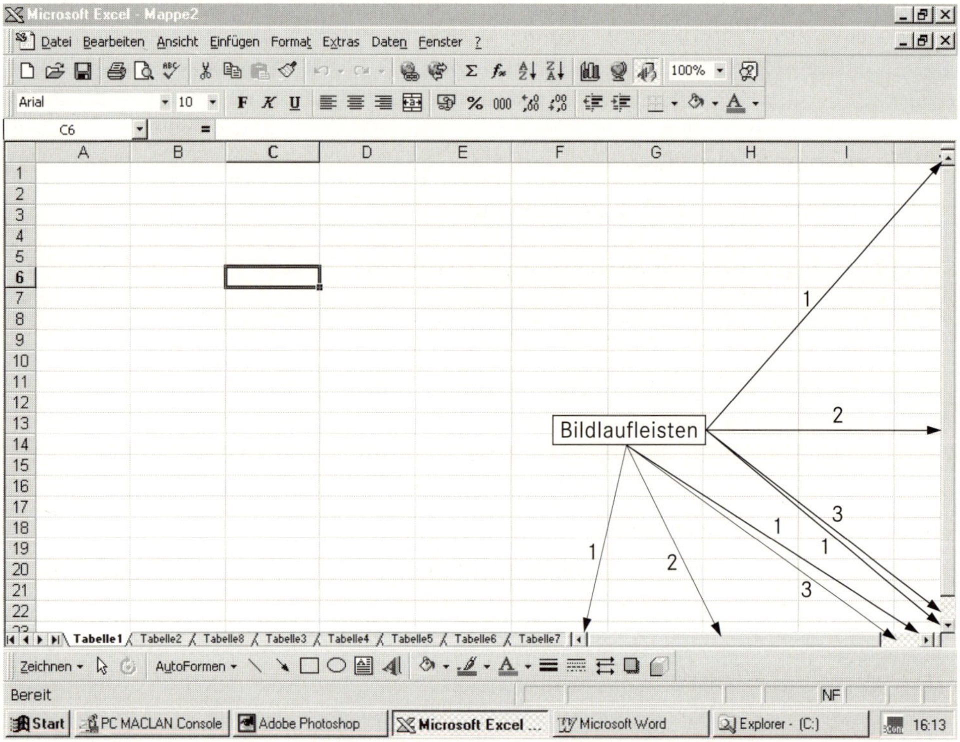

Bei großen Tabellen wird es erforderlich, dass Sie den sichtbaren Teil des Bildschirmausschnitts verändern. Dies können Sie auf folgenden Wegen erreichen:

1	**Bildlaufpfeile**	Mit einem Mausklick bewegen Sie den Fensterinhalt zeilen- bzw. spaltenweise nach oben oder unten bzw. nach links oder rechts.
2	**Rollbalken**	Bei gedrückter Maustaste können Sie mit dem Rollbalken das Bild nach unten oder oben bzw. nach links oder rechts bewegen. Dabei lassen sich leicht größere Strecken zurücklegen.
3	**Bildlaufleisten**	Durch Mausklick auf den Leistenbereich können Sie den Bildlauf um jeweils eine Fenstergröße nach oben oder unten bzw. nach links oder rechts durchführen.

5. Wie kann ich Excel beenden?

Wichtig ist, dass Sie Ihre Arbeit mit dem Tabellenkalkulationsprogramm **nicht** dadurch beenden, dass Sie einfach den Computer abschalten. Dies könnte zu **Datenverlusten** führen.

Gehen Sie **einen** der folgenden Wege:

- Rufen Sie das Menü **Datei / Beenden** auf.
- Klicken Sie auf das Schließfeld **X** in der Titelleiste von Excel.
  Falls Sie mehrere Dateien gespeichert haben, können Sie auch jede Datei einzeln schließen, indem Sie das Schließfeld jeder einzelnen Datei anklicken.
- Betätigen Sie die Tastenkombination **ALT + F4.**

Welchen Weg Sie zum Verlassen von Excel auch wählen, vergessen Sie nicht, die Dateien zu speichern. Wie dies geschieht, werden Sie noch lernen.

B. Wie rechne ich mit Excel?

1. Von der Formeleingabe bis zur Speicherung

Problemstellung: Lösen Sie die Aufgaben a) – l) mit Hilfe des Tabellenkalkulationsprogramms Excel.

a) 7 + 1917 + 2436 + 942 =	g) 97 + (5 : 2) =
b) 5993 – 267 – 13 – 506 =	h) (5 + 57) : 28 =
c) 4,78 + 18,041 + 27,16 =	i) 2^8 =
d) 25,3 – 8,4 – 3,94 =	j) $(2 \cdot 98)^3$ =
e) 9 · 7 · 3 =	k) 239865 · 324 =
f) 125 + (5 · 15) =	l) 45 · (– 36) =

Arbeitsaufträge:

1. Öffnen Sie ein Excel Arbeitsblatt!
2. Tragen Sie die Werte der Aufgaben in das Arbeitsblatt nach folgendem Schema ein:

	A	B	C	D
1	Einfache Formeln mit Excel			
2		a	b	c usw.
3	Wert 1			
4	Wert 2			
5	Wert 3			
6	Wert 4			
7				
8				

3. Geben Sie in die Zelle A8 das Wort „Ergebnis“ ein.
4. Geben Sie in die Zellen B8, C8 usw. die Formeln für die Lösung der Aufgaben a) – l) ein.
5. Drucken Sie die Tabelle mit den Ergebnissen aus.
6. Speichern Sie Ihre Tabelle ab!

Informationen

Eingeben von Text und Ziffern

- Setzen Sie den Cursor in die gewünschte Zelle.
- Geben Sie den Text, die Ziffern oder die Sonderzeichen in die Zelle ein. **Alternativ** können Sie die Eingaben auch in die Bearbeitungszeile eingeben.

Negative Zahlen geben Sie mit dem Vorzeichen - ein.

Korrigieren von Falscheingaben

- Falls Sie bei der Eingabe Fehler feststellen, können Sie diese sofort korrigieren. Dazu können Sie die Korrektur-Taste [←] benutzen **oder** die Zelle mit der falschen Eingabe noch einmal beschreiben.
- Schließen Sie die Eingabe mit dem Drücken der Taste RETURN [↵] ab.
- Falls eine Zelle bereits einen Inhalt hat, genügt eine neue Eingabe, um den bisherigen Inhalt zu stornieren.
- Bei der Korrektur von **Formeln** kann auch der **Stornierschalter X** gedrückt werden, der bei der Formeleingabe links vom Gleichheitszeichen = erscheint.

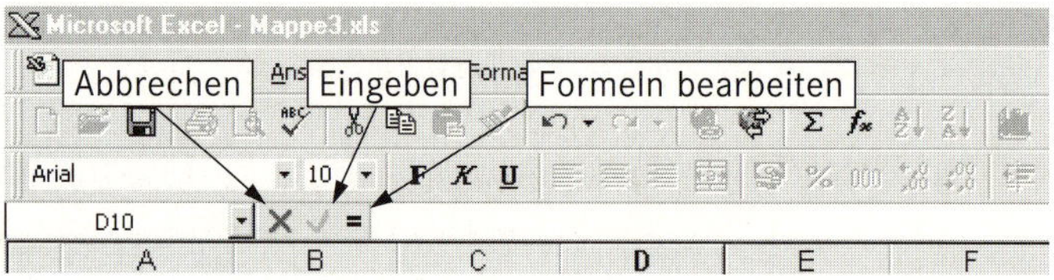

Anzeigen von Text und Zahlen

Haben Sie die Werte zu den Aufgaben a) – l) bereits in das Tabellenblatt eingegeben? Sie sehen, dass die Eingabe in A1 die Zellen A1 und B1 umfasst. Das ist solange der Fall, wie keine Eingabe in der Nachbarzelle (B1) erfolgt. Probieren Sie es einmal aus.

- ✘ Schreiben Sie Ihren Namen in die Zelle B1 und drücken Sie RETURN.
- ✘ Löschen Sie Ihren Namen jetzt wieder.

Sie sehen auch, dass in den Zellen der **Text linksbündig,** die **Zahlen rechtsbündig** platziert werden. Diese **Standardeinstellungen** lassen sich ändern, wie Sie später noch sehen werden.

Aufzählungen/ Datenreihen

Sie haben bei der Eingabe der Werte in den Zellen A3:A6 (: steht für **bis)** immer Wert1, Wert2 usw. schreiben müssen. Excel bietet verschiedene Erleichterungen für das automatische Erzeugen von Aufzählungen und Datenreihen.

Bei **Texten,** die mit einer Ziffer beginnen oder enden, wie zum Beispiel Wert1, und bei **Datumseingaben,** zum Beispiel 5. Jan. 99, erzeugt Excel automatisch eine **Aufzählung.**

Gehen Sie dabei wie folgt vor:

- Löschen Sie zunächst die Eintragungen in den Zellen A4:A6 (Markieren / Entfernen).
- Setzen Sie den Mauszeiger in die Zelle A1.
- Gehen Sie mit dem Mauszeiger jetzt in die rechte untere Ecke von A1. Dort befindet sich der so genannte **Anfasser.** Der Mauszeiger nimmt die Form + an.

- Drücken Sie die linke Maustaste und ziehen Sie den Anfasser mit gedrückter Maustaste über die Zellen A4:A6.
- Lassen Sie die Maustaste bei A6 los.

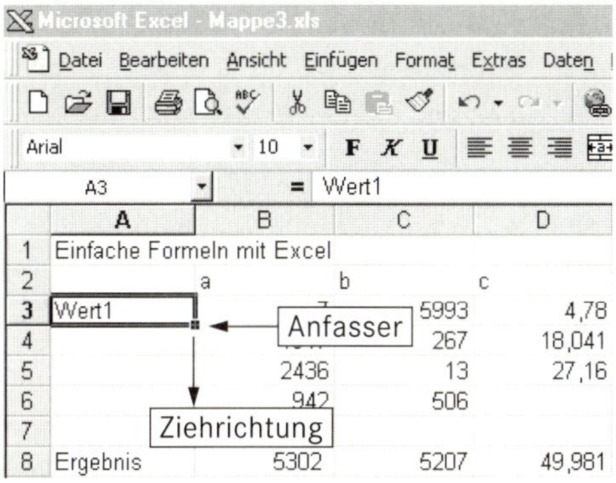

Probieren Sie das AutoAusfüllen gleich einmal aus.

Sie können auch selbst neue Listen für Aufzählungen erzeugen, wie zum Beispiel die Namen aller Schüler Ihrer Klasse. Das erreichen Sie wie folgt:

- Menü **EXTRAS/OPTIONEN**/Register **AutoAusfüllen.**
- Klicken Sie im Listenfeld Benutzerliste den Eintrag **Neue Liste** an.
- Geben Sie im Feld **Listeneinträge** die Namen der Schüler Ihrer Klasse ein. Nach jedem Namen die RETURN-Taste drücken.
- Nach Eingabe des letzten Namens drücken Sie auf **Hinzufügen.**
- Schließen Sie das Dialogfeld mit **OK.**

✗ Erstellen Sie eine Liste für das AutoAusfüllen an selbst gewählten Beispielen.

✗ Probieren Sie das AutoAusfüllen auch bei einem Ziehen in einer **Zeile.**

✗ Erzeugen Sie sich die Möglichkeit, auch das Alphabet durch AutoAusfüllen darstellen zu können.

Kopieren von Zellinhalten

Sie haben in der Zelle A8 das Wort **Ergebnis** stehen.

✗ Gehen Sie mit dem Mauszeiger in diese Zelle. Ziehen Sie den **Anfasser** in die Zellen A9:A11 und lassen Sie den Mauszeiger los.

Was stellen Sie fest?

Wenn Sie es richtig gemacht haben, wurde das Wort Ergebnis in die Zellen A9:A11 **kopiert.**

Löschen Sie diese Kopien wieder. Markieren Sie dazu die Zellen A9:A11 und drücken Sie auf **Entf.**

✗ Gehen Sie noch einmal mit der Maus in die Zelle A8. Ziehen Sie jetzt den Anfasser über die Zellen B8:B12.

Was haben Sie dadurch gelernt?

Zellinhalte lassen sich in anschließende Zellen durch Ziehen an dem Anfasser kopieren!

Ausblenden/ Einblenden

Bevor wir mit dem Rechnen beginnen, soll noch ein anderes Problem gelöst werden. Sie können nicht die gesamten Spalten A:M auf dem Bildschirm sehen. Von Interesse sind neben der Spalte A jeweils die Spalten, in die Sie Werte eingeben wollen. Die nicht benötigten Spalten können Sie **ausblenden.**

Wie können zum Beispiel die Spalten D:H ausgeblendet werden?

- Gehen Sie mit der Maus auf die **rechte Spaltenbegrenzungslinie** der Spalte H bis der **Doppelpfeil** erscheint ◄┼► .
- Ziehen Sie mit gedrückter linker Maustaste nach **links** bis zur Spalte C. Die Spalten D:H sind ausgeblendet.

Eine **weitere Möglichkeit** besteht über das Menü **FORMAT/SPALTE/AUSBLENDEN.**

Den Vorgang können Sie rückgängig machen, indem Sie

- Den Mauszeiger im Spaltenkopf von **rechts** an die verborgene Spalte heranführen bis der **Doppelpfeil** ◄╫► , in der Mitte getrennt, erscheint.
- Ziehen Sie mit gedrückter linker Maustaste nach **rechts.** Die verborgene Spalte erscheint wieder.

Alternativ können Sie auch über das Menü **FORMAT/SPALTE/EINBLENDEN** gehen.

Auf gleichem Wege können Sie auch **Zeilen** aus- bzw. einblenden. Sie ziehen die Zeilen nach oben, um diese unsichtbar zu machen. Umgekehrt werden sie wieder sichtbar gemacht. Auch über das Menü FORMAT/ZEILE/AUSBLENDEN bzw. FORMAT/ZEILE/EINBLENDEN können Zeilen unsichtbar bzw. wieder sichtbar gemacht werden.

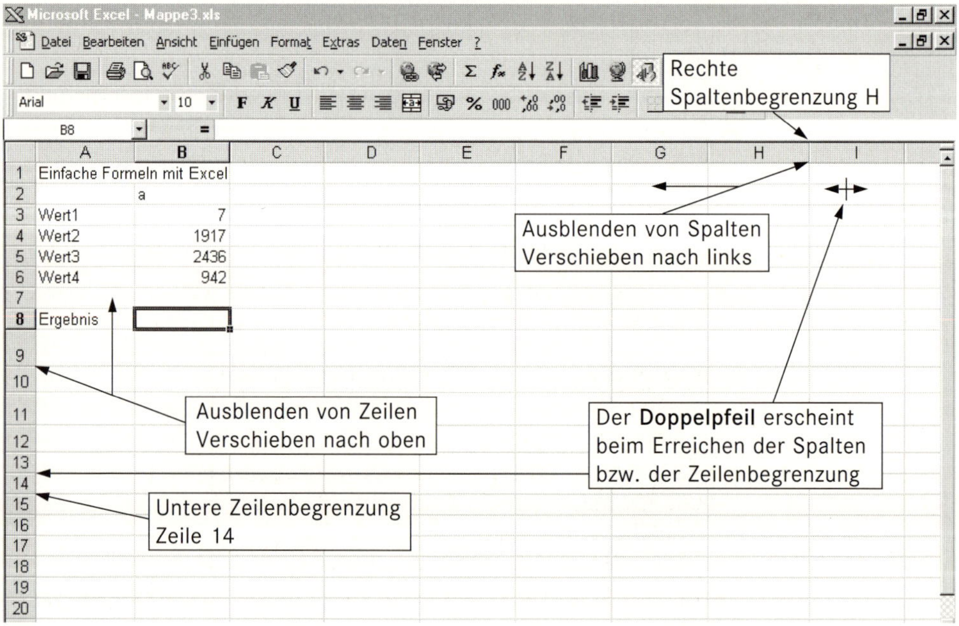

✘ Probieren Sie das gleich einmal an unserem Beispiel aus!

Rechnen mit Formeln

Eine **Formel** ist die Rechenanweisung für den Computer in Form einer Gleichung. Leider kann der PC diese Formeln (noch) nicht selbst aus der Aufgabenstellung ableiten.

Wie gehen Sie bei der Lösung der gestellten Aufgaben vor?

- Gehen Sie zunächst auf die Zelle B8, in der das **Ergebnis** erscheinen soll.
- Beginnen Sie die Formel **immer** mit einem **Gleichheitszeichen** =. Das Gleichheitszeichen können Sie entweder in die **Zelle B8,** die ja die Lösung aufnehmen soll, **oder** in die **Bearbeitungszeile** eingeben. Es erscheint auch, wenn Sie in der Bearbeitungszeile das **Symbol** = anklicken.
- Geben Sie die **Formel** (Rechenanweisung) ein.

  Im Beispiel a) = B3+B4+B5+B6 .

  Bei der Formel geben Sie nach dem Gleichheitszeichen die Zellen oder Zellbereiche an, mit deren Inhalten gerechnet werden soll **(Zellbezug).**

  Die Art der durchzuführenden Rechenoperation wird durch die **Operatoren** bestimmt.
- Beenden Sie Ihre Eingabe mit RETURN .

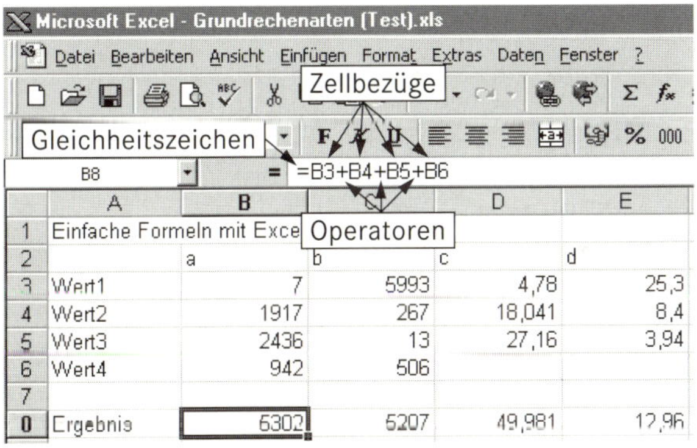

Rechenregeln

Es gelten die mathematischen Rechenregeln:

Punktrechnung geht vor Strichrechnung.

Rechenzeichen (Operatoren)

Für die Formeln werden teilweise andere Rechenzeichen verwendet, als Ihnen bekannt ist. Excel erkennt u. a. folgende Operatoren:

Rechenart	Rechenzeichen in Excel
Addition	+
Subtraktion	–
Multiplikation	*
Division	/
Potenzieren	^
Prozentrechnen	%

Das Zeichen für das Potenzieren erscheint erst nach dem nächsten Anschlag (Tastendruck).

✘ Lösen Sie die Aufgaben b) – l) des Ausgangsfalles.

Formeln bilden durch Anklicken

Sie können sich die Eingabe von Formeln dadurch erleichtern, dass Sie die jeweils anzusprechenden **Zellen** mit dem Cursor **anklicken.** So können Sie Eingabefehler verringern.

Die **Operatoren** müssen Sie allerdings weiterhin **manuell eingeben.**

✘ Probieren Sie das einmal aus!

Summenfunktion

Excel bietet verschiedene **Funktionen** an, die das Rechnen erleichtern. Eine häufig verwendete Funktion ist die **Summenfunktion.**

✘ Probieren Sie diese Funktion gleich einmal aus.

- Gehen Sie in unserem Beispiel bei der Aufgabe a) in die Zelle B8.
- Geben Sie das Gleichheitszeichen = ein.
- Klicken Sie zweimal auf das **Summenzeichen** ∑ in der Standardsymbolleiste. In der Zelle B8 und in der Bearbeitungszeile erscheint die **Formel** **= SUMME(B3:B7)**. Gleichzeitig wird dieser Bereich im Arbeitsblatt umrahmt.
- Lassen Sie den Mauszeiger los. Es erscheint das Endergebnis.

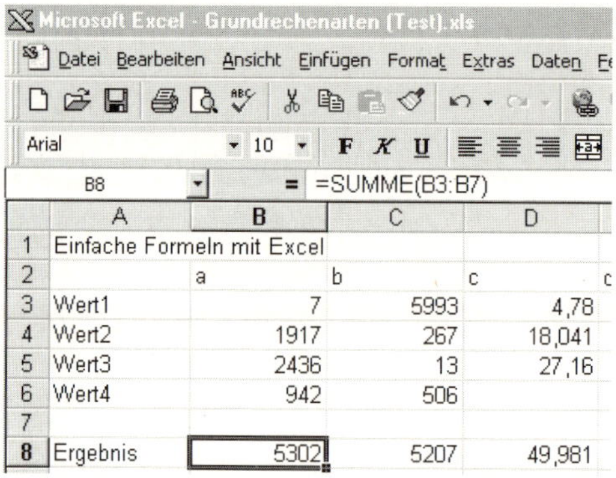

	A	B	C	D
1	Einfache Formeln mit Excel			
2		a	b	c
3	Wert1	7	5993	4,78
4	Wert2	1917	267	18,041
5	Wert3	2436	13	27,16
6	Wert4	942	506	
7				
8	Ergebnis	5302	5207	49,981

Beachten Sie, dass die Formel jetzt in einer vereinfachten Schreibweise angegeben ist. Wenn Sie den Laufrahmen näher betrachten, können Sie feststellen, dass auch die Zelle B7 mit eingeschlossen ist. Das ist erforderlich, da Excel einen zusammenhängenden Bereich nur erkennt, wenn **keine Leerzellen** vorhanden sind.

Wenn Sie alle Aufgaben richtig gelöst haben, erhalten Sie die folgenden Ergebnisse:

	A	B	C	D	E	F	G	H	I	J	K	L	M
1	Einfache Formeln mit Excel												
2		a	b	c	d	e	f	g	h	i	j	k	l
3	Wert1	7	5993	4,78	25,3	9	125	97	5	2	2	239865	45
4	Wert2	1917	267	18,041	8,4	7	5	5	57	8	98	324	-36
5	Wert3	2436	13	27,16	3,94	3	15	2	28		3		
6	Wert4	942	506										
7													
8	Ergebnis	5302	5207	49,981	12,96	189	200	99,5	2,21428571	256	7529536	77716260	-1620

Drucken der Tabelle

Seitenansicht

Bevor Sie Ihre Tabelle ausdrucken lassen, sollten Sie sich den zu erwartenden Ausdruck ansehen. Dazu haben Sie **verschiedene Möglichkeiten:**

- Am einfachsten ist es, in der Standardsymbolleiste auf das **Symbol** zu klicken.
  Oder
- Sie gehen über das Menü **DATEI / SEITENANSICHT.** Es erscheint diese verkleinerte Ansicht des Tabellenbereichs.

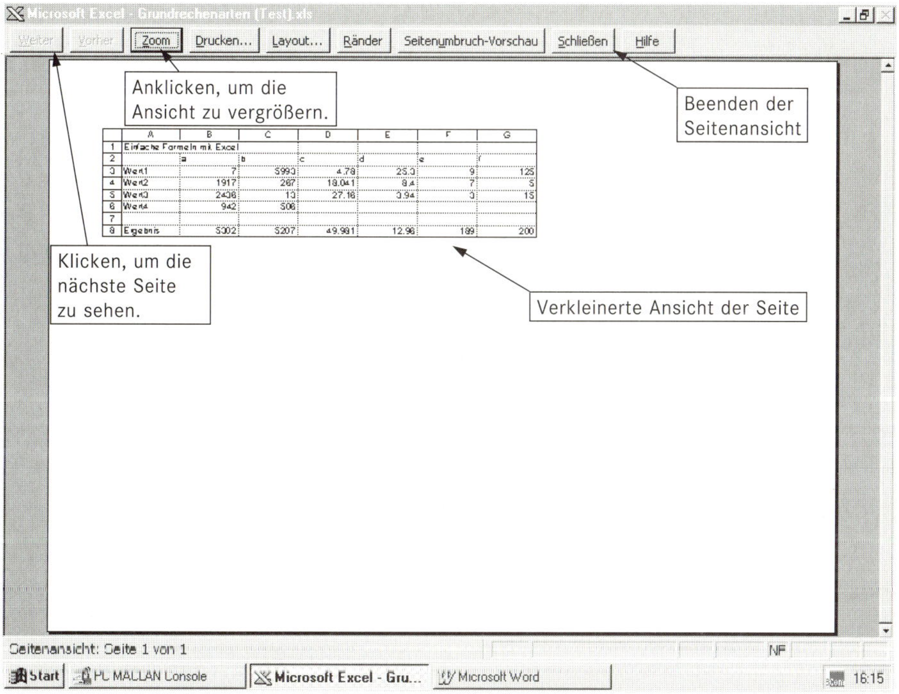

Durch das Anklicken des Symbols **Weiter** können Sie zur Seite 2 wechseln. Klicken Sie die Schaltfläche **Vorher** an, dann kommen Sie wieder zur ersten Seite zurück.

Wenn Sie die Ansicht **vergrößern** wollen, klicken Sie mit dem Mauszeiger auf das Symbol **ZOOM.**

Die gleiche Wirkung erzielen Sie auch, wenn Sie mit dem Mauszeiger auf die verkleinerte Ansicht gehen. Dann erscheint das Symbol **Lupe** . Durch einen Klick auf die linke Maustaste erhalten Sie ebenfalls eine vergrößerte Teilansicht.

Durch einen weiteren Klick können Sie zwischen den beiden Ansichtsformen wechseln.

Sie **beenden** die Seitenansicht durch das Anklicken der Schaltfläche **Schließen.**

✘ Probieren Sie die verschiedenen Möglichkeiten gleich einmal aus!

Seite einrichten Es ist nicht sinnvoll, das Tabellenblatt im standardmäßig vorgegebenen Hochformat zu drucken, da die Tabelle auf zwei Seiten ausgedruckt werden müsste.

Das Problem ist zu lösen, indem die Tabelle im **Querformat** gedruckt wird. Wie erreichen Sie das?

Papierformat

Gehen Sie einen der folgenden Wege:

- Menü DATEI/SEITE einrichten **oder** DATEI/SEITENANSICHT/LAYOUT. Es erscheint jetzt diese Schaltfläche:

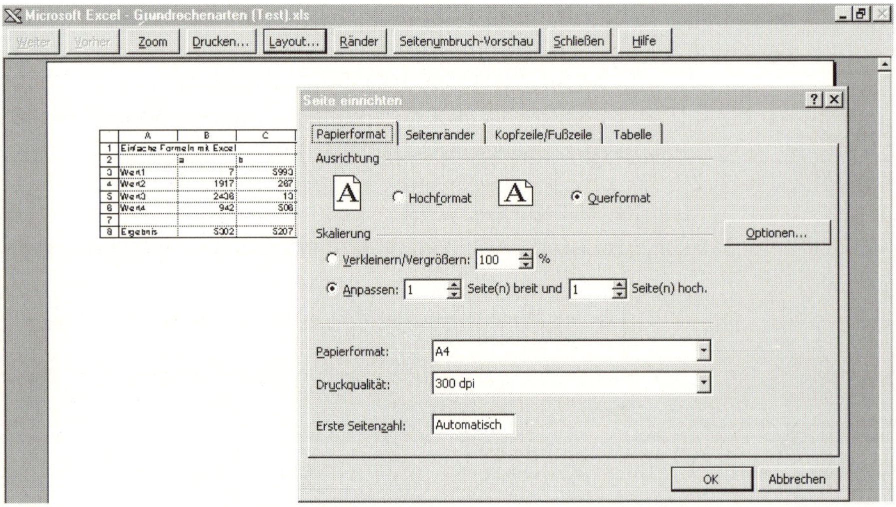

- Wählen Sie jetzt in dem Register **Papierformat Ausrichtung: QUERFORMAT.**
- **RETURN**

Wenn Sie sich jetzt die Seitenansicht ansehen, werden Sie feststellen, dass immer noch nicht die ganze Tabelle angezeigt wird. Um dies zu erreichen, müssen wir die Tabelle der **Seite anpassen.**

Seite anpassen

Wählen Sie auf der Schaltfläche Seite einrichten bei **Skalierung**

- **Anpassen**
- **RETURN**

Da nur eine Seite benötigt wird, brauchen wir im Listenfeld keine Seitenzahlen anzugeben. Das ist nur erforderlich, wenn eine Tabelle aus mehreren Seiten besteht.

Seitenränder

Im Register **Seitenränder** können Sie die Position der Tabelle durch die Eingabe der Abstände verändern.

Das können Sie aber einfacher durch **Verschieben** erreichen, wenn Sie über das Menü **DATEI/SEITENANSICHT/RÄNDER** gehen. Dann erscheinen die Ränder als kleine gepunktete Linien. Diese können Sie mit gedrückter linker Maustaste in die gewünschte Position ziehen. Das Ziehen können Sie ja bereits.

✘ Probieren Sie das einmal aus.

Kopfzeile/Fußzeile Im Register **Kopfzeile/Fußzeile** können Sie Kopf- und Fußzeilen gestalten, die später auf den ausgedruckten Seiten erscheinen sollen.

Für die Gestaltung von Kopf- und Fußzeile stehen jeweils eigene Fenster zur Verfügung. Diese erreichen Sie durch das Drücken der Schaltfläche **Benutzerdefinierte Kopfzeile** bzw. **Benutzerdefinierte Fußzeile.**

Wir wollen in der **Kopfzeile** unserer Tabelle folgende Angaben erscheinen lassen:

Links: „Aktuelles Datum" **Mitte:** Datei **Rechts:** Register

Um das zu erreichen, gehen Sie folgendermaßen vor:

- Drücken Sie die Schaltfläche **Benutzerdefinierte Kopfzeile.** Es erscheint die Dialogfläche **Kopfzeile.** Diese ist in drei Listenfelder eingeteilt.
- Setzen Sie die Einfügemarke in das Bearbeitungsfeld **Linker Bereich.**
- Geben Sie den Text **„Aktuelles Datum"** ein.

Damit das aktuelle Datum auch erscheint, fügen Sie den so genannten Platzhalter **& [Datum]** ein.

- Klicken Sie auf das Kalendersymbol. Dadurch wird der gewünschte Platzhalter eingetragen.

✘ Ergänzen Sie jetzt die Eingaben für den mittleren und rechten Bereich der Kopfzeile.

✘ In der Fußzeile soll auf der rechten Seite die Bezeichnung **Einführungsaufgabe** erscheinen.

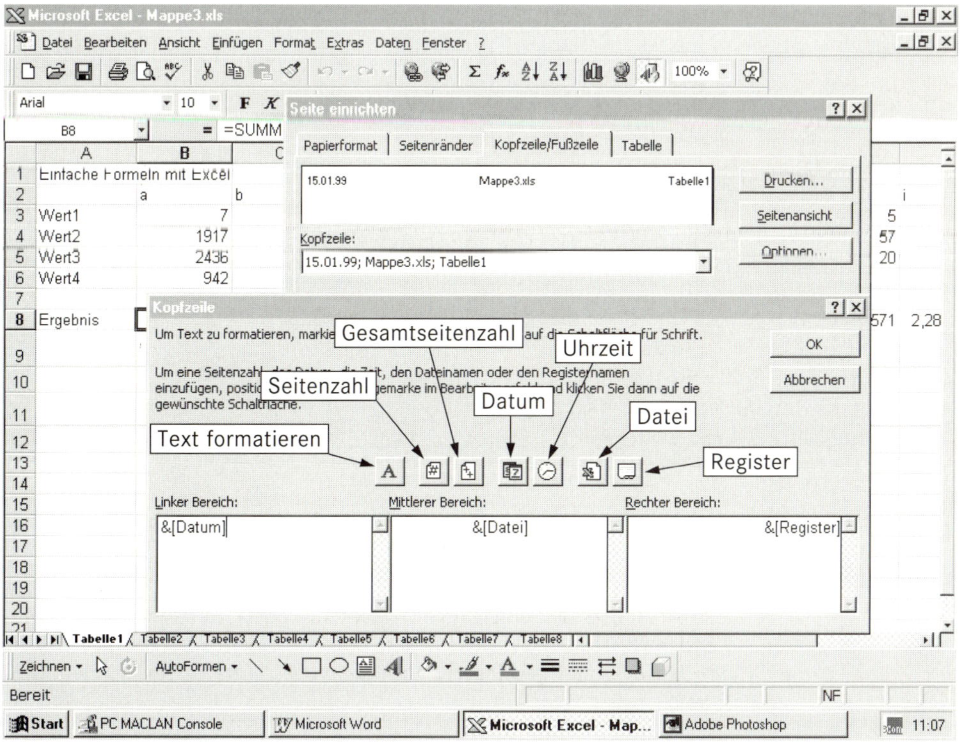

Tabelle Über das Register **Tabelle** können Sie Angaben für den Ausdruck festlegen.

Druckbereich Wenn nur Teile der Tabelle gedruckt werden sollen, können Sie dies mit der Festlegung des **Druckbereichs** erreichen. Dabei können Sie verschiedene Wege wählen:

- DATEI/Seite einrichten/**Tabelle**
- Geben Sie jetzt den gewünschten Druckbereich ein, z. B. A1:C8
- Drücken Sie **OK**.

Oder Sie gehen, insbesondere wenn Sie sehr viele unterschiedliche Bereiche eines oder mehrerer Arbeitsblätter ausdrucken wollen, folgenden Weg:

- DATEI/Seite einrichten/**Tabelle**
- Klicken Sie jetzt auf das am rechten Rand des Eingabefeldes Druckbereich angegebene Symbol. Es erscheint das Arbeitsblatt und ein neues Eingabefeld. 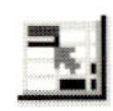
- **Markieren** Sie mit gedrückter linker Maustaste den Bereich, den Sie ausdrucken lassen wollen. Bei mehreren nicht zusammenhängenden Druckbereichen drücken Sie zusätzlich die Taste **STRG** so lange, bis Sie die Markierung der Druckbereiche beendet haben.
- Wenn Sie die Markierung beendet haben, drücken Sie noch einmal auf das Symbol .
- Drücken Sie **OK**.

Den Druckbereich können Sie auch über

- DATEI/Druckbereich/Druckbereich festlegen

  steuern. Dieser Bereich bleibt so lange erhalten, bis Sie ihn wieder über
- DATEI/Druckbereich/Druckbereich aufheben

  entfernen.

✗ Probieren Sie, in unserem Beispiel die Bereiche A1:C8 und F1:F8 als Druckbereich festzulegen.

Achtung: Bei manueller Eingabe sind die einzelnen zusammenhängenden Teilbereiche mit ; zu trennen.

Bei richtigem Vorgehen hat das Fenster dieses Aussehen:

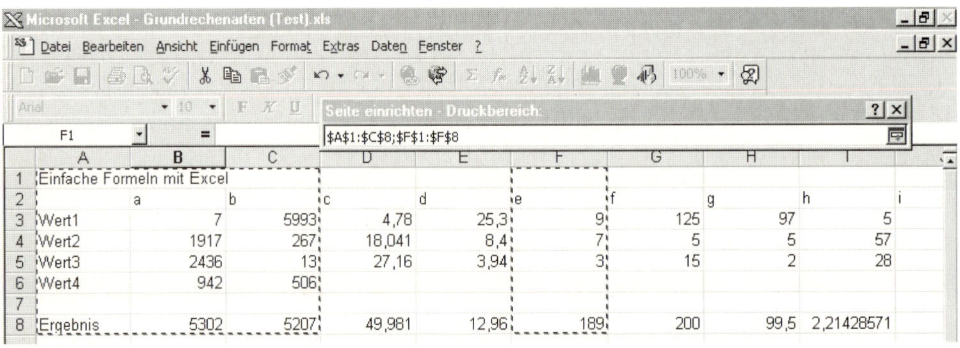

Drucktitel Bei mehrseitigen Tabellenblättern können Sie Drucktitel festlegen, die auf jeder festgelegten **Wiederholungszeile** oder **Wiederholungsspalte** wiederholt ausgedruckt werden.

Drucken

Auf dem Dialogfeld **Seite einrichten** können Sie auch spezielle Druckanweisungen geben. Wenn Ihr Arbeitsblatt z. B. mit Gitternetzlinien und den Zeilen- und Spaltenköpfen gedruckt werden soll, klicken Sie die beiden Köpfe an. Es erscheint dann jeweils ein Haken.

✗ Probieren Sie das gleich einmal.

✗ Sehen Sie sich anschließend den zu erwartenden Ausdruck durch Anklicken der Schaltfläche **Seitenansicht** (oben rechts in diesem Dialogfeld) an.

Ausdruck starten

Sie haben mehrere Wege, um den Druck zu starten.

- Menü DATEI/Drucken
  oder
- Drücken der Tasten **Strg** und **P**
  oder
- DATEI/Seitenansicht/Drucken
  oder
- DATEI/Seite einrichten/Drucken

In diesen Fällen erscheint ein Dialogfeld **Drucken**, in dem Sie z. B. bestimmen können,

- mit welchem **Drucker** gedruckt werden soll,
- welcher **Bereich** gedruckt werden soll, z. B. alles oder nur ausgewählte Seiten,
- ob nur ein markierter Bereich, die gesamte Arbeitsmappe oder ausgewählte Blätter zu drucken sind,
- wie viel **Exemplare** gedruckt werden sollen und in welcher **Reihenfolge** bei mehrseitigem Druck gedruckt werden soll.

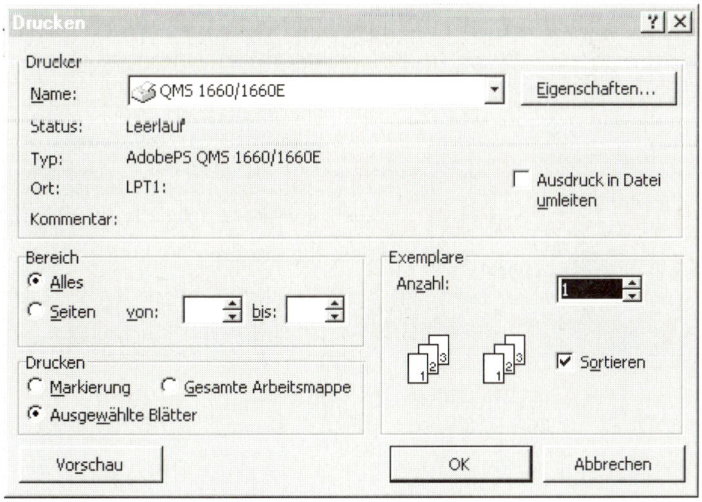

Falls Sie den Druck durch Anklicken des Schaltflächen-Symbols auslösen, erfolgt der sofortige Ausdruck der aktuellen Arbeitsmappe mit den Standardeinstellungen.

Bevor Sie Ihr Arbeitsblatt ausdrucken, sollten Sie es speichern.

Speichern der Arbeitsmappe

- Rufen Sie das Menü **DATEI/Speichern** auf
  oder
  klicken Sie auf das Schaltflächen-Symbol.

  Da Sie dieser Arbeitsmappe noch keinen Namen gegeben haben, fordert Excel Sie in einem Dialogblatt **Speichern unter** auf, dies zu tun.

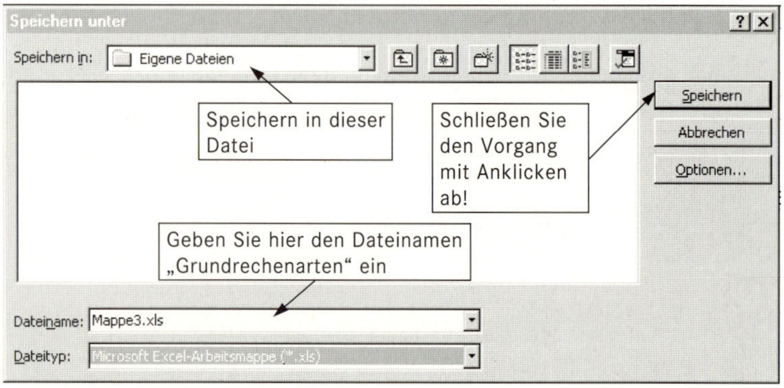

Wählen Sie als Dateinamen für diese Arbeitsmappe **Grundrechenarten.**

- Geben Sie diesen Dateinamen ein.
- Bestätigen Sie die Eingabe durch Drücken der Schaltfläche **Speichern.**

Jetzt erscheint dieser Titel der Arbeitsmappe in der Titelleiste.

Name für das Arbeitsblatt

Als Name für das Arbeitsblatt ist noch **Tabelle 1** angegeben.

Wenn Ihnen eine verständlichere Bezeichnung lieber ist, zum Beispiel **Einfache Formeln,** können Sie das dadurch erreichen, indem Sie

- mit der Maus doppelt auf die **Tabelle 1** klicken.
  Tabelle 1 wird dadurch markiert.
- Geben Sie jetzt die neue Bezeichnung **Einfache Formeln** ein.

✗ Drucken Sie jetzt das Arbeitsblatt mit Zeilen- und Spaltenköpfen aus. Das gewünschte Ergebnis finden Sie am Anfang des nächsten Abschnittes:

Wie formatiere ich die Zellen?

✗ Bevor Sie damit beginnen, festigen Sie Ihr Wissen durch das Lösen der folgenden Aufgaben!

Aufgaben:

1. Nehmen Sie die Ermittlung des Kassenbestandes nach folgendem Muster vor:
   a) Ermitteln Sie die Einzelwerte der Banknoten und der Münzen!
   b) Ermitteln Sie die Summen der Banknoten und der Münzen!
   c) Ermitteln Sie den Gesamtbetrag!
   d) Speichern Sie das Arbeitsblatt!

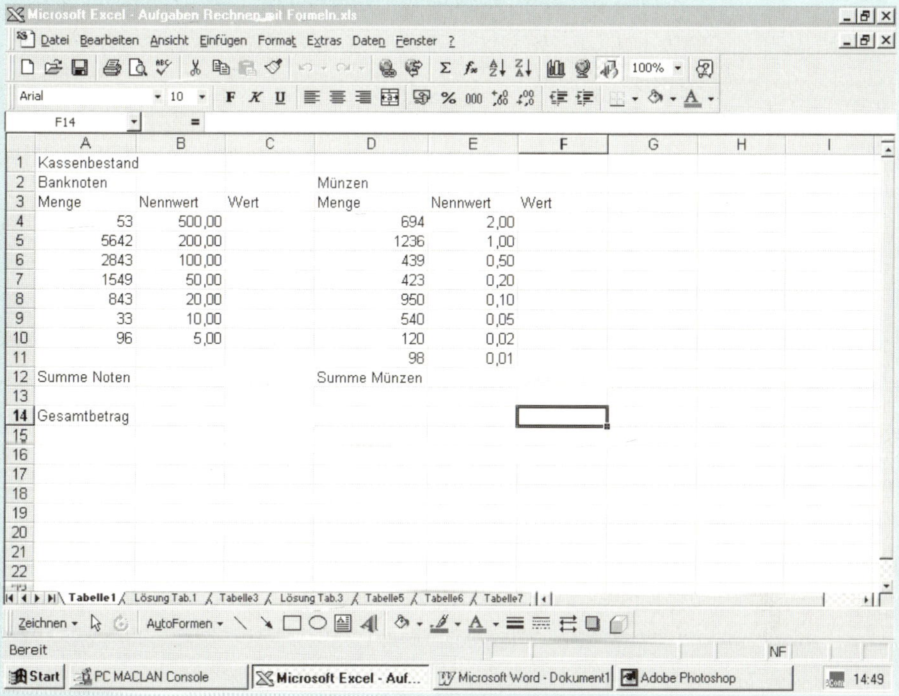

	A	B	C	D	E	F
1	Kassenbestand					
2	Banknoten			Münzen		
3	Menge	Nennwert	Wert	Menge	Nennwert	Wert
4	53	500,00		694	2,00	
5	5642	200,00		1236	1,00	
6	2843	100,00		439	0,50	
7	1549	50,00		423	0,20	
8	843	20,00		950	0,10	
9	33	10,00		540	0,05	
10	96	5,00		120	0,02	
11				98	0,01	
12	Summe Noten			Summe Münzen		
13						
14	Gesamtbetrag					

2. Ein Kreditinstitut kaufte Heizöl von verschiedenen Händlern ein. Erstellen Sie eine Tabelle nach obigem Muster und lösen Sie diese Aufgaben:

	A	B	C	D
1	Heizölkäufe			
2	Händler	Menge in Litern	Preis/Liter in Euro	Betrag Euro
3	Händler A	9 000	0,34	
4	Händler B	12 500	0,705	
5	Händler C	10 000	0,69	
6	Gesamtmenge			
7	Gesamtbetrag			
8	Durchschnittlicher Einstandspreis pro Liter in Euro			

   a) Wie viel Euro (EUR) hat das Kreditinstitut den einzelnen Händlern zu zahlen?
   b) Welcher Betrag ist insgesamt zu bezahlen?
   c) Wie hoch war der durchschnittliche Einstandspreis pro Liter Heizöl in Euro?
   d) Speichern Sie das Arbeitsblatt!

C. Wie formatiere ich die Zellen?

Problemstellung: Sicher haben Sie Ihren Arbeitsauftrag zum Kapitel B erledigt und den folgenden Ausdruck erhalten:

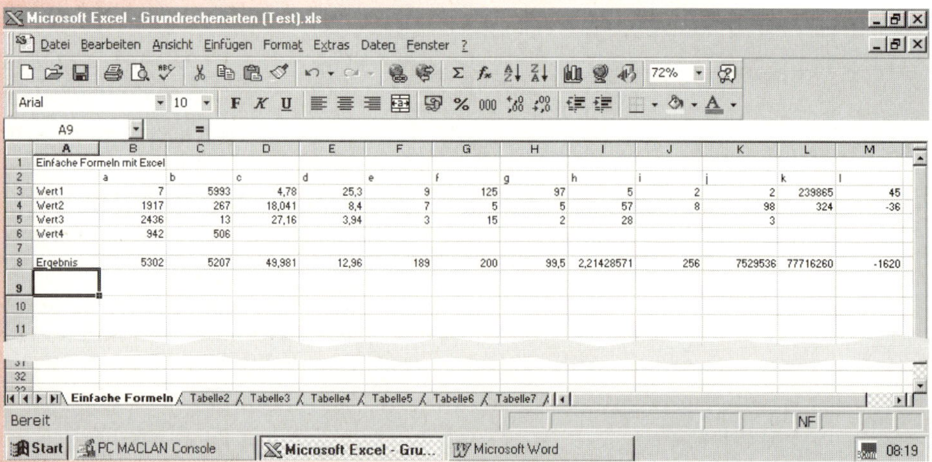

	A	B	C	D	E	F	G	H	I	J	K	L	M
1	Einfache Formeln mit Excel												
2		a	b	c	d	e	f	g	h	i	j	k	l
3	Wert1	7	5993	4,78	25,3	9	125	97	5	2	2	239865	45
4	Wert2	1917	267	18,041	8,4	7	5	5	57	8	98	324	-36
5	Wert3	2436	13	27,16	3,94	3	15	2	28		3		
6	Wert4	942	506										
7													
8	Ergebnis	5302	5207	49,981	12,96	189	200	99,5	2,21428571	256	7529536	77716260	-1620

Diese Darstellung ist aber optisch nicht sehr ansprechend. Außerdem sind die Zahlenangaben zum Teil nicht oder nur sehr schwer lesbar.

Arbeitsaufträge:

1. Öffnen Sie die Datei **Grundrechenarten** und gehen Sie in die Tabelle **Einfache Formeln.**
2. **Formatieren** Sie die Zellen der Tabelle nach folgenden Angaben:

	Überschrift A1:M1	Zellen B2:M2	Zellen A3:A7	Zelle A8	Zellen B3:M7	Zellen B8:M8
Ausrichtung:	zentriert	zentriert	rechtsbündig	linksbündig	rechtsbündig	rechtsbündig
Schrift:						
Schriftart:	Arial Black	Arial	Arial	Arial	Arial	Arial
Schriftgrad:	16	12	12	14	10	14
Schriftschnitt:	fett kursiv	fett	fett	fett	normal	fett
Unterstreichung:	doppelt (Buchführung)	ohne	ohne	doppelt (Buchführung)	ohne	doppelt (Buchführung)
Schriftfarbe:	schwarz	rot	schwarz	schwarz	schwarz	schwarz
Rahmen:	ohne	breite rote Linie unten	ohne	ohne	ohne	ohne
Muster:						
Hintergrundfarbe:	helles Türkis	ohne	Türkis	Hellgelb	ohne	Hellgrün
Hintergrundmuster:	ohne	ohne	ohne	Dünn diagonal gestreift	ohne	ohne

Zahlenformat:	B3:B8	C3:D8	E3:F8	G3:H8	I3:J8	K3:M8
	Zahl; 2 Dezimalstellen	Zahl; 2 Dezimalstellen 1.000er Trennstrich	Buchhaltung €	Zahl; 4 Dezimalstellen	Buchhaltung; 4 Dezimalstellen USD	Benutzerdefiniert; 2 Dezimalstellen EUR

3. Speichern Sie die formatierte Tabelle!
4. Drucken Sie die Tabelle mit Gitternetzlinien sowie Zeilen- und Spaltenköpfen aus!

Informationen

Formatieren von Zellinhalten

Ihr bisheriger Ausdruck des Arbeitsblattes **Einfache Formeln** zeigt die Standardformatierung der Zellen. Diese Formatierung lässt sich von Ihnen in vielfältiger Weise ändern.

Ausrichtung von Zellinhalten

Beginnen wir mit der **Überschrift.** Diese soll über den Zellen A1:M1 zentriert werden.

- Steuern Sie die Zelle A1 durch Anklicken an.
- Die Zellen A1:M1, über denen die Überschrift zentriert werden soll, sind zunächst zu markieren.

  Zeigen Sie dazu mit dem Mauszeiger **in** die Zelle A1. Der Cursor nimmt jetzt die Form dieses Kreuzes an: ✥
- Ziehen Sie nun mit gedrückter linker Maustaste über die Zellen A1:M1.
- Gehen Sie jetzt den Weg **Format/Zellen/Ausrichtung.** Sie erhalten die folgende Schaltfläche:

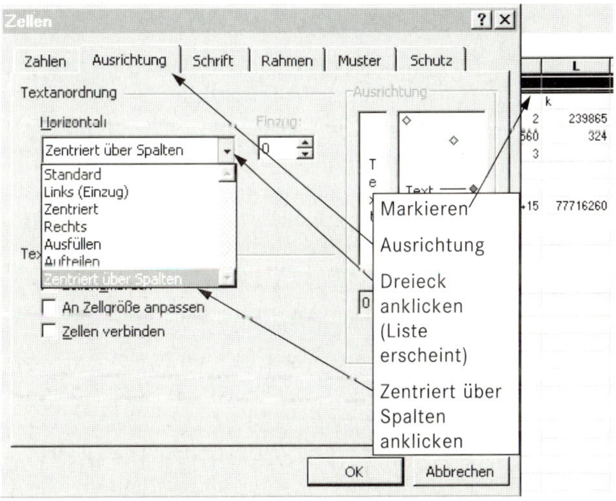

Die Schaltfläche **Zellen** erhalten Sie auch, wenn Sie die rechte Maustaste anklicken, dann **Zellen formatieren** und **Ausrichtung** wählen.

- Drücken Sie den Schalter bei **Textanordnung/Horizontal:** Es erscheint eine Auswahlliste. Klicken Sie darin mit dem Mauszeiger **Zentriert über Spalten** an.
- **OK**

Es erscheint die Überschrift zentriert über den Spalten A1:M1.

Alternativen:

1. Dieselbe Wirkung hätten Sie erzielt, wenn Sie den Weg **Format/Zellen/Zentriert** gewählt und auf der Schaltfläche **Zellen verbinden** angeklickt hätten

   oder

22 Schuster - ISBN 978-3-8120-0194-6

2. **Format/Zellen/Zellen verbinden**/Anklicken des Formatierungssymbols **Zentrieren** im Menü

   oder

3. **Markieren** der Zellen A1:M1 und anschließend Drücken des Symbols **Verbinden und zentrieren** in der Formatierungssymbolleiste.

Die Formatierungssymbole für die Ausrichtung erleichtern Ihnen die Arbeit sehr.

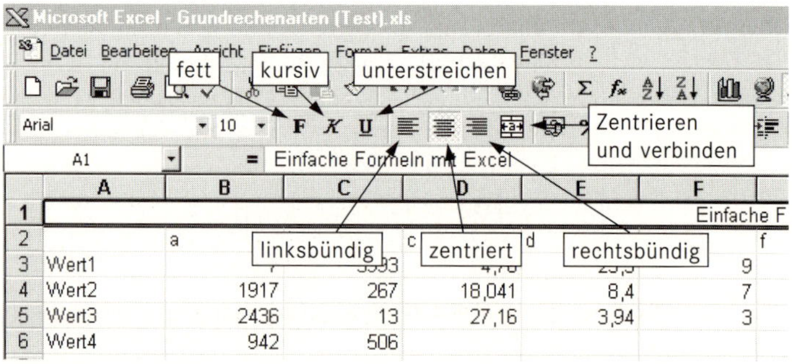

Noch ein Hinweis:

Durch Anfassen der roten Markierung bei **Ausrichtung** könnten Sie mit gedrückter linker Maustaste den Text aus der Standardausrichtung (Zelle A1) in eine unterschiedliche Richtung bringen. Das war hier nicht verlangt.

- ✘ Probieren Sie es dennoch einmal!
- ✘ Üben Sie jetzt das **Formatieren der Ausrichtung** an den übrigen Zellen bzw. Zellbereichen gemäß der Aufgabenstellung!
  Vergessen Sie nicht, die zu formatierenden Zellen erst zu markieren!

Zeilenumbruch

Automatischer Zeilenumbruch

Sie werden bei Ihrer Arbeit mit Excel immer wieder auf das Problem stoßen, dass Texte die Spaltenbreite überschreiten. Wenn die Nachbarzellen beschrieben sind, können Sie den Text dann nicht mehr sehen.

Eine Lösung bietet der automatische Zeilenumbruch.

- Sie drücken im Register **Ausrichtung** das Kontrollfeld **Zeilenumbruch.**

Manueller Zeilenumbruch

- Sie gehen mit dem Cursor in die Zelle, die den Text enthält.
- Sie zeigen mit dem Cursor auf die Textstelle, an der die Trennung erfolgen soll.
- Sie geben die Tastenkombination ALT RETURN ein.

Verteilung des Textes auf mehrere Zellen

Bei längeren Texten wird die Zeile durch den Zeilenumbruch sehr hoch. Um dies zu vermeiden, kann der Text auf mehrere (unveränderte) Zeilen verteilt werden.

- Eingabe des Textes in die erste vorgesehene Zelle.
- Markieren des gesamten Textes **und** des Bereichs, auf den der Text verteilt werden soll.
- Menü **Bearbeiten/Ausfüllen/Bündig anordnen.**

Beachten Sie, dass Sie den Text nur auf zusammenhängende Bereiche verteilen können.

Markieren der Zellen

Sie haben bereits gelernt, dass Sie im Arbeitsblatt Zellen **markieren** können.

- Sie markieren **eine Zelle,** indem Sie den Mauszeiger in die zu markierende Zelle setzen und mit der linken Maustaste anklicken.
- Sie markieren **anschließende Zellen,** indem Sie mit gedrückter Maustaste über die angrenzenden Zellen **ziehen.**
- Falls Sie **nicht angrenzende Zellen** markieren wollen, lassen Sie die Maustaste gedrückt und ziehen über die zu markierenden Zellen.
- Sie markieren das **gesamte Arbeitsblatt,** wenn Sie auf den Schnittpunkt von Zeilennummern und Spaltenbuchstaben (über Zeilennummer 1 und links von A) klicken.
- Eine **ganze Zeile** markieren Sie, wenn Sie auf die Zeilennummer klicken.
- Ein Klick auf einen Spaltenbuchstaben bewirkt das Markieren einer **Spalte.**

✗ Probieren Sie die verschiedenen Möglichkeiten einmal aus!

Schrift formatieren

Die umfassende Möglichkeit der Schriftformatierung wollen wir am Beispiel der Formatierung der **Überschrift** kennen lernen.

- **Markieren** Sie den Zellbereich A1:M1 durch Anklicken an einer beliebigen Stelle. Der Zielbereich erscheint umrahmt.
- Drücken Sie die rechte Maustaste und wählen Sie aus dem Menü **Zellen formatieren.**

  Sie erhalten jetzt das Ihnen bereits von der Formatierung der Ausrichtung bekannte Fenster. Dieses Fenster hätten Sie auch über **Format/Zellen** aufrufen können.
- Wählen Sie jetzt **Schrift.** Es erscheint eine Schaltfläche, mit der wir sämtliche Schriftformatierungen durchführen können.

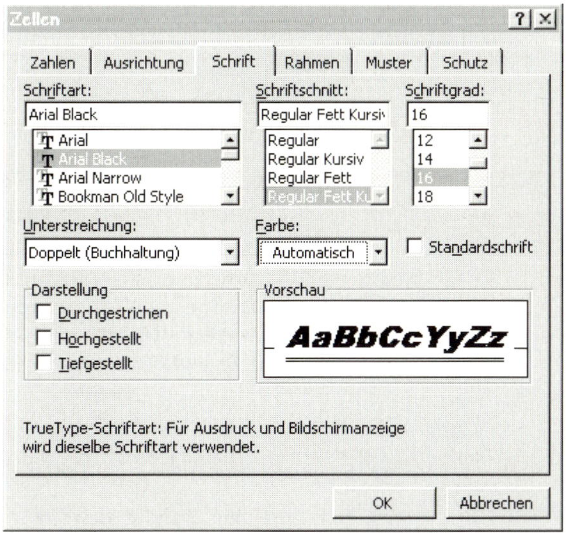

Schriftart

In das Fenster unter **Schriftart:** können Sie jetzt die verlangte Schriftart **Arial Black** hinein schreiben **oder** Sie suchen diese Schriftart in der Auswahlliste unter diesem Fenster und klicken diese an. Diese erscheint dann im Fenster unter Schriftart.

Falls die gewünschte Schrift auf Ihrem PC nicht verfügbar sein sollte, wählen Sie eine vorhandene Schrift nach Ihrer Wahl.

Wählen Sie nach Möglichkeit eine TT (True Type)-Schriftart, da diese in Ausdruck und Bildschirmanzeige übereinstimmt.

Vorschaufeld

Das Vorschaufeld zeigt Ihnen die von Ihnen durchgeführten Formatierungen an.

Schriftgrad

Im Fenster unter **Schriftgrad:** geben Sie **16** ein, da dies die gewünschte Schriftgröße für die Überschrift ist. Die Zeilenhöhe wird automatisch an diese Schriftgröße angepasst.

✗ Schauen Sie einmal nach, welches der größtmögliche Schriftgrad bei dieser Schrift ist!

Nicht alle Schriftarten haben die gleiche Auswahl für die Schriftgrade.

✗ Sehen Sie einmal bei der Schriftart Courier nach!

Schriftschnitt

Excel stellt verschiedene Schriftschnitte zur Wahl: Regular (normal), fett, kursiv und fett kursiv.

✗ Probieren Sie diese Möglichkeiten durch Klick auf die jeweilige Form, schauen Sie sich in der Vorschau die Wirkungen an und wählen Sie zuletzt die verlangte Form für die Überschrift **Regular Fett Kursiv.**

Unterstreichung

Die Überschrift soll doppelt unterstrichen werden. Um einen Abstand zwischen der Schrift und der Unterstreichung zu erhalten, wählen Sie **Doppelt (Buchhaltung).**

⇨ Drücken Sie das Dreieck rechts neben dem Fenster **Unterstreichung.** Aus der angebotenen Liste wählen Sie die gewünschte Form des Unterstreichens durch Anklicken aus. (Achten Sie auf die Vorschau!)

✗ Probieren Sie die anderen Möglichkeiten für das Unterstreichen aus. Sehen Sie sich die Wirkungen in der Vorschau an.

Schriftfarbe

Falls Sie die Möglichkeit haben, in Farbe auszudrucken, können Sie die Schrift in verschiedenen Farben gestalten. Standardmäßig ist die Druckfarbe **Schwarz** eingestellt. Durch Anklicken des Dreiecks auf der rechten Seite des Farbfensters erscheint eine Schaltfläche mit den wählbaren Farben.

✗ Probieren Sie es aus. Sehen Sie sich die Vorschau an. Gehen Sie danach wieder auf **Automatisch** oder auf **Schwarz.**

✗ Formatieren Sie jetzt die Schrift für die **Zelle B2** entsprechend der Aufgabenstellung!

Kopieren der Zellinhalte

Sie hatten sicherlich keine Schwierigkeiten mit dem Formatieren der Schrift. Die Zellen C2:M2 könnten Sie auf gleiche Weise mit dem Schriftformat versehen. Da diese Zellen aber das gleiche Schriftformat wie B2 haben sollen, können Sie das Format schnell und einfach durch **Kopieren der Formatierung** übertragen.

Das geht so:

- **Markieren** Sie die Zelle B2.
- **Klicken** Sie auf der Standardsymbolleiste das Symbol **Format übertragen** an. 
- Ziehen Sie die Maus über die Zellen C2:M2.
- Lassen Sie die Maustaste los.

✘ Formatieren Sie die Schrift für die Zelle A3 und übertragen Sie dieses Format durch Ziehen auf die Zellen A4:A7!

✘ Überlegen Sie einen Weg, wie Sie die Formatierungen der Zellen A3:A7 noch einfacher hätten vornehmen können!

Hinweis: Wenn die zu formatierenden Zellen nicht zusammenhängen, drücken Sie kurz zweimal auf Kopiersymbol und markieren Sie nacheinander die Zellen. Schließen Sie den Vorgang ab, indem Sie noch einmal auf das Symbol drücken.

Formatierung löschen

Wenn Sie die neue Formatierung wieder löschen wollen, um die Standardformatierung anzuwenden, können Sie dies dadurch erreichen, indem Sie auf dem Schaltfeld Schrift das Feld **Standardschrift** anklicken. Aber nicht vergessen: Den gewünschten Bereich vorher markieren!

Wieweit sind Ihre Überlegungen zur einfacheren Formatierung gediehen? Wahrscheinlich sind Sie auch darauf gekommen, alle zu formatierenden Zellen A3:A7 vorher zu markieren und dann die Formatierung in der gewünschten Form durchzuführen.

✘ Formatieren Sie jetzt die Schrift für die übrigen Zellen der Aufgabe! Bei gleicher Schriftformatierung formatieren Sie zunächst **eine** Zelle, kopieren Sie diese dann in die anderen Zellen.

Spaltenbreite und Zeilenhöhe anpassen

Nach der Schriftformatierung der Ergebniszeile haben Sie sicher bei einigen Zellen anstatt des gewünschten Schriftformats nur diese Zeichen erhalten: ######.

In diesen Fällen reicht die Spaltenbreite nicht für die Anzeige Ihrer Formatierung aus.

Auch die Angabe des Ergebnisses in der **Exponentialschreibweise** in der Zelle K8 hat bereits die **unzureichende Spaltenbreite** angezeigt.

Wie können Sie dieses Problem lösen?

Spaltenbreite anpassen

- Gehen Sie mit dem Cursor auf die rechte Seitenbegrenzung der anzupassenden Spalte.
- Klicken Sie dort mit der linken Maustaste an. Es erscheint eine fein gestrichelte Linie, welche die Spaltenbegrenzung angibt.
- Ziehen Sie bei gedrückter Maustaste diese Linie, bis die gewünschte Spaltenbreite erreicht ist. Nach dem Loslassen der Maustaste können

Sie feststellen, ob jetzt die Zahl erscheint. Falls nicht, ziehen Sie noch einmal.

oder

- Klicken Sie den Spaltenkopf an.
- Geben Sie in dem erscheinenden Kontextmenü die Zahl der gewünschten Zeichen ein. Zwischen 0 und 255 Zeichen sind möglich. Bei 0 wird die Spalte ausgeblendet.

oder

- Menü **Format/Spalte/Optimale Breite bestimmen**
- Nach dem Anklicken stellt sich die optimale Breite ein.

oder

- **Doppelklick** auf die **rechte Spaltenbegrenzung** im Spaltenkopf. Das ist der einfachste Weg, um die erforderliche Spaltenbreite zu erhalten.

Zeilenhöhe anpassen

Die Einstellung der Zeilenhöhe erfolgt wie die Veränderung der Spalten. Jetzt müssen Sie aber jeweils an der **unteren Zeilenbegrenzung** ansetzen.

Die Zeilenhöhe kann von 0 (dann wird die Zeile ausgeblendet) bis 409 Punkte betragen.

✘ Probieren Sie diese Anpassungsmöglichkeiten doch gleich einmal aus!

Zahlenformate

Excel stellt für die Darstellung von Zahlen verschiedene Formate zur Verfügung, die Sie im Register Zahlen wählen können.

Sie erreichen das Register **Zahlen** über **Format/Zellen/Zahlen.**

✘ Öffnen Sie nun dieses Register!

In diesem Register können Sie jetzt die gewünschte **Kategorie** wählen. Für jede Kategorie erscheint ein eigenes Dialogfeld. Dort können Sie auch lesen, wozu die verschiedenen Kategorien dienen.

Für einzelne Kategorien finden Sie in diesem Register auch ein Feld zur Zahl bestimmter Formate.

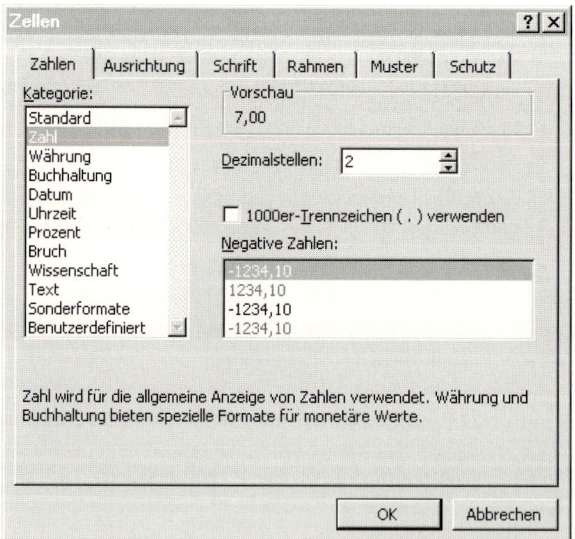

- ✗ Rufen Sie die Dialogfelder zu den angebotenen Kategorien auf und lesen Sie, wofür die Kategorien geeignet sind!
- ✗ Sehen Sie sich auf den verschiedenen Dialogfeldern die übrigen Formatierungsmöglichkeiten an!

Formatieren Sie die **Zellen B3:B8 der Ausgangsaufgabe.**

- Markieren Sie diesen Zellbereich.
- Steuern Sie die Kategorie **Zahl** an.
- Prüfen Sie, ob bei Dezimalstellen **2** angezeigt ist. Durch Drücken der Dreiecke auf der rechten Seite des Eingabefeldes können Sie die gewünschten Stellen einstellen.
- OK.

- ✗ Nehmen Sie die Zahlenformatierung für die Einführungsaufgabe bis zur Zelle J8 vor! Vergessen Sie nicht, **vorher** die jeweiligen Zellbereiche zu **markieren!**

Benutzerdefinierte Formate

Formatieren Sie nun den Bereich K3:M8. Über die Kategorie **Benutzerdefiniert** können Sie unter Verwendung eines der bestehenden Zahlenformate als Ausgangspunkt **eigene Zahlenformate** bilden.

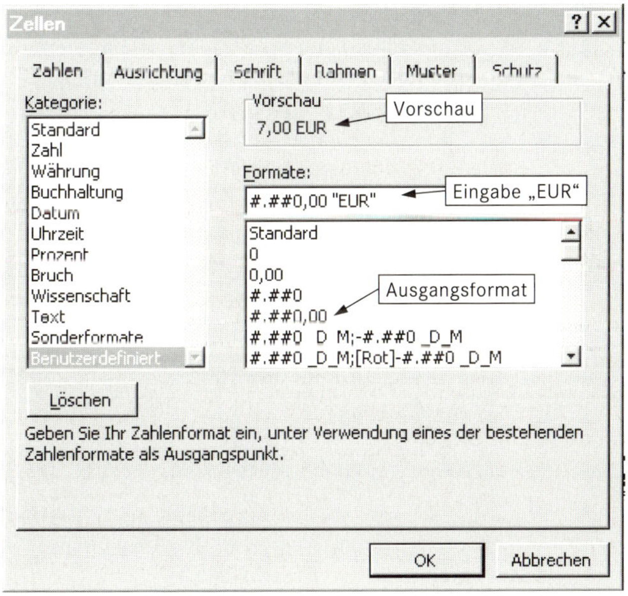

Zeichen für Formatbildung

Bei der Bildung der Zahlenformate benutzen Sie diese Symbole:

#	Platzhalter für eine Ziffer. Wenn die Zahl weniger Ziffern hat als das Format, werden diese nicht mit Nullen angezeigt.
0	Platzhalter für Ziffer. Falls die Zahl weniger Ziffern hat, als im Format angezeigt, werden die Nullen trotzdem angezeigt.
?	Platzhalter für Ziffern. Falls die Zahl aus weniger Ziffern besteht, werden diese nicht angezeigt, aber als Leerstellen berücksichtigt.
.	Tausender-Trennzeichen
,	Dezimalkomma
– + / ( )	Operatoren
„Text“	Eigene Texte können eingegeben werden, z. B. „EUR“
@	Platzhalter für Text, der sich aus dem Inhalt der Zelle ergibt.
_	Leerstelle
[Farbe]	Der Zelleninhalt wird in der anzugebenden Farbe angezeigt. Beispiel [Rot].
*	Das nach dem Stern folgende Zeichen wird so lange wiederholt, bis die Spaltenbreite ausgefüllt ist.

- ✗ Formatieren Sie zur Übung die Zellen B3:B8 mit folgendem Format: Rot; negative Zahlen; 1.000er-Trennzeichen; 3 Stellen hinter dem Komma; EUR
- ✗ Löschen Sie diese Formatierung wieder und formatieren Sie nach der ursprünglichen Aufgabenstellung!

  Merke: **Benutzerdefinierte Formate** werden über die Schaltfläche **Löschen** im Register **Zahlen** gelöscht. Es erscheint wieder die Standardformatierung.

- ✗ Formatieren Sie jetzt den Zellbereich K3:M8, wie in der Aufgabe gefordert. Passen Sie die Spaltenbreiten an!

Wenn Sie die bisherigen Formatierungen der Eingangsaufgabe entsprechend der Aufgabenstellung durchgeführt haben, erhalten Sie diese Formatierungen:

	A	B	C	D	E	F	G	H	I	J	K	L	M
1								Einfache Formeln mit Excel					
2		a	b	c	d	e	f	g	h	i	j	k	l
3	Wert1	7,00	5.993,00	4,78	25,30 EUR	9,00 EUR	125,0000	97,0000	5,0000 USD	2,0000 USD	2,00 EUR	239.865,00 EUR	45,00 EUR
4	Wert2	1917,00	267,00	18,04	8,40 EUR	7,00 EUR	5,0000	5,0000	57,0000 USD	8,0000 USD	98,00 EUR	324,00 EUR	-36,00 EUR
5	Wert3	2436,00	13,00	27,16	3,94 EUR	3,00 EUR	15,0000	2,0000	28,0000 USD		3,00 EUR		
6	Wert4	942,00	506,00										
7													
8	Ergebnis	5302,00	5.207,00	49,98	12,96 EUR	189,00 EUR	200,0000	99,5000	2,2143 USD	256,0000 USD	7.529.536,00 EUR	77.716.260,00 EUR	-1.620,00 EUR

Zahlenformate in der Symbolleiste

Excel stellt Ihnen für die **Zahlenformatierung** auf der **Formatsymbolleiste** folgende Hilfen für eine schnelle Formatierung zur Verfügung, die durch Anklicken aktiviert werden können.

 Symbol für die Währungsbezeichnung Euro

 Prozentformat. Die eingegebene Zahl wird mit 100 multipliziert.

 1.000er-Trennzeichen

 Dezimalstellen hinzufügen. Durch jedes Anklicken wird eine Stelle hinzugefügt. Dieser Weg ist nicht bei allen Kategorien möglich, wie z. B. beim Währungsformat.

Dezimalstellen verringern. Jedes Anklicken bewirkt die Reduzierung um eine Stelle. Auch hier Beschränkungen bei bestimmten Kategorien.

Rahmen

Einzelne Zellen oder Zellbereiche können mit Rahmen versehen werden. Im Ausgangsbeispiel sollen zunächst die **Zellen B2:M2 unten fett und rot** gestaltet werden.

Gehen Sie dabei in folgenden Schritten vor:

- **Markieren** Sie die Zellen B2:M2.
- Menü **Format/Zellen**/Register **Rahmen**
  Es erscheint die nachstehend abgebildete Schaltfläche.
- Wählen Sie die **Farbe Rot** [1] durch Anklicken der Schaltfläche Rot auf der Farbpalette. Die zur Auswahl angebotene Farbpalette erscheint, wenn Sie auf das Dreieck neben dem Eingabefeld Farbe klicken. Gleichzeitig erscheinen die Linien in Rot
- Wählen Sie jetzt die Linienart [2], indem Sie auf die **fette Linie** im Auswahlfeld **Art:** klicken.
- Die Rahmenart [3] können Sie **entweder** durch Anklicken im Vorschaufeld **Rahmen unten**
  oder
  durch Drücken des Schalters **Rahmen unten** bestimmen.
  Im Vorschaufeld erscheinen die von Ihnen gewählten Linien.
- **OK** [4].

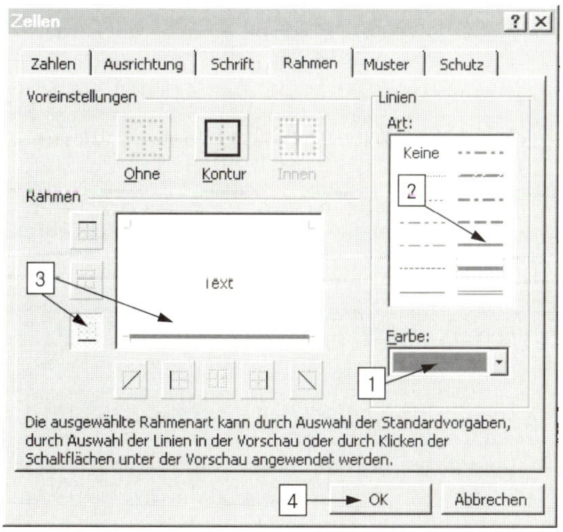

- ✗ Testen Sie, ob Sie den Rahmen bereits anwenden können. Versehen Sie die gesamte Tabelle mit einem blauen Konturrahmen.
- ✗ Probieren Sie, wie sich die gesamte Tabelle verändert, wenn Sie jetzt auch noch die Voreinstellung **Innen** anwenden.
  Vergessen Sie nicht, vorher die gesamte Tabelle zu markieren.
- ✗ Entfernen Sie die Rahmen **Innen** wieder. Stellen Sie dann den in der Eingangsaufgabe verlangten Rahmen wieder her.

Rahmen mit Hilfe der Symbolleiste

Über Symbolleiste **Format** haben Sie durch Anklicken dieses Symbols die Möglichkeit, ein Rahmen-Listenfeld aufzurufen, wenn Sie auf das Dreieck neben dem Symbol drücken. Es erscheint ein Auswahlfeld. 

Durch Anklicken der gewünschten Rahmen oder Linien auf den dort angezeigten Symbolen können Sie schnell die Formatierung vornehmen.

Löschen von Rahmen oder Linien

Sie können den Rahmen oder die Linien wieder entfernen, wenn Sie das Symbol anklicken, das sich in der oberen linken Ecke des Auswahlfeldes befindet. 

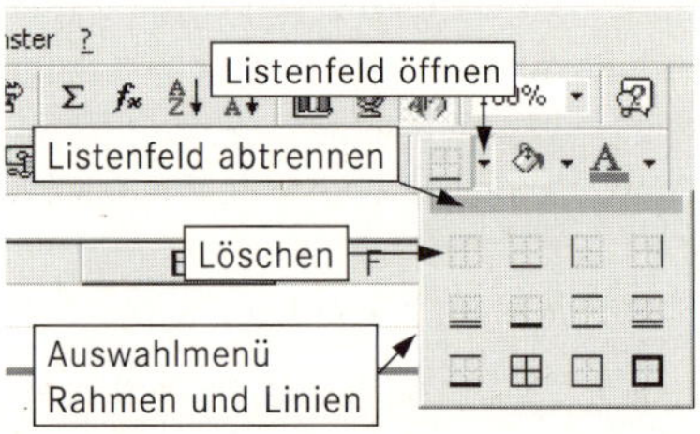

Loslösen und Löschen des Menüs

Sie können das Auswahlmenü auch aus seiner bisherigen Position lösen.

- Zeigen Sie auf den grauen Streifen am oberen Rand.
- Dieser verfärbt sich jetzt blau.
- Mit gedrückter linker Maustaste können Sie das Auswahlfeld in eine andere Position ziehen.
- Sie entfernen es wieder durch Anklicken des Löschknopfes am rechten oberen Rand.

✘ Probieren Sie diese Möglichkeiten einmal aus!

Muster

Sie haben die Möglichkeit, für die Zellen eine **Hintergrundfarbe** und/oder ein **Hintergrundmuster** zu gestalten.

Beginnen wir mit der Formatierung der Hintergrundfarbe für die Überschrift in unserem Einführungsbeispiel.

Hintergrundfarbe

Wenn Sie **nur** eine **Hintergrundfarbe** vorgeben wollen, gehen Sie den Weg über die Formatierungssymbolleiste.

- **Markieren** Sie die mit dem Hintergrund zu versehende Zeile A1.
- Aktivieren Sie die Farbpalette durch Anklicken des Dreiecks neben diesem Symbol: 
- Gehen Sie mit dem Cursor auf die Hintergrundfarbe **helles Türkis** und klicken Sie auf diese Farbe. Sofort wird der Hintergrund mit dieser Farbe ausgefüllt.

✘ Formatieren Sie den Hintergrund für die Zellen A3:A7.

Hintergrundmuster

Wenn Sie mit oder ohne Hintergrundfarbe ein **Hintergrundmuster** formatieren wollen, müssen Sie diesen Weg gehen:

- Markieren Sie die zu formatierenden Zellen.

	A	B	C	D	E	F	G	H	I	J	K	L	M
1	*Einfache Formeln mit Excel*												
2		a	b	c	d	e	f	g	h	i	j	k	l
3	Wert1	7,00	5.993,00	4,78	25,30 EUR	9,00 EUR	125,0000	97,0000	5,0000 USD	2,0000 USD	2,00 EUR	239.865,00 EUR	45,00 EUR
4	Wert2	1917,00	267,00	18,04	8,40 EUR	7,00 EUR	5,0000	5,0000	57,0000 USD	8,0000 USD	98,00 EUR	324,00 EUR	-36,00 EUR
5	Wert3	2436,00	13,00	27,16	3,94 EUR	3,00 EUR	15,0000	2,0000	28,0000 USD		3,00 EUR		
6	Wert4	942,00	506,00										
7													
8	Ergebnis	5302,00	5.207,00	49,98	12,96 EUR	189,00 EUR	200,0000	93,5000	2,2143 USD	256,0000 USD	7.529.536,00 EUR	77.716.260,00 EUR	-1.620,00 EUR

- **Format/Zellen/**Register **Muster**
  (Wenn Sie nur die Hintergrundfarbe haben wollen, könnten Sie diese aus der Farbpalette auswählen. Die Farbe erscheint dann im Vorschaufenster. Dann O.K.)
- **Klicken** Sie auf den Schalter (Dreieck) neben dem Eingabefenster Muster. Es erscheint eine neue Schaltfläche, die neben der Farbpalette auch eine Musterauswahl enthält.
- Wählen Sie das Muster **Dünn Diagonal Gestreift.** Wenn Sie auf die rechte untere Ecke des Musters zeigen, wird die Musterart eingeblendet.
- Wählen Sie jetzt die Farbe **Hellgelb.**
- **OK.**

Wenn Ihnen die Farbe nicht gefällt, können Sie diese durch die Wahl einer anderen Farbe ändern oder durch Anklicken des Schalters **keine Farbe** wieder entfernen.

- ✘ Gestalten Sie jetzt nach der Aufgabenstellung die Zellen B8:M8!
- ✘ Falls Ihnen die vorgeschlagene Formatierung der Eingangsaufgabe nicht gefällt, formatieren Sie nach Ihrem Geschmack!
- ✘ Drucken Sie Ihr Ergebnis aus!
- ✘ Speichern Sie Ihre Lösung der Eingangsaufgabe!
- ✘ Sie haben sicher bemerkt, dass nicht alle Zahlenformatierungen mathematisch sinnvoll sind. Formatieren Sie daher die Zellen B3:M8 mit Zahl, 2 Dezimalstellen. Speichern Sie Ihr Ergebnis.

Lösung des Falles

Bei richtiger Durchführung der Formatierungen erhalten Sie nebenstehende Tabelle.

Zusätzlich sind die Zeilen- und Spaltenköpfe mit ausgedruckt.

Bedingte Formatierung

Wenn Sie erreichen wollen, dass z. B. die debitorischen Salden (Soll-Salden) automatisch rot dargestellt werden sollen, können Sie das durch die **bedingte Formatierung** erreichen.

- Stellen Sie den Cursor in das Feld E2.
- Wählen Sie jetzt **Format/Bedingte Formatierung.**
- Sie erhalten jetzt die unten abgebildete Schaltfläche.

  Hier ist die Bedingung einzugeben, bei deren Erfüllung der Wert in der Farbe Rot ausgegeben werden soll: Der Zellwert ist kleiner 0.
- Drücken Sie den Schalter **Format ...**

  Auf der neuen **Schaltfläche** können Sie auswählen, wie bei Eintritt der obigen Bedingung formatiert werden soll.

  In unserem Falle soll die Schriftfarbe rot sein. Sie drücken auf den Schalter **Farbe** und wählen aus der Farbpalette die Farbe Rot aus.

✗ Stellen Sie fest, welche sonstigen bedingten Formatierungen festgelegt werden können!

✗ Probieren Sie diese Möglichkeiten an selbst zu wählenden Beispielen aus!

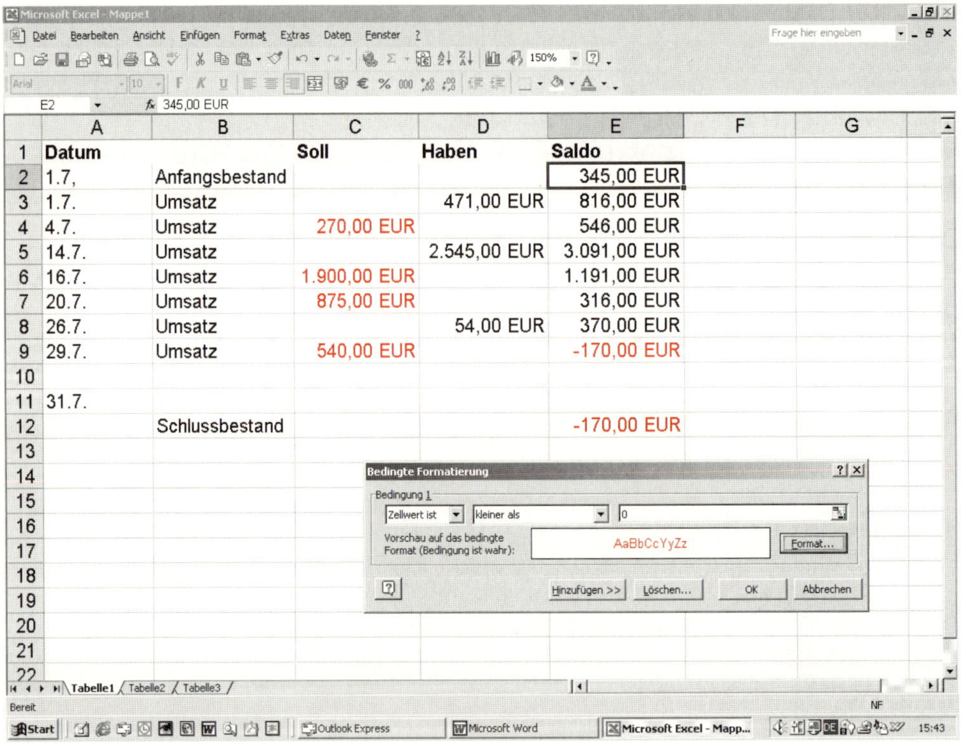

	A	B	C	D	E
1	**Datum**		**Soll**	**Haben**	**Saldo**
2	1.7,	Anfangsbestand			345,00 EUR
3	1.7.	Umsatz		471,00 EUR	816,00 EUR
4	4.7.	Umsatz	270,00 EUR		546,00 EUR
5	14.7.	Umsatz		2.545,00 EUR	3.091,00 EUR
6	16.7.	Umsatz	1.900,00 EUR		1.191,00 EUR
7	20.7.	Umsatz	875,00 EUR		316,00 EUR
8	26.7.	Umsatz		54,00 EUR	370,00 EUR
9	29.7.	Umsatz	540,00 EUR		-170,00 EUR
10					
11	31.7.				
12		Schlussbestand			-170,00 EUR

Aufgaben:

3. Formatieren Sie die **Aufgabe 1** nach folgendem Muster:

Kassenbestand					
Banknoten			*Münzen*		
Menge	Nennwert	**Wert**	Menge	Nennwert	**Wert**
53	500,00 EUR	26.500,00 EUR	694	2,00 EUR	1.388,00 EUR
5642	200,00 EUR	1.128.400,00 EUR	1236	1,00 EUR	1.236,00 EUR
2843	100,00 EUR	284.300,00 EUR	439	0,50 EUR	219,50 EUR
1549	50,00 EUR	77.450,00 EUR	423	0,20 EUR	84,60 EUR
843	20,00 EUR	16.860,00 EUR	950	0,10 EUR	95,00 EUR
33	10,00 EUR	330,00 EUR	540	0,05 EUR	27,00 EUR
96	5,00 EUR	480,00 EUR	120	0,02 EUR	2,40 EUR
			98	0,01 EUR	0,98 EUR
Summe *Noten*		1.534.320,00 EUR	Summe *Münzen*		3.053,48 EUR
Gesamtbetrag		**1.537.373,48 EUR**			

4. Formatieren Sie die **Übungsaufgabe 2** (Heizölkäufe) nach eigener Wahl!

   Geben Sie hinter den Mengen jeweils l (für Liter) und hinter den Preisen bzw. Beträgen EUR an!

5. Ein Kontokorrentkonto hatte im Monat Juli die folgenden Umsätze:

Datum		Soll	Haben	Saldo
01.07.	**Anfangsbestand**			**345,00 EUR**
01.07.	Umsatz		471,00 EUR	
04.07.	Umsatz	270,000 EUR		
14.07.	Umsatz		2.545,00 EUR	
16.07.	Umsatz	1.900,000 EUR		
20.07.	Umsatz	875,000 EUR		
26.07.	Umsatz		54,00 EUR	
29.07.	Umsatz	540,00 EUR		
31.07.	**Schlussbestand**			

   a) Ermitteln Sie die Tagessalden und geben Sie in dem vorgesehenen Feld den Schlussbestand an!
   b) Formatieren Sie nach den Angaben der Tabelle. Die debitorischen Salden sollen in Rot angezeigt werden!
   c) Drucken Sie das Ergebnis aus und speichern Sie das Ergebnis auf Ihrer Diskette!

D. Rechnerische Grundlagen für die Entwicklung einfacher Formeln

1 Einfacher Dreisatz

1.1 Proportionale und umgekehrt proportionale Abhängigkeiten

Problemstellung 1: Der Heizölverbrauch für eine Bankzweigstelle mit 80 m^2 beheizter Fläche beträgt 5 460 l/Jahr. Diese Zweigstelle wurde durch Umbau auf 120 m^2 beheizter Nutzfläche erweitert.

Arbeitsauftrag: Mit welchem Heizölbedarf ist zu rechnen?

In welchem Zusammenhang steht der Heizölverbrauch zur erhöhten Nutzfläche?

Unter sonst gleichen Bedingungen besteht zwischen der beheizten Nutzfläche und dem Heizölverbrauch eine gleichgerichtete (proportionale) Veränderung, d. h.,

- eine größere Nutzfläche führt zu steigendem Heizölverbrauch,
- eine kleinere Nutzfläche führt zu sinkendem Heizölverbrauch.

✘ Suchen Sie zwei weitere Beispiele für proportionale Abhängigkeiten!

Problemstellung 2: Bei einem Kreditinstitut benötigen drei Datentypistinnen zur Erfassung von Belegen täglich 6 Stunden.

Wie viel Stunden werden benötigt, wenn eine weitere Datentypistin eingestellt wird?

Arbeitsauftrag: Welcher Zusammenhang besteht zwischen der Anzahl der eingesetzten Datentypistinnen und der zur Erfassung erforderlichen Zeit?

In diesem Fall kann davon ausgegangen werden, dass eine Zunahme der Zahl der Datentypistinnen zu einer kürzeren Zeit für die Datenerfassung führt. Umgekehrt hat eine Verringerung der Zahl der eingesetzten Datentypistinnen eine Verlängerung der zur Datenerfassung erforderlichen Zeit zur Folge.

Die Größen Arbeitsleistung und Zeit stehen in einem umgekehrt proportionalen Verhältnis.

✘ Suchen Sie zwei weitere Beispiele für umgekehrt proportionale Abhängigkeiten!

1.2 Rechnerische Lösung bei proportionaler Abhängigkeit

Der Lösungsweg zur Problemstellung 1 führt vom Wert der alten Gesamtmenge über den Wert **einer** Einheit der Menge auf den Wert der neuen Menge.

Ansatz:	Bedingungssatz	80 m^2	erfordern	5 460 l/Jahr
	Fragesatz	120 m^2	erfordern	x l/Jahr
Lösung:	1. Satz	80 m^2	erfordern	5 460 l/Jahr
	2. Satz	1 m^2	erfordert	$\frac{5\,460}{80}$ l/Jahr

	3. Satz	120 m^2 erfordern $\frac{5460 \cdot 120}{80}$ l/Jahr

Formel: `= (5460 * 120) / 80`

Der Heizölbedarf beträgt 8 190 l/Jahr.

Diese Rechnung wird auch als **Schlussrechnung** bezeichnet, weil vom Wert **einer Einheit** auf den Wert der Gesamtmenge geschlossen wird.

1.3 Rechnerische Lösung bei umgekehrt proportionaler Abhängigkeit

Auch bei umgekehrt proportionaler Abhängigkeit wie in Problemstellung 2 erfolgt der Schluss über den Wert **einer Einheit.** Bei umgekehrt proportionalem Verhältnis wird für eine Einheit aber mehr Zeit benötigt.

Ansatz:	Bedingungssatz	3 Datentypistinnen benötigen 6 Stunden
	Fragesatz	4 Datentypistinnen benötigen x Stunden
Lösung:	1. Satz	3 Datentypistinnen benötigen 6 Stunden
	2. Satz	1 Datentypistin benötigt $6 \cdot 3$ Stunden
	3. Satz	4 Datentypistinnen benötigen $\frac{6 \cdot 3}{4}$ Stunden

Formel: `= (6 * 3) / 4`

Es werden 4,5 Stunden benötigt.

2 Zusammengesetzter Dreisatz

Problemstellung:	Bei einem Kreditinstitut waren 5 Datentypistinnen mit der Erfassung von 12 000 Belegen 6 Stunden beschäftigt.
Arbeitsaufträge:	Wie viel Datentypistinnen sind erforderlich, wenn die Belegmenge auf 15 000 Belege ansteigt und die Erfassung in 5 Stunden beendet sein muss? Wie ist zu rechnen, wenn die gesuchte Größe von mehreren Bedingungen abhängig ist, die sich proportional oder umgekehrt proportional verhalten können?

Bei der Lösung kann wie folgt vorgegangen werden:

1. Die Bedingungen sind in beliebiger Reihenfolge in einem Satz zu formulieren, an dessen Ende die gesuchte Größe steht.
2. Im Fragesatz sind gleichartige Größen untereinander zu schreiben.
3. Von jeder gegebenen Größe ist in einem einfachen Dreisatz auf die gesuchte Größe zu schließen.

1. Bedingungssatz: 12 000 Belege werden in 6 Stunden von 5 Datentypistinnen erfasst.
2. Fragesatz: 15 000 Belege werden in 5 Stunden von x Datentypistinnen erfasst.
3. Ansatz: Für 12 000 Belege sind in 6 Stunden 5 Datentypistinnen erforderlich.

Für 1 Beleg sind in 6 Stunden $\frac{5}{12\,000}$ Datentypistinnen erforderlich.

Für 15 000 Belege sind in 6 Stunden $\frac{5 \cdot 15\,000}{12\,000}$ Datentypistinnen erforderlich.

Für 15 000 Belege sind in 1 Stunde $\frac{5 \cdot 15\,000 \cdot 6}{12\,000}$ Datentypistinnen erforderlich.

Für 15 000 Belege sind in 5 Stunden $\frac{5 \cdot 15\,000 \cdot 6}{12\,000 \cdot 5}$ Datentypistinnen erforderlich.

Formel: = (5 * 15 000 * 6) / (12 000 * 5)

Es sind rund 8 Datentypistinnen zu beschäftigen.

Aufgaben:

6. Der Kaufpreis für 2 500 Werbebroschüren beträgt 12 700,00 €. Wie hoch sind die Kosten, wenn 3 250 Broschüren bestellt werden sollen?

7. Für die Bewirtung der Teilnehmer der Vertreterversammlung einer Kreditgenossenschaft soll Wein bestellt werden. Bei der Vertreterversammlung im vergangenen Jahr waren von 127 Vertretern 83 Flaschen Wein getrunken worden.

Wie viel Flaschen Wein sollten in diesem Jahr bereitgestellt werden, wenn mit 185 Vertretern zu rechnen ist?

8. Ein Kreditinstitut will die Kraftfahrzeugkosten für das kommende Geschäftsjahr planen. Die Treibstoffkosten im lfd. Geschäftsjahr betragen für 27 650 km Fahrleistung 2 250,00 €.

Wie viel Euro Treibstoffkosten sind einzuplanen, wenn im kommenden Geschäftsjahr wegen der Schließung von zwei Filialen nur noch mit 25 000 km Fahrleistung gerechnet wird?

9. Beim Einsatz von 2 Beleglesern können an einem Tag 47 000 Belege gelesen werden. Wie viel Belege können täglich bearbeitet werden, wenn ein zusätzlicher Belegleser angeschafft wird?

10. Die Ausbildungskosten für 6 Auszubildende werden mit 210 000,00 € angesetzt. Wie viel Euro Ausbildungskosten sind zu planen, wenn 2 weitere Auszubildende eingestellt werden?

11. Für Inventurarbeiten im Warenlager einer Kreditgenossenschaft sind für 3 Beschäftigte insgesamt 80 Stunden eingeplant. Einer der Beschäftigten fällt wegen Erkrankung aus.

Wie viel Stunden benötigen die beiden anderen Beschäftigten für die Inventur?

12. Für eine mehrtägige Klassenfahrt entstehen für eine Klasse mit 21 Schülern pro Schüler 220,00 € Kosten. Drei Schüler können wegen Erkrankung nicht teilnehmen.

Wie viel Euro muss jeder der verbleibenden Schüler für die Fahrt aufbringen?

13. Der Heizölvorrat der Zweigstelle eines Kreditinstituts mit 8 000 l Kapazität reichte 95 Tage. Wie lange reicht der Vorrat im gefüllten Tank, wenn durch Wärmedämmungsmaßnahmen 10 l pro Tag weniger verbraucht werden?

14. 100 000 Blatt Kopierpapier zum Preis von 11,00 € pro 500 Blatt werden in Schreibmaschinenpapier zum Preis von 7,50 €/500 Blatt umgetauscht.

Wie viel Blatt Schreibmaschinenpapier werden geliefert?

15. Die Lohnkosten eines Angestellten betrugen in einer Stunde bei einer wöchentlichen Arbeitszeit von 40 Stunden 38,50 GE/Stunde.

Wie hoch sind die Lohnkosten pro Stunde, wenn die wöchentliche Arbeitszeit bei vollem Lohnausgleich um 2 Stunden verkürzt wird?

16. Vier Kreditinstitute wollen die Kosten von je 690,00 € für eine Gemeinschaftswerbeaktion übernehmen.

Wie viel Euro hat ein Kreditinstitut zu zahlen, falls sich ein Unternehmen von der Aktion zurückzieht?

17. Ein Kreditinstitut ist in der Lage, mit 5 Personalcomputern in 2 Stunden 4 700 Werbebriefe drucken zu lassen.

Wie viel dieser Werbebriefe könnten mit 7 PC in 5 Stunden geschrieben werden?

18. Für den Versand von 132 000 Kontoauszügen zum Jahresende sind bei 8-stündiger täglicher Arbeitszeit 9 Arbeitskräfte erforderlich.

Wie viel Arbeitskräfte werden benötigt, wenn sich die Zahl der Kontoauszüge auf 156 000 erhöht und die tägliche Arbeitszeit auf 7 Stunden verringert hat?

19. Ein Kreditinstitut zahlte einem Sparer auf 2 700,00 € Einlage für 147 Tage bei 3 % p.a. 33,00 € Zinsen.

Wie viel Zinsen hätte er für 12 000,00 € in 233 Tagen bei 3,75 % p.a. erhalten?

20. Für das Abfahren des Aushubs der Baugrube für ein Bankgebäude von 85 m Länge, 63 m Breite und 15 m Tiefe mussten 16 Lkw je 270 Fahrten durchführen.

Wie viel Fahrten wären für eine Baugrube von 105 m Länge, 50 m Breite und 20 m Tiefe erforderlich gewesen, wenn 5 zusätzliche Lkw dieser Größe zur Verfügung gestanden hätten?

21. Für ein Darlehen von 12 000,00 € muss ein Kunde für 5 Monate bei 9 % 450,00 € Zinsen bezahlen.

Wie viel Zinsen hätte er für 7 000,00 € in 8 Monaten bei 8,5 % zu zahlen gehabt?

23 Schuster - ISBN 978-3-8120-0194-6

3 Währungsrechnen

Problemstellung:	**Fall 1** Hans Schneider, Frankfurt am Main, will für seine Urlaubsreise zu Lasten seines laufenden Kontos 400 Schweizer Franken (CHF) erwerben. **Fall 2** Doris Carstens will für 300 EUR US-Dollar kaufen. **Fall 3** Gisela Weller will bei der gleichen Bank 600 Englische Pfund in EUR umtauschen.
Arbeitsaufträge:	Wie wird der Preis für ausländische Zahlungsmittel bestimmt? Wie werden Sortengeschäfte abgerechnet? Kauft man die ausländischen Zahlungsmittel besser im Inland oder im Ausland? Wie werden Währungen innerhalb der EWU umgerechnet?

Hans Schneider kann bei nahezu allen inländischen Kreditinstituten ausländische **Banknoten** der gängigsten Währungen erwerben. Ausländische Münzen werden nicht verkauft. Der Verkauf erfolgt meist an der Sortenkasse. Sorten ist die Bezeichnung für ausländische Banknoten und Münzen.

Seit dem 01.01.1999 ist die amtliche Währung in den Mitgliedsländern der Europäischen Währungsunion (EWU) der EURO (abgekürzt EUR oder mit dem Symbol €).

3.1 Wie wird der Preis für ausländische Zahlungsmittel bestimmt?

Die Preise für Banknoten dieser Länder werden im so genannten Freiverkehr unter Banken des In- und Auslandes - nach Angebot und Nachfrage - gebildet.

Die Abrechnung erfolgt zwischen den Kreditinstituten zu **Bankenkursen** (Bankengeldkurs = Ankaufskurs; Bankenbriefkurs = Verkaufskurs). Für die **Bankkunden** legen die einzelnen Kreditinstitute bzw. deren Zentralinstitute den Schalterankaufspreis und den Schalterverkaufspreis für jede Nicht-EWU-Währung fest. Diese Preise sind Nettopreise, d. h., im Kurs sind Provisionen der Kreditinstitute bereits berücksichtigt.

Falls der An- und Verkauf von Banknoten nicht über das Kundenkonto, sondern über die Kasse abgewickelt wird, berechnen Banken teilweise ein zusätzliches Entgelt.

Die Preise für Währungen werden in der EWU nach der **Mengennotierungsmethode** ausgedrückt. Das bedeutet, dass die Notierung den Preis angibt, den **1 Euro** in **x Fremdwährungseinheiten** hat (z. B. 1 EUR = 0,689 GBP). Die Preise sind **aus der Sicht der Bank** zu sehen.

Schalterpreise für Banknoten

		Datum	31.07.
		1 Euro = ... Fremdwährungseinheiten	
Bezeichnung	**ISO-Code**	**Ankauf**	**Verkauf**
Australische Dollar	AUD	1,7672	1,9972
Kanadische Dollar	CAD	1,7025	1,9005
Schweizer Franken	CHF	1,5828	1,6488
Dänische Kronen	DKK	7,1225	7,8025
Englische Pfund	GBP	0,6890	0,7390
Israelische Schekel	ISL	2,9200	5,0200
Japanische Yen	JPY	129,6630	138,6630
Norwegische Kronen	NOK	8,4351	9,4151
Schwedische Kronen	SEK	9,0618	10,1968
Thailändische Baht	THB	33,5000	47,0000
US-Dollar	USD	1,1414	1,2164

Will ein Kunde z. B. Australische Dollar in Euro tauschen, so **verkauft** die Bank **Euro** gegen AUD. Für 1 EUR muss der Kunde 1,9972 AUD bezahlen.

Will umgekehrt ein Kunde Euro in Australische Dollar tauschen, so **kauft** die Bank **Euro** gegen AUD. Für 1 EUR erhält der Kunde 1,7672 AUD.

In der **Praxis** werden die Begriffe An- und Verkauf von ausländischen Banknoten auch in dem Sinne verwendet, dass nicht der Euro verkauft, sondern die Fremdwährung angekauft wird. Der niedrigere Preis ist dann der Verkaufspreis, der höhere der Ankaufspreis von Fremdwährung pro Euro. Die Ergebnisse der Abrechnung sind aber wieder identisch.

Im Handel mit Devisen wird im Euroraum davon ausgegangen, dass Euro gegen Fremdwährung gehandelt werden.

Beispiel der Darstellung der Devisenkurse

Devisenkurse für 1 Euro		Interbankenkurse	
		Geld	Brief
Bezeichnung	ISO-Code		
Australische Dollar	AUD	1,8123	1,8163
Dänische Kronen	DKK	7,4306	7,4238
Englische Pfund	GBP	0,6280	0,6285

3.2 Wie werden Sortengeschäfte abgerechnet?

Banknotenverkauf einer bestimmten Menge Fremdwährung (Fall 1)

Im Falle von Hans Schneider wird das Kreditinstitut von diesem EUR ankaufen und CHF verkaufen. Die Abrechnung erfolgt daher zum Ankaufspreis von 1 EUR = 1,5828 CHF.

Lösung mit Dreisatz

1,5828 CHF ≙ 1 EUR
400 CHF ≙ x EUR

$$x = \frac{1 \cdot 400}{1{,}5828}$$

x = **252,72 EUR**

Lösung mit Kettensatz

? EUR \ 400 CHF
1,5828 CHF \ 1 EUR

$$x = \frac{400 \cdot 1}{1{,}5828}$$

x = **252,72 EUR**

Allgemein:

$$\text{EUR-Betrag} = \frac{\text{Fremdwährungsbetrag}}{\text{Ankaufspreis}}$$

Herr Schneider muss 252,72 EUR bezahlen.

Banknotenverkauf für eine bestimmte Menge Euro (Fall 2)

Doris Carstens will 300,00 EUR an das Kreditinstitut verkaufen und dafür US-Dollar kaufen. In diesem Falle ist zu ermitteln, wie viele US-Dollar sie dafür erhält. Die Abrechnung erfolgt auch hier zum Ankaufspreis für USD, das sind 1 EUR = 1,1414 USD.

Lösung mit Dreisatz

1 EUR ≙ 1,1414 USD
300 EUR ≙ x USD

$$x = \frac{1{,}1414 \cdot 300}{1}$$

x = **342,42 USD**

Lösung mit Kettensatz

? USD \ 300 EUR
1 EUR \ 1,1414 USD

$$x = \frac{300 \cdot 1{,}1414}{1}$$

x = **342,42 USD**

Allgemein:
Fremdwährung = EUR-Betrag · Ankaufspreis

Umrechnung von Fremdwährung in Euro

Da Kreditinstitute nur Banknoten, aber keine Münzen verkaufen, müssen die errechneten ausländischen Währungseinheiten auf die jeweils nächste lieferbare Banknoteneinheit auf- oder abgerundet werden. Anschließend ist der zu bezahlende Euro-Betrag zu ermitteln.

Im obigen Beispiel könnte sich folgende Rechnung ergeben:

Fall	Ausgezahlte Währung	Ankaufspreis (Geld)	Verkaufspreis
2	340 USD	1,1414	297,88 EUR

Lösung

Dreisatz:

1,1414 USD ≙ 1 EUR
340 USD ≙ x EUR

$$x = \frac{1 \cdot 340}{1{,}1414}$$

x = **297,88 EUR**

Kettensatz:

? EUR \ 340 USD
1,1414 USD \ 1 EUR

$$x = \frac{1 \cdot 340}{1{,}1414}$$

x = **297,88 EUR**

Allgemein:

$$\text{EUR-Betrag} = \frac{\text{Fremdwährungsbetrag}}{\text{Ankaufspreis}}$$

Banknotenankauf (Fall 3)

Beim **Ankauf von Banknoten** ist ebenfalls nach der vorstehenden Formel der Euro-Betrag zu ermitteln. Als Kurs ist dann aber nicht der Ankaufskurs, sondern der Verkaufskurs zu verwenden.

Lösung

Für das Geschäft mit Gisela Weller ergibt sich die Lösung aus folgendem Gedankengang: Die Bank will in diesem Falle **Euro verkaufen** und Englische Pfund kaufen. Der Kunde zahlt für 1 Euro = 0,7390 GBP.

Dreisatz:

0,7390 GBP ≙ 1 EUR
600 GBP ≙ x EUR

$$x = \frac{1 \cdot 600}{0{,}7390}$$

x = **811,91 EUR**

Kettensatz:

? EUR \ 600 GBP
0,7390 GBP \ 1 EUR

$$x = \frac{1 \cdot 600}{0{,}7390}$$

x = **811,91 EUR**

Allgemein:

$$\text{EUR-Betrag} = \frac{\text{Fremdwährungsbetrag}}{\text{Verkaufspreis}}$$

Frau Weller erhält für die 600 GBP den Betrag von 811,91 EUR.

3.3 Kettensatz[1]

Problemstellung:	Ein Bankkunde will in Frankfurt a. M. 2970 DKK in CHF umtauschen.		1 EUR = ... WE	
			Ankauf	Verkauf
	Es gelten folgende Schalterkurse:	Dänemark	7,1000	7,7800
		Schweiz	1,5620	1,6270
Arbeitsauftrag:	Wie lässt sich der Betrag in CHF am schnellsten ermitteln?			

Diese Aufgabe kann, wie Sie bereits wissen, mit **zwei Dreisätzen** gelöst werden.

1. Dreisatz: 7,7800 DKK ≙ 1 EUR
2970 DKK ≙ x EUR

$$x = \frac{1 \cdot 2970}{7,7800} = \underline{\underline{381,75 \text{ EUR}}}$$

2. Dreisatz: 1 EUR ≙ 1,5620 CHF
381,75 EUR ≙ x CHF

$$x = \frac{1,5620 \cdot 381,75}{1} = \underline{\underline{596,29 \text{ CHF}}}$$

Da beide Dreisätze ein proportionales (direktes) Verhältnis haben, lässt sich die Aufgabe *einfacher* als **Kettensatz** lösen.

Die Kette beginnt mit dem **Fragesatz:**
Wie viel CHF erhält man für 2970 DKK?

1. **Bedingungssatz:**
wenn 7,7800 DKK 1 EUR entsprechen;
2. **Bedingungssatz:**
wenn 1 EUR 1,5620 CHF entsprechen.

Nenner	Zähler
x CHF	2970 DKK
7,7800 DKK	1 EUR
1 EUR	**1,5620 CHF**

Die Bedingungssätze beginnen jeweils mit der Bezeichnung, mit der der Fragesatz bzw. der vorangehende Bedingungssatz endet. Wenn der Bedingungssatz mit der Bezeichnung des ersten Gliedes des Fragesatzes endet, so ist die Kette geschlossen.

Die rechte Seite der Kette ist der Zähler, die linke Seite der Nenner des Lösungsbruches.

$$x = \frac{2970 \cdot 1 \cdot 1,5620}{7,7800}$$

$$x = \underline{\underline{596,29 \text{ CHF}}}$$

Der Kunde erhält 596,29 CHF.

1 Wegen Umrechnung von Währungen von EWU-Teilnehmerländern siehe Abschnitt 3.4.

3.4 Wie werden ehemalige nationale Währungen innerhalb der Europäischen Währungsunion umgerechnet?

Problemstellung: Armin Adler hat in seinem im Jahre 2001 erstellten Testament unter anderem die folgende Regelung getroffen:

„Mein Sparguthaben bei der Handelsbank AG, Kontonummer 332 449 05, soll wie folgt aufgeteilt werden:

Mein Enkel Rudolf Schaller, wohnhaft in Gelsenkirchen, Hollacker 13, soll zunächst 3 000 DM erhalten, meine Nichte Monique Schreiber, Lyon, Rue d'Albert 43, soll 15 000 FF erhalten. Das verbleibende Guthaben soll meine Tochter Gabriele Miller geb. Adler, wohnhaft in London, Islington Rd. 126 erhalten."

Armin Adler starb am 24. Januar 2003. Das zu verteilende Sparguthaben beträgt 25 720 EUR.

Arbeitsauftrag:

a) Wie viel Euro erhält jeder der drei Begünstigten?

b) Wie viel englische Pfund erhält die Tochter Gabriele Miller gutgeschrieben, wenn 1 EUR = 0,695 GBP beträgt? Kosten für die Überweisung sollen unberücksichtigt bleiben.

Informationen

3.4.1 Allgemeine Umrechnungs- und Rundungsregeln

Umrechnungskurse

Für Umrechnungen zwischen dem Euro und den einzelnen nationalen Währungen der EWU-Teilnehmerländer wird jeweils ein Umrechnungskurs (1 Euro = x nationale Währungseinheiten) mit sechs signifikanten Stellen festgelegt. Darunter ist ein Umrechnungskurs zu verstehen, der ab der von links gezählt ersten Stelle, die nicht eine Null ist, sechs Ziffern hat. (Bitte nicht verwechseln mit sechs Dezimalstellen!)

Beispiel: Umrechnungskurse

1 Euro =

DEM	1,95583	ESP	166,386	IEP	0,787564	NLG	2,20371
ATS	13,7603	FIM	5,94573	ITL	1 936,27	PTE	200,482
BEF	40,3399	FRF	6,55957	LUF	40,3399		

1 Euro ist in 100 Cent eingeteilt.

Umrechnungs- und Rundungsregeln

- Die **Umrechnungskurse** werden bei Umrechnungen **nicht gerundet oder** um eine oder mehrere Stellen **gekürzt.**
- Die Umrechnungskurse werden für Umrechnungen **sowohl** der Euro-Einheit in nationale Währungseinheiten **als auch** umgekehrt verwendet. Von den Umrechnungskursen abgeleitete inverse Kurse werden nicht verwendet.
- Geldbeträge, die von einer **nationalen Währungseinheit in eine andere** umgerechnet werden, werden **zunächst** in einen **auf die Euro-Einheit lautenden Geldbetrag umgerechnet,** der auf **nicht weniger als drei Dezimalstellen gerundet** werden darf, **und dann** in die **andere nationale Währungseinheit umgerechnet.**

- Geldbeträge, die nach diesen Regeln von einer nationalen Währung in Euro umgerechnet wurden, werden auf den nächstliegenden **Cent kaufmännisch auf- oder abgerundet.**

  Entsprechend wird bei einer Umrechnung von **Geldbeträgen von Euro in nationale Währungseinheiten** auf die **nächstliegende Untereinheit,** in Deutschland 1 Pfennig, **kaufmännisch gerundet.**

3.4.2 Umrechnung zwischen dem Euro und ehemaligen nationalen Währungseinheiten

Sollen zum Beispiel 400 EUR in DM umgerechnet werden, so ergibt sich unter Verwendung des Umrechnungskurses in der obigen Tabelle der **Ansatz:**

? DM \ 400 EUR
1 EUR \ 1,95583 DM

x = 400 x 1,95583
x = 782,332 DM (ungerundet)
x = <u>782,33 DM</u> (gerundet)

> Da die 1 im Nenner vernachlässigt werden kann, gilt allgemein:
>
> **Nationale Währung = Betrag EUR x Umrechnungskurs**

Die Umrechnung von nationaler Währung in Euro soll am gleichen Beispiel dargestellt werden, in dem 782,33 DM in Euro umgerechnet werden.

Ansatz:

? EUR \ 782,33 DM
1,95583 DM \ 1 EUR

$$x = \frac{782{,}33}{1{,}95583}$$

x = <u>400,00 EUR</u>

> Allgemein gilt:
>
> **EUR = Betrag Landeswährung : Umrechnungskurs**

Die beiden Fälle zeigen auch, dass die Umrechnung zum gleichen Ergebnis führt. Bei großen Zahlen kann es allerdings zu geringen Rundungsdifferenzen kommen.

3.4.3 Umrechnungen zwischen ehemaligen nationalen Währungseinheiten

Ein Kunde will wissen, wie viel FRF 3 000,00 DM entsprechen.

In diesem Falle müssen zwei Rechnungen durchgeführt werden. Wir gehen von den in der obigen Tabelle vorgesehenen Umrechnungskursen aus.

1. Umrechnung des Betrages von DM in Euro:

   $$x = \frac{3\,000{,}00\ (DM)}{1{,}95583\ (DM/EUR)}$$

   x = <u>1 533,87564 EUR</u>

   Dieses **Zwischenergebnis** ist nun von Euro in FRF umzurechnen.

2. Diese Umrechnung kann entweder mit dem **ungekürzten** oder mit dem auf **mindestens drei Nachkommastellen gekürzten Zwischenergebnis** erfolgen.

   Ungekürzt:

   1 533,87564 (EUR) · 6,55957 (FRF/EUR) = 10 061,5646 FRF oder **<u>10 061,56 FRF</u>**

   Gekürzt auf 3 Nachkommastellen:

   1 533,876 (EUR) · 6,55957 (FRF/EUR) = 10 061,567 FRF oder **<u>10 061,57 FRF</u>**

Die Rechnung mit dem gekürzten Zwischenergebnis hätte auch mit vier Stellen erfolgen dürfen oder auch einer anderen Rechenmethode, wenn diese zu demselben Ergebnis führt.

Auf einen Blick:

1. Schalterkurse für ausländische Banknoten beziehen sich auf 1 EURO.
   1 EURO = x Währungseinheiten, z. B. 1 EUR = 1,6230 AUD.
   Es liegt eine Mengennotierung vor.

2. Die **Abrechnungen** bei Währungen von Nicht-EWU-Teilnehmerländern erfolgen **netto.** Verkauft wird zum Ankaufspreis; angekauft zum Verkaufspreis.

3. Verkauf von Währungen bei Nicht-EWU-Teilnehmerländern:
   $$\text{Fremdwährung} = \text{EUR-Betrag} \cdot \text{Ankaufspreis}$$

4. Ankauf von Währungen von Nicht-EWU-Teilnehmerländern:
   $$\text{EUR-Betrag} = \frac{\text{Fremdwährungsbetrag}}{\text{Verkaufspreis}}$$

5. **Es werden nur Banknoten** verkauft und gekauft. Der Ankauf ausländischer **Münzen** ist nur **ausnahmsweise** mit hohem Kursabschlag möglich.

6. Rundungsregeln in der EWU:
   - Die **Umrechnungskurse** werden **nicht gerundet** oder **um eine oder mehrere Stellen gekürzt.**
   - Es gibt nur **einen** Umrechnungskurs pro Währung.
   - Zwischenergebnisse bei der Umrechnung von einer Währung in eine andere werden auf **nicht weniger als drei Dezimalstellen gerundet.**

Aufgaben:

Benutzen Sie die Kurstabelle zum Einführungsfall bzw. die festen Umrechnungskurse.

22. Berechnen Sie, wie viel ausländische Währungseinheiten für folgende EUR-Beträge ausgezahlt werden (Mindeststückelung ausländischer Banknoten bleibt unberücksichtigt)!

	EUR-Betrag	Land		EUR-Betrag	Land
a)	1 700,00	Australien	f)	2 600,00	Japan
b)	500,00	Dänemark	g)	1 470,00	Israel
c)	620,00	Großbritannien	h)	10 500,00	USA
d)	5 700,00	Schweiz	i)	890,00	Kanada
e)	800,00	Schweden	j)	320,00	Thailand

23. Kunden verkaufen an die Handelsbank AG ausländische Banknoten. Wie viel EUR erhalten die Kunden?

	Währung		Währung		Währung
a)	2 500 000 AUD	d)	420 CHF	g)	4 200 CAD
b)	542 USD	e)	3 000 DKK	h)	760 GBP
c)	1 500 NOK	f)	13 550 SEK	i)	12 500 JPY

24. Ein Deutscher will in der Schweiz Urlaub machen. Dafür will er 3 000 Schweizer Franken kaufen. Bei der Südbank AG, Frankfurt am Main, werden die folgenden Schalterpreise für Banknoten angeboten:

Schalterpreise für Banknoten		Datum	15.08.
		Ankauf	**Verkauf**
Bezeichnung	**ISO-Code**	1 Euro = ... Fremdwährungseinheiten	
Schweizer Franken	CHF	1,4240	1,4890

Im Internet findet er unter www.NZZOnline.ch für den gleichen Tag folgende Preise für den Banknotenerwerb in der Schweiz:

Banknoten: Schweizer Franken		Datum	15.08.
		Geld	**Brief**
Bezeichnung	**ISO-Code**		
Euro	EUR	1,4275	1,4875

a) Können Sie einen grundsätzlichen Unterschied in der Art der Preisangabe feststellen?

b) Wo sollte der Urlauber seine CHF kaufen, wenn keine Entgelte berücksichtigt werden?

c) Wie viel EUR hat der Urlauber gewonnen oder verloren, falls er die CHF bei einem Kreditinstitut in Frankfurt a. M. kauft?

25. a) Rechnen Sie die nebenstehenden Beträge von DM in Euro um! Umrechnungskurse entnehmen Sie der Tabelle in Abschnitt 3.4.1.

DM
45 346,00
9 987,43
11 005,00
121,98

b) Rechnen Sie die nebenstehenden Beträge von Euro in DM um! Umrechnungskurse entnehmen Sie der Tabelle in Abschnitt 3.4.1.

Euro
33 965,00
1 985,44
95 453,01
984,77

26. a) Rechnen Sie die nebenstehenden Beträge von DM in die jeweils angegebene Währung um! Umrechnungskurse entnehmen Sie der Tabelle in Abschnitt 3.4.1.

DM	**Währung**
28 588,00	ATS
435,33	ESP
99 436,00	FIM
4 221,23	ITL
12 454,50	NLG

b) Rechnen Sie die nebenstehenden Währungen in DM um! Umrechnungskurse entnehmen Sie der Tabelle in Abschnitt 3.4.1.

Währung
33 900,00 ATS
25 800,00 FIM
17 320,00 ESP
954,50 IEP
1 188,55 PTE

3.5 Aufgaben zum Währungsrechnen mit dem PC

3.5.1 Anwendung einfacher Formeln und Funktionen

Problemstellung: In der Sortenkasse wird für jede Währung ein eigener Bestand geführt. Für Schweizer Franken wurden mit Kunden die folgenden Geschäfte abgewickelt:

	A	B	C	D	E
1	Schweizer Franken CHF				
2		Ankauf = K Verkauf = V	Menge	Kurs 1 EUR =	Kurswert EUR
3	**Anfangsbestand**		53 000	1,6270	
4	15.06.	V	500	1,5620	
5	16.06.	V	2 000	1,5580	
6	16.06.	V	4 500	1,5570	
7	22.06.	V	6 000	1,5610	
8	25.06.	V	27 800	1,5600	
9	**Endbestand**				
10					
11	Anzahl der Posten				
12	Durchschnittlicher Verkaufskurs				
13	Niedrigster Verkaufskurs				
14	Höchster Verkaufskurs				

Arbeitsaufträge:

- Richten Sie ein neues Excel-Arbeitsblatt nach diesem Muster und mit diesen Angaben ein.
- Ermitteln Sie die Kurswerte des Anfangsbestandes und der Umsätze.
- Ermitteln Sie den Endbestand und dessen Wert. Runden Sie das Ergebnis des Wertes auf zwei Dezimalstellen.
- Ermitteln Sie die statistischen Angaben der Zeilen 11 - 14. Der Kurs der Schweizer Franken entspricht dem Wert des Anfangsbestandes.
- Sonstige Formatierungen:
  1. Die letzte Menge soll **einfach** unterstrichen werden (Buchhaltung).
  2. Die Endbestände sollen **doppelt** unterstrichen werden (Buchhaltung).
  3. Summen der Endbestände 10p, fett.

Informationen

Sie haben bei der Einrichtung des Arbeitsblattes wahrscheinlich keine Schwierigkeiten mehr. Bei Zweifeln hilft ein Blick in den Abschnitt **Formatierung.**

Ermitteln der Kurswerte

Bevor Sie die Lösungsformel eingeben, sollten Sie den Lösungsansatz auf traditionellem Wege suchen, entweder mit Hilfe des Dreisatzes oder des **Kettensatzes.**

x EUR \ 53 000,00 CHF
1,6270 CHF \ 1 EUR

$$x = \frac{53\,000{,}00}{1{,}6270}$$

- ✗ Geben Sie jetzt die entsprechende Formel in die Zelle E3 ein. Gleichheitszeichen nicht vergessen!
- ✗ Ermitteln Sie die Kurswerte für die Zellen E4:E8.
- ✗ Geben Sie jetzt die Formel für die Ermittlung des mengenmäßigen Endbestandes ein! Verwenden Sie zur Lösung auch die Summenfunktion!

  Setzen Sie die Klammern richtig. Falls es nicht sofort gelungen ist, lesen Sie den Aufbau einer Funktion im folgenden Abschnitt nach.
- ✗ Ermitteln Sie den Wert des Endbestandes!

Weitere Funktionen

Haben Sie als Endbestand 12 200,00 CHF mit einem Wert von 7 498,46 EUR erhalten? Dann können Sie fortfahren.

Wie Sie bereits wissen, bietet Excel eine Vielzahl weiterer Funktionen an. Deren Möglichkeiten können wir bei der Lösung der weiteren Aufgabenstellung einsetzen.

Zunächst einige nähere **Informationen zu Funktionen.**

Aufbau der Funktionen

Funktionen sind **vorgefertigte Formeln**, die Berechnungen unter Verwendung bestimmter Werte, der so genannten **Argumente, und** in einer **bestimmten Reihenfolge,** auch **Syntax** genannt, ausführen.

Die **Syntax** einer Funktion beginnt mit dem **Funktionsnamen.** Es folgt eine **öffnende Klammer.** In der Klammer stehen die **Argumente.** Bei mehreren Argumenten sind diese durch jeweils ein **Semikolon** (;) voneinander getrennt.

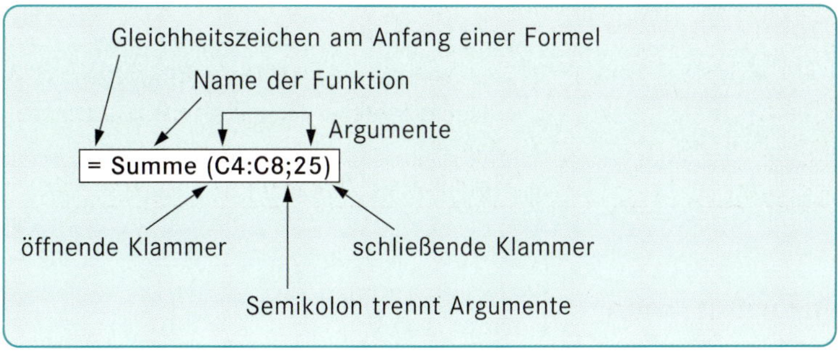

Häufig genutzte Funktionsarten		✘ Probieren Sie diese Funktionen an unserem Beispiel aus!	
Aufgaben	**Funktion mit Syntax**	**Formel**	**Ergebnis**
Ermitteln der Anzahl der Posten	ANZAHL(Bereich)	=ANZAHL(B4:B8)	5
Durchschnittlicher Verkaufskurs	MITTELWERT(Bereich)	=MITTELWERT(SUMME(C4:C8)/SUMME(E4:E8)	1,5597
Niedrigster Verkaufskurs	MIN(Bereich)	=MIN(D4:D8)	1,5570
Höchster Verkaufskurs	MAX(Bereich)	=MAX(D4:D8)	1,5620
Kfm. Runden der Zahl 2,34527 in Zelle B19 auf 3 Stellen; Ergebnis in Zelle A19.	RUNDEN(Zelle;Stellen)	=RUNDEN(B19;3) Der Cursor steht in Zelle A19.	2,345
Aufrunden der Zahl 2,34567 in Zelle B19 auf 3 Stellen; Ergebnis in Zelle A19.	AUFRUNDEN (Zelle;Stellen)	=AUFRUNDEN(B19;3)	2,346
Kürzen der Zahl 2,34567 in Zelle B19 auf 3 Stellen; Ergebnis in Zelle A19.	KÜRZEN(Zelle;Stellen)	=KÜRZEN(B19;3) In diesem Falle werden die Stellen nach der 3. Stelle hinter dem Komma abgeschnitten. Wenn Stellen vor dem Komma gekürzt werden sollen, dann sind die Stellen mit negativem Vorzeichen einzugeben. ✘ Probieren Sie das einmal aus!	2,345

Funktionsassistent

Der **Funktionsassistent** hilft Ihnen beim Aufbau der Funktionen. Das erleichtert insbesondere die Formulierung verschachtelter Funktionen sehr.

Wie gehen Sie beim Einsatz dieses Assistenten vor? Wir wollen dies am Beispiel der Funktion ANZAHL für die Ermittlung der Posten tun.

Einsatz des Funktionsassistenten

Es gibt mehrere Wege, um den Funktionsassistenten anzusteuern und einzusetzen.

- Geben Sie zunächst in die Zelle, die das Ergebnis aufnehmen soll, = ein. Es erscheint links in der **Bearbeitungszeile** ein Dreieck ▼, links davon eine Taste mit einer Aufschrift, z. B. Mittelwert.
- Durch Drücken des Schalters ▼ öffnet sich ein Auswahlfeld für Funktionen (siehe Abbildung Seite 359 oben).

  Wir benötigen für unsere Aufgabe die **statistische Funktion AUSWAHL.** Falls diese nicht im ersten Dialogfeld vorhanden ist, drücken wir auf **Weitere Funktionen.** Dort wählen wir die **Kategorie Statistik,** dann die **Funktion ANZAHL.**
- **Doppelklick** auf **ANZAHL** oder **OK.** Es erscheint der **Dialogassistent** mit dem Dialogfeld **ANZAHL** (siehe Abbildung Seite 359 unten).
- **Markieren** Sie jetzt den Bereich, dessen Posten gezählt werden sollen, oder geben Sie diesen Bereich manuell ein (C4:C8).

In **WERT1** steht jetzt die Formel C4:C8. In der **Bearbeitungszeile** und in der **Zelle B11** stehen die Formeln. In diesem Dialogfeld wird auch bereits das Formelergebnis angezeigt, hier 5.

- ENDE

oder

- Sie klicken in der **Standardsymbolleiste** das **Symbol** $\mathbf{F_x}$ an. Die weiteren Schritte sind wie oben dargestellt.

oder

- Tastenkombination ⇑ Umschalten und **F3** eingeben. Dann die Schritte wie oben dargestellt gehen.

Je nach **Funktion** haben die Dialogfelder des Funktionsassistenten ein anderes Aussehen.

✘ Suchen Sie den Funktionsassistenten für die Funktion **LOGIK(WENN)**. Diese werden Sie häufiger verwenden.

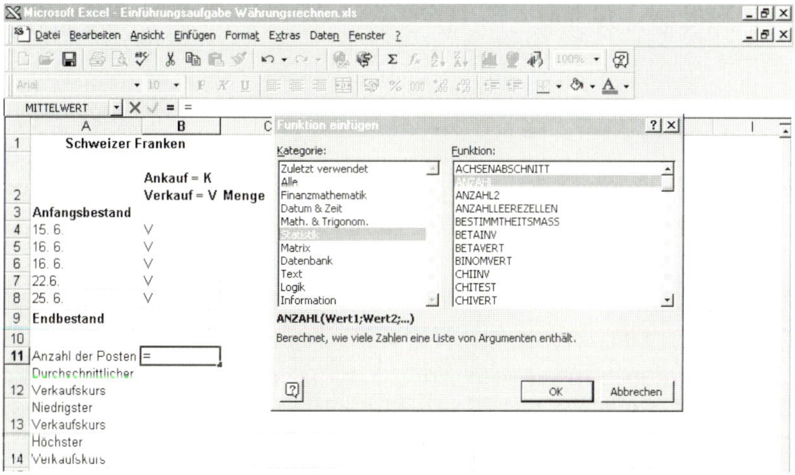

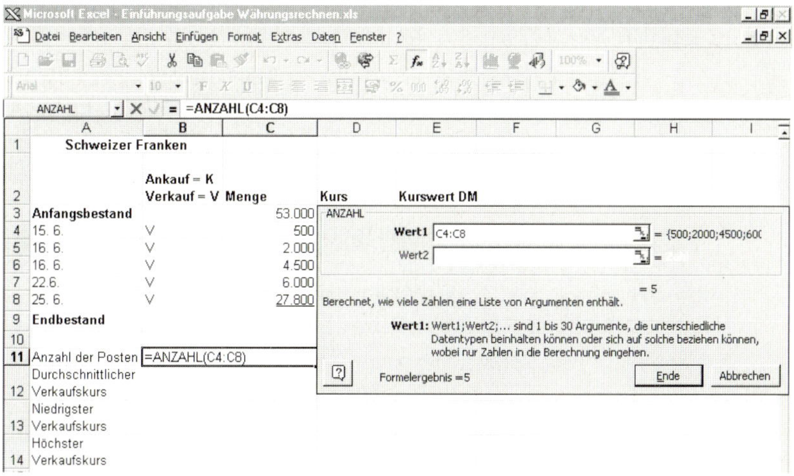

Aufgabe:

27. Für die weiteren Aufgaben sollen die folgenden Euro-Umrechnungskurse gelten.

1. Richten Sie ein Excel-Arbeitsblatt nach diesem Muster ein! Speichern Sie das Arbeitsblatt ab.
2. Erstellen Sie ein Rechenprogramm, das nach Eingabe des Euro-Betrages in die Zelle B14 in der Zelle B15 den ungerundeten DM-Gegenwert und in Zelle B16 den gerundeten DM-Betrag ermittelt!
3. Erstellen Sie ein Rechenprogramm, das nach Eingabe des DM-Betrages in die Zelle E14 in der Zelle E15 den ungerundeten und in Zelle E16 den gerundeten Euro-Betrag ermittelt!
4. Erstellen Sie ein Rechenprogramm, das nach Eingabe des DM-Betrages (Zelle B20) sowie der Umrechnungskurse EURO/DM (B21) und EURO/Fremdwährung (D21) in den Zellen B22:B24 bzw. D22:D24 das Euro-Zwischenergebnis, den ungerundeten DM-Betrag und den gerundeten DM-Betrag automatisch errechnet!
5. Erstellen Sie ein Rechenprogramm, das die Umrechnung von Fremdwährungen anderer EWU-Mitglieder in DM durchführt! Berücksichtigen Sie die Angaben in den Zellen A27:E31!

	A	B	C	D	E
1	a) Umrechnung EUR in DM	1 Euro =			
2	ATS	13,7603			
3	BEF	40,3399			
4	DEM	1,95583			
5	ESP	166,386			
6	FIM	5,94573			
7	FRF	6,55957			
8	IEP	0,787564			
9	ITL	1936,27			
10	LUF	40,3399			
11	NLG	2,20371			
12	PTE	200,482			
13					
14	Betrag in Euro	0,00		Betrag in DM	
15	ungerundet	0		ungerundet	0
16	Betrag in DM	0,00		Betrag in Euro	0,00
17					
18	b) Umrechnung zwischen nationalen Währungseinheiten				
19	ba) DM-Betrag in andere nationale Währung				
20	DM-Betrag	0,00			
21	Umrechnungskurse		DM/Euro		Fremdwährung/Euro
22	Euro-Zwischenergebnis	0	ungerundet	0	gerundet (4 Stellen)
23	Betrag Fremdwährung, ungerundet	0	oder	0	
24	Fremdwährung, gerundet	0,00		0	
25					
26	bb) Andere nationale Währung in eigene Währungseinheiten				
27	Betrag Fremdwährung (FW)	0,00			
28	Umrechnungskurse		FW/Euro		DM/Euro
29	Euro-Zwischenergebnis	0	ungerundet	0,0000	gerundet (4 Stellen)
30	DM-Betrag, ungerundet	0	oder	0	
31	DM, gerundet	0,00		0,00	

Lösen Sie die Aufgaben 25 und 26 mit diesem Programm!

3.5.2 Unterscheidung relativer und absoluter Bezüge auf Zellen

Problemstellung: Die Niemeier AG will ihre Bilanz von DM auf Euro umstellen.

	A	B	C	D
1	Aktiva	DM	Euro ungerundet	Euro gerundet
2	**Anlagevermögen**	266 505,00		
3	Vorräte	197 393,00		
4	Forderungen	84 900,00		
5	Geld und Geldanlagen	32 649,00		
6	**Umlaufvermögen**	314 942,00		
7	**Bilanzsumme**	**581 447,00**		
8				
9	**Passiva**			
10	Gezeichnetes Kapital	120 000,00		
11	Gewinnrücklagen	35 000,00		
12	**Eigenkapital**	155 000,00		
13	Rückstellungen	55 000,00		
14	Verbindlichkeiten	216 447,00		
15	**Fremdkapital**	271 447,00		
16	**Bilanzsumme**	**581 447,00**		
17				
18	Umrechnungskurs DM/Euro		1,95583	

Arbeitsaufträge: Führen Sie die Umrechnung durch. Weisen Sie zunächst die ungerundeten Eurobeträge und danach die gerundeten Werte aus.

Formulieren Sie die Formel für die Zelle C2. Versuchen Sie dann, diese Formel zu kopieren.

Informationen

Lösungsformel

Haben Sie als Lösungsformel **=B2/C18** eingegeben und als Ergebnis 136 261,8428 erhalten? Dann haben Sie die korrekte Rechnung durchgeführt. Falls Ihr Ergebnis fehlerhaft war, dann überprüfen Sie noch einmal Ihre Kenntnisse zum Währungsrechnen.

Was geschah nun beim Kopieren der richtigen Formel? Ist bei Ihnen auch die Fehleranzeige **#DIV/0!** erschienen? Vermutlich ja!

Relative Zellbezüge

Die **Ursache** für diese Fehlermeldung liegt darin, dass Excel beim Kopieren der Formeln die **Zelladressen** und **Zellbezüge automatisch** anpasst.

In der Bearbeitungszelle können Sie für die Zeile C3 den neuen Formelbezug **B3/C19** ablesen. (Die neue Formel erscheint auch in der Zelle C3, wenn Sie diese Zelle zweimal anklicken.)

Der Bezug auf die Zelle B3 ist zwar korrekt, weil der umzurechnende Wert eine Zelle tiefer liegt, der Umrechnungskurs ist aber nach wie vor in der Zelle **C18**.

Wenn beim Kopieren die Formel und deren Bezüge jeweils in Relation zur Ausgangsposition angepasst wird, so liegt ein **relativer Zellbezug** vor.

Die richtige Umrechnung des Eurowertes der Zelle C3 hätte sich ergeben, wenn die Zelle, die den Umrechnungskurs enthält, konstant geblieben wäre.

Absolute Zellbezüge

Bei einem **absoluten Zellbezug** bleibt der ursprüngliche Zellbezug, in unserem Falle C18, erhalten. Absolute Zellbezüge erhält man durch den Zusatz eines Dollarzeichens $ vor der Spalten- bzw. Zeilenangabe.

- ✘ Geben Sie als Formel für die Zelle C2 jetzt ein: **= B2/$C$18.** Drücken Sie anschließend **RETURN.**

  Die Lösung in der Zelle C2 ist unverändert geblieben.
- ✘ Kopieren Sie jetzt die Formel in die übrigen Zellen. Jetzt werden Sie die richtigen Lösungen für die Aufgabe erhalten haben.

Kombinationsmöglichkeiten der Zellbezüge

Grundsätzlich bestehen **vier Kombinationsmöglichkeiten** der Zellbezüge.

- ✘ Suchen Sie die vier Möglichkeiten für die relative und absolute Adressierung! Beachten Sie, dass Spalte und Zeile absolut oder relativ adressiert sein können.
- ✘ Runden Sie jetzt die ungerundeten Eurowerte auf zwei Dezimalstellen.

3.5.3 Anwendung der WENN-Funktion

Problemstellung: Ein Kreditinstitut will dem Kassierer ein Programm zur Verfügung stellen, das es ihm ermöglicht, die Sortenabrechnungen zu vereinfachen.

Arbeitsaufträge:

Arbeitsauftrag 1
Richten Sie ein Excel-Arbeitsblatt mit den nachstehend abgebildeten Informationen und Formatierungen ein. Zur Vereinfachung soll der Sortenhandel auf vier Währungen beschränkt sein.

Arbeitsauftrag 2
Erstellen Sie ein Programm, das dem Kassierer die Ergebnisse in EUR und in DM errechnet, nachdem er Menge, Währung und Wechselkurs eingegeben hat.

Arbeitsauftrag 3
Verfeinern Sie das Programm in einem weiteren Schritt dahingehend, dass der Kassierer für den Sortenverkauf bzw. Sortenankauf nur noch die Währung und die Menge eingeben muss.

Arbeitsauftrag 4
Gehen Sie noch einen Schritt weiter. Der Kassierer soll nur noch **ein** Formular für den Sortenan- und -verkauf verwenden. Außerdem soll er nur noch die Menge und die Währung angeben müssen und ob es sich um einen Sortenan- oder -verkauf handelt.

	A	B	C	D	E	F	G
1	**Sortenverkauf**			Währung	Ankauf	Verkauf	
2	Menge				von 1 € = ... WE		
3	Währung			CHF	1,5828	1,6488	
4	Wechselkurs			CAD	1,7025	1,9005	
5				GBP	0,6890	0,7390	
6				USD	1,1414	1,2164	
7	**Ergebnis EUR**						
8							
9							
10	**Sortenankauf**						
11	Menge						
12	Währung						
13	Wechselkurs						
14							
15							
16	Ergebnis EUR						

Informationen

Die Erledigung **der Arbeitsaufträge 1** und **2** hat Ihnen sicherlich keine Schwierigkeiten bereitet, da Sie dabei auf Ihre bisherigen Kenntnisse zurückgreifen konnten. Sollte dennoch ein Problem bestanden haben, dann wiederholen Sie den oder die entsprechenden bisher behandelten Abschnitte noch einmal.

Wenden wir uns dem **Arbeitsauftrag 3** zu. Öffnen Sie das Arbeitsblatt. Gehen wir zum **Beispiel** davon aus, dass ein **Kunde 450,00 Schweizer Franken kaufen** will.

Schritt 1 — Geben Sie die Menge 450,00 in die Zelle **B2** ein und drücken Sie RETURN. Der Cursor springt durch das Betätigen der RETURN-Taste in die darunter liegende Zelle B3.

Schritt 2 — Geben Sie in die Zelle **B3** als Währung CHF ein. RETURN.

Schritt 3 — In diesem Falle muss zur richtigen Lösung der Aufgabe der Ankaufskurs für Schweizer Franken in die Zelle **B4** kommen, da EURO angekauft und CHF geliefert werden.

Auswahl des richtigen Kurses — Sie können das Programm nun so gestalten, dass es von selbst den richtigen Kurs einsetzt. Dazu nutzen wir die **WENN-Funktion.**

WENN-Funktion — Allgemein formuliert ist für **unser Beispiel** dieser Entscheidungsweg zu gehen:

WENN die Währung in der Zelle **B3** gleich der Währung in der Zelle **D2** der Währungstabelle ist;

DANN wähle den Kurs in der Zelle **E2;**

SONST **soll die Zelle B4** leer bleiben.

Syntax der WENN-Funktion — Die **WENN-Funktion** folgt dem vorstehenden Beispiel.

WENN(Bedingung;DANN WERT;SONST WERT)

24 Schuster - ISBN 978-3-8120-0194-6

Formel

=WENN(B3=D3;E3;" ")

⇨ Geben Sie diese Formel in die Zelle **B4** ein.

Bedingung

Bei der Bedingung wird geprüft, ob diese erfüllt (WAHR) ist oder nicht (FALSCH). Ist die Bedingung erfüllt, dann wird der DANN-Wert ausgeführt. Ist die Bedingung nicht erfüllt, dann wird der SONST-Wert ausgeführt.

Vergleichsoperatoren

Die Bedingung wird durch Vergleichsoperatoren formuliert, die den Vergleich von zwei Werten zum Inhalt haben.

Vergleichsoperatoren	Bedeutung
=	gleich
<	kleiner als
>	größer als
<>	ungleich
<=	kleiner oder gleich
>=	größer oder gleich

DANN-Wert

Der DANN-Wert kann eine absolute Zahl, eine Formel oder eine Funktion sein. In unserem Beispiel soll der Inhalt der Zelle E3: **1,5828** in die Zelle B4 eingesetzt werden.

Das ist bei Ihnen sicherlich auch so geschehen.

SONST-Wert

Wenn die Bedingung nicht erfüllt worden wäre, dann hätte in der Zelle B4 kein Wert erscheinen dürfen.

✘ Geben Sie in die Zelle **B3** GBP ein.
Ist die Zelle B4 leer geblieben? Falls nicht, dann überprüfen Sie noch einmal Ihre Eingaben.

In unserem Beispiel hätte der Kunde statt der Schweizer Franken auch Englische Pfund abheben können. Dann wäre unsere Formel aber nicht zur richtigen Währung gelangt. Deshalb müssen wir, wenn mehr als zwei Bedingungen überprüft werden müssen, eine **verschachtelte WENN-Funktion** aufstellen.

Verschachtelte WENN-Funktion

Der SONST-Wert ist dabei so lange durch das Argument Bedingung zu ersetzen, bis alle Möglichkeiten überprüft wurden.

Für **unser Beispiel** ergibt sich diese verschachtelte WENN-Funktion:

=WENN(B3=D3;E3;WENN(B3=D4;E4;WENN(B3=D5;E5;WENN(B3=D6;E6;" "))))

WENN	DANN				
	SONST	WENN	DANN		
			SONST	WENN	usw.

✘ Geben Sie diese verschachtelte Formel in die Zelle B3 ein.
Testen Sie, ob die richtigen Entscheidungen getroffen werden!

Schritt 4
Ergebnis EUR

Jetzt ermitteln wir den EURO-Betrag des Sortenverkaufs.

⇨ Setzen Sie die richtige Formel in die Zelle **B7** ein.
⇨ Überprüfen Sie mit Hilfe selbst gewählter Beispiele Ihr Programm.
⇨ Speichern Sie das Programm anschließend.

Aufgabe:

28. Erstellen Sie das entsprechende Programm für den Sortenankauf! Verwenden Sie die Angaben des Eingangsfalles zur vorherigen Aufgabe!

Arbeitsauftrag 4
Zur Lösung des Arbeitsauftrages 4 richten Sie das Excel-Arbeitsblatt nach folgenden Angaben ein.

	A	B	C	D	E	F
1	**Sortenabrechnung**	Ankauf von FW = 1 Verkauf von FW = 2		**Währung**	**Ankauf**	**Verkauf**
2	Menge				von 1 € = ... WE	
3	Währung			CHF	1,5828	1,6488
4	Wechselkurs			CAD	1,7025	1,9005
5				GBP	0,6890	0,7390
6	**Ergebnis in EUR**			USD	1,1414	1,2164
7						

Zur Erinnerung:

Zuflüsse (Käufe) von Fremdwährungen werden zum Verkaufspreis (Brief) abgerechnet. Es werden EUR verkauft.

Abflüsse (Verkäufe) von Fremdwährungen werden zum Ankaufskurs (Geld) abgerechnet. Es werden EUR gekauft.

In der Zelle **C1** soll die Eingabe der **Ziffer 1** beim **Sortenankauf** und der **Ziffer 2** beim **Sortenverkauf** erfolgen.

Bleiben wir bei dem Beispiel, dass ein Kunde 450,00 CHF kaufen will.

Schritt 1 – Richten Sie das Arbeitsblatt ein.

Schritt 2 Eingaben
- Geben Sie in **C1** die **Ziffer 2** für Verkauf von Fremdwährung ein.
- Geben Sie in **B2** die Menge 450 ein.
- Geben Sie die Währungsbezeichnung CHF in **B3** ein.

Schritt 3 – Wir müssen jetzt dafür sorgen, dass der PC selbst den richtigen Sortenkurs aussucht. Dazu hat er zu prüfen,
- ob ein Kauf oder ein Verkauf vorliegt und
- welche Währung betroffen ist.

Mit diesen Informationen kann er dann auf den richtigen Wechselkurs zugreifen und diesen in die Zelle **B4** einstellen.

Derartige Entscheidungen lassen sich durch den Einsatz **logischer Funktionen** treffen.

✗ Gehen Sie einmal mit dem Funktionsassistenten, **Fx** anklicken, in die Kategorie **Logik** und sehen Sie sich die angebotenen Funktionen an.

Mit der **WENN**-Funktion haben wir bereits gearbeitet.

Weitere logische Funktionen – Es werden noch die Funktionen **UND, ODER** und **NICHT** zur Verfügung gestellt.

UND-Funktion

Diese Funktion liefert das Ergebnis WAHR, wenn alle Bedingungen erfüllt sind. In unserem Falle kann diese Funktion eingesetzt werden. **Wenn** die Währungsbezeichnungen in B3 und D3 übereinstimmen **und** in der Zelle C1 eine 1 steht, dann ist der Verkaufskurs F3 zu wählen, sonst der Ankaufskurs E3. Die UND-Funktion wird als Bedingung in die WENN-Funktion einfügt.

=WENN(UND(B3=D3;C1=1;F3;WENN(UND(B3=D3;C1=2);E3;

Damit wären die Möglichkeiten für die Währung CHF geprüft. Da aber noch weitere Währungen möglich sind, müssen auch für diese die Entscheidungen beachtet werden. Wir haben es wieder mit einer verschachtelten Funktion zu tun.

✗ Ergänzen Sie die Funktionsgleichung für die Währung CAD.

Hat Ihre Formel jetzt dieses Aussehen?
=WENN(UND(B3=D3;C1=1);F3;WENN(UND(B3=D3;C1=2);E3;WENN(UND(B3=D4;C1=1);F4;WENN(UND(B3=D4;C1=2);E4;

✗ Ergänzen Sie jetzt für die beiden letzten Währungen die Lösungsformel.

Sie erhalten die Formel:
=WENN(UND(B3=D3;C1=1);F3;WENN(UND(B3=D3;C1=2);E3;WENN(UND(B3=D4;C1=1);F4;WENN(UND(B3=D4;C1=2);E4;WENN(UND(B3=D5;C1=1);F5;WENN(UND(B3=D5;C1=2);E5;WENN(UND(B3=D6;C1=1);F6;E6)))))))

Grenzen der Verschachtelung von WENN-Funktionen

Falls Sie versucht haben, für die letzte Entscheidung noch einmal eine Verschachtelung für den Fall C1=2 einzufügen, werden Sie einen Hinweis bekommen haben, dass Ihre Formel nicht richtig ist.

Das liegt daran, dass **nur bis zu sieben WENN-Funktionen** ineinander verschachtelt werden können.

Schritt 5 Ermitteln des Ergebnisses in EUR

➭ Der EUR-Betrag errechnet sich durch die Division:
Menge der Fremdwährung / Wechselkurs.

Geben Sie die Formel in B6 ein.

ODER-Funktion

Logische Entscheidungen nach dieser Funktion liefern das Ergebnis WAHR, wenn **mindestens eine von zwei Bedingungen zutrifft.**

Beispiel: Es soll eine Provision von 5% gezahlt werden, wenn der Umsatz entweder über 10000,00 liegt oder der Kunde Müller heißt.

=WENN(ODER(Umsatz>10000;Kunde="Müller");Umsatz*5%;"")

✗ Probieren Sie diese Funktion einmal an einem eigenen Beispiel aus.

NICHT-Funktion

Mit dieser Funktion kann der Wahrheitswert der Bedingung umgekehrt werden. In unserem **Beispiel:**

Wenn der Umsatz nicht unter 10000,00 liegt **oder** der Kunde nicht Müller heißt, wird eine Provision von 5% gezahlt.

Formel:
=WENN(NICHT(ODER(Umsatz>10000;Kunde="Müller"));Umsatz*5%;"")

✗ Probieren Sie diese Formel an einem Beispiel aus. Beachten Sie, dass beide Bedingungen durch Klammern geschlossen werden müssen.

3.5.4 Wir arbeiten mit Verweisfunktionen

Problemstellung: Es bleibt noch die Aufgabe, eine automatische Sortenabrechnung zu erstellen. Jetzt soll die Kurstabelle aber erweitert sein.

Tabelle 1

	A	B	C
1	Sortenkurse		
2	Währung	Ankauf 1 € = ... WE	Verkauf 1 € = ... WE
3	CHF	1,5828	1,6488
4	DKK	7,1050	7,7850
5	GBP	0,6890	0,7390
6	JPY	130,6000	139,6000
7	TRL	240000,000	450000,000
8	USD	1,0770	1,1520

Tabelle 2

	A	B	C
1	Sortenabrechnung	Ankauf von FW = 1 Verkauf von FW = 2	
2	Menge		
3	Währung		
4	Wechselkurs		
5			
6	Ergebnis in EUR		

Arbeitsaufträge:

- Eröffnen Sie ein neues Arbeitsblatt.
- Geben Sie die Kurstabelle in die Tabelle 1 und die Sortenabrechnung in die Tabelle 2 ein.
- Erstellen Sie das Programm unter Nutzung der Funktion **SVERWEIS.**
- Stellen Sie die aktuellen Schalterkurse fest und benutzen Sie diese anschließend.

Informationen

Funktion SVERWEIS

Wir haben gesehen, dass wir bei der Anwendung verschachtelter Funktionen schnell an die Grenze der Verschachtelung gestoßen sind. Eine Lösung für dieses Problem bieten die **Verweisfunktionen,** da mit ihrer Hilfe umfangreiche Tabellen durchsucht werden können. Dabei wollen wir die Funktion SVERWEIS anwenden.

Festlegen der Suchtabelle

Damit Excel den Suchvorgang selbst durchführen kann, muss festgelegt werden, wo gesucht werden soll.

Die Suchtabelle ist in unserem Falle der Kurszettel **ohne Überschriften.** Um dies dem PC mitzuteilen, müssen wir dafür einen **Namen festlegen.**

Namen festlegen

Gehen Sie dazu folgende Schritte:

- **Markieren** Sie den Tabellenbereich **A3:C8** in der Tabelle Sortenkurse.

➩ Menü **Einfügen/Namen/Festlegen**
Durch **Anklicken** des Feldes Festlegen erscheint das Fenster **Namen festlegen.**
Geben Sie den Namen **Sorten** ein. Unten sehen Sie unter „**Bezieht sich auf**" den Bereich angezeigt, den Sie markiert haben.

Eingaben:
Art des Geschäftes
Menge
Währung

➩ Da Sie die Wirkung Ihrer Eingaben am besten an einem bereits bekannten **Beispiel** überprüfen sollten, greifen wir auf den Vorgang:
Verkauf von 450 CHF zurück.
Geben Sie jeweils in **Tabelle 2** in **C1** eine **2** für Verkauf ein.
Geben Sie in **B2** die Menge 450 und in **B3 CHF** für Schweizer Franken ein.
(Vgl. Abb. 1 und 2, S. 369.)

Suche des richtigen Wechselkurses

Excel soll dazu gebracht werden, aus der Sortentabelle den richtigen Ankaufs- oder Verkaufskurs auszuwählen und in die Zelle **B4** zu übernehmen.

Das können wir durch die Verbindung einer Wenn-Funktion mit der Funktion SVERWEIS erreichen.

SVERWEIS

Bevor wir das tun, wollen wir uns mit dem Syntax der Funktion SVERWEIS näher vertraut machen.

Syntax

SVERWEIS(Suchwert;Suchbereich;Ergebnisspalte)

Das **S** vor **VERWEIS** steht für **senkrecht.** Das weist darauf hin, dass Excel **Spalten** durchsucht.

Suchwert

Das Kriterium, wonach gesucht werden soll, wird an erster Stelle angegeben. In unserem Beispiel ist das die **Währung,** die der Kunde wechseln will, also CHF. Es kann aber auch jede andere Währung sein, die wir in die Zelle **B3** eingeben. Der **Suchwert** ist deshalb allgemein **B3.**

Suchbereich

Der Suchbereich ist der Bereich, den wir **markiert** und mit dem Namen **Sorten** gekennzeichnet haben. Er umfasst die Zellen **A3:C8.**

Excel sucht aber nur in der **ersten Spalte** des Suchbereichs, und zwar **von oben nach unten** nach dem Vorhandensein des Suchwertes.

Sobald Excel das erste Mal auf den Suchwert trifft, in unserem Falle auf CHF, wird der geforderte Wert festgestellt und in die Zelle **Tabelle2!B4** eingetragen.

Reihenfolge der Suchkriterien

Excel findet das richtige Ergebnis nur, wenn die erste Spalte des Suchbereichs **aufsteigend sortiert** ist. Es können Zahlen, Buchstaben oder sonstiger Text aufsteigend sortiert werden. In **unserem Falle** erfolgt die Sortierung nach dem **Alphabet.**

Falls Werte in der Spalte 1 stehen, ist mit dem niedrigsten beginnend zu sortieren.

Ergebnisspalte

In der **Ergebnisspalte** ist die Spalte anzugeben, in der Excel den gesuchten Wert findet. Wenn es sich zum **Beispiel** um einen Sortenankauf handelt, wäre dies die Spalte **3,** bei einem Sortenverkauf die Spalte **2.**

Formel

Für unsere Abfrage ergeben sich für die Ergebniszelle **B4** in der Tabelle 2 folgende SVERWEIS-Formeln:
SVERWEIS(B3;Sorten;3) bzw. SVERWEIS(B3;Sorten;2)

Das heißt, dass nach dem richtigen Kurs der Währung, die in B3 steht, in den Spalten 2 bzw. 3 der Tabelle Sorten gesucht wird.

Da die Entscheidung für die Auswahl aus der Spalte 2 oder der Spalte 3 davon abhängig ist, ob es sich um einen Kauf oder Verkauf handelt, muss zunächst eine WENN-Funktion eingefügt werden. Die endgültige Formel für die Zelle **B4** ist dann:

=WENN(C1=1;SVERWEIS(B3;Sorten;3);WENN(C1=2;SVERWEIS(B3;Sorten;2)))

Geben Sie diese Formel jetzt in die Zelle B4 der Tabelle 2 ein und probieren Sie, ob die richtigen Entscheidungen getroffen wurden.

Ergebnis EUR

Der EURO-Betrag errechnet sich durch die Division der Menge durch den Wechselkurs.

✗ Formulieren Sie diese Formel!

Die Formel lautet: =B2/B4

WVERWEIS

Die Funktion WVERWEIS kann eingesetzt werden, wenn der Suchbereich in Zeilen statt der Spalten angeordnet ist. In unserer Sortentabelle wären dann die Kurse nebeneinander und nicht untereinander angeordnet.

Beispiel:

Währung	CHF	DKK	GBP	JPY
Ankauf	1,5828	7,1050	0,6890	130,6000
Verkauf	1,6488	7,7850	0,7390	139,6000

Syntax der Funktion WVERWEIS

WVERWEIS(Suchwert;Suchbereich;Ergebnis**zeile**)

Rufen Sie im Zweifel den Funktionsassistenten zu Hilfe.

Abb. 1

	A	B	C	D	E	F
1	Sortenkurse					
2	Währung	Ankauf	Verkauf			
3	CHF	1,5828	1,6488			
4	DKK	7,1050	7,7850			
5	GBP	0,6890	0,7390			
6	JPY	130,6000	139,6000			
7	USD	1,0770	1,1520			
8	YTL	0,2400	0,4500			
9						

Such-richtung

Spalte 1 mit den Suchkriterien

Ergebnisspalten 2 und 3

Suchbereich

Abb. 2

	A	B	C	D	E	F
1	**Sortenabrechnung**	Ankauf von FW = 1 Verkauf von FW = 2	2			
2	Menge	450				
3	Währung	CHF				
4	Wechselkurs	1,5828				
5						
6	**Ergebnis EUR**	**284,31**				
7						

Zelle mit dem Suchkriterium

Zelle mit der Funktion SVERWEIS

Aufgabe:

29. Sie wollen die Sortenabrechnungen für Ihre Kunden automatisch erstellen lassen. Dabei soll auf die Sortenkurse eines getrennt einzugebenden Kurszettels zugegriffen werden. Für Bartransaktionen soll ein Entgelt von 3,00 EUR erhoben werden.

1. Erstellen Sie ein Excel-Arbeitsblatt nach folgendem Muster:

	A	B	C	D	E	F
1	**Handelsbank AG**					[HEUTE]
2	**Sortengeschäfte**					
3						
4	Ankauf von FW = 1 Verkauf von FW = 2	**Währung**				
5						
6			**Menge**			
7			Kurs		Kurswert EUR	
8					Entgelt EUR	
9	Frau/Herr					
10					**Gesamtbetrag EUR**	
11	Sorten werden unter der Voraussetzung ihrer Echtheit und Umlauffähigkeit angekauft. Bei Barabwicklung wird ein Entgelt von EUR 3,00 je Posten berechnet.					
12	Identifikation bei Beträgen über 5 000,00 EUR				Abbuchung Konto-Nr.	
13	Personalausweis/Reisepass					
14	Nr.	ausgestellt von			Unterschrift	
15		Handzeichen				

Die grau unterlegten Zellen sind als Eingabefelder zu gestalten.

2.

	A	B	C
1	**Kurszettel**	Nicht-EWU-Währungen	
2		Datum	2.8.
3		1 EUR = ... WE	
4	Währung	Ankauf	Verkauf
5	AUD	1,7672	1,9972
6	CAD	1,7025	1,9005
7	CHF	1,4240	1,4890
8	DKK	7,1225	7,8025
9	GBP	0,6890	0,7390
10	ISL	2,9200	5,0200
11	JPY	129,6630	138,6630
12	NOK	8,4351	9,4151
13	SEK	9,0618	10,1968
14	THB	33,5000	47,0000
15	USD	1,1414	1,2164

3.5.5 Umgang mit Fehlermeldungen

Fehlermeldungen

Wenn Sie diese Einführung bis hierher durchgearbeitet haben, werden Sie wahrscheinlich auch auf Excel-Fehlermeldungen gestoßen sein.

Bei der Eingabe von fehlerhaften Formeln macht Ihnen Excel in einigen Fällen sofort einen Vorschlag zur Beseitigung des Fehlers. Sie werden aufgefordert, diesen Vorschlag zu akzeptieren oder nicht.

Fehlerarten

Bei der Erstellung von Formeln kommen zwei Fehlerarten häufiger vor: **Syntaxfehler** und **logische Fehler.**

Syntaxfehler

Syntaxfehler liegen in der **fehlerhaften Schreibweise** der Funktion. Es erscheint ein **Dialogfenster,** das auf diese Fehlerart hinweist. Rufen Sie bei Zweifeln an der richtigen Syntax das **Hilfesystem** auf.

Symbol: 

Logikfehler

Logische Fehler gehen auf fehlerhafte Zellbezüge in den Formeln zurück. Hier hilft der **Detektiv,** um die Fehlerursachen zu finden. Sie erreichen ihn über das

- Menü **EXTRAS/DETEKTIV/DETEKTIV-SYMBOLLEISTE**
  (Es wird eine Symbolleiste eingeblendet. Falls Sie bereits in eine bestimmte Richtung suchen wollen, können Sie auch unter den angebotenen Hilfemöglichkeiten des Dialogfeldes auswählen.)
- Setzen Sie den Cursor auf die Zelle, deren Formel überprüft werden soll.
- Klicken Sie das gewünschte Hilfesymbol an.

✘ Probieren Sie es einmal aus!

Typische Fehlermeldungen

Die Art der Fehlermeldung gibt Ihnen einen Hinweis auf die Beseitigung des Fehlers. Fehlerwerte beginnen immer mit dem Nummernzeichen #.

#BEZUG!	Es wurde auf eine unzulässige Zelle Bezug genommen.
#DIV/0!	Es wurde verbotenerweise durch NULL geteilt.
#NV	Ein erforderlicher Wert war nicht verfügbar.
#NAME?	Es wurden Namen für Zellen oder Zellbereiche verwendet, die Excel nicht erkennt.
#NULL!	Es wurde eine unzulässige (leere) Schnittmenge von zwei Bereichen angegeben.
#ZAHL!	Eine Zahl wurde falsch verwendet.
#WERT!	Der Datentyp des Arguments stimmt nicht mit der erforderlichen Syntax überein.
#####	Das Ergebnis passt nicht in die Zelle.

Problemstellung:	Eine Volksbank mit einer Bilanzsumme von 22,7 Mio. € hat einen Gewinn von 567 500,00 € ausgewiesen. Eine Sparkasse mit einer Bilanzsumme von 57,4 Mio. € erzielte im selben Jahr 952 840,00 € Gewinn.
Arbeitsauftrag:	Welches der beiden Kreditinstitute erreichte die höhere Rendite?

4.1 Was ist das Wesen der Prozentrechnung?

Ein Vergleich der beiden Kreditinstitute ist nur sinnvoll, wenn ein einheitlicher Maßstab gewählt wird. Als Vergleichsmaßstab bietet sich an, wie viel jedes Kreditinstitut für 100,00 EUR Bilanzsumme verdient hat. Durch den Vergleich mit der Zahl 100 erhielt die Prozentrechnung (pro centum = vom Hundert) ihren Namen.

Volksbank

22 700 000,00 € BS ≙ 567 500,00 € Gewinn
100,00 € BS ≙ x € Gewinn

$$x = \frac{567\,500 \cdot 100}{22\,700\,000} = \underline{\underline{2{,}50\ €}}$$

Die Volksbank erzielte für 100,00 € Bilanzsumme 2,50 € Gewinn, das sind 2,5 %.

Sparkasse

57 400 000,00 € BS ≙ 952 840,00 € Gewinn
100,00 € BS ≙ x € Gewinn

$$x = \frac{952\,840 \cdot 100}{57\,400\,000} = \underline{\underline{1{,}66\ €}}$$

Die Sparkasse erzielte für 100,00 € Bilanzsumme 1,66 € Gewinn, das sind 1,66 %.

In der **Prozentrechnung** werden drei Größen unterschieden:

1. der (reine) **Grundwert,** der stets mit 100 % anzusetzen ist;
2. der **Prozentsatz,** der die entsprechenden Teile des Grundwertes angibt, die zu berechnen sind;
3. der **Prozentwert,** der das Ergebnis, das mit Hilfe des Prozentsatzes aus dem Grundwert errechnet wurde, angibt.

Für das Beispiel der Volksbank gilt:

2,5 % von 22 700 000,00 € Bilanzsumme ergeben 567 500,00 € Gewinn

2,5 %	22 700 000,00 €	567 500,00 €
↓	↓	↓
Prozentsatz	(reiner) Grundwert	Prozentwert

Wenn zwei dieser drei Größen gegeben sind, kann die dritte errechnet werden. Dies soll am Beispiel der Volksbank dargestellt werden.

4.2 Wie wird der Prozentwert ermittelt?

Mit einer Bilanzsumme von 22700000,00 € erwirtschaftete eine Volksbank 2,5% Gewinn.

Wie viel € Gewinn waren das?

100% ≙ 22700000,00 € Bilanzsumme
2,5% ≙ x € Bilanzsumme

$$x = \frac{22700000 \cdot 2{,}5}{100} = \underline{\underline{567500{,}00\ €}}$$

Allgemein gilt: $$\text{Prozentwert} = \frac{\text{Grundwert} \cdot \text{Prozentsatz}}{100}$$

4.3 Wie wird der Prozentsatz ermittelt?

Mit 22700000,00 € Bilanzsumme erwirtschaftete eine Volksbank 567500,00 € Gewinn.

Wie viel % der Bilanzsumme entsprach der Gewinn?

22700000,00 € BS ≙ 100%
567500,00 € BS ≙ x %

$$x = \frac{100 \cdot 567500}{22700000} = \underline{\underline{2{,}5\ \%}}$$

Allgemein gilt: $$\text{Prozentsatz} = \frac{100 \cdot \text{Prozentwert}}{\text{Grundwert}}$$

4.4 Wie wird der Grundwert ermittelt?

Der Gewinn einer Volksbank in Höhe von 567500,00 € betrug 2,5% der Bilanzsumme.

Wie hoch war die Bilanzsumme?

2,5% ≙ 567500,00 €
100% ≙ x €

$$x = \frac{100 \cdot 567500}{2{,}5} = \underline{\underline{22700000{,}00\ €}}$$

Allgemein gilt: $$\text{Grundwert} = \frac{100 \cdot \text{Prozentwert}}{\text{Prozentsatz}}$$

4.5 Promillerechnung

Die Regeln der Prozentrechnung gelten auch bei der Promillerechnung. Der einzige Unterschied besteht darin, dass die Vergleichsbasis statt 100 bei der Promillerechnung 1000 beträgt.

4.6 Prozentrechnen mit dem PC

Wir bilden Formeln mit Namen

Problemstellung: Sie wollen, dass Ihnen Excel die Ergebnisse von Prozentaufgaben liefert, nachdem Sie jeweils zwei der drei Größen Grundwert, Prozentsatz oder Prozentwert eingegeben haben.

Arbeitsaufträge:

1. Erstellen Sie das Programm. Testen Sie es am Einführungsbeispiel zum Prozentrechnen.
2. Bilden Sie die Formeln mit Namen.

	A	B
1		**Eingabezellen**
2	Grundwert	0,00
3	Prozentsatz	0,000%
4	Prozentwert	0,00
5		**Ausgabezellen**
6	**Ergebnis Prozentwert**	0,00
7		
8	**Ergebnis Prozentsatz**	0,000%
9		
10	**Ergebnis Grundwert**	0,00

Informationen

Eingabe %

Excel teilt bei der Eingabe des Prozentoperators (z. B. =5%) 5 durch 100. Als Ergebnis wird 0,05 erzeugt. Wenn Sie sich die Formatierung dieser Zelle ansehen, dann werden Sie feststellen, dass das Standardformat zugewiesen ist.

Zellformat Prozent

Wenn Sie einer Zelle mit
Menü Format/Zellen/Zahlen/Prozent
oder
durch das Klicken des Symbols % auf der Formatsymbolleiste das Prozentformat zugewiesen haben, erhalten Sie bei der Eingabe anderer Prozentzahlen in die mit dem Prozentformat versehene Zelle die Angabe x%.

Geben Sie eine Zahl ohne Prozentangabe in eine prozentformatierte Zelle ein, dann wird der Zellinhalt mit 100 multipliziert. Anstelle der gewünschten z. B. 5% werden 500% angezeigt.

Achten Sie auf die Formatierung der Zelle!

Die Lösungsformeln zu dieser Aufgabe dürften Ihnen keine Schwierigkeiten bereiten, da Sie die Grundlagen ja bereits gründlich beherrschen.

An dieser Stelle sollen Sie noch eine andere Form der Bildung von Formeln kennenlernen, die Verwendung von **Namen.**

Namen in Formeln

Bei der Funktion SVERWEIS haben wir bereits mit der Vergabe von Namen gearbeitet. Sie kennen auch schon den Weg zum Festlegen der Namen. Menü EINFÜGEN/NAMEN/FESTLEGEN

Im Dialogfeld **Namen festlegen** tragen wir jetzt die erforderlichen Namen ein:

Grundwert	Bezieht sich auf:	**=Tabelle1!$B$2**
Prozentsatz	Bezieht sich auf:	**=Tabelle1!$B$3**
Prozentwert	Bezieht sich auf:	**=Tabelle1!$B$4**

Jetzt weiß der Computer, in welcher Zelle er die Werte finden kann, die sich auf diese Namen beziehen. Jetzt sind noch die Formeln für die Lösungen zu formulieren.

Formel: Ergebnis Prozentwert

- Setzen Sie den Cursor in die Zelle **B6.**
- Geben Sie jetzt die Formel ein. Anstelle der Zellbezüge mit Spalten- und Zeilenangabe verwenden wir jetzt die festgelegten Namen.

Die allgemeine Formel für die Ermittlung des Prozentwertes lautet:

$$\text{Prozentwert} = \frac{\text{Grundwert} \cdot \text{Prozentsatz}}{100}$$

Da die Prozentangabe von Excel als **Prozentsatz:100** gerechnet wird, benötigen wir als Formel für den PC nur:

=Grundwert*Prozentsatz

- ✘ Testen Sie diese Formel, indem Sie den Grundwert 22 700 000 und den Prozentsatz 2,5% in die Zellen B2 bzw. B3 eingeben.

  Schon erscheint bei richtiger Eingabe die richtige Lösung 567 500,00.

Formel: Ergebnis Prozentsatz

- ✘ Geben Sie jetzt in die Zelle B8 die Formel für die Ermittlung des Prozentsatzes ein.
- ✘ Testen Sie Ihre Formel. Achten Sie darauf, dass nur Grundwert und Prozentwert in den Zellen B2 bzw. B4 eingegeben sind. Beachten Sie, dass die 100 wiederum nicht in der Formel für den PC erscheint.

  Die Formel
  =Prozentwert/Grundwert
  hat Ihnen das gewünschte Ergebnis gebracht.

Formel: Ergebnis Grundwert

Setzen Sie jetzt die Zelle B2 auf NULL. Geben Sie Prozentwert und Prozentsatz in die Zellen B3 bzw. B4 ein.

- Setzen Sie den Cursor in die Lösungszelle **B10**.
- Geben Sie die Formel ein!

=Prozentwert/Prozentsatz

- ✘ Eröffnen Sie ein neues Arbeitsblatt. Entwickeln Sie nach dem obigen Schema ein Programm, das nun anstatt mit Prozent mit Promille arbeitet.

Aufgaben:

Lösen Sie die Aufgaben konventionell und/oder mit einem Tabellenkalkulationsprogramm!

Prozentrechnen

30. Berechnen Sie den Prozentwert!

a) 7 % von 27 600,00
b) 12 % von 467 300,00
c) $8\frac{1}{2}$ % von 1 234,60
d) 75 % von 33 830,00
e) 120 % von 50 400,00
f) $3\frac{1}{2}$ % von 850,00
g) 15 % von 127 400,00
h) 9,5 % von 2 825,00
i) 17 % von 4 320,00
j) $2\frac{1}{2}$ % von 12 800,00

31. Berechnen Sie den Promillewert!

a) 1,5 ‰ von 42 400,00
b) 3,5 ‰ von 18 195,00
c) 14 ‰ von 223 840,00
d) $3\frac{1}{3}$ ‰ von 37 400,00
e) 8 ‰ von 5 850,00

32. Das Gehalt eines Angestellten von 2 870,00 € wird um 4 % erhöht. Wie viel Euro beträgt die Bruttolohnerhöhung?

33. Ein Kreditinstitut kauft Schreibtische für 8 750,00 € brutto. Der Händler gewährt 10 % Rabatt und 3 % Skonto.

a) Erstellen Sie ein Rechnerprogramm mit diesem Tabellenaufbau!

	A	B
1	Bruttoeinkaufspreis	0,00
2	– 10 % Rabatt	0,00
3	= Zieleinkaufspreis	0,00
4	– 3 % Skonto	0,00
5	**= Bareinkaufspreis**	0,00

b) Wie viel Euro muss das Kreditinstitut bei Zahlung innerhalb der Skontofrist überweisen?

c) Wandeln Sie das Rechnerprogramm so ab, dass auf folgende Rabattstaffel zugegriffen werden soll:

	A	B
1	Bruttoeinkaufspreis	0,00
2	– Rabatt	0,00
3	= Zieleinkaufspreis	0,00
4	– Skonto	0,00
5	**= Bareinkaufspreis**	0,00
6		
7		
8	**Rabattstaffel**	
9	Umsatz	Rabattsätze
10	> 1000 Euro	2%
11	1000 bis > 5000 Euro	5%
12	5000 bis > 10000 Euro	10%
13	10000 Euro und darüber	20%

34. Ein Kreditinstitut hat eine Bilanzsumme von 122 800 000,00 €. Darin sind 35 % Spareinlagen und 46 % Sichteinlagen enthalten.

Wie viel Euro betragen die Spareinlagen und die Sichteinlagen?

35. Bei einem Kreditinstitut fielen im Monat August 5 473 600 Buchungsposten an.

Davon betrafen 25 % das Einlagengeschäft, 9 % das Kreditgeschäft, 58 % den Zahlungsverkehr, 5 % das Auslandsgeschäft, 3 % die Verwaltung.

a) Erstellen Sie ein Rechnerprogramm!

b) Wie viele Buchungen entfielen auf die einzelnen Bereiche?

c) Die Buchungen im Einlagengeschäft betrafen zu
64 % den Sparverkehr mit einer Kündigungsfrist von drei Monaten,
29 % Spareinlagen mit vereinbarter Kündigungsfrist von mehr als drei Monaten und
7 % befristete Einlagen.
Wie viele Buchungen entfielen jeweils auf diese drei Einlagenarten?

36. Ein Kreditinstitut will die Verkaufspreise für Metalle und Münzen errechnen.

a) Erstellen Sie ein geeignetes Rechnerprogramm für die Berechnung der Verkaufspreise!

b) Ermitteln Sie die Verkaufspreise für folgende Metalle und Münzen:

	Nettoverkaufspreis €	USt-Satz %	Bruttoverkaufspreis
(1) Silberbarren (1 kg)	297,00	19	
(2) Platinbarren (100 gr)	2 889,00	19	
(3) 5 US-$ Indianer	412,00	7	
(4) 10 US-$ Indianer	624,00	7	
(5) 1 Sieges Thaler 1871	159,00	7	

37. Ein Kreditinstitut berechnet für den Einzug von Wechseln 2,5 ‰ Inkassogebühr, mindestens 10,00 €.

Wie viel Gebühren werden einem Kunden belastet, wenn folgende Wechselbeträge angefallen sind:

325 980,00 €
148 431,00 €
8 750,00 €

Berechnen des Prozentsatzes bzw. Promillesatzes

38. Eine Sparkasse weist in der Bilanz als Spareinlagen aus:

21 453 290,00 € Spareinlagen mit vereinbarter Kündigungsfrist von drei Monaten,
8 981 600,00 € Spareinlagen mit vereinbarter Kündigungsfrist von mehr als drei Monaten.

a) Wie viel Prozent der Spareinlagen entfallen jeweils auf diese beiden Gruppen?

b) Wie hoch ist der prozentuale Anteil beider Gruppen von Spareinlagen an der Bilanzsumme von 67 345 000,00 €?

39. Die täglich fälligen Verbindlichkeiten eines Kreditinstituts stiegen gegenüber dem Vorjahr von 15 853 260,00 € auf 16 487 390,00 €.

Wie viel Prozent betrug die Steigerung?

40. Die Zahl der Lohn- und Gehaltskonten eines Kreditinstituts fiel von 4 842 auf 4 615.
Wie viel Prozent betrug die Abnahme?

41. Beim Kauf von Aktien im Kurswert von 44 375,00 € musste ein Kunde 99,84 € Kosten bezahlen.
Wie viel Promille des Kurswertes betrugen die Kosten?

42. Ein Kreditinstitut erhöhte die Zahl der Auszubildenden von 8 auf 11. Wie viel Prozent betrug die Steigerung?

43. Im März 01 gab es in der Bundesrepublik Deutschland 4 209 Kreditgenossenschaften mit einer Bilanzsumme von 282 765 Mio. €.

Im März 04 gab es 3 757 Kreditgenossenschaften mit einer Bilanzsumme von 362 860 Mio. €.

a) Wie veränderte sich die Zahl der Kreditgenossenschaften in v. H. in diesem Zeitraum?
b) Wie hoch war die prozentuale Veränderung der Bilanzsumme in diesem Zeitraum?

44. Der Spareinlagenbestand in einem Land betrug insgesamt

2000	470 727 Mio. €	2003	488 051 Mio. €
2001	482 887 Mio. €	2004	523 904 Mio. €
2002	490 538 Mio. €	2005	554 727 Mio. €

Wie hoch war die prozentuale Veränderung des Spareinlagenbestandes gegenüber dem jeweiligen Vorjahr?

Berechnen des Grundwertes

45. Nach Abzug von 3 % Skonto überwies ein Kreditinstitut für eine Rechnung 1 212,50 €. Auf welchen Betrag lautete die Rechnung?

46. Ein Kunde musste für eine Auslandsüberweisung 2,3 ‰ Provision und Gebühren bezahlen, das waren 287,50 €.
Welcher Betrag wurde überwiesen?

47. Einschließlich 1,8 % Kosten vom Kurswert musste ein Kunde für den Kauf von Wertpapieren 45 097,40 € bezahlen.
Wie hoch war der Kurswert?

48. Der Wechselbestand eines Kreditinstituts hat sich gegenüber dem Vorjahr um 20 % erhöht und beträgt jetzt 384 000,00 €.
Der Bestand des Vorjahres war um 12 % niedriger als im Jahr davor.
Wie hoch waren die drei Jahresendbestände?

49. Nach Abzug von 10 % Rabatt und 4 % Skonto musste ein Kreditinstitut für eine Büromaschine 3 179,52 € bezahlen.

a) Wie viel Euro hätten ohne Abzug von Skonto überwiesen werden müssen?
b) Was kostete die Büromaschine?

50. Ein Kreditinstitut lud 1,4 ‰ seiner Kunden zu einer Jubiläumsfeier ein. Das waren 562 Kunden.
Wie viel Kunden hat dieses Kreditinstitut insgesamt?

51. Einschließlich 19 % USt verkauft ein Kreditinstitut eine Silbermünze für 246,00 €.
a) Was kostet die Silbermünze ohne Umsatzsteuer?
b) Wie viel Euro Umsatzsteuer sind im Kaufpreis enthalten?

52. Gegenüber dem Stand am Jahresanfang ist der Kurs einer Aktie um 36 % gesunken und beträgt jetzt 288,00 €.
Wie hoch war der Kurs am Jahresanfang?

53. Nach einer Gehaltserhöhung um 3,2 % erhält ein Angestellter brutto 3 226,00 €.
Wie hoch war sein Bruttogehalt vor der Gehaltserhöhung?

54. Nach einer zweimaligen Abschreibung um jeweils 30 % vom Restbuchwert steht ein Schreibtisch noch mit 5 316,50 € zu Buche.
Wie viel Euro kostete dieser Schreibtisch bei der Anschaffung?

Prozentrechnen: Zusammenfassende Übungen

55. Nach Abzug von 3 % Skonto überweist ein Kreditinstitut 53 738,00 € an einen Kfz-Händler.
Wie hoch war der Rechnungsbetrag?

56. Nach Abzug von 1,5 % Provision wurden einem Kunden bei einem Wertpapierverkauf 111 161,19 € gutgeschrieben.
Wie hoch war der Bruttoverkaufspreis?

57. Ein Kreditinstitut hat bei einer Rechnung 3 % Skonto, das sind 247,30 €, abgezogen. Wie hoch war der Rechnungsbetrag?

58. Ein Organisationsschreibtisch wurde bisher zweimal linear abgeschrieben. Er steht nun mit 12 150,00 € zu Buche.
Wie hoch war der Anschaffungswert bei einer unterstellten Nutzungsdauer von 8 Jahren?

59. Beim Kauf von drei Personalcomputern zum Preis von 12 930,00 € gewährt der Händler 12 % Rabatt und 2 % Skonto.
a) Wie viel Euro müssen überwiesen werden, wenn kein Skonto beansprucht wird?
b) Wie viel Euro sind zu bezahlen, wenn Skonto beansprucht wird?

60. Das Gehalt eines Angestellten beträgt nach einer 3,2-prozentigen Erhöhung jetzt 2 945,00 €.
a) Wie hoch war das Gehalt vor der Erhöhung?
b) Wie viel Euro betrug die Gehaltserhöhung?

61. Nach der Beanspruchung von 20 % Rabatt und 4 % Skonto überweist ein Kreditinstitut einem Büromaschinenhändler 18 831,36 €.

a) Wie viel Euro hätte das KI überweisen müssen, wenn es kein Skonto beansprucht hätte?

b) Über welchen Betrag lautete die Rechnung des Händlers?

62. Die Bilanzsumme eines Kreditinstituts ist gegenüber dem Vorjahr um 4 % gestiegen und beträgt jetzt 5 898 251,00 €.

Im Vorjahr war die Bilanzsumme gegenüber dem gleichen Zeitraum der Vorperiode um 3 % gesunken.

Wie hoch waren die Bilanzsummen in den beiden Vorjahren?

63. Nach einer Senkung der Effektenumsätze eines Kreditinstituts um 8 % gegenüber dem Vorjahr betrugen diese nunmehr 12 780 000,00 €.

Wie hoch waren die Effektenumsätze im Vorjahr?

64. Die Spareinlagen mit vereinbarter Kündigungsfrist von drei Monaten sind gegenüber dem Vorjahr um 2 ½ % gesunken und betragen nun 68 324 600,00 €.

Im kommenden Geschäftsjahr soll eine Steigerung um 3 ½ % erreicht werden.

a) Wie hoch waren die Spareinlagen im Vorjahr?

b) Welcher Bestand an Spareinlagen wird für das nächste Geschäftsjahr angestrebt?

65. Die Zahl der Beschäftigten eines Kreditinstituts ist im vorletzten Geschäftsjahr um 1,5 % und im letzten Geschäftsjahr um 0,5 % zurückgegangen. Es sind jetzt 218 Personen beschäftigt.

Wie viel Personen (auf ganze Personen aufrunden) waren in den beiden Vorjahren angestellt?

66. Einem Darlehensnehmer wurden für ein Darlehen, das zu 93% ausgezahlt wurde, 420 360,00 € auf dem Girokonto gutgeschrieben.

a) Wie viel Euro betrug der Abschlag (Damnum)?

b) Wie viel Euro hat der Darlehensnehmer zu tilgen?

67. Die Zahl der verkauften Prämiensparlose ist bei einem Kreditinstitut um 4 %, das sind 3 408, gesunken.

Wie viel PS-Lose hatte das KI vorher verkauft?

68. Bei einem Effektenkauf wurden einem Kunden bei einem Kurswert von 21 500,00 € insgesamt 387,00 € Kosten berechnet.

Wie viel % des Kurswertes betrugen die Kosten?

69. Bei einem Effektenkauf werden einem Kunden einschließlich 1,9 % Kosten 23 029,40 € belastet.

Wie hoch war der Kaufpreis ohne die Kosten?

5 Zinsrechnen

Problemstellung:	Ein Sparer zahlt auf ein Sparkonto 1970,00 EUR ein. Das Kreditinstitut vergütet 4% Zinsen. Der Sparer möchte wissen, wie viel Euro Zinsen er für diese Anlage nach einem Jahr erhält.
Arbeitsauftrag:	Wie werden die Zinsen berechnet?

BGB **§ 186. [Geltungsbereich]** Für die in Gesetzen, gerichtlichen Verfügungen und Rechtsgeschäften enthaltenen Frist- und Terminsbestimmungen gelten die Auslegungsvorschriften der §§ 187 bis 193.

§ 187. [Fristbeginn] (1) Ist für den Anfang einer Frist ein Ereignis oder ein in den Lauf eines Tages fallender Zeitpunkt maßgebend, so wird bei der Berechnung der Frist der Tag nicht mitgerechnet, in welchen das Ereignis oder der Zeitpunkt fällt.

(2) [1]Ist der Beginn eines Tages der für den Anfang einer Frist maßgebende Zeitpunkt, so wird dieser Tag bei der Berechnung der Frist mitgerechnet. [2]Das Gleiche gilt von dem Tage der Geburt bei der Berechnung des Lebensalters.

§ 188. [Fristende] (1) Eine nach Tagen bestimmte Frist endet mit dem Ablaufe des letzten Tages der Frist.

(2) Eine Frist, die nach Wochen, nach Monaten oder nach einem mehrere Monate umfassenden Zeitraume – Jahr, halbes Jahr, Vierteljahr – bestimmt ist, endigt im Falle des § 187 Abs. 1 mit dem Ablaufe desjenigen Tages der letzten Woche oder des letzten Monats, welcher durch seine Benennung oder seine Zahl dem Tage entspricht, in den das Ereignis oder der Zeitpunkt fällt, im Falle des § 187 Abs. 2 mit dem Ablaufe desjenigen Tages der letzten Woche oder des letzten Monats, welcher dem Tage vorhergeht, der durch seine Benennung oder seine Zahl dem Anfangstage der Frist entspricht.

(3) Fehlt bei einer nach Monaten bestimmten Frist in dem letzten Monate der für ihren Ablauf maßgebende Tag, so endigt die Frist mit dem Ablaufe des letzten Tages dieses Monats.

5.1 Wie werden Zinsen berechnet?

Die Frage des Sparers lässt sich mit der Zinsrechnung, einer besonderen Anwendungsform der Prozentrechnung, beantworten.

Die Prozentrechnung wird dabei um die **Zeit,** die in Jahren, Monaten oder Tagen angegeben wird, erweitert.

Eine Gegenüberstellung beider Rechenmethoden zeigt folgende Zusammenhänge:

Prozentrechnung		**Zinsrechnung**
Grundwert	≙	Kapital (K)
Prozentwert	≙	Zinsen (Z)
Prozentsatz	≙	Zinssatz (p)
–	zusätzlich	Zeit in Tagen (t) in Monaten (m) in Jahren (i)

Der Zinssatz bezieht sich in der Regel auf ein Jahr (p. a. = pro anno). In der kaufmännischen Zinsrechnung wird in Deutschland der Monat mit 30 Zinstagen und das Jahr mit 360 Tagen angenommen.

In dem Beispiel ergibt sich:

100,00 € erbringen in 1 Jahr 4,00 € Zinsen
1 970,00 € erbringen in 1 Jahr x € Zinsen

$$Z = \frac{4 \cdot 1970 \cdot 1}{100} = \underline{\underline{78{,}80\ €}}$$

Allgemeine Jahreszinsformel: $Z = \frac{\text{Kapital} \cdot \text{Zinssatz} \cdot \text{Jahre}}{100}$ $\quad Z = \frac{K \cdot p \cdot i}{100}$

Da ein Jahr aus 12 Monaten bzw. 360 Zinstagen besteht, lassen sich aus der allgemeinen Jahreszinsformel auch eine Monatszinsformel bzw. Tageszinsformel ableiten.

Monatszinsen $Z = \frac{\text{Kapital} \cdot \text{Zinssatz} \cdot \text{Monate}}{100 \cdot 12}$ $\quad Z = \frac{K \cdot p \cdot m}{100 \cdot 12}$

Tageszinsen $Z = \frac{\text{Kapital} \cdot \text{Zinssatz} \cdot \text{Tage}}{100 \cdot 360}$ $\quad Z = \frac{K \cdot p \cdot t}{100 \cdot 360}$

Aufgaben:

Lösen Sie die Aufgaben 70–73 nach der 30/360-Methode!

70. Berechnen Sie die Zinsen:

	Kapital EUR	Zinssatz	Zinstage
a)	5 470,00	3 ½ %	136
b)	18 275,00	4 %	247
c)	22 436,00	2 ¼ %	96
d)	45 720,70	3 %	317
e)	527,00	5 %	186
f)	82 400,30	1 ½ %	329

71. Berechnen Sie die Zinsen:

	Kapital EUR	Zinssatz	Zinstage
a)	120 000,00	5 ½ %	542
b)	41 325,90	4 %	295
c)	29 070,10	3 ⅓ %	76
d)	9 207,30	8 ½ %	322
e)	420 390,00	6 ½ %	148
f)	73 250,45	5 ¼ %	294

72. Wie viel Euro Zinsen erbringen folgende Kapitalien:

	Kapital EUR	Zinssatz	Jahre
a)	82 400,00	4 ½ %	2 ½ Jahre
b)	18 100,00	5 ¼ %	3 Jahre
c)	9 162,00	3 ½ %	5 Jahre
d)	12 060,00	2 %	4 ½ Jahre

73. Wie viel Euro Zinsen erbringen folgende Kapitalien:

	Kapital EUR	Zinssatz	Monate
a)	19 170,00	8 %	4 Monate
b)	920,00	7 ½ %	9 Monate
c)	29 160,00	5 %	11 Monate
d)	133 475,60	9 %	26 Monate

5.2 Wie werden die Zinstage nach der Differenzmethode ermittelt?

Die Zinstage geben die Zeit an, für die Zinsen zu berechnen sind. Bei Kreditinstituten werden Beginn und Ende der Zinsberechnung durch die **Wertstellung** (Valuta) bestimmt.

Die Zinstage nach der kaufmännischen Zinsrechnung lassen sich einfach in Form der Subtraktion ermitteln, z. B. 15.07. – 02.11.:

Zinstage Monate
↓ ↓
02. 11.
– 15. 07.

nach Umwandlung
32. 10.
– 15. 07.
17 3
↓ ↓
Tage Monate

Man zieht vom Enddatum (Endzeitpunkt der Verzinsung) das Anfangsdatum ab.

Dabei beginnt man mit den Tagen. Reichen die Tage nicht aus, so wandelt man einen Monat in 30 Tage um.

Nach der Subtraktion multipliziert man die Monate mit 30 und addiert die Tage hinzu.

3 × 30 = 90
\+ 17
107 Zinstage

Termingeld-Geschäfte werden im **Interbankenhandel** mit einer **Valuta** von zwei Bankarbeitstagen gehandelt, d. h. Handelstag z. B. Montag, 03.02. mit Valuta Mittwoch, 05.02.

Neben der kaufmännischen Methode der Zinsberechnung, die auch als deutsche Methode bezeichnet wird, gibt es noch die französische und die englische Methode der Zinsberechnung.

Methode der Zinsberechnung / Kriterium, Anwendung	deutsche Methode (30/360)	englische Methode (act/act)	französische Methode (Eurozinsmethode) (act/360)
Jahr	360 Tage	365 (366) Tage	360 Tage
Monat	Jeder Monat hat 30 Zinstage	taggenau (actual)	taggenau (actual)
Anwendung	Kfm. in Deutschland (Die Methode wird an Bedeutung verlieren)	BGB (bürgerlicher Rechtsverkehr) Kapitalmarktstandard	Geldmarktstandard

Aufgaben:

74. Berechnen Sie die Zinstage nach den drei Methoden (30/360; act/act; act/360)! Das Jahr ist ein Schaltjahr.

a) 13.02. - 07.04.
b) 22.07. - 18.11.
c) 03.01. - 21.06.
d) 19.08. - 30.11.
e) 08.02. - 21.09.
f) 10.12. - 07.01.
g) 03.02. - 28.02.
h) 22.03. - 21.10.
i) 19.04. - 29.12.
j) 04.06. - 18.07.
k) 30.04. - 31.07.
l) 01.02. - 01.03.
m) 15.11. - 27.02.
n) 13.01. - 01.03.

75. Berechnen Sie die Zinsen nach der Eurozinsmethode!

	Kapital EUR	Zinssatz	Zinstage
a)	18 327,00	$4\frac{1}{2}$%	12.11.99 - 30.12.99
b)	190 000,00	8 %	04.01.99 - 28.10.00
c)	72 400,00	$7\frac{1}{2}$%	27.04.99 - 11.08.01
d)	525 900,00	$3\frac{1}{2}$%	02.02.99 - 17.09.01
e)	295 470,30	$5\frac{1}{4}$%	25.08.99 - 18.12.03
f)	51 325,00	9 %	24.12.03 - 07.01.04

76. Wie viel Euro Zinsen erhält ein Sparer für 27 400,00 € bei $5\frac{1}{2}$% Zinsen p. a. für die Zeit vom 04.02. - 27.06. (30/360)?

77. Wie viel Euro Zinsen bringen 12 970,00 € bei 8 % Zinsen p. a. vom 11.01. - 25.10. (30/360)?

78. Wie viel Euro Zinsen muss ein Kreditinstitut für ein Tagesgeld (!) von 2 500 000,00 € bei 5 % p. a. Zinsen für die Zeit vom 29.12. - 03.01. bezahlen?

79. Wie viel Euro Verzugszinsen kann ein privater Vermieter (!) von einem Mieter verlangen, wenn die Mietforderung von 2 500,00 € vom 01.03. - 15.05. mit 3 % verzinst werden soll? (Kein Schaltjahr!)

80. Ein Kreditinstitut nimmt ein Festgeld von 525 000,00 € vom 15.04. - 30.07. zu $4\frac{1}{4}$% p. a. Zinsen herein.
Wie viel Euro Zinsen müssen nach der Methode act/360 vergütet werden?

81. Wie viel Euro Zinsen muss ein Darlehensnehmer für ein Darlehen von 83 000,00 € bei $8\frac{3}{4}$% p. a. Zinsen vom 02.02. - 27.08. bezahlen (30/360)?

82. Am 15.03. begibt ein Unternehmen eine $7\frac{1}{2}$% Anleihe. Laufzeit 9 Jahre. Jahreszinsschein. Anleihebetrag 50 Mio. €.
Wie hoch ist die Zinsbelastung (act/act) für das erste Jahr (kein Schaltjahr)?

83. Wie viel Euro Zinsen werden bei $5\frac{1}{2}$% für ein Kapital von 33 765 000,00 € vom 24.01. - 01.12. erzielt (Schaltjahr; 30/360)?

84. Ein Kreditinstitut nimmt am Geldmarkt folgende Geldanlagen vor:

Nr.	Betrag (Mio. EUR)	Zeit	Zinssatz % p. a.
1	0,5	07.01. (Mo) - 23.01. (Do)	8,125
2	2,5	23.01. (Do) - 27.01. (Mo)	8,1
3	3,0	28.01. (Di) - 31.01. (Fr)	8,2
4	1,0	30.01. (Do) - 03.02. (Mo)	8,25

a) Wie viel Zinsen erhält das Kreditinstitut aus den einzelnen Geldanlagen?
b) Geben Sie die Valutierung der einzelnen Anlagen an.

5.3 Wie werden das Kapital, der Zinssatz und die Zeit ermittelt?

Durch Umformung der Tageszinsformel erhält man die Formeln für die Berechnung des Kapitals, des Zinssatzes und der Zeit.

$$\text{Kapital} = \frac{\text{Zinsen} \cdot 100 \cdot 360}{\text{Zinssatz} \cdot \text{Tage}} \qquad K = \frac{Z \cdot 100 \cdot 360}{p \cdot t}$$

$$\text{Zinssatz} = \frac{\text{Zinsen} \cdot 100 \cdot 360}{\text{Kapital} \cdot \text{Tage}} \qquad p = \frac{Z \cdot 100 \cdot 360}{K \cdot t}$$

$$\text{Tage} = \frac{\text{Zinsen} \cdot 100 \cdot 360}{\text{Kapital} \cdot \text{Zinssatz}} \qquad t = \frac{Z \cdot 100 \cdot 360}{K \cdot p}$$

5.4 Zinsrechnung mit dem PC

Problemstellung: Sie wollen sich die Rechenarbeit bei der Zinsrechnung durch den Einsatz des PC erleichtern. Er soll Ihnen für sämtliche Lösungsmöglichkeiten die Ergebnisse liefern, nachdem Sie ihm drei der vier zur Lösung erforderlichen Größen eingegeben haben.

Arbeitsaufträge:

1. Erstellen Sie das Rechnerprogramm nach folgender Tabelle mit den angegebenen Formatierungen. Testen Sie Ihre Lösungen an einem Beispiel, indem Sie jeweils eine der drei Größen ermitteln.
2. Verfeinern Sie in einem zweiten Schritt das Programm dahingehend, dass es sich die Zinstage nach Angabe der Methode selbst ermittelt.

	A	B
1	**Zinsrechnung**	
2		Eingabe
3	Kapital	0,00
4	Zinssatz	0,000%
5	Zinstage	0
6	Zinsen	0,00
7		
8		Ausgabe
9	**Ergebnis Zinsen**	**0,00**
10		
11	**Ergebnis Kapital**	**0,00**
12		
13	**Ergebnis Zinssatz**	**0,000%**
14		
15	**Ergebnis Zinstage**	**0**

Informationen

Lösungsformeln

Beachten Sie bei der Aufstellung der Lösungsformeln, dass der Zinssatz in **B4** das Prozentformat hat. Die 100 darf deshalb nicht noch einmal in die Formel eingegeben werden.

✗ Sie können auch die Erstellung von Formeln mit Namen üben.

Hier die Lösungen mit Angabe der Zellbezüge:

	Ausgabe
Ergebnis Zinsen	=(B3*B4*B5)/360
Ergebnis Kapital	=(B6*360)/(B4*B5)
Ergebnis Zinssatz	=(B6*360)/(B3*B5)
Ergebnis Zinstage	=(B6*360)/(B4*B3)

Wir lassen die Zinstage durch den PC ermitteln

	A	B	C	D
1	Zinsrechnung			
2		Eingabe		Methode der Berechnung der Zinstage Monat 30 Zinstage = 1; taggenau = 2
3	Kapital	0,00		1
4	Zinssatz	0,000%		
5	Zinsperiode von	15.7.		
6	bis	2.11.		
7	Zinstage	0,00		
8	Zinsen	0,00		
9				
10		Ausgabe		
11	**Ergebnis Zinsen**	**0,00**		
12				
13	**Ergebnis Kapital**	**0,00**		
14				
15	**Ergebnis Zinssatz**	**0,000%**		
16				
17	**Ergebnis Zinstage**	**0**		

✗ Richten Sie zunächst eine Tabelle nach obigem Muster ein.

Datumformate

Excel bietet mehrere Möglichkeiten für die Schreibweise des Datums. Sehen Sie sich diese einmal an.

Menü **Format/Zellen/Zahlen/Formate**

Sehen Sie sich in der **Vorschau** einmal den Ausdruck der verschiedenen Formate an, indem Sie diese einzeln anklicken.

Datumeingabe

Unabhängig von dem von Ihnen gewählten Datum**format** müssen Sie in die Zelle, die das Datum enthalten soll, **immer Tag, Monat und Jahr** eingeben. Sonst wird das Datum als Text gelesen, z.B. beim Format 3.4. **Richtig:** 3.4.1998 oder 3.4.98.

Wenn Sie die **Jahreszahl** nur mit **zwei** Ziffern eingeben, interpretiert Excel die Jahresangabe folgendermaßen:

Eingabe	Ausgabe	Beispiel
00 bis 29	2000 bis 2029	01 = 2001
30 bis 99	1930 bis 1999	98 = 1998

Methoden der Tageberechnung

taggenau (actual)

Die taggenaue Ermittlung der Zinstage gewinnt stark an Bedeutung. Die Zinstage lassen sich durch **Subtraktion** der beiden Daten ermitteln.

In **unserem Beispiel** befindet sich das **Ausgangsdatum** in der Zelle **B5** und das **Enddatum** in B6. Die Zinstage sollen in der Zelle **B7** ausgegeben werden.

Die Formel für die Tage ist dann:
=B6–B5

Format der Lösungszelle

Die richtige Lösung für die Zeit vom 15.07. bis 02.11. eines Jahres von 110 wird allerdings nur erscheinen, wenn Sie **vorher** die **Zelle** so **formatiert** haben, dass sie eine **Zahl** ohne Dezimalstellen enthalten soll. Falls Sie das nicht getan haben, wird die 110 im Datumformat angezeigt.

✗ Probieren Sie diese Form der Tageermittlung einmal an selbst gewählten Beispielen aus.

Jeder Monat 30 Zinstage

Bei der 30/360 Tagemethode wird jeder Monat mit 30 Zinstagen angenommen. Für die Ermittlung der richtigen Zinstage stellt Excel die Funktion **TAGE360** bereit.

Sie erreichen diese Funktion über

Funktion(Fx-Symbol drücken) / **Funktion einfügen** / **DATUM&ZEIT** / **TAGE360**

Syntax TAGE360

TAGE360(Ausgangsdatum;Enddatum;Methode)

Da wir die europäische Methode anwenden wollen, geben Sie bei Methode WAHR ein.

✗ Probieren Sie diese Funktion ebenfalls an eigenen Beispielen aus.
TIPP: Wählen Sie einmal Daten, die den Bereich Februar bis März 2000 umfassen.
Wenden Sie beide Methoden der Zinstageermittlung an!

Zeitraum

Die durch die **Differenzmethoden** ermittelten Zinstage betreffen den **Zeitraum zwischen** dem **Ausgangsdatum** und dem **Enddatum.**

WERTSTELLUNG

Wenn der Einzahlungstag bei der Ermittlung von Zinsen **verzinst** werden soll, ist als **Ausgangsdatum** ein Tag früher anzusetzen, um das richtige Ergebnis zu erhalten. Der Tag, ab dem die Verzinsung beginnt, wird als **WERT** bezeichnet.

Beispiel:

Einzahlung am 28.12.1999. Da der Einzahlungstag verzinst werden soll, sind bis zum Jahresende nach der 30/360-Methode **3 Zinstage** zu berücksichtigen, nämlich der 28.12.; 29.12. und 30.12.!

Daher wird die Einzahlung 28.12.1999 mit WERT 27.12.1999 eingegeben. Dann rechnet Excel auch die 3 Zinstage.

Lösungsformel

Jetzt verfügen Sie über alle Informationen, um die variierte Aufgabenstellung lösen zu können.

Nutzen Sie die WENN-Funktion, um die Entscheidung darüber zu treffen, welche Form der Zinstageberechnung jeweils angewandt werden soll.

Aufgaben:

Jeweils 30/360-Methode anwenden.

85. Welches Kapital erbringt in 3 Monaten bei 6% p.a. Zinsen 21,70 € Zinsen?

86. Wie lange wurden 150 000,00 € bei 4% verzinst, wenn 2 583,33 € Zinsen vergütet wurden?

87. Mit welchem Zinssatz wurden 50 000,00 € in 245 Zinstagen verzinst, wenn 2 722,22 € Zinsen gutgeschrieben wurden?

88. Für ein in diesem Jahr eröffnetes Sparkonto mit einer Einzahlung von 12 300,00 € wurden bei 4% p.a. Zinsen am 31.12. 328,00 € Zinsen gutgeschrieben.

Mit welcher Wertstellung wurde diese Einzahlung verzinst?

89. Ein Großhändler gewährt bei Zahlung innerhalb von 10 Tagen 4% Skonto, 60 Tage netto.

a) Was bedeutet diese Zahlungsbedingung?

b) Lohnt sich für einen Einzelhändler die Kreditaufnahme zur Ausnutzung des Skontos, wenn er für einen Bankkredit 14% p.a. Zinsen bezahlen müsste?

c) Wie hoch wäre die Rendite des Einzelhändlers?

90. Der Kaufpreis für eine Eigentumswohnung beträgt 147 500,00 €. Die jährlichen Unterhaltungskosten betragen 3 200,00 €, die Mieterträge monatlich 450,00 €.

a) Wie hoch ist der Jahresreinertrag in Euro pro Jahr?

b) Wie hoch ist die Verzinsung des Eigenkapitals?

91. Ein Kreditinstitut ist mit dem Verkauf eines Zweifamilienhauses beauftragt. Die jährlichen Hauskosten werden mit 5 600,00 € angenommen, daneben ist eine I. Hypothek von 40 000,00 € mit 9 % p. a. zu verzinsen. Die Mieteinnahmen betragen monatlich 1 250,00 €. Das Haus soll mit einem Zinssatz von 4 % p. a. kapitalisiert angeboten werden.

a) Mit welchem Preis ist dieses Haus anzubieten?

b) Wie verzinst sich das Eigenkapital bei diesem Wohnhaus?

92. Ein Wohnhaus wird mit 280 000,00 € angeboten. Ein Bauspardarlehen von 85 000,00 € zu 4,5 % Zinsen p. a. kann übernommen werden, ebenso ein Hypothekendarlehen von 100 000,00 € mit 8 % Zinsen p. a.

Die Unterhaltungskosten werden mit 3 500,00 € pro Jahr angenommen. Die Mieterträge betragen monatlich 1 200,00 €.

a) Wie hoch ist das benötigte Eigenkapital?

b) Wie hoch ist der Jahresnettoertrag?

c) Wie hoch ist die Verzinsung des Eigenkapitals in v. H. pro Jahr?

93. Ein Wechsel über 62 000,00 € wurde abzüglich 6 % Zinsen p. a. (Diskont) für die Zeit vom 15.01. - 10.04. angekauft.

Auf welchen Betrag lautete die Gutschrift für den Kunden?

94. Errechnen Sie den jeweils fehlenden Wert (Zinstage 30/360):

Kapital EUR	Zinssatz	Zeit	Zinsen EUR
140 000,00	3 ½ %	02.02. - 23.11.	?
?	4 %	22.01. - 02.09.	22,00
75 000,00	? %	05.02. - 30.07.	2 005,21
9 200,00	9 %	?	276,00
68 000,00	5 ¼ %	03.01. - 28.02.	?
?	6 ¾ %	05.03. - 25.09.	1 500,00

5.5 Wie erfolgt die Zinsberechnung vom vermehrten oder verminderten Kapital?

5.5.1 Zinsen vom vermehrten Kapital

Problemstellung:	Eine Termingeldanlage eines Kreditinstituts, die vom 05.03. - 08.03. mit 6% p.a. verzinst wurde, wird einschließlich Zinsen mit 1 600 800,00 € zurückgezahlt.
Arbeitsauftrag:	Wie hoch war die Termingeldanlage?

Die Anwendung der nach p aufgelösten Tageszinsformel ist **nicht** möglich, da die Größe K um die Zinsen vermehrt ist. Es ist daher zunächst der Jahreszinssatz in einen **Zeitprozentsatz** umzurechnen.

360 Tage ≙ 6%
3 Tage ≙ x%

$$x = \frac{6 \cdot 3}{360} = \underline{\underline{0{,}05\,\%}}$$

$$\text{Allgemeine Formel für den Zeitprozentsatz} = \frac{\text{Zinssatz} \cdot \text{Tage}}{360} = \frac{p \cdot t}{360}$$

Jetzt können das Kapital und die Zinsen errechnet werden.

100,05% ≙ 1 600 800,00 €
100% ≙ x €

$$x = \frac{1\,600\,800 \cdot 100}{100{,}05} = \underline{\underline{1\,600\,000{,}00\ €}}$$

Die Termingeldanlage betrug 1 600 000,00 €. Die Zinsen somit 800,00 €.

Allgemein lässt sich die Ermittlung des Kapitals bei vermehrtem Kapital darstellen:

$$\text{Kapital} = \frac{\text{vermehrtes Kapital} \cdot 100}{100 + \text{Zeitprozentsatz}}$$

5.5.2 Zinsen vom verminderten Kapital

Problemstellung:	Nach Abzug von 4% Diskont (Zinsen) für 60 Tage wurden einem Kunden beim Ankauf eines Wechsels 178 800,00 € gutgeschrieben.
Arbeitsauftrag:	Auf welchen Betrag lautete die Wechselsumme?

Als Zeitprozentsatz ergibt sich:

360 Tage ≙ 4%
60 Tage ≙ x%

$$x = \frac{4 \cdot 60}{360} = \underline{\underline{0{,}66\overline{6}}}$$

Der Ansatz für die Ermittlung des Wechselbetrages lautet:

$$99{,}33\overline{3}\,\% \mathrel{\widehat{=}} 178\,800{,}00\ €$$
$$100\,\% \mathrel{\widehat{=}} x\ €$$

$$x = \frac{178\,800 \cdot 100}{99{,}33\overline{3}} = \underline{\underline{180\,000{,}00\ €}}$$

Allgemein gilt bei vermindertem Kapital die Formel:

$$\text{Kapital} = \frac{\text{vermindertes Kapital} \cdot 100}{100 - \text{Zeitprozentsatz}}$$

Aufgaben:

95. Rechnen Sie die Zinssätze p.a. in Zeitprozentsätze um! (Ergebnisse auf 4 Stellen genau rechnen!)

	Zinssätze	Zeit
a)	9% p.a.	15.01. - 15.03.
b)	6% p.a.	04.03. - 04.09.
c)	5% p.a.	10.02. - 20.06.
d)	8% p.a.	01.02. - 01.11.
e)	9% p.a.	27.03. - 28.12.
f)	3% p.a.	04.01. - 09.02.

96. Nach Abzug von 9% p.a. Zinsen für 9 Monate wurde ein Darlehen mit 23 312,50 € ausgezahlt.
Wie viel Euro sind zurückzuzahlen?

97. Ein Festgeld vom 27.01. - 20.04., das mit 4% verzinst wurde, wuchs auf 258 360,89 € an.
Wie hoch war die ursprüngliche Festgeldsumme? (Auf 4 Stellen genau rechnen!)

98. Ein Kreditinstitut kaufte von einem Kunden einen Wechsel an. Abzüglich 5% Diskont von der Wechselsumme für 90 Zinstage wurden dem Kunden 9 628,12 € gutgeschrieben.
Wie hoch war die Wechselsumme?

99. Für ein vom 13.01. - 29.07. gewährtes Darlehen musste ein Darlehensnehmer einschließlich 12% p.a. Zinsen 15 830,85 € zurückzahlen.

a) Wie hoch war der Darlehensbetrag?
b) Wie hoch waren die zu zahlenden Zinsen?

5.6 Wie lassen sich die Zinsen summarisch errechnen?

Problemstellung:	Es sollen 7 % Zinsen für die folgenden Kapitalbeträge in einem Zinsbetrag berechnet werden.
	Kapital — Zinstage
	15 000,00 EUR — 54
	30 700,00 EUR — 82
	117 400,00 EUR — 92
Arbeitsauftrag:	Wie lässt sich die Zinsberechnung am einfachsten vornehmen?

Da die Zinsen in einem Betrag ermittelt werden sollen, ist es zweckmäßig, die gleich bleibenden Elemente der Zinsformel von den veränderlichen zu trennen. Gleich bleibt für diese Zinsberechnung der Zinssatz und 360; es verändern sich das Kapital und die Zinstage. Eine **Zerlegung der kaufmännischen Tageszinsformel** nach diesen Elementen ergibt:

$$Z = \underbrace{\frac{K}{100} \cdot t}_{\text{Zinszahl}} \cdot \underbrace{\frac{p}{360}}_{\text{Zinsfaktor}} \qquad \textbf{oder} \qquad Z = \underbrace{\frac{K}{100} \cdot t}_{\text{Zinszahl}} : \underbrace{\frac{360}{p}}_{\text{Zinsteiler}}$$

$\frac{K}{100} \cdot t$ ergibt die **Zinszahl**. Diese ist mit dem **Zinsfaktor** $\frac{p}{360}$ zu multiplizieren oder durch den **Zinsteiler, Zinsdivisor** $\frac{360}{p}$ zu dividieren. Zinszahlen sind stets ganze Zahlen. Brüche sind kaufmännisch zu runden. Beim Kapital werden die **Pfennige** meist **nicht verzinst.**

Diese zwei möglichen Zerlegungen der Tageszinsformel ergeben die **kaufmännische Zinsformel:**

$$\text{Zinsen} = \frac{\text{Zinszahl}}{\text{Zinsdivisor}}$$

oder die bei der Verwendung von elektronischen Rechnern sinnvollere „Rechner"-Methode:

$$\text{Zinsen} = \text{Zinszahl} \cdot \frac{\text{Zinssatz}}{360}$$

Im vorhergehenden Beispiel ergibt sich nach der „Rechner"-Methode:

Kapital EUR	Zinstage	Zinszahlen (#)
15 000,00	54	8 100
30 700,00	82	25 174
117 400,00	92	108 008
		141 282
		2 747,15 EUR Zinsen

Nach der **kaufmännischen Zinsformel:**

$$141\,282 : 51{,}428571 = \underline{\underline{2\,747{,}15\ €}}$$

Aufgaben:

Kein Schaltjahr. Methode 30/360.

100. Berechnen Sie die Zinsen in einer Summe für folgende Kapitalbeträge! Zinssatz 6 % p. a.

Kapital EUR	Zeit
152 670,00	30.05. - 29.11.
97 450,00	04.06. - 13.12.
23 985,00	21.06. - 18.12.
9 500,00	01.07. - 29.12.

101. Berechnen Sie die Zinsen in einem Betrag für die folgenden Kapitalanlagen! Zinssatz 8 ½ %.

Kapital EUR	Zeit
356 987,40	10.01. - 23.03.
123 987,00	04.02. - 11.04.
74 765,00	28.03. - 02.07.
3 057,00	05.04. - 08.11.
215 975,00	23.05. - 18.12.

102. Berechnen Sie 4 ¼ % Zinsen in einem Betrag von folgenden Kapitalanlagen:

Kapital EUR	Zeit
8 500,00	04.03. - 18.04.
73 568,40	28.04. - 23.07.
31 004,60	08.06. - 22.10.
11 503,20	10.07. - 05.12.

Problemstellung:	Ilse erhält zu ihrem 14. Geburtstag am 31. 12. von ihrem Onkel 2 000,00 € geschenkt. Sie will dieses Geld als Spareinlage bei einem Kreditinstitut anlegen. Die Spareinlage wird mit 4 % p. a. verzinst. Ilse möchte wissen, ob ihr aus diesem Kapital einschließlich der Zinsen an ihrem 18. Geburtstag 2 500,00 € zur Finanzierung ihres ersten Pkws zur Verfügung stehen.
Arbeitsaufträge:	Erhält Ilse auch für die Zinsen wieder Zinsen? Welches Endkapital errechnet sich einschließlich aller Zinsen? Wie viel Anfangskapital hätte Ilse anlegen müssen, um an ihrem 18. Geburtstag 2 500,00 € zur Verfügung zu haben?

Zinseszinsen

Die Frage nach den Zinseszinsen lässt sich mit § 248 BGB beantworten:

BGB § 248 [Zinseszinsen]

(1) Eine im Voraus getroffene Vereinbarung, dass fällige Zinsen wieder Zinsen tragen sollen, ist nichtig.

(2) [1] Sparkassen, Kreditanstalten und Inhaber von Bankgeschäften können im Voraus vereinbaren, dass nicht erhobene Zinsen von Einlagen als neue verzinsliche Einlagen gelten sollen. [2] Kreditanstalten, die berechtigt sind, für den Betrag der von ihnen gewährten Darlehen verzinsliche Schuldverschreibungen auf den Inhaber auszugeben, können sich bei solchen Darlehen die Verzinsung rückständiger Zinsen im Voraus versprechen lassen.

Daraus folgt, dass Ilse für ihre Spareinlage nach § 248 Abs. 2 BGB auch für die Zinsen wiederum Zinsen erhält.

Berechnung des Endkapitals

Berechnen des Endkapitals mit der Jahreszinsformel

Zinsen/Jahr	Endkapital der einzelnen Jahre (Kapital + Zinsen)
1	$K_1 = 2000 + \frac{2000 \cdot 4}{100} = 2080{,}00\ €$
2	$K_2 = 2080 + \frac{2080 \cdot 4}{100} = 2163{,}20\ €$
3	$K_3 = 2163{,}20 + \frac{2163{,}20 \cdot 4}{100} = 2249{,}73\ €$
4	$K_4 = 2249{,}73 + \frac{2249{,}73 \cdot 4}{100} = \underline{\underline{2339{,}72\ €}}$

Allgemeine Ableitung der Zinseszinsformel

Abkürzungen

K_0 = Anfangskapital
p = Zinssatz
n = Anzahl der Jahre der Anlage

$$K_1 = K_0 + \frac{K_0 \cdot p}{100}$$

durch Ausklammern von K_0 erhält man $K_1 = K_0 \left(1 + \frac{p}{100}\right)$; setzt man für $\left(1 + \frac{p}{100}\right)$ gleich q, so ergibt sich

$$K_1 = K_0 \cdot q$$

$$K_2 = K_0 \cdot q \left(1 + \frac{p}{100}\right) = K_0 \cdot q \cdot q = K_0 \cdot q^2$$

$$K_3 = K_0 \cdot q^2 \left(1 + \frac{p}{100}\right) = K_0 \cdot q^2 \cdot q = K_0 \cdot q^3$$

$$\vdots$$

$$K_n = K_0 \left(1 + \frac{p}{100}\right)^n \quad \text{oder} \quad K_n = K_0 \cdot q^n$$

Der Faktor q^n oder $\left(1 + \frac{p}{100}\right)^n$ wird als **Aufzinsungsfaktor** bezeichnet. Er lässt sich einfach mit dem Taschenrechner ermitteln oder aus Tabellen entnehmen (q heißt **Zinsfaktor**).

Aufzinsungsfaktoren: $q^n = \left(1 + \frac{p}{100}\right)^n$

n	2 %	3 %	3½ %	4 %	4½ %	5 %	5½ %	6 %	7 %	8 %	n
1	1,02	1,03	1,035	1,04	1,045	1,05	1,055	1,06	1,07	1,08	1
2	1,040.4	1,060.9	1,071.23	1,081.6	1,092.03	1,102.5	1,113.03	1,123.6	1,144.9	1,166.4	2
3	1,061.21	1,092.73	1,108.72	1,124.86	1,141.17	1,157.63	1,174.24	1,191.02	1,225.04	1,259.71	3
4	1,082.43	1,125.51	1,147.52	1,169.86	1,192.52	1,215.51	1,238.82	1,262.48	1,310.80	1,360.59	4
5	1,104.08	1,159.27	1,187.69	1,216.65	1,246.18	1,276.28	1,306.96	1,338.23	1,402.55	1,469.33	5
6	1,126.16	1,194.05	1,229.26	1,265.32	1,302.26	1,340.10	1,378.84	1,418.52	1,500.73	1,586.87	6
7	1,148.69	1,229.87	1,272.28	1,315.93	1,360.86	1,407.10	1,454.68	1,503.63	1,605.78	1,713.82	7
8	1,171.66	1,266.77	1,316.81	1.368.57	1,422.10	1,477.46	1,534.69	1,593.85	1,718.19	1,850.93	8
9	1,195.09	1,304.77	1,362.90	1,423.31	1,486.10	1,551.33	1,619.09	1,689.48	1,838.46	1,990.00	9
10	1,218.99	1,343.02	1,410.60	1,480.24	1,552.97	1,628.89	1,708.14	1,790.85	1,967.15	2,158.93	10
11	1,243.37	1,384.23	1,459.97	1,539.45	1,622.85	1,710.34	1,802.09	1,898.30	2,104.85	2,331.64	11
12	1,268.24	1,425.76	1,511.07	1,601.03	1,695.88	1,795.86	1,901.21	2,012.20	2,252.19	2,518.17	12
13	1,293.61	1,468.53	1,563.90	1,665.07	1,772.20	1,885.65	2,005.77	2,132.93	2,409.85	2,719.62	13
14	1,319.48	1,512.59	1,618.69	1,731.68	1,851.94	1,979.93	2,116.09	2,260.90	2,578.53	2,937.19	14
15	1,345.87	1,557.97	1,675.35	1,800.94	1,935.28	2,078.93	2,232.48	2,396.56	2,759.03	3,172.17	15
16	1,372.79	1,604.71	1,733.99	1,872.98	2,022.37	2,182.87	2,355.26	2,540.35	2,952.16	3,425.94	16
17	1,400.24	1,652.85	1,794.68	1,947.90	2,113.38	2,292.02	2,484.80	2,692.77	3,158.82	3,700.02	17
18	1,428.25	1,702.43	1,857.49	2,025.82	2,208.48	2,406.62	2,621.47	2,854.34	3,379.93	3,996.02	18
19	1,456.81	1,753.51	1,922.50	2,106.85	2,307.86	2,526.95	2,765.65	3,025.60	3,616.53	4,315.70	19
20	1,485.95	1,806.11	1,989.79	2,191.12	2,411.71	2,653.30	2,917.76	3,207.14	3,869.68	4,660.96	20

Lösung der Aufgabe:

$K_4 = K_0 \cdot q^4$

$K_4 = 2\,000 \cdot 1{,}1698585$

$= \underline{\underline{2\,339{,}72\ €}}$ hat Ilse am 18. Geburtstag zur Verfügung.

Berechnen des Anfangskapitals

Durch Umstellung der Zinseszinsformel für die Aufzinsung nach K_0 erhält man für die Abzinsung die Formel:

$$K_n = K_0 \cdot q^n$$

$$K_0 = \frac{K_n}{q^n} \quad \text{oder} \quad K_0 = \frac{K_n}{\left(1 + \frac{p}{100}\right)^n}$$

Für das Ausgangsbeispiel ergibt sich:

$$K_0 = \frac{2\,500}{1,1698585}$$
$$= \underline{\underline{2\,137,01\ €}}$$

Ilse hätte 2 137,01 € anlegen müssen, um am 18. Geburtstag über 2 500,00 € verfügen zu können.

Zinseszinsrechnung mit dem PC

Problemstellung: Sie wollen Kunden beraten, die zu einem bestimmten Zeitpunkt in der Zukunft einen bestimmten Betrag zur Verfügung haben wollen bzw. zukünftigte Zahlungsverpflichtungen bereits heute ablösen wollen.

Arbeitsaufträge: Erstellen Sie ein Tabellenkalkulationsprogramm, das Ihnen die Lösung sofort angibt.

	A	B	C	D	E
1	**Aufzinsung des Anfangskapitals**			**Abzinsung des Endkapitals**	
2					
3	Anfangskapital			Endkapital	
4	Zinssatz			Zinssatz	
5	Anlagedauer in Jahren			Anlagedauer in Jahren	
6	Zinsfaktor (q)			Zinsfaktor (q)	
7	**Endkapital**			**Anfangskapital**	

Die Anwendung der Zinseszinsrechnung mit dem PC wird Ihnen nach Ihrem Kenntnisstand nicht schwer fallen.

- Stellen Sie die Tabelle nach obigem Muster auf.
- Programmieren Sie so, dass Sie jeweils nur die drei ersten Werte eingeben müssen. Die übrigen Werte lassen Sie errechnen. Lassen Sie q auf 3 Stellen errechnen.

Aufgaben:

103. Berechnen Sie das Endkapital mit Hilfe der Tabelle der Aufzinsungsfaktoren!

Nr.	Anfangskapital (K_0)	Zinssatz (p)	Anlagedauer (n)
1	15 000,00 €	4 ½ %	7 Jahre
2	8 450,00 €	8 %	12 Jahre
3	6 200,00 €	3 ½ %	15 Jahre
4	18 700,00 €	5 %	20 Jahre
5	20 000,00 €	6 %	13 Jahre

104. Ein Kapital von 12 000,00 € wird zu 5,5 % Zinsen p. a. für 8 Jahre angelegt.

a) Wie viel Euro beträgt das Endkapital bei Berücksichtigung der Zinseszinsen?

b) Wie viel Euro beträgt der Zinsvorteil gegenüber der gewöhnlichen Zinsrechnung?

105. Auf welches Guthaben wächst ein Wachstumszertifikat über 10 000,00 € in 4 Jahren bei 7 % Zinsen an?

106. Erstellen Sie mit dem PC oder einem Taschenrechner eine Tabelle der Aufzinsungsfaktoren für 10 Jahre für die Zinssätze 8 ½ %, 9 %, 9 ½ %, 10 %! (8 Stellen)

107. Wie viel Euro hat ein Kunde für ein Darlehen von 25 000,00 € einschließlich Zinseszins zu tilgen, wenn das Darlehen in einer Summe nach vier Jahren zurückzuzahlen ist? Zinsen werden nur am Jahresende dem Kapital zugeschlagen. Zinssatz 9 %.

108. Welches Anfangskapital muss vorhanden sein, wenn folgende Sparziele erreicht werden sollen? (Lösung mit Tabelle der Aufzinsungsfaktoren)

Nr.	Endkapital (K_n)	Zinssatz (p)	Anlagedauer (n)
1	15 000,00 €	6 %	8 Jahre
2	25 000,00 €	7 %	12 Jahre
3	5 000,00 €	4 %	5 Jahre
4	30 000,00 €	7 %	6 Jahre
5	100 000,00 €	8 %	7 Jahre
6	45 000,00 €	3 %	10 Jahre

109. Ein Kreditinstitut will abgezinste Sparbriefe im Nennwert von 1 000,00 €, 5 000,00 € und 10 000,00 € anbieten. Laufzeit 5 Jahre. Zinssatz 7 % p. a.

a) Welche Verkaufspreise muss das Kreditinstitut festlegen?

b) Wie verändern sich die Verkaufspreise, wenn der Zinssatz auf 8 % p. a. erhöht wird?

110. Zur Auszahlung seiner Geschwister will ein Kunde in 6 Jahren über 60 000,00 € verfügen können.

Wie viel Euro müsste er jetzt einzahlen, wenn ihm 6,5 % Zinsen bezahlt werden?

111. Eine in vier Jahren fällige Schuld über 25 000,00 € soll unter Berechnung von 7,75 % Zinsen vorzeitig abgelöst werden.

Wie viel Euro sind zur vorzeitigen Ablösung erforderlich?

112. Karl besitzt 8 000,00 €, die er zu 7 % p. a. anlegen kann. Wie viel Euro müsste seine Freundin zum gleichen Zeitpunkt anlegen, wenn – bei gleichem Zinssatz – beide in 6 Jahren über insgesamt 30 000,00 € verfügen wollen?

7 Verteilungsrechnen

7.1 Verteilung ohne Vorleistungen

Problemstellung: Ein Kreditinstitut will 12 900,00 € angefallene Heizkosten für ein vermietetes Wohngebäude auf drei Mietparteien nach der Wohnfläche verteilen. Die drei Wohnungen haben folgende Wohnflächen:
Wohnung A 90 m^2; B 100 m^2; C 110 m^2.

Arbeitsauftrag: Wie können die Heizkosten auf die Wohnflächen verteilt werden?

Der Verteilungsschlüssel Wohnfläche ist in Anteile umzuwandeln. Dabei sollten die Wohnflächen gekürzt werden, wenn dies ohne Schwierigkeiten möglich ist, hier durch Division durch 10. Beim Einsatz des PCs oder eines Taschenrechners können Sie auf diesen Schritt verzichten.

Die gesamten Heizkosten sind durch die Summe der Anteile der Wohnflächen zu dividieren. Man erhält den Anteil für 1 m^2 Wohnfläche. Danach kann dieser Quotient mit den drei Wohnflächen multipliziert werden.

Wohnungen	Wohnfläche	: 10 (kürzen)	Anteile	Wert für 1 Teil	Heizkosten
A	90 m^2		9	· 430,00 €	3 870,00 €
B	100 m^2		10	· 430,00 €	4 300,00 €
C	110 m^2		11	· 430,00 €	4 730,00 €
			30 Teile ≙		12 900,00 €
			1 Teil ≙	$\frac{12\,900,00}{30}$ =	430,00 €

7.2 Verteilung mit Vorleistungen

Problemstellung: An einer Bank GmbH sind A mit 30 000,00 €, B mit 20 000,00 € und C mit 40 000,00 € beteiligt. A ist gleichzeitig Geschäftsführer. Im Gesellschaftsvertrag ist geregelt, dass der Gewinn nach Kapitalanteilen zu verteilen ist. Der Geschäftsführer erhält vorweg 70 000,00 €. Es ist ein Gewinn von 645 000,00 € nach dem Gesellschaftsvertrag zu verteilen.

Arbeitsauftrag: Wie ist die Vorleistung für den Geschäftsführer zu berücksichtigen?

Vorwegleistungen sind zuerst von dem zu verteilenden Gesamtgewinn abzuziehen. Der verbleibende Rest ist – wie bei der Verteilung ohne Vorleistungen – zu verteilen.

Gesellschafter	Gewinn	Vorwegabzug EUR	Kapitalanteile EUR	Anteile	Restgewinnanteil EUR	Gesamtgewinnanteil EUR
A		70 000,00	30 000	3	191 666,67	261 666,67
B			20 000	2	127 777,78	127 777,78
C			40 000	4	255 555,55	255 555,55
	645 000,00	– 70 000,00		9 T	≙ 575 000,00	645 000,00
				1 T	≙ 63 888,88	

7.3 Verteilungsrechnen mit dem PC

Problemstellung: Ein Unternehmen mit acht Filialen will die Kosten für die Gebäudereinigung in Höhe von 43 976,00 € nach qm Raumfläche verteilen.

	A	B	C	D	E
1	Verteilung der Gebäudereinigungskosten				
2	Filiale	Fläche m^2	anteilige Reinigungskosten EUR		
3	A	600	0,00		
4	B	2 235	0,00		
5	C	985	0,00		
6	D	1 366	0,00		
7	E	765	0,00		
8	F	993	0,00		
9	G	456	0,00		
10	H	953	0,00		
11	Gesamtfläche	8 353			
12					
13	Gesamtkosten	43 976,00	Anteil/m^2		

Arbeitsauftrag: Erstellen Sie ein Programm, das bei geänderten Gesamtkosten eine neue Kostenverteilung vornimmt!

Sie sehen, es ist keine Hexerei, mit einem Tabellenkalkulationsprogramm zu arbeiten. Voraussetzung ist aber, dass Sie die Rechenarten beherrschen, da der PC nur das tut, was Sie ihm vorgeben. Eine fehlerhafte Formel führt zu keinem richtigen Ergebnis.

Lösen Sie daher zur Übung die folgenden Aufgaben **zuerst** konventionell.

Aufgaben:

113. Die Zinsen aus einem Gemeinschaftskredit über 3 Mio. € in Höhe von 255 000,00 € sind nach Kapitalanteilen auf die beteiligten Kreditinstitute zu verteilen.

KI	Kreditanteil	KI	Kreditanteil
A	750 000,00 €	C	400 000,00 €
B	1 360 000,00 €	D	490 000,00 €

114. An einem Emissionskonsortium sind 6 Kreditinstitute beteiligt. Ihr Konsortialanteil an der Gesamtemission von 450 Mio. € wird nach folgendem Schlüssel verteilt:

KI	Anteil	KI	Anteil	KI	Anteil
A	$\frac{1}{9}$	C	$\frac{1}{6}$	E	$\frac{1}{9}$
B	$\frac{1}{3}$	D	$\frac{2}{9}$	F	$\frac{1}{18}$

Wie viel Euro der Gesamtemission entfallen auf die beteiligten Kreditinstitute?

115. Die Kosten für den Wasserverbrauch in einem von einem Kreditinstitut vermieteten Wohnhaus sind nach Köpfen auf die Mietparteien zu verteilen. Erwachsene werden voll, Kinder nur zur Hälfte berücksichtigt.

Mieter A: 2 Erwachsene,
Mieter B: 2 Erwachsene, 2 Kinder
Mieter C: 2 Erwachsene, 1 Kind

Die Wasserkosten betragen 815,00 €.

Wie viel € haben die einzelnen Mietparteien zu bezahlen?

116. Drei Kreditinstitute führen gemeinsam überbetriebliche Ausbildungsmaßnahmen für ihre Auszubildenden durch. Die Gesamtkosten von 692 700,00 € sind auf die von den beteiligten Kreditinstituten entsandten Auszubildenden zu verteilen.

Von den Teilnehmern kommen von Kreditinstitut A 47, Kreditinstitut B 117, Kreditinstitut C 92.

Wie viel € müssen die einzelnen Kreditinstitute übernehmen?

117. Die vier Mitarbeiter einer Abteilung spielen gemeinsam Lotto. A zahlt 2,00 €, B 3,00 €, C 4,00 € und D 8,00 € ein.

Der Gewinn von 4 366,00 € soll im Verhältnis der Beiträge auf die Mitspieler verteilt werden.

118. Ein Erblasser hat auf seinem Sparkonto 21 726,00 € und auf dem Girokonto 4 843,00 €. Für Beerdigungskosten werden 9 275,00 € benötigt. Vom Rest erhalten die Erben A $\frac{1}{4}$, B $\frac{3}{8}$, C $\frac{1}{4}$ und D den Rest.

Wie viel Euro erhält jeder Erbe?

119. Der Gewinn einer Bank OHG von 9 250 700,00 € ist laut Gesellschaftsvertrag wie folgt zu verteilen: Der Gesellschafter A erhält für Geschäftsführertätigkeit vorweg 10% des Gewinns. Vom Rest erhalten die Gesellschafter eine Verzinsung von 5% auf ihre Kapitalanteile am Anfang des Jahres. Ein verbleibender Rest ist im Verhältnis 1 : 2 : 5 auf die Gesellschafter A, B und C zu verteilen.

Kapitalanteile am Jahresanfang:
A 1 170 000,00 €, B 2 293 800,00 €, C 5 500 000,00 €.

120. Eine Bank OHG hat einen Gewinn von 6 535 700,00 €. Dieser Gewinn soll unter die Gesellschafter so verteilt werden, dass die Gesellschafter A und B vorweg je 800 000,00 € für ihre Geschäftsführungstätigkeit erhalten.

Der Restgewinn ist nach den Bestimmungen des HGB zu verteilen, d. h. 4 % Verzinsung der Einlage und die Verteilung eines Restgewinns gleichmäßig auf die Gesellschafter.

Kapitalanteile der Gesellschafter:
A 450 000,00 €, B 895 000,00 € und C 5 160 000,00 €.

121. Eine Bank KG mit dem Komplementär A mit 2,7 Mio. € Einlage und den Kommanditisten B mit 3,3 Mio. € und C mit 4 Mio. € Einlage erzielte einen Gewinn von 5 462 900,00 €.

A erhält als Komplementär vorweg 20% des Gewinns. Danach werden die Einlagen aller Gesellschafter mit 15 % verzinst. Ein verbleibender Restgewinn soll im Verhältnis der Kapitalanteile verteilt werden, wobei das Komplementärkapital doppelt zählt.

Wie viel Euro Gewinn erhalten die einzelnen Gesellschafter?

122. Eine Lottogemeinschaft, bestehend aus vier Personen, hat gewonnen. Von dem Gewinn erhält A vorweg 100,00 €. Vom Rest erhalten A $\frac{1}{3}$, B $\frac{1}{4}$ und C $\frac{1}{8}$ sowie D den Rest. Das waren 38 290,00 €.

a) Wie viel Euro erhielten A, B und C?
b) Wie hoch war der Lottogewinn?

Problemstellung: Es ist häufig sehr sinnvoll, Ergebnisse auch optisch aufzubereiten, da dies für die Kunden, aber auch für andere Interessenten von Daten, z. B. für die Geschäftsleitung, wirkungsvoller ist.

	A	B	C	D	E
1	Verteilung der Gebäudereinigungskosten				
2	Filiale	Fläche qm	anteilige Reini-gungs-kosten EUR		
3	A	600	3.158,82		
4	B	2235	11.766,59		
5	C	985	5.185,72		
6	D	1366	7.191,57		
7	E	765	4.027,49		
8	F	993	5.227,84		
9	G	456	2.400,70		
10	H	953	5.017,25		
11	Gesamtfläche	8353			
12					
13	Gesamtkosten	43976,00	Anteil/qm	5,26469532	

Arbeitsauftrag: Stellen Sie die Verteilung der Kosten für die Gebäudereinigung in einem Diagramm dar.

Informationen

Diagramm anfertigen

- Rufen Sie Ihre Tabelle auf.
- Markieren Sie in der Tabelle den Bereich, der in dem Diagramm dargestellt werden soll. In unserem **Beispiel** sind das die Zellen **A2:C10.**
- Drücken Sie auf die Funktionstaste **F11.**

Schon erscheint das gewünschte **Diagramm!**

- **Gleichzeitig** wurde für dieses Diagramm ein Diagrammblatt angelegt, das Sie zwischen den Tabellen eingefügt sehen.

Diagramm-Assistent

Sie können Diagramme auch mit dem Diagramm-Assistenten erstellen. Wie gehen Sie dabei vor?

Schritt 1

- **Markieren** Sie wieder den Tabellenbereich, der der Erstellung des Diagramms dienen soll.

Schritt 2

- Klicken Sie auf das Symbol **Diagramm-Assistent** oder Menü **Einfügen/Grafik/Diagramm.**

  Er erscheint das auf Seite 401 abgebildete Dialogfeld Diagramm-Assistent. Wählen Sie z. B. den Kreis. Drücken Sie auf **Schaltfläche für Beispiel.**

✗ Es erscheint jetzt das zu erwartende Diagramm. Wenn Sie damit nicht zufrieden sind, probieren Sie andere Diagrammtypen aus.

Wenn Sie zufrieden sind, drücken Sie **WEITER.**

Schritt 3

➢ Bestätigen Sie die Quelldaten oder ändern Sie diese. Dann **WEITER.**

✗ Probieren Sie die Wirkungen aus!

Schritt 4

➢ Über verschiedene Schaltflächen können Sie jetzt

- Diagrammtitel,
- Achsen,
- Gitternetzlinien,
- Legenden,
- Datenbeschriftung und
- Datentabelle

gestalten.

➢ WEITER

✗ Testen Sie die verschiedenen Möglichkeiten!

Schritt 5

➢ Diagramm-Platzierung
Jetzt können Sie entscheiden, ob das Diagramm als **neues Diagrammblatt**
oder
als **Objekt in einem Tabellenblatt** der Arbeitsmappe gespeichert werden soll.

➢ ENDE

✗ Probieren Sie beide Varianten aus!

Diese Grundlagen sollten für Ihre Arbeit mit Diagrammen genügen.

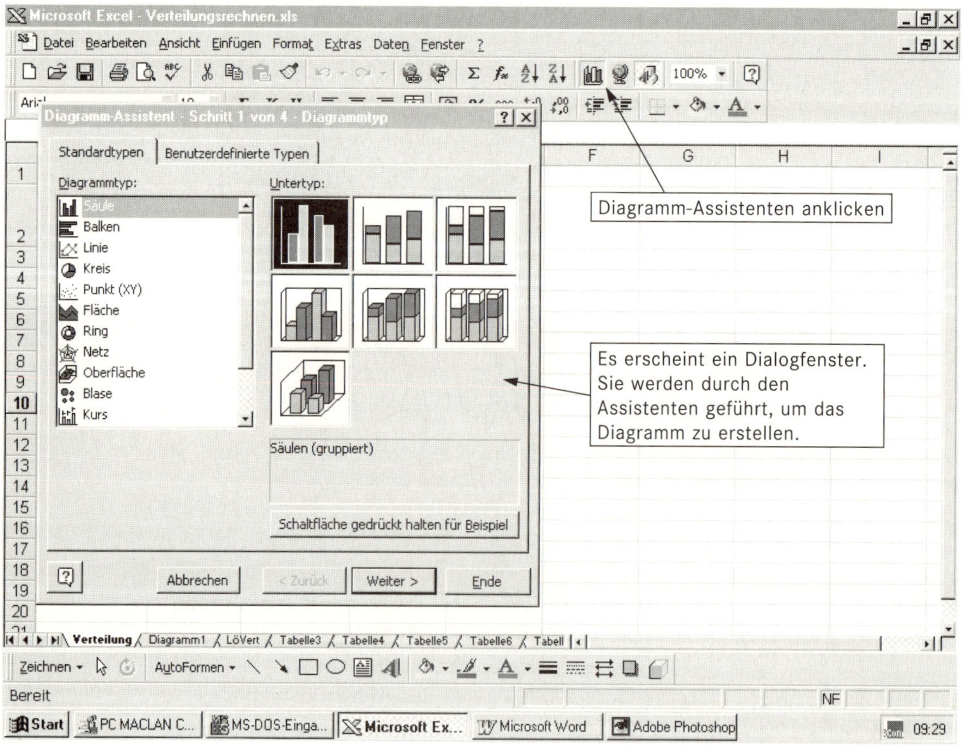

Exkurs: Buchungen der Bankgeschäfte

1 Kassengeschäfte

1.1 Laufende Kassengeschäfte

Die **Buchungen** der Veränderungen des Kassenbestandes erfolgen auf dem Hauptbuchkonto **Kasse**.

Beispiel:

Geschäftsfälle:	€	**Grundbuch**	Soll €	Haben €
Anfangsbestand	227 500,00	Kasse an EBK	227 500,00	227 500,00
1. Bareinzahlung eines Kontokorrentkunden	2 700,00	Kasse an Kunden-KK	2 700,00	2 700,00
2. Barabhebung eines Kontokorrentkunden mit Barscheck	500,00	Kunden-KK an Kasse	500,00	500,00
3. Bareinzahlung auf das Bbk-Girokonto	20 000,00	Bbk-Giro an Kasse	20 000,00	20 000,00
4. Einzahlungen von Kontokorrentkunden durch Nachttresoreinwurf	8 200,00	Kasse an Kunden-KK	8 200,00	8 200,00

Hauptbuch

S	EBK		H
		Kasse	227 500,00

S	Kasse		H
EBK	227 500,00	2.	500,00
1.	2 700,00	3.	20 000,00
4.	8 200,00		

S	Kunden-KK		H
2.	500,00	1.	2 700,00
		4.	8 200,00

S	Bbk-Giro		H
3.	20 000,00		

1.2 Abschluss des Kassenkontos

Vor dem Abschluss des **Hauptbuchkontos Kasse** ist eine **Kassenaufnahme** (Inventur) durchzuführen.

Dabei werden die **Ist-Bestände** sämtlicher Kassen (bei Haupt- und Zweigstellen, GAA-Kassen) sowie der Nebenkassen (Portokasse, Gerichtsgebührenmarken) aufgenommen und mit den **Soll-Beständen** (Buchbeständen) abgestimmt.

Unterkonten des Kassenkontos werden **über das Kassenkonto** eröffnet und abgeschlossen.

Der **Soll-Bestand** der Kasse wird aus dem Rechenzentrum bzw. einem Endstellenrechner abgerufen. Dieser Abruf enthält die Summe der Bareinzahlungen, die Summe der Barauszahlungen und den Kassen-(soll-)bestand am Ende eines Buchungstages.

Beispiel:

Kassen-Ist-Bestand lt. Inventur	**Terminalausdruck**	
217 850,00 €	Kassenabschluss per . . .	
	KA Nr. 007	
	KABSTD.	217 900,00 €
	BEIN 10 900,00	BAUS 20 500,00

Stimmen Soll- und Istbestand nicht überein, so liegen Kassendifferenzen vor. Bis zur Klärung werden die Differenzbeträge auf den Differenzzwischenkonten

Kassenfehlbeträge (bei Minusdifferenzen) bzw. **Kassenüberschüsse** (bei Plusdifferenzen)

erfasst.

Im obigen Beispiel ist der Ist-Bestand um 50,00 € niedriger als der Soll-Bestand. Der **Soll**-Bestand **ist** stets **buchungsmäßig** dem **Ist**-Bestand **anzugleichen**. **Maßgebend** ist die **Inventur**.

In diesem Falle ist so zu buchen, als seien 50,00 € mehr abgehoben worden. Da der Abheber aber nicht bekannt ist, tritt an die Stelle des Kundenkontos das Konto „Kassenfehlbeträge".

Beispiel:

Geschäftsfall:	€
Kassenfehlbetrag	50,00 €
Abschlussbuchung des Kassenkontos	

Grundbuch

	Soll €	Haben €
Kassenfehlbeträge an Kasse	50,00	50,00
SBK an Kasse	217 850,00	217 850,00

Hauptbuch

S Kasse H

EBK	227 500,00	2.	500,00
1.	2 700,00	3.	20 000,00
4.	8 200,00	Kassenfehlbetr.	50,00
		SBK	217 850,00
	238 400,00		238 400,00

Im Falle eines Kassenüberschusses ergibt sich die Buchung:

Kasse an Kassenüberschüsse

Soweit die Differenzen nicht geklärt werden konnten, wird der **Bestand** auf dem Konto **Kassenfehlbeträge** am 31. 12. über **GuV** ausgeglichen:

GuV an Kassenfehlbeträge.

Die auf dem Konto **Kassenüberschüsse** erfassten Beträge werden meist als neutraler Ertrag vereinnahmt.

Buchungssatz: **Kassenüberschüsse an Erträge aus Kassenüberschüssen.**

Da es sich bei den Kassenüberschüssen um Verbindlichkeiten gegenüber unbekannten Kunden handelt, ist es auch möglich, das Konto Kassenüberschüsse über Sonstige Verbindlichkeiten abzuschließen. Nach spätestens drei Jahren oder am Ende der Verjährungsfrist sollte die Vereinnahmung als Ertrag erfolgen, weil mit einer Aufklärung nicht mehr zu rechnen ist.

2 Buchungen von Einlagengeschäften

2.1 Spareinlagen

Beispiel:

Ein Kunde unterhält bei einem Kreditinstitut ein Sparkonto. Das Sparguthaben beträgt 3 245,45 €. Mit dem Kunden wird eine Bonusvereinbarung getroffen, wenn er ein Mindestguthaben von 3 000,00 € mindestens 18 Monate unterhält.

Wie werden die folgenden Geschäftsfälle gebucht?

Nr.	Geschäftsfälle	Betrag €	Buchungssätze		Soll €	Haben €
1	Bareinzahlung auf Sparkonto	500,00	Kasse	an Spareinlagen	500,00	500,00
2	Abhebung vom Sparkonto	300,00	Spareinlagen	an Kasse	300,00	300,00
	Zinskapitalisierung					
3	Kapitalisierung der Zinsen am 31. 12. bei ausreichendem Freistellungsauftrag	50,00	Zinsaufwendungen	an Spareinlagen	50,00	50,00
4 a	Kapitalisierung der Zinsen am 31. 12. bei nicht ausreichendem Freistellungsauftrag	50,00	a) Zinsaufwendungen	an Spareinlagen	50,00	50,00
4 b	Buchung der Zinsabschlagsteuer	15,00	b) Spareinlagen	an Sonst. Verbindl. Finanzamt (KESt)	15,00	15,00
4 c	Buchung des Solidaritätszuschlags	0,82	c) Spareinlagen	an Sonst. Verbindl. Finanzamt (Soli)	0,82	0,82
	Bonusvereinbarung					
5	Sparern werden Bonuszusagen gemacht	100,00	Zinsaufwendungen	an Rückstellungen	100,00	100,00

2.2 Termineinlagen

Beispiel:

Vereinbarung eines Festgeldes über 60 000,00 € vom 15.02. bis 15.04. zu 4,5 % Zinsen p. a. Die Einlage wird vom laufenden Konto umgebucht.

a) Abrechnung bei ausreichendem Freistellungsauftrag

4,5 % Zinsen für 60 Tage 450,00 €.

Nr.	Geschäftsfälle	Betrag EUR	Buchungssätze		Soll EUR	Haben EUR
1	Einbuchung des Festgeldes	60 000,00	Kunden-KK	an Termineinlagen	60 000,00	60 000,00
	Zinsgutschrift	450,00				
2 a	Zinsen sollen bei Prolongation wieder angelegt werden		Zinsaufwendungen	an Termineinlagen	450,00	450,00
2 b	Zinsen sollen auf anderem Erträgniskonto zugeschrieben werden		Zinsaufwendungen	an Kunden-KK oder Spareinlagen	450,00	450,00
3	**Rückzahlung des Festgeldes**		Termineinlagen	an Kunden-KK oder Spareinlagen		

b) Abrechnung ohne Freistellungsauftrag

Festgeld	60 000,00 €	
4,5 % Zinsen für 60 Tage	450,00 €	← Vom Kunden zu versteuern.
Einbehaltene KESt[1] 30 %	135,00 €	← Vom Kreditinstitut einzubehaltende und abzuführende Steuervorauszahlungen
davon einbeh. Soli 5,5 %	7,42 €	← Vom Kreditinstitut einzubehaltende und abzuführende Steuervorauszahlungen

Buchungen bei nicht vorgelegtem oder nicht ausreichendem Freistellungsauftrag

Nr.	Geschäftsfälle	Betrag EUR	Buchungssätze		Soll EUR	Haben EUR
	Zinsgutschrift	450,00				
1	Zinsen sollen bei Prolongation wieder angelegt werden		Zinsaufwendungen	an Termineinlagen	450,00	450,00
			Termineinlagen	an Sonst. Verbindl. Finanzamt (KESt)	135,00	135,00
			Termineinlagen	an Sonst. Verbindl. Finanzamt (Soli)	7,42	7,42

1 Statt KESt wird auch die Bezeichnung ZASt (Zinsabschlagsteuer) verwendet.

2.3 Sparbriefe

Sparbriefe und **Sparobligationen** werden

- als normalverzinsliche Papiere, d. h. mit jährlicher nachträglicher Zinszahlung;
- als Abzinsungspapiere, d. h., die Zinsen für die gesamte Laufzeit werden bei der Ausgabe vom Nennwert abgezogen, um den Ausgabepreis zu erhalten;
- als Aufzinsungspapiere, d. h., sie werden zum Nennwert ausgegeben und am Ende der Laufzeit einschließlich der aufgelaufenen Zinsen ausgezahlt,

ausgegeben.

Abzug der Kapitalertragsteuer in Höhe von 30 v. H.[1]

Art der Anlage	*Zeitpunkt des KESt-Abzugs*
Normalverzinsliche Sparbriefe/ Sparobligationen	Bei der jährlichen Zinszahlung einzubehalten. Gutschrift der Nettozinsen (Bruttozinsen – KESt).
Abgezinste Sparbriefe/ Sparobligationen	KESt wird bei Fälligkeit vom Gesamtbetrag der Zinsen (Differenz Ausgabepreis – Rückzahlungspreis) berechnet und einbehalten.
Aufgezinste Sparbriefe/ Sparobligationen	KESt wird bei Fälligkeit vom Gesamtbetrag der Zinsen berechnet und einbehalten.

Liegt ein Freistellungsauftrag vor, so erfolgt bei ausreichender Höhe kein Kapitalertragsteuerabzug.

Wie ist bei den verschiedenen Typen zu buchen?

Beispiel 1:
Ein Kreditinstitut verkauft, Wert 31. 12., einen **normalverzinslichen Sparbrief** von 10 000,00 €. Zinssatz 7 % p. a. Umbuchung von Spareinlage mit dreimonatiger Kündigungsfrist. Kein Freistellungsauftrag.

Geschäftsfälle:	Grundbuch			Soll EUR	Haben EUR
1. Verkauf	Spareinlagen	an	Sparbriefe	10 000,00	10 000,00
2. Abschluss des Kontos Sparbriefe am 31. 12.	Sparbriefe	an	SBK	10 000,00	10 000,00
3. Zinszahlung am 31. 12. n. J.	Zinsaufwendungen	an	Spareinlagen	700,00	700,00
Zinsgutschrift auf Sparkonto. 30 % KESt.	Spareinlagen	an	So. Verb. FA (KESt)	210,00	210,00
4. Rückzahlung des Sparbriefes bei Fälligkeit. Gutschrift auf Sparkonto	Sparbriefe	an	Spareinlagen	10 000,00	10 000,00

1 Der zusätzlich einzubehaltende Solidaritätszuschlag soll unberücksichtigt bleiben.

Beispiel 2:

Ein Kreditinstitut verkauft, Wert 31. 12., einen **abgezinsten Sparbrief** von 10 000,00 €. Zinssatz 7 % p. a., Laufzeit 5 Jahre. Ausgabepreis 7 129,86 €. Zinsanteil des 1. Jahres 499,09 €. Kein Freistellungsauftrag.

Geschäftsfälle:	Grundbuch			Soll EUR	Haben EUR
1. Verkauf, bar Es ist der Nennwert als Verbindlichkeit zu buchen. Die Zinsen sind aktiv abzugrenzen	Kasse Aktive Rechnungsabgrenzung (ARAP)	an	Sparbriefe	7 129,86 2 870,14	10 000,00
2. Abschluss der Konten ARAP und Sparbriefe am 31. 12.	SBK Sparbriefe	an an	ARAP SBK	2 870,14 10 000,00	2 870,14 10 000,00
3. Buchung der Zinsen am 31. 12. n. J.	Zinsaufwendungen	an	ARAP	499,09	499,09
4. Rückzahlung des Sparbriefes bei Fälligkeit, bar. 30 % KESt.	Sparbriefe	an an	Kasse So. Verb. FA (KESt)	10 000,00	9 138,96 861,04

Beispiel 3:

Ein Kreditinstitut verkauft, Wert 31. 12., einen **aufgezinsten Sparbrief** von 10 000,00 €. Zinssatz 7 % p. a. Laufzeit 4 Jahre. Kumulierte Zinsen 3 107,96 €. Kein Freistellungsauftrag.

Geschäftsfälle:	Grundbuch			Soll EUR	Haben EUR
1. Verkauf zu Lasten des lfd. Kontos	Kunden-KK	an	Sparbriefe	10 000,00	10 000,00
2. Abschluss des Kontos Sparbriefe am 31.12. d.J.	Sparbriefe	an	SBK	10 000,00	10 000,00
3. Zinsbuchung am 31. 12. n. J. Die anteiligen Zinsen sind als sonstige Verbindlichkeit zu passivieren. Diese Zinsverbindlichkeit wird in der Bilanz zusammen mit der Sparbriefverbindlichkeit ausgewiesen.	Zinsaufwendungen	an	Sonstige Verbindlichkeiten	700,00	700,00
4. Rückzahlung des Sparbriefes einschließlich der Zinsen bei Fälligkeit auf das lfd. Konto. 30 % KESt.	Sonstige Verbindlichkeiten und Sparbriefe Kunden-KK	an an	Kunden-KK So. Verb. FA (KESt)	3 107,96 10 000,00 932,39	13 107,96 932,39

3 Buchungen im Zahlungsverkehr

3.1 Überweisungsverkehr

Einfache Überweisungen

Der Überweisungsauftrag führt zu einer Belastung des Kontokorrentkontos (in Ausnahmefällen des Sparkontos) des Auftraggebers. Die Gegenbuchung erfolgt auf dem Konto des Begünstigten bzw. dem Konto des Kreditinstituts, dessen Hilfe bei der Ausführung des Auftrages beansprucht wurde.

Buchungssätze: Kunden-KK an Kunden-KK (Spareinlagen)
Kunden-KK an Verrechnungskonto des mit der Weiterleitung beauftragten Kreditinstituts, z. B. Bbk-Giro, Banken-KK.

Eingehende Überweisungsgutschriften zugunsten unserer Kunden werden entsprechend umgekehrt gebucht.

Ist der Begünstigte noch kein Kunde, so erfolgt die Gutschrift zunächst auf dem Hilfskonto **CpD** (Conto pro diverse). Dieses Konto wird durch Barauszahlung an den Begünstigten, durch Umbuchung auf ein noch zu eröffnendes Konto oder durch Rücküberweisung an das erstbeauftragte Kreditinstitut ausgeglichen.

3.2 Schecks, Lastschriften, Retouren

3.2.1 Wie werden Barauszahlungen von Schecks gebucht?

Barschecks können von eigenen Kunden zur Auszahlung von Bargeld verwendet werden. Das Kunden-Kontokorrentkonto wird mit dem Scheckbetrag unmittelbar belastet.

Grundbuch: Kunden-KK an Kasse

3.2.2 Wie werden von Kunden zum Inkasso eingereichte Schecks gebucht?

In der Regel werden die von Kunden eingereichten Inkassoschecks den Einreichern **direkt**, also ohne die Einschaltung eines Zwischenkontos, „Eingang vorbehalten" (E. v.) gutgeschrieben. Die Gegenbuchung erfolgt auf dem HK des Instituts, über das der Einzug abgewickelt wird. Das ist bei vielen Kreditinstituten die Deutsche Bundesbank. Daneben kann, z. B. bei Sparkassen und Kreditgenossenschaften, der Einzug über die Zentrale durchgeführt werden. Falls mit dem bezogenen Kreditinstitut eine Kontoverbindung besteht, kann deren Kontokorrentkonto unmittelbar belastet werden.

Nur in Ausnahmefällen, z. B. wenn dem Einreicher der Gegenwert nicht direkt gutgeschrieben werden soll oder falls die Schecks der Zahlstelle unmittelbar ohne Verrechnung übersandt werden müssen, werden Zwischenkonten eingeschaltet.

Beispiel:

Der Sparkasse Glückstadt werden von Kunden Schecks zum Einzug und zur Gutschrift E.v. eingereicht. Diese werden auf folgenden Wegen verrechnet:

1. Bundesbank 208 400,00 €
2. Befreundete Kreditinstitute 13 700,00 €
3. Eigene Girozentrale 140 100,00 €

Nr.	Buchungssätze			Soll Betrag EUR	Haben Betrag EUR
1	Bbk	an	Kunden-KK	208 400,00	208 400,00
2	Banken-KK	an	Kunden-KK	13 700,00	13 700,00
3	Girozentrale	an	Kunden-KK	140 100,00	140 100,00

3.2.3 Wie werden zur Einlösung vorgelegte Schecks gebucht?

Die Handelsbank AG erhält täglich Verrechnungsschecks, die von ihren Kunden ausgestellt wurden, entweder als Originalschecks oder im beleglosen Scheckeinzugsverfahren auf EDV-Medien erfasst, zur Einlösung vorgelegt.

Sind die Vorleger andere Kreditinstitute, so werden die *Scheckbeträge ohne vorherige Disposition* dem Konto des Ausstellers belastet. Erst **nach** der Belastungsbuchung wird geprüft, ob die Schecks endgültig eingelöst werden.

Soll ein Scheck, z.B. wegen fehlender Deckung, nicht eingelöst werden, wird die Belastungsbuchung storniert.

Nach dem **AGB** gelten als **eingelöst**

- **Barschecks** mit Zahlung an den Scheckvorleger,
- **andere Einzugspapiere** wenn die Belastungsbuchung nicht bis zum Ablauf des übernächsten Bankarbeitstages rückgängig gemacht wird,
- **über Bbk eingezogene Papiere** wenn sie nach deren AGB nicht mehr zurückgegeben werden können.

Reichen Kunden Schecks auf andere Kunden ein, erfolgt die Disposition in der Regel vor der Buchung auf dem Konto des Bezogenen.

Ein **CpD-Konto** (Scheckkonto) wird bei der Einlösung **nicht** eingeschaltet.

Beispiel:

Der Handelsbank AG werden auf sie gezogene Verrechnungsschecks zur Einlösung vorgelegt, und zwar

1. von der Bundesbank 128 400,00 €
2. von befreundeten Kreditinstituten 16 900,00 €

Nr.	Buchungssätze			Soll Betrag EUR	Haben Betrag EUR
1	Kunden-KK	an	Bbk	128 400,00	128 400,00
2	Kunden-KK	an	Banken-KK	16 900,00	16 900,00

3.2.4 Wie werden Retouren (Rückschecks) gebucht?

Nach dem **Abkommen über den Einzug von Schecks (Scheckabkommen)** sind von dem bezogenen Kreditinstitut

- **Schecks,** die **körperlich** vorgelegt und nicht eingelöst werden, spätestens an dem auf den Tag der Vorlage (Eingangstag) der Schecks folgenden Bankarbeitstag mit dem Vorlegungsvermerk an die erste Inkassostelle zurückzuleiten;
- **Rückrechnungen** aus dem **BSE-Verfahren** spätestens an dem auf den Eingangstag der Scheckdaten folgenden Bankarbeitstag an die erste Inkassostelle zu leiten.

Die Buchung der Scheckrückgabe erfolgt in der Regel ohne die Einschaltung eines Rückscheckkontos.

Entgelte für die Scheckrückgabe werden auf dem Konto **Provisionserträge** gebucht.

Beispiel:

Die **Handelsbank AG** erstellt diese Rückrechnung für einen nur vorläufig auf dem Konto des Ausstellers belasteten Scheck.

Scheckbetrag	3 400,00 €
Rückgabeentgelt	5,00 €
Gesamtbetrag	3 405,00 €

Nr.	Buchungssatz		Soll Betrag €	Haben Betrag €
1	Bbk-Giro	an Kunden-KK	3 405,00	3 400,00
		an Provisionserträge		5,00

Die Kreditbank AG, 1. Inkassostelle, belastet dem Einreicher den Rückscheck auf dessen Kontokorrentkonto. Sie berechnet dem Einreicher zusätzlich 20,00 € eigene Provision.

Nr.	Buchungssatz		Soll Betrag €	Haben Betrag €
1	Kunden-KK	an Bbk-Giro	3 425,00	3 405,00
		an Provisionserträge		20,00

Das **Rückscheckkonto** wird nur verwendet, wenn dem Einreicher der Betrag nicht belastet werden kann, z. B. bei einer mittlerweile eingetretenen Insolvenz. In diesem Falle wäre zu buchen:

Nr.	Buchungssatz		Soll Betrag €	Haben Betrag €
1	Rückschecks	an Bbk-Giro	3 425,00	3 405,00
	(Retouren)	an Provisionserträge		20,00

27 Schuster - ISBN 978-3-8120-0194-6

4 Buchungen von Kreditgeschäften

4.1 Kontokorrentkredit

Beispiel:
Die Chemischen Werke Calw GmbH erhalten zur Finanzierung ihres Warenlagers von der Kreditbank Calw einen Kontokorrentkredit von 300 000,00 € bereitgestellt.

Wie erfolgt die Bereitstellung des Kredits und wie ist dabei zu buchen?

Es sind zwei Formen der Bereitstellung von Kontokorrentkrediten möglich:

1. **Üblich** ist die Einräumung eines **Kreditlimits** auf dem laufenden Konto.
2. Es wird ein eigenes Kreditsonderkonto geführt (selten).

In beiden Fällen wird die Kreditbereitstellung *nicht* gebucht.

Wie ist bei der Inanspruchnahme des Kontokorrentkredits zu buchen?

Die Kreditbank Calw stellt zum Beginn des III. Quartals den Kontokorrentkredit durch Einräumung eines Kreditlimits bereit.

Gebucht werden sämtliche Umsätze auf dem Kontokorrentkonto.

Nr.	Geschäftsfälle	Grundbuch Wert		Soll EUR	Haben EUR
1	Die Kreditnehmerin überweist 250 000,00 €. Der Auftrag wird über Bbk-Giro ausgeführt.	02.07.	Kunden-KK an Bbk-Giro	250 000,00	 250 000,00
2	Auf Postbank Girokonto gehen für die Chemischen Werke Calw GmbH 80 000,00 € ein.	16.07.	Banken-KK an Kunden-KK	80 000,00	 80 000,00
3	Im BSE-Verfahren von der Bbk vorgelegte Schecks der Chemischen Werke Calw GmbH 105 400,00 €	05.08.	Kunden-KK an Bbk-Giro	105 400,00	 105 400,00
4	Barabhebung 35 000,00 €	22.08.	Kunden-KK an Kasse	35 000,00	 35 000,00
5	Überweisungseingänge von anderen Kontokorrentkunden der Kreditbank Calw 420 000,00 €	12.09.	Kunden-KK an Kunden-KK	420 000,00	 420 000,00

Wie werden Kontokorrentkredite abgerechnet und die Abrechnungen gebucht?

Die Kreditbank Calw berechnet für ihre Wert- bzw. Betriebsleistungen Zinsen bzw. Provisionen, deren Höhe von der Marktlage, der Bonität des Kreditnehmers und den Refinanzierungskosten der Kreditbank abhängen.

Die Abrechnung wird monatlich oder vierteljährlich vorgenommen.

Entgelte für Wertleistungen — Buchung auf Konto

- **Habenzinsen** für Guthaben (Sichteinlagen)[1] → Zinsaufwendungen
- **Sollzinsen** für Kreditinanspruchnahme → Zinserträge
- **Kreditprovision** als Bereitstellungsprovision für das Bereithalten des Kreditbetrages. Mögliche Berechnungsformen: → Zinsähnliche Erträge
  - ... % p.a. vom in Anspruch genommenen Kredit als Bestandteil der Sollzinsen (Nettozinssatz)
  - ... % p.a. vom zugesagten Kredit
  - ... % p.a. auf den nicht in Anspruch genommenen Kredit
- **Überziehungsprovision** für das Überschreiten des eingeräumten Kreditlimits oder bei Ablauf des Kreditzeitraums → Zinsähnliche Erträge

Entgelte für Betriebsleistungen — Buchung auf Konto

- **Umsatzprovision** als Entgelt für die Kosten der Kontoführung. → Provisionserträge

  Berechnungsformen
  - ... % vom Umsatz der größeren Kontoseite unter Berücksichtigung sog. Freiposten, wie z.B. dem Saldovortrag der Abschlussbuchung
  - ... % p.a. vom tatsächlich beanspruchten Kredit (= Sollzinszahlen)
  - Gebühr pro Buchungsposten
- **Barauslagen** als Entgelt für besondere Leistungen, z.B. Porti, Telefongebühren → Spesen- und Gebührenersatz

Die Kreditbank Calw berechnet der Chemischen Werke Calw GmbH p.a.

1 %	Habenzinsen	4 %	Überziehungsprovision
9 %	Sollzinsen	$\frac{1}{4}$ %	Umsatzprovision von der größeren Umsatzseite

Welche Kontoabrechnung ergibt sich zum 30.09.?

Zinsstaffel

Wert	Soll/Haben	Betrag EUR	Zinstage	Soll-ZZ	Haben-ZZ	Überziehungs-ZZ
02.07.	S	250 000,00	14	35 000		
16.07.	H	80 000,00				
	S	170 000,00	19	32 300		
05.08.	S	105 400,00				
	S	275 400,00	17	46 818		
22.08.	S	35 000,00				
	S	310 400,00	20	62 080		2 080
12.09.	H	420 000,00				
	H	109 600,00	18		19 728	
30.09.	S	5 623,26	88	176 198	19 728	2 080
	H	103 976,74				

1 Bei Habenzinsen über 1 % p.a. sind 30 % KESt sowie 5,5 % Solidaritätszuschlag einzubehalten und abzuführen.

Abrechnung	Soll EUR	Haben EUR	zu buchen auf Konto
1% p.a. Habenzinsen aus 19728 ZZ		54,80	Zinsaufwendungen
9% p.a. Sollzinsen aus 176 198 ZZ	4404,95		Zinserträge
4% p.a. Überziehungsprovision aus 2080 ZZ	23,11		Zinsähnliche Erträge
¼% Umsatzprovision von der größeren Umsatzseite 500000,00 €	1250,00		Provisionserträge
	5678,06	54,80	
Saldo	5623,26		

Grundbuch			Soll EUR	Haben EUR
Zinsaufwendungen	an	Kunden-KK	54,80	54,80
Kunden-KK			5678,06	
	an	Zinserträge		4404,95
	an	Zinsähnliche Erträge		23,11
	an	Provisionserträge		1250,00

4.2 Diskontkredit

Beispiel:

Der Metallbau GmbH wird ein beantragter Diskontkredit von 250000,00 € am 02.07. genehmigt.

Am 14.07. nimmt die Gesellschaft diesen Diskontkredit in Anspruch und reicht den folgenden Wechsel zur Diskontierung ein:

Wechselbetrag	fällig am	Zahlungsort
12500,00 €	20. 12. d. J.	Frankfurt

Die ankaufende Bank erstellt diese Ankaufsabrechnung:

Diskontrechnung Inlandswechsel							
Abrechnungstag		14. Juli					
Betrag €	fällig am	Wert	Zinstage	Zinszahlen	Diskont €	Provision €	Gutschrift €
12500,00	20. 12.	20. Dez.	159	19875	**496,88**	**0,00**	**12.003,12**
		0,000	% Provision				
		9,00	% Diskont				
		Wert	14. Juli				

Wie wird die Abrechnung gebucht?

Grundbuch

Buchungssatz			Soll EUR	Haben EUR
Diskontwechsel	an	Kunden-KK	12 500,00	12 003,12
	an	Diskonterträge		496,88

Den angekauften Wechsel kann die Bank nun bis zum Verfall in ihrem Portefeuille halten und ihn dann dem Bezogenen zur Einlösung vorlegen bzw. auf bereits bekannten Verrechnungswegen einige Tage vor Verfall einziehen. Außerdem kann sich das Kreditinstitut mit Hilfe des Wechsels bei anderen Kreditinstituten oder bei der EZB refinanzieren.

4.3 Ratenkredite (Kleinkredite, Anschaffungsdarlehen, Persönliche Kredite, Privatkredite)

Beispiel:

Doris Walter nimmt am 20.07.20.. bei der Volksbank Heuchelheim eG einen Ratenkredit auf. Kreditbetrag 29 500,00 €. Laufzeit 60 Monate.

Konditionen: 0,4 % p. M. (pro Monat) Zinsen vom ursprünglichen Kreditbetrag.
2 % Bearbeitungsgebühr vom ursprünglichen Kreditbetrag.

Der Kreditbetrag wird auf dem laufenden Konto der Kreditnehmerin bereitgestellt.

Für Doris Walter ergibt sich folgende **Abrechnung:**

			Konten
Darlehensbetrag	29 500,00 €	←	Kunden-KK o. Ä.
0,4 % p.M. Zinsen für 60 Monate (0,4 % von 29 500,00 € = 118,00 € · 60)	7 080,00 €	}	Zinserträge
2 % Bearbeitungsgebühr	590,00 €	}	Zinserträge
Gesamtbetrag	37 170,00 €	←	Ratenkredite

Wie werden die Auszahlung, die Tilgungsraten und die vorzeitige Rückzahlung des Kredits gebucht?

Grundbuch

Wert	Buchungssätze			Soll EUR	Haben EUR
	Buchung der Auszahlung				
20.07.	Ratenkredite	an	Kunden-KK	37 170,00	29 500,00
		an	Zinserträge		7 670,00
	Tilgung der 1. Rate				
20.08.	Kunden-KK o. Ä.	an	Ratenkredite	619,50	619,50

Bei **vorzeitiger Rückzahlung** werden die anteiligen Zinserträge[1] periodengerecht festgestellt und dem Kunden zurückerstattet.

Zinserträge bzw.
Passive Rechnungsabgrenzung an Kunden-KK

Wie werden Kredite mit variabler Inanspruchnahme gebucht?

Dem Kreditnehmer wird das Recht eingeräumt, innerhalb einer bestimmten Frist, z. B. 47 Monate, über einen bestimmten Kreditbetrag, meist bis zu 50 000,00 €, bei Bedarf zu verfügen.

Der Zinssatz ist variabel. Die Tilgung erfolgt entweder durch Raten, die in Anlehnung an die tatsächliche Inanspruchnahme jeweils neu festgelegt werden oder völlig frei vom Kreditnehmer festgelegt werden können.

Die Verfügung erfolgt durch Umbuchung vom Ratenkreditkonto auf das laufende Konto des Kreditnehmers.

Beispiel:

Ein Kunde nimmt einen Privatkredit über 40 000,00 € auf. Laufzeit 4 Jahre - 1 Tag. Tilgung variabel. Zinsen 9 % p. a., fällig monatlich, nachträglich.

Grundbuch

Nr.	Geschäftsfälle	Buchungssätze	Soll EUR	Haben EUR
1	Einräumung des Privatkredits.	Keine Buchung		
2	Kunde überträgt 20 000,00 € auf sein laufendes Konto.	Ratenkredit an Kunden-KK	20 000,00	20 000,00
3	Zinsbelastung 150,00 €.	Kunden-KK an Zinserträge	150,00	150,00
4	Kreditnehmer tilgt 5 000,00 € durch Überweisung vom lfd. Konto.	Kunden-KK an Ratenkredit	5 000,00	5 000,00

4.4 Darlehen (Hypotheken- und Grundschulddarlehen; Realkredite)

Beispiel:

Die Sparkasse Gießen gewährt am 02.01. zur Renovierung eines Wohngebäudes einen Realkredit von 100 000,00 €. Auszahlung 98 %. 8 % p. a. Zinsen, 5 Jahre fest; 2 % Tilgung zuzüglich ersparter Zinsen, zahlbar in vierteljährlichen Raten. Bereitstellung auf dem laufenden Konto. Von diesem Konto werden die Zins- und Tilgungsleistungen bei Fälligkeit abgebucht. Zinsen und Tilgung sollen vierteljährlich nachträglich verrechnet werden.

1 Häufig wird auf die Erstattung der Bearbeitungsgebühr verzichtet. In diesem Falle werden die anteiligen passiven Rechnungsabgrenzungen als neutrale Erträge vereinnahmt.

Zinsen, Damnum

Langfristige Darlehen gegen Grundpfandrechte können zu einem festen oder variablen Zinssatz gewährt werden. Es kommt vor, dass der Zinssatz nur für eine bestimmte Frist festgeschrieben wird.

Die **Belastung der Zinsen** erfolgt meist vierteljährlich, aber auch monatlich, halbjährlich oder jährlich im Voraus oder nachträglich.

Neben dem Zins wird häufig ein **Damnum (Disagio)** vereinbart. Dieses ist als **Zinsertrag** zu vereinnahmen und zeit- und kapitalanteilig auf die Gesamtlaufzeit bzw. auf die Dauer der Zinsfestschreibung zu verteilen. Wird das Damnum auf einen kürzeren Zeitraum als die Gesamtlaufzeit verteilt, so sollte dieser mindestens fünf Jahre betragen. Bei der **Verteilung des Damnums** auf einen kürzeren Zeitraum, z. B. 5 Jahre, ist - aus Gründen der Vereinfachung der Buchführung - eine lineare Vereinnahmung von je $\frac{1}{5}$ pro Jahr vertretbar. Eine Berücksichtigung des Valutierungszeitpunktes ist nicht erforderlich.

Zins und Tilgung werden vierteljährlich nachträglich verrechnet

Grundbuch

Nr.	Geschäftsfälle	Buchungssätze			Soll EUR	Haben EUR
1	**Auszahlung** am 02.01.	Hypotheken- und Grundschulddarlehen	an	Kunden-KK	100 000,00	98 000,00
			an	Zinserträge		400,00
			an	PRAP		1 600,00
2	**Zahlung der 1. Rate** am 30.03.	Kunden-KK	an	Hypotheken- und Grundschulddarlehen	2 500,00	2 500,00
		Hypotheken- und Grundschulddarlehen	an	Zinserträge	2 000,00	2 000,00
3	**Zahlung der 2. Rate** am 30.06.	Kunden-KK	an	Hypotheken- und Grundschulddarlehen	2 500,00	2 500,00
		Hypotheken- und Grundschulddarlehen	an	Zinserträge	1 990,00	1 990,00
4	**Zahlung der 3. Rate** am 30.09.	Kunden-KK	an	Hypotheken- und Grundschulddarlehen	2 500,00	2 500,00
		Hypotheken- und Grundschulddarlehen	an	Zinserträge	1 979,80	1 979,80
5	**Zahlung der 4. Rate** am 31.12. und Abschlussbuchung	Kunden-KK	an	Hypotheken- und Grundschulddarlehen	2 500,00	2 500,00
		Hypotheken- und Grundschulddarlehen	an	Zinserträge	1 969,40	1 969,40
		SBK	an	Hypotheken- und Grundschulddarlehen	97 939,20	97 939,20
		PRAP	an	SBK	1 600,00	1 600,00

4.5 Avalkredit

Beispiel:

Die Handelsbank AG übernimmt für die Schröder & Co. KG

1. am 13.06. eine Fertigstellungsgarantie gegenüber dem Mieter einer Ladenfläche in Höhe von 135 000,00 €; Avalprovision 900,00 € und
2. am 20.11. eine Zollbürgschaft gegenüber der Zollbehörde in Höhe von 50 000,00 €; Avalprovision bis zum 31.12. d.J. 140,00 €.

Welche Buchungen ergeben sich bei Avalkrediten?

Gebucht werden die Forderungen und Verbindlichkeiten aus Bürgschaften, Garantien und Pensionsgeschäften.

Nicht gebucht werden bankübliche Gewährleistungen, die im Zusammenhang mit Kundengeschäften übernommen wurden, z.B. Gewährleistungen aus dem Lastschriftverkehr oder aus der Ausgabe von Scheckkarten.

Da bei Kreditleihgeschäften bei der Kreditgewährung keine liquiden Mittel des Kreditinstituts eingesetzt werden müssen, wird kein Bestandskonto berührt. Um einen Überblick über sämtliche laufenden **Avalverpflichtungen** zu erhalten, wird ein Hilfskonto **„Eigene Avale"** (oder **„Avalverbindlichkeiten"**) geführt. Die **Eventualforderungen** an den Kreditnehmer werden auf dem Konto **„Kundenavale"** (oder **„Avalforderungen"**) erfasst.

Die **Avalprovision** zählt zu den Provisionserträgen (§ 30 Abs. 1 Satz 2 RechKredV). Daneben kann eine Ausfertigungsgebühr erhoben werden, die ebenfalls als Provisionsertrag gebucht wird.

Für die übernommene **Fertigstellungsgarantie** ergeben sich bei der Übernahme der Garantie und am Ende der Garantiefrist folgende Buchungen:

Grundbuch

Nr.	Geschäftsfälle	Buchungssätze			Soll EUR	Haben EUR
1	Übernahme der Garantie	Kunden-Avale	an	Eigene Avale	135 000,00	135 000,00
2	Buchung der Avalprovision	Kunden-KK	an	Provisionserträge	900,00	900,00
3	Erlöschen der Garantie	Eigene Avale	an	Kunden-Avale	135 000,00	135 000,00

Die **Zollbürgschaft** wurde am 20.11. übernommen. Am 20.12. nahm das Hauptzollamt einen Teilbetrag von 35 000,00 € in Anspruch. Welche Buchungen mussten während des Jahres vorgenommen werden?

Grundbuch

Nr.	Geschäftsfälle	Buchungssätze			Soll EUR	Haben EUR
1	Übernahme der Bürgschaft am 20.11.	Kunden-Avale	an	Eigene Avale	50 000,00	50 000,00
2	Buchung der Avalprovision	Kunden-KK	an	Provisionserträge	140,00	140,00
3	Teilinanspruchnahme am 20.12.	Kunden-KK	an	Bbk-Giro	35 000,00	35 000,00
		Eigene Avale	an	Kunden-Avale	35 000,00	35 000,00
4	Abschluss am 31.12.	SBK	an	Kunden-Avale	15 000,00	15 000,00
		Eigene Avale	an	SBK	15 000,00	15 000,00

5 Buchungen von Wertpapiergeschäften

5.1 Wertpapierkommissionsgeschäfte

Beispiel:
Ein Kunde erteilt der Deutschen Bank AG den Auftrag zum Kauf von Stück 100 Pfeiffer Vacuum Technology AG Aktien o. N.

Die beauftragte Bank führt den Auftrag im Neuen Markt der Frankfurter Wertpapierbörse aus.

Wie ist das Kommissionsgeschäft zu buchen?

Die **Buchung** der als Kommissionsgeschäfte oder Eigenhandelsgeschäfte abgewickelten An- und Verkäufe von Wertpapieren können bei den beteiligten Kreditinstituten über das Konto

„Wertpapierkommission" (WPKK)

geleitet werden. Dieses Konto wird auch unter Bezeichnungen wie „Wertpapierkommissionsgeschäfte", „Wertpapierkundengeschäfte" o. Ä. geführt. Es ist ein reines **Durchgangskonto,** was bedeutet, dass es nach Abwicklung der Geschäfte stets ausgeglichen ist.

Auf dem Wertpapierkommissionskonto wird der **ausmachende Betrag** erfasst. Darunter soll

- bei Aktien der Kurswert,
- bei festverzinslichen Wertpapieren der Kurswert + oder – Stückzinsen

verstanden werden.

Provision und Spesen	werden auch auf den gleichnamigen Aufwands- bzw. Ertragskonten gebucht.
Courtage (Skontroführerentgelt)	wird auf dem Konto **Courtageverrechnung** gebucht. Ein nach Abbuchung der fälligen Courtage verbleibender Saldo wird als Provisionsertrag vereinnahmt.

Den Auftrag des Kunden zum Kauf von 100 Stück Aktien der Pfeiffer Vacuum Technology AG führt die Deutsche Bank AG als **Börsenbank** dadurch aus, dass sie die Aktien an der Börse, durch die Vermittlung eines Skontroführers, von einem anderen Kreditinstitut (hier z. B. Bankhaus Hansen) kauft (= Ausführungsgeschäft) und anschließend mit dem Kunden abrechnet (= Abwicklungsgeschäft). Das Börsengeschäft soll durch Banken-KK verrechnet werden. Kurs 32,00 €.

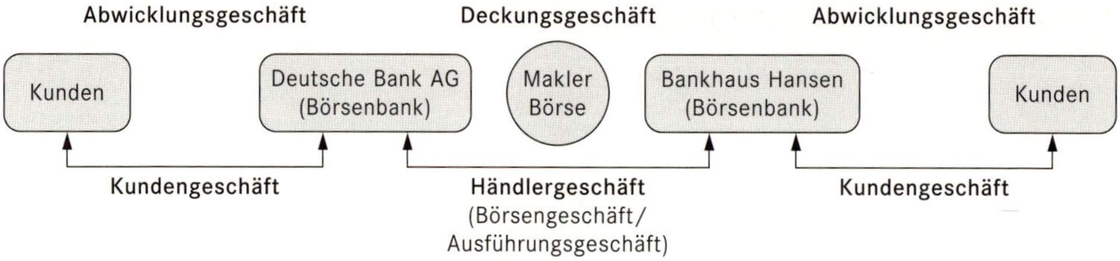

Abrechnung: Kauf	Abrechnung:	Abrechnung: Verkauf
ausmachender Betrag	ausmachender Betrag	ausmachender Betrag
+ Provision (voller Satz)		– Provision (voller Satz)
+ Courtage (Skontroführerentgelt)		– Courtage (Skontroführerentgelt)
+ Spesen (eigene)		– Spesen (eigene)

Abrechnung für den Käufer durch die Deutsche Bank AG

Schlusstag	23.06.		
Art	C 3: Kauf = 1; Verkauf = 2	1	
Stück	100		
Kurs	32,00 €		
ausm. Betrag		3 200,00 €	**Börsengeschäft**
Provision	1 %	32,00 €	
Courtage	0,08 %	2,56 €	
Auslagenersatz		0,00 €	
LASTSCHRIFT		**3 234,56 €**	**Kundengeschäft**
Wert	25.06.		
Wert in EUR		6 326,25	

Buchungen bei der Käuferbank

	Buchungssätze			Soll EUR	Haben EUR
1. **Börsengeschäft**	Wertpapierkommissions-konto (WPKK)	an	Banken-KK	3 200,00	3 200,00
2. **Kundengeschäft**	Kunden-KK	an	WPKK	3 234,56	3 200,00
		an	Provisions- und Gebührenerträge		32,00
		an	Courtage-Verrechnung		2,56

Abrechnung für den Verkäufer durch das Bankhaus Hansen

Schlusstag	23.06.		
Art	C 3: Kauf = 1; Verkauf = 2	2	
Stück	100		
Kurs	32,00 €		
ausm. Betrag		3 200,00 €	**Börsengeschäft**
Provision	1 %	32,00 €	
Courtage	0,08 %	2,56 €	
Auslagenersatz		0,00 €	
GUTSCHRIFT		**3 165,44 €**	**Kundengeschäft**
Wert	25.06.		
Wert in EUR		6 191,06	

Buchungen bei der Verkäuferbank

	Buchungssätze			Soll EUR	Haben EUR
1. **Börsengeschäft**	Banken-KK	an	Wertpapierkommissions-konto (WPKK	3 200,00	3 200,00
2. **Kundengeschäft**	WPKK	an	Kunden-KK	3 200,00	3 165,44
		an	Provisions- und Gebührenerträge		32,00
		an	Courtage-Verrechnung		2,56

5.2 Inkasso von Zins- und Dividendenscheinen

Beispiel:
Die Auszubildende Ingrid L. will sich in der Wertpapierabteilung der Handelsbank AG über die Zins- und Dividendenzahlung auf fällige Zins- und Dividendenscheine informieren.

Wie werden die Zins- und Dividendenscheine in der Buchhaltung erfasst?

Die einzulösenden Zins- und Dividendenscheine werden auf dem Sachkonto **„Kuponkonto"**, das auch Bezeichnungen wie „Zinsscheinkonto", „Zins- und Dividendenscheine", „Kasse Zinsscheine" und dgl. hat, gebucht. Dabei ist es gleichgültig, ob die Zins- und Dividendenscheine von Kunden eingereicht werden oder von dem Kreditinstitut selbst von den im Tresor deponierten Kundenpapieren bzw. eigenen Papieren getrennt wurden.

Für die Gegenbuchung **kann** ein Zwischenkonto eingeschaltet werden, das

„Kuponzwischenkonto",

auch „Zinsscheintrennungskonto", „Zinsscheineinlösung" oder dgl. genannt. Es ist ein **reines Verrechnungskonto,** das insbesondere die Zeitspanne von der Trennung bis zur Fälligkeit überbrücken soll. Bei der Vorlage fälliger Zins- und Dividendenscheine am Schalter wird auf dieses Konto häufig verzichtet.[1]

Wie ist beim Inkasso fälliger Zinsscheine zu buchen?

Zinsscheine werden entsprechend den Bedingungen der Clearstream Banking AG am **Abend vor dem Zinstermin getrennt.**

Die **Drittverwahrer** informieren die depotführenden Kreditinstitute über die Trennung und **überweisen** bei Fälligkeit die **Zinsen brutto**, d.h. **ohne Abzug der Kapitalertragsteuer.**

1 So soll auch bei den folgenden Geschäftsfällen verfahren werden.

Zinsgutschrift für Kunden

Die **Zinsen** für die **Kunden** werden von dem depotführenden Kreditinstitut **grundsätzlich unter Abzug von 30% KESt** gutgeschrieben.[1]

Die **einbehaltene KESt** wird zunächst auf dem **Hauptbuchkonto**

Sonstige Verbindlichkeiten FA (KESt)

erfasst und bis zum 10. des folgenden Monats an das **Betriebsfinanzamt** abgeführt.

Buchung:	Kuponzwischenkonto	an	z. B. Spareinlagen oder Kunden-KK
		an	Sonstige Verbindlichkeiten FA (KESt)

Der **Abzug der KESt unterbleibt**, wenn der Kunde

1. eine **Nichtveranlagungs-Bescheinigung** vorgelegt hat, **unbegrenzt; oder**
2. einen **Freistellungsauftrag** erteilt hat, **bis zur Höhe des darin genannten Betrages,** soweit dieser bisher noch nicht ausgenutzt wurde,
3. über ein **„Topfguthaben“** verfügt, das aus gezahlten Stückzinsen bzw. gezahlten Zwischengewinnen aus Investmentgeschäften besteht und noch nicht verbraucht wurde, bis zu dessen Höhe.

Buchung:	Kuponzwischenkonto	an	z. B. Spareinlagen oder Kunden-KK

Zinserträge aus eigenen festverzinslichen Wertpapieren oder Schuldbuchforderungen

Zinsen für eigene festverzinsliche Wertpapieranlagen des Kreditinstituts werden **ohne Berücksichtigung von KESt** auf dem **Ertragskonto „Zinserträge aus festverzinslichen Wertpapieren und Schuldbuchforderungen“** (kurz Zinserträge WP) gebucht.

Buchung:	Kuponzwischenkonto	an	Zinserträge WP

Tafelgeschäfte mit Zinsscheinen

Im **Tafelgeschäft** (Schaltergeschäft) **eingelöste Zinsscheine** von Kunden werden **abzüglich 35% KESt** ausgezahlt. NV-Bescheinigungen bzw. Freistellungsaufträge bewirken im Tafelgeschäft **keinen Verzicht** auf den Abzug von KESt.

Buchung:	Kuponkonto	an	Kasse
		an	Sonstige Verbindlichkeiten FA (KESt)

1 **Vorübergehend** werden **zusätzlich** 5,5% der KESt als **Solidaritätszuschlag** erhoben.

Wie ist beim Inkasso fälliger Dividendenscheine zu buchen?

Beispiel:

Kunden der Handelsbank AG und die Handelsbank selbst haben Stückaktien der SP AG im Wertpapierdepot. Die Bestände werden bei der Clearstream Banking AG verwahrt.

Kundenbestände/Depot A	Depotbestand Stückaktien	Bei Ausschüttung zu beachten:
1. Doris Schmidbauer	5 000	Gutschrift auf Sparkonto 2222
2. Franz Plunder	300	Freistellungsauftrag (500,00 €) ist voll verfügbar. Gutschrift auf Sparkonto 2485.
3. Depot A Handelsbank AG	6 000	

Die Hauptversammlung der SP AG beschließt die Ausschüttung einer Dividende von 0,75 € je Stückaktie. Die Dividende für die von der Clearstream Banking AG verwahrten Bestände wird über Bbk an die Handelsbank AG überwiesen.

Erfahrungsgemäß weiß die Handelsbank AG, dass auch der Nichtkunde Felix Krux wieder 500 Kupons für von ihm selbst verwahrte Aktien dieser Gesellschaft zur Bareinlösung bei ihr vorlegen wird.

Wie ist in diesen Fällen bei der Handelsbank AG zu buchen?

Wie wird die auszuzahlende Dividende ermittelt?

In der Regel ist die Voraussetzung für eine Dividendenzahlung das Erwirtschaften eines Gewinns bei der AG. Von diesem Gewinn hat die Kapitalgesellschaft, unabhängig davon ob der **Gewinn ausgeschüttet oder einbehalten wird**, eine **Körperschaftsteuer** (KSt) in Höhe von 25 % + 5,5 % SolZ an das Finanzamt abzuführen. Der verbleibende Betrag kann als **Dividende** an die Aktionäre ausgeschüttet werden.

Von der **Dividende** (ausgeschütteter Gewinn) hat die AG zu Lasten der Aktionäre die **Kapitalertragsteuer** (KESt) in Höhe von **20 %** sowie nach dem **Solidaritätszuschlagsgesetz zusätzlich** den **Solidaritätszuschlag** (Soli) in Höhe von zurzeit **5,5 %** der Kapitalertragsteuer einzubehalten und an das **Finanzamt** abzuführen. Es ergibt sich die **Nettodividende. Nur die Nettodividende** wird zwischen dem von der AG mit der Auszahlung der Dividende an die Anteilseigner beauftragten Instituten, meist die **Clearstream Banking AG,** und den **depotführenden Kreditinstituten verrechnet.**

Gewinn
– 25 % Körperschaftsteuer
– 5,5 % Solidaritätszuschlag
= **Dividende**
– 20 % Kapitalertragsteuer
– 5,5 % Solidaritätszuschlag
= **Nettodividende (Gutschrift)**

Die einbehaltene Kapitalertragsteuer (und der einbehaltene Solidaritätszuschlag) sind für den **Steuerpflichtigen Vorauszahlungen** auf seine persönliche **Einkommensteuer.** Zum Nachweis für die geleisteten Vorauszahlungen erhält er vom Kreditinstitut eine **Steuerbescheinigung.**

Dividendenbezieher, die **nicht zur Einkommensteuer veranlagt werden,** können sich vom Finanzamt eine **Nicht-Veranlagungsbescheinigung** (NV-Bescheinigung) ausstellen lassen. Falls sie diese Bescheinigung bei ihrer Depotbank **einreichen,** wird ihnen **sofort** die **einbehaltene Kapitalertragsteuer und der Solidaritätszuschlag** gutgeschrieben.

Gleiches gilt, wenn dem kontoführenden Kreditinstitut ein **Freistellungsauftrag** vorliegt und dieser noch nicht ausgenutzt wurde. Die maximale Höhe der Freistellungsaufträge beträgt bei Ledigen 750,00 € und bei Ehegatten 1 500,00 €. Dazu kommt eine Werbungskostenpauschale von 51,00 € bei Ledigen bzw. 102,00 € bei Ehegatten.

In der Einkommensteuer ist nur **die Hälfte der Dividende** bei den **Einkünften aus Kapitalvermögen** anzusetzen.

Gutschrift von Dividenden (ohne Vorliegen einer NV-Bescheinigung bzw. eines Freistellungsauftrags)

Die Zahlung der Dividende erfolgt mit der Wertstellung 1 Tag nach der Hauptversammlung. Die Buchung der Dividendengutschrift erfolgt meist ohne die Zwischenschaltung von CpD-Konten auf dem vom Kunden angegebenen Konto.

Für die Kundin **Doris Schmidbauer** ergibt sich folgende Dividendenabrechnung und Buchung:

Abrechnung

Dividende	3 750,00 €
– 20 % Kapitalertragsteuer	750,00 €
– 5,5 % Solidaritätszuschlag	41,25 €
= **Nettodividende** (Gutschrift)	**2 958,75 €**

Buchung

			Soll EUR	Haben EUR
Bbk	an	Spareinlagen	2 958,75	2 958,75

Gutschrift von Dividenden (bei Vorliegen einer NV-Bescheinigung bzw. eines Freistellungsauftrags)

Auch in diesen Fällen wird unter den Kreditinstituten nur die Nettodividende verrechnet. Das **depotführende Kreditinstitut finanziert** dem Kunden aber dessen Forderungen an das Finanzamt auf Erstattung der einbehaltenen Kapitalertragsteuer und des Solidaritätszuschlags **vor.** Die **Depotbank** lässt sich die vorfinanzierten Beträge vom **Bundeszentralamt für Steuern** erstatten.

Für den Kunden **Franz Plunder** ergibt sich die folgende Dividendenabrechnung und Buchung:

Abrechnung		Buchung		Soll EUR	Haben EUR
Nettodividende	177,53 €	Bbk		177,53	
+ 5,5 % vergüteter Soli.-Zuschlag	2,47 €	Sonst. Ford. (KESt)		45,00	
+ 20 % vergütete KESt	45,00 €	Sonst. Ford. (Soli)		2,47	
= Dividendengutschrift	225,00 €		an Spareinlagen		225,00

Auf den **Freistellungsauftrag anzurechnender Betrag:** ½ von 225,00 € = 112,50 €.

Gutschrift für eigene Dividendenerträge der Handelsbank AG

Dividenden die an **Kapitalgesellschaften** ausgeschüttet werden, können von diesen **steuerfrei** vereinnahmt werden. Die an **Personengesellschaften** und andere Unternehmer erfolgten Ausschüttungen werden so wie bei Privatpersonen behandelt.

Für die **Handelsbank AG** ergibt sich die folgende Gutschrift der Dividende ihrer SP Aktien durch die Clearstream Banking AG.

Abrechnung			Buchung		Soll EUR	Haben EUR
Dividende	4 500,00 EUR	Steuerfreier Ertrag d. Kapitalgesellschaft	Bbk		3 550,50	
– 20 % KESt	900,00 EUR	Ford. KESt an das FA	anrechenbare KESt		900,00	
– 5,5 % Soli	49,50 EUR	Ford. Soli an das FA	anrechenbarer Soli	an Dividendenerträge	49,50	4 500,00
= Nettodividende	3 550,50 EUR	Gutschrift Bbk				

Bareinlösung fälliger Dividendenscheine (Tafelgeschäft)[1]

Verwahrt ein Aktionär die Aktien selbst und löst er die **Dividendenscheine bei einem Kreditinstitut** ein, so zahlt diese die Dividende abzüglich der 20 % KESt und des 5,5 % Solidaritätszuschlags bar aus. Das Kreditinstitut kennzeichnet die **Steuerbescheinigung** entsprechend. Das hat zur **Folge,** dass die einbehaltene KESt und der Solidaritätszuschlag bei der Veranlagung zur Einkommensteuer als Steuervorauszahlungen anerkannt werden. Im Falle der Nichtveranlagung ist eine Erstattung des Steuerguthabens durch das Bundesamt für Finanzen nicht möglich.

Falls das einlösende Kreditinstitut **nicht gleich Zahlstelle** der Aktiengesellschaft ist, werden die angekauften Dividendenscheine zunächst auf dem aktiven Bestandskonto **Kuponkonto** erfasst und anschließend zum Inkasso gegeben.

Auszahlung der Nettodividende		Buchung		Soll EUR	Haben EUR
Dividende	375,00 €	Kuponkonto	an Kasse	295,88	295,88
– 20 % Kapitalertragsteuer	75,00 €				
– 5,5 % Solidaritätszuschlag	4,12 €				
= Nettodividende	295,88 €				

1 Wegen der Geldwäschevorschriften nehmen die meisten Kreditinstitute nur noch die Einlösung über ein Kundenkonto vor.

Anhang

Anlage 1

Verordnung über die Rechnungslegung der Kreditinstitute und Finanzdienstleistungsinstitute (Kreditinstituts-Rechnungslegungsverordnung - RechKredV)

in der Neufassung der Bekanntmachung vom 11. Dezember 1998 (BGBl. I S. 3658), zuletzt geändert durch Art. 12 des Gesetzes zur Neuordnung des Pfandbriefrechts vom 22. Mai 2005 (BGBl. I S. 1373)

Aufgrund des durch Artikel 1 Nr. 3 des Bankbilanzrichtlinie-Gesetzes vom 30. November 1990 (BGBl. I S. 2570) eingefügten § 330 Abs. 2 des Handelsgesetzbuchs in Verbindung mit dessen durch Artikel 1 Nr. 8 des Bilanzrichtlinien-Gesetzes vom 19. Dezember 1985 (BGBl. I S. 2355) eingefügten Absatz 1 verordnet der Bundesminister der Justiz im Einvernehmen mit dem Bundesminister der Finanzen und im Benehmen mit der Deutschen Bundesbank:

Inhaltsübersicht

Abschnitt 1. Anwendungsbereich

§ 1 Anwendungsbereich. Diese Verordnung ist auf Institute (Kreditinstitute und Finanzdienstleistungsinstitute) sowie Zweigstellen anzuwenden, für die nach § 340 Abs. 1 Satz 1 und Abs. 4 Satz 1 des Handelsgesetzbuchs der Vierte Abschnitt des Dritten Buchs des Handelsgesetzbuchs anzuwenden ist. Diese Verordnung ist auf Wohnungsunternehmen mit Spareinrichtung nicht anzuwenden.

Abschnitt 2. Bilanz und Gewinn- und Verlustrechnung

§ 2 Formblätter. (1) Institute haben anstelle des § 266 des Handelsgesetzbuchs über die Gliederung der Bilanz das anliegende Formblatt 1 und anstelle des § 275 des Handelsgesetzbuchs über die Gliederung der Gewinn- und Verlustrechnung das anliegende Formblatt 2 (Kontoform) oder 3 (Staffelform) anzuwenden, soweit für bestimmte Arten von Instituten nachfolgend sowie in den Fußnoten zu den Formblättern nichts anderes vorgeschrieben ist. Kreditinstitute mit Bausparabteilung haben die für Bausparkassen vorgesehenen besonderen Posten in ihre Bilanz und in ihre Gewinn- und Verlustrechnung zu übernehmen.

(2) Die mit kleinen Buchstaben versehenen Posten der Bilanz und der Gewinn- und Verlustrechnung können zusammengefasst ausgewiesen werden, wenn

1. sie einen Betrag enthalten, der für die Vermittlung eines den tatsächlichen Verhältnissen entsprechenden Bildes im Sinne des § 264 Abs. 2 des Handelsgesetzbuchs nicht erheblich ist, oder
2. dadurch die Klarheit der Darstellung vergrößert wird; in diesem Falle müssen die zusammengefassten Posten jedoch im Anhang gesondert ausgewiesen werden.

Satz 1 ist auf die der Deutschen Bundesbank und dem Bundesaufsichtsamt für das Kreditwesen einzureichenden Bilanzen und Gewinn- und Verlustrechnungen nicht anzuwenden.

§ 3 Unterposten. Als Unterposten sind im Formblatt jeweils gesondert auszuweisen:

1. die verbrieften und unverbrieften Forderungen an verbundene Unternehmen zu den Posten „Forderungen an Kreditinstitute“ (Aktivposten Nr. 3), „Forderungen an Kunden“ (Aktivposten Nr. 4) und „Schuldverschreibungen und andere festverzinsliche Wertpapiere“ (Aktivposten Nr. 5);
2. die verbrieften und unverbrieften Forderungen an Unternehmen, mit denen ein Beteiligungsverhältnis besteht, zu den Posten „Forderungen an Kreditinstitute“ (Aktivposten Nr. 3), „Forderungen an Kunden“ (Aktivposten Nr. 4) und „Schuldverschreibungen und andere festverzinsliche Wertpapiere“ (Aktivposten Nr. 5);
3. die verbrieften und unverbrieften Verbindlichkeiten gegenüber verbundenen Unternehmen zu den Posten „Verbindlichkeiten gegenüber Kreditinstituten“ (Passivposten Nr. 1), „Verbindlichkeiten gegenüber Kunden“ (Passivposten Nr. 2), „Verbriefte Verbindlichkeiten“ (Passivposten Nr. 3) und „Nachrangige Verbindlichkeiten“ (Passivposten Nr. 9);
4. die verbrieften und unverbrieften Verbindlichkeiten gegenüber Unternehmen, mit denen ein Beteiligungsverhältnis besteht, zu den Posten „Verbindlichkeiten gegenüber Kreditinstituten“ (Passivposten Nr. 1), „Verbindlichkeiten gegenüber Kunden“ (Passivposten Nr. 2), „Verbriefte Verbindlichkeiten“ (Passivposten Nr. 3) und „Nachrangige Verbindlichkeiten“ (Passivposten Nr. 9).

Die Angaben nach Satz 1 können statt in der Bilanz im Anhang in der Reihenfolge der betroffenen Posten gemacht werden.

§ 4 Nachrangige Vermögensgegenstände und Schulden. (1) Vermögensgegenstände und Schulden sind als nachrangig auszuweisen, wenn sie als Forderungen oder Verbindlichkeiten im Fall der Liquidation oder der Insolvenz erst nach den Forderungen der anderen Gläubiger erfüllt werden dürfen.

(2) Nachrangige Vermögensgegenstände sind auf der Aktivseite bei dem jeweiligen Posten oder Unterposten gesondert auszuweisen. Die Angaben können statt in der Bilanz im Anhang in der Reihenfolge der betroffenen Posten gemacht werden.

§ 5 Gemeinschaftsgeschäfte. Wird ein Kredit von mehreren Kreditinstituten gemeinschaftlich gewährt (Gemeinschaftskredit), so hat jedes beteiligte oder unterbeteiligte Kreditinstitut nur seinen eigenen Anteil an dem Kredit in die Bilanz aufzunehmen, soweit es die Mittel für den Gemeinschaftskredit zur Verfügung gestellt hat. Übernimmt ein Kreditinstitut über seinen eigenen Anteil hinaus die Haftung für einen höheren Betrag, so ist der Unterschiedsbetrag als Eventualverbindlichkeit auf der Passivseite der Bilanz unter dem Strich zu vermerken. Wird von einem Kreditinstitut lediglich die Haftung für den Ausfall eines Teils der Forderung aus dem Gemeinschaftskredit übernommen, so hat das kreditgebende Kreditinstitut den vollen Kreditbetrag auszuweisen, das haftende Kreditinstitut seinen Haftungsbetrag in der Bilanz im Unterposten „Verbindlichkeiten aus Bürgschaften und Gewährleistungsverträgen" (Passivposten unter dem Strich Nr. 1 Buchstabe b) zu vermerken. Satz 1 und 2 ist entsprechend anzuwenden, wenn Kreditinstitute Wertpapiere oder Beteiligungen gemeinschaftlich erwerben.

§ 6 Treuhandgeschäfte. (1) Vermögensgegenstände und Schulden, die ein Institut im eigenen Namen, aber für fremde Rechnung hält, sind in seine Bilanz aufzunehmen. Die Gesamtbeträge sind in der Bilanz unter den Posten „Treuhandvermögen" (Aktivposten Nr. 9) und „Treuhandverbindlichkeiten" (Passivposten Nr. 4) auszuweisen und im Anhang nach den Aktiv- und Passivposten des Formblatts aufzugliedern. Als Gläubiger gilt bei hereingenommenen Treuhandgeldern die Stelle, der das bilanzierende Kreditinstitut die Gelder unmittelbar schuldet. Als Schuldner gilt bei Treuhandkrediten die Stelle, an die das bilanzierende Kreditinstitut die Gelder unmittelbar ausreicht.

(2) Kredite sind unter den Voraussetzungen des Absatzes 1 in der Bilanz im Vermerk „darunter: Treuhandkredite" bei Aktivposten Nr. 9 und bei Passivposten Nr. 4 auszuweisen.

(3) Vermögensgegenstände und Schulden, die ein Institut im fremden Namen für fremde Rechnung hält, dürfen in seine Bilanz nicht aufgenommen werden.

(4) Kapitalanlagegesellschaften haben die Summe der Inventarwerte und die Zahl der verwalteten Sondervermögen in der Bilanz auf der Passivseite unter dem Strich in einem Posten mit der Bezeichnung „Für Anteilinhaber verwaltete Sondervermögen" auszuweisen.

§ 7 Wertpapiere. (1) Als Wertpapiere sind Aktien, Zwischenscheine, Investmentanteile, Optionsscheine, Zins- und Gewinnanteilscheine, börsenfähige Inhaber- und Ordergenussscheine, börsenfähige Inhaberschuldverschreibungen auszuweisen, auch wenn sie vinkuliert sind, unabhängig davon, ob sie in Wertpapierurkunden verbrieft oder als Wertrechte ausgestaltet sind, börsenfähige Orderschuldverschreibungen, soweit sie Teile einer Gesamtemission sind, ferner andere festverzinsliche Inhaberpapiere, soweit sie börsenfähig sind, und andere nicht festverzinsliche Wertpapiere, soweit sie börsennotiert sind. Hierzu rechnen auch ausländische Geldmarktpapiere, die zwar auf den Namen lauten, aber wie Inhaberpapiere gehandelt werden.

(2) Als börsenfähig gelten Wertpapiere, die die Voraussetzungen einer Börsenzulassung erfüllen; bei Schuldverschreibungen genügt es, dass alle Stücke einer Emission hinsichtlich Verzinsung, Laufzeitbeginn und Fälligkeit einheitlich ausgestattet sind.

(3) Als börsennotiert gelten Wertpapiere, die an einer deutschen Börse zum amtlichen Handel oder zum geregelten Markt zugelassen sind, außerdem Wertpapiere, die an ausländischen Börsen zugelassen sind oder gehandelt werden.

§ 8 Restlaufzeit. (1) Für die Gliederung nach Restlaufzeiten sind bei ungekündigten Kündigungsgeldern die Kündigungsfristen maßgebend. Sofern neben der Kündigungsfrist noch eine Kündigungssperrfrist vereinbart wird, ist diese ebenfalls zu berücksichtigen. Bei Forderungen sind vorzeitige Kündigungsmöglichkeiten nicht zu berücksichtigen.

(2) Bei Forderungen oder Verbindlichkeiten mit Rückzahlungen in regelmäßigen Raten gilt als Restlaufzeit der Zeitraum zwischen dem Bilanzstichtag und dem Fälligkeitstag jedes Teilbetrags.

(3) Als täglich fällig sind nur solche Forderungen und Verbindlichkeiten auszuweisen, über die jederzeit ohne vorherige Kündigung verfügt werden kann oder für die eine Laufzeit oder Kündigungsfrist von 24 Stunden oder von einem Geschäftstag vereinbart worden ist; hierzu rechnen auch die sogenannten Tagesgelder und Gelder mit täglicher Kündigung einschließlich der über geschäftsfreie Tage angelegten Gelder mit Fälligkeit oder Kündigungsmöglichkeit am nächsten Geschäftstag.

§ 9 Fristengliederung. (1) Im Anhang sind gesondert die Beträge der folgenden Posten oder Unterposten des Formblattes 1 (Bilanz) nach Restlaufzeiten aufzugliedern:

1. andere Forderungen an Kreditinstitute mit Ausnahme der darin enthaltenen Bausparguthaben aus abgeschlossenen Bausparverträgen (Aktivposten Nr. 3 Buchstabe b),
2. Forderungen an Kunden (Aktivposten Nr. 4),
3. Verbindlichkeiten gegenüber Kreditinstituten mit vereinbarter Laufzeit oder Kündigungsfrist (Passivposten Nr. 1 Buchstabe b),
4. Spareinlagen mit vereinbarter Kündigungsfrist von mehr als drei Monaten (Passivposten Nr. 2 Buchstabe a Doppelbuchstabe ab),
5. andere Verbindlichkeiten gegenüber Kunden mit vereinbarter Laufzeit oder Kündigungsfrist (Passivposten Nr. 2 Buchstabe b Doppelbuchstabe bb),

6. andere verbriefte Verbindlichkeiten (Passivposten Nr. 3 Buchstabe b).

Auf Realkreditinstitute (Hypothekenbanken, Schiffspfandbriefbanken und öffentlich-rechtliche Grundkreditanstalten) und Bausparkassen ist Satz 1 entsprechend anzuwenden; Bausparkassen brauchen die Bauspareinlagen nicht nach Restlaufzeiten aufzugliedern.

(2) Für die Aufgliederung nach Absatz 1 sind folgende Restlaufzeiten maßgebend:
1. bis 3 Monate,
2. mehr als drei Monate bis ein Jahr,
3. mehr als ein Jahr bis fünf Jahre,
4. mehr als fünf Jahre.

(3) Im Anhang sind ferner zu folgenden Posten der Bilanz anzugeben:
1. die im Posten „Forderungen an Kunden" (Aktivposten Nr. 4) enthaltenden Forderungen mit unbestimmter Laufzeit;
2. die im Posten „Schuldverschreibungen und andere festverzinsliche Wertpapiere" (Aktivposten Nr. 5) und im Unterposten „begebene Schuldverschreibungen" (Passivposten Nr. 3 Buchstabe a) enthaltenen Beträge, die in dem Jahr, das auf den Bilanzstichtag folgt, fällig werden.

§ 10 Verrechnung. (1) Täglich fällige, keinerlei Bindungen unterliegende Verbindlichkeiten gegenüber einem Kontoinhaber müssen mit gegen denselben Kontoinhaber bestehenden täglich fälligen Forderungen und Forderungen, die auf einem Kreditsonderkonto belastet und gleichzeitig auf einem laufenden Konto erkannt sind, verrechnet werden, sofern für die Zins- und Provisionsberechnung vereinbart ist, dass der Kontoinhaber wie bei Verbuchung über ein einziges Konto gestellt wird.

(2) Eine Verrechnung von Forderungen und Verbindlichkeiten in verschiedenen Währungen ist nicht zulässig. Nicht verrechnet werden darf mit Sperrguthaben und Spareinlagen.

§ 11 Anteilige Zinsen. Anteilige Zinsen und ähnliche das Geschäftsjahr betreffende Beträge, die erst nach dem Bilanzstichtag fällig werden, aber bereits am Bilanzstichtag bei Kreditinstituten den Charakter von bankgeschäftlichen und bei Finanzdienstleistungsinstituten den Charakter von für diese Institute typischen Forderungen oder Verbindlichkeiten haben, sind demjenigen Posten der Aktiv- oder Passivseite der Bilanz zuzuordnen, dem sie zugehören. § 268 Abs. 4 Satz 2, Abs. 5 Satz 3 des Handelsgesetzbuchs bleibt unberührt. Die in Satz 1 genannten Beträge brauchen nicht nach Restlaufzeiten aufgegliedert zu werden.

Abschnitt 3. Vorschriften zu einzelnen Posten der Bilanz (Formblatt 1)

Unterabschnitt 1. Posten der Aktivseite

§ 12 Barreserve (Nr. 1). (1) Als Kassenbestand sind gesetzliche Zahlungsmittel einschließlich der ausländischen Noten und Münzen sowie Postwertzeichen und Gerichtsgebührenmarken auszuweisen. Zu einem höheren Betrag als dem Nennwert erworbene Gedenkmünzen sowie Goldmünzen, auch wenn es sich um gesetzliche Zahlungsmittel handelt, und Barrengold sind im Posten „Sonstige Vermögensgegenstände" (Aktivposten Nr. 15) zu erfassen.

(2) Als Guthaben dürfen nur täglich fällige Guthaben einschließlich der täglich fälligen Fremdwährungsguthaben bei Zentralnotenbanken und Postgiroämtern der Niederlassungsländer des Instituts ausgewiesen werden. Andere Guthaben wie Übernachtungsguthaben im Rahmen der Einlagefazilität der Deutschen Bundesbank sowie Forderungen an die Deutsche Bundesbank aus Devisenswapgeschäften, Wertpapierpensionsgeschäften und Termineinlagen sind im Posten „Forderungen an Kreditinstitute" (Aktivposten Nr. 3) auszuweisen. Bei Zentralnotenbanken in Anspruch genommene Kredite wie Übernachtkredite im Rahmen der Spitzenrefinanzierungsfazilität der Deutschen Bundesbank oder andere täglich fällige Darlehen sind nicht von den Guthaben abzusetzen, sondern im Posten „Verbindlichkeiten gegenüber Kreditinstituten" (Passivposten Nr. 1) als täglich fällige Verbindlichkeiten auszuweisen.

§ 13 Schuldtitel öffentlicher Stellen und Wechsel, die zur Refinanzierung bei Zentralnotenbanken zugelassen sind (Nr. 2). (1) Im Posten Nr. 2 sind Schatzwechsel und unverzinsliche Schatzanweisungen sowie ähnliche Schuldtitel öffentlicher Stellen und Wechsel auszuweisen, die unter Diskontabzug hereingenommen wurden und zur Refinanzierung bei den Zentralnotenbanken der Niederlassungsländer zugelassen sind. Schuldtitel öffentlicher Stellen, die die bezeichneten Voraussetzungen nicht erfüllen, sind im Unterposten „Geldmarktpapiere von öffentlichen Emittenten" (Aktivposten Nr. 5 Buchstabe a Doppelbuchstabe aa), gegebenenfalls im Unterposten „Anleihen und Schuldverschreibungen von öffentlichen Emittenten" (Aktivposten Nr. 5 Buchstabe b Doppelbuchstabe ba), auszuweisen, sofern sie börsenfähig sind, andernfalls im Posten „Forderungen an Kunden" (Aktivposten. Nr. 4). Öffentliche Stellen im Sinne dieser Vorschrift sind öffentliche Haushalte einschließlich ihrer Sondervermögen.

(2) Im Vermerk zum Unterposten Buchstabe a „bei der Deutschen Bundesbank refinanzierbar" sind alle im Bestand befindlichen Schatzwechsel und unverzinslichen Schatzanweisungen und ähnliche Schuldtitel öffentlicher Stellen auszuweisen, die bei der Deutschen Bundesbank refinanzierungsfähig sind.

(3) Im Vermerk zum Unterposten Buchstabe b „bei der Deutschen Bundesbank refinanzierbar" sind alle im Bestand befindlichen Wechsel auszuweisen, die bei der Deutschen Bundesbank refinanzierungsfähig sind, sofern die Beleihung nicht durch bekannt gegebene Regelungen der Deutschen Bundesbank ausgeschlossen ist. Zum Bestand gehören auch die zur Besicherung von Offenmarkt- und Übernachtkrediten an die Deutsche Bundesbank verpfändeten Wechsel.

(4) Der Bestand an eigenen Akzepten ist nicht auszuweisen. Den Kunden nicht abgerechnete Wechsel, Solawechsel und eigene Ziehungen, die beim bilanzierenden Institut hinterlegt sind (Depot- oder Kautionswechsel), sind nicht als Wechsel zu bilanzieren.

§ 14 Forderungen an Kreditinstitute (Nr. 3). Im Posten „Forderungen an Kreditinstitute" sind alle Arten von Forderungen aus Bankgeschäften sowie alle Forderungen von Finanzdienstleistungsinstituten an in- und ausländische Kreditinstitute einschließlich der von Kreditinstituten eingereichten Wechsel auszuweisen, soweit es sich nicht um Wechsel im Sinne des Unterpostens „Wechsel, die zur Refinanzierung bei Zentralnotenbanken zugelassen sind" (Aktivposten Nr. 2 Buchstabe b) oder um börsenfähige Schuldverschreibungen im Sinne des Postens „Schuldverschreibungen und andere festverzinsliche Wertpapiere" (Aktivposten Nr. 5) handelt. Von den à forfait eingereichten Wechseln sind diejenigen hier auszuweisen, die von Kreditinstituten akzeptiert sind, soweit sie nicht unter Aktivposten Nr. 2 Buchstabe b auszuweisen sind. Zu den Forderungen an Kreditinstitute gehören auch Namensschuldverschreibungen sowie nicht börsenfähige Inhaberschuldverschreibungen, Orderschuldverschreibungen, die nicht Teile einer Gesamtemission sind, sowie nicht börsenfähige Orderschuldverschreibungen, die Teile einer Gesamtemission sind, Namensgeldmarktpapiere und nicht börsenfähige Inhabergeldmarktpapiere, Namensgenussscheine, nicht börsenfähige Inhabergenussscheine und andere nicht in Wertpapieren verbriefte rückzahlbare Genussrechte. § 7 bleibt unberührt. Ferner gehören hierzu Bausparguthaben aus abgeschlossenen Bausparverträgen und Soll-Salden aus Effektengeschäften und Verrechnungskonten.

§ 15 Forderungen an Kunden (Nr. 4). (1) Im Posten „Forderungen an Kunden" sind alle Arten von Vermögensgegenständen einschließlich der von Kunden eingereichten Wechsel auszuweisen, die Forderungen an in- und ausländische Nichtbanken (Kunden) darstellen, soweit es sich nicht um Wechsel im Sinne des Unterpostens „Wechsel, die zur Refinanzierung bei Zentralnotenbanken zugelassen sind" (Aktivposten Nr. 2 Buchstabe b) oder um börsenfähige Schuldverschreibungen im Sinne des Postens „Schuldverschreibungen und andere festverzinsliche Wertpapiere" (Aktivposten Nr. 5) handelt. § 7 bleibt unberührt. Von den à forfait eingereichten Wechseln sind diejenigen hier auszuweisen, die von Nichtbanken akzeptiert sind, soweit sie nicht unter Aktivposten Nr. 2 Buchstabe b auszuweisen sind. Zu den Forderungen an Kunden gehören auch Forderungen aus dem eigenen Warengeschäft und die in § 14 Satz 3 bezeichneten Papiere. Es darf nur die Summe der in Anspruch genommenen Kredite, nicht die Summe der Kreditzusagen, eingesetzt werden.

(2) Als durch Grundpfandrechte gesichert sind nur Forderungen zu vermerken, für die dem bilanzierenden Institut Grundpfandrechte bestellt, verpfändet oder abgetreten worden sind und die den Erfordernissen der §§ 11, 12 Abs. 1 und 2 des Hypothekenbankgesetzes entsprechen, jedoch unabhängig davon, ob sie zur Deckung ausgegebener Schuldverschreibungen dienen oder nicht. Bausparkassen haben hier nur solche Baudarlehen zu vermerken, für die dem bilanzierenden Institut Grundpfandrechte bestellt, verpfändet oder abgetreten worden sind, die den Erfordernissen des § 7 Abs. 1 des Gesetzes über Bausparkassen entsprechen. Durch Grundpfandrechte gesicherte Forderungen, die in Höhe des die zulässige Beleihungsgrenze übersteigenden Betrages durch eine Bürgschaft oder Gewährleistung der öffentlichen Hand gesichert sind (I b-Hypothekendarlehen), sind ebenfalls hier zu vermerken.

(3) Als Kommunalkredite sind alle Forderungen zu vermerken, die an inländische Körperschaften und Anstalten des öffentlichen Rechts gewährt wurden oder für die eine solche Körperschaft oder Anstalt die volle Gewährleistung übernommen hat, unabhängig davon, ob sie zur Deckung ausgegebener Schuldverschreibungen dienen oder nicht. Hier sind auch Kredite gemäß § 5 Abs. 1 Nr. 1 und Abs. 2 des Hypothekenbankgesetzes auszuweisen.

(4) Schiffshypotheken dürfen unter der Bezeichnung „durch Schiffshypotheken gesichert" gesondert vermerkt werden, wenn sie den Erfordernissen des § 10 Abs. 1, 2 Satz 1 und Abs. 4 Satz 2, des § 11 Abs. 1 und 4 sowie des § 12 Abs. 1 und 2 des Schiffsbankgesetzes entsprechen.

(5) Absatz 2 gilt für öffentlich-rechtliche Kreditanstalten mit der Maßgabe, dass anstelle der Erfordernisse der §§ 11 und 12 Abs. 1 und 2 des Hypothekenbankgesetzes die Vorschriften des Gesetzes über die Pfandbriefe und verwandten Schuldverschreibungen öffentlich-rechtlicher Kreditanstalten anzuwenden sind.

§ 16 Schuldverschreibungen und andere festverzinsliche Wertpapiere (Nr. 5). (1) Als Schuldverschreibungen und andere festverzinsliche Wertpapiere sind die folgenden Rechte, wenn sie börsenfähig sind und nicht zu dem Unterposten „Schatzwechsel und unverzinsliche Schatzanweisungen sowie ähnliche Schuldtitel öffentlicher Stellen" (Aktivposten Nr. 2 Buchstabe a) gehören, auszuweisen: festverzinsliche Inhaberschuldverschreibungen, Orderschuldverschreibungen, die Teile einer Gesamtemission sind, Schatzwechsel, Schatzanweisungen und andere verbriefte Rechte (wie zum Beispiel commercial papers, euronotes, certificates of deposit, bons de caisse), Kassenobligationen sowie Schuldbuchforderungen. Vor Fälligkeit hereingenommene Zinsscheine sind ebenfalls hier aufzunehmen.

(2) Als festverzinslich gelten auch Wertpapiere, die mit einem veränderlichen Zinssatz ausgestattet sind, sofern dieser an eine bestimmte Größe, zum Beispiel an einen Interbankzinssatz oder an einen Euro-Geldmarktsatz gebunden ist, sowie Null-Kupon-Anleihen, ferner Schuldverschreibungen, die einen anteiligen Anspruch auf Erlöse aus einem gepoolten Forderungsvermögen verbriefen.

(2a) Als Geldmarktpapiere gelten alle Schuldverschreibungen und anderen festverzinslichen Wertpapiere unabhängig von ihrer Bezeichnung, sofern ihre ursprüngliche Laufzeit ein Jahr nicht überschreitet.

(3) Als „beleihbar bei der Deutschen Bundesbank" sind nur solche Wertpapiere zu vermerken, die bei der Deutschen Bundesbank refinanzierungsfähig sind. Sie sind mit dem Bilanzwert zu vermerken.

(4) Im Unterposten Buchstabe c sind zurückgekaufte börsenfähige Schuldverschreibungen eigener Emissionen auszuweisen; der Bestand an nicht börsenfähigen eigenen Schuldverschreibungen ist vom Passivposten 3 Buchstabe a abzusetzen.

(5) Bezüglich Absatz 1 bis 2 a und 4 bleibt § 7 unberührt.

§ 17 Aktien und andere nicht festverzinsliche Wertpapiere (Nr. 6). Im Posten „Aktien und andere nicht festverzinsliche Wertpapiere" sind Aktien auszuweisen, soweit sie nicht im Posten „Beteiligungen" (Aktivposten Nr. 7) oder im Posten „Anteile an verbundenen Unternehmen" (Aktivposten Nr. 8) auszuweisen sind, ferner Zwischenscheine, Investmentanteile, Optionsscheine, Gewinnanteilscheine, als Inhaber- oder Orderpapiere ausgestaltete börsenfähige Genussscheine sowie andere nicht festverzinsliche Wertpapiere, soweit sie börsennotiert sind. Vor Fälligkeit hereingenommene Gewinnanteilscheine sind ebenfalls hier aufzunehmen.

§ 18 Beteiligungen (Nr. 7). Institute in der Rechtsform der eingetragenen Genossenschaft und genossenschaftliche Zentralbanken haben Geschäftsguthaben bei Genossenschaften unter dem Posten „Beteiligungen" (Aktivposten Nr. 7) auszuweisen. In diesem Fall ist die Postenbezeichnung entsprechend anzupassen.

§ 19 Ausgleichsforderungen gegen die öffentliche Hand einschließlich Schuldverschreibungen aus deren Umtausch (Nr. 10). Im Posten Nr. 10 sind Ausgleichsforderungen aus der Währungsreform von 1948 sowie Ausgleichsforderungen gegenüber dem Ausgleichsfonds Währungsumstellung auszuweisen. Hierzu zählen auch Schuldverschreibungen des Ausgleichsfonds Währungsumstellung, die aus der Umwandlung gegen ihn gerichteter Ausgleichsforderungen entstanden sind, unabhängig davon, ob das bilanzierende Institut die Schuldverschreibungen aus dem Umtausch eigener Ausgleichsforderungen oder als Erwerber von einem anderen Institut oder einem Außenhandelsbetrieb erlangt hat.

§ 20 Sonstige Vermögensgegenstände (Nr. 15). Im Posten „Sonstige Vermögensgegenstände" sind Forderungen und sonstige Vermögensgegenstände auszuweisen, die einem anderen Posten nicht zugeordnet werden können. Hierzu gehören auch Schecks, fällige Schuldverschreibungen, Zins- und Gewinnanteilscheine, Inkassowechsel und sonstige Inkassopapiere, soweit sie innerhalb von 30 Tagen ab Einreichung zur Vorlage bestimmt und dem Einreicher bereits gutgeschrieben worden sind. Dies gilt auch dann, wenn sie unter dem Vorbehalt des Eingangs gutgeschrieben worden sind. Hierzu zählen ferner nicht in Wertpapieren verbriefte Genussrechte, die nicht rückzahlbar sind. Zur Verhütung von Verlusten im Kreditgeschäft erworbene Grundstücke und Gebäude dürfen, soweit sie nicht im Posten Nr. 12 „Sachanlagen" ausgewiesen sind, im Posten Nr. 15 „Sonstige Vermögensgegenstände" nur ausgewiesen werden, wenn sie sich nicht länger als fünf Jahre im Bestand des bilanzierenden Institutes befinden.

Unterabschnitt 2. Posten der Passivseite

§ 21 Verbindlichkeiten gegenüber Kreditinstituten (Nr. 1), Verbindlichkeiten gegenüber Kunden (Nr. 2). (1) Als Verbindlichkeiten gegenüber Kreditinstituten sind alle Arten von Verbindlichkeiten aus Bankgeschäften sowie alle Verbindlichkeiten von Finanzdienstleistungsinstituten gegenüber in- und ausländischen Kreditinstituten auszuweisen, sofern es sich nicht um verbriefte Verbindlichkeiten (Passivposten Nr. 3) handelt. Hierher gehören auch Verbindlichkeiten aus Namensschuldverschreibungen, Orderschuldverschreibungen, die nicht Teile einer Gesamtemission sind, Namensgeldmarktpapieren, Haben-Salden aus Effektengeschäften und aus Verrechnungskonten sowie Verbindlichkeiten aus verkauften Wechseln einschließlich eigener Ziehungen, die den Kreditnehmern nicht abgerechnet worden sind.

(2) Als Verbindlichkeiten gegenüber Kunden sind alle Arten von Verbindlichkeiten gegenüber in- und ausländischen Nichtbanken (Kunden) auszuweisen, sofern es sich nicht um verbriefte Verbindlichkeiten (Passivposten Nr. 3) handelt. Hierzu gehören auch Verbindlichkeiten aus Namensschuldverschreibungen, Orderschuldverschreibungen, die nicht Teile einer Gesamtemission sind, Namensgeldmarktpapieren, Sperrguthaben und Abrechnungsguthaben der Anschlussfirmen im Teilzahlungsfinanzierungsgeschäft, soweit der Ausweis nicht unter dem Posten „Verbindlichkeiten gegenüber Kreditinstituten" (Passivposten Nr. 1) vorzunehmen ist, sowie „Anweisungen im Umlauf".

(3) Verbindlichkeiten, die einem Institut dadurch entstehen, dass ihm von einem anderen Institut Beträge zugunsten eines namentlich genannten Kunden mit der Maßgabe überwiesen werden, sie diesem erst auszuzahlen, nachdem er bestimmte Auflagen erfüllt hat (so genannte Treuhandzahlungen), sind unter „Verbindlichkeiten gegenüber Kunden" (Passivposten Nr. 2) auszuweisen, auch wenn die Verfügungsbeschränkung noch besteht. Eine Ausnahme besteht nur dann, wenn nach dem Vertrag mit dem die Treuhandzahlung überweisenden Kreditinstitut nicht der Kunde, sondern das empfangende Institut der Schuldner ist.

(4) Als Spareinlagen sind nur unbefristete Gelder auszuweisen, die folgende vier Voraussetzungen erfüllen:

1. sie sind durch Ausfertigung einer Urkunde, insbesondere eines Sparbuchs, als Spareinlagen gekennzeichnet;
2. sie sind nicht für den Zahlungsverkehr bestimmt;
3. sie werden nicht von Kapitalgesellschaften, Genossenschaften, wirtschaftlichen Vereinen, Perso-

nenhandelsgesellschaften oder von Unternehmen mit Sitz im Ausland mit vergleichbarer Rechtsform angenommen, es sei denn, diese Unternehmen dienen gemeinnützigen, mildtätigen oder kirchlichen Zwecken oder es handelt sich bei den von diesen Unternehmen angenommenen Geldern um Sicherheiten gemäß § 551 des Bürgerlichen Gesetzbuchs oder § 14 Abs. 4 des Heimgesetzes;

4. sie weisen eine Kündigungsfrist von mindestens drei Monaten auf.

Sparbedingungen, die dem Kunden das Recht einräumen, über seine Einlagen mit einer Kündigungsfrist von drei Monaten bis zu einem bestimmten Betrag, der jedoch pro Sparkonto und Kalendermonat 2 000 Euro nicht überschreiten darf, ohne Kündigung zu verfügen, schließen deren Einordnung als Spareinlagen im Sinne dieser Vorschrift nicht aus. Geldbeträge, die aufgrund von Vermögensbildungsgesetzen geleistet werden, gelten als Spareinlagen. Bauspareinlagen gelten nicht als Spareinlagen.

§ 22 Verbriefte Verbindlichkeiten (Nr. 3). (1) Als verbriefte Verbindlichkeiten sind Schuldverschreibungen und diejenigen Verbindlichkeiten auszuweisen, für die nicht auf den Namen lautende übertragbare Urkunden ausgestellt sind.

(2) Als begebene Schuldverschreibungen sind auf den Inhaber lautende Schuldverschreibungen sowie Orderschuldverschreibungen, die Teile einer Gesamtemission sind, unabhängig von ihrer Börsenfähigkeit auszuweisen. Zurückgekaufte, nicht börsenfähige eigene Schuldverschreibungen sind abzusetzen. Null-Kupon-Anleihen sind einschließlich der anteiligen Zinsen auszuweisen.

(3) Als Geldmarktpapiere sind nur Inhaberpapiere oder Orderpapiere, die Teile einer Gesamtemission sind, unabhängig von ihrer Börsenfähigkeit zu vermerken.

(4) Als eigene Akzepte sind nur Akzepte zu vermerken, die vom Institut zu seiner eigenen Refinanzierung ausgestellt worden sind und bei denen es erster Zahlungspflichtiger („Bezogener") ist. Der eigene Bestand sowie verpfändete eigene Akzepte und eigene Solawechsel gelten nicht als im Umlauf befindlich.

(5) Bei Instituten, die einen unabhängigen Treuhänder haben, gehören Stücke, die vom Treuhänder ausgefertigt sind, auch dann zu den begebenen Schuldverschreibungen, wenn sie dem Erwerber noch nicht geliefert worden sind. Dem Treuhänder zurückgegebene Stücke dürfen nicht mehr ausgewiesen werden.

§ 23 Rechnungsabgrenzungsposten (Nr. 6). Dem Kreditnehmer aus Teilzahlungsfinanzierungsgeschäften berechnete Zinsen, Provisionen und Gebühren, die künftigen Rechnungsperioden zuzurechnen sind, sind in diesem Posten auszuweisen, soweit sie nicht mit dem entsprechenden Aktivposten verrechnet werden. Bei Teilzahlungsfinanzierungsgeschäften ist auch die anfallende Zinsmarge aus der Weitergabe von Wechselabschnitten, soweit sie künftigen Rechnungsperioden zuzurechnen ist, hier auszuweisen; Letzteres gilt entsprechend auch für andere Wechselrefinanzierungen.

§ 24 Rückstellungen (Nr. 7). Wird im Unterposten Buchstabe c „andere Rückstellungen" eine Rückstellung für einen drohenden Verlust aus einer unter dem Strich vermerkten Eventualverbindlichkeit oder einem Kreditrisiko gebildet, so ist der Posten unter dem Strich in Höhe des zurückgestellten Betrags zu kürzen.

§ 25 Eigenkapital (Nr. 12). (1) Im Unterposten Buchstabe a „Gekennzeichnetes Kapital" sind, ungeachtet ihrer genauen Bezeichnung im Einzelfall, alle Beträge auszuweisen, die entsprechend der Rechtsform des Instituts als von den Gesellschaftern oder anderen Eigentümern gezeichnete Eigenkapitalbeträge gelten; auch Einlagen stiller Gesellschafter, Dotationskapital sowie Geschäftsguthaben sind in diesen Posten einzubeziehen. Die genaue Bezeichnung im Einzelfall kann zusätzlich zu der Postenbezeichnung „Gekennzeichnetes Kapital" in das Bilanzformat eingetragen werden.

(2) Im Unterposten Buchstabe c „Gewinnrücklagen" sind auch die Sicherheitsrücklage der Sparkassen sowie die Ergebnisrücklagen der Kreditgenossenschaften auszuweisen. Die genaue Bezeichnung im Einzelfall kann zusätzlich zu der Postenbezeichnung „Gewinnrücklagen" in das Bilanzformblatt eingetragen werden.

§ 26 Eventualverbindlichkeiten (Nr. 1 unter dem Strich). (1) Im Unterposten Buchstabe a „Eventualverbindlichkeiten aus weitergegebenen abgerechneten Wechseln" sind nur Indossamentsverbindlichkeiten und andere wechselrechtliche Eventualverbindlichkeiten aus abgerechneten und weiterverkauften Wechseln (einschließlich eigenen Ziehungen) bis zu ihrem Verfalltag zu vermerken. Verbindlichkeiten aus umlaufenden eigenen Akzepten, Eventualverbindlichkeiten aus Schatzwechseln oder an die Deutsche Bundesbank verpfändeten Wechseln sind nicht einzubeziehen.

(2) Im Unterposten Buchstabe b „Verbindlichkeiten aus Bürgschaften und Gewährleistungsverträgen" sind auch Ausbietungs- und andere Garantieverpflichtungen, verpflichtende Patronatserklärungen, unwiderrufliche Kreditbriefe einschließlich der dazugehörigen Nebenkosten zu vermerken, ferner Akkreditiveröffnungen und -bestätigungen. Die Verbindlichkeiten sind in voller Höhe zu vermerken, soweit für sie keine zweckgebundenen Deckungsguthaben unter dem Posten „Verbindlichkeiten gegenüber Kreditinstituten" (Passivposten Nr. 1) oder dem Posten „andere Verbindlichkeiten gegenüber Kunden" (Passivposten Nr. 2 Buchstabe b) ausgewiesen sind.

(3) Im Unterposten Buchstabe c „Haftung aus der Bestellung von Sicherheiten für fremde Verbindlichkeiten" sind die Beträge mit dem Buchwert der bestellten Sicherheiten zu vermerken. Hierzu gehören Sicherungsabtretungen, Sicherungsübereignungen und Kautionen für fremde Verbindlichkeiten sowie Haftun-

gen aus der Bestellung von Pfandrechten an beweglichen Sachen und Rechten wie auch aus Grundpfandrechten für fremde Verbindlichkeiten. Besteht außerdem eine Verbindlichkeit aus einer Bürgschaft oder aus einem Gewährleistungsvertrag, so ist nur diese zu vermerken, und zwar im Unterposten Buchstabe b „Verbindlichkeiten aus Bürgschaften und Gewährleistungsverträgen".

§ 27 Andere Verpflichtungen (Nr. 2 unter dem Strich). (1) Im Unterposten Buchstabe b „Platzierungs- und Übernahmeverpflichtungen" sind Verbindlichkeiten aus der Übernahme einer Garantie für die Platzierung oder Übernahme von Finanzinstrumenten gegenüber Emittenten zu vermerken, die während eines vereinbarten Zeitraums Finanzinstrumente revolvierend am Geldmarkt begeben. Es sind nur Garantien zu erfassen, durch die ein Kreditinstitut sich verpflichtet, Finanzinstrumente zu übernehmen oder einen entsprechenden Kredit zu gewähren, wenn die Finanzinstrumente am Markt nicht platziert werden können. Die Verbindlichkeiten sind gekürzt um die in Anspruch genommenen Beträge zu vermerken. Über die Inanspruchnahme ist im Anhang zu berichten. Wird eine Garantie von mehreren Kreditinstituten gemeinschaftlich gewährt, so hat jedes beteiligte Kreditinstitut nur seinen eigenen Anteil an dem Kredit zu vermerken.

(2) Im Unterposten Buchstabe c „Unwiderrufliche Kreditzusagen" sind alle unwiderruflichen Verpflichtungen, die Anlass zu einem Kreditrisiko geben können, zu vermerken. Der Abschluss eines Bausparvertrages gilt nicht als unwiderrufliche Kreditzusage.

Abschnitt 4. Vorschriften zu einzelnen Posten der Gewinn- und Verlustrechnung (Formblätter 2 und 3)

§ 28 Zinserträge (Formblatt 2 Spalte Erträge Nr. 1, Formblatt 3 Nr. 1). Im Posten „Zinserträge" sind Zinserträge und ähnliche Erträge aus dem Bankgeschäft einschließlich des Factoring-Geschäfts sowie alle Zinserträge und ähnliche Erträge der Finanzdienstleistungsinstitute auszuweisen, insbesondere alle Erträge aus den in den Posten der Bilanz „Barreserve" (Aktivposten Nr. 1), „Schuldtitel öffentlicher Stellen und Wechsel, die zur Refinanzierung bei Zentralnotenbanken zugelassen sind" (Aktivposten Nr. 2), „Forderungen an Kreditinstitute" (Aktivposten Nr. 3), „Forderungen an Kunden" (Aktivposten Nr. 4) und „Schuldverschreibungen und andere festverzinsliche Wertpapiere" (Aktivposten Nr. 5) bilanzierten Vermögensgegenständen ohne Rücksicht darauf, in welcher Form sie berechnet werden. Hierzu gehören auch Diskontabzüge, Ausschüttungen auf Genussrechte und Gewinnschuldverschreibungen im Bestand, Erträge mit Zinscharakter, die im Zusammenhang mit der zeitlichen Verteilung des Unterschiedsbetrages bei unter dem Rückzahlungsbetrag erworbenen Vermögensgegenständen entstehen, Zuschreibungen aufgelaufener Zinsen zu Null-Kupon-Anleihen im Bestand, die sich aus gedeckten Termingeschäften ergebenden, auf die tatsächliche Laufzeit des jeweiligen Geschäfts verteilten Erträge mit Zinscharakter sowie Gebühren und Provisionen mit Zinscharakter, die nach dem Zeitablauf oder nach der Höhe der Forderung berechnet werden.

§ 29 Zinsaufwendungen (Formblatt 2 Spalte Aufwendungen Nr. 1, Formblatt 3 Nr. 2). Im Posten „Zinsaufwendungen" sind Zinsaufwendungen und ähnliche Aufwendungen aus dem Bankgeschäft einschließlich des Factoring-Geschäfts sowie alle Zinsaufwendungen und ähnliche Aufwendungen der Finanzdienstleistungsinstitute auszuweisen, insbesondere alle Aufwendungen für die in den Posten der Bilanz „Verbindlichkeiten gegenüber Kreditinstituten" (Passivposten Nr. 1), „Verbindlichkeiten gegenüber Kunden" (Passivposten Nr. 2), „Verbriefte Verbindlichkeiten" (Passivposten Nr. 3) und „Nachrangige Verbindlichkeiten" (Passivposten Nr. 9) bilanzierten Verbindlichkeiten ohne Rücksicht darauf, in welcher Form sie berechnet werden. Hierzu gehören auch Diskontsätze, Ausschüttungen auf begebene Genussrechte und Gewinnschuldverschreibungen, Aufwendungen mit Zinscharakter, die im Zusammenhang mit der zeitlichen Verteilung des Unterschiedsbetrages bei unter dem Rückzahlungsbetrag eingegangenen Verbindlichkeiten entstehen, Zuschreibungen aufgelaufener Zinsen zu begebenen Null-Kupon-Anleihen, die sich aus gedeckten Termingeschäften ergebenden, auf die tatsächliche Laufzeit des jeweiligen Geschäfts verteilten Aufwendungen mit Zinscharakter sowie Gebühren und Provisionen mit Zinscharakter, die nach dem Zeitablauf oder nach der Höhe der Verbindlichkeiten berechnet werden.

§ 30 Provisionserträge (Formblatt 2 Spalte Erträge Nr. 4, Formblatt 3 Nr. 5), Provisionsaufwendungen (Formblatt 2 Spalte Aufwendungen Nr. 2, Formblatt 3 Nr. 6). (1) Im Posten „Provisionserträge" sind Provisionen und ähnliche Erträge aus Dienstleistungsgeschäften wie im Zahlungsverkehr, Außenhandelsgeschäft, Wertpapierkommissions- und Depotgeschäft, Erträge für Treuhandkredite und Verwaltungskredite, Provisionen im Zusammenhang mit Finanzdienstleistungen und der Veräußerung von Devisen, Sorten und Edelmetallen und aus der Vermittlertätigkeit bei Kredit-, Spar-, Bauspar- und Versicherungsverträgen auszuweisen. Zu den Erträgen gehören auch Bonifikationen aus der Platzierung von Wertpapieren, Bürgschaftsprovisionen und Kontoführungsgebühren.

(2) Im Posten „Provisionsaufwendungen" sind Provisionen und ähnliche Aufwendungen aus den in Absatz 1 bezeichneten Dienstleistungsgeschäften auszuweisen.

§ 31 Allgemeine Verwaltungsaufwendungen (Formblatt 2 Spalte Aufwendungen Nr. 4, Formblatt 3 Nr. 10). (1) Im Unterposten Buchstabe a Doppelbuchstabe ab „Soziale Abgaben und Aufwendungen für Altersversorgung und für Unterstützung" sind gesetzliche Pflichtabgaben, Beihilfen und Unterstützungen, die das Institut zu erbringen hat, sowie Aufwendungen für die Altersversorgung, darunter auch die Zuführungen zu den Pensionsrückstellungen, auszuweisen. Der sonstige Personalaufwand (z.B. freiwillige soziale Leistungen) ist dem Unterposten des Personalaufwands zuzurechnen, zu dem er seiner Art nach gehört.

(2) Im Unterposten Buchstabe b „andere Verwaltungsaufwendungen" sind die gesamten Aufwendungen sachlicher Art, wie Raumkosten, Bürobetriebskosten, Kraftfahrzeugbetriebskosten, Porto, Verbandsbeiträge einschließlich der Beiträge zur Sicherungseinrichtung eines Verbandes, Werbungskosten, Repräsentation, Aufsichtsratsvergütungen, Versicherungsprämien, Rechts-, Prüfungs- und Beratungskosten und dergleichen auszuweisen; Prämien für Kreditversicherungen sind nicht hier, sondern im Posten „Abschreibungen und Wertberichtigungen auf Forderungen und bestimmte Wertpapiere sowie Zuführungen zu Rückstellungen im Kreditgeschäft" (Formblatt 2 Spalte Aufwendungen Nr. 7, Formblatt 3 Nr. 13) zu erfassen.

§ 32 Abschreibungen und Wertberichtigungen auf Forderungen und bestimmte Wertpapiere sowie Zuführungen zu Rückstellungen im Kreditgeschäft (Formblatt 2 Spalte Aufwendungen Nr. 7, Formblatt 3 Nr. 13), Erträge aus Zuschreibungen zu Forderungen und bestimmten Wertpapieren sowie aus der Auflösung von Rückstellungen im Kreditgeschäft (Formblatt 2 Spalte Erträge Nr. 6, Formblatt 3 Nr. 14). In diese Posten sind die in § 340f Abs. 3 des Handelsgesetzbuchs bezeichneten Aufwendungen und Erträge aufzunehmen. Die Posten dürfen verrechnet und in einem Aufwand- oder Ertragsposten ausgewiesen werden. Eine teilweise Verrechnung ist nicht zulässig.

§ 33 Abschreibungen und Wertberichtigungen auf Beteiligungen, Anteile an verbundenen Unternehmen und wie Anlagevermögen behandelte Wertpapiere (Formblatt 2 Spalte Aufwendungen Nr. 8, Formblatt 3 Nr. 15), Erträge aus Zuschreibungen zu Beteiligungen, Anteilen an verbundenen Unternehmen und wie Anlagevermögen behandelten Wertpapieren (Formblatt 2 Erträge Nr. 7, Formblatt 3 Nr. 16). In diese Posten sind die in § 340c Abs. 2 des Handelsgesetzbuchs bezeichneten Aufwendungen und Erträge aufzunehmen. Die Posten dürfen verrechnet und in einem Aufwand- oder Ertragsposten ausgewiesen werden. Eine teilweise Verrechnung ist nicht zulässig.

Abschnitt 5. Anhang

§ 34 Zusätzliche Erläuterungen. (1) In den Anhang sind neben den nach § 340a in Verbindung mit § 284 Abs. 1, 2 Nr. 1, 2, 3 und 5, § 285 Nr. 3, 5, 6, 7, 9 Buchstabe a und b, Nr. 10, 11, 13, 14, 16 bis 19, § 340b Abs. 4 Satz 4, § 340e Abs. 2 des Handelsgesetzbuchs und den in dieser Verordnung zu den einzelnen Posten der Bilanz oder der Gewinn- und Verlustrechnung vorgeschriebenen Angaben die in diesem Abschnitt vorgeschriebenen Angaben aufzunehmen. § 285 Satz 1 Nr. 3 des Handelsgesetzbuchs braucht nicht angewendet zu werden, soweit diese Angaben in der Bilanz unter dem Strich gemacht werden.

(2) Anstelle der in § 285 Nr. 4, 9 Buchstabe c des Handelsgesetzbuchs vorgeschriebenen Angaben sind die folgenden Angaben zu machen:

1. Der Gesamtbetrag der folgenden Posten der Gewinn- und Verlustrechnung ist nach geografischen Märkten aufzugliedern, soweit diese Märkte sich vom Standpunkt der Organisation des Instituts wesentlich voneinander unterscheiden:
   a) Zinserträge (Formblatt 2 Spalte Erträge Nr. 1, Formblatt 3 Nr. 1),
   b) laufende Erträge aus Aktien und anderen nicht festverzinslichen Wertpapieren, Beteiligungen, Anteilen an verbundenen Unternehmen (Formblatt 2 Spalte Erträge Nr. 2, Formblatt 3 Nr. 3),
   c) Provisionserträge (Formblatt 2 Spalte Erträge Nr. 4, Formblatt 3 Nr. 5),
   d) Nettoertrag aus Finanzgeschäften (Formblatt 2 Spalte Erträge Nr. 5, Formblatt 3 Nr. 7),
   e) sonstige betriebliche Erträge (Formblatt 2 Spalte Erträge Nr. 8, Formblatt 3 Nr. 8).

   Die Aufgliederung kann unterbleiben, soweit sie nach vernünftiger kaufmännischer Beurteilung geeignet ist, dem Institut oder einem Unternehmen, von dem das Kreditinstitut mindestens den fünften Teil der Anteile besitzt, einen erheblichen Nachteil zuzufügen.
2. Der Gesamtbetrag der den Mitgliedern des Geschäftsführungsorgans, eines Aufsichtsrats, eines Beirats oder einer ähnlichen Einrichtung gewährten Vorschüsse und Kredite sowie der zugunsten dieser Personen eingegangenen Haftungsverhältnisse ist jeweils für jede Personengruppe anzugeben.
3. Institute in der Rechtsform der eingetragenen Genossenschaft haben die im Passivposten Nr. 12 Unterposten Buchstabe a ausgewiesenen Geschäftsguthaben wie folgt aufzugliedern:
   a) Geschäftsguthaben der verbleibenden Mitglieder,
   b) Geschäftsguthaben der ausscheidenden Mitglieder,
   c) Geschäftsguthaben aus gekündigten Geschäftsanteilen.

(3) Die in § 268 Abs. 2 des Handelsgesetzbuchs verlangten Angaben sind für Vermögensgegenstände im Sinne des § 340e Abs. 1 des Handelsgesetzbuchs zu machen. Die Zuschreibungen, Abschreibungen und Wertberichtigungen auf Beteiligungen, Anteile an verbundenen Unternehmen sowie auf andere Wertpapiere, die wie Anlagevermögen behandelt werden, können mit anderen Posten zusammengefasst werden.

§ 35 Zusätzliche Pflichtangaben. (1) Zu den Posten der Bilanz und der Gewinn- und Verlustrechnung sind im Anhang anzugeben:

1. eine Aufgliederung der in den Bilanzposten „Schuldverschreibungen und andere festverzinsliche Wertpapiere" (Aktivposten Nr. 5), „Aktien und andere nicht festverzinsliche Wertpapiere" (Aktivposten Nr. 6), „Beteiligungen" (Aktivposten Nr. 7), „Anteile an verbundenen Unternehmen" (Aktivposten Nr. 8) enthaltenen börsenfähigen Wertpapiere nach börsennotierten und nicht börsennotierten Wertpapieren;

2. der Betrag der nicht mit dem Niederstwert bewerteten börsenfähigen Wertpapiere jeweils zu folgenden Posten der Bilanz: „Schuldverschreibungen und andere festverzinsliche Wertpapiere" (Aktivposten Nr. 5) sowie „Aktien und andere nicht festverzinsliche Wertpapiere" (Aktivposten Nr. 6); es ist anzugeben, in welcher Weise die so bewerteten Wertpapiere von den mit dem Niederstwert bewerteten börsenfähigen Wertpapieren abgegrenzt worden sind;
3. der auf das Leasing-Geschäft entfallende Betrag zu jedem davon betroffenen Posten der Bilanz, ferner die im Posten „Abschreibungen und Wertberichtigungen auf immaterielle Anlagewerte und Sachanlagen" (Formblatt 2 Spalte Aufwendungen Nr. 5, Formblatt 3 Nr. 11) enthaltenen Abschreibungen und Wertberichtigungen auf Leasinggegenstände sowie die im Posten „Sonstige betriebliche Erträge" (Formblatt 2 Spalte Erträge Nr. 8, Formblatt 3 Nr. 8) enthaltenen Erträge aus Leasinggeschäften;
4. die in den folgenden Posten enthaltenen wichtigsten Einzelbeträge, sofern sie für die Beurteilung des Jahresabschlusses nicht unwesentlich sind: „Sonstige Vermögensgegenstände" (Formblatt 1, Aktivposten Nr. 15), „Sonstige Verbindlichkeiten" (Formblatt 1, Passivposten Nr. 5), „Sonstige betriebliche Aufwendungen" (Formblatt 2 Spalte Aufwendungen Nr. 6, Formblatt 3 Nr. 12), „Sonstige betriebliche Erträge" (Formblatt 2 Spalte Erträge Nr. 8, Formblatt 3 Nr. 8), „Außerordentliche Aufwendungen" (Formblatt 2 Spalte Aufwendungen Nr. 11, Formblatt 3 Nr. 21) und „Außerordentliche Erträge" (Formblatt 2 Spalte Erträge Nr. 10, Formblatt 3 Nr. 20). Die Beträge und ihre Art sind zu erläutern;
5. die Dritten erbrachten Dienstleistungen für Verwaltung und Vermittlung, sofern ihr Umfang in bezug auf die Gesamttätigkeit des Instituts von wesentlicher Bedeutung ist;
6. der Gesamtbetrag der Vermögensgegenstände und der Gesamtbetrag der Schulden, die auf Fremdwährung lauten, jeweils in Euro;
7. von Realkreditinstituten und öffentlich-rechtlichen Kreditanstalten eine Deckungsrechnung getrennt nach Hypotheken- und Kommunalkreditgeschäft, ferner zu den Posten der Aktivseite der Bilanz die zur Deckung begebener Schuldverschreibungen bestimmten Aktiva;
8. von Bausparkassen
   a) zu den Posten der Bilanz „Forderungen an Kreditinstitute" (Aktivposten Nr. 3) und „Forderungen an Kunden" (Aktivposten Nr. 4) rückständige Zins- und Tilgungsbeträge für Baudarlehen in einem Betrag sowie noch nicht ausgezahlte bereitgestellte Baudarlehen
      aa) aus Zuteilung,
      bb) zur Vor- und Zwischenfinanzierung und
      cc) sonstige;
   b) zu den Posten der Bilanz „Verbindlichkeiten gegenüber Kreditinstituten" (Passivposten Nr. 1) und „Verbindlichkeiten gegenüber Kunden" (Passivposten Nr. 2) die Bewegung des Bestandes an nicht zugeteilten und zugeteilten Bausparverträgen und vertraglichen Bausparsummen;
   c) zu den Posten der Bilanz „Verbindlichkeiten gegenüber Kreditinstituten" (Passivposten Nr. 1), „Verbindlichkeiten gegenüber Kunden" (Passivposten Nr. 2) und „Verbriefte Verbindlichkeiten" (Passivposten Nr. 3) die aufgenommenen Fremdgelder nach § 4 Abs. 1 Nr. 5 des Gesetzes über Bausparkassen und deren Verwendung;
   d) zu den Posten der Bilanz „Forderungen an Kreditinstitute" (Aktivposten Nr. 3), „Forderungen an Kunden" (Aktivposten Nr. 4), „Verbindlichkeiten gegenüber Kreditinstituten" (Passivposten Nr. 1) und „Verbindlichkeiten gegenüber Kunden" (Passivposten Nr. 2) die Bewegung der Zuteilungsmasse.

   Die Angaben zu den Buchstaben b und d können auch in einen statistischen Anhang zum Lagebericht aufgenommen werden, sofern der Lagebericht und der statistische Anhang im Geschäftsbericht der einzelnen Bausparkasse abgedruckt werden;
9. von Sparkassen
   a) zu dem Posten der Bilanz „Forderungen an Kreditinstitute" (Aktivposten Nr. 3) die im Gesamtbetrag enthaltenen Forderungen an die eigene Girozentrale,
   b) zu dem Posten der Bilanz „Verbindlichkeiten gegenüber Kreditinstituten" (Passivposten Nr. 1) die im Gesamtbetrag enthaltenen Verbindlichkeiten gegenüber der eigenen Girozentrale;
10. von Girozentralen
   a) zu dem Posten der Bilanz „Forderungen an Kreditinstitute" (Aktivposten Nr. 3) die im Gesamtbetrag enthaltenen Forderungen an angeschlossene Sparkassen,
   b) zu dem Posten der Bilanz „Verbindlichkeiten gegenüber Kreditinstituten" (Passivposten Nr. 1) die im Gesamtbetrag enthaltenen Verbindlichkeiten gegenüber angeschlossenen Sparkassen;
11. von Kreditgenossenschaften
   a) zu den Posten der Bilanz „Forderungen an Kreditinstitute" (Aktivposten Nr. 3) die im Gesamtbetrag enthaltenen Forderungen an die zuständige genossenschaftliche Zentralbank,
   b) zu dem Posten der Bilanz „Verbindlichkeiten gegenüber Kreditinstituten" (Passivposten Nr. 1) die im Gesamtbetrag enthaltenen Verbindlichkeiten gegenüber der zuständigen genossenschaftlichen Zentralbank;
12. von genossenschaftlichen Zentralbanken
   a) zu dem Posten der Bilanz „Forderungen an Kreditinstitute" (Aktivposten Nr. 3) die im Gesamtbetrag enthaltenen

aa) Forderungen an die Deutsche Genossenschaftsbank,
bb) Forderungen an angeschlossene Kreditgenossenschaften,
b) zu dem Posten der Bilanz „Verbindlichkeiten gegenüber Kreditinstituten" (Passivposten Nr. 1) die im Gesamtbetrag enthaltenen
aa) Verbindlichkeiten gegenüber der Deutschen Genossenschaftsbank,
bb) Verbindlichkeiten gegenüber angeschlossenen Kreditgenossenschaften;

13. von der Deutschen Genossenschaftsbank
a) zu dem Posten der Bilanz „Forderungen an Kreditinstitute" (Aktivposten Nr. 3) die im Gesamtbetrag enthaltenen Forderungen an angeschlossene Kreditinstitute sowie die darin enthaltenen Forderungen an regionale genossenschaftliche Zentralbanken,
b) zu dem Posten der Bilanz „Verbindlichkeiten gegenüber Kreditinstituten" (Passivposten Nr. 1) die im Gesamtbetrag enthaltenen Verbindlichkeiten gegenüber angeschlossenen Kreditinstituten sowie die darin enthaltenen Verbindlichkeiten gegenüber regionalen genossenschaftlichen Zentralbanken.

(2) Zu dem Posten der Bilanz „Sachanlagen" (Aktivposten Nr. 12) sind im Anhang mit ihrem Gesamtbetrag anzugeben:

1. die vom Institut im Rahmen seiner eigenen Tätigkeit genutzten Grundstücke und Bauten,
2. die Betriebs- und Geschäftsausstattung.

(3) Zu dem Posten der Bilanz „Nachrangige Verbindlichkeiten" (Passivposten Nr. 9) sind im Anhang anzugeben:

1. der Betrag der für nachrangige Verbindlichkeiten angefallenen Aufwendungen,
2. zu jeder zehn vom Hundert des Gesamtbetrags der nachrangigen Verbindlichkeiten übersteigenden Mittelaufnahme:
a) der Betrag, die Währung, auf die sie lautet, ihr Zinssatz und ihre Fälligkeit sowie, ob eine vorzeitige Rückzahlungsverpflichtung entstehen kann,
b) die Bedingungen ihrer Nachrangigkeit und ihrer etwaigen Umwandlung in Kapital oder in eine andere Schuldform,
3. zu anderen Mittelaufnahmen die wesentlichen Bedingungen.

(4) Zu dem Posten der Bilanz „Eventualverbindlichkeiten" (Passivposten Nr. 1 unter dem Strich) sind im Anhang Art und Betrag jeder Eventualverbindlichkeit anzugeben, die in Bezug auf die Gesamttätigkeit des Instituts von wesentlicher Bedeutung ist.

(5) Zu jedem Posten der in der Bilanz ausgewiesenen Verbindlichkeiten und der unter dem Strich vermerkten Eventualverbindlichkeiten ist im Anhang jeweils der Gesamtbetrag der als Sicherheit übertragenen Vermögensgegenstände anzugeben.

(6) Zu dem Posten der Bilanz „Andere Verpflichtungen" (Passivposten Nr. 2 unter dem Strich) sind im Anhang Art und Höhe jeder der in den Unterposten Buchstabe a bis c bezeichneten Verbindlichkeiten anzugeben, die in Bezug auf die Gesamttätigkeit des Instituts von wesentlicher Bedeutung sind.

§ 36 Termingeschäfte. In den Anhang ist eine Aufstellung über die Arten von am Bilanzstichtag noch nicht abgewickelten fremdwährungs-, zinsabhängigen und sonstigen Termingeschäften, die lediglich ein Erfüllungsrisiko sowie Währungs-, Zins- und/oder sonstige Marktpreisänderungsrisiken aus offenen und im Falle eines Adressenausfalls auch aus geschlossenen Positionen beinhalten, aufzunehmen. Hierzu gehören:

1. Termingeschäfte in fremden Währungen, insbesondere Devisentermingeschäfte, Devisenterminkontrakte, Währungsswaps, Zins/Währungsswaps, Stillhalterverpflichtungen aus Devisenoptionsgeschäften, Devisenoptionsrechte, Termingeschäfte in Gold und anderen Edelmetallen, Edelmetallterminkontrakte, Stillhalteverpflichtungen aus Goldoptionen, Goldoptionsrechte;
2. zinsbezogene Termingeschäfte, insbesondere Termingeschäfte mit festverzinslichen Wertpapieren, Zinsterminkontrakte, Forward Rate Agreements, Stillhalterverpflichtungen aus Zinsoptionen, Zinsoptionsrechte, Zinsswaps, Abnahmeverpflichtungen aus Forward Forward Deposits; Lieferverpflichtungen aus solchen Geschäften sind in dem Unterposten der Bilanz „Unwiderrufliche Kreditzusagen" (Passivposten Nr. 2 unter dem Strich Buchstabe c) zu vermerken;
3. Termingeschäfte mit sonstigen Preisrisiken, insbesondere aktienkursbezogene Termingeschäfte, Stillhalteverpflichtungen aus Aktienoptionen, Aktienoptionsrechte, Indexterminkontrakte, Stillhalteverpflichtungen aus Indexoptionen, Indexoptionsrechte.

Für jeden der drei Gliederungsposten der Termingeschäfte ist anzugeben, ob ein wesentlicher Teil davon zur Deckung von Zins-, Wechselkurs- oder Marktpreisschwankungen abgeschlossen wurde und ob ein wesentlicher Teil davon auf Handelsgeschäfte entfällt.

Abschnitt 6. Konzernrechnungslegung

§ 37 Konzernrechnungslegung. Auf den Konzernabschluss sind, soweit seine Eigenart keine Abweichung bedingt, die §§ 1 bis 36 sowie § 39 Abs. 4 und 5 entsprechend anzuwenden.

Abschnitt 7. Ordnungswidrigkeiten

§ 38 Ordnungswidrigkeiten. (1) Ordnungswidrig im Sinne des § 340n Abs. 1 Nr. 6 des Handelsgesetzbuchs handelt, wer als Geschäftsleiter im Sinne des § 1 Abs. 2 Satz 1 oder des § 53 Abs. 2 Nr. 1 des Gesetzes über das Kreditwesen oder als Inhaber eines in der Rechtsform des Einzelkaufmanns betriebenen Instituts oder als Mitglied des Aufsichtsrats bei der Aufstellung oder Feststellung des Jahresabschlusses

1. entgegen § 2 Abs. 1 Satz 1 nicht das vorgeschriebene Formblatt anwendet,
2. entgegen §§ 3 bis 5, 6 Abs. 1 Satz 1 oder 2, Abs. 2 oder 4 die dort genannten Posten nicht, nicht in der vorgeschriebenen Weise oder nicht mit dem vorgeschriebenen Inhalt ausweist,
3. entgegen § 6 Abs. 3 dort genannte Vermögensgegenstände oder Schulden in seine Bilanz aufnimmt,
4. einer Vorschrift der §§ 9 oder 39 Abs. 4 oder 5 über die Fristengliederung zuwiderhandelt,
5. entgegen § 10 Abs. 1 dort genannte Verbindlichkeiten nicht verrechnet,
6. entgegen § 10 Abs. 2 Forderungen oder Verbindlichkeiten verrechnet,
7. einer Vorschrift der §§ 12 bis 33 über die in einzelnen Posten der Bilanz oder der Gewinn- und Verlustrechnung aufzunehmenden Angaben zuwiderhandelt,
8. einer Vorschrift der §§ 34 oder 35 über zusätzliche Erläuterungen oder Pflichtangaben zuwiderhandelt oder
9. einer Vorschrift des § 36 über Termingeschäfte zuwiderhandelt.

(2) Die Bestimmungen des Absatzes 1 gelten auch für den Konzernabschluss im Sinne des § 37.

Abschnitt 8. Schlussvorschriften

§ 39 Übergangsvorschriften. (1) Die Vorschriften dieser Verordnung sind mit Ausnahme des § 9 und des § 38 Abs. 1 Nr. 4, soweit sich diese Vorschrift auf § 9 bezieht, erstmals auf den Jahresabschluss und den Lagebericht sowie den Konzernabschluss und den Konzernlagebericht für das nach dem 31. Dezember 1992 beginnende Geschäftsjahr anzuwenden. Auf frühere Geschäftsjahre sind die Bestimmungen der Verordnung über Formblätter für die Gliederung des Jahresabschlusses von Kreditinstituten in der Fassung der Bekanntmachung vom 14. September 1987 (BGBl. I S. 2169) anzuwenden.

(2) § 9 und § 38 Abs. 1 Nr. 4, soweit sich diese Vorschrift auf § 9 bezieht, sind erstmals auf den Jahresabschluss und den Konzernabschluss für das nach dem 31. Dezember 1997 beginnende Geschäftsjahr anzuwenden.

(3) (weggefallen)

(4) Für Geschäftsjahre, die nach dem 31. Dezember 1992 und vor dem 1. Januar 1998 beginnen, ist für die Gliederung nach der Fristigkeit die ursprünglich vereinbarte Laufzeit oder Kündigungsfrist und nicht die Restlaufzeit am Bilanzstichtag maßgebend. Dem Institut bleibt es jedoch unbenommen, auf Restlaufzeiten hinzuweisen. Als Beginn der vereinbarten Laufzeit gilt bei Krediten die erste Inanspruchnahme, nicht die Zusage. Für die Gliederung von in Wertpapieren verbrieften Forderungen und Verbindlichkeiten ist die längste Laufzeit laut Emissionsbedingungen maßgebend. Als Beginn der Laufzeit gilt der Beginn des in den Emissionsbedingungen festgelegten Zinslaufs, das heißt der Beginn der laufenden Verzinsung, gegebenenfalls der Beginn der Laufzeit des ersten Zinsscheins. Zeiten, für die negative oder positive Stückzinsen gerechnet werden, bleiben außer Betracht, das heißt, der Laufzeitbeginn ist mit demjenigen Zeitpunkt identisch, auf den sich die jeweilige Stückzinsberechnung bezieht. Diese Fristigkeitszuordnung gilt auch für den Zweiterwerb von Forderungen und Wertpapieren. Bei Forderungen und Verbindlichkeiten, die regelmäßig in Teilbeträgen zu tilgen sind, ist die Zuordnung in Abweichung von § 8 Abs. 2 nicht nach der Befristung für die einzelnen Teilbeträge, sondern nach dem Zeitraum zwischen der Entstehung der Forderung oder Verbindlichkeit und der Fälligkeit des letzten Teilbetrages vorzunehmen.

(5) Für Geschäftsjahre, die nach dem 31. Dezember 1992 und vor dem 1. Januar 1998 beginnen, sind im Anhang jeweils gesondert anzugeben:

1. die in den Unterposten „andere Forderungen an Kreditinstitute“ (Aktivposten Nr. 3 Buchstabe b), „Verbindlichkeiten gegenüber Kreditinstituten mit vereinbarter Laufzeit oder Kündigungsfrist“ (Passivposten Nr. 1 Buchstabe b) und „andere Verbindlichkeiten gegenüber Kunden mit vereinbarter Laufzeit oder Kündigungsfrist“ (Passivposten Nr. 2 Buchstabe b Doppelbuchstabe bb) enthaltenen Forderungen und Verbindlichkeiten mit ursprünglich vereinbarter Laufzeit oder Kündigungsfrist von
   a) weniger als drei Monaten,
   b) mindestens drei Monaten, aber weniger als vier Jahren,
   c) vier Jahren oder länger;
2. die in den Unterposten „Anleihen und Schuldverschreibungen von öffentlichen Emittenten“ (Aktivposten Nr. 5 Buchstabe b Doppelbuchstabe ba) und „Anleihen und Schuldverschreibungen von anderen Emittenten“ (Aktivposten Nr. 5 Buchstabe b Doppelbuchstabe bb) sowie die in dem Posten „Verbriefte Verbindlichkeiten“ (Passivposten Nr. 3) enthaltenen Forderungen und Verbindlichkeiten mit einer ursprünglichen Laufzeit
   a) bis zu vier Jahren,
   b) von mehr als vier Jahren;
3. die in dem Posten „Forderungen an Kunden“ (Aktivposten Nr. 4) enthaltenen Forderungen mit ursprünglich vereinbarter Laufzeit oder Kündigungsfrist von
   a) weniger als vier Jahren,
   b) vier Jahren oder länger;
4. die in den Unterposten „Verbindlichkeiten gegenüber Kreditinstituten mit vereinbarter Laufzeit oder Kündigungsfrist“ (Passivposten Nr. 1 Buchstabe b) und „andere Verbindlichkeiten gegenüber Kunden mit vereinbarter Laufzeit oder Kündigungsfrist“ (Passivposten Nr. 2 Buchstabe b Doppelbuchstabe bb) sowie die in dem Posten „Verbriefte Verbindlichkeiten“ (Passivposten Nr. 3) enthaltenen vor Ablauf von vier Jahren fälligen Verbindlichkeiten.

Auf Realkreditinstitute und Bausparkassen ist Satz 1 entsprechend anzuwenden. Satz 1 gilt nicht für Bauspareinlagen.

(6) Vor dem 1. Juli 1993 begründete Spareinlagen nach § 21 des Gesetzes über das Kreditwesen in der Fassung der Bekanntmachung vom 11. Juli 1985 (BGBl. I S. 1472) und dafür gutgeschriebene oder danach gutzuschreibende Zinsen gelten weiterhin als Spareinlagen, wenn für sie die Voraussetzungen des § 21 Abs. 4 Satz 1 Nr. 1 und 2, Satz 2 dieser Verordnung zutreffen und sie die Vorschriften des § 22 Abs. 1 Satz 1 und Abs. 2 des Gesetzes über das Kreditwesen in der Fassung der Bekanntmachung vom 11. Juli 1985 (BGBl. I S. 1472) erfüllt haben.

(7) Sofern für ein Geschäftsjahr, das nach dem 31. Dezember 1998 und spätestens im Jahre 2001 endet, der Jahresabschluss und der Konzernabschluss nach Artikel 42 Abs. 1 Satz 2 des Einführungsgesetzes zum Handelsgesetzbuch in Deutscher Mark aufgestellt werden, sind auch die in § 35 Abs. 1 Nr. 6 vorgeschriebenen und die in den Formblättern 1 bis 3 für die Bilanz und die Gewinn- und Verlustrechnung vorgesehenen Angaben in Deutscher Mark und unter der Bezeichnung „DM" zu machen. Für ein Geschäftsjahr, das spätestens am 31. Dezember 1998 endet, ist diese Verordnung in der an diesem Tage geltenden Fassung anzuwenden.

(8) Sofern Kreditinstitute einen gesonderten Passivposten in Anwendung von Artikel 43 Abs. 1 Satz 2, Abs. 2 des Einführungsgesetzes zum Handelsgesetzbuch bilden, haben sie diesen im Formblatt 1 als Passivposten 8 a. nach dem Sonderposten mit Rücklageanteil auszuweisen. Sofern sie eine Bilanzierungshilfe in Anwendung von Artikel 44 Abs. 1 Satz 1 des Einführungsgesetzes zum Handelsgesetzbuch in ihre Bilanz aufnehmen, haben sie diese im Formblatt 1 als Aktivposten 11 a. nach dem Posten Immaterielle Anlagewerte auszuweisen.

(9) Die Vorschriften dieser Verordnung in der Fassung der Zweiten Verordnung zur Änderung der Verordnung über die Rechnungslegung der Kreditinstitute sind erstmals auf den Jahresabschluss und den Lagebericht sowie den Konzernabschluss und den Konzernlagebericht für das nach dem 31. Dezember 1997 beginnende Geschäftsjahr anzuwenden. § 4 Abs. 1 Satz 1, § 12 Abs. 2, § 13 Abs. 2 und 3, § 16 Abs. 1 Satz 1, Abs. 3 Satz 1 und § 26 Abs. 1 Satz 2 in der Fassung der Zweiten Verordnung zur Änderung der Verordnung über die Rechnungslegung der Kreditinstitute sind erstmals auf den Jahresabschluss und den Lagebericht sowie den Konzernabschluss und den Konzernlagebericht für das nach dem 31. Dezember 1998 endende Geschäftsjahr anzuwenden.

(10) Institute, die Skontroführer im Sinne des § 8b Abs. 1 Satz 1 des Börsengesetzes und nicht Einlagenkreditinstitute im Sinne des § 1 Abs. 3 d Satz 1 des Gesetzes über das Kreditwesen sind, brauchen die jeweils in Fußnote 7 Satz 2 des Formblatts 2 oder 3 für die Gewinn- und Verlustrechnung vorgeschriebenen Darunterposten der Buchstaben a bis d beim Aufwand und Ertrag aus Finanzgeschäften erstmals in einem Jahresabschluss für das nach dem 31. Dezember 1998 beginnende Geschäftsjahr aufzuführen.

§ 40 Inkrafttreten, Aufhebung von Rechtsvorschriften. Diese Verordnung tritt am Tage nach der Verkündung in Kraft. Gleichzeitig tritt die Verordnung über Formblätter für die Gliederung des Jahresabschlusses von Kreditinstituten in der Fassung der Bekanntmachung vom 14. September 1987 (BGBl. I S. 2169) außer Kraft.

Formblatt 1*)

Jahresbilanz zum ....

der ....

Aktivseite

	Euro*)	Euro	Euro
1. Barreserve			
a) Kassenbestand		....	
b) Guthaben bei Zentralnotenbanken darunter: bei der Deutschen Bundesbank ...... Euro		....	
		....	....
2. Schuldtitel öffentlicher Stellen und Wechsel, die zur Refinanzierung bei Zentralnotenbanken zugelassen sind			
a) Schatzwechsel und unverzinsliche Schatzanweisungen sowie ähnliche Schuldtitel öffentlicher Stellen darunter: bei der Deutschen Bundesbank refinanzierbar ...... Euro		....	
b) Wechsel darunter: bei der Deutschen Bundesbank refinanzierbar ...... Euro		....	....
3. Forderungen an Kreditinstitute[1])			
a) täglich fällig		....	
b) andere Forderungen		....	....
4. Forderungen an Kunden[2]) darunter: durch Grundpfandrechte gesichert ...... Euro Kommunalkredite ...... Euro			....
5. Schuldverschreibungen und andere festverzinsliche Wertpapiere			
a) Geldmarktpapiere			
aa) von öffentlichen Emittenten darunter: beleihbar bei der Deutschen Bundesbank ...... Euro	....		
ab) von anderen Emittenten darunter: beleihbar bei der Deutschen Bundesbank ...... Euro	....	....	
b) Anleihen und Schuldverschreibungen			
ba) von öffentlichen Emittenten darunter: beleihbar bei der Deutschen Bundesbank ...... Euro	....		

Passivseite

	Euro*)	Euro	Euro
1. Verbindlichkeiten gegenüber Kreditinstituten[6])			
a) täglich fällig		....	
b) mit vereinbarter Laufzeit oder Kündigungsfrist		....	....
2. Verbindlichkeiten gegenüber Kunden[7])			
a) Spareinlagen			
aa) mit vereinbarter Kündigungsfrist von drei Monaten	....		
ab) mit vereinbarter Kündigungsfrist von mehr als drei Monaten	....	....	
b) andere Verbindlichkeiten			
ba) täglich fällig	....		
bb) mit vereinbarter Laufzeit oder Kündigungsfrist	....	....	....
[8])			
3. Verbriefte Verbindlichkeiten[9])			
a) begebene Schuldverschreibungen		....	
b) andere verbriefte Verbindlichkeiten darunter: Geldmarktpapiere ...... Euro eigene Akzepte und Solawechsel im Umlauf ...... Euro		....	....
4. Treuhandverbindlichkeiten darunter: Treuhandkredite ...... Euro			....
5. Sonstige Verbindlichkeiten			....
6. Rechnungsabgrenzungsposten[10])			
7. Rückstellungen			
a) Rückstellungen für Pensionen und ähnliche Verpflichtungen		....	
b) Steuerrückstellungen		....	
c) andere Rückstellungen		....	....
[11])			
8. Sonderposten mit Rücklagenanteil			....
9. Nachrangige Verbindlichkeiten			....
10. Genußrechtskapital darunter: vor Ablauf von zwei Jahren fällig ...... Euro			....
11. Fonds für allgemeine Bankrisiken			....
12. Eigenkapital			
a) gezeichnetes Kapital[12])		....	
b) Kapitalrücklage		....	
c) Gewinnrücklagen[13])			
ca) gesetzliche Rücklage	....		

*) An die Stelle der in diesem Formblatt verwendeten Währungsbezeichnung „Euro" tritt bis zum 31. Dezember 1998 die Währungsbezeichnung „DM"; vgl. aber ab 1. Januar 1999 Artikel 42 Abs. 1 Satz 2 des Einführungsgesetzes zum Handelsgesetzbuch.

noch Aktivseite

	Euro	Euro	Euro
bb) von anderen Emittenten darunter: beleihbar bei der Deutschen Bundesbank ...... Euro	....	....	
c) eigene Schuldverschreibungen Nennbetrag ...... Euro		....	....
6. Aktien und andere nicht festverzinsliche Wertpapiere			....
3)			
7. Beteiligungen[4]) darunter: an Kreditinstituten ...... Euro an Finanzdienstleistungsinstituten ...... Euro			....
8. Anteile an verbundenen Unternehmen darunter: an Kreditinstituten ...... Euro an Finanzdienstleistungsinstituten ...... Euro			....
9. Treuhandvermögen darunter: Treuhandkredite ...... Euro			....
10. Ausgleichsforderungen gegen die öffentliche Hand einschließlich Schuldverschreibungen aus deren Umtausch			....
11. Immaterielle Anlagewerte			....
12. Sachanlagen			....
13. Ausstehende Einlagen auf das gezeichnete Kapital darunter: eingefordert ...... Euro			....
14. Eigene Aktien oder Anteile Nennbetrag/gegebenenfalls rechnerischer Wert ...... Euro			....
15. Sonstige Vermögensgegenstände			....
16. Rechnungsabgrenzungsposten[5])			....
17. Nicht durch Eigenkapital gedeckter Fehlbetrag			....
Summe der Aktiva			....

noch Passivseite

	Euro	Euro	Euro
cb) Rücklage für eigene Anteile	....		
cc) satzungsmäßige Rücklagen	....		
cd) andere Gewinnrücklagen	....	....	
d) Bilanzgewinn/Bilanzverlust		....	....
Summe der Passiva			....

	Euro	Euro	Euro
1. Eventualverbindlichkeiten			
a) Eventualverbindlichkeiten aus weitergegebenen abgerechneten Wechseln	....		
b) Verbindlichkeiten aus Bürgschaften und Gewährleistungsverträgen	....		
c) Haftung aus der Bestellung von Sicherheiten für fremde Verbindlichkeiten	....	....	
2. Andere Verpflichtungen			
a) Rücknahmeverpflichtungen aus unechten Pensionsgeschäften	....		
b) Plazierungs- und Übernahmeverpflichtungen	....		
c) Unwiderrufliche Kreditzusagen	....	....	

[1]) Folgende Arten von Instituten haben den Posten 3 Forderungen an Kreditinstitute in der Bilanz wie folgt zu untergliedern:

Realkreditinstitute: „a) Hypothekendarlehen .... Euro
b) Kommunalkredite .... Euro
c) andere Forderungen .... Euro .... Euro
darunter:
täglich fällig .... Euro
gegen Beleihung von Wertpapieren .... Euro“,

Bausparkassen: „a) Bauspardarlehen .... Euro
b) Vor- und Zwischenfinanzierungskredite .... Euro
c) sonstige Baudarlehen .... Euro
d) andere Forderungen .... Euro .... Euro
darunter:
täglich fällig .... Euro“.

[2]) Folgende Arten von Instituten haben den Posten 4 Forderungen an Kunden in der Bilanz wie folgt zu untergliedern:

Realkreditinstitute: „a) Hypothekendarlehen .... Euro
b) Kommunalkredite .... Euro
c) andere Forderungen .... Euro .... Euro
darunter:
gegen Beleihung von Wertpapieren .... Euro“,

Bausparkassen: „a) Baudarlehen
aa) aus Zuteilungen (Bauspardarlehen) .... Euro
ab) zur Vor- und Zwischenfinanzierung .... Euro
ac) sonstige .... Euro .... Euro
darunter:
durch Grundpfandrechte gesichert .... Euro
b) andere Forderungen .... Euro .... Euro“.

Kreditgenossenschaften, die das Warengeschäft betreiben, haben in den Posten 4 Forderungen an Kunden in der Bilanz zusätzlich folgenden Darunterposten einzufügen:

„Warenforderungen .... Euro“.

Finanzdienstleistungsinstitute sowie Kreditinstitute, sofern letztere Skontroführer im Sinne des § 8b Abs. 1 Satz 1 des Börsengesetzes und nicht Einlagenkreditinstitute im Sinne des § 1 Abs. 3d Satz 1 des Gesetzes über das Kreditwesen sind, haben den Posten 4 Forderungen an Kunden in der Bilanz wie folgt zu untergliedern:

„darunter:
an Finanzdienstleistungsinstitute .... Euro“.

[3]) Kreditgenossenschaften, die das Warengeschäft betreiben, haben nach dem Posten 6 Aktien und andere nicht festverzinsliche Wertpapiere in der Bilanz folgenden Posten einzufügen:

„6a. Warenbestand .... Euro“.

[4]) Institute in genossenschaftlicher Rechtsform und genossenschaftliche Zentralbanken haben den Posten 7 Beteiligungen in der Bilanz wie folgt zu untergliedern:

„a) Beteiligungen .... Euro
darunter:
an Kreditinstituten .... Euro
an Finanzdienstleistungsinstituten . ... Euro
b) Geschäftsguthaben bei Genossenschaften .... Euro .... Euro
darunter:
bei Kreditgenossenschaften .... Euro
bei Finanzdienstleistungsinstituten .... Euro“.

[5]) Realkreditinstitute haben den Posten 16 Rechnungsabgrenzungsposten in der Bilanz wie folgt zu untergliedern:

„a) aus dem Emissions- und Darlehensgeschäft .... Euro
b) andere .... Euro .... Euro“.

[6]) Folgende Arten von Instituten haben den Posten 1 Verbindlichkeiten gegenüber Kreditinstituten in der Bilanz wie folgt zu untergliedern:

Realkreditinstitute: „a) begebene Hypotheken-Namenspfandbriefe .... Euro
b) begebene öffentliche Namenspfandbriefe .... Euro
c) andere Verbindlichkeiten .... Euro .... Euro
darunter:
täglich fällig .... Euro
zur Sicherstellung aufgenommener Darlehen an den Darlehensgeber ausgehändigte Hypotheken-Namenspfandbriefe .... Euro
und öffentliche Namenspfandbriefe .... Euro“,

Bausparkassen: „a) Bauspareinlagen .... Euro
darunter:
auf gekündigte Verträge .... Euro
auf zugeteilte Verträge .... Euro
b) andere Verbindlichkeiten .... Euro .... Euro
darunter:
täglich fällig .... Euro“.

[7] Realkreditinstitute haben den Posten 2 Verbindlichkeiten gegenüber Kunden in der Bilanz wie folgt zu untergliedern:

„a) begebene Hypotheken-Namenspfandbriefe .... Euro

b) begebene öffentliche Namenspfandbriefe .... Euro

c) Spareinlagen

ca) mit vereinbarter Kündigungsfrist von drei Monaten .... Euro

cb) mit vereinbarter Kündigungsfrist von mehr als drei Monaten .... Euro .... Euro

d) andere Verbindlichkeiten .... Euro .... Euro
darunter:
täglich fällig .... Euro
zur Sicherstellung aufgenommener Darlehen an den Darlehensgeber ausgehändigte Hypotheken-Namenspfandbriefe .... Euro
und öffentliche Namenspfandbriefe .... Euro".

Bausparkassen haben statt des Unterpostens a Spareinlagen in der Bilanz folgenden Unterposten auszuweisen:

„a) Einlagen aus dem Bauspargeschäft und Spareinlagen

aa) Bauspareinlagen .... Euro
darunter:
auf gekündigte Verträge .... Euro
auf zugeteilte Verträge .... Euro

ab) Abschlußeinlagen .... Euro

ac) Spareinlagen mit vereinbarter Kündigungsfrist von drei Monaten .... Euro

ad) Spareinlagen mit vereinbarter Kündigungsfrist von mehr als drei Monaten .... Euro .... Euro".

Finanzdienstleistungsinstitute sowie Kreditinstitute, sofern letztere Skontroführer im Sinne des § 8b Abs. 1 Satz 1 des Börsengesetzes und nicht Einlagenkreditinstitute im Sinne des § 1 Abs. 3d Satz 1 des Gesetzes über das Kreditwesen sind, haben den Posten 2 Verbindlichkeiten gegenüber Kunden in der Bilanz wie folgt zu untergliedern:

„darunter:
gegenüber Finanzdienstleistungsinstituten .... Euro".

[8] Kreditgenossenschaften, die das Warengeschäft betreiben, haben nach dem Posten 2 Verbindlichkeiten gegenüber Kunden in der Bilanz folgenden Posten einzufügen:

„2a. Verpflichtungen aus Warengeschäften und aufgenommenen Warenkrediten .... Euro".

[9] Realkreditinstitute haben den Posten 3 Verbriefte Verbindlichkeiten in der Bilanz wie folgt zu untergliedern:

„a) begebene Schuldverschreibungen

aa) Hypothekenpfandbriefe .... Euro

ab) öffentliche Pfandbriefe .... Euro

ac) sonstige Schuldverschreibungen .... Euro .... Euro

b) andere verbriefte Verbindlichkeiten .... Euro .... Euro
darunter:
Geldmarktpapiere .... Euro".

Kreditgenossenschaften, die das Warengeschäft betreiben, haben im Posten 3 Verbriefte Verbindlichkeiten zu dem Darunterposten 3b Eigene Akzepte und Solawechsel im Umlauf folgenden zusätzlichen Darunterposten einzufügen:

„aus dem Warengeschäft .... Euro".

[10] Realkreditinstitute haben den Posten 6 Rechnungsabgrenzungsposten in der Bilanz wie folgt zu untergliedern:

„a) aus dem Emissions- und Darlehensgeschäft .... Euro

b) andere .... Euro .... Euro".

[11] Bausparkassen haben nach dem Posten 7 Rückstellungen in der Bilanz folgenden Posten einzufügen:

„7a. Fonds zur bauspartechnischen Absicherung .... Euro".

[12] Genossenschaften haben in der Bilanz beim Unterposten a gezeichnetes Kapital sowohl die Geschäftsguthaben der Genossen als auch die Einlagen stiller Gesellschafter auszuweisen.

[13] Genossenschaften haben in der Bilanz an Stelle der Gewinnrücklagen die Ergebnisrücklagen auszuweisen und wie folgt aufzugliedern:

„ca) gesetzliche Rücklage .... Euro

cb) andere Ergebnisrücklagen .... Euro .... Euro".

Die Ergebnisrücklage nach § 73 Abs. 3 des Gesetzes betreffend die Erwerbs- und Wirtschaftsgenossenschaften und die Beträge, die aus dieser Ergebnisrücklage an ausgeschiedene Genossen auszuzahlen sind, müssen vermerkt werden.

Formblatt 2 (Kontoform)*)

Gewinn- und Verlustrechnung

der ....

für die Zeit vom .... bis ....

Aufwendungen

	Euro*)	Euro	Euro
1. Zinsaufwendungen[1]			....
2. Provisionsaufwendungen[4]			....
3. Nettoaufwand aus Finanzgeschäften			....
[6] [7]			
4. Allgemeine Verwaltungsaufwendungen			
a) Personalaufwand			
aa) Löhne und Gehälter	....		
ab) Soziale Abgaben und Aufwendungen für Altersversorgung und für Unterstützung	....	....	
darunter: für Altersversorgung ...... Euro			
b) andere Verwaltungsaufwendungen		....	....
5. Abschreibungen und Wertberichtigungen auf immaterielle Anlagewerte und Sachanlagen			....
6. Sonstige betriebliche Aufwendungen			....
7. Abschreibungen und Wertberichtigungen auf Forderungen und bestimmte Wertpapiere sowie Zuführungen zu Rückstellungen im Kreditgeschäft			....
8. Abschreibungen und Wertberichtigungen auf Beteiligungen, Anteile an verbundenen Unternehmen und wie Anlagevermögen behandelte Wertpapiere			....
9. Aufwendungen aus Verlustübernahme			....
10. Einstellungen in Sonderposten mit Rücklageanteil			....
11. Außerordentliche Aufwendungen			....
12. Steuern vom Einkommen und vom Ertrag			....
13. Sonstige Steuern, soweit nicht unter Posten 6 ausgewiesen			....
14. Auf Grund einer Gewinngemeinschaft, eines Gewinnabführungs- oder eines Teilgewinnabführungsvertrags abgeführte Gewinne			....
15. Jahresüberschuß			....
Summe der Aufwendungen			....

Erträge

	Euro*)	Euro
1. Zinserträge aus[2]		
a) Kredit- und Geldmarktgeschäften	....	
b) festverzinslichen Wertpapieren und Schuldbuchforderungen	....	....
2. Laufende Erträge aus		
a) Aktien und anderen nicht festverzinslichen Wertpapieren	....	
b) Beteiligungen[3]	....	
c) Anteilen an verbundenen Unternehmen	....	....
3. Erträge aus Gewinngemeinschaften, Gewinnabführungs- oder Teilgewinnabführungsverträgen		....
4. Provisionserträge[5]		....
5. Nettoertrag aus Finanzgeschäften		....
[6] [7]		
6. Erträge aus Zuschreibungen zu Forderungen und bestimmten Wertpapieren sowie aus der Auflösung von Rückstellungen im Kreditgeschäft		....
7. Erträge aus Zuschreibungen zu Beteiligungen, Anteilen an verbundenen Unternehmen und wie Anlagevermögen behandelten Wertpapieren		....
8. Sonstige betriebliche Erträge		....
9. Erträge aus der Auflösung von Sonderposten mit Rücklageanteil		....
10. Außerordentliche Erträge		
11. Erträge aus Verlustübernahme		....
12. Jahresfehlbetrag		....
Summe der Erträge		....

*) An die Stelle der in diesem Formblatt verwendeten Währungsbezeichnung „Euro“ tritt bis zum 31. Dezember 1998 die Währungsbezeichnung „DM“; vgl. aber ab 1. Januar 1999 Artikel 42 Abs. 1 Satz 2 des Einführungsgesetzes zum Handelsgesetzbuch.

noch Gewinn- und Verlustrechnung (Kontoform)

	Euro	Euro
1. Jahresüberschuß/Jahresfehlbetrag		....
2. Gewinnvortrag/Verlustvortrag aus dem Vorjahr		....
		....
3. Entnahmen aus der Kapitalrücklage		....
		....
4. Entnahmen aus Gewinnrücklagen		
a) aus der gesetzlichen Rücklage	....	
b) aus der Rücklage für eigene Anteile	....	
c) aus satzungsmäßigen Rücklagen	....	
d) aus anderen Gewinnrücklagen	....	....
		....
5. Entnahmen aus Genußrechtskapital		....
		....
6. Einstellungen in Gewinnrücklagen		
a) in die gesetzliche Rücklage	....	
b) in die Rücklage für eigene Anteile	....	
c) in satzungsmäßige Rücklagen	....	
d) in andere Gewinnrücklagen	....	....
		....
7. Wiederauffüllung des Genußrechtskapitals		....
8. Bilanzgewinn/Bilanzverlust		....

[1]) Bausparkassen haben den Posten 1 Zinsaufwendungen in der Gewinn- und Verlustrechnung wie folgt zu untergliedern:

„a) für Bauspareinlagen .... Euro
b) andere Zinsaufwendungen .... Euro .... Euro".

[2]) Bausparkassen haben im Ertragsposten 1 den Unterposten a Zinserträge aus Kredit- und Geldmarktgeschäften in der Gewinn- und Verlustrechnung wie folgt zu untergliedern:

„aa) Bauspardarlehen .... Euro
ab) Vor- und Zwischenfinanzierungskrediten .... Euro
ac) sonstigen Baudarlehen .... Euro
ad) sonstigen Kredit- und Geldmarktgeschäften .... Euro .... Euro".

[3]) Institute in genossenschaftlicher Rechtsform und genossenschaftliche Zentralbanken haben im Ertragsposten 2 den Unterposten b Laufende Erträge aus Beteiligungen in der Gewinn- und Verlustrechnung um die Worte „und aus Geschäftsguthaben bei Genossenschaften" zu ergänzen.

[4]) Bausparkassen haben den Posten 2 Provisionsaufwendungen in der Gewinn- und Verlustrechnung wie folgt zu untergliedern:

„a) Provisionen für Vertragsabschluß und -vermittlung .... Euro
b) andere Provisionsaufwendungen .... Euro .... Euro".

Institute, die Skontroführer im Sinne des § 8b Abs. 1 Satz 1 des Börsengesetzes und nicht Einlagenkreditinstitute im Sinne des § 1 Abs. 3d Satz 1 des Gesetzes über das Kreditwesen sind, haben den Aufwandposten 2 Provisionsaufwendungen wie folgt zu untergliedern:

„davon:
a) Courtageaufwendungen .... Euro
b) Courtage für Poolausgleich .... Euro".

[5]) Bausparkassen haben den Posten 4 Provisionserträge in der Gewinn- und Verlustrechnung wie folgt zu untergliedern:

„a) aus Vertragsabschluß und -vermittlung .... Euro
b) aus der Darlehensregelung nach der Zuteilung .... Euro
c) aus Bereitstellung und Bearbeitung von Vor- und Zwischenfinanzierungskrediten .... Euro
d) andere Provisionserträge .... Euro .... Euro".

Institute, die Skontroführer im Sinne des § 8b Abs. 1 Satz 1 des Börsengesetzes und nicht Einlagenkreditinstitute im Sinne des § 1 Abs. 3d Satz 1 des Gesetzes über das Kreditwesen sind, haben den Ertragsposten 4 Provisionserträge wie folgt zu untergliedern:

„davon:
a) Courtageerträge .... Euro
b) Courtage aus Poolausgleich .... Euro".

[6]) Kreditgenossenschaften, die das Warengeschäft betreiben, haben nach dem Aufwandposten 3 Nettoaufwand aus Finanzgeschäften oder nach dem Ertragsposten 5 Nettoertrag aus Finanzgeschäften in der Gewinn- und Verlustrechnung folgenden Posten einzufügen:

„3a./5a. Rohergebnis aus Warenverkehr und Nebenbetrieben .... Euro".

[7]) Finanzdienstleistungsinstitute, sofern sie nicht Skontroführer im Sinne des § 8b Abs. 1 Satz 1 des Börsengesetzes sind, haben anstatt des Aufwandpostens 3 Nettoaufwand aus Finanzgeschäften in der Gewinn- und Verlustrechnung folgenden Posten aufzuführen:

„3. Aufwand aus Finanzgeschäften .... Euro"

und anstatt des Ertragspostens 5 Nettoertrag aus Finanzgeschäften folgenden Posten aufzuführen:

„5. Ertrag aus Finanzgeschäften .... Euro".

Institute, die Skontroführer im Sinne des § 8b Abs. 1 Satz 1 des Börsengesetzes und nicht Einlagenkreditinstitute im Sinne des § 1 Abs. 3d Satz 1 des Gesetzes über das Kreditwesen sind, haben anstatt des Aufwandpostens 3 Nettoaufwand aus Finanzgeschäften in der Gewinn- und Verlustrechnung folgende Posten aufzuführen:

„3. Aufwand aus Finanzgeschäften .... Euro

davon:

a) Wertpapiere .... Euro

b) Futures .... Euro

c) Optionen .... Euro

d) Kursdifferenzen aus Aufgabegeschäften .... Euro"

und anstatt des Ertragspostens 5 Nettoertrag aus Finanzgeschäften folgende Posten aufzuführen:

„5. Ertrag aus Finanzgeschäften .... Euro

davon:

a) Wertpapiere .... Euro

b) Futures .... Euro

c) Optionen .... Euro

d) Kursdifferenzen aus Aufgabegeschäften .... Euro".

Formblatt 3 (Staffelform)*)

Gewinn- und Verlustrechnung

der ....

für die Zeit vom .... bis ....

	Euro*)	Euro	Euro
1. Zinserträge aus[1])			
a) Kredit- und Geldmarktgeschäften	....		
b) festverzinslichen Wertpapieren und Schuldbuchforderungen	....	....	
2. Zinsaufwendungen[2])		....	....
3. Laufende Erträge aus			
a) Aktien und anderen nicht festverzinslichen Wertpapieren		....	
b) Beteiligungen[3])		....	
c) Anteilen an verbundenen Unternehmen		....	....
4. Erträge aus Gewinngemeinschaften, Gewinnabführungs- oder Teilgewinnabführungsverträgen			....
5. Provisionserträge[4])		....	
6. Provisionsaufwendungen[5])		....	....
7. Nettoertrag oder Nettoaufwand aus Finanzgeschäften			....
[6])[7])			
8. Sonstige betriebliche Erträge			....
9. Erträge aus der Auflösung von Sonderposten mit Rücklageanteil			....
10. Allgemeine Verwaltungsaufwendungen			
a) Personalaufwand			
aa) Löhne und Gehälter	....		
ab) Soziale Abgaben und Aufwendungen für Altersversorgung und für Unterstützung	....	....	
darunter:			
für Altersversorgung .... Euro			
b) andere Verwaltungsaufwendungen		....	....
11. Abschreibungen und Wertberichtigungen auf immaterielle Anlagewerte und Sachanlagen			....
12. Sonstige betriebliche Aufwendungen			....
13. Abschreibungen und Wertberichtigungen auf Forderungen und bestimmte Wertpapiere sowie Zuführungen zu Rückstellungen im Kreditgeschäft		....	
14. Erträge aus Zuschreibungen zu Forderungen und bestimmten Wertpapieren sowie aus der Auflösung von Rückstellungen im Kreditgeschäft		....	....
15. Abschreibungen und Wertberichtigungen auf Beteiligungen, Anteile an verbundenen Unternehmen und wie Anlagevermögen behandelte Wertpapiere		....	
16. Erträge aus Zuschreibungen zu Beteiligungen, Anteilen an verbundenen Unternehmen und wie Anlagevermögen behandelten Wertpapieren		....	....
17. Aufwendungen aus Verlustübernahme			....
18. Einstellungen in Sonderposten mit Rücklageanteil			....
19. Ergebnis der normalen Geschäftstätigkeit			....
20. Außerordentliche Erträge		....	

*) An die Stelle der in diesem Formblatt verwendeten Währungsbezeichnung „Euro" tritt bis zum 31. Dezember 1998 die Währungsbezeichnung „DM"; vgl. aber ab 1. Januar 1999 Artikel 42 Abs. 1 Satz 2 des Einführungsgesetzes zum Handelsgesetzbuch.

noch Gewinn- und Verlustrechnung (Staffelform)

	Euro*)	Euro	Euro
21. Außerordentliche Aufwendungen		....	
22. Außerordentliches Ergebnis		....	....
23. Steuern vom Einkommen und vom Ertrag		....	
24. Sonstige Steuern, soweit nicht unter Posten 12 ausgewiesen		....	....
25. Erträge aus Verlustübernahme			....
26. Auf Grund einer Gewinngemeinschaft, eines Gewinnabführungs- oder eines Teilgewinnabführungsvertrags abgeführte Gewinne			....
27. Jahresüberschuß/Jahresfehlbetrag			....
28. Gewinnvortrag/Verlustvortrag aus dem Vorjahr			....
			....
29. Entnahmen aus der Kapitalrücklage			....
			....
30. Entnahmen aus Gewinnrücklagen			
a) aus der gesetzlichen Rücklage		....	
b) aus der Rücklage für eigene Anteile		....	
c) aus satzungsmäßigen Rücklagen		....	
d) aus anderen Gewinnrücklagen		....	....
			....
31. Entnahmen aus Genußrechtskapital			....
			....
32. Einstellungen in Gewinnrücklagen			
a) in die gesetzliche Rücklage		....	
b) in die Rücklage für eigene Anteile		....	
c) in satzungsmäßige Rücklagen		....	
d) in andere Gewinnrücklagen		....	....
			....
33. Wiederauffüllung des Genußrechtskapitals			....
34. Bilanzgewinn / Bilanzverlust			....

[1]) Bausparkassen haben im Ertragsposten 1 den Unterposten a Zinserträge aus Kredit- und Geldmarktgeschäften in der Gewinn- und Verlustrechnung wie folgt zu untergliedern:

„aa) Bauspardarlehen	.... Euro	
ab) Vor- und Zwischenfinanzierungskredite	.... Euro	
ac) sonstigen Baudarlehen	.... Euro	
ad) sonstigen Kredit- und Geldmarktgeschäften	.... Euro	.... Euro“.

[2]) Bausparkassen haben den Posten 2 Zinsaufwendungen in der Gewinn- und Verlustrechnung wie folgt zu untergliedern:

„a) für Bauspareinlagen	.... Euro	
b) andere Zinsaufwendungen	.... Euro	.... Euro“.

[3]) Institute in genossenschaftlicher Rechtsform und genossenschaftliche Zentralbanken haben im Ertragsposten 3 den Unterposten b Laufende Erträge aus Beteiligungen in der Gewinn- und Verlustrechnung um die Worte „und aus Geschäftsguthaben bei Genossenschaften“ zu ergänzen.

[4]) Bausparkassen haben den Posten 5 Provisionserträge in der Gewinn- und Verlustrechnung wie folgt zu untergliedern:

„a) aus Vertragsabschluß und -vermittlung	.... Euro	
b) aus der Darlehensregelung nach der Zuteilung	.... Euro	
c) aus Bereitstellung und Bearbeitung von Vor- und Zwischenfinanzierungskrediten	.... Euro	
d) andere Provisionserträge	.... Euro	.... Euro“.

Institute, die Skontroführer im Sinne des § 8b Abs. 1 Satz 1 des Börsengesetzes und nicht Einlagenkreditinstitute im Sinne des § 1 Abs. 3d Satz 1 des Gesetzes über das Kreditwesen sind, haben den Ertragsposten 5 Provisionserträge wie folgt zu untergliedern:

„davon:

a) Courtageerträge .... Euro

b) Courtage aus Poolausgleich .... Euro".

[5]) Bausparkassen haben den Posten 6 Provisionsaufwendungen in der Gewinn- und Verlustrechnung wie folgt zu untergliedern:

„a) Provisionen für Vertragsabschluß und -vermittlung .... Euro

b) andere Provisionsaufwendungen .... Euro .... Euro".

Institute, die Skontroführer im Sinne des § 8b Abs. 1 Satz 1 des Börsengesetzes und nicht Einlagenkreditinstitute im Sinne des § 1 Abs. 3d Satz 1 des Gesetzes über das Kreditwesen sind, haben den Aufwandposten 6 Provisionsaufwendungen wie folgt zu untergliedern:

„davon:

a) Courtageaufwendungen .... Euro

b) Courtage für Poolausgleich .... Euro".

[6]) Kreditgenossenschaften, die das Warengeschäft betreiben, haben nach dem Aufwand- oder Ertragsposten 7 Nettoertrag oder Nettoaufwand aus Finanzgeschäften in der Gewinn- und Verlustrechnung folgenden Posten einzufügen:

„7a. Rohergebnis aus Warenverkehr und Nebenbetrieben .... Euro".

[7]) Finanzdienstleistungsinstitute, sofern sie nicht Skontroführer im Sinne des § 8b Abs. 1 Satz 1 des Börsengesetzes sind, haben anstatt des Aufwand- oder Ertragspostens 7 Nettoertrag oder Nettoaufwand aus Finanzgeschäften in der Gewinn- und Verlustrechnung folgende Posten aufzuführen:

„7a. Ertrag aus Finanzgeschäften .... Euro

7b. Aufwand aus Finanzgeschäften .... Euro".

Institute, die Skontroführer im Sinne des § 8b Abs. 1 Satz 1 des Börsengesetzes und nicht Einlagenkreditinstitute im Sinne des § 1 Abs. 3d Satz 1 des Gesetzes über das Kreditwesen sind, haben anstatt des Aufwand- oder Ertragspostens 7 Nettoertrag oder Nettoaufwand aus Finanzgeschäften in der Gewinn- und Verlustrechnung folgende Posten aufzuführen:

„7a. Ertrag aus Finanzgeschäften .... Euro

davon:

aa) Wertpapiere .... Euro

ab) Futures .... Euro

ac) Optionen .... Euro

ad) Kursdifferenzen aus Aufgabegeschäften .... Euro

7b. Aufwand aus Finanzgeschäften .... Euro

davon:

ba) Wertpapiere .... Euro

bb) Futures .... Euro

bc) Optionen .... Euro

bd) Kursdifferenzen aus Aufgabegeschäften .... Euro".

Anlage 2

Kontenrahmen der Sparkassen (Auszug)

Aufbau: Der Kontenrahmen der Sparkassen ist in Aufbau und Gliederung ausgerichtet auf die unmittelbare Herleitung des Jahresabschlusses und die unmittelbare Gewinnung der Erhebungsdaten des Betriebsvergleichs aus der Buchhaltung.

Der Kontenrahmen der Sparkassen weist neun Kontenklassen auf. In jeder Kontenklasse werden nach ihrem Wesen und Inhalt möglichst ähnliche Konten zusammengefasst.

Sämtliche Kontonummern des Kontenrahmens sind sechsstellig, wobei die erste Ziffer die Zugehörigkeit zur Kontenklasse angibt und die zweite Stelle die Kontengruppe benennt. Die Bezeichnung der eigentlichen Hauptbuchkonten erfolgt je nach Tiefe ihrer Untergliederung zusätzlich durch die Ziffern der dritten bis sechsten Stelle.

Kontenklasse 1 Spareinlagen, an Kunden verkaufte Schuldverschreibungen

110000 Spareinlagen

111000 Spareinlagen mit dreimonatiger Kündigungsfrist

111100 - normalverzinslich

111200 - unbefristet höherverzinslich (geldmarktorientiert)

111300 - unbefristet höherverzinslich (kapitalmarktorientiert)

111400 - Einmalanlagen mit gleich bleibendem Zinssatz

111500 - Einmalanlagen mit steigendem Zinssatz

111600 - Ratensparverträge

111700 - mit vorübergehender Bonifizierung

112000 Spareinlagen mit mehr als dreimonatiger Kündigungsfrist

112100 - normalverzinslich

112200 - unbefristet höherverzinslich (geldmarktorientiert)

112300 - unbefristet höherverzinslich (kapitalmarktorientiert)

112400 - Einmalanlagen mit gleich bleibendem Zinssatz

112500 - Einmalanlagen mit steigendem Zinssatz

112600 - Ratensparverträge

112700 - mit vorübergehender Bonifizierung

113400 Prämienverbindlichkeiten aus Existenzgründungssparverträgen

114000 Einmalanlagen nach dem Altersvermögensgesetz

Kontenklasse 2 Andere Verbindlichkeiten gegenüber Kunden, Kontokorrent- und Akzeptkredite, CpD

210000 Tagesgelder von und andere befristete Verbindlichkeiten gegenüber Kunden

211000 Tagesgelder von Kunden

211100 - Geschäftskunden

211300 - Privatkunden

212000 Andere befristete Verbindlichkeiten gegenüber Geschäftskunden

212100 - mit einer Laufzeit oder Kündigungsfrist bis zu 5 Jahren

212200 - mit einer Laufzeit oder Kündigungsfrist von mehr als 5 Jahren

213000 Andere befristete Verbindlichkeiten gegenüber Privatkunden

213100 - mit einer Laufzeit oder Kündigungsfrist bis zu 3 Monaten

213200 - mit einer Laufzeit oder Kündigungsfrist von mehr als 3 Monaten

220000 Kontokorrentkredite und Sichteinlagen

221000 Kontokorrentkredite

222000 Sichteinlagen

230000 Akzeptkredite (Obligo)

250000 Weiterleitungsmittel von Nichtkreditinstituten

260000 Fremdwährungskonten der Kunden (laufende Konten, Tagesgelder, Termingelder)

290000 Konto pro Diverse

Kontenklasse 3 Kasse, Sorten und Edelmetalle, Zins- und Dividendenscheine

310000 Kasse

320000 Sorten, Reisezahlungsmittel und Edelmetalle

321000 Sorten (ohne Goldmünzen)

322000 Reisezahlungsmittel

323000 Edelmetalle

330000 Fällige Schuldverschreibungen, Zins- und Dividendenscheine

Kontenklasse 4 Forderungen und Verbindlichkeiten an bzw. gegenüber Kreditinstitute(n), an Kreditinstitute verkaufte Schuldverschreibungen, Treuhandverbindlichkeiten, Betriebsverrechnungskonten

410000 Eigene Girozentrale

411000 Laufendes Konto bei der eigenen GZ

415000 Schuldscheine und Namensschuldverschreibungen der eigenen GZ

416000 Fremdwährungskonten bei der eigenen GZ

420000 Deutsche Bundesbank (Bbk)

421000 Bbk - Laufendes Konto

423000 Bbk-Übernachtguthaben

424000 Bbk - andere Guthaben

440000 Andere Kreditinstitute

450000 Befristete Verbindlichkeiten gegenüber Kreditinstituten einschl. Tagesgelder, Akzeptverbindlichkeiten

451000 Befristete Verbindlichkeiten gegenüber der eigenen GZ (einschließlich Tagesgelder)

452000 Verbindlichkeiten gegenüber der Bundesbank

452100 Übernachtkredit der Bbk

452200 Offenmarktkredit der Bbk mit einer Laufzeit von weniger als 3 Monaten

452300 Offenmarktkredit der Bbk mit einer Laufzeit von 3 Monaten oder länger

453000 Akzeptverbindlichkeiten

454000 Befristete Verbindlichkeiten gegenüber anderen Kreditinstituten (einschl. Tagesgelder)

455000 Den Kreditnehmern nicht abgerechnete eigene Ziehungen im Umlauf

456000 Befristete Fremdwährungsverbindlichkeiten gegenüber der eigenen GZ (einschl. Tagesgelder)

457000 Befristete Fremdwährungsverbindlichkeiten gegenüber anderen Kreditinstituten (einschl. Tagesgelder)

458000 Konsortialverbindlichkeiten

459000 An Kreditinstitute verkaufte Schuldverschreibungen

460000 Verbindlichkeiten aus Treuhandgeschäften und Verwaltung

470000 Zweigstellen

480000 Betriebsverrechnungskonto

490000 Weiterleitungsmittel von Kreditinstituten

Kontenklasse 5 Wechsel, Schecks und sonstige zum Einzug erhaltene Papiere

510000 Diskontwechsel, eigene Ziehungen, eigene Akzepte

511000 Bundesbankfähige Diskontwechsel einschließlich den Kreditnehmern abgerechnete eigene Ziehungen

511400 Vor Verfall zum Einzug gegebene Diskontwechsel

511700 Diskontwechsel-Ausgangskonto

520000 Schatzwechsel und unverzinsliche Schatzanweisungen

530000 Einzugswechsel

540000 Einzugsschecks

550000 Einzugsdokumente

Kontenklasse 6 Darlehen an Kunden, Treuhandvermögen

610000 Darlehen an Geschäftskunden (aus eigenen Mitteln)

620000 Darlehen an Privatkunden (aus eigenen Mitteln)

630000 Darlehen an öffentliche Haushalte (aus eigenen Mitteln)

640000 Treuhandvermögen und verwaltetes Vermögen

650000 Schuldscheine und Namensschuldverschreibungen von Nichtkreditinstituten

660000 Fremdwährungsdarlehen

690000 Weiterleitungsdarlehen

Kontenklasse 7 Wertpapiere, Devisen, Ausgleichsforderungen

710000 Eigene Wertpapiere (Liquiditätsreserve)
711000 Geldmarktpapiere (Liquiditätsreserve)
712000 Anleihen und Schuldverschreibungen

720000 Eigene Wertpapiere (Handelsbestand)

730000 Devisenkommissionsgeschäft

740000 Ausgleichsforderungen gegen die öffentliche Hand
743000 Forderungen gegen den Ausgleichsfonds Währungsumstellung (1990)

750000 Eigene Wertpapiere (Anlagebestand)

760000 Wertpapierkommissionsgeschäft

Kontenklasse 8 Sonstige Vermögensgegenstände, sonstige Forderungen und Verbindlichkeiten

810000 Grundstücke und Gebäude

820000 Betriebs- und Geschäftsausstattung
821000 Geringwertige Wirtschaftsgüter
822000 Maschinen
823000 Kraftfahrzeuge
824000 Sonstige Einrichtungsgegenstände
825000 Betriebsvorrichtungen
826000 Nicht abschreibungsfähige Gegenstände

830000 Beteiligungen und Anteile an verbundenen Unternehmen

840000 Eigene Bausparverträge

850000 Immaterielle Anlagewerte

860000 Sonstige Vermögensgegenstände
861000 Sonstige Aktiva
868000 Vorsteuern (UStG)
868800 Nicht direkt zurechenbare Vorsteuern für aktivierungspflichtige Wirtschaftsgüter (HK 810000, 820000)
868900 Nicht direkt zurechenbare Vorsteuern für sonstige Lieferungen und Leistungen (HK 940000, 950000, 980000)
869000 Zum Jahresabschluss aktivierte sonstige Forderungen (antizipative Posten)

870000 Sonstige Verbindlichkeiten
871000 Sonstige Passiva
878000 Mehrwertsteuer (UStG)
879000 Zum Jahresabschluss passivierte sonstige Verbindlichkeiten (antizipative Posten)

890000 Bürgschaften und Gewährleistungsverträge, unechte Pensionsgeschäfte, andere Verpflichtungen

Kontenklasse 9 Haftendes Eigenkapital nach § 10 KWG, Rückstellungen, Wertberichtigungen, Erfolgskonten und Abschlusskonten

910000 Haftendes Eigenkapital nach § 10 KWG, Sonderposten mit Rücklageanteil, Rückstellungen, Wertberichtigungen, Gewinnverwendung, Verlustvortrag
911000 Rücklagen (selbstfinanziertes Eigenkapital)
912000 Sonstiges haftendes Eigenkapital nach § 10 KWG
913000 Sonderposten mit Rücklageanteil
914000 Rückstellungen
915000 Wertberichtigungen und Vorsorgereserven
916000 Gewinnverwendung
917000 Verlustvortrag

920000 Zinsen und Kreditprovisionen (Aufwendungen und Erträge) sowie laufende Erträge aus eigenen Wertpapieren

930000 Provisionen und Gebühren

940000 Personal- und Sachaufwendungen

950000 Aufwendungen für und Erträge aus Grundstücken und Gebäuden

960000 Steuern

970000 Abschreibungen

980000 Sonstige ordentliche und außerordentliche Aufwendungen und Erträge

990000 Abschlusskonten
991000 Rechnungsabgrenzungsposten zu Gunsten des laufenden Jahres
992000 Rechnungsabgrenzungsposten zu Lasten des laufenden Jahres
996000 Vorwegzuführungen zu den Rücklagen
997000 Entnahmen aus den Rücklagen
998000 Zuwendungen
999999 Auffangkonto für während des Buchungsganges bei Datenverarbeitungsanlagen nicht unterzubringende Posten

Anlage 3

Kontenplan für das private Bankgewerbe

in Klammern Postennummerierung gemäß § 2 Abs. 1 RechKredV angegeben

Klasse 0 Liquide Mittel, Wertpapierbestände	**Klasse 1** Gegenstände des Anlagevermögens, Sonstige Vermögensgegenstände	**Klasse 2** Forderungen an/ Verbindlichkeiten gegenüber Kreditinstituten	**Klasse 3** Forderungen an/ Verbindlichkeiten gegenüber Kunden, Treuhandvermögen/ Verbindlichkeiten, Verbriefte Verbindlichkeiten, Sonstige Verbindlichkeiten	**Klasse 4** Interne Verrechnungs- und Zwischenkonten, Eventualverbindlichkeiten, Andere Verpflichtungen, Forderungen/Verbindlichkeiten aus noch nicht abgewickelten Termingeschäften
00 Kassenbestand (A 1a) 01 Guthaben bei Zentralnotenbanken (A 1b) 03 Schatzwechsel und unverzinsliche Schatzanweisungen sowie ähnliche Schuldtitel öffentlicher Stellen (A 2a) 04 Wechsel (A 2a) 05 Geldmarktpapiere (A 5a) 06 Anleihen und Schuldverschreibungen (A 5b) 07 08 Aktien und andere nicht festverzinsliche Wertpapiere (A 6) 09 Ausgleichsforderungen gegen die öffentliche Hand einschließlich Schuldverschreibungen aus deren Umtausch (A 10)	10 Beteiligungen (A 7) 11 Anteile an verbundenen Unternehmen (A 8) 12 Immaterielle Anlagewerte (A 11) 13 Grundstücke und Gebäude (A 12) 14 Betriebs- und Geschäftsausstattung (A 12) 15 Eigene Schuldverschreibungen (A 5c) 16 Eigene Aktien und Anteile (A 14) 17 Sonstige Vermögensgegenstände (A 15) 18 Aktive Rechnungsabgrenzungsposten (A 16)	20 Forderungen an Kreditinstitute (A 3) 21 22 23 24 25 Verbindlichkeiten gegenüber Kreditinstituten (P 1) 26 27 28 29	30 Forderungen an Kunden (A 4) 31 Treuhandvermögen/-verbindlichkeiten (A 9, P 4) 32 Spareinlagen (P 2a) 33 Andere Verbindlichkeiten gegenüber Kunden (P 2b) 34 Begebene Schuldverschreibungen (P 3a) 35 Begebene Geldmarktpapiere (P 3b) 36 Eigene Akzepte und Solawechsel im Umlauf (P 3b) 37 Andere, verbriefte Verbindlichkeiten (P 3b) 38 Sonstige Verbindlichkeiten (P 5) 39 Passive Rechnungsabgrenzungsposten (P 6)	40 Interne Verrechnungskonten 41 42 Interne Zwischenkonten 43 Eventualverbindlichkeiten (VP 2) 44 Andere Verpflichtungen (VP 2) 45 Forderungen/Verbindlichkeiten aus noch nicht abgewickelten Termingeschäften aus Fremdwährungen und Edelmetallen (§ 36 Nr. 1 RechKredV) 46 Forderungen/Verbindlichkeiten aus noch nicht abgewickelten zinsbezogenen Termingeschäften (§ 36 Nr. 2 RechKredV) 47 Forderungen/Verbindlichkeiten aus noch nicht abgewickelten Termingeschäften mit sonstigen Preisrisiken (§ 36 Nr. 3 RechKredV) 48 49

Klasse 5 Zinserträge, Provisionserträge, Erträge aus Finanzgeschäften, Sonstige betriebliche Erträge	Klasse 6 Zinsaufwendungen, Provisionsaufwendungen, Aufwendungen aus Finanzgeschäften, Sonstige betriebliche Aufwendungen	Klasse 7 Allgemeine Verwaltungsaufwendungen	Klasse 8 Bewertungsaufwendungen/-erträge, Außerordentliche Aufwendungen/Erträge, Ergebnisabhängige Aufwendungen/Erträge, Steuern	Klasse 9 Eigenkapital, Risikofonds, Genussrechtskapital, Nachrangige Verbindlichkeiten, Sonderposten mit Rücklagenanteil, Rückstellungen, Wertberichtigungen
50 Zinserträge (E 1) 51 52 Laufende Erträge (E 2) 53 Erträge aus Gewinngemeinschaften, Gewinnabführungs- oder Teilgewinnabführungsverträgen (E 3) 54 Provisionserträge (E 3) 55 56 Erträge aus Finanzgeschäften (E 5) 57 Sonstige betriebliche Erträge (E 8) 58 59	60 Zinsaufwendungen (Au 1) 61 62 63 64 Provisionsaufwendungen (Au 2) 65 66 Aufwendungen aus Finanzgeschäften (Au 3) 67 Sonstige betriebliche Aufwendungen (Au 6) 68 69	70 Löhne und Gehälter (Au 4aa) 71 Soziale Abgaben (Au 4ab) 72 Aufwendungen für Altersversorgung und Unterstützung (Au 4b) 73 Andere Verwaltungsaufwendungen (Au 4b) 74 75 76 77 78 79	80 Abschreibungen und Wertberichtigungen auf immaterielle Anlagewerte und Sachanlagen (Au 5) 81 Abschreibungen und Wertberichtigungen auf Forderungen und bestimmte Wertpapiere sowie Zuführungen zu Rückstellungen im Kreditgeschäft (Au 7) 82 Erträge aus Zuschreibungen zu Forderungen und bestimmten Wertpapieren sowie aus der Auflösung von Rückstellungen im Kreditgeschäft (E 6) 83 Abschreibungen und Wertberichtigungen auf Beteiligungen, Anteile an verbundenen Unternehmen und wie Anlagevermögen behandelte Wertpapiere (E 7) 84 Erträge aus Zuschreibungen zu Beteiligungen, Anteilen an verbundenen Unternehmen und wie Anlagevermögen behandelten Wertpapieren (E 7) 85 Aufwendungen/Erträge aus Verlustübernahme (Au 9, E 11) 86 Einstellungen in / Erträge aus der Auflösung von Sonderposten mit Rücklagenanteil (A 10, E 9) 87 Außerordentliche Aufwendungen/Erträge (Au 11, E 9) 88 Steuern (Au 12, 13) 89 Aufgrund einer Gewinngemeinschaft, eines Gewinnabführungs- oder Teilgewinnabführungsvertrages abgeführte Gewinne (Au 14)	90 Gezeichnetes Kapital (P 12a, A 13) 91 Offene Rücklagen (P 12b, c) 92 Fonds für allgemeine Bankrisiken (P 11) 93 Genussrechtskapital (P 10) 94 Nachrangige Verbindlichkeiten (P 9) 95 Sonderposten mit Rücklageanteil (P 8) 96 Rückstellungen (P 7) 97 Aktivisch abgesetzte Wertberichtigungen 98 Nicht durch Eigenkapital gedeckter Fehlbetrag (A 17) 99 Bilanzgewinn/Bilanzverlust (P 12d)

Anlage 4

Kontenplan der Kreditgenossenschaften

Kontenklasse 1 Geldverkehr, Kreditinstitute, Wertpapiere	**Kontenklasse 2** Forderungen und Verbindlichkeiten (Nichtbanken)
10 Kassenbestände 11 Forderungen und Verbindlichkeiten gegenüber Zentralnotenbanken 12 Schuldtitel, öffentliche Stellen und Wechsel, die zur Refinanzierung bei Zentralnotenbanken zugelassen sind 13 Zentralbank (zuständige Zentralbank) 14 Andere Banken 15 Forderungen aus von Kreditinstituten eingereichten Wechseln, soweit sie nicht zur Refinanzierung bei Zentralnotenbanken zugelassen sind 16 Einzugspapiere von Kreditinstituten (mit einer Laufzeit von mehr als 30 Tagen) 17 Schuldverschreibungen und andere festverzinsliche Wertpapiere 18 Aktien und andere nicht festverzinsliche Wertpapiere 19 Geschäftsstellen- und interne Verrechnungskonten	20 Laufende Rechnung und Kundenverrechnungskonten 21 Befristete Buchforderungen an Kunden sowie Namensschuldverschreibungen von Nichtbanken 22 Wechselbestände aus Wechselkrediten an Kunden, soweit sie nicht zur Refinanzierung bei Zentralnotenbanken zugelassen sind 23 Einzugspapiere von Kunden 24 Spareinlagen 25 Andere befristete Verbindlichkeiten gegenüber Kunden 26 Verbriefte Verbindlichkeiten 27 Forderungen und Verpflichtungen aus Warengeschäften und aufgenommenen Warenkrediten 28 Treuhandvermögen und Treuhandverbindlichkeiten in eigenem Namen für fremde Rechnung
Kontenklasse 3 Sonstige Vermögenswerte, Rechnungsabgrenzung	**Kontenklasse 4** Rückstellungen, Wertberichtigungen, Eigenkapital
30 Ausgleichsforderungen/-Verbindlichkeiten gegen die öffentliche Hand 31 Beteiligungen und Geschäftsguthaben bei Genossenschaften / Anteile an verbundenen Unternehmen 32 Immaterielle Anlagewerte 33 Grundstücke, grundstücksgleiche Rechte und Bauten einschließlich der Bauten auf fremden Grundstücken 34 Betriebs- und Geschäftsausstattung, dem Bankgeschäft dienend 35 Betriebs- und Geschäftsausstattung, dem bankfremden Geschäft dienend 36 Sonstige Vermögensgegenstände 37 Sonstige Verbindlichkeiten 38 Rechnungsabgrenzung 39 Bilanzierungshilfen	40 Rückstellungen 41 Wertberichtigungen 42 Sonderposten mit Rücklageanteil 43 Nachrangige Verbindlichkeiten 44 Genussrechtskapital 45 Fonds für allgemeine Bankrisiken 46 Geschäftsguthaben 47 Kapital- und Ergebnisrücklagen 48 Gewinn-/Verlustvortrag 49 Jahresüberschuss / Jahresfehlbetrag

Kontenklasse 5
Verbindlichkeiten unter dem Bilanzstrich und Gegenkonten

50 Eventualverbindlichkeiten aus weitergegebenen abgerechneten Wechseln/ Wechselobligo
51 Verbindlichkeiten aus Bürgschaften und Gewährleistungsverträgen
52 Haftung aus der Bestellung von Sicherheiten für fremde Verbindlichkeiten
53 Rücknahmeverpflichtungen aus unechten Pensionsgeschäften
54 Platzierungs- und Übernahmeverpflichtungen
55 Unwiderrufliche Kreditzusagen
57 frei
58 Termingeschäfte u. a.

Kontenklasse 6
Aufwendungen

60 Zinsaufwendungen
61 Provisionsaufwendungen und Aufwendungen aus Finanzgeschäften
62 Personalaufwendungen
63 -
64 Andere Verwaltungsaufwendungen
65 Abschreibungen und Wertberichtigungen auf immaterielle Anlagewerte und Sachanlagen
66 Sonstige betriebliche und außerordentliche Aufwendungen
67 Abschreibungen und Wertberichtigungen auf Forderungen und bestimmte Wertpapiere sowie Zuführungen zu Rückstellungen im Kreditgeschäft
68 Steuern
69 Aufwendungen aus Verlustübernahme, Einstellungen in Sonderposten mit Rücklageanteil

Kontenklasse 7
Erträge

70 Zinserträge aus Kredit- und Geldmarktgeschäften
71 Zinserträge aus festverzinslichen Wertpapieren und Schuldbuchforderungen
72 Erträge aus Anteilsrechten
74 Erträge aus Finanzgeschäften
75 Erträge aus Zuschreibungen zu Forderungen und bestimmten Wertpapieren sowie aus der Auflösung von Rückstellungen im Kreditgeschäft
76 Erträge aus Zuschreibungen zu Beteiligungen, Anteilen an verbundenen Unternehmen und wie Anlagevermögen behandelten Wertpapieren
77 Rohergebnis aus dem Warenverkehr und aus Nebenbetrieben
78 Sonstige betriebliche Erträge
79 Andere Erträge

Kontenklasse 8
Warengeschäft und weitere Geschäftszweige, Nebenbetriebe, Hilfsbetriebe

80 Bezugsgeschäft Wareneinkauf
81 Bezugsgeschäft Warenverkauf
82 Absatzgeschäft Wareneinkauf
83 Absatzgeschäft Warenverkauf
84 Nebenbetriebe
85 Hilfsbetriebe
86 Warenbestand
87 Warenabschlusskonto Bezugsgeschäft
88 Warenabschlusskonto Absatzgeschäft
89 Bestand an Hilfs- und Betriebsstoffen der Neben- und Hilfsbetriebe

Kontenklasse 9
Abschlusskonten für den Jahresabschluss

90 Abgrenzungssammelkonto
91 Gewinn- und Verlustkonto
92 Bilanzkonto
93 Gewinn-Verwendungskonto
94 Vorläufiges Abschlusskonto
97 -
99 Interimskonten bei EDV-Anwendung

Kontenrahmen und Kontenplan zu Schuster: Rechnungswesen und Controlling der Kreditinstitute

Klasse 1
Barreserve, kurz- und mittelfristige Anlagen

10 Kasse
100 Hauptkasse
101 Nebenkassen
103 Portokasse
104 Gerichtsgebührenmarken

11 Sorten und Edelmetalle
110 Sorten
111 Edelmetalle

12 Deutsche Bundesbank und eigene Zentrale
120 Bbk-Giro
121 Bbk-Übernachtguthaben
122 Bbk - andere Guthaben
123 Zentrale

13 Postbank

14 Fällige Schuldverschreibungen, Zins- und Dividendenscheine
140 Fällige Schuldverschreibungen
141 Kuponkonto

15 Schecks und andere Inkassopapiere
150 Schecks
151 Lastschriften
152 Inkassowechsel
153 Inkassowechsel - Banken
154 Sonstige Inkassopapiere

16 Wechsel
160 Diskontwechsel
161 Auslandswechsel

17 Schatzwechsel, U-Schätze
170 Schatzwechsel
171 Unverzinsliche Schatzanweisungen

18 Devisen
180 DM-Devisen
181 DM-Termin-Devisen

Klasse 2
Forderungen und Verbindlichkeiten

20 Banken-Kontokorrent
200 Banken-Kontokorrent
2010 Bbk-Verbindlichkeiten
2011 Verbindlichkeiten aus Pensionsgeschäften
202 Akkreditivforderungen - Banken
203 Akkreditivdeckungskonto - Banken

21 Kunden-Kontokorrent
210 Kunden-Kontokorrent
211 Kunden-Tratten
212 Kundenavale
213 Akkreditivforderungen - Kunden
214 Akkreditivdeckungskonto - Kunden

22 Spar- und Termineinlagen
220 Spareinlagen mit vereinbarter Kündigungsfrist von 3 Monaten
221 Spareinlagen mit vereinbarter Kündigungsfrist von mehr als 3 Monaten
222 Vermögenswirksame Spareinlagen
223 Sparbriefe
224 Sparobligationen
225 Termineinlagen

23 Conto pro diverse
230 Vorschüsse
2301 Retouren (Rückschecks)
2302 Retouren (Rücklastschriften)
2303 Retouren (Rückwechsel)
2304 Vorläufig gebuchte Eingänge C.p.d.
232 Kassenfehlbeträge

24 Darlehen
240 Hypotheken- und Grundschulddarlehen
241 Sonstige Darlehen
242 Ratenkredite
243 Durchlaufende Kredite (Aktiva)
244 Durchlaufende Kredite (Passiva)
245 Aufgenommene Darlehen
246 Verbindlichkeiten aus Pensionsgeschäften

25 Verbindlichkeiten aus eigenen Akzepten
250 Eigene Akzepte

26 Verbindlichkeiten aus eigenen Ziehungen
260 Eigene EUR-Reiseschecks (im Umlauf)

27 Sonstige Aktiva
270 Sonstige Forderungen
2701 Sonstige Forderungen Finanzamt, Kapitalertragsteuer
2702 Sonstige Forderungen Finanzamt, Körperschaftsteuer
2703 Sonstige Forderungen Finanzamt, Kindergeld

28 Sonstige Passiva
280 Sonstige Verbindlichkeiten
2801 Sonstige Verbindlichkeiten (Sozialversicherung)
2802 Sonstige Verbindlichkeiten (Finanzamt), Lohnsteuer
2803 Sonstige Verbindlichkeiten Finanzamt (KESt / ZASt)
281 Umsatz-(Mehrwert-)steuer
283 Skontroführerentgelt Courtage-Verrechnung
284 Eigene Dividende
285 Kassenüberschüsse
286 Geldkartenverrechnung

29 Eventualverbindlichkeiten
291 Eigene Avale
292 Akkreditivverpflichtungen

Klasse 3
Sonstige Vermögenswerte

30 Wertpapiere

300 Eigene Wertpapiere
- Anlagevermögen
- Handelsbestand
- Liquiditätsreserve

301 Wertpapierkommission

302 Schuldscheindarlehen

31 Schuldbuchforderungen

310 Ausgleichsforderungen

32 Beteiligungen

320 Beteiligungen

33 Sachanlagen

331 Grundstücke und Gebäude

332 Betriebs- und Geschäftsausstattung (BGA)

333 Geringwertige Wirtschaftsgüter (GWG)

34 Vermietete Vermögensgegenstände

Klasse 4
Verrechnungskonten Zwischenkonten

40 Verrechnungs- und Zwischenkonten im Zahlungsverkehr

400 Verrechnungskonto Geschäftsstellen (Filialen)

401 Eilüberweisungsgegenwerte

41 Zwischenkonten im Inkassogeschäft

410 Scheckeinreicher

411 Wechseleinreicher

412 Scheckversand

413 Wechselversand

414 Wechseleinreicher - Banken

415 Kuponzwischenkonto

416 Kuponversand

417 Dotationskonto

418 Eilscheckgegenwerte

419 Retouren-Gegenwerte

43 Zwischenkonto im Kreditgeschäft

430 Leistungskonto

Klasse 5
Betriebserträge (Leistungen/Erlöse)

50 Zinserträge aus Kredit- und Geldmarktgeschäften

500 Zinserträge

501 Zinserträge festverzinslicher Wertpapiere

502 Zinsähnliche Erträge
z. B. Akzeptprovision
Damnum Disagio
Bereitstellungsprovision
Kreditprovision
Überziehungsprovision
Kreditbearbeitungsgebühren

51 Laufende Erträge aus Wertpapieren und Beteiligungen

510 Wertpapiererträge

511 Beteiligungserträge

52 Provisionserträge

520 Provisionserträge wie
z. B. Umsatzprovision,
Kontoführungsgebühren,
Kontoauflösungsgebühren,
Domizilprovision,
Inkassoprovision,
Avalprovision,
Provision aus Effektengeschäften,
Depotgebühren,
Safemiete,
Provision im Außenhandel usw.

53 Andere Erträge

530 Mieterträge

531 Spesen- und Gebührenersatz,
z. B. Telefongebühren,
Telexgebühren,
Porti

Klasse 6
Betriebsaufwendungen (Kosten)

60 Zinsen und zinsähnliche Aufwendungen
600 Zinsaufwendungen
601 Diskontaufwendungen
602 Zinsähnliche Aufwendungen z. B. Bereitstellungsprovision

61 Provisionen und ähnliche Aufwendungen für Dienstleistungen ohne Zinscharakter
610 Provisionsaufwendungen
611 Porto, Spesen
612 Courtageaufwendungen (eigene)

62 Personalaufwendungen
620 Personalaufwendungen
621 Soziale Aufwendungen

63 Andere Verwaltungsaufwendungen
630 Büroaufwendungen
631 Sachkosten für Geschäftsräume
632 Fuhrparkkosten
633 Werbungskosten
634 Reisekosten
635 Mieten für Büromaschinen
636 Prozesskosten
637 Betriebssteuern z. B. Grundsteuer, Gewerbesteuer, Kfz-Steuer
638 Pflichtprüfungskosten
639 Haus- und Grundstücksaufwendungen

64 Betriebsbedingte Abschreibungen
641 Abschreibungen auf Sachanlagen
642 Abschreibungen auf vermietete Vermögensgegenstände

65 Sonstige Aufwendungen
651 Sonstige Aufwendungen

Klasse 7
Neutrale Erträge und Aufwendungen und vom Ergebnis abhängige Steuern

70 Neutrale Erträge
700 Steuererstattungen
701 Erträge aus der Auflösung von Wertberichtigungen
702 Kursgewinne
703 Buchgewinne von Wertpapieren
704 Erträge aus der Auflösung von Rückstellungen
705 Erträge aus abgeschriebenen Forderungen
706 Erträge von Anlageverkäufen
707 Erträge aus Kassenüberschüssen
708 Sonstige neutrale Erträge

71 Neutrale Aufwendungen
710 Übernommene Kassenfehlbeträge
711 Kursverluste
712 Abschreibungen auf Forderungen
713 Abschreibungen auf Wertpapiere
714 Außerplanmäßige Abschreibungen auf Anlagen
715 Sonstige neutrale Aufwendungen

72 Steuern vom Einkommen und vom Ertrag
720 Körperschaftsteuer
721 Anrechenbare Körperschaftsteuer
722 Anrechenbare Kapitalertragsteuer

Klasse 8

Klasse 9
Kapital- und Abschlusskonten

90 Kapital
900 Gezeichnetes Kapital
901 Privatkonten (bei Einzelunternehmungen und Personengesellschaften)

91 Genussrechtskapital

92 Kapitalrücklage

93 Gewinnrücklagen
930 Gesetzliche Rücklage
931 Rücklage für eigene Anteile
932 Satzungsmäßige Rücklagen
933 Andere Gewinnrücklagen

94 Sonderposten mit Rücklageanteil

95 Rückstellungen
950 Pensionsrückstellungen
951 Steuerrückstellungen
952 Andere Rückstellungen

96 Wertberichtigungen
960 Einzelwertberichtigungen
961 Unversteuerte Pauschalwertberichtigungen
962 Vorsorgereserven

97 Rechnungsabgrenzungsposten
970 Aktive Rechnungsabgrenzungsposten
971 Passive Rechnungsabgrenzungsposten

98 Gewinn- und Verlustkonto
980 Gewinn- und Verlustkonto
981 Gewinnverteilungskonto
982 Gewinnvortrag
983 Verlustvortrag
984 Bilanzgewinn
985 Bilanzverlust

99 Bilanzkonten
990 Eröffnungsbilanzkonto (EBK)
991 Schlussbilanzkonto (SBK)

Stichwortverzeichnis

30 Schuster - ISBN 978-3-8120-0194-6

Schuster

Rechnungwesen und Controlling der Kreditinstitute

Lernfelder:

3 Unternehmensleistungen erfassen und dokumentieren
8 Kosten und Erlöse ermitteln und beeinflussen
9 Dokumentierte Unternehmensleistungen auswerten

Beilage:
Buchungen der Bankgeschäfte

Merkur Verlag Rinteln

1 Kassengeschäfte

1.1 Laufende Kassengeschäfte

Die **Buchungen** der Veränderungen des Kassenbestandes erfolgen auf dem Hauptbuchkonto **Kasse**.

Beispiel:

Geschäftsfälle:	DM	**Grundbuch**	Soll DM	Haben DM
Anfangsbestand	227 500,00	Kasse an EBK	227 500,00	227 500,00
1. Bareinzahlung eines Kontokorrentkunden	2 700,00	Kasse an Kunden-KK	2 700,00	2 700,00
2. Barabhebung eines Kontokorrentkunden mit Barscheck	500,00	Kunden-KK an Kasse	500,00	500,00
3. Bareinzahlung auf das LZB-Girokonto	20 000,00	LZB-Giro an Kasse	20 000,00	20 000,00
4. Einzahlungen von Kontokorrentkunden durch Nachttresoreinwurf	8 200,00	Kasse an Kunden-KK	8 200,00	8 200,00

Hauptbuch

S	EBK		H
		Kasse	227 500,00

S	Kasse		H
EBK	227 500,00	2.	500,00
1.	2 700,00	3.	20 000,00
4.	8 200,00		

S	Kunden-KK		H
2.	500,00	1.	2 700,00
		4.	8 200,00

S	LZB-Giro		H
3.	20 000,00		

1.2 Abschluss des Kassenkontos

Vor dem Abschluss des **Hauptbuchkontos Kasse** ist eine **Kassenaufnahme** (Inventur) durchzuführen.

Dabei werden die **Ist-Bestände** sämtlicher Kassen (bei Haupt- und Zweigstellen, GAA-Kassen) sowie der Nebenkassen (Portokasse, Gerichtsgebührenmarken) aufgenommen und mit den **Soll-Beständen** (Buchbeständen) abgestimmt.

Unterkonten des Kassenkontos werden **über das Kassenkonto** eröffnet und abgeschlossen.

Der **Soll-Bestand** der Kasse wird aus dem Rechenzentrum bzw. einem Endstellenrechner abgerufen. Dieser Abruf enthält die Summe der Bareinzahlungen, die Summe der Barauszahlungen und den Kassen-(soll-)bestand am Ende eines Buchungstages.

Beispiel:

Kassen-Ist-Bestand lt. Inventur	**Terminalausdruck**	
217 850,00 DM	Kassenabschluss per ...	
	KA Nr. 007	
	KABSTD.	217 900,00 DM
	BEIN 10 900,00	BAUS 20 500,00

Stimmen Soll- und Istbestand nicht überein, so liegen Kassendifferenzen vor. Bis zur Klärung werden die Differenzbeträge auf den Differenzzwischenkonten

Kassenfehlbeträge (bei Minusdifferenzen) bzw. **Kassenüberschüsse** (bei Plusdifferenzen)

erfasst.

Im obigen Beispiel ist der Ist-Bestand um 50,00 DM niedriger als der Soll-Bestand. Der **Soll**- Bestand **ist** stets **buchungsmäßig** dem **Ist**-Bestand **anzugleichen. Maßgebend** ist die **Inventur**.

In diesem Falle ist so zu buchen, als seien 50,00 DM mehr abgehoben worden. Da der Abheber aber nicht bekannt ist, tritt an die Stelle des Kundenkontos das Konto „Kassenfehlbeträge".

Beispiel:

Geschäftsfall:	DM
Kassenfehlbetrag	50,00 DM
Abschlussbuchung des Kassenkontos	

Grundbuch	Soll DM	Haben DM
Kassenfehlbeträge an Kasse	50,00	50,00
SBK an Kasse	217 850,00	217 850,00

Hauptbuch

S	Kasse		H
EBK	227 500,00	2.	500,00
1.	2 700,00	3.	20 000,00
4.	8 200,00	Kassenfehlbetr.	50,00
		SBK	217 850,00
	238 400,00		238 400,00

Im Falle eines Kassenüberschusses ergibt sich die Buchung:

Kasse an Kassenüberschüsse

Soweit die Differenzen nicht geklärt werden konnten, wird der **Bestand** auf dem Konto **Kassenfehlbeträge** am 31. 12. über **GuV** ausgeglichen:

GuV an Kassenfehlbeträge.

Die auf dem Konto **Kassenüberschüsse** erfassten Beträge werden meist als neutraler Ertrag vereinnahmt.

Buchungssatz: **Kassenüberschüsse an Erträge aus Kassenüberschüssen.**

Da es sich bei den Kassenüberschüssen um Verbindlichkeiten gegenüber unbekannten Kunden handelt, ist es auch möglich, das Konto Kassenüberschüsse über Sonstige Verbindlichkeiten abzuschließen. Nach spätestens drei Jahren oder am Ende der Verjährungsfrist sollte die Vereinnahmung als Ertrag erfolgen, weil mit einer Aufklärung nicht mehr zu rechnen ist.

2 Buchungen von Einlagengeschäften

2.1 Spareinlagen

Beispiel:

Ein Kunde unterhält bei einem Kreditinstitut ein Sparkonto. Das Sparguthaben beträgt 3 245,45. Mit dem Kunden wird eine Bonusvereinbarung getroffen, wenn er ein Mindestguthaben von 3 000,00 mindestens 18 Monate unterhält.

Wie werden die folgenden Geschäftsfälle gebucht?

Nr.	Geschäftsfälle	Betrag	Buchungssätze		Soll	Haben
1	Bareinzahlung auf Sparkonto	500,00	Kasse	an Spareinlagen	500,00	500,00
2	Abhebung vom Sparkonto	300,00	Spareinlagen	an Kasse	300,00	300,00
	Zinskapitalisierung					
3	Kapitalisierung der Zinsen am 31. 12. bei ausreichendem Freistellungsauftrag	50,00	Zinsaufwendungen	an Spareinlagen	50,00	50,00
4 a	Kapitalisierung der Zinsen am 31. 12. bei nicht ausreichendem Freistellungsauftrag	50,00	a) Zinsaufwendungen	an Spareinlagen	50,00	50,00
4 b	Buchung der Zinsabschlagsteuer	15,00	b) Spareinlagen	an Sonst. Verbindl. Finanzamt (KESt)	15,00	15,00
4 c	Buchung des Solidaritätszuschlags	0,82	c) Spareinlagen	an Sonst. Verbindl. Finanzamt (Soli)	0,82	0,82
	Bonusvereinbarung					
5	Sparern werden Bonuszusagen gemacht	100,00	Zinsaufwendungen	an Rückstellungen	100,00	100,00

2.2 Termineinlagen

Beispiel:

Vereinbarung eines Festgeldes über 60 000,00 EUR vom 15. 02. bis 15. 04. zu 4,5 % Zinsen p. a. Die Einlage wird vom laufenden Konto umgebucht.

a) Abrechnung bei ausreichendem Freistellungsauftrag

4,5 % Zinsen für 60 Tage 450,00 EUR.

Nr.	Geschäftsfälle	Betrag EUR	Buchungssätze		Soll EUR	Haben EUR
1	Einbuchung des Festgeldes	60 000,00	Kunden-KK	an Termineinlagen	60 000,00	60 000,00
	Zinsgutschrift	450,00				
2 a	Zinsen sollen bei Prolongation wieder angelegt werden		Zinsaufwendungen	an Termineinlagen	450,00	450,00
2 b	Zinsen sollen auf anderem Erträgniskonto zugeschrieben werden		Zinsaufwendungen	an Kunden-KK oder Spareinlagen	450,00	450,00
3	**Rückzahlung des Festgeldes**		Termineinlagen	an Kunden-KK oder Spareinlagen		

b) Abrechnung ohne Freistellungsauftrag

Festgeld	60 000,00 EUR	
4,5 % Zinsen für 60 Tage	450,00 EUR ←	Vom Kunden zu versteuern.
Einbehaltene KESt[1] 30 %	135,00 EUR ←	Vom Kreditinstitut einzubehaltende und abzuführende Steuervorauszahlungen
davon einbeh. Soli 5,5 %	7,42 EUR ←	Vom Kreditinstitut einzubehaltende und abzuführende Steuervorauszahlungen

Buchungen bei nicht vorgelegtem oder nicht ausreichendem Freistellungsauftrag

Nr.	Geschäftsfälle	Betrag EUR	Buchungssätze		Soll EUR	Haben EUR
1	**Zinsgutschrift** Zinsen sollen bei Prolongation wieder angelegt werden	450,00	Zinsaufwendungen	an Termineinlagen	450,00	450,00
			Termineinlagen	an Sonst. Verbindl. Finanzamt (KESt)	135,00	135,00
			Termineinlagen	an Sonst. Verbindl. Finanzamt (Soli)	7,42	7,42

1 Statt KESt wird auch die Bezeichnung ZASt (Zinsabschlagsteuer) verwendet.

2.3 Sparbriefe

Sparbriefe und **Sparobligationen** werden

- als normalverzinsliche Papiere, d.h. mit jährlicher nachträglicher Zinszahlung;
- als Abzinsungspapiere, d.h., die Zinsen für die gesamte Laufzeit werden bei der Ausgabe vom Nennwert abgezogen, um den Ausgabepreis zu erhalten;
- als Aufzinsungspapiere, d.h., sie werden zum Nennwert ausgegeben und am Ende der Laufzeit einschließlich der aufgelaufenen Zinsen ausgezahlt,

ausgegeben.

Abzug der Kapitalertragsteuer in Höhe von 30 v.H.[1]

Art der Anlage	*Zeitpunkt des KESt-Abzugs*
Normalverzinsliche Sparbriefe/ Sparobligationen	Bei der jährlichen Zinszahlung einzubehalten. Gutschrift der Nettozinsen (Bruttozinsen – KESt).
Abgezinste Sparbriefe/ Sparobligationen	KESt wird bei Fälligkeit vom Gesamtbetrag der Zinsen (Differenz Ausgabepreis – Rückzahlungspreis) berechnet und einbehalten.
Aufgezinste Sparbriefe/ Sparobligationen	KESt wird bei Fälligkeit vom Gesamtbetrag der Zinsen berechnet und einbehalten.

Liegt ein Freistellungsauftrag vor, so erfolgt bei ausreichender Höhe kein Kapitalertragsteuerabzug.

Wie ist bei den verschiedenen Typen zu buchen?

Beispiel 1:
Ein Kreditinstitut verkauft, Wert 31.12., einen **normalverzinslichen Sparbrief** von 10000,00 EUR. Zinssatz 7% p.a. Umbuchung von Spareinlage mit dreimonatiger Kündigungsfrist. Kein Freistellungsauftrag.

Geschäftsfälle:	Grundbuch			Soll EUR	Haben EUR
1. Verkauf	Spareinlagen	an	Sparbriefe	10000,00	10000,00
2. Abschluss des Kontos Sparbriefe am 31.12.	Sparbriefe	an	SBK	10000,00	10000,00
3. Zinszahlung am 31.12. n.J.	Zinsaufwendungen	an	Spareinlagen	700,00	700,00
Zinsgutschrift auf Sparkonto. 30% KESt.	Spareinlagen	an	So. Verb. FA (KESt)	210,00	210,00
4. Rückzahlung des Sparbriefes bei Fälligkeit. Gutschrift auf Sparkonto	Sparbriefe	an	Spareinlagen	10000,00	10000,00

1 Der zusätzlich einzubehaltende Solidaritätszuschlag soll unberücksichtigt bleiben.

Beispiel 2:

Ein Kreditinstitut verkauft, Wert 31. 12., einen **abgezinsten Sparbrief** von 10 000,00 EUR. Zinssatz 7% p.a., Laufzeit 5 Jahre. Ausgabepreis 7 129,86 EUR. Zinsanteil des 1. Jahres 499,09 EUR. Kein Freistellungsauftrag.

Geschäftsfälle:	Grundbuch			Soll EUR	Haben EUR
1. Verkauf, bar Es ist der Nennwert als Verbindlichkeit zu buchen. Die Zinsen sind aktiv abzugrenzen	Kasse Aktive Rechnungs-abgrenzung (ARAP)	an	Sparbriefe	7 129,86 2 870,14	10 000,00
2. Abschluss der Konten ARAP und Sparbriefe am 31. 12.	SBK	an	ARAP	2 870,14	2 870,14
	Sparbriefe	an	SBK	10 000,00	10 000,00
3. Buchung der Zinsen am 31. 12. n. J.	Zinsaufwendungen	an	ARAP	499,09	499,09
4. Rückzahlung des Sparbriefes bei Fälligkeit, bar. 30% KESt.	Sparbriefe	an	Kasse	10 000,00	9 138,96
		an	So. Verb. FA (KESt)		861,04

Beispiel 3:

Ein Kreditinstitut verkauft, Wert 31. 12., einen **aufgezinsten Sparbrief** von 10 000,00 EUR. Zinssatz 7% p.a. Laufzeit 4 Jahre. Kumulierte Zinsen 3 107,96 EUR. Kein Freistellungsauftrag.

Geschäftsfälle:	Grundbuch			Soll EUR	Haben EUR
1. Verkauf zu Lasten des lfd. Kontos	Kunden-KK	an	Sparbriefe	10 000,00	10 000,00
2. Abschluss des Kontos Sparbriefe am 31.12. d.J.	Sparbriefe	an	SBK	10 000,00	10 000,00
3. Zinsbuchung am 31. 12. n. J. Die anteiligen Zinsen sind als sonstige Verbindlichkeit zu passivieren. Diese Zinsverbindlichkeit wird in der Bilanz zusammen mit der Sparbriefverbindlichkeit ausgewiesen.	Zinsaufwendungen	an	Sonstige Verbindlichkeiten	700,00	700,00
4. Rückzahlung des Sparbriefes einschließlich der Zinsen bei Fälligkeit auf das lfd. Konto. 30% KESt.	Sonstige Verbindlichkeiten und Sparbriefe	an	Kunden-KK	3 107,96 10 000,00	13 107,96
	Kunden-KK	an	So. Verb. FA (KESt)	932,39	932,39

3 Buchungen im Zahlungsverkehr

3.1 Überweisungsverkehr

Einfache Überweisungen

Der Überweisungsauftrag führt zu einer Belastung des Kontokorrentkontos (in Ausnahmefällen des Sparkontos) des Auftraggebers. Die Gegenbuchung erfolgt auf dem Konto des Begünstigten bzw. dem Konto des Kreditinstituts, dessen Hilfe bei der Ausführung des Auftrages beansprucht wurde.

Buchungssätze: Kunden-KK an Kunden-KK (Spareinlagen)
Kunden-KK an Verrechnungskonto des mit der Weiterleitung beauftragten Kreditinstituts, z. B. LZB-Giro, Banken-KK.

Eingehende Überweisungsgutschriften zugunsten unserer Kunden werden entsprechend umgekehrt gebucht.

Ist der Begünstigte noch kein Kunde, so erfolgt die Gutschrift zunächst auf dem Hilfskonto **CpD** (Conto pro diverse). Dieses Konto wird durch Barauszahlung an den Begünstigten, durch Umbuchung auf ein noch zu eröffnendes Konto oder durch Rücküberweisung an das erstbeauftragte Kreditinstitut ausgeglichen.

3.2 Schecks, Lastschriften, Retouren

3.2.1 Wie werden Barauszahlungen von Schecks gebucht?

Barschecks können von eigenen Kunden zur Auszahlung von Bargeld verwendet werden. Das Kunden-Kontokorrentkonto wird mit dem Scheckbetrag unmittelbar belastet.

Grundbuch: Kunden-KK an Kasse

3.2.2 Wie werden von Kunden zum Inkasso eingereichte Schecks gebucht?

In der Regel werden die von Kunden eingereichten Inkassoschecks den Einreichern **direkt**, also ohne die Einschaltung eines Zwischenkontos, „Eingang vorbehalten" (E.v.) gutgeschrieben. Die Gegenbuchung erfolgt auf dem HK des Instituts, über das der Einzug abgewickelt wird. Das ist bei vielen Kreditinstituten die LZB. Daneben kann, z. B. bei Sparkassen und Kreditgenossenschaften, der Einzug über die Zentrale durchgeführt werden. Falls mit dem bezogenen Kreditinstitut eine Kontoverbindung besteht, kann deren Kontokorrentkonto unmittelbar belastet werden.

Nur in Ausnahmefällen, z. B. wenn dem Einreicher der Gegenwert nicht direkt gutgeschrieben werden soll oder falls die Schecks der Zahlstelle unmittelbar ohne Verrechnung übersandt werden müssen, werden Zwischenkonten eingeschaltet.

Beispiel:

Der Sparkasse Glückstadt werden von Kunden Schecks zum Einzug und zur Gutschrift E.v. eingereicht. Diese werden auf folgenden Wegen verrechnet:

1. Landeszentralbank 208 400,00 EUR
2. Befreundete Kreditinstitute 13 700,00 EUR
3. Eigene Girozentrale 140 100,00 EUR

Nr.	Buchungssätze			Soll Betrag EUR	Haben Betrag EUR
1	LZB	an	Kunden-KK	208 400,00	208 400,00
2	Banken-KK	an	Kunden-KK	13 700,00	13 700,00
3	Girozentrale	an	Kunden-KK	140 100,00	140 100,00

3.2.3 Wie werden zur Einlösung vorgelegte Schecks gebucht?

Die Handelsbank AG erhält täglich Verrechnungsschecks, die von ihren Kunden ausgestellt wurden, entweder als Originalschecks oder im beleglosen Scheckeinzugsverfahren auf EDV-Medien erfasst, zur Einlösung vorgelegt.

Sind die Vorleger andere Kreditinstitute, so werden die *Scheckbeträge ohne vorherige Disposition* dem Konto des Ausstellers belastet. Erst **nach** der Belastungsbuchung wird geprüft, ob die Schecks endgültig eingelöst werden.

Soll ein Scheck, z.B. wegen fehlender Deckung, nicht eingelöst werden, wird die Belastungsbuchung storniert.

Nach dem **AGB** gelten als **eingelöst**

- **Barschecks** mit Zahlung an den Scheckvorleger,
- **andere Einzugspapiere** wenn die Belastungsbuchung nicht bis zum Ablauf des übernächsten Bankarbeitstages rückgängig gemacht wird,
- **über LZB eingezogene Papiere** wenn sie nach deren AGB nicht mehr zurückgegeben werden können.

Reichen Kunden Schecks auf andere Kunden ein, erfolgt die Disposition in der Regel vor der Buchung auf dem Konto des Bezogenen.

Ein **CpD-Konto** (Scheckkonto) wird bei der Einlösung **nicht** eingeschaltet.

Beispiel:

Der Handelsbank AG werden auf sie gezogene Verrechnungsschecks zur Einlösung vorgelegt, und zwar

1. von der Landeszentralbank 128 400,00 EUR
2. von befreundeten Kreditinstituten 16 900,00 EUR

Nr.	Buchungssätze			Soll Betrag EUR	Haben Betrag EUR
1	Kunden-KK	an	LZB	128 400,00	128 400,00
2	Kunden-KK	an	Banken-KK	16 900,00	16 900,00

3.2.4 Wie werden Retouren (Rückschecks) gebucht?

Nach dem **Abkommen über den Einzug von Schecks (Scheckabkommen)** sind von dem bezogenen Kreditinstitut

- **Schecks,** die **körperlich** vorgelegt und nicht eingelöst werden, spätestens an dem auf den Tag der Vorlage (Eingangstag) der Schecks folgenden Bankarbeitstag mit dem Vorlegungsvermerk an die erste Inkassostelle zurückzuleiten;
- **Rückrechnungen** aus dem **BSE-Verfahren** spätestens an dem auf den Eingangstag der Scheckdaten folgenden Bankarbeitstag an die erste Inkassostelle zu leiten.

Die Buchung der Scheckrückgabe erfolgt in der Regel ohne die Einschaltung eines Rückscheckkontos.

Entgelte für die Scheckrückgabe werden auf dem Konto **Provisionserträge** gebucht.

Beispiel:

Die **Handelsbank AG** erstellt diese Rückrechnung für einen nur vorläufig auf dem Konto des Ausstellers belasteten Scheck.

Scheckbetrag	3400,00 DM
Rückgabeentgelt	10,00 DM
Gesamtbetrag	3410,00 DM

Nr.	Buchungssatz			Soll Betrag DM	Haben Betrag DM
1	LZB-Giro	an	Kunden-KK	3410,00	3400,00
		an	Provisionserträge		10,00

Die Kreditbank AG, 1. Inkassostelle, belastet dem Einreicher den Rückscheck auf dessen Kontokorrentkonto. Sie berechnet dem Einreicher zusätzlich 20,00 DM eigene Provision.

Nr	Buchungssatz			Soll Betrag DM	Haben Betrag DM
1	Kunden-KK	an	LZB-Giro	3430,00	3410,00
		an	Provisionserträge		20,00

Das **Rückscheckkonto** wird nur verwendet, wenn dem Einreicher der Betrag nicht belastet werden kann, z. B. bei einer mittlerweile eingetretenen Insolvenz. In diesem Falle wäre zu buchen:

Nr.	Buchungssatz			Soll Betrag DM	Haben Betrag DM
1	Rückschecks	an	LZB-Giro	3430,00	3410,00
	(Retouren)	an	Provisionserträge		20,00

4 Buchungen von Kreditgeschäften

4.1 Kontokorrentkredit

Beispiel:
Die Chemischen Werke Calw GmbH erhalten zur Finanzierung ihres Warenlagers von der Kreditbank Calw einen Kontokorrentkredit von 300 000,00 EUR bereitgestellt.

Wie erfolgt die Bereitstellung des Kredits und wie ist dabei zu buchen?

Es sind zwei Formen der Bereitstellung von Kontokorrentkrediten möglich:

1. **Üblich** ist die Einräumung eines **Kreditlimits** auf dem laufenden Konto.
2. Es wird ein eigenes Kreditsonderkonto geführt (selten).

In beiden Fällen wird die Kreditbereitstellung *nicht* gebucht.

Wie ist bei der Inanspruchnahme des Kontokorrentkredits zu buchen?

Die Kreditbank Calw stellt zum Beginn des III. Quartals den Kontokorrentkredit durch Einräumung eines Kreditlimits bereit.

Gebucht werden sämtliche Umsätze auf dem Kontokorrentkonto.

Nr.	Geschäftsfälle	Grundbuch Wert		Soll EUR	Haben EUR
1	Die Kreditnehmerin überweist 250 000,00 EUR. Der Auftrag wird über LZB-Giro ausgeführt.	02.07.	Kunden-KK an LZB-Giro	250 000,00	 250 000,00
2	Auf Postbank Girokonto gehen für die Chemischen Werke Calw GmbH 80 000,00 EUR ein.	16.07.	Banken-KK an Kunden-KK	80 000,00	 80 000,00
3	Im BSE-Verfahren von der LZB vorgelegte Schecks der Chemischen Werke Calw GmbH 105 400,00 EUR	05.08.	Kunden-KK an LZB-Giro	105 400,00	 105 400,00
4	Barabhebung 35 000,00 EUR	22.08.	Kunden-KK an Kasse	35 000,00	 35 000,00
5	Überweisungseingänge von anderen Kontokorrentkunden der Kreditbank Calw 420 000,00 EUR	12.09.	Kunden-KK an Kunden-KK	420 000,00	 420 000,00

Wie werden Kontokorrentkredite abgerechnet und die Abrechnungen gebucht?

Die Kreditbank Calw berechnet für ihre Wert- bzw. Betriebsleistungen Zinsen bzw. Provisionen, deren Höhe von der Marktlage, der Bonität des Kreditnehmers und den Refinanzierungskosten der Kreditbank abhängen.

Die Abrechnung wird monatlich oder vierteljährlich vorgenommen.

Entgelte für Wertleistungen	Buchung auf Konto
Habenzinsen für Guthaben (Sichteinlagen)[1]	Zinsaufwendungen
Sollzinsen für Kreditinanspruchnahme	Zinserträge
Kreditprovision als Bereitstellungsprovision für das Bereithalten des Kreditbetrages. Mögliche Berechnungsformen: – ... % p.a. vom in Anspruch genommenen Kredit als Bestandteil der Sollzinsen (Nettozinssatz) – ... % p.a. vom zugesagten Kredit – ... % p.a. auf den nicht in Anspruch genommenen Kredit	Zinsähnliche Erträge
Überziehungsprovision für das Überschreiten des eingeräumten Kreditlimits oder bei Ablauf des Kreditzeitraums	Zinsähnliche Erträge

Entgelte für Betriebsleistungen	Buchung auf Konto
Umsatzprovision als Entgelt für die Kosten der Kontoführung. *Berechnungsformen* – ... % vom Umsatz der größeren Kontoseite unter Berücksichtigung sog. Freiposten, wie z.B. dem Saldovortrag der Abschlussbuchung – ... % p.a. vom tatsächlich beanspruchten Kredit (= Sollzinszahlen) – Gebühr pro Buchungsposten	Provisionserträge
Barauslagen als Entgelt für besondere Leistungen, z.B. Porti, Telefongebühren	Spesen- und Gebührenersatz

Die Kreditbank Calw berechnet der Chemischen Werke Calw GmbH p.a.

1 % Habenzinsen — 4 % Überziehungsprovision

9 % Sollzinsen — $\frac{1}{4}$ % Umsatzprovision von der größeren Umsatzseite

Welche Kontoabrechnung ergibt sich zum 30.09.?

Zinsstaffel

Wert	Soll/Haben	Betrag EUR	Zinstage	Soll-ZZ	Haben-ZZ	Überziehungs-ZZ
02.07.	S	250 000,00	14	35 000		
16.07.	H	80 000,00				
	S	170 000,00	19	32 300		
05.08.	S	105 400,00				
	S	275 400,00	17	46 818		
22.08.	S	35 000,00				
	S	310 400,00	20	62 080		2 080
12.09.	H	420 000,00				
	H	109 600,00	18		19 728	
30.09.	S	5 623,26	88	176 198	19 728	2 080
	H	103 976,74				

1 Bei Habenzinsen über 1 % p.a. sind 30 % KESt sowie 5,5 % Solidaritätszuschlag einzubehalten und abzuführen.

Abrechnung	Soll EUR	Haben EUR	zu buchen auf Konto
1% p.a. Habenzinsen aus 19728 ZZ		54,80	Zinsaufwendungen
9% p.a. Sollzinsen aus 176198 ZZ	4404,95		Zinserträge
4% p.a. Überziehungsprovision aus 2080 ZZ	23,11		Zinsähnliche Erträge
¼% Umsatzprovision von der größeren Umsatzseite 500000,00 DM	1250,00		Provisionserträge
	5678,06	54,80	
Saldo	5623,26		

Grundbuch			Soll EUR	Haben EUR
Zinsaufwendungen	an	Kunden-KK	54,80	54,80
Kunden-KK			5678,06	
	an	Zinserträge		4404,95
	an	Zinsähnliche Erträge		23,11
	an	Provisionserträge		1250,00

4.2 Diskontkredit

Beispiel:

Der Metallbau GmbH wird ein beantragter Diskontkredit von 250000,00 EUR am 02.07. genehmigt.

Am 14.07. nimmt die Gesellschaft diesen Diskontkredit in Anspruch und reicht den folgenden Wechsel zur Diskontierung ein:

Wechselbetrag	fällig am	Zahlungsort
12500,00 EUR	20.12. d.J.	Frankfurt

Die ankaufende Bank erstellt diese Ankaufsabrechnung:

Diskontrechnung Inlandswechsel							
Abrechnungstag		14. Juli					
Betrag	fällig am	Wert	Zinstage	Zinszahlen	Diskont	Provision	Gutschrift
12500,00	20.12.	20. Dez.	159	19875	**496,88**	**0,00**	**12.003,12**
		0,000	% Provision				
		9,00	% Diskont				
		Wert	14. Juli				

Wie wird die Abrechnung gebucht?

Grundbuch

Buchungssatz			Soll EUR	Haben EUR
Diskontwechsel	an	Kunden-KK	12 500,00	12 003,12
	an	Diskonterträge		496,88

Den angekauften Wechsel kann die Bank nun bis zum Verfall in ihrem Portefeuille halten und ihn dann dem Bezogenen zur Einlösung vorlegen bzw. auf bereits bekannten Verrechnungswegen einige Tage vor Verfall einziehen. Außerdem kann sich das Kreditinstitut mit Hilfe des Wechsels bei anderen Kreditinstituten oder bei der EZB refinanzieren.

4.3 Ratenkredite (Kleinkredite, Anschaffungsdarlehen, Persönliche Kredite, Privatkredite)

Beispiel:

Doris Walter nimmt am 20.07.20.. bei der Volksbank Heuchelheim eG einen Ratenkredit auf. Kreditbetrag 29 500,00 EUR. Laufzeit 60 Monate.

Konditionen: 0,4% p.M. (pro Monat) Zinsen vom ursprünglichen Kreditbetrag.
2% Bearbeitungsgebühr vom ursprünglichen Kreditbetrag.

Der Kreditbetrag wird auf dem laufenden Konto der Kreditnehmerin bereitgestellt.

Für Doris Walter ergibt sich folgende **Abrechnung:**

			Konten
Darlehensbetrag	29 500,00 EUR	←	Kunden-KK o. ä.
0,4% p.M. Zinsen für 60 Monate (0,4% von 29 500,00 EUR = 118,00 EUR · 60)	7 080,00 EUR	}	Zinserträge
2% Bearbeitungsgebühr	590,00 EUR	}	
Gesamtbetrag	37 170,00 EUR	←	Ratenkredite

Wie werden die Auszahlung, die Tilgungsraten und die vorzeitige Rückzahlung des Kredits gebucht?

Grundbuch

Wert	Buchungssätze			Soll EUR	Haben EUR
	Buchung der Auszahlung				
20.07.	Ratenkredite	an	Kunden-KK	37 170,00	29 500,00
		an	Zinserträge		7 670,00
	Tilgung der 1. Rate				
20.08.	Kunden-KK o. ä.	an	Ratenkredite	619,50	619,50

Bei **vorzeitiger Rückzahlung** werden die anteiligen Zinserträge[1] periodengerecht festgestellt und dem Kunden zurückerstattet.

Zinserträge bzw.
Passive Rechnungsabgrenzung an Kunden-KK

Wie werden Kredite mit variabler Inanspruchnahme gebucht?

Dem Kreditnehmer wird das Recht eingeräumt, innerhalb einer bestimmten Frist, z. B. 47 Monate, über einen bestimmten Kreditbetrag, meist bis zu 50 000,00 EUR, bei Bedarf zu verfügen.

Der Zinssatz ist variabel. Die Tilgung erfolgt entweder durch Raten, die in Anlehnung an die tatsächliche Inanspruchnahme jeweils neu festgelegt werden oder völlig frei vom Kreditnehmer festgelegt werden können.

Die Verfügung erfolgt durch Umbuchung vom Ratenkreditkonto auf das laufende Konto des Kreditnehmers.

Beispiel:
Ein Kunde nimmt einen Privatkredit über 40 000,00 EUR auf. Laufzeit 4 Jahre – 1 Tag. Tilgung variabel. Zinsen 9 % p. a., fällig monatlich, nachträglich.

Grundbuch

Nr.	Geschäftsfälle	Buchungssätze	Soll EUR	Haben EUR
1	Einräumung des Privatkredits.	Keine Buchung		
2	Kunde überträgt 20 000,00 EUR auf sein laufendes Konto.	Ratenkredit an Kunden-KK	20 000,00	20 000,00
3	Zinsbelastung 150,00 EUR.	Kunden-KK an Zinserträge	150,00	150,00
4	Kreditnehmer tilgt 5 000,00 EUR durch Überweisung vom lfd. Konto.	Kunden-KK an Ratenkredit	5 000,00	5 000,00

4.4 Darlehen (Hypotheken- und Grundschulddarlehen; Realkredite)

Beispiel:
Die Sparkasse Gießen gewährt am 02. 01. zur Renovierung eines Wohngebäudes einen Realkredit von 100 000,00 EUR. Auszahlung 98 %. 8 % p. a. Zinsen, 5 Jahre fest; 2 % Tilgung zuzüglich ersparter Zinsen, zahlbar in vierteljährlichen Raten. Bereitstellung auf dem laufenden Konto. Von diesem Konto werden die Zins- und Tilgungsleistungen bei Fälligkeit abgebucht. Zinsen und Tilgung sollen vierteljährlich nachträglich verrechnet werden.

1 Häufig wird auf die Erstattung der Bearbeitungsgebühr verzichtet. In diesem Falle werden die anteiligen passiven Rechnungsabgrenzungen als neutrale Erträge vereinnahmt.

Zinsen, Damnum

Langfristige Darlehen gegen Grundpfandrechte können zu einem festen oder variablen Zinssatz gewährt werden. Es kommt vor, dass der Zinssatz nur für eine bestimmte Frist festgeschrieben wird.

Die **Belastung der Zinsen** erfolgt meist vierteljährlich, aber auch monatlich, halbjährlich oder jährlich im Voraus oder nachträglich.

Neben dem Zins wird häufig ein **Damnum (Disagio)** vereinbart. Dieses ist als **Zinsertrag** zu vereinnahmen und zeit- und kapitalanteilig auf die Gesamtlaufzeit bzw. auf die Dauer der Zinsfestschreibung zu verteilen. Wird das Damnum auf einen kürzeren Zeitraum als die Gesamtlaufzeit verteilt, so sollte dieser mindestens fünf Jahre betragen. Bei der **Verteilung des Damnums** auf einen kürzeren Zeitraum, z. B. 5 Jahre, ist - aus Gründen der Vereinfachung der Buchführung - eine lineare Vereinnahmung von je $\frac{1}{5}$ pro Jahr vertretbar. Eine Berücksichtigung des Valutierungszeitpunktes ist nicht erforderlich.

Zins und Tilgung werden vierteljährlich nachträglich verrechnet

Grundbuch

Nr.	Geschäftsfälle	Buchungssätze			Soll EUR	Haben EUR
1	**Auszahlung** am 02.01.	Hypotheken- und Grundschulddarlehen	an	Kunden-KK	100 000,00	98 000,00
			an	Zinserträge		400,00
			an	PRAP		1 600,00
2	**Zahlung der 1. Rate** am 30.03.	Kunden-KK	an	Hypotheken- und Grundschulddarlehen	2 500,00	2 500,00
		Hypotheken- und Grundschulddarlehen	an	Zinserträge	2 000,00	2 000,00
3	**Zahlung der 2. Rate** am 30.06.	Kunden-KK	an	Hypotheken- und Grundschulddarlehen	2 500,00	2 500,00
		Hypotheken- und Grundschulddarlehen	an	Zinserträge	1 990,00	1 990,00
4	**Zahlung der 3. Rate** am 30.09.	Kunden-KK	an	Hypotheken- und Grundschulddarlehen	2 500,00	2 500,00
		Hypotheken- und Grundschulddarlehen	an	Zinserträge	1 979,80	1 979,80
5	**Zahlung der 4. Rate** am 31.12. und Abschlussbuchung	Kunden-KK	an	Hypotheken- und Grundschulddarlehen	2 500,00	2 500,00
		Hypotheken- und Grundschulddarlehen	an	Zinserträge	1 969,40	1 969,40
		SBK	an	Hypotheken- und Grundschulddarlehen	97 939,20	97 939,20
		PRAP	an	SBK	1 600,00	1 600,00

4.5 Avalkredit

Beispiel:

Die Handelsbank AG übernimmt für die Schröder & Co. KG

1. am 13.06. eine Fertigstellungsgarantie gegenüber dem Mieter einer Ladenfläche in Höhe von 135 000,00 EUR; Avalprovision 900,00 EUR und
2. am 20.11. eine Zollbürgschaft gegenüber der Zollbehörde in Höhe von 50 000,00 EUR; Avalprovision bis zum 31.12. d.J. 140,00 EUR.

Welche Buchungen ergeben sich bei Avalkrediten?

Gebucht werden die Forderungen und Verbindlichkeiten aus Bürgschaften, Garantien und Pensionsgeschäften.

Nicht gebucht werden bankübliche Gewährleistungen, die im Zusammenhang mit Kundengeschäften übernommen wurden, z. B. Gewährleistungen aus dem Lastschriftverkehr oder aus der Ausgabe von Scheckkarten.

Da bei Kreditleihgeschäften bei der Kreditgewährung keine liquiden Mittel des Kreditinstituts eingesetzt werden müssen, wird kein Bestandskonto berührt. Um einen Überblick über sämtliche laufenden **Avalverpflichtungen** zu erhalten, wird ein Hilfskonto **„Eigene Avale"** (oder **„Avalverbindlichkeiten"**) geführt. Die **Eventualforderungen** an den Kreditnehmer werden auf dem Konto **„Kundenavale"** (oder **„Avalforderungen"**) erfasst.

Die **Avalprovision** zählt zu den Provisionserträgen (§ 30 Abs. 1 Satz 2 RechKredV). Daneben kann eine Ausfertigungsgebühr erhoben werden, die ebenfalls als Provisionsertrag gebucht wird.

Für die übernommene **Fertigstellungsgarantie** ergeben sich bei der Übernahme der Garantie und am Ende der Garantiefrist folgende Buchungen:

Grundbuch

Nr.	Geschäftsfälle	Buchungssätze			Soll EUR	Haben EUR
1	Übernahme der Garantie	Kunden-Avale	an	Eigene Avale	135 000,00	135 000,00
2	Buchung der Avalprovision	Kunden-KK	an	Provisionserträge	900,00	900,00
3	Erlöschen der Garantie	Eigene Avale	an	Kunden-Avale	135 000,00	135 000,00

Die **Zollbürgschaft** wurde am 20.11. übernommen. Am 20.12. nahm das Hauptzollamt einen Teilbetrag von 35 000,00 EUR in Anspruch. Welche Buchungen mussten während des Jahres vorgenommen werden?

Grundbuch

Nr.	Geschäftsfälle	Buchungssätze			Soll EUR	Haben EUR
1	Übernahme der Bürgschaft am 20.11.	Kunden-Avale	an	Eigene Avale	50 000,00	50 000,00
2	Buchung der Avalprovision	Kunden-KK	an	Provisionserträge	140,00	140,00
3	Teilinanspruchnahme am 20.12.	Kunden-KK Eigene Avale	an an	LZB-Giro Kunden-Avale	35 000,00 35 000,00	35 000,00 35 000,00
4	Abschluss am 31.12.	SBK Eigene Avale	an an	Kunden-Avale SBK	15 000,00 15 000,00	15 000,00 15 000,00

5 Buchungen von Wertpapiergeschäften

5.1 Wertpapierkommissionsgeschäfte

Beispiel:

Ein Kunde erteilt der Deutschen Bank AG den Auftrag zum Kauf von Stück 100 Pfeiffer Vacuum Technology AG Aktien o. N.

Die beauftragte Bank führt den Auftrag im Neuen Markt der Frankfurter Wertpapierbörse aus.

Wie ist das Kommissionsgeschäft zu buchen?

Die **Buchung** der als Kommissionsgeschäfte oder Eigenhandelsgeschäfte abgewickelten An- und Verkäufe von Wertpapieren können bei den beteiligten Kreditinstituten über das Konto

„**Wertpapierkommission**" (WPKK)

geleitet werden. Dieses Konto wird auch unter Bezeichnungen wie „Wertpapierkommissionsgeschäfte", „Wertpapierkundengeschäfte" o. Ä. geführt. Es ist ein reines **Durchgangskonto,** was bedeutet, dass es nach Abwicklung der Geschäfte stets ausgeglichen ist.

Auf dem Wertpapierkommissionskonto wird der **ausmachende Betrag** erfasst. Darunter soll

- bei Aktien der Kurswert,
- bei festverzinslichen Wertpapieren der Kurswert + oder – Stückzinsen

verstanden werden.

Provision und Spesen	werden auch auf den gleichnamigen Aufwands- bzw. Ertragskonten gebucht.
Courtage (Maklergebühr)	wird auf dem Konto **Courtageverrechnung** gebucht. Ein nach Abbuchung der fälligen Courtage verbleibender Saldo wird als Provisionsertrag vereinnahmt.

Den Auftrag des Kunden zum Kauf von 100 Stück Aktien der Pfeiffer Vacuum Technology AG führt die Deutsche Bank AG als **Börsenbank** dadurch aus, dass sie die Aktien an der Börse, durch die Vermittlung eines Maklers, von einem anderen Kreditinstitut (hier z. B. Bankhaus Hansen) kauft (= Ausführungsgeschäft) und anschließend mit dem Kunden abrechnet (= Abwicklungsgeschäft). Das Börsengeschäft soll durch Banken-KK verrechnet werden. Kurs 32,00 EUR.

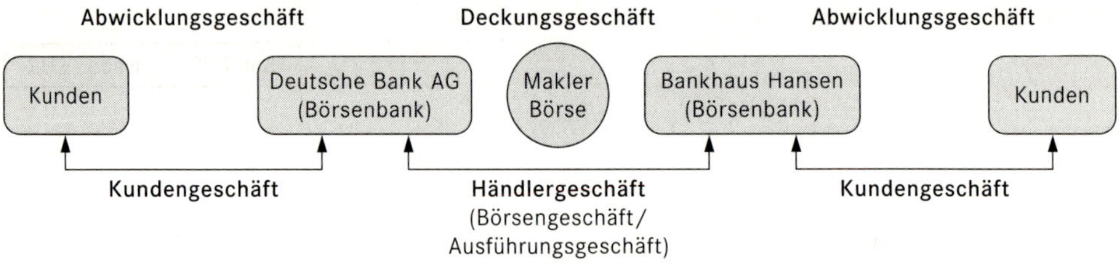

Abrechnung: Kauf	**Abrechnung:**	**Abrechnung: Verkauf**
ausmachender Betrag	ausmachender Betrag	ausmachender Betrag
+ Provision (voller Satz)		– Provision (voller Satz)
+ Courtage		– Courtage
+ Spesen (eigene)		– Spesen (eigene)

Abrechnung für den Käufer durch die Deutsche Bank AG

Schlusstag	23.06.		
Art C 3: Kauf = 1; Verkauf = 2		1	
Stück	100		
Kurs	32,00 EUR		
ausm. Betrag		3 200,00 EUR	**Börsengeschäft**
Provision	1 %	32,00 EUR	
Courtage	0,08 %	2,56 EUR	
Auslagenersatz		0,00 EUR	
LASTSCHRIFT		**3 234,56 EUR**	**Kundengeschäft**
Wert	25.06.		
Wert in DEM		6 326,25	

Buchungen bei der Käuferbank

	Buchungssätze			Soll EUR	Haben EUR
1. Börsengeschäft	Wertpapierkommissions-konto (WPKK)	an	Banken-KK	3 200,00	3 200,00
2. Kundengeschäft	Kunden-KK	an	WPKK	3 234,56	3 200,00
		an	Provisions- und Gebührenerträge		32,00
		an	Courtage-Verrechnung		2,56

Abrechnung für den Verkäufer durch das Bankhaus Hansen

Schlusstag	23.06.		
Art C 3: Kauf = 1; Verkauf = 2		2	
Stück	100		
Kurs	32,00 EUR		
ausm. Betrag		3 200,00 EUR	**Börsengeschäft**
Provision	1 %	32,00 EUR	
Courtage	0,08 %	2,56 EUR	
Auslagenersatz		0,00 EUR	
GUTSCHRIFT		**3 165,44 EUR**	**Kundengeschäft**
Wert	25.06.		
Wert in DEM		6 191,06	

Buchungen bei der Verkäuferbank

	Buchungssätze			Soll EUR	Haben EUR
1. **Börsengeschäft**	Banken-KK	an	Wertpapierkommissionskonto (WPKK	3 200,00	3 200,00
2. **Kundengeschäft**	WPKK	an	Kunden-KK	3 200,00	3 165,44
		an	Provisions- und Gebührenerträge		32,00
		an	Courtage-Verrechnung		2,56

5.2 Inkasso von Zins- und Dividendenscheinen

Beispiel:
Die Auszubildende Ingrid L. will sich in der Wertpapierabteilung der Handelsbank AG über die Zins- und Dividendenzahlung auf fällige Zins- und Dividendenscheine informieren.

Wie werden die Zins- und Dividendenscheine in der Buchhaltung erfasst?

Die einzulösenden Zins- und Dividendenscheine werden auf dem Sachkonto **„Kuponkonto"**, das auch Bezeichnungen wie „Zinsscheinkonto", „Zins- und Dividendenscheine", „Kasse Zinsscheine" und dgl. hat, gebucht. Dabei ist es gleichgültig, ob die Zins- und Dividendenscheine von Kunden eingereicht werden oder von dem Kreditinstitut selbst von den im Tresor deponierten Kundenpapieren bzw. eigenen Papieren getrennt wurden.

Für die Gegenbuchung **kann** ein Zwischenkonto eingeschaltet werden, das

„Kuponzwischenkonto",

auch „Zinsscheintrennungskonto", „Zinsscheineinlösung" oder dgl. genannt. Es ist ein **reines Verrechnungskonto**, das insbesondere die Zeitspanne von der Trennung bis zur Fälligkeit überbrücken soll. Bei der Vorlage fälliger Zins- und Dividendenscheine am Schalter wird auf dieses Konto häufig verzichtet.[1]

Wie ist beim Inkasso fälliger Zinsscheine zu buchen?

Zinsscheine werden entsprechend den Bedingungen der Deutschen Börse Clearing AG am **Abend vor dem Zinstermin getrennt.**

Die **Drittverwahrer** informieren die depotführenden Kreditinstitute über die Trennung und **überweisen** bei Fälligkeit die **Zinsen brutto**, d.h. **ohne Abzug der Kapitalertragsteuer.**

1 So soll auch bei den folgenden Geschäftsfällen verfahren werden.

Zinsgutschrift für Kunden

Die **Zinsen** für die **Kunden** werden von dem depotführenden Kreditinstitut **grundsätzlich unter Abzug von 30 % KESt** gutgeschrieben.[1]

Die **einbehaltene KESt** wird zunächst auf dem **Hauptbuchkonto**

Sonstige Verbindlichkeiten FA (KESt)

erfasst und bis zum 10. des folgenden Monats an das **Betriebsfinanzamt** abgeführt.

Buchung:	Kuponzwischenkonto	an	z. B. Spareinlagen oder Kunden-KK
		an	Sonstige Verbindlichkeiten FA (KESt)

Der **Abzug der KESt unterbleibt**, wenn der Kunde

1. eine **Nichtveranlagungs-Bescheinigung** vorgelegt hat, **unbegrenzt; oder**
2. einen **Freistellungsauftrag** erteilt hat, **bis zur Höhe des darin genannten Betrages**, soweit dieser bisher noch nicht ausgenutzt wurde,
3. über ein **„Topfguthaben"** verfügt, das aus gezahlten Stückzinsen bzw. gezahlten Zwischengewinnen aus Investmentgeschäften besteht und noch nicht verbraucht wurde, bis zu dessen Höhe.

Buchung:	Kuponzwischenkonto	an	z. B. Spareinlagen oder Kunden-KK

Zinserträge aus eigenen festverzinslichen Wertpapieren oder Schuldbuchforderungen

Zinsen für eigene festverzinsliche Wertpapieranlagen des Kreditinstituts werden **ohne Berücksichtigung von KESt** auf dem **Ertragskonto „Zinserträge aus festverzinslichen Wertpapieren und Schuldbuchforderungen"** (kurz Zinserträge WP) gebucht.

Buchung:	Kuponzwischenkonto	an	Zinserträge WP

Tafelgeschäfte mit Zinsscheinen

Im **Tafelgeschäft** (Schaltergeschäft) **eingelöste Zinsscheine** von Kunden werden **abzüglich 35 % KESt** ausgezahlt. NV-Bescheinigungen bzw. Freistellungsaufträge bewirken im Tafelgeschäft **keinen Verzicht** auf den Abzug von KESt.

Buchung:	Kuponkonto	an	Kasse
		an	Sonstige Verbindlichkeiten FA (KESt)

1 **Vorübergehend** werden **zusätzlich** 5,5 % der KESt als **Solidaritätszuschlag** erhoben, d. h., es werden bei festverzinslichen Wertpapieren insgesamt 30,25 %, bei Aktien insgesamt 24,875 % und bei Tafelgeschäften 35,625 % einbehalten.

Wie ist beim Inkasso fälliger Dividendenscheine zu buchen?

Beispiel:

Die Handelsbank AG trennt im eigenen Tresor fällige Dividendenscheine der Siemens AG von **Kundenbeständen** (Nettodividende 20 000,00 EUR), davon liegen für 2 000,00 EUR Nichtveranlagungs-Bescheinigungen bzw. Freistellungsaufträge in ausreichender Höhe vor und außerdem von **eigenen Beständen** (Nettodividende 10 000,00 EUR). Diese Dividendenscheine werden an die Zahlstelle (Banken-KK) zum Inkasso weitergeleitet.

Von der Wertpapiersammelbank werden für dort verwahrte Kundenbestände von Siemens Aktien weitere 30 000,00 EUR Nettodividende zur Gutschrift auf Sparkonten überwiesen. Für die Hälfte dieses Betrages liegen NV-Bescheinigungen der Kunden vor.

Am 2. Tag nach der HV schreiben wir diese Dividenden gut.

Zehn Tage nach der Fälligkeit legt ein Nichtkunde am Schalter 30 Dividendenscheine der Siemens AG zur Auszahlung vor. Dividende 10,00 EUR/Stück.

Welche Begriffe sind bei der Dividendenzahlung zu unterscheiden?

Eine Aktiengesellschaft, die einen Gewinn als Dividende ausschütten will, hat auf den **auszuschüttenden Gewinn** zunächst eine **Körperschaftsteuer** von 30 % zu entrichten. Der verbleibende Gewinn ist die Basis für die Berechnung der **Dividende pro Aktie**, über deren Auszahlung die Hauptversammlung beschließt. Von dieser Dividende wird vor der Auszahlung an die Aktionäre noch die **Kapitalertragsteuer**[1] von 25 % einbehalten und von der Aktiengesellschaft an das Finanzamt abgeführt. Die verbleibende **Nettodividende** wird dem Aktionär im Regelfall ausgezahlt bzw. gutgeschrieben.

Auszuschüttender Gewinn (Steuerpflichtige Einkunft)
− 30 % Körperschaftsteuer (KSt)
= Dividende ← Körperschaftsteuerguthaben 3/7 der Dividende
− 25 % Kapitalertragsteuer (KESt)
= Nettodividende (Gutschrift / Auszahlung)

Die Körperschaftsteuer und die KESt werden von der Aktiengesellschaft an das Finanzamt überwiesen.

Grundsätzlich wird **nur** die **Nettodividende** zwischen den beteiligten Kreditinstituten und den Aktionären **verrechnet.**

Die **Aktionäre** haben bei Dividendenzahlungen von deutschen Aktiengesellschaften die **Dividende zuzüglich Körperschaftsteuerguthaben als Einkünfte aus Kapitalvermögen zu versteuern.** Zu diesem Zwecke erhält der Dividendenempfänger von dem auszahlenden Kreditinstitut eine Steuerbescheinigung über die anrechenbare KSt und die einbehaltene KESt.

1 Vorübergehend wird zusätzlich ein Solidaritätszuschlag in Höhe von 5,5 % einbehalten und abgeführt.

Welche Buchungen ergeben sich beim Inkasso von Dividendenscheinen?

Trennen von Dividendenscheinen von im eigenen Tresor verwahrten Aktien

Situation:		Buchung im Grundbuch			Soll EUR	Haben EUR
Die Handelsbank AG trennt im eigenen Tresor verwahrte Dividendenscheine der Siemens AG	30 000,00 EUR	Kuponkonto	an	Kuponzwischenkonto	30 000,00	30 000,00

Gutschrift für Kunden ohne NV-Bescheinigung bzw. ausreichenden Freistellungsauftrag

					Soll EUR	Haben EUR
Gutschrift der (Netto-)Dividende auf Sparkonten	18 000,00 EUR	Kuponzwischenkonto	an	Spareinlagen	18 000,00	18 000,00

Gutschrift für Kunden mit NV-Bescheinigung bzw. ausreichendem Freistellungsauftrag

Dividendenbezieher, die nicht zur Einkommensteuer veranlagt werden, haben die Möglichkeit, sich vom Finanzamt eine **Nichtveranlagungs-Bescheinigung** (NV-Bescheinigung) ausstellen zu lassen. Falls sie diese Bescheinigung bei ihrer Depotbank **einreichen,** wird ihnen **sofort außer** der **Dividende ohne Kapitalertragsteuerabzug auch das Körperschaftsteuerguthaben ausgezahlt.**

Gleiches gilt, wenn dem kontoführenden Kreditinstitut ein **Freistellungsauftrag** vorliegt und dieser noch nicht ausgeschöpft wurde.

Die den Kunden ausgezahlten Steuerbeträge werden von der Depotbank später beim Bundesamt für Finanzen angefordert.

Erfolgt in dem **Beispiel** die Gutschrift der Dividende auf Sparkonto, so ergibt sich folgende Rechnung:

					Soll EUR	Haben EUR
Nettodividende	2 000,00 EUR	Kuponzwischenkonto			2 000,00	
+ 25 % KESt (i. H.) oder $\frac{1}{3}$	666,67 EUR	Sonst. Ford. (KESt)			666,67	
Dividende	2 666,67 EUR	Sonst. Ford. (KSt)	an	Spareinlagen	1 142,86	3 809,53
+ $\frac{3}{7}$ anrechenbare KSt	1 142,86 EUR					
Steuerpfl. Einkünfte	3 809,53 EUR					

Gutschrift eigener Dividendenerträge

Das **Kreditinstitut** hat bei **eigenen Wertpapieren** (Anlagevermögen, Handelsbestände, Liquiditätsreserve) die **steuerpflichtige Dividende** bei der **Körperschaftsteuer-(Einkommensteuer-)Erklärung** anzusetzen. Die bereits vom Emittenten abgeführte Körperschaftsteuer und Kapitalertragsteuer werden als **Steuervorauszahlungen** auf den Konten **„Anrechenbare KESt"** und **„Anrechenbare Körperschaftsteuer"** o. ä. gebucht und mit später fälligen Steuern vom Einkommen und vom Ertrag verrechnet.

Die **Bruttoerträge** werden auf dem Erfolgskonto **Wertpapiererträge** gebucht. Dieses Konto soll **alle Erträge aus Aktien und anderen nicht festverzinslichen Wertpapieren** aufnehmen.

Bei Kreditinstituten in der Rechtsform eines Einzelunternehmens oder von Personenhandelsgesellschaften sind diese Konten mit dem Privatkonto bzw. den Kapitalkonten der Gesellschafter abzuschließen. Bei den übrigen Rechtsformen sind es Aufwandskonten (EE-Steuern), die über das GuV-Konto abgeschlossen werden.

				Soll EUR	Haben EUR
Nettodividende	10 000,00 EUR	Kuponzwischenkonto		10 000,00	
+ 25 % KESt (i. H.) oder $\frac{1}{3}$	3 333,33 EUR	Anrechenbare KESt		3 333,33	
Dividende	13 333,33 EUR	Anrechenbare KSt an	Wertpapiererträge	5 714,28	19 047,61
+ $\frac{3}{7}$ anrechenbare KSt	5 714,28 EUR				
Steuerpfl. Dividende	19 047,61 EUR				

In der **GuV-Rechnung** werden diese Erträge in dem eigenen Posten

Laufende Erträge aus Aktien und anderen nicht festverzinslichen Wertpapieren, Beteiligungen und Anteilen an verbundenen Unternehmen

erfasst.

Weiterleitung zur Zahlstelle (Inkasso)

Die getrennten Dividendenscheine können über die Zentrale oder die LZB zu den Zahlstellen weitergeleitet werden. Ein Direktversand ist selten.

			Soll EUR	Haben EUR
Einzug der getrennten Dividendenscheine über Zentrale	30 000,00 EUR	Zentrale an Kuponkonto	30 000,00	30 000,00

Trennung von Dividendenscheinen bei einem anderen Verwahrer (WPSB, Zentrale)

Werden die Dividendenscheine **von** einem **anderen Verwahrer** (z. B. Deutsche Börse Clearing AG; Zentrale) **getrennt**, so erhalten die Kreditinstitute bereits vor Fälligkeit EDV-Listen über die zu erwartenden Dividendenzahlungen. Die Zahlung selbst erfolgt am 1. Bankarbeitstag nach der Hauptversammlung.

Bei **Sparkassen und Kreditgenossenschaften** werden die Dividendenabrechnungen für die Kunden in der Regel von den mit der zuständigen Girozentrale bzw. Genossenschaftlichen Zentralbank zusammenarbeitenden Rechenzentren erstellt. Auf die Einschaltung des **Kuponzwischenkontos** wird dann häufig **verzichtet**.

			Soll EUR	Haben EUR
1. Verwahrer überweist Dividenden auf LZB	30 000,00 EUR	LZB an Kuponzwischenkonto	30 000,00	30 000,00
2. Gutschrift der Dividenden auf Sparkonten				
a) **ohne** NV-Bescheinig. bzw. Freist.-Auftrag	15 000,00 EUR	Kuponzwischenkonto an Spareinlagen	15 000,00	15 000,00
b) **mit** NV-Bescheinig. bzw. Freist.-Auftrag		Kuponzwischenkonto	15 000,00	
		Sonstige Ford. (KESt)	5 000,00	
Nettodividende	15 000,00 EUR	Sonstige Ford. (KSt)	8 571,43	
+ 25 % KESt (i. H.)	5 000,00 EUR	an Spareinlagen		28 571,43
Dividende	20 000,00 EUR			
+ $^{3}/_{7}$ anrech. KSt	8 571,43 EUR			
st.pfl. Dividende	28 571,43 EUR			

Bareinlösung fälliger Dividendenscheine am Schalter (Tafelgeschäft)

Verwahrt ein Aktionär die Aktien selbst und löst er die **Dividendenkupons am Schalter** der Bank ein, so kennzeichnet das Kreditinstitut die **Steuerbescheinigung** entsprechend. Das hat zur **Folge**, dass die Körperschaftsteuergutschrift und die einbehaltene KESt bei der Veranlagung zwar auf die Einkommensteuer angerechnet werden, dass aber im Falle der Nichtveranlagung eine Erstattung des Steuerguthabens und der KESt durch das Bundesamt für Finanzen nicht in Betracht kommt.

			Soll EUR	Haben EUR
Auszahlung der Nettodividende am Schalter		Kuponkonto an Kasse	225,00	225,00
Dividende	300,00 EUR			
– 25 % KESt	75,00 EUR			
Nettodividende	225,00 EUR			

Merkur Verlag Rinteln

31735 Rinteln
Tel: (0 57 51) 95 03-28 - Fax: 95 03-44
eMail: merkur-rinteln@t-online.de